Kommunikation & Recht

Kommentar

Barrierefreiheitsstärkungsgesetz (BFSG)

Anforderungen an die Barrierefreiheit von Produkten und Dienstleistungen

Herausgegeben von

Dr. Arun Kapoor

Bearbeitet von

Dr. Arun Kapoor, Dr. Fernanda Bremenkamp, LL.M., Laura Griese,
Melanie Lorenz, Dr. Julian von Lucius, LL.M.

Fachmedien Recht und Wirtschaft | dfv Mediengruppe | Frankfurt am Main

Bibliografische Information der Deutschen Nationalbibliothek

Die Deutsche Nationalbibliothek verzeichnet diese Publikation in der Deutschen Nationalbibliografie; detaillierte bibliografische Daten sind im Internet über http://dnb.de abrufbar.

ISBN 978-3-8005-1976-7

dfv Mediengruppe

www.ruw.de

Druck: Beltz Grafische Betriebe GmbH, 99947 Bad Langensalza

Printed in Germany

Vorwort

Mit dem Barrierefreiheitsstärkungsgesetz (BFSG) überführt der deutsche Gesetzgeber die unionsrechtlichen Vorgaben der Richtlinie (EU) 2019/882, des sog. European Accessibility Act (EAA) in nationales Recht. Erstmals werden damit im Interesse der Teilhabe behinderter Menschen am gesellschaftlichen Leben verbindliche Anforderungen an die Barrierefreiheit von Produkten und Dienstleistungen im Binnenmarkt harmonisiert geregelt. Und dies mit erheblichen Auswirkungen auf Hersteller und Händler digitaler Produkte sowie auf Anbieter digitaler Dienstleistungen, die die neuen Anforderungen umzusetzen haben.

Das vorliegende Werk leistet einen praxisnahen Beitrag zur juristischen Durchdringung des neuen Regelwerks. Es versteht sich als systematische Kommentierung der einzelnen Vorschriften des BFSG und soll den Leserinnen und Lesern – insbesondere Juristinnen und Juristen in Beratung, Verwaltung und Justiz sowie Compliance-Verantwortlichen in Unternehmen – eine verlässliche Orientierung bieten. Neben der Analyse des Gesetzestextes werden auch die unionsrechtlichen Grundlagen, die Regelungsintentionen des Gesetzgebers sowie die praktischen Herausforderungen bei der Umsetzung beleuchtet.

Das BFSG tritt am 28.06.2025 in Kraft. Ab dann sind die betroffenen Wirtschaftsakteure an die Vorgaben des neuen Barrierefreiheitsrechts gebunden und müssen die Vorgaben des Gesetzes grundsätzlich ohne weitere Übergansfrist anwenden. Für viele Unternehmen wird dies herausfordernd sein, zumal sich dem BFSG nur wenige konkret handhabbare Vorgaben für die barrierefreie Gestaltung von Produkten und Dienstleistungen entnehmen lassen. Das vorliegende Werk kommentiert deshalb nicht nur die Regelungen des BFSG selbst, sondern nimmt im Interesse der Rechtsanwender, auch die Regelungen der Verordnung zum Barrierefreiheitsstärkungsgesetz (BFSGV) in den Fokus, die die gesetzlichen Anforderungen weiter konkretisiert.

Neben allen Kolleginnen und Kollegen, die durch fachliche Diskussionen, Hinweise und Anregungen zum Entstehen dieses Kommentars beigetragen haben, gilt mein Dank in erster Linie dem äußerst engagierten Autoren-Team, das sich aus den Bereichen Produktregulierung und Digital Business der internationalen Kanzlei NOERR zusammensetzt. Im Namen des gesamten Autorenteams möchte ich mich außerdem bei unserem wissenschaftlichen Mitarbeiter Maximilian Biehringer bedanken, ohne dessen tatkräftige Unterstützung wir das Manuskript wohl nicht bis zum Anwendungsstichtag hätten vorlegen können.

München, Juni 2025
Dr. Arun Kapoor

Inhaltsverzeichnis

Abkürzungsverzeichnis

Beschluss 768/2008/EG	Beschluss Nr. 768/2008/EG des Europäischen Parlaments und des Rates vom 9. Juli 2008 über einen gemeinsamen Rechtsrahmen für die Vermarktung von Produkten und zur Aufhebung des Beschlusses 93/465/EWG des Rates
BFSG	Barrierefreiheitsstärkungsgesetz
BFSGV	Verordnung über die Barrierefreiheitsanforderungen für Produkte und Dienstleistungen nach dem Barrierefreiheitsstärkungsgesetz
BGG	Behindertengleichstellungsgesetz
BITV	Barrierefreiheits-Informationstechnik-Verordnung
Digital Services Act	Verordnung (EU) 2022/2065 des Europäischen Parlaments und des Rates vom 19. Oktober 2022 über einen Binnenmarkt für digitale Dienste und zur Änderung der Richtlinie 2000/31/EG
GG	Grundgesetz
GPSR	Verordnung (EU) 2023/988 des Europäischen Parlaments und des Rates vom 10. Mai 2023 über die allgemeine Produktsicherheit, zur Änderung der Verordnung (EU) Nr. 1025/2012 des Europäischen Parlaments und des Rates und der Richtlinie (EU) 2020/1828 des Europäischen Parlaments und des Rates sowie zur Aufhebung der Richtlinie 2001/95/EG des Europäischen Parlaments und des Rates und der Richtlinie 87/357/EWG des Rates
ICSMS	Information and Communication System for Market Surveillance
ProdSG	Produktsicherheitsgesetz
MLBF	Marktüberwachungsstelle der Länder für die Barrierefreiheit von Produkten und Dienstleistungen
MStV	Medienstaatsvertrag (MStV) in der Fassung des Fünften Staatsvertrags zur Änderung medienrechtlicher Staatsverträge
MÜ-VO	Verordnung (EU) 2019/1020 des Europäischen Parlaments und des Rates vom 20. Juni 2019 über Marktüberwachung und die Konformität von Produkten sowie zur Änderung der Richtlinie 2004/42/EG und der Verordnungen (EG) Nr. 765/2008 und (EU) Nr. 305/2011
RL 85/374/EWG	Richtlinie 85/374/EWG des Rates vom 25. Juli 1985 zur Angleichung der Rechts- und Verwaltungsvorschriften der Mitgliedstaaten über die Haftung für fehlerhafte Produkte
RL 2001/95/EG	Richtlinie 2001/95/EG des Europäischen Parlaments und des Rates vom 3. Dezember 2001 über die allgemeine Produktsicherheit

RL 2006/42/EG	Richtlinie 2006/42/EG des Europäischen Parlaments und des Rates vom 17. Mai 2006 über Maschinen und zur Änderung der Richtlinie 95/16/EG
RL 2010/13/EU	Richtlinie 2010/13/EU des Europäischen Parlaments und des Rates vom 10. März 2010 zur Koordinierung bestimmter Rechts- und Verwaltungsvorschriften der Mitgliedstaaten über die Bereitstellung audiovisueller Mediendienste
RL 2016/882/EU	Richtlinie (EU) 2016/2102 des Europäischen Parlaments und des Rates vom 26. Oktober 2016 über den barrierefreien Zugang zu den Websites und mobilen Anwendungen öffentlicher Stellen
RL 2017/1564/EU	Richtlinie (EU) 2017/1564 des Europäischen Parlaments und des Rates vom 13. September 2017 über bestimmte zulässige Formen der Nutzung bestimmter urheberrechtlich oder durch verwandte Schutzrechte geschützter Werke und sonstiger Schutzgegenstände zugunsten blinder, sehbehinderter oder anderweitig lesebehinderter Personen und zur Änderung der Richtlinie 2001/29/EG zur Harmonisierung bestimmter Aspekte des Urheberrechts und der verwandten Schutzrechte in der Informationsgesellschaft
RL 2019/882/EU	Richtlinie (EU) 2019/882 des Europäischen Parlaments und des Rates vom 17. April 2019 über die Barrierefreiheitsanforderungen für Produkte und Dienstleistungen
RL 2024/2853/EU	Richtlinie (EU) 2024/2853 des Europäischen Parlaments und des Rates vom 23. Oktober 2024 über die Haftung für fehlerhafte Produkte und zur Aufhebung der Richtlinie 85/374/EWG des Rates
UN-BRK	UN-Behindertenrechtskonvention
UrhG	Urheberrechtsgesetz
Verordnung (EG) Nr. 765/2008	Verordnung (EG) Nr. 765/2008 des Europäischen Parlaments und des Rates vom 9. Juli 2008 über die Vorschriften für die Akkreditierung und Marktüberwachung im Zusammenhang mit der Vermarktung von Produkten und zur Aufhebung der Verordnung (EWG) Nr. 339/93 des Rates
UWG	Gesetz gegen den unlauteren Wettbewerb
Verordnung (EU) 1025/2012	Verordnung (EU) Nr. 1025/2012 des Europäischen Parlaments und des Rates vom 25. Oktober 2012 zur europäischen Normung, zur Änderung der Richtlinien 89/686/EWG und 93/15/EWG des Rates sowie der Richtlinien 94/9/EG, 94/25/EG, 95/16/EG, 97/23/EG, 98/34/EG, 2004/22/EG, 2007/23/EG, 2009/23/EG und 2009/105/EG des Europäischen Parlaments und des Rates und zur Aufhebung des Beschlusses 87/95/EWG des Rates und des Beschlusses Nr. 1673/2006/EG des Europäischen Parlaments und des Rates Text von Bedeutung für den EWR

Verordnung (EU) 2017/1563	Verordnung (EU) 2017/1563 des Europäischen Parlaments und des Rates vom 13. September 2017 über den grenzüberschreitenden Austausch von Vervielfältigungsstücken bestimmter urheberrechtlich oder durch verwandte Schutzrechte geschützter Werke und sonstiger Schutzgegenstände in einem barrierefreien Format zwischen der Union und Drittländern zugunsten blinder, sehbehinderter oder anderweitig lesebehinderter Personen

Barrierefreiheitsstärkungsgesetz (BFSG)

§ 1 BFSG
Zweck und Anwendungsbereich

(1) Zweck dieses Gesetzes ist es, im Interesse der Verbraucher und Nutzer die Barrierefreiheit von Produkten und Dienstleistungen nach Maßgabe der folgenden Vorschriften zu gewährleisten. Dadurch wird für Menschen mit Behinderungen ihr Recht auf Teilhabe am Leben in der Gesellschaft gestärkt und der Harmonisierung des Binnenmarktes Rechnung getragen.

(2) Dieses Gesetz gilt für folgende Produkte, die nach dem 28. Juni 2025 in den Verkehr gebracht werden:

1. Hardwaresysteme für Universalrechner für Verbraucher einschließlich der für diese Hardwaresysteme bestimmte Betriebssysteme;

2. die folgenden Selbstbedienungsterminals:

a) Zahlungsterminals und zu diesen gehörige Hardware und Software;

b) die folgenden Selbstbedienungsterminals, die zur Erbringung der unter dieses Gesetz fallenden Dienstleistungen bestimmt sind:

aa) Geldautomaten;

bb) Fahrausweisautomaten;

cc) Check-in-Automaten;

dd) interaktive Selbstbedienungsterminals zur Bereitstellung von Informationen, mit Ausnahme von Terminals, die als integrierte Bestandteile von Fahrzeugen, Luftfahrzeugen, Schiffen oder Schienenfahrzeugen eingebaut sind;

3. Verbraucherendgeräte mit interaktivem Leistungsumfang, die für Telekommunikationsdienste verwendet werden;

4. Verbraucherendgeräte mit interaktivem Leistungsumfang, die für den Zugang zu audiovisuellen Mediendiensten verwendet werden, und

5. E-Book-Lesegeräte.

(3) Dieses Gesetz gilt für folgende Dienstleistungen, die für Verbraucher nach dem 28. Juni 2025 erbracht werden:

1. Telekommunikationsdienste mit Ausnahme von Übertragungsdiensten zur Bereitstellung von Diensten der Maschine-Maschine-Kommunikation;

2. folgende Elemente von Personenbeförderungsdiensten im Luft-, Bus-, Schienen- und Schiffsverkehr mit Ausnahme von Stadt-, Vorort- und Regionalverkehrsdiensten, für die nur die Elemente unter Buchstabe e gelten:

a) Webseiten;

b) auf Mobilgeräten angebotene Dienstleistungen, einschließlich mobiler Anwendungen;

c) elektronische Tickets und elektronische Ticketdienste;

d) die Bereitstellung von Informationen in Bezug auf den Verkehrsdienst, einschließlich Reiseinformationen in Echtzeit, bei Informationsbildschirmen allerdings nur dann, wenn es sich um interaktive Bildschirme im Hoheitsgebiet der Europäischen Union handelt, und

e) interaktive Selbstbedienungsterminals im Hoheitsgebiet der Europäischen Union, mit Ausnahme der Terminals, die als integrierte Bestandteile von Fahrzeugen, Luftfahrzeugen, Schiffen und Schienenfahrzeugen eingebaut sind und für die Erbringung von solchen Personenbeförderungsdiensten verwendet werden;

3. Bankdienstleistungen für Verbraucher;

4. E-Books und hierfür bestimmte Software und

5. Dienstleistungen im elektronischen Geschäftsverkehr.

(4) Dieses Gesetz gilt nicht für den folgenden Inhalt von Webseiten und mobilen Anwendungen:

1. aufgezeichnete zeitbasierte Medien, die vor dem 28. Juni 2025 veröffentlicht wurden;

2. Dateiformate von Büro-Anwendungen, die vor dem 28. Juni 2025 veröffentlicht wurden;

3. Online-Karten und Kartendienste, sofern bei Karten für Navigationszwecke wesentliche Informationen barrierefrei zugänglich in digitaler Form bereitgestellt werden;

4. Inhalte von Dritten, die von dem betreffenden Wirtschaftsakteur weder finanziert noch entwickelt werden noch dessen Kontrolle unterliegen;

5. Inhalte von Webseiten und mobilen Anwendungen, die als Archive gelten, da ihre Inhalte nach dem 28. Juni 2025 weder aktualisiert noch überarbeitet werden.

(5) Die §§ 45a bis 45d und 95a bis 96 des Urheberrechtsgesetzes und die Verordnung (EU) 2017/1563 des Europäischen Parlaments und des Rates vom 13. September 2017 über den grenzüberschreitenden Austausch von Vervielfältigungsstücken bestimmter urheberrechtlich oder durch verwandte Schutzrechte geschützter Werke und sonstiger Schutzgegenstände in einem barrierefreien Format zwischen der Europäischen Union und Drittländern zugunsten blinder, sehbehinderter oder anderweitig lesebehinderter Personen (ABl. L 242 vom 20.9.2017, S. 1) bleiben von diesem Gesetz unberührt.

Gliederung: Rn.

A. Einführung

I. Behinderung und Barrierefreiheit als gesellschaftliches Phänomen

Barrierefreiheit bezeichnet die Gestaltung von physischen und digitalen Umgebungen, Produkten und Dienstleistungen, sodass sie für alle Menschen – unabhängig von ihren körperlichen, geistigen oder sensorischen Einschränkungen – zugänglich, nutzbar und verständlich sind. Das Ziel von Barrierefreiheit ist es, die vollständige Teilhabe am gesellschaftlichen Leben zu ermöglichen und Diskriminierungen aufgrund von Behinderungen zu vermeiden. Dabei bezieht sich die physische Barrierefreiheit auf bauliche Maßnahmen, wie etwa stufenfreie Zugänge, breite Türen, rollstuhlgerechte Toiletten oder barrierefreie Verkehrsmittel, die es Menschen mit Mobilitätseinschränkungen ermöglichen, sich uneingeschränkt in öffentlichen und 1 privaten Räumen zu bewegen. Der Begriff der digitalen Barrierefreiheit, eine Materie, deren Regulierung sich das BFSG schwerpunktmäßig widmet, hat demgegenüber Webseiten, Apps und digitale Medien zum Gegenstand, die so gestaltet sind, dass sie von allen Menschen, einschließlich solchen mit Seh-, Hör- oder kognitiven Einschränkungen, genutzt werden können. Dazu gehört beispielsweise die Nutzung von Screenreadern, Untertitelungen für Videos oder eine einfache und klare Benutzeroberfläche. Kommunikative Barrierefreiheit beschreibt den Zugang zu Informationen, wie etwa durch Gebärdensprache, Übersetzungsdienste, Texte in leichter Sprache oder Audiodeskriptionen für Menschen mit Hör- oder Sehbehinderungen. In Deutschland leben gegenwärtig 7,9 Millionen schwerbehinderte Menschen, was einem Anteil von etwa 9,3 % der Bevölkerung entspricht.[1] Dabei sind allein 2,5 Millionen Menschen auf einen Rollstuhl angewiesen oder haben eine andere Mobilitätseinschränkung. Rund 21 % der deutschen Bevölkerung sind hörbeeinträchtigt.[2] 8 % aller Männer und 0,4 % aller Frauen besitzen eine Farbsinnstörung.[3] Barrierefreiheit ist daher keinesfalls ein Randgruppenphänomen, sondern für die Teilhabe breiter Bevölkerungsschichten absolut notwendig.

2 Mit der steigenden Verlagerung des Austauschs von Waren, Dienstleistungen und Informationen in den digitalen Raum kommt dabei insbesondere der digitalen Barrierefreiheit entscheidende Bedeutung zu. Hierbei stieß der europäische Gesetzgeber auf besonders große Defizite. So sind nach Maßgabe einer Studie der Aktion Mensch e. V. nur 21 % der beliebtesten Onlineshops barrierefrei nutzbar.[4] Mangelnde Tastaturbedienbarkeit ist dabei die häufigste Barriere. Auch im privaten Fernsehen bestehen erhebliche Defizite auf dem Gebiet der Barrierefreiheit: Die Untertitelungsquote der beiden größten privaten Sendergruppen betrug 2024 lediglich 37 % bzw. 23 %.[5] Mit Audiodeskriptionen angebotene Formate bleiben die Ausnahme: Bei einem exemplarisch hervorgehobenen großen deutschen Privatsender entsprachen sie 2024 einem Anteil von 2 % am Gesamtangebot.[6]

II. Rechtshistorie

1. Behindertengleichstellungsgesetz (BGG)

3 Den Anfang legislativer Bestrebungen auf dem Gebiet der Gleichstellung von Menschen mit Behinderungen setzte das zum 01. Mai 2002 in Kraft getretene Be-

1 https://www.destatis.de/DE/Themen/Gesellschaft-Umwelt/Gesundheit/Behinderte-Menschen/_inhalt.html, zuletzt abgerufen am 15.04.2025.

2 https://www.schwerhoerigen-netz.de/statistiken/, zuletzt abgerufen am 15.04.2025.

3 https://gesund.bund.de/farbenblindheit#behandlung, zuletzt abgerufen am 15.04.2025.

4 https://www.aktion-mensch.de/inklusion/barrierefreiheit/barrierefreie-website/test-barrierefreie-webshops, zuletzt abgerufen am 15.04.2025.

5 https://www.die-medienanstalten.de/fileadmin/user_upload/die_medienanstalten/Aufgaben/Aufsicht/Barrierefreiheit/ua_2024_Elfter_Monitoringbericht_Barrierefreiheit.pdf, zuletzt abgerufen am 15.04.2025.

6 https://www.die-medienanstalten.de/fileadmin/user_upload/die_medienanstalten/Aufgaben/Aufsicht/Barrierefreiheit/ua_2024_Elfter_Monitoringbericht_Barrierefreiheit.pdf, zuletzt abgerufen am 15.04.2025.

hindertengleichstellungsgesetz (BGG).[7] Herzstück des BGG ist ein Benachteiligungsverbot für Träger öffentlicher Gewalt (§ 7 BGG) und eine korrespondierende Verpflichtung, zivile Neu-, Um- und Erweiterungsbauten des Bundes in baulicher Hinsicht barrierefrei zu gestalten (§ 8 BGG). Hinzu treten Vorschriften über die barrierefreie Behördenkommunikation (§§ 9,10 BGG) und Pflichten zur barrierefreien Gestaltung von Internetauftritten des Bundes (§ 11 BGG). Das BGG enthält dabei nicht nur objektiv-rechtliche Vorgaben, sondern subjektive Rechte des Einzelnen,[8] die durch ein Verbandsklagerecht anerkannter Verbände (§ 13 BGG) abgesichert ist. Das BGG wird durch die Barrierefreiheits-Informationstechnik-Verordnung (BITV 2.0) konkretisiert.[9] Auch die BITV 2.0 verweist in ihrem § 3 Abs. 2 auf die Norm EN 301 540 in der jeweils aktuell harmonisierten Version als Mindeststandard und stellt eine Konformitätsvermutung auf.[10]

2. UN-Behindertenrechtskonvention (UN-BRK)

Der nächste Schritt in der Rechtsentwicklung wurde mit dem Übereinkommen 4
der Vereinten Nationen über die Rechte von Menschen mit Behinderungen (sog. UN-Behindertenrechtskonvention) gesetzt, die am 13.12.2006 von der Generalversammlung der Vereinten Nationen angenommen wurde.

a) Rechtscharakter der UN-Behindertenrechtskonvention

Die allgemeinen Grundsätze des Völkerrechts sind nach Art. 25 Satz 1 GG Bestand- 5
teil des Bundesrechts und gehen Bundesgesetzen im Rang vor. Bei den allgemeinen Regeln des Völkerrechts handelt es sich um Regeln des universell geltenden Völkergewohnheitsrechts, ergänzt durch aus den nationalen Rechtsordnungen tradierte allgemeine Rechtsgrundsätze. Das Bestehen von Völkergewohnheitsrecht setzt wiederum eine gefestigte Praxis zahlreicher Staaten voraus, die in der Überzeugung geübt wird, hierzu aus Gründen des Völkerrechts verpflichtet zu sein. Bei dem Inhalt der UN-Behindertenrechtskonvention handelt es sich gleichwohl nicht um allgemeine Grundsätze des Völkerrechts.[11] Um eine gefestigte Praxis handelt es sich hier gerade nicht, vielmehr sollen behinderten Menschen Rechte eingeräumt werden, die sie zuvor durch gefestigte Praxis noch nicht hatten. Innerstaatliche Geltung und Rechtsverbindlichkeit erlangt die UN-Behindertenkonvention daher erst durch das nach Art. 59 Abs. 2 GG vorgeschriebene innerstaatliche Zustimmungsgesetz. Die Umsetzung in nationales Recht ist dabei für die Bundesrepublik durch Zustimmungsgesetz vom 21.12.2008[12] erfolgt.

---

7 Gesetz zur Gleichstellung behinderter Menschen und zur Änderung anderer Gesetze vom 27.04.2002, BGBl. I 2002 S. 1467, 1468 ff.

8 *Ritz*, in: Kossens/von der Heide/Maaß, SGB IX mit BGG, Vor. § 1 BGG Rn. 17.

9 *Billing/Bremenkamp*, ZVertriebsR 2025, 9, 12.

10 *Billing/Bremenkamp*, ZVertriebsR 2025, 9, 12.

11 BSG, Urt. v. 06.03.2012 – B 1 KR 10/11 R, BSGE 110, 194; LSG Bayern, Urt. v. 30.09.2015 – L 2 P 22/13, BeckRS 2015, 73258.

12 Gesetz zu dem Einkommen der Vereinten Nationen vom 13.12.2006 über die Rechte von Menschen mit Behinderungen sowie zu dem Fakultativprotokoll vom 13.12.2006 zum Übereinkommen der Vereinten Nationen über die Rechte von Menschen mit Behinderungen, vom 21.12.2008, BGBl. II 2008, S. 1419.

b) Inhalt und Umsetzung

6 Die Vorgaben der UN-Behindertenrechtskonvention (UN-BRK) wurden maßgeblich durch die erste große Novelle des BGG im Jahre 2016[13] in das BGG überführt. Der Bundesgesetzgeber war insoweit der Auffassung, dass die Regeln des BGG zwar auch bereits zuvor im Sinne der UN-BRK ausgelegt werden konnten, die UN-BRK aber in der Praxis den Normadressaten zu wenig präsent war.[14] Durch die BGG-Novelle 2016 wurde dabei insbesondere der Behindertenbegriff an den Wortlaut der UN-BRK angeglichen und die Versagung angemessener Vorkehrungen für Menschen mit Behinderungen ausdrücklich als Bestandteil des Diskriminierungsbegriffs aufgenommen.

3. BGG-Novelle 2016

7 Neben der Anpassung des BGG an die UN-BRK brachte die große BGG-Novelle von 2016 weitere zahlreiche Neuerungen im barrierefreiheitsrechtlichen Regelungssystem. Mit der Errichtung der Bundesfachstelle für Barrierefreiheit (§ 13 BGG), der Überwachungsstelle des Bundes für Barrierefreiheit für Informationstechnik (§ 13 Abs. 3 BGG) und der Einrichtung einer Schlichtungsstelle beim Beauftragten der Bundesregierung für die Belange von Menschen mit Behinderungen (§§ 16, 17 BGG) wurden weitere verfahrensrechtliche und institutionelle Vorkehrungen getroffen, um eine möglichst weitgehende regulatorische Durchdringung auf dem Gebiet der Behindertengleichstellung und Barrierefreiheit zu gewährleisten. An die mit der BGG-Novelle 2016 geschaffene Bundesfachstelle für Barrierefreiheit knüpft auch das BFSG an, das ihr in § 15 BFSG Beratungs- und Informationsaufgaben zuweist (→ § 15 Rn. 1).

4. EU-Richtlinie 2016/2102

8 Mit der Richtlinie (EU) 2016/2102 über den barrierefreien Zugang zu den Webseiten und mobilen Anwendungen öffentlicher Stellen wurde 2016 zum ersten Mal auch der europäische Gesetzgeber auf dem Gebiet der Barrierefreiheit tätig. Wie bereits das BGG nahm auch die Richtlinie (EU) 2016/2102 dabei allein den behördlichen Sektor in den Blick, lieferte aber trotzdem wertvolle Vorarbeiten, insbesondere auch auf dem Gebiet der Normung. Mit der harmonisierten Norm EN 301 549 wurde ein Regelwerk geschaffen, an das der European Accessibility Act unmittelbar anknüpft.

5. Weitere BGG-Novellen 2018 und 2021

9 In geringerem Umfang weiterentwickelt wurde das BGG durch die Novellen 2018 und 2021. Eingefügt wurden Vorschriften über Assistenzhunde.[15]

---

13 Gesetz zur Weiterentwicklung des Behindertengleichstellungsrechts vom 19.07.2016, BGBl. I 2016, S. 1757.

14 BT-Drs. 18/16, S. 1.

15 *Ritz*, in: Kossens/von der Heide/Maaß, SGB IX mit BGG, Vor. § 1 BGG Rn. 1.

III. Entstehungsgeschichte

Das BFSG geht auf den *European Accessibility Act* (EAA), die RL 2019/882/EU, zurück und ist daher unionsrechtlich überformt. Erstmals konkret auf die Agenda der Kommission trat der barrierefreiheitsrechtliche Regelungskomplex mit der Kommissionsmitteilung „Europäische Strategie zugunsten von Menschen mit Behinderungen 2010–2020: Erneuertes Engagement für ein barrierefreies Europa“ vom 15. November 2010.[16] Die Kommission knüpften dabei unmittelbar an die Tradition der UN-Behindertenrechtskonvention an.[17] Der Rechtsakt selbst lässt sich auf Initiativen zurückführen, die bis ins Jahr 2011 zurückreichen. Als Pendant zur Richtlinie (EU) 2016/2102 für den privaten Sektor konzipiert, wurde der Rechtsakt, der ursprünglich bereits 2012 verabschiedet werden sollte, mehrmals wegen Bedenken in Industrie und Handel verschoben. Nach einem umfassenden Gesetzgebungsverfahren stimmte im März 2019 das Europäische Parlament, im April 2019 der Rat dem Rechtsakt zu, der daraufhin am 7. Juni 2019 im Amtsblatt der Europäischen Union veröffentlicht wurde. **10**

Die RL 2019/882/EU bleibt nach gegenwärtigem Stand der Rechtsentwicklung auch unter dem von der EU-Kommission vorgeschlagenen Omnibus-Deregulierungspaket 2025 erhalten. **11**

B. Regelungsgehalt

I. Zwecke (Abs. 1)

Wie bereits aus anderen harmonisierten Rechtsakten bekannt, stellt § 1 Abs. 1 BFSG dem Gesetz seine Regelungszwecke voran. **12**

1. Schutz von Verbraucherinteressen und Teilhabe als Gemeinschaftsgut

Regelungsziel des BFSG ist es nach Maßgabe des § 1 Abs. 1 Satz 1 BFSG, im Interesse von Verbrauchern und Nutzern die Barrierefreiheit von Produkten und Dienstleistungen zu gewährleisten. Das BFSG dient daher primär den Interessen von Menschen mit Behinderungen, Produkte und Dienstleistungen nutzen zu können. Diese individualschutzrechtliche Komponente wird auch dadurch unterstrichen, dass Verbraucher nach Maßgabe des § 34 BFSG die Einleitung marktüberwachungsrechtlicher Maßnahmen anstoßen können. Das BFSG dient jedoch nicht nur den Individualinteressen von Menschen mit Behinderungen an der Nutzung der erfassten Produktkategorien und Dienstleistungen, sondern richtigerweise auch dem gesamtgesellschaftlichen Interesse an Teilhabe, das über die individualschutzrechtliche Komponente hinausgeht. **13**

---

16 ErwG. 17 RL 2019/882/EU.
17 ErwG. 17 RL 2019/882/EU.

2. Harmonisierung des Binnenmarktes

a) Abbau von Handelshemmnissen

14 Durch die Angleichung der Vorschriften der Mitgliedstaaten über die Barrierefreiheitseigenschaften vertriebener Produkte und Dienstleistungen soll auch maßgebend die reibungslose Realisierung des Binnenmarkts gestärkt werden (§ 1 Abs. 1 Var. 2 BFSG). Durch die Harmonisierung der Rechts- und Verwaltungsvorschriften der Mitgliedstaaten über die Barrierefreiheitsanforderungen für bestimmte Produkte und Dienstleistungen werden insbesondere durch unterschiedliche Barrierefreiheitsanforderungen in den Mitgliedstaaten bedingte Hindernisse für den freien Verkehr bestimmter barrierefreier Produkte und Dienstleistungen beseitigt bzw. die Errichtung derartiger Hindernisse verhindert wird.[18] Hierdurch soll sich die Verfügbarkeit barrierefreier Produkte und Dienstleistungen auf dem Binnenmarkt erhöhen und die Barrierefreiheit von einschlägigen Informationen verbessern. So soll die Zersplitterung des Markts für barrierefreie Produkte und Dienstleistungen überwunden, Skaleneffekte erzielt, der grenzüberschreitende Handel und die grenzüberschreitende Mobilität erleichtert und die Wirtschaftsakteure dabei unterstützt werden, Ressourcen für Innovationen statt für die Deckung der Kosten einzusetzen, die durch die innerhalb der Union uneinheitlichen Rechtsvorschriften bedingt sind.[19] Ob die Auffassung des europäischen Gesetzgebers, dass insbesondere kleine und mittelständische Unternehmen (KMU) durch den Abbau dieser Handelshemmnisse von den neu erschlossenen Absatzmärkten profitieren werden[20] und bisher durch die Unterschiede zwischen den nationalen Barrierefreiheitsregelungen vom grenzüberschreitenden Vertrieb abgehalten wurden,[21] zutrifft, bleibt abzuwarten.

b) Erschließen von Menschen mit Behinderungen als Absatzmarkt

15 Ebenfalls erhofft sich der europäische Gesetzgeber durch die Umsetzung der RL 2019/882/EU, Menschen mit Behinderungen weitergehend als bisher als Konsumentengruppe und Absatzmarkt zu erschließen.[22]

c) Stärkung des Wettbewerbs unter den Anbietern von barrierefreien Angeboten

16 Von der Harmonisierung der Barrierefreiheitsanforderungen für Dienstleistungen und Produkte erhofft sich die Union ebenfalls eine Stärkung des Wettbewerbs unter den Anbietern assistiver Technologien.[23] Von den Verbrauchern würden für barrierefreie Produkte und Dienstleistungen sowie für assistive Technologien hohe Preise verlangt, da der Wettbewerb unter den Anbietern begrenzt sei. Dazu mindere die Vielzahl nationaler Regelungen den potenziellen Nutzen eines Erfahrungsaus-

---

18 ErwG. 1 RL 2019/882/EU.
19 ErwG. 8 RL 2019/882/EU.
20 ErwG. 5 RL 2019/882/EU.
21 ErwG. 6 RL 2019/882/EU.
22 BT-Drs. 19/28653, S. 3.
23 ErwG. 7 RL 2019/882/EU.

tauschs auf internationaler Ebene über die Frage, wie auf gesellschaftliche und technologische Entwicklungen zu reagieren ist.

II. Erfasste Produktkategorien (Abs. 2)

1. Hardwaresysteme für Universalrechner für Verbraucher (Nr. 1)

Nach § 1 Abs. 2 Nr. 1 BFSG erstreckt sich der Anwendungsbereich des Gesetzes **17**
auf Hardwaresysteme für Universalrechner für Verbraucher (→ § 2 Nr. 35 BFSG) einschließlich der für diese Hardwaresysteme bestimmten Betriebssysteme (→ § 2 Nr. 34 BFSG).

a) Grundlage

Die unter dem Begriff erfassten Computerhardwaresysteme zeichnen sich durch **18**
ihren Mehrzweckcharakter und ihre Fähigkeit aus, mit der geeigneten Software die vom Verbraucher geforderten üblichen Computeraufgaben durchzuführen und sind dazu bestimmt, von Verbrauchern bedient zu werden.[24] Klassisches Beispiel sind Personal Computer, wie Desktops, Notebooks, Smartphones und Tablets. Nicht erfasst sind demgegenüber einzelne Universalcomputerkomponenten mit spezifischen Funktionen wie etwa Hauptplatinen oder Speicherchips, die in einem solchen System verwendet werden oder verwendet werden könnten.[25] Der Tatbestand des § 1 Abs. 2 Nr. 1 BFSG möchte daher nur Endprodukte erfassen, die als voll funktionsfähiger Universalcomputer auf dem Markt vertrieben werden. Dies ergibt sich aus dem Telos der Beschränkung des Anwendungsbereichs des Gesetzes auf ganz bestimmte, spezifische Produktkategorien: Das wesentliche Motiv des Gesetzgebers für die Aufnahme eines Produkts in den Katalog des § 1 Abs. 2 BFSG liegt, wie sich aus der Entstehungsgeschichte des Rechtsakts und insbesondere auch der *Market Impact Analysis* ergibt, in der Bedeutung, die ein Produkt im Alltag von Menschen mit Behinderungen einnimmt, und dem daraus folgenden Maß der Verbesserung an Teilhabe, die durch eine Regulierung erzielt werden kann. Mit dieser Zielsetzung wäre es von vornherein unvereinbar, dem Rechtsakt auch bloße Vor- und Teilprodukte zu unterwerfen, die den Endverbraucher typischerweise ohnehin nicht erreichen. Eine solche Regulierung wäre auch weitgehend überflüssig: Zwar mag es vereinzelt Fälle geben, in denen Menschen mit Behinderung speziell Universalcomputerkomponenten (etwa Grafikkarte, Prozessor) erwerben, etwa um diese in Eigenregie zu einem individuell zusammengesetzten Universalcomputer zusammenzubauen, wie es etwa in der Gaming-Szene praktiziert wird. Der Regelfall ist dies jedoch nicht.

b) Keine Erstreckung auf in Verbraucherelektronik integrierte Spezialcomputer

Ausweislich der Gesetzesbegründung und des Erwägungsgrundes 25 der RL **19**
2019/882/EU erstreckt sich die Reichweite des § 1 Abs. 2 Nr. 1 BFSG nicht auf in Verbraucherelektronik eingebetteten Spezialcomputer.[26] Dies ergibt sich auch

---

24 ErwG. 25 RL 2019/882/EU, BT-Drs. 19/28653, S. 63.
25 ErwG. 25 RL 2019/882/EU, BT-Drs. 19/28653, S. 63.
26 ErwG. 25 RL 2019/882/EU, BT-Drs. 19/28653, S. 63.

strenggenommen bereits aus dem Wortlaut der Norm, denn ein Spezialcomputer ist eben bereits begrifflich kein Universalcomputer, der durch seinen Mehrzweckcharakter geprägt wird. Um von § 1 Abs. 2 Nr. 1 BFSG nicht erfasste Spezialcomputer handelt es sich daher bei Computern, die durch eine eingeschränkte Funktionalität geprägt und dazu gedacht sind, nur ganz bestimmte Aufgaben auszuführen. Beispiele für solche in Verbraucherelektronik eingebettete Spezialcomputer sind etwa solche, die in **Smart-TVs** verbaut sind: Diese sind speziell dafür ausgelegt, Multimedia-Inhalte zu streamen, Apps auszuführen und Internetverbindungen bereitzustellen und weisen daher eingeschränkte Funktionalität auf. Es handelt sich nicht um Universalrechner, sondern Spezialcomputer, die auf Unterhaltung und Multimedia ausgelegt sind. Spezialcomputer sind auch die in **digitaler Kameratechnik, tragbaren Bildverarbeitungsgeräten oder Camcordern** verbauten Prozessoren, die für die Verarbeitung von Bildern und Videos zuständig sind. Ebenfalls keine Universalcomputer sind **elektronische Musikinstrumente** wie Keyboards, Synthesizer oder Drum Machines. Gleiches gilt für die in **digitalen Spielekonsolen** wie PlayStation, Xbox oder Nintendo Switch enthaltenen spezialisierten Rechenelemente, die auf das Spielen von Videospielen ausgerichtet sind und keinen Mehrzweckcharakter besitzen. Ein weites Feld, das dem Anwendungsbereich des § 1 Abs. 2 Nr. 1 BFSG entzogen ist, sind auch sog. **Smart Home Geräte**: Geräte wie intelligente Thermostate, Türschlösser, Smart-Glühbirnen, Küchengeräte mit eingebetteter Steuerung wie Smart-Kühlschränke, Mikrowellen, Kaffeemaschinen oder Herdplatten, die mit speziellen Computern ausgestattet sind, um bestimmte Funktionen zu steuern und zu überwachen. Ebenso nicht erfasst sind in Sicherheitskameras enthaltene spezialisierte Computer, die Aufgaben im Smart Home übernehmen, aber eine im Sinne der gefundenen Definition eingeschränkte Funktionalität aufweisen.

20 In Verbraucherelektronik eingebettete Spezialcomputer finden sich außerdem in Roboter-Staubsaugern, GPS-Navigationsgeräten, Stand-alone-Videokonferenzsystemen, Feature-Phones, Fitness Trackern wie Fitbit oder Garmin, Wearables wie smarten Ringen, Brillen oder Kleidung mit eingebauten Sensoren, die spezifische Funktionalität auf dem Anwendungsfeld der Gesundheitsüberwachung oder Augmented Reality (AR) bieten.

21 Einen durch die fortschreitende technologische Entwicklung bedingten Grenzfall bilden **sog. Smart Watches**. Hier wird man im Einzelfall darauf abstellen müssen, ob das Gerät eine so weitgehende Funktionalität aufweist, dass es ein Mehrzwecksystem darstellt und dementsprechend als Universalcomputer eingeordnet werden kann, oder ob die Funktionen auf ganz bestimmte Anwendungskonstellationen (Überwachung von Gesundheitsdaten, Fitness und Kommunikation) beschränkt bleiben. Das ist eine Tatfrage, die im Einzelfall für das streitgegenständliche Modell beantwortet werden muss.

22 Zu beachten bleibt, dass derartige in Verbraucherelektronik eingebettete Spezialcomputersysteme selbstverständlich über einen anderen Tatbestand des § 1 Abs. 2 Nr. 1–5 BFSG vom Regelungssystem des BFSG erfasst werden können. Derartiges gilt etwa für Zahlungsterminals (§ 1 Abs. 2 Nr. 2a BFSG), Selbstbedienungsterminals (§ 1 Abs. 2 Nr. 2b BFSG), Verbraucherendgeräte mit interaktivem Leistungsumfang, die für Telekommunikationsdienste oder den Zugang zu audiovisuellen

Mediendiensten verwendet werden (§ 1 Abs. 2 Nr. 3 u. 4 BFSG) und E-Book-Lesegeräte (§ 1 Abs. 2 Nr. 5 BFSG), die allesamt in Verbraucherelektronik eingebettete Spezialcomputersysteme darstellen.

c) Gesamteinbaukonstellationen

Probleme wirft der Tatbestand des § 1 Abs. 2 Nr. 1 BFSG dort auf, wo ein Gerät, das für sich genommen evident als Universalcomputer in den Anwendungsbereich des § 1 Abs. 2 Nr. 1 BFSG fällt (etwa ein Notebook oder ein Tablet), in ein anderes Verbraucherprodukt eingebaut wird (Gesamteinbaukonstellation). Man denke etwa an Tablets, die als Touchscreen-Panels in Wände eingebaut sind, um Smart Home Funktionen wahrzunehmen. Auch im Medizinsektor werden Tablets oder Laptops häufig als Steuer- und Anzeigegeräte in komplexen medizinischen Geräten verwendet, z. B. in bildgebenden Systemen (wie Ultraschallgeräten), Diagnosegeräten oder zur Führung von elektronischen Patientenakten mittels EPK-Systemen. Weitere Anwendungsfelder sind die Verwendung von Tablets in Unterhaltungselektronik in Fahr- oder Flugzeugen, Informationssysteme im öffentlichen Bereich (Flughäfen, Einkaufszentren oder Museen), die es den Nutzern ermöglichen, mit digitalen Inhalten zu interagieren, Tickets zu kaufen oder Wegbeschreibungen abzurufen, oder als Bestandteil von Fitnessgeräten, wo sie Benutzerdaten erfassen, Trainingsprogramme anzeigen oder mit Fitness-Apps synchronisieren. Ob derartige Gesamteinbaukonstellationen in den Anwendungsbereich des BFSG fallen, ist richtigerweise zweistufig aufzulösen: **23**

Zunächst ist zu prüfen, ob der Universalcomputer, wie es regelmäßig der Fall sein wird, durch den Einbau eine eingeschränkte Funktionalität erlangt und daher seinen Mehrzweckcharakter verliert. Für diese Beurteilung kommt es richtigerweise nicht auf die theoretisch realisierbare Funktionalität, sondern auf die subjektive Zweckbestimmung an. Mag es daher theoretisch möglich sein, auf das an einem Ultraschallgerät eingebettete Tablet Software aufzuspielen, die diesem Tablet zu Mehrzweckcharakter verhilft, so ändert dies nicht daran, dass das Produkt in der betreffenden Anwendung nur einen ganz bestimmten Zweck erfüllen soll und kann. In Gesamteinbaukonstellationen wird daher regelmäßig die Eigenschaft als Universalcomputer i. S. d. § 1 Abs. 2 Nr. 1 BFSG zu verneinen sein. **24**

Ist dies ausnahmsweise einmal anders, so stellt sich die Frage, ob ein Universalcomputer allein dadurch, dass er in ein anderes Produkt fest integriert ist, aus dem Anwendungsbereich der RL 2019/882/EU auszuscheiden ist. Das ist richtigerweise nicht der Fall. **25**

d) Insbesondere: In Fahrzeugen verbaute Tablets

In diesem Kontext stellt sich auch die Frage nach der rechtlichen Bewertung von Gesamteinbaukonstellationen bei Fahrzeugen. So existieren insbesondere im Automobilsektor zahlreiche Automobilmodelle, die wesentliche Steuerungsfunktionen oder Multimediaunterhaltung über ein integriertes und fest verbautes Tablet realisieren. **26**

Erstens sind Fahrzeuge und damit auch Automobile ausweislich der eindeutigen Verlautbarung des europäischen Gesetzgebers in ErwG. 27 der RL 2019/882/EU **27** nicht vom Anwendungsbereich des Rechtsaktes erfasst.[27] Diese Überlegung wird auch durch einen Blick auf die Entstehungsgeschichte der Richtlinie bestätigt: Der europäische Gesetzgeber folgte bei der Konzeption des Rechtsaktes und der Auswahl erfasster Produktkategorien einem sektorbasierten Ansatz. Auf Grundlage der Konsultation mit betroffenen Kreisen wurden aus verschiedenen Sektoren (*information and communication*, *built environment*, *transport*, *other areas*) bestimmte Produkte mit breiter Auswirkung zuungunsten weniger relevanter Produktgruppen priorisiert. Aus dem Transportsektor hat sich der europäische Gesetzgeber daher wegen den potenziellen Auswirkungen auf größere Bevölkerungsschichten für eine Regulierung im Umfeld von Transportmitteln entschieden, die entweder dem grenzüberschreitenden Verkehr oder dem öffentlichen Nahverkehr dienen.[28] Eine Regulierung des Automobilsektors hat der europäische Gesetzgeber dagegen nicht beabsichtigt. Dies wird auch dadurch deutlich, dass in der Market Impact Analysis zum EAA in Automobilen verbaute Informationssysteme (*in-car information devices*) mit genau diesen Erwägungen aus der Impact Analysis ausgeschieden werden. Speziell in dem Fall, dass das im Computer verbaute Tablet gerade Steuerungs- oder Anzeigefunktionen wahrnimmt, wird es sich außerdem nicht mehr um einen Universal-, sondern eben einen Spezialcomputer handeln, der nicht mehr durch einen Mehrzweckcharakter geprägt wird. Und zuletzt spricht auch eine Übertragung des Gedankens aus § 1 Abs. 2 Nr. 2 lit. b dd) BFSG für das gefundene Ergebnis: Ist dem europäischen Gesetzgeber erkennbar daran gelegen, in Fahrzeugen verbaute interaktive Selbstbedienungsterminals zur Bereitstellung von Informationen aus dem Anwendungsbereich des Gesetzes auszuscheiden, eben weil der Gesetzgeber die Regulierung dieser Produktgruppen nicht beabsichtigt (ErwG. 27), so kann für andere festverbaute Tablets und Computer nichts anderes gelten. In Fahrzeugen verbaute Tablets oder Computerelemente, die Steuerungs-, Informations- oder Unterhaltungsfunktionen erfüllen, sind daher nicht vom Anwendungsbereich des BFSG erfasst.

2. Selbstbedienungsterminals (Nr. 2)

28 Nach § 1 Abs. 2 Nr. 2 BFSG erstreckt sich der Anwendungsbereich des Gesetzes auch auf ausgewählte Selbstbedienungsterminals.

a) Zahlungsterminals (§ 1 Abs. 2 Nr. 2 lit. a BFSG)

29 Vom BFSG erfasst sind nach § 1 Abs. 2 Nr. 2 lit. a BFSG insbesondere Zahlungsterminals (→ § 2 Nr. 25 BFSG), einschließlich der zu diesen gehörigen Hardware und Software. Zahlungsterminals sind ausweislich der Legaldefinition des § 2 Nr. 25 BFSG Geräte, deren Hauptzweck es ist, Zahlungen mithilfe von Zahlungsinstrumenten im Sinne des § 1 Absatz 20 des Zahlungsdiensteaufsichtsgesetzes an einer physischen Verkaufsstelle vorzunehmen, nicht jedoch in einer virtuellen Umgebung;

---

27 ErwG. 27: „However, certain interactive self-service terminals providing information installed as integrated parts of vehicles, aircrafts, ships or rolling stock should be excluded from the scope of this Directive, since these form part of those vehicles, aircrafts, ships or rolling stock which are not covered by this Directive."

28 Vgl. Europäische Kommission (Hrsg.), Market Impact Analysis, S. 20.

Der Tatbestand des § 1 Abs. 2 Nr. 2 lit. a BFSG erfasst daher unter anderem **Kartenlesegeräte (POS-Terminals)**, die häufig in Einzelhandelsgeschäften, Supermärkten, Restaurants und anderen Dienstleistungsunternehmen verwendet werden, um Zahlungen mit Kredit- oder Debitkarten zu verarbeiten, **Mobile Zahlungsterminals** (M-POS) und **Automatische Kassen** (Self-Checkout-Kassen), die Kartenzahlungen und kontaktlose Zahlungen ermöglichen. Zahlungsterminals i. S. d. § 1 Abs. 2 Nr. 2 lit. a BFSG enthalten regelmäßig auch **Automaten für den Warenverkauf**, Mautstationen auf Autobahnen und Parkautomaten. Der Sache nach enthalten die von § 1 Abs. 2 Nr. 2 lit. b bb) BFSG erfassten Fahrausweisautomaten ebenfalls regelmäßig ein Zahlungsterminal, insoweit geht der Tatbestand des § 1 Abs. 2 Nr. 2 lit. b bb) BFSG als *lex specialis* vor. 30

b) Geldautomaten (§ 1 Abs. 2 Nr. 2 lit. b aa) BFSG)

Vom Regelungssystem des Gesetzes erfasst werden ausweislich § 1 Abs. 2 Nr. 2 lit. b aa) BFSG auch Geldautomaten. Der Begriff des Geldautomaten ist weder im Gesetz selbst noch in der Gesetzesbegründung oder den Erwägungsgründen des European Accessibility Acts (RL 2019/882/EU) definiert. Ein **Geldautomat** ist ein elektronisches, automatisiertes Gerät, das es Bankkunden ermöglicht, Finanztransaktionen ohne die Notwendigkeit eines Bankmitarbeiters durchzuführen. Zu den typischen, aber jedenfalls nicht kumulativ erforderlichen Funktionen eines Geldautomaten gehören das Abheben von Bargeld, das Einzahlen von Geld, das Überprüfen von Kontoständen sowie das Überweisen von Geldern zwischen Konten. Geldautomaten sind in der Regel mit einer Sicherheitsmechanismus ausgestattet, wie etwa einer PIN-Eingabe, und verwenden Bankkarten (z. B. Debit- oder Kreditkarten), um Transaktionen zu authentifizieren. 31

c) Fahrausweisautomaten (§ 1 Abs. 2 Nr. 2 lit. b bb) BFSG)

Dem Rechtsakt unterworfen sind nach Maßgabe des § 1 Abs. 2 Nr. 2 lit. b bb) BFSG auch Fahrausweisautomaten. Auch der Fahrausweisautomat ist im Rechtsakt selbst nicht ausdrücklich definiert. Ein Fahrausweisautomat ist ein selbstbedienbares, automatisiertes Gerät, das es Nutzern ermöglicht, Fahrkarten für öffentliche Verkehrsmittel zu kaufen oder zu entwerten. Diese Automaten bieten in der Regel die Möglichkeit, Tickets für Busse, Bahnen, U-Bahnen oder andere Verkehrsmittel zu erwerben. Sie akzeptieren verschiedene Zahlungsmethoden, wie Bargeld, Kredit- oder Debitkarten oder sogar kontaktlose Zahlungen. Neben klassischen Fahrausweisautomaten erfasst der Tatbestand daher auch **Automaten für die Ticketentwertung** und Ticketautomaten mit erweiterten Funktionen (Anzeige von Fahrplänen, Informationen zu Routen und Preisen, die Auswahl von Ticketarten). Erfasst sind Ticketautomaten auch dann, wenn sie sich in einem Fahrzeug des öffentlichen Nahverkehrs (etwa in einem Bus oder in einem Zug) befinden. Dies ergibt sich aus einem systematischen Vergleich mit § 1 Abs. 2 Nr. 2 lit. b dd) BFSG, der interaktive Selbstbedienungsterminals zur Bereitstellung von Informationen dann aus dem Anwendungsbereich des Gesetzes ausscheidet, wenn sie als integrierte Bestandteile von Fahrzeugen, Luftfahrzeugen, Schiffen oder Schienenfahrzeugen eingebaut sind. 32

d) Check-in-Automaten (§ 1 Abs. 2 Nr. 2 lit. b cc) BFSG)

33 Auch den Begriff des vom Gesetz erfassten Check-in-Automaten (§ 1 Abs. 2 Nr. 2 lit. c cc) BFSG) definiert das Gesetz nicht. Check-in-Automaten sind automatisierte Selbstbedienungsgeräte, die es Nutzern ermöglichen, sich schnell und unabhängig für Dienstleistungen, insbesondere im Reise- oder Verkehrskontext, einzuchecken. Diese Automaten werden vor allem im Luftverkehr, aber auch in anderen Bereichen wie dem Hotelgewerbe oder öffentlichen Verkehrssystemen eingesetzt. Sie bieten eine effiziente Möglichkeit, den Check-in-Prozess zu beschleunigen und lange Warteschlangen zu vermeiden. Der *European Accessibility Act* nennt als Anwendungsfall Wartenummern-Automaten in Banken.[29] Ob dieser Fallgruppe in der Praxis entscheidende Bedeutung zukommt, darf bezweifelt werden.

e) Interaktive Selbstbedienungsterminals zur Bereitstellung von Informationen (§ 1 Abs. 2 Nr. 2 lit. b dd) BFSG)

34 Das BFSG erstreckt sich ausweislich § 1 Abs. 2 Nr. 2 lit. b dd) BFSG auch auf interaktive Selbstbedienungsterminals zur Bereitstellung von Informationen. Erfasst sind etwa interaktive Anzeigebildschirme.[30]

35 Auch der Begriff des interaktives Selbstbedienungsterminals zur Bereitstellung von Informationen ist im Gesetz nicht definiert. Ein interaktives Selbstbedienungsterminal zur Bereitstellung von Informationen ist ein automatisiertes Gerät, das es Nutzern ermöglicht, selbstständig auf eine Vielzahl von Informationen zuzugreifen und mit der Benutzeroberfläche zu interagieren. Diese Terminals sind in der Regel mit einem Touchscreen, Tastaturen oder anderen Eingabemethoden ausgestattet und bieten Funktionen wie die Anzeige von Text, Bildern, Karten, Videos und interaktiven Inhalten. Sie ermöglichen es Nutzern, nach bestimmten Informationen zu suchen, Routen zu planen, Dienstleistungen zu buchen oder Produktinformationen zu erhalten, oft ohne die Notwendigkeit einer direkten Interaktion mit einem Mitarbeiter.

36 Nicht erfasst sind kraft des Ausschlusstatbestands am Ende des § 1 Abs. 2 Nr. 2 lit. b dd) BFSG Terminals, die als integrierte Bestandteile von Fahrzeugen, Luftfahrzeugen, Schiffen oder Schienenfahrzeugen eingebaut sind. Grund für diesen Ausschluss ist der begrenzte Regelungswille des Gesetzgebers: Da Fahrzeuge dem Rechtsakt nicht unterliegen (vgl. auch ErwG. 27), sollen sie einer indirekten Einbeziehung insoweit entzogen werden, als in sie Gegenstände eingebettet werden, die an sich durch das BFSG reguliert werden.

3. Verbraucherendgeräte mit interaktivem Leistungsumfang, die für Telekommunikationsdienste verwendet werden (Nr. 3)

37 Nach § 1 Abs. 2 Nr. 3 BFSG gilt das BFSG auch für Verbraucherendgeräte mit interaktivem Leistungsumfang (→ § 2 Nr. 36 BFSG), die für Telekommunikationsdienste (→ § 2 Nr. 7 BFSG) verwendet werden. Telekommunikationsdienste sind ausweis-

---

29 ErwG. 26.
30 ErwG. 26.

lich der Legaldefinition des § 2 Nr. 7 BFSG Telekommunikationsdienste im Sinne des Art. 2 Nr. 4 der Richtlinie (EU) 2018/1972, d. h. gewöhnlich gegen Entgelt über elektronische Kommunikationsnetze erbrachte Dienste, Internetzugangsdienste, interpersonelle Kommunikationsdienste und Dienste, die ganz oder überwiegend in der Übertragung von Signalen bestehen, wie Übertragungsdienste, die für die Maschine-Maschine-Kommunikation und für den Rundfunk genutzt werden, umfassen.

Neben **Mobiltelefonen** und **Tablets** fallen hierunter auch Produkte, die als Teil der Konfiguration für den Zugang zu Telekommunikationsdiensten genutzt werden, wie zum Beispiel **Router** oder **Modems.**[31] Ebenfalls erfasst sind **Videotelefone**, **Smart Home-Geräte mit Telefonie-Integration** und **Notrufsysteme** (z. B. für Senioren). **38**

4. Verbraucherendgeräte mit interaktivem Leistungsumfang, die für den Zugang zu audiovisuellen Mediendiensten verwendet werden (Nr. 4)

Das BFSG erfasst ausweislich § 1 Abs. 2 Nr. 4 BFSG auch Verbraucherendgeräte mit interaktivem Leistungsumfang, die für den Zugang zu audiovisuellen Mediendiensten verwendet werden (→ § 2 Nr. 6 BFSG). Hierunter versteht der Gesetzgeber ausweislich der Legaldefinition in § 2 Nr. 6 BFSG Geräte für Verbraucher mit interaktivem Leistungsumfang (→ § 2 Nr. 36 BFSG), deren Hauptzweck es ist, Zugang zu audiovisuellen Mediendiensten (→ § 2 Nr. 5 BFSG) zu bieten. **39**

Zentral ist hierbei der Begriff des audiovisuellen Mediendienstes, den das Gesetz in § 2 Nr. 5 BFSG unter Verweis auf Art. 1 Abs. 1 lit. a RL 2010/13/EU definiert. Danach ist ein audiovisueller Mediendienst eine Dienstleistung (…), für die ein Mediendiensteanbieter die redaktionelle Verantwortung trägt und deren Hauptzweck die Bereitstellung von Sendungen zur Information, Unterhaltung oder Bildung der allgemeinen Öffentlichkeit über elektronische Kommunikationsnetze (…) ist. Bei diesen audiovisuellen Mediendiensten handelt es sich entweder um Fernsehprogramme oder um audiovisuelle Mediendienste auf Abruf. **40**

Erfasst werden damit neben herkömmlichen Fernsehgeräten auch **Smart-TV-Geräte**, die interaktive Funktionen wie den Zugang zu Streaming-Diensten (Netflix, Amazon Prime, YouTube), Apps, Internet-Browsing und anderen digitalen Medien eröffnen. Ebenfalls unter den Tatbestand fallen **Set-Top-Boxen** (z. B. für Kabel- oder Satellitenfernsehen) und **Streaming-Geräte** (z. B. Amazon Fire TV Stick[32], Google Chromecast Streaming Stick, Roku TV-Stick). Daneben erfasst der Tatbestand auch **Blu-ray/DVD-Player mit Smart-Funktionen** oder **interaktive Medienabspielgeräte** (z. B. für E-Learning oder digitale Bildung). Erfasst werden außerdem **Spielekonsolen**[33] und Systeme der virtuellen und erweiterten Realität (VR/AR). Einen Grenzfall stellen sicher **sprachgesteuerte Assistenten** wie Amazon Alexa dar, die den Zugriff auf audiovisuelle Inhalte von verschiedenen Medienplattformen über Sprachbefehle und interaktive Steuerung ermöglichen. Ob es gerade der Hauptzweck (vgl. § 2 Nr. 6 BFSG) solcher Geräte ist, den Zugang zu audiovisuellen Medieninhalten zu eröffnen, kann durchaus hinterfragt werden. Ein **41**

31 BT-Drs. 19/28653, S. 64.
32 BT-Drs. 19/28653, S. 64.
33 BT-Drs. 19/28653, S. 64.

Wirtschaftsakteur ist angesichts der noch weitgehend ungeklärten Rechtslage trotzdem dennoch gut beraten, im Zweifel von einem weiten Anwendungsbereich des Tatbestands auszugehen.

5. E-Book-Lesegeräte (Nr. 5)

42 Zugriff, Lektüre und Nutzung von E-Book-Dateien muss ausschließlicher oder jedenfalls primärer Zweck des Geräts sein (sog. Schwerpunktbetrachtung). Unter den Begriff des E-Book-Lesegeräts (→ § 2 Nr. 38 BFSG) fallen daher solche Geräte nicht, die, wie etwa ein bereits von § 1 Abs. 2 Nr. 1 BFSG erfasstes Tablet (→ Rn. 18), ggf. unter Installation und Nutzung einer E-Book-Reader-App wie Kindle, Apple Books, Adobe Digital Editions oder auch spezielle Apps für ePub-Dateien zum Lesen von E-Books nutzbar gemacht werden können. In diesen Fällen handelt es sich nicht um ein „spezielles" Gerät, das für Zugriff, Navigation, Lektüre und Nutzung von E-Book-Dateien verwendet wird. Dieses Ergebnis wird dadurch abgesichert, dass solche Geräte wegen des in der Nutzbarmachung zum Ausdruck kommenden Mehrzweckcharakters in aller Regel Universalcomputer darstellen und daher bereits über § 1 Abs. 2 Nr. 1 BFSG vom Anwendungsbereich des Gesetzes erfasst werden. Dem europäischen Gesetzgeber ging es bei der Aufnahme des E-Book-Lesegeräts in den Anwendungsbereich des BFSG erkennbar darum, solche Produkte zu erfassen, die wegen des fehlenden Mehrzweckcharakters nicht unter den Begriff des Universalcomputers fallen.

III. Anwendung auf Dienstleistungen (Abs. 3)

43 § 1 Abs. 3 BFSG zählt in Umsetzung von Art. 2 Abs. 2 RL 2019/882/EU diejenigen Dienstleistungen auf, auf die das BFSG Anwendung findet. Für die Bestimmung dieses persönlichen Anwendungsbereichs im Einzelnen wird auf die Kommentierung zu den Begriffsbestimmungen (siehe unter § 2 BFSG Rn. 4 ff.) und den jeweiligen Vorschriften der BFSGV verwiesen.

IV. Ausnahmen vom Anwendungsbereich für bestimmte Inhalte (Abs. 4)

44 Die Vorschrift des § 1 Abs. 4 BFSG setzt Art. 2 Abs. 4 RL 2019/882/EU um und nimmt bestimmte Inhalte von Webseiten von den Barrierefreiheitsanforderungen aus. Die Ausnahmen entsprechen denjenigen in § 2 Abs. 2 Barrierefreie-Informationstechnik-Verordnung (BITV 2.0), sind mit diesen aber nicht deckungsgleich. Daher ist fraglich, ob die gesetzgeberische Absicht öffentliche Stellen und private Dienstleistungsanbieter im Hinblick auf die Barrierefreiheit gleichzustellen,[34] tatsächlich realisiert wurde.

45 Gemäß Nummer 1 sind aufgezeichnete, zeitbasierte Medien, die vor dem 28.06.2025 veröffentlicht wurden, von dem Anwendungsbereich ausgenommen. Dabei handelt

34 BT-Drs. 19/28653, S. 66.

es sich um Medien, die unabhängig vom Raum der wiederholten Vorführung zugänglich sind, zum Beispiel Videos, Filme oder Tonaufzeichnungen.

Nummer 2 nimmt Dateiformate von Büro-Anwendungen, die vor dem 28.06.2025 veröffentlicht wurden, vom Anwendungsbereich aus. Büro-Anwendungen sind Programme für Schriftverkehr und Präsentation (Office-Software). Ein Dateiformat ist die festgelegte Anordnung, beziehungsweise zugrundeliegende Struktur, nach der die in einer Datei enthaltenen Daten abgespeichert sind. **46**

Nummer 3 nimmt – ohne Stichtagsregelung – Online-Karten und Kartendienste vom Anwendungsbereich aus, sofern bei Karten für Navigationszwecke wesentliche Informationen barrierefrei zugänglich in digitaler Form bereitgestellt werden. Kartendienste umfassen dabei sowohl Online-Kartendienste, als auch solche, die offline zum Beispiel über eine Anwendung auf einem Mobiltelefon abgerufen werden können. **47**

Nach Nummer 4 fallen solche Inhalte nicht unter das BFSG, die von Dritten stammen und von dem betreffenden Wirtschaftsakteur weder finanziert oder entwickelt werden noch dessen Kontrolle unterliegen. **48**

Nach Nummer 5 sind alle Online-Archive von den Anforderungen ausgenommen: Inhalte von Webseiten und mobilen Anwendungen, die nach dem 28.06.2025 nicht mehr aktualisiert oder überarbeitet werden. **49**

V. Abgrenzung zu den Bestimmungen des Urheberrechts (Abs. 5)

Ausweislich Art. 2 Abs. 5 RL 2019/882/EU bleiben durch die Bestimmungen der Richtline die sog. Marrakesch-Richtlinie (EU) 2017/1564 sowie die Marrakesch-Verordnung (EU) 2017/1563 unberührt. Die Bestimmung des § 1 Abs. 5 BFSG stellt deshalb klar, dass die im Urheberrecht geregelten Befugnisse zugunsten von Menschen mit Behinderungen weiterhin Anwendung finden.[35] Dies gilt sowohl für die Nutzungsbefugnisse von Menschen mit einer Seh- und Lesebehinderung nach den §§ 45b bis 45d UrhG als auch für die sonstigen Nutzungsbefugnisse von Menschen mit Behinderungen gemäß § 45a UrhG. Auch die §§ 95a – 96 UrhG bleiben unberührt. Daher sind die urheberrechtlichen Maßgaben für technische Schutzmaßnahmen auch im Anwendungsbereich des BFSG zu beachten. Wenn also ein Rechtsinhaber eine technische Schutzmaßnahme einsetzt, die der Barrierefreiheit entgegensteht, darf dieser technische Schutz nicht im Wege der Selbsthilfe umgangen werden. Die von den Wirtschaftsakteuren im Abschnitt 3 (§§ 6 ff. BFSG, insbesondere § 14 Abs. 4 BFSG) geforderten Korrekturmaßnahmen beschränken sich in diesem Falle darauf, vom Rechtsinhaber (zum Beispiel dem Verlag) zu verlangen, die Dienstleistung in barrierefreier Form bereitzustellen (zum Beispiel in einem barrierefreien E-Book-Format). **50**

35 BT-Drs. 19/28653, S. 66.

§ 2 BFSG
Begriffsbestimmungen

Im Sinne dieses Gesetzes ist oder sind

1. „Menschen mit Behinderungen“ Menschen, die langfristige körperliche, seelische, geistige oder Sinnesbeeinträchtigungen haben, welche sie in Wechselwirkung mit einstellungs- und umweltbedingten Barrieren an der gleichberechtigten Teilhabe an der Gesellschaft hindern können; als langfristig gilt ein Zeitraum, der mit hoher Wahrscheinlichkeit länger als sechs Monate andauert;

2. „Produkt“ ein Stoff, eine Zubereitung oder eine Ware, der oder die durch einen Fertigungsprozess hergestellt worden ist, mit Ausnahme von Lebensmitteln, Futtermitteln, lebenden Pflanzen und Tieren, Erzeugnissen menschlichen Ursprungs und Erzeugnissen von Pflanzen und Tieren, die unmittelbar mit ihrer künftigen Reproduktion zusammenhängen;

3. „Dienstleistung“ eine Dienstleistung im Sinne des Artikels 4 Nr. 1 der Richtlinie 2006/123/EG des Europäischen Parlaments und des Rates vom 12. Dezember 2006 über Dienstleistungen im Binnenmarkt (ABl. L 376 vom 27.12.2006, S. 36);

4. „Dienstleistungserbringer“ jede natürliche oder juristische Person oder rechtsfähige Personengesellschaft, die auf dem Unionsmarkt eine Dienstleistung für Verbraucher erbringt oder anbietet, eine solche Dienstleistung zu erbringen;

5. „audiovisuelle Mediendienste“ Dienste im Sinne des Artikels 1 Abs. 1 Lit. a der Richtlinie 2010/13/EU des Europäischen Parlaments und des Rates vom 10. März 2010 zur Koordinierung bestimmter Rechts- und Verwaltungsvorschriften der Mitgliedstaaten über die Bereitstellung audiovisueller Mediendienste (ABl. L 95 vom 15.4.2010, S. 1; L 263 vom 6.10.2010, S. 15), die durch die Richtlinie (EU) 2018/1808 des Europäischen Parlaments und des Rates vom 14. November 2018 (ABl. L 303 vom 28.11.2018, S. 69) geändert worden ist;

6. „Verbraucherendgeräte mit interaktivem Leistungsumfang, die für den Zugang zu audiovisuellen Mediendiensten verwendet werden“ Geräte für Verbraucher mit interaktivem Leistungsumfang, deren Hauptzweck es ist, Zugang zu audiovisuellen Mediendiensten zu bieten;

7. „Telekommunikationsdienste“ ein Telekommunikationsdienst im Sinne des Artikels 2 Nr. 4 der Richtlinie (EU) 2018/1972 des Europäischen Parlaments und des Rates vom 11. Dezember 2018 über den europäischen Kodex für die elektronische Kommunikation (ABl. L 321 vom 17.12.2018, S. 36; L 334 vom 27.12.2019, S. 164);

8. „Text in Echtzeit“ eine Form der textbasierten Kommunikation in Punkt-zu-Punkt-Verbindungen oder bei Mehrpunktverbindungen, wobei der eingegebene Text so versendet wird, dass die Kommunikation vom Nutzer Zeichen für Zeichen als kontinuierlich wahrgenommen wird;

9. „Bereitstellung auf dem Markt“ jede entgeltliche oder unentgeltliche Abgabe eines Produkts zum Vertrieb, zum Gebrauch oder zum Verbrauch auf dem Unionsmarkt im Rahmen einer Geschäftstätigkeit;

10. „Inverkehrbringen“ die erstmalige Bereitstellung eines Produkts auf dem Unionsmarkt;

11. „Hersteller“ jede natürliche oder juristische Person oder rechtsfähige Personengesellschaft, die ein Produkt herstellt oder entwickeln oder herstellen lässt und dieses Produkt unter ihrem eigenen Namen oder ihrer eigenen Marke vermarktet;

12. „Bevollmächtigter“ jede in der Europäischen Union ansässige natürliche oder juristische Person oder rechtsfähige Personengesellschaft, die von einem Hersteller schriftlich beauftragt wurde, in seinem Namen bestimmte Aufgaben wahrzunehmen;

13. „Einführer“ jede in der Europäischen Union ansässige natürliche oder juristische Person oder rechtsfähige Personengesellschaft, die ein Produkt aus einem Drittstaat auf dem Unionsmarkt in den Verkehr bringt;

14. „Händler“ jede natürliche oder juristische Person oder rechtsfähige Personengesellschaft in der Lieferkette, die ein Produkt auf dem Markt bereitstellt, mit Ausnahme des Herstellers oder des Einführers;

15. „Wirtschaftsakteur“ ein Hersteller, Bevollmächtigter, Einführer, Händler oder Dienstleistungserbringer;

16. „Verbraucher“ jede natürliche Person, die ein unter dieses Gesetz fallendes Produkt oder eine unter dieses Gesetz fallende Dienstleistung zu Zwecken kauft oder empfängt, die überwiegend weder ihrer gewerblichen noch ihrer selbständigen beruflichen Tätigkeit zugerechnet werden können;

17. „Kleinstunternehmen“ ein Unternehmen, das weniger als zehn Personen beschäftigt und das entweder einen Jahresumsatz von höchstens 2 Millionen Euro erzielt oder dessen Jahresbilanzsumme sich auf höchstens 2 Millionen Euro beläuft;

18. „kleine und mittlere Unternehmen“ Unternehmen, die weniger als 250 Personen beschäftigen und die entweder einen Jahresumsatz von höchstens 50 Millionen Euro erzielen oder deren Jahresbilanzsumme sich auf höchstens 43 Millionen Euro beläuft, mit Ausnahme von Kleinstunternehmen;

19. „harmonisierte Norm“ eine harmonisierte Norm im Sinne des Artikels 2 Nr. 1 Lit. c der Verordnung (EU) Nr. 1025/2012 des Europäischen Parlaments und des Rates vom 25. Oktober 2012 zur europäischen Normung, zur Änderung der Richtlinien 89/686/EWG und 93/15/EWG des Rates sowie der Richtlinien 94/9/EG, 94/25/EG, 95/16/EG, 97/23/EG, 98/34/EG, 2004/22/EG, 2007/23/EG, 2009/23/EG und 2009/105/EG des Europäischen Parlaments und des Rates und zur Aufhebung des Beschlusses 87/95/EWG des Rates und des Beschlusses Nr. 1673/2006/EG des Europäischen Parlaments und des Rates (ABl. L 316 vom 14.11.2012, S. 12);

20. „technische Spezifikation" eine technische Spezifikation im Sinne des Artikels 2 Nr. 4 der Verordnung (EU) Nr. 1025/2012, die ein Mittel zur Erfüllung der für ein Produkt oder eine Dienstleistung geltenden Barrierefreiheitsanforderungen darstellt;

21. „CE-Kennzeichnung" die Kennzeichnung, durch die der Hersteller erklärt, dass das Produkt den geltenden Anforderungen genügt, die in den Harmonisierungsrechtsvorschriften der Europäischen Union, die ihre Anbringung vorschreiben, festgelegt sind;

22. „Marktüberwachungsbehörde" jede Behörde, die nach Landesrecht für die Durchführung der Marktüberwachung zuständig ist;

23. „Rücknahme" jede Maßnahme, mit der verhindert werden soll, dass ein Produkt, das sich in der Lieferkette befindet, auf dem Markt bereitgestellt wird, oder bewirkt werden soll, dass ein auf dem Markt bereitgestelltes Produkt dem Markt wieder entzogen wird;

24. „Bankdienstleistungen für Verbraucher" die Bereitstellung der folgenden Bank- und Finanzdienstleistungen für Verbraucher:

a) Kreditverträge im Sinne der Richtlinie 2008/48/EG des Europäischen Parlaments und des Rates vom 23. April 2008 über Verbraucherkreditverträge und zur Aufhebung der Richtlinie 87/102/EWG des Rates (ABl. L 133 vom 22.5.2008, S. 66), mit der Maßgabe, dass die Höchstgrenze gemäß Artikel 2 Abs. 2 Lit. c der Richtlinie 2008/48/EG keine Anwendung findet, oder Kreditverträge im Sinne der Richtlinie 2014/17/EU des Europäischen Parlaments und des Rates vom 4. Februar 2014 über Wohnimmobilienkreditverträge für Verbraucher und zur Änderung der Richtlinien 2008/48/EG und 2013/36/EU und der Verordnung (EU) Nr. 1093/2010 (ABl. L 60 vom 28.2.2014, S. 34);

b) Dienste gemäß Anhang I Abschnitt A Nr. 1, 2, 4 und 5 und Abschnitt B Nr. 1, 2, 4 und 5 der Richtlinie 2014/65/EU des Europäischen Parlaments und des Rates vom 15. Mai 2014 über Märkte für Finanzinstrumente sowie zur Änderung der Richtlinien 2002/92/EG und 2011/61/EU (ABl. L 173 vom 12.6.2014, S. 349; L 74 vom 18.3.2015, S. 38; L 188 vom 13.7.2016, S. 28; L 273 vom 8.10.2016, S. 35; L 64 vom 10.3.2017, S. 116; L 278 vom 27.10.2017, S. 56), die zuletzt durch die Verordnung (EU) 2019/2115 (ABl. L 30 vom 11.12.2019, S. 1) geändert worden ist;

c) Zahlungsdienste gemäß § 1 Abs. 1 Satz 2 des Zahlungsdiensteaufsichtsgesetzes vom 17. Juli 2017 (BGBl. I S. 2446), das zuletzt durch Artikel 9 Abs. 8 des Gesetzes vom 9. Dezember 2020 (BGBl. I S. 2773) geändert worden ist;

d) mit einem Zahlungskonto verbundene Dienste gemäß § 2 Abs. 2 des Zahlungskontengesetzes vom 11. April 2016 (BGBl. I S. 720), das zuletzt durch Artikel 9 Abs. 7 des Gesetzes vom 9. Dezember 2020 (BGBl. I S. 2773) geändert worden ist und

e) E-Geld gemäß § 1 Abs. 2 Satz 3 des Zahlungsdiensteaufsichtsgesetzes;

25. „Zahlungsterminal" ein Gerät, dessen Hauptzweck es ist, Zahlungen mithilfe von Zahlungsinstrumenten im Sinne des § 1 Abs. 20 des Zahlungsdienst-

eaufsichtsgesetzes an einer physischen Verkaufsstelle vorzunehmen, nicht jedoch in einer virtuellen Umgebung;

26. „Dienstleistungen im elektronischen Geschäftsverkehr" Dienstleistungen der Telemedien, die über Webseiten und über Anwendungen auf Mobilgeräten angeboten werden und elektronisch und auf individuelle Anfrage eines Verbrauchers im Hinblick auf den Abschluss eines Verbrauchervertrags erbracht werden;

27. „Personenbeförderungsdienste im Luftverkehr" gewerbliche Passagierflugdienste gemäß Artikel 2 Lit. l der Verordnung (EG) Nr. 1107/2006 des Europäischen Parlaments und des Rates vom 5. Juli 2006 über die Rechte von behinderten Flugreisenden und Flugreisenden mit eingeschränkter Mobilität (ABl. L 204 vom 26.7.2006, S. 1; ABl. R 026 vom 26.01.2013, S. 34), wenn von einem Flughafen, der im Hoheitsgebiet eines Mitgliedstaats liegt, abgeflogen, auf einem solchen angekommen oder ein solcher im Transit benutzt wird; einschließlich Flügen ab einem in einem Drittland gelegenen Flughafen zu einem im Hoheitsgebiet eines Mitgliedstaats gelegenen Flughafen, wenn diese Dienste von einem Luftfahrtunternehmen aus der Europäischen Union betrieben werden;

28. „Personenbeförderungsdienste im Busverkehr" Dienstleistungen, die Gegenstand von Artikel 2 Abs. 1 und 2 der Verordnung (EU) Nr. 181/2011 des Europäischen Parlaments und des Rates vom 16. Februar 2011 über die Fahrgastrechte im Kraftomnibusverkehr und zur Änderung der Verordnung (EG) Nr. 2006/2004 (ABl. L 55 vom 28.2.2011, S. 1) sind;

29. „Personenbeförderungsdienste im Schienenverkehr" alle Eisenbahnfahrten und -dienstleistungen im Sinne von Artikel 2 Abs. 1 der Verordnung (EG) Nr. 1371/2007 des Europäischen Parlaments und des Rates vom 23. Oktober 2007 über die Rechte und Pflichten der Fahrgäste im Eisenbahnverkehr (ABl. L 315 vom 3.12.2007, S. 14) mit Ausnahme der in Artikel 2 Abs. 2 der genannten Verordnung genannten Dienstleistungen;

30. „Personenbeförderungsdienste im Schiffsverkehr" alle Dienstleistungen für Fahrgäste im Sinne von Artikel 2 Abs. 1 der Verordnung (EU) Nr. 1177/2010 des Europäischen Parlaments und des Rates vom 24. November 2010 über die Fahrgastrechte im See- und Binnenschiffsverkehr und zur Änderung der Verordnung (EG) Nr. 2006/2004 (ABl. L 334 vom 17.12.2010, S. 1) mit Ausnahme der in Artikel 2 Abs. 2 der genannten Verordnung genannten Dienstleistungen;

31. „Stadt- und Vorortverkehrsdienste" Verkehrsdienste mit den Verkehrsmitteln Eisenbahn, Bus, U-Bahn, Straßenbahn und Oberleitungsomnibus, deren Hauptzweck es ist, die Verkehrsbedürfnisse eines Stadtgebietes oder eines, auch grenzüberschreitenden, Ballungsraumes sowie die Verkehrsbedürfnisse zwischen einem Stadtgebiet oder Ballungsraum und dem Umland abzudecken;

32. „Regionalverkehrsdienste" Verkehrsdienste mit den Verkehrsmitteln Eisenbahn, Bus, U-Bahn, Straßenbahn und Oberleitungsomnibus, deren Hauptzweck es ist, die Verkehrsbedürfnisse einer, auch grenzüberschreitenden, Region abzudecken;

33. „assistive Technologien" jedes Element, Gerät oder Produktsystem, einschließlich Software,

a) das genutzt wird, um die funktionellen Fähigkeiten von Menschen mit Behinderungen zu erhöhen, aufrechtzuerhalten, zu ersetzen oder zu verbessern, oder

b) das der Linderung und dem Ausgleich von Behinderungen, Beeinträchtigungen der Aktivität oder Beeinträchtigungen der Teilhabe von Menschen mit Behinderungen dient;

34. „Betriebssystem" die Software, die unter anderem die Schnittstelle zur peripheren Hardware steuert, Aufgaben plant, Speicherplatz zuweist und dem Verbraucher eine Standardschnittstelle anzeigt, wenn kein Anwenderprogramm läuft, einschließlich einer grafischen Nutzerschnittstelle, unabhängig davon, ob diese Software integraler Bestandteil der Hardware für Universalrechner für Verbraucher ist oder als externe Software zur Ausführung auf der Hardware für Universalrechner für Verbraucher bestimmt ist; ausgeschlossen sind Lader eines Betriebssystems, ein BIOS oder eine andere Firmware, die beim Hochfahren oder beim Installieren des Betriebssystems erforderlich ist;

35. „Hardwaresystem für Universalrechner für Verbraucher" die Kombination von Hardware,

a) die einen vollständigen Computer bildet und durch ihren Mehrzweckcharakter und ihre Fähigkeit gekennzeichnet ist, mit der geeigneten Software die vom Verbraucher geforderten üblichen Computeraufgaben durchzuführen, und

b) dazu bestimmt ist, von Verbrauchern bedient zu werden; einschließlich Personal Computer, insbesondere Desktops, Notebooks, Smartphones und Tablets;

36. „interaktiver Leistungsumfang" die Funktionalität zur Unterstützung der Interaktion zwischen Mensch und Gerät, um die Verarbeitung und Übertragung von Daten, Sprache oder Video oder einer beliebigen Kombination daraus zu ermöglichen;

37. „E-Book und hierfür bestimmte Software"

a) einen Dienst, der in der Bereitstellung digitaler Dateien besteht, die eine elektronische Fassung eines Buches übermitteln und Zugriff, Blättern, Lektüre und Nutzung ermöglichen, und

b) die Software, die speziell auf Zugriff, Navigieren, Lektüre und Nutzung der betreffenden digitalen Dateien ausgelegt ist, einschließlich Dienstleistungen und mobiler Anwendungen, die auf Mobilgeräten angeboten werden und ausgenommen Software für E-Book-Lesegeräte nach Nr. 38;

38. „E-Book-Lesegerät" ein spezielles Gerät, einschließlich Hardware und Software, das für Zugriff, Navigieren, Lektüre und Nutzung von E-Book-Dateien verwendet wird;

39. „elektronische Tickets" Systeme, in denen eine Fahrberechtigung in Form eines Fahrscheins für eine einfache Fahrt oder mehrere Fahrten, eines Abonnements oder eines Fahrguthabens nicht auf Papier gedruckt wird, sondern

elektronisch auf einem physischen Fahrausweis oder einem anderen Gerät gespeichert wird;

40. „elektronische Ticketdienste" Systeme, in denen Fahrberechtigungen mithilfe eines Geräts mit interaktivem Leistungsumfang unter anderem online erworben und dem Käufer elektronisch übermittelt werden, damit sie in Papierform ausgedruckt oder mithilfe eines Geräts mit interaktivem Leistungsumfang während der Fahrt angezeigt werden können;

41. „Ingebrauchnahme" die erstmalige Eröffnung der Nutzungsmöglichkeit eines Selbstbedienungsterminals.

Gliederung: Rn.

A. Einführung

1 Größenteils hat der deutsche Gesetzgeber die Begriffsbestimmungen aus der RL 2019/882/EU übernommen. Die Begriffe sind zum Teil schon öfter in Verordnungen oder Richtlinien aufgetaucht und weichen nur vereinzelt von den Bestimmungen anderer Vorschriften ab. Die Vielzahl von Regulierungen von Produkten und Dienstleistungen in den letzten Jahren führen dazu, dass sich die Begriffe entsprechend überschneiden. Eine solche Vorgehensweise ist zu begrüßen und erleichtert die Anwendung regulatorischer Vorgaben.

2 Es gibt Überschneidungen in den Begriffsbestimmungen mit dem BGG. Die Vielzahl von Regulierungen auch auf nationaler Ebene führen auch hier zu einer Wiederholung, aber auch zu einheitlichen Begriffsbestimmungen.

3 Die Begriffsbestimmungen aus dieser Vorschrift gelten auch für das BFSGV, wobei § 2 BFSGV darüber hinaus noch weitere Begriffsbestimmungen enthält.

B. Regelungsgehalt

I. Menschen mit Behinderungen

4 Gemäß § 2 Nr. 1 BFSG sind Menschen mit Behinderungen Menschen, die langfristige körperliche, seelische, geistige oder Sinnesbeeinträchtigungen haben, welche sie in Wechselwirkung mit einstellungs- und umweltbedingten Barrieren an der gleichberechtigten Teilhabe an der Gesellschaft hindern können. Als langfristig gilt ein Zeitraum, der mit hoher Wahrscheinlichkeit länger als sechs Monate andauert. Die Vorschrift setzt Art. 3 Nr. 1 der RL 2019/882/EU um. Die hier verwendete Definition von „Menschen mit Behinderungen" beruht auf der Definition des Art. 1 Satz 2 der UN-Behindertenrechtskonvention und entspricht wörtlich der in § 3 BGG genutzten Begriffsbestimmung.[1] Dabei unterscheidet sich die Bestimmung von den Vorschriften in der RL 2019/882/EU und der UN-Behindertenrechtskonvention. Der deutsche Gesetzgeber fordert einstellungs- und umweltbedingte Barrieren sowie eine gleichberechtigte Teilhabe. In der UN-Behindertenrechtskonvention und in der

1 BT-Drs. 19/28653 S. 67.

RL 2019/882/EU sind lediglich „verschiedene[…] Barrieren“ sowie eine „volle[…], wirksame[…] und gleichberechtigte[…] Teilhabe“ bedacht. Die Kürzung in der nationalen Vorschrift auf „gleichberechtigte Teilhabe“ findet sich nur in der Begriffsbestimmung wieder. Noch in der Erläuterung der Gesetzgebungskompetenz umfasst „der Zweck des Gesetzes, die volle, wirksame und gleichberechtigte Teilhabe von Menschen mit Behinderungen durch Verbesserung des Zugangs zu Alltagsprodukten und -dienstleistungen zu fördern“[2]. Der europäische Gesetzgeber unterscheidet weiter zwischen Menschen mit Behinderungen und Menschen mit funktionellen Einschränkungen, die von der Richtlinie nicht primär erfasst sind, aber auch davon profitieren werden. Beispielhaft nennt der europäische Gesetzgeber für Menschen mit funktionellen Einschränkungen ältere Menschen, Schwangere und Reisende mit Gepäck.[3]

Das BFSG schützt die Verbraucher und adressiert nicht nur Menschen mit Behinderungen. Deswegen braucht der Behindertenbegriff, wie auch im BGG, nicht an ein förmliches Anerkennungsverfahren geknüpft werden.[4] **5**

II. Produkt

Der Begriff „Produkt“ gemäß § 2 Nr. 2 BFSG orientiert sich an der inhaltsgleichen Definition in Art. 3 Nr. 2 der RL 2019/882/EU. Ein Produkt wird als ein Stoff, eine Zubereitung oder eine Ware beschrieben, das durch einen Fertigungsprozess hergestellt worden ist. Wichtig ist die Klarstellung, welche Gegenstände nicht unter den Begriff „Produkt“ im Sinne des BFSG fallen, nämlich Lebensmittel, Futtermittel, lebende Pflanzen und Tiere, Erzeugnisse menschlichen Ursprungs sowie Erzeugnisse von Pflanzen und Tieren, die unmittelbar mit ihrer künftigen Reproduktion zusammenhängen. Diese Definition legt besonderen Wert auf die Herstellung durch einen Fertigungsprozess, was bedeutet, dass naturbelassene Erzeugnisse nicht unter diese Kategorie fallen. Somit werden von den Barrierefreiheitsanforderungen ausschließlich Non-Food-Produkte erfasst.[5] **6**

Obwohl eine Vielzahl von Produkten in die allgemeine Definition fällt, sind keinesfalls alle Produkte vom Anwendungsbereich des BFSG erfasst. Die Bestimmungen des BFSG bezüglich der Barrierefreiheitsanforderungen beziehen sich speziell auf die Produkte, die in § 1 Abs. 2 BFSG genannt sind. **7**

III. Dienstleistung

Die Begriffsbestimmung in § 2 Nr. 3 BFSG setzt Art. 3 Nr. 3 der RL 2019/882/EU um, indem sie sich auf die Definition der Dienstleistung in Art. 4 Nr. 1 der Richtlinie 2006/123/EG über Dienstleistungen im Binnenmarkt stützt. **8**

Eine Dienstleistung wird demnach als jede selbstständige Tätigkeit definiert, die in der Regel gegen Entgelt erbracht wird und die von Art. 50 des Vertrags von Niz- **9**

---

2 BT-Drs. 19/28653, S. 41.
3 Erwägungsgrund 4 der RL 2019/882/EU.
4 *Ritz*, in: Kossens/von der Heide/Maaß, SGB IX, 5. Aufl. 2023, BGG § 3 Rn. 2.
5 BT-Drs. 19/28653, S. 67.

za erfasst wurde. Dieser bis 2009 geltende Artikel beschreibt Dienstleistungen als Leistungen, die in der Regel gegen Entgelt erbracht werden, es sei denn, sie unterliegen den Vorschriften über den freien Waren- und Kapitalverkehr sowie über die Freizügigkeit der Personen. Dazu zählen insbesondere gewerbliche, kaufmännische, handwerkliche und freiberufliche Tätigkeiten. Der derzeit gültige Art. 57 AEUV enthält eine identische Definition für Dienstleistungen.

10 Es ist wichtig anzumerken, dass der Begriff „Dienstleistung" gemäß Art. 57 Abs. 1 AEUV nicht mit dem in der Volkswirtschaftslehre verwendeten Begriff gleichzusetzen ist. In der Volkswirtschaftslehre umfasst der Dienstleistungsbegriff alle wirtschaftlichen Leistungen, die nicht die Herstellung von Rohstoffen oder Waren betreffen.[6]

11 Obwohl eine Vielzahl von Dienstleistungen unter die allgemeine Definition fällt, werden nicht alle durch den Anwendungsbereich des BFSG erfasst. Die Bestimmungen des BFSG hinsichtlich der Barrierefreiheitsanforderungen beziehen sich speziell auf die Dienstleistungen, die in § 1 Abs. 3 BFSG benannt sind. Gleichzeitig beschreibt § 1 Abs. 4 BFSG die Dienstleistungen, die von den Anforderungen des BFSG ausgenommen sind.

IV. Dienstleistungserbringer

12 Die Vorschrift setzt Art. 3 Nr. 4 der RL 2019/882/EU um und definiert „Dienstleistungserbringer" als jede natürliche oder juristische Person oder eine rechtsfähige Personengesellschaft, die eine Dienstleistung auf dem Unionsmarkt erbringt oder anbietet, eine solche Dienstleistung für Verbraucher in der Union zu erbringen. Die Definition stellt die Verbraucherorientierung des Gesetzes klar.[7] In Ergänzung zu der RL 2019/882/EU führt der deutsche Gesetzgeber noch die rechtsfähige Personengesellschaft als potentiellen Dienstleistungserbringer an.

V. Audiovisuelle Mediendienste

13 Nach den vielzähligen Inbezugnahmen von geänderten und aktuellen Richtlinien in § 2 Nr. 4 BFSG ergibt sich die von dem deutschen Gesetzgeber intendierte Definition erst aus der Gesetzesbegründung: Audiovisuelle Mediendienste sind Dienstleistungen, für die ein Mediendienstanbieter die redaktionelle Verantwortung trägt und deren Hauptzweck die Bereitstellung von Sendungen zur Information, Unterhaltung oder Bildung der allgemeinen Öffentlichkeit über elektronische Kommunikationsnetze ist. Dabei handelt es sich entweder um Fernsehprogramme oder um audiovisuelle Mediendienste auf Abruf.[8]

---

6 *Randelzhofer/Forsthoff*, in: GHN, AEUV, 83. EL Juli 2024, Art. 57 Rn. 7.
7 BT-Drs. 19/28653, S. 67.
8 BT-Drs. 19/28653, S. 67.

VI. Verbraucherendgeräte mit interaktivem Leistungsumfang, die für den Zugang zu audiovisuellen Mediendiensten verwendet werden

Diese Geräte für Verbraucher haben den Hauptzweck, Zugang zu audiovisuellen Mediendiensten zu bieten. Die Verwendung des Begriffs „Hauptzweck", so der deutsche Gesetzgeber, ermöglicht es den Geräten, auch anderen Zwecken zu dienen, „solange diese für die Zweckbestimmung des Geräts nicht entscheidend sind".[9] Die Begriffsbestimmung entspricht jener in Art. 3 Nr. 7 der RL 2019/882/EU. **14**

VII. Telekommunikationsdienste

Der deutsche Gesetzgeber verwendet den Begriff „Telekommunikationsdienste" als Entsprechung zu der europäischen Begrifflichkeit „Elektronische Kommunikationsdienste", wie sie in Art. 2 Nr. 4 der Richtlinie 2018/1972/EU definiert werden. Diese Dienste, die gewöhnlich gegen Entgelt über elektronische Kommunikationsnetze erbracht werden, schließen Dienste aus, die Inhalte über diese Netze anbieten oder redaktionell kontrollieren. Der Begriff umfasst insbesondere Internetzugangsdienste, interpersonelle Kommunikationsdienste und solche, die hauptsächlich aus der Signalübertragung bestehen, wie Übertragungsdienste für die Maschine-zu-Maschine-Kommunikation und den Rundfunk. Die Definition von Internetzugangsdiensten in der Richtlinie 2018/1972/EU verweist auf die Verordnung 2015/2120/EU, wonach ein Internetzugangsdienst ein öffentlich zugänglicher elektronischer Kommunikationsdienst ist. Dieser bietet, unabhängig von Netztechnologie und Endgeräten, Zugang zum Internet und ermöglicht Verbindungen zu nahezu allen Internetanschlussstellen. **15**

VIII. Text in Echtzeit

„Text in Echtzeit" bezeichnet eine Form der textbasierten Kommunikation in Punkt-zu-Punkt-Verbindungen oder bei Mehrpunktverbindungen, wobei der eingegebene Text so versendet wird, dass die Kommunikation vom Nutzer Zeichen für Zeichen als kontinuierlich wahrgenommen wird. Der Begriff „Text in Echtzeit" findet sich in einigen Verordnungen oder Gesetzen zur barrierefreien Beantwortung von Notrufen wieder. Exemplarisch heißt es im Rettungsdienstgesetz Sachsen-Anhalt im Anhang „Notruf-112-Verordnung": „Die Rettungsdienstleitstellen müssen spätestens bis zum 28. Juni 2027 sicherstellen, dass an die einheitliche europäische NotrufNr. 112 gerichtete Notrufe unter Verwendung derselben Kommunikationsmittel wie für den Eingang des Notrufs beantwortet werden. Hierzu ist zusätzlich zur Sprachkommunikation als Kommunikationsmittel auch Text in Echtzeit im Sinne des Art. 3 Nr. 14 der Richtlinie (EU) 2019/882 des Europäischen Parlaments und des Rates vom 17. April 2019 über die Barrierefreiheitsanforderungen für Produkte und Dienstleistungen (ABl. L 151 vom 7.6.2019, S. 70; L 212 vom 13.8.2019, S. 73) bereitzustellen." **16**

---

9 BT-Drs. 19/28653, S. 67.

17 Der deutsche Gesetzgeber geht in seiner Begründung ferner auf die technischen Gegebenheiten ein: Bei einer Punkt-zu-Punkt-Verbindung wird eine direkte Verbindung zwischen zwei Netzwerkknoten oder Stationen hergestellt. Eine solche Direktverbindung kann eine Verbindung zwischen zwei Komponenten eines Netzwerks sein, oder auch eine Ende-zu-Ende-Verbindung zwischen zwei Endgeräten. Punkt-zu-Punkt-Verbindungen gibt es in drahtgebundenen Netzwerken, in der optischen Übertragungstechnik, der Funktechnik, im Richtfunk und im Anschlussbereich. Eine Mehrpunktverbindung hingegen stellt eine Datenkommunikationsverbindung zwischen mehr als zwei Standorten her.[10]

IX. Bereitstellung auf dem Markt

18 Hier entspricht die Definition im BFSG dem Wortlaut von Art. 3 Nr. 14 der RL 2019/882/EU.

X. Inverkehrbringen

19 Die Vorschrift setzt Art. 3 Nr. 16 der RL 2019/882/EU wortgleich um. Zugleich folgt der Begriff des „Inverkehrbringens" der in anderen Gesetzen (zum Beispiel im ProdSG (dort: § 2 Nr. 15) und im Elektromagnetische-Verträglichkeit-Gesetz (dort: § 3 Nr. 10)) angeblich gebräuchlichen und von daher vertrauten Definition.[11] In der RL 2019/882/EU sollten laut dem Erwägungsgrund 61 die Importeure beim Inverkehrbringen auf den Produkten den Namen, den eingetragenen Handelsnamen oder die eingetragene Handelsmarke sowie die Kontaktanschrift angeben.

XI. Hersteller

20 Die Begriffsbestimmung des „Herstellers" in § 2 Nr. 11 BFSG wird wortgleich aus Art. 3 Nr. 17 der RL 2019/882/EU übernommen. Sie wird jedoch um die rechtsfähige Personengesellschaft erweitert, die Träger von Rechten und Pflichten sein kann.[12] In der Gesetzesbegründung zum Begriff des Herstellers erwähnt der Gesetzgeber zwei zusätzliche Herstellerbegriffe, die im finalen Text des BFSG nicht enthalten sind: Der Quasi-Hersteller gemäß Nr. 12 lit. a, der sich als Hersteller ausgibt, indem er seinen Namen, seine Marke oder ein anderes Kennzeichen auf einem Produkt anbringt, und der Hersteller, der ein Produkt wiederaufarbeitet oder dessen Barrierefreiheitseigenschaften beeinflusst, gemäß Nr. 12 lit. b. Diese beiden Herstellerdefinitionen werden weder in den weiteren Bestimmungen des BFSG verwendet, noch finden sie sich in der Richtlinie 2019/882/EU wieder. Der Verweis auf Nr. 12 in der Begriffsbestimmung zu Nr. 11 deutet darauf hin, dass es sich um ein redaktionelles Versehen aufgrund einer unterlassenen Streichung handeln könnte.

---

10 BT-Drs. 19/28653, S. 68.
11 BT-Drs. 19/28653, S. 68.
12 BT-Drs. 19/28653, S. 68.

XII. Bevollmächtigter

21 Die Begriffsbestimmung des „Bevollmächtigten“ in § 2 Nr. 12 BFSG wird aus Art. 3 Nr. 18 der Richtlinie 2019/882/EU übernommen, jedoch um die rechtsfähige Personengesellschaft erweitert.

XIII. Einführer

22 Die Begriffsbestimmung des „Einführers“ in § 2 Nr. 13 BFSG setzt Art. 3 Nr. 19 der Richtlinie 2019/882/EU um, wobei sie um die rechtsfähige Personengesellschaft erweitert wird.

XIV. Händler

23 In § 2 Nr. 14 BFSG wird der Begriff des „Händlers“ definiert und setzt Art. 3 Nr. 20 der Richtlinie 2019/882/EU um und ist um die rechtsfähige Personengesellschaft erweitert.

XV. Wirtschaftsakteur

24 Die Definition des „Wirtschaftsakteurs“ in § 2 Nr. 15 BFSG verwendet den Begriff als Oberbegriff, der die Akteure Hersteller, Bevollmächtigter, Einführer, Händler und Dienstleistungserbringer umfasst. Diese Definition entspricht wortgleich Art. 3 Nr. 21 der Richtlinie 2019/882/EU und fasst die verschiedenen Rollen in der Wirtschaftstätigkeit unter einem gemeinsamen Terminus zusammen.

XVI. Verbraucher

25 Die Definition des „Verbrauchers“ in § 2 Nr. 16 BFSG orientiert sich an der Begriffsbestimmung in § 13 BGB und enthält eine Erweiterung gegenüber Art. 3 Nr. 22 der Richtlinie 2019/882/EU. Nach dieser Definition ist ein Verbraucher jede natürliche Person, die ein Produkt oder eine Dienstleistung zu Zwecken erwirbt, die überwiegend weder ihrer gewerblichen noch ihrer selbständigen beruflichen Tätigkeit zugerechnet werden können. Die BFSG-Definition erweitert die Richtlinie dahingehend, dass auch jene natürlichen Personen als Verbraucher gelten, die ein Rechtsgeschäft zu Zwecken abschließen, die ihrer beruflichen Tätigkeit zugerechnet werden können, solange die geschäftliche Nutzung nicht überwiegt.[13]

XVII. Kleinstunternehmen

26 Die Definition von „Kleinstunternehmen“ in § 2 Nr. 17 BFSG stimmt wortgleich mit Art. 3 Nr. 23 der Richtlinie 2019/882/EU überein. Diese Definition basiert auf der Empfehlung der Europäischen Kommission vom 6. Mai 2003 zur Definition von Kleinstunternehmen sowie der kleinen und mittleren Unternehmen. Darüber hinaus spiegelt sie die Kriterien wider, die im Anhang I der Verordnung (EU) Nr. 651/2014

---

13 BT-Drs. 19/28653, S. 69.

festgelegt sind, welche die Vereinbarkeit bestimmter Gruppen von Beihilfen mit dem Binnenmarkt betrachtet.[14]

XVIII. Kleine und mittlere Unternehmen

27 Die Definition von „kleine und mittlere Unternehmen", auch in der Abkürzung KMU bekannt, in § 2 Nr. 18 BFSG stimmt wortgleich mit Art. 3 Nr. 24 der Richtlinie 2019/882/EU überein. Diese Definition basiert auf der Empfehlung der Europäischen Kommission vom 6. Mai 2003 zur Definition von Kleinstunternehmen sowie der kleinen und mittleren Unternehmen (Gesetzesbegründung). Ergänzend hierzu orientiert sie sich am Anhang I der Verordnung (EU) Nr. 651/2014, welche die Rahmenbedingungen für die Vereinbarkeit bestimmter Beihilfen mit dem Binnenmarkt beschreibt.[15]

XIX. Harmonisierte Norm

28 Die Definition von „harmonisierte Norm" in § 2 Nr. 19 BFSG entspricht Art. 3 Nr. 25 der Richtlinie 2019/882/EU und verweist auf die Definition gemäß Art. 2 Nr. 1 Lit. c der Verordnung (EU) Nr. 1025/2012. Demnach ist eine harmonisierte Norm eine europäische Norm, die auf der Grundlage eines Auftrags der Kommission zur Durchführung von Harmonisierungsrechtsvorschriften der Union angenommen wurde. Die Notwendigkeit dieser Definition im BFSG ergibt sich aus der Vermutungsklausel für harmonisierte Normen, die in § 4 BFSG behandelt wird.[16]

XX. Technische Spezifikation

29 Die Begriffsbestimmung der „technischen Spezifikation" in § 2 Nr. 20 BFSG entspricht Art. 3 Nr. 26 der Richtlinie 2019/882/EU und verweist auf Art. 2 Nr. 4 der Verordnung (EU) Nr. 1025/2012. Eine „technische Spezifikation" ist ein Dokument, das die Anforderungen unter anderem an Produkte und Dienstleistungen festlegt. Für Produkte umfasst dies Eigenschaften wie Qualität, Leistung und Sicherheit sowie Kennzeichnung und Prüfverfahren. Für Dienstleistungen betrifft es Eigenschaften wie Qualität, Interoperabilität und Sicherheit sowie die Bereitstellung von Informationen gemäß der Richtlinie 2006/123/EG. Ferner stellt § 2 Nr. 20 BFSG klar, dass dieses Dokument auch ein Mittel darstellen muss, das die für ein Produkt oder eine Dienstleistung geltenden Barrierefreiheitsanforderungen erfüllt. Darunter ist wohl auch zu verstehen, dass das Dokument selbst barrierefrei verfügbar sein muss.

XXI. CE-Kennzeichnung

30 Die Definition der „CE-Kennzeichnung" in § 2 Nr. 21 BFSG beschreibt sie als ein Zeichen, mit dem der Hersteller bestätigt, dass sein Produkt den geltenden Anforderungen gemäß den Harmonisierungsrechtsvorschriften der Europäischen Union

---

14 BT-Drs. 19/28653. S. 69.
15 BT-Drs. 19/28653. S. 69.
16 BT-Drs. 19/28653, S. 69.

entspricht. Die Richtlinie 2019/882/EU gibt zwar keine spezifische Definition, hebt jedoch in ihrem Erwägungsgrund 82 hervor, dass die CE-Kennzeichnung die Übereinstimmung eines Produkts mit den Barrierefreiheitsanforderungen der Richtlinie verdeutlicht und als sichtbares Ergebnis eines umfassenden Konformitätsbewertungsprozesses angesehen werden sollte. Dabei orientiert sich die Richtlinie an den allgemeinen Grundsätzen der Verordnung (EG) Nr. 765/2008, die die Akkreditierung und Überwachung des Marktes im Zusammenhang mit der Produktvermarktung regelt.[17]

XXII. Marktüberwachungsbehörde

Die Definition der „Marktüberwachungsbehörde" in § 2 Nr. 22 BFSG bezeichnet **31** diese als jede Behörde, die nach Landesrecht für die Durchführung der Marktüberwachung zuständig ist. Diese Definition berücksichtigt, dass die Landesregierungen die Marktüberwachung als eigenständige Angelegenheit handhaben und daher selbst bestimmen, welche Behörden diese Aufgaben übernehmen sollen.[18] In der Richtlinie 2019/882/EU ist keine spezifische Definition zu Marktüberwachungsbehörden vorhanden. Im Rahmen eines Staatsvertrag zwischen allen Bundesländern wurde sich geeinigt, dass eine gemeinsame „Marktüberwachungsstelle der Länder für die Barrierefreiheit von Produkten und Dienstleistungen" als eine neue Anstalt des öffentlichen Rechts mit dem Sitz in Magdeburg geben wird.[19]

XXIII. Rücknahme

Die Definition der „Rücknahme" in § 2 Nr. 23 BFSG setzt Art. 3 Nr. 27 der Richt- **32** linie 2019/882/EU um und erweitert diese. Während die Richtlinie „Rücknahme" als jede Maßnahme beschreibt, die verhindern soll, dass ein in der Lieferkette befindliches Produkt auf dem Markt bereitgestellt wird (RL 2019/882/EU), umfasst die Definition im BFSG zusätzlich den Aspekt, dass ein bereits auf dem Markt bereitgestelltes Produkt wieder vom Markt genommen werden soll. Diese Erweiterung berücksichtigt beide Aspekte der Rücknahme: sowohl das Verhindern der Marktbeteiligung von Produkten in der Lieferkette als auch das Entziehen bereits bereitgestellter Produkte vom Markt.

XXIV. Bankdienstleistungen für Verbraucher

Die Definition von „Bankdienstleistungen für Verbraucher" in § 2 Nr. 24 BFSG **33** entspricht jener in der Richtlinie 2019/882/EU und umfasst die Bereitstellung bestimmter Bank- und Finanzdienstleistungen für Verbraucher. Obwohl die Gesetzesbegründung keine spezifischen Angaben zu diesem Einleitungssatz liefert, wird

17 Erwägungsgrund Nr. 82 der RL 2019/882/EU.

18 BT-Drs. BT-Drs. 19/2865, S. 69.

19 Pressemitteilung 102/2025 der Staatskanzlei des Landes Sachsen-Anhalt vom 18.3.2025, https://www.sachsen-anhalt.de/fileadmin/tsa_rssinclude/staatskanzlei_18_03_2025_pressemitteilung_neue-behoerde-der-16-bundeslaender-in-magdeburg-ueberwacht-barrierefreiheit-von-produkten-und-dienstleistungen.pdf; abgerufen am 25.03.2025.

die Definition in beiden Texten als Grundlage für die weiteren Spezifikationen der möglichen Dienstleistungen verwendet, die unter diesen Begriff fallen.

1. Kreditverträge

34 Die Definition von Kreditverträgen in § 2 Nr. 24 lit. a BFSG setzt Art. 3 Nr. 28 lit. a der Richtlinie 2019/882/EU um und erweitert dabei deren Anwendungsbereich. Im Gegensatz zur RL, die sich auf die Kreditverträge im Rahmen der Richtlinien 2008/48/EG und 2014/17/EU beschränkt, erfasst das BFSG auch Verbraucherdarlehensverträge über 75.000 Euro, orientiert sich dabei an § 491 BGB und geht über die Höchstgrenze in Art. 2 Abs. 2 lit. c der RL 2008/48/EG. Diese Erweiterung ist notwendig, um eine Übereinstimmung mit dem bereits geltenden deutschen Recht zu gewährleisten und Rechtswidersprüche zu vermeiden.[20]

2. Dienste

35 In § 2 Nr. 24 lit. b BFSG werden „Dienste" im Einklang mit Art. 3 Nr. 28 lit. b der RL 2019/882/EU näher beschrieben. Dabei bezieht sich die Definition auf die Richtlinie 2014/65/EU, deren Anhang I Abschnitt A Nr. 1, 2, 4 und 5 sowie Abschnitt B Nr. 1, 2, 4 und 5 folgende Dienstleistungen nennt:

- Annahme und Übermittlung von Aufträgen, die ein oder mehrere Finanzinstrumente zum Gegenstand haben;
- Ausführung von Aufträgen im Namen von Kunden;
- Portfolio-Verwaltung;
- Anlageberatung;
- Verwahrung und Verwaltung von Finanzinstrumenten für Rechnung von Kunden, einschließlich Depotverwahrung und verbundener Dienstleistungen wie Cash-Management oder Sicherheitenverwaltung, und mit Ausnahme der Führung von Wertpapierkonten auf oberster Ebene;
- Gewährung von Krediten oder Darlehen an Anleger für die Durchführung von Geschäften mit einem oder mehreren Finanzinstrumenten, sofern das kredit- oder darlehensgewährende Unternehmen an diesen Geschäften beteiligt ist;
- Devisengeschäfte, wenn diese im Zusammenhang mit der Erbringung von Wertpapierdienstleistungen stehen;
- Wertpapier- und Finanzanalyse oder sonstige Formen allgemeiner Empfehlungen, die Geschäfte mit Finanzinstrumenten betreffen.

3. Zahlungsdienste

36 Die Bestimmung in § 24 lit. c BFSG definiert Zahlungsdienste im Einklang mit Art. 3 Nr. 28 lit. d der RL 2019/882/EU und verweist dabei auf § 1 Abs. 1 Satz 2 Zahlungsdiensteaufsichtsgesetz. Zu den Zahlungsdiensten zählen eine Reihe von spezifischen Aktivitäten, die den Zahlungsverkehr betreffen. Dazu gehören:

- Dienste, die Bareinzahlungen auf ein Zahlungskonto ermöglichen sowie alle erforderlichen Vorgänge zur Kontoführung (Einzahlungsgeschäft),

20 BT-Drs. 19/28653, S. 70.

- Dienste, die Barauszahlungen von einem Zahlungskonto ermöglichen und alle notwendigen Vorgänge zur Kontoführung umfassen (Auszahlungsgeschäft),
- die Ausführung von Zahlungsvorgängen, einschließlich der Übermittlung von Geldbeträgen auf ein Zahlungskonto, die in unterschiedliche Geschäftsarten unterteilt sind: a) Ausführung von Lastschriften (Lastschriftgeschäft). b) Ausführung von Zahlungen mittels Karten oder ähnlichen Zahlungsinstrumenten (Zahlungskartengeschäft). c) Ausführung von Überweisungen, einschließlich Daueraufträgen (Überweisungsgeschäft), jeweils ohne Kreditgewährung,
- die Ausführung von Zahlungsvorgängen, die durch einen Kreditrahmen für den Nutzer abgedeckt sind (Zahlungsgeschäft mit Kreditgewährung),
- die Ausgabe von Zahlungsinstrumenten oder die Annahme und Abrechnung von Zahlungsvorgängen (Akquisitionsgeschäft),
- Dienste, die ohne Einrichtung eines Zahlungskontos Geldbeträge zur Übermittlung an einen Zahlungsempfänger entgegennehmen oder verfügbar machen (Finanztransfergeschäft),
- Zahlungsauslösedienste und
- Kontoinformationsdienste.

4. Mit einem Zahlungskonto verbundene Dienste

In § 2 Nr. 24 lit. d BFSG werden mit einem Zahlungskonto verbundene Dienste definiert, die Art. 3 Nr. 28 lit. d der RL 2019/882/EU wortgleich umsetzen. Diese Definition erstreckt sich auf alle Dienste, die gemäß § 2 Abs. 2 des Zahlungskontengesetzes festgelegt sind, und entspricht den „Diensten für ein Zahlungskonto" nach Art. 2 Nr. 6 der Richtlinie 2014/92/EU. Dazu gehören alle Dienstleistungen im Zusammenhang mit der Eröffnung, Führung und Schließung eines Zahlungskontos, einschließlich der Zahlungsdienste und -vorgänge gemäß Art. 3 lit. g der Richtlinie 2007/64/EG sowie Überziehungsmöglichkeiten und Überschreitungen.[21] 37

5. E-Geld

Die Bestimmung von E-Geld in § 2 Nr. 24 lit. e BFSG erfolgt durch eine wortgleiche Umsetzung von Art. 3 Nr. 28 lit. e der RL 2019/882/EU. Die Definition verweist auf § 1 Abs. 2 Satz 3 Zahlungsdiensteaufsichtsgesetz und entspricht Art. 2 Nr. 2 der Richtlinie 2009/110/EG.[22] E-Geld wird beschrieben als jeder elektronisch, einschließlich magnetisch, gespeicherte monetäre Wert in Form einer Forderung gegenüber dem Emittenten. Dieser Wert wird gegen Zahlung eines Geldbetrags ausgestellt, um damit Zahlungsvorgänge im Sinne des Art. 4 Nr. 5 der Richtlinie 2007/64/EG durchzuführen, und kann auch von anderen natürlichen oder juristischen Personen als dem E-Geld-Emittenten akzeptiert werden.[23] 38

21 BT-Drs. 19/28653, S. 70.
22 BT-Drs. 19/28653, S. 70.
23 BT-Drs. 19/28653, S. 70.

XXV. Zahlungsterminal

39 In § 2 Nr. 25 BFSG wird der Begriff „Zahlungsterminal" definiert, indem Art. 3 Nr. 29 der RL 2019/882/EU übernommen wird. Ein Zahlungsterminal ist ein Gerät, dessen Hauptzweck darin besteht, Zahlungen mithilfe von Zahlungsinstrumenten an einer physischen Verkaufsstelle durchzuführen. Diese Zahlungsinstrumente sind gemäß § 1 Abs. 20 Zahlungsdiensteaufsichtsgesetz definiert. Ein Zahlungsinstrument im Sinne des Zahlungsdiensteaufsichtsgesetz ist jedes personalisierte Instrument oder Verfahren, dessen Nutzung zwischen dem Zahlungsdienstnutzer und dem Zahlungsdienstleister vereinbart wurde und das zur Erteilung eines Zahlungsauftrags dient.

XXVI. Dienstleistungen im elektronischen Geschäftsverkehr

40 Die Definition von „Dienstleistungen im elektronischen Geschäftsverkehr" in § 2 Nr. 26 BFSG setzt Art. 3 Nr. 30 der RL 2019/882/EU um, wobei anstelle des Begriffs „Ferndienstleistungen" der in Deutschland gebräuchlichere Begriff „Telemedien" verwendet wird.[24] Diese Dienstleistungen sind Dienstleistungen der Telemedien, die über Webseiten und Anwendungen auf Mobilgeräten elektronisch bereitgestellt werden und auf individuelle Anfrage eines Verbrauchers zum Abschluss eines Verbrauchervertrags erbracht werden. Dabei wird hervorgehoben, dass eine solche Dienstleistung ohne gleichzeitige Anwesenheit der Parteien erfolgt und als „elektronisch erbracht" gilt, wenn sie mittels Geräten zur elektronischen Verarbeitung und Speicherung von Daten gesendet und empfangen wird. Diese Übertragung geschieht vollständig über Draht, Funk, optische oder andere elektromagnetische Wege.[25]

41 Der Begriff „Dienstleistungen im elektronischen Geschäftsverkehr" wird auch als Sammelbeschreibung für Dienstleistungen nach § 1 Abs. 3 BFSG bezeichnet und umfasst den gesamten Online-Handel als auch Webseiten von privaten Verkehrsdiensten, worunter Anbieter von Taxifahrten und auch gebündelte Betriebsfahrten fallen können.[26]

42 Um den Zweck des Gesetzes zu erfüllen, nämlich das Leben von Menschen mit Behinderungen unabhängiger zu gestalten und eine inklusivere Gesellschaft zu fördern, ist es sinnvoll, den Begriff „Verbrauchervertrag" in § 2 Nr. 26 BFSG im Einklang mit der Definition des § 310 Abs. 3 BGB zu interpretieren. Gemäß § 310 Abs. 3 BGB handelt es sich bei einem Verbrauchervertrag um einen Vertrag zwischen einem Unternehmer und einem Verbraucher. Damit hängt die Anwendbarkeit des BFSG nicht davon ab, ob der Verbrauchervertrag entgeltlich ist. Das unterscheidet sich von den Anforderungen des § 312 Abs. 1 und 1a BGB, die für das Eingreifen der zivilrechtlichen Regelungen zu Fernabsatzverträgen und außerhalb von Geschäftsräumen geschlossenen Verträgen die Entgeltlichkeit voraussetzen, sowie von § 327 Abs. 1 BGB, die für Vorschriften über Verbraucherverträge hinsichtlich digitaler Produkte gilt.[27]

---

24 BT-Drs. 19/28653, S. 70.
25 BT-Drs. 19/28653, S. 70.
26 *Tabbara*, NZS 2021, 497, 498.
27 *Billing/Bremenkamp*, ZVertriebsR 2025, 9, 10.

XXVII. Personenbeförderungsdienste im Luftverkehr

Die Definition von „Personenbeförderungsdienste im Luftverkehr" in § 2 Nr. 27 BFSG entspricht wortgleich Art. 3 Nr. 31 der RL 2019/882/EU. Diese Dienste umfassen gewerbliche Passagierflugdienste, wie in Art. 2 Buchstabe l der Verordnung 2006/1107/EG definiert, und beziehen sich auf Flüge, die von Flughäfen innerhalb der Hoheitsgebiete der Mitgliedstaaten abgehen, ankommen oder im Transit benutzt werden. Zusätzlich umfasst die Definition auch Flüge, die von einem Flughafen in einem Drittland zu einem im Hoheitsgebiet eines Mitgliedstaats gelegenen Flughafen durchgeführt werden, sofern sie von einem Luftfahrtunternehmen aus der Europäischen Union betrieben werden. **43**

XXVIII. Personenbeförderungsdienste im Busverkehr

Die Definition von „Personenbeförderungsdienste im Busverkehr" in § 2 Nr. 28 BFSG wird wortgleich aus Art. 3 Nr. 32 der RL 2019/882/EU übernommen. Die Personenbeförderungsdienste nach Art. 2 Abs. 1 und 2 der Verordnung 2011/181/EU sind demnach jene Linienverkehrsdienste für nicht näher bestimmte Gruppen von Fahrgästen, bei denen der Abfahrts- oder der Ankunftsort des Fahrgastes im Hoheitsgebiet eines Mitgliedstaats liegt. Die Verordnung 2011/181/EU unterscheidet dabei zwischen planmäßigen Wegstrecken, die 250 km oder mehr betragen (Art. 2 Abs. 1 der Verordnung 2011/181/EU), und Wegstrecken, die weniger als 250 km betragen (Art. 2 Abs. 2 der Verordnung 2011/181/EU). Eine zu beachtende Unterscheidung für den Begriff im BFSG ergeben sich daraus allerdings nicht. **44**

XXIX. Personenbeförderungsdienste im Schienenverkehr

In § 2 Nr. 29 BFSG werden „Personenbeförderungsdienste im Schienenverkehr" definiert, wodurch Art. 3 Nr. 33 der RL 2019/882/EU umgesetzt und eine präzise Anpassung vorgenommen wird. Dieser Begriff umfasst nach der RL 2019/882/EU alle Dienstleistungen für Fahrgäste im Schienenverkehr gemäß Art. 2 Abs. 1 der Verordnung 2007/1371/EG, abgesehen von den Dienstleistungen, die in Art. 2 Abs. 2 der genannten Verordnung ausgenommen sind. Angesichts der Tatsache, dass diese Verordnung nicht mehr in Kraft ist, wird auf die aktuelle Verordnung 2021/782/EU verwiesen. Diese regelt fast wortgleich den Anwendungsbereich der Verordnung über die Rechte und Pflichten der Fahrgäste im Eisenbahnverkehr. Zum Konzept der Personenbeförderungsdienste gehören unionsweit sowohl internationale als auch inländische Eisenbahnreisen und Schienenverkehrsdienste, die von Eisenbahnunternehmen durchgeführt werden, die nach der Richtlinie 2012/34/EU zugelassen sind. **45**

XXX. Personenbeförderungsdienste im Schiffsverkehr

In § 2 Nr. 30 BFSG werden „Personenbeförderungsdienste im Schiffsverkehr" durch die wortgleiche Umsetzung von Art. 3 Nr. 34 der RL 2019/882/EU definiert. Diese Definition umfasst alle Dienstleistungen für Fahrgäste gemäß Art. 2 Abs. 1 der Verordnung 2010/1177/EU, welche die Fahrgastrechte im See- und Binnen- **46** schiffsverkehr regeln, mit Ausnahme der Dienstleistungen, die in Art. 2 Abs. 2 der Verordnung 2010/1177/EU ausgeschlossen sind. Die Dienstleistungen, die in den Geltungsbereich von Art. 2 Abs. 1 der Verordnung 2010/1177/EU fallen, umfassen insbesondere solche Fahrten mit Fahrgästen, die bestimmte Bedingungen erfüllen. Diese Verordnung findet Anwendung auf Fahrgäste, die mit Personenverkehrsdiensten reisen, bei denen der Einschiffungshafen im Hoheitsgebiet eines Mitgliedstaats liegt. Sie gilt ebenfalls für Fahrgäste, die mit Personenverkehrsdiensten reisen, deren Einschiffungshafen nicht im Hoheitsgebiet eines Mitgliedstaats, sondern deren Ausschiffungshafen im Hoheitsgebiet eines Mitgliedstaats liegt, vorausgesetzt, der Verkehrsdienst wird von einem Beförderer aus der Union erbracht. Darüber hinaus erfasst die Verordnung Fahrgäste, die an einer Kreuzfahrt teilnehmen, bei der der Einschiffungshafen im Hoheitsgebiet eines Mitgliedstaats liegt. Zusätzlich sind bestimmte Ausnahmen in Art. 2 Abs. 2 der Verordnung 2010/1177/EU definiert, bei denen die Verordnung nicht für Fahrgäste gilt und demnach auch keine Personenbeförderungsdienste im Sinne des BFSG vorliegen. Dazu zählen Fahrgäste, die mit Schiffen reisen, die maximal für zwölf Fahrgäste zugelassen sind, sowie jene, die Schiffe nutzen, deren Betriebsmannschaft aus höchstens drei Personen besteht oder die im Personenverkehr eine Gesamtstrecke von weniger als 500 Metern zurücklegen. Weiterhin sind Fahrgäste ausgeschlossen, die an Ausflugs- und Besichtigungsfahrten teilnehmen, die nicht als Kreuzfahrten gelten. Ebenfalls ausgenommen sind Reisen mit Schiffen ohne Maschinenantrieb oder mit historischen Fahrgastschiffen, die vor 1965 entworfen und hauptsächlich mit Originalmaterialien gebaut wurden oder deren Nachbauten, die für die Beförderung von maximal 36 Passagieren zugelassen sind.

XXXI. Stadt- und Vorortverkehrsdienste

47 In § 2 Nr. 31 BFSG werden „Stadt- und Vorortverkehrsdienste" definiert, indem Art. 3 Nr. 35 der RL 2019/882/EU umgesetzt wird. Die Formulierung orientiert sich an Art. 3 Nr. 6 der RL 2012/34/EU, beschränkt sich jedoch auf die in der RL 2019/882/EU aufgezählten Verkehrsmittel. Diese national umgesetzte Definition bedient sich der in Deutschland gebräuchlichen Begriffe „Oberleitungsomnibus" statt „Trolleybus" und „Verkehrsmittel" statt „Verkehrsträger".[28]

XXXII. Regionalverkehrsdienste

48 Die Definition von „Regionalverkehrsdienste" in § 2 Nr. 32 BFSG erfolgt durch die direkte Umsetzung von Art. 3 Nr. 36 der RL 2019/882/EU. Die Formulierung orientiert sich an der Definition für „Regionalverkehr" in Art. 3 Nr. 7 der Richtlinie 2012/34/EU, die allerdings nur auf den Eisenbahnraum begrenzt ist. Vermutlich erfolgt deswegen eine Aufzählung der Verkehrsmittel, die teilweise nicht zum Eisenbahnraum gehören. Im deutschen Kontext wird der Begriff „Oberleitungsomnibus" statt „Trolleybus" und „Verkehrsmittel" statt „Verkehrsträger" verwendet.[29]

---

28 BT-Drs. 19/28653, S. 71.
29 BT-Drs. 19/28653, S. 71.

XXXIII. Assistive Technologien

In § 2 Nr. 33 BFSG wird der Begriff „assistive Technologien“ durch eine wortgleiche Umsetzung von Art. 3 Nr. 37 der RL 2019/882/EU definiert. Assistive Technologien stellen einen positiv wirkenden Kontextfaktor, also einen Förderfaktor, im Sinne der ICF, beziehungsweise des ihr zugrundeliegenden bio-psycho-sozialen Modells der Weltgesundheitsorganisation dar.[30] **49**

XXXIV. Betriebssystem

In § 2 Nr. 34 BFSG wird der Begriff „Betriebssystem“ durch eine wortgleiche Umsetzung von Art. 3 Nr. 38 der RL 2019/882/EU definiert. **50**

XXXV. Hardwaresystem für Universalrechner für Verbraucher

In § 2 Nr. 35 BFSG wird der Begriff „Hardwaresystem für Universalrechner für Verbraucher“ durch eine wortgleiche Umsetzung von Art. 3 Nr. 39 der RL 2019/882/EU definiert. **51**

XXXVI. Interaktiver Leistungsumfang

In § 2 Nr. 36 BFSG wird der Begriff „interaktiver Leistungsumfang“ durch eine wortgleiche Umsetzung von Art. 3 Nr. 40 der RL 2019/882/EU definiert. **52**

XXXVII. E-Book und hierfür bestimmte Software

In § 2 Nr. 37 BFSG wird der Begriff „E-Book und hierfür bestimmte Software“ in Übereinstimmung mit Art. 3 Nr. 42 der RL 2019/882/EU definiert. **53**

XXXVIII. E-Book-Lesegerät

Die Definition von „E-Book-Lesegerät“ in § 2 Nr. 37 BFSG erfolgt durch eine wortgleiche Umsetzung von Art. 3 Nr. 41 der RL 2019/882/EU. **54**

XXXIX. Elektronische Tickets

In § 2 Nr. 39 BFSG wird der Begriff „elektronische Tickets“ durch eine direkte Umsetzung von Art. 3 Nr. 43 der RL 2019/882/EU definiert. **55**

XL. Elektronische Ticketdienste

In § 2 Nr. 40 BFSG werden „elektronische Ticketdienste“ durch eine wortgleiche Umsetzung von Art. 3 Nr. 44 der RL 2019/882/EU beschrieben. **56**

30 BT-Drs. 19/28653, S. 71.

XLI. Ingebrauchnahme

57 In § 2 Nr. 41 BFSG wird der Begriff „Ingebrauchnahme“ im Kontext von Selbstbedienungsterminals definiert, obwohl die RL 2019/882/EU selbst keine spezifische Definition in Art. 3 bietet. Vielmehr wird der Begriff in Art. 32 Abs. 3 der Richtlinie erwähnt, wo er in Zusammenhang mit der Weiterverwendung von Selbstbedienungsterminals steht. Im BFSG wird die „Ingebrauchnahme“ als die erstmalige Eröffnung der Nutzungsmöglichkeit eines Selbstbedienungsterminals beschrieben. Diese Definition stellt klar, dass nicht der tatsächliche Gebrauch, sondern bereits die Möglichkeit der Nutzung als „Ingebrauchnahme“ gilt.[31] Dies legt den Fokus auf den Zeitpunkt, zu dem ein Terminal einsatzbereit gemacht wird, unabhängig davon, ob es tatsächlich schon verwendet wird.

§ 3 BFSG
Barrierefreiheit, Verordnungsermächtigung

(1) Produkte, die ein Wirtschaftsakteur auf dem Markt bereitstellt und Dienstleistungen, die er anbietet oder erbringt, müssen barrierefrei sein. Produkte und Dienstleistungen sind barrierefrei, wenn sie für Menschen mit Behinderungen in der allgemein üblichen Weise, ohne besondere Erschwernis und grundsätzlich ohne fremde Hilfe auffindbar, zugänglich und nutzbar sind. Die konkreten Anforderungen an die Barrierefreiheit für Produkte und Dienstleistungen nach diesem Absatz richten sich nach der nach Absatz 2 zu erlassenden Rechtsverordnung.

(2) Das Bundesministerium für Arbeit und Soziales wird ermächtigt, im Einvernehmen mit dem Bundesministerium der Finanzen, dem Bundesministerium für Gesundheit, dem Bundesministerium für Wirtschaft und Energie und dem Bundesministerium für Verkehr und digitale Infrastruktur durch Rechtsverordnung mit Zustimmung des Bundesrates konkrete Anforderungen an die Barrierefreiheit von Produkten gemäß § 1 Absatz 2 und Dienstleistungen gemäß § 1 Absatz 3 entsprechend den Anforderungen des Anhangs I der Richtlinie (EU) 2019/882 des Europäischen Parlaments und des Rates vom 17. April 2019 über die Barrierefreiheitsanforderungen für Produkte und Dienstleistungen (ABl. L 151 vom 7.6.2019, S. 70) zu regeln, insbesondere an

1. die Gestaltung und Herstellung der Produkte einschließlich der Benutzerschnittstelle,

2. die Zugänglichkeit und Gestaltung des Angebots und der Ausführung der Dienstleistungen,

3. die Art und Weise der Bereitstellung von Informationen insbesondere zur Nutzung der Produkte, wie etwa an die Kennzeichnung, die Gebrauchsanleitung, Sicherheitsinformationen und die Funktionsweise der Dienstleistungen sowie an die Barrierefreiheitsmerkmale und Barrierefreiheitsfunktionen der

---

31 BT-Drs. 19/28653, S. 71.

Produkte und Dienstleistungen sowie an die mögliche Nutzung assistiver Technologien.

Durch Rechtsverordnung nach Satz 1 können konkretisierende Bestimmungen auch insoweit erlassen werden, als Barrierefreiheitsanforderungen im Sinne des Anhangs I der Richtlinie (EU) 2019/882 nach Artikel 4 Absatz 9 dieser Richtlinie durch delegierte Rechtsakte der Europäischen Kommission präzisiert worden sind.

1. Absatz 1 gilt nicht für Kleinstunternehmen, die Dienstleistungen anbieten oder erbringen. Das Bundesministerium für Arbeit und Soziales erstellt im Einvernehmen mit dem Bundesministerium für Wirtschaft und Energie Leitlinien für Kleinstunternehmen, um ihnen die Anwendung dieses Gesetzes zu erleichtern. Das Bundesministerium für Arbeit und Soziales ist berechtigt, sich im Rahmen der Erstellung der Leitlinien nach Satz 2 Dritter zu bedienen.

Gliederung:

A. Einführung

§ 3 des BFSG legt die fundamentalen Anforderungen an die Barrierefreiheit einer Vielzahl von Produkten und Dienstleistungen fest, die für Verbraucher angeboten werden. Das Ziel dieser zentralen Vorschrift des BFSG ist es, Menschen mit Behinderungen einen gleichberechtigten Zugang zu Produkten und Dienstleistungen zu ermöglichen. § 3 BFSG setzt Artikel 4 Abs. 1 bis Abs. 3 und Abs. 5 der Richtlinie (EU) 2019/882 um und orientiert sich dabei an bestehenden nationalen und internationalen Standards.[1] 1

1 BT-Drs. 19/28653, S. 72; Artikel 4 Abs. 1 bis Abs. 3 und Abs. 5 der Richtlinie (EU) 2019/882 setzten wiederrum Art. 4 Abs. 1 lit. f) Var. 3 des Übereinkommens der Vereinten Nationen über die Rechte von Menschen mit Behinderung (UN-BRK) um.

B. Grundsatz der Barrierefreiheit (§ 3 Abs. 1 Satz 1, 2)

2 In § 3 Abs. 1 formuliert das BFSG den Grundsatz der Barrierefreiheit sowie dessen Reichweite. § 3 Abs. 1 stellt damit die, durch detailreichere Regelungen im Einzelnen auszufüllende, Ausgangsnorm des BFSG dar.

I. Regelungsgehalt des Satzes 1

3 Satz 1 definiert den personellen und sachlichen Anwendungsbereich, indem er ausspricht, dass Produkte, die ein Wirtschaftsakteur auf dem Markt bereitstellt und Dienstleistungen, die er anbietet oder erbringt, barrierefrei sein müssen. Darin zeigt sich der durch die Richtlinie (EU) 2019/882 gewählte und auch in vielen anderen EU-Rechtsakten genutzte sektorale Ansatz.[2]

4 Unter den Begriff des „**Wirtschaftsakteurs**", welcher den Adressaten und somit den personellen Anwendungsbereich der Regelung umgrenzt, fallen nach der Legaldefinition des § 2 Nr. 15 BFSG der Hersteller, Bevollmächtigte, Einführer, Händler und Dienstleister. Dieser umfassende Oberbegriff stellt sicher, dass alle relevanten Akteure in die Verantwortung genommen werden, die Barrierefreiheitsanforderungen zu erfüllen,[3] um das Ziel des Gesetzes bestmöglich zu erreichen.[4] Eine derart weitreichende Pflicht zur Beachtung von Barrierefreiheitsanforderungen bestand bisher ausschließlich für öffentliche Stellen.[5] Privaten Wirtschaftsakteuren wurden nur in einzelnen Bereichen derartige Pflichten auferlegt. Der Begriff des „Wirtschaftsakteurs" entspricht der Definition des Artikels 3 Nummer 21 der Richtlinie (EU) 2019/882 und erfasst die folgenden Kategorien:

- **Hersteller** ist jede natürliche oder juristische Person oder rechtsfähige Personengesellschaft, die ein Produkt herstellt oder entwickeln oder herstellen lässt und dieses Produkt unter ihrem eigenen Namen oder ihrer eigenen Marke vermarktet (§ 2 Nr. 11);
- **Bevollmächtigter** ist jede in der europäischen Union ansässige natürliche oder juristische Person oder rechtsfähige Personengesellschaft, die von einem Hersteller schriftlich beauftragt wurde, in seinem Namen bestimmte Aufgaben wahrzunehmen (§ 2 Nr. 12);
- **Einführer** ist jede in der europäischen Union ansässige natürliche oder juristische Person oder rechtsfähige Personengesellschaft, die ein Produkt aus einem Drittstaat auf dem Unionsmarkt in den Verkehr bringt (§ 2 Nr. 13);

---

2 *Boysen/Steinbrück*: Vom European Accessibility Act zum Barrierefreiheitsstärkungsgesetz – Teil I; Beitrag E2-2021, abrufbar unter https://www.reha-recht.de/fachbeitraege/beitrag/artikel/beitrag-e2-2021, zuletzt abgerufen am 06.01.2025.

3 *Tabbara*, NZS 2021, 497, 499.

4 *Boysen/Steinbrück*: Vom European Accessibility Act zum Barrierefreiheitsstärkungsgesetz – Teil I; Beitrag E2-2021, abrufbar unter https://www.reha-recht.de/fachbeitraege/beitrag/artikel/beitrag-e2-2021, zuletzt abgerufen am 06.01.2025.

5 Vgl. *Theben/ Carstens,* in: Deinert/Welti/Luik/Brockmann, StichwortKommentar Behindertenrecht, Stichwort Barrierefreiheit, Rn. 63; *Rott:* Das Barrierefreiheitsstärkungsgesetz – Teil I: Konzeptionelle Grundlagen; Beitrag E6-2021, abrufbar unter https://www.reha-recht.de/fachbeitraege/beitrag/artikel/beitrag-e6-2021, zuletzt abgerufen am 02.01.2025.

- **Händler** ist jede natürliche oder juristische Person oder rechtsfähige Personengesellschaft in der Lieferkette, die ein Produkt auf dem Markt bereitstellt, mit Ausnahme des Herstellers oder des Einführers (§ 2 Nr. 14);
- **Dienstleistungserbringer** ist jede natürliche oder juristische Person oder rechtsfähige Personengesellschaft, die auf dem Unionsmarkt eine Dienstleistung für Verbraucher erbringt oder anbietet, eine solche Dienstleistung zu erbringen (§ 2 Nr. 4).

Die genauen Pflichten der einzelnen Wirtschaftsakteure werden in den weiteren Regelungen des Gesetzes nach deren Funktion unterschieden.[6] 5

Der jeweilige Wirtschaftsakteur muss darüber hinaus das Produkt **„auf dem Markt bereitstellen"** bzw. die Dienstleistung **„erbringen"** oder **„anbieten"**, um von § 3 BFSG erfasst zu sein. Gemäß der Legaldefinition des § 2 Nr. 9 BFSG umfasst die „Bereitstellung auf dem Markt" jede entgeltliche oder unentgeltliche Abgabe eines Produkts zum Vertrieb, zum Gebrauch oder zum Verbrauch auf dem Unionsmarkt im Rahmen einer Geschäftstätigkeit. Ausgenommen sind demnach private Zwecke. Diese weite Definition stellt sicher, dass bei jeder Form der wirtschaftlichen Interaktion die Anforderungen an die Barrierefreiheit eingehalten werden. Die Vorschrift übernimmt Artikel 3 Nummer 15 der Richtlinie (EU) 2019/882. Das Anbieten einer Dienstleistung geht dem Erbringen denklogisch voraus und stellt klar, dass sowohl die Durchführung der Leistung selbst, als auch die vorgelagerte Informationsverschaffung über mögliche Angebote, Verbrauchern mit Beeinträchtigung gleichsam ohne besondere Hürden möglich sein muss. 6

II. Voraussetzungen des Satzes 1 im Einzelnen

Der Begriff **„Produkt"** bezieht sich gem. § 2 Nr. 2 BFSG auf einen Stoff, eine Zubereitung oder eine Ware, der oder die durch einen Fertigungsprozess hergestellt worden ist, mit Ausnahme von Lebensmitteln, Futtermitteln, lebenden Pflanzen und Tieren, Erzeugnissen menschlichen Ursprungs und Erzeugnissen von Pflanzen und Tieren, die unmittelbar mit ihrer künftigen Reproduktion zusammenhängen. Vom Anwendungsbereich des Gesetzes erfasst werden allerdings ausschließlich die in § 1 Abs. 2 BFSG aufgeführten Produkte, sofern sie ab dem 28.06.2025 in Deutschland auf den Markt gebracht oder angeboten werden.[7] Zu den dort enumerativ genannten Produkten gehören: Hardwaresysteme für Universalrechner für Verbraucher[8], wie Desktops, Notebooks, Smartphones und Tablets, einschließlich der dafür bestimmten Betriebssysteme; bestimmte Selbstbedienungsterminals, wie Geld- oder 7

---

6 *Franke*, ZfPC 2024, 21, 22; zusammenfassend zu den Einzelpflichten der einzelnen Wirtschaftsakteure: *Tabbara*, NZS 2021, 497, 499.

7 BT-Drs. 19/28653, S. 63; *Tabbara*, NZS 2021, 497, 502.

8 Arbeitsplatzrechner sind damit nicht erfasst, dazu kritisch *Boysen/Steinbrück*: Vom European Accessibility Act zum Barrierefreiheitsstärkungsgesetz – Teil I; Beitrag E2-2021, abrufbar unter https://www.reha-recht.de/fachbeitraege/beitrag/artikel/beitrag-e2-2021, zuletzt abgerufen am 02.01.2025; Forderung eines weiteren Anwendungsbereichs in *DBSV/DVBS*, Stellungnahme von DBSV und DVBS zum Referentenentwurf zur Umsetzung der Richtlinie (EU) 2019 vom 11.03.2021, abrufbar unter https://www.dbsv.org/stellungnahme/BFG-RefE.html, zuletzt abgerufen am 02.01.2025.

Fahrausweisautomaten; Verbraucherendgeräte mit interaktivem Leistungsumfang, die für Internetzugangs- und interpersonelle Kommunikationsdienste oder den Zugang zu audiovisuellen Mediendiensten genutzt werden,[9] wie Mobiltelefone, Tablets, Router, Modems oder Spielekonsolen, sowie E-Book-Lesegeräte.[10]

8 Die Legaldefinition der **„Dienstleistung"** aus § 2 Nr. 3 BFSG ist aufgrund mehrerer Verweisungen komplex gestaltet, bleibt aber dennoch im Ergebnis vage. § 2 Nr. 3 BFSG verweist zunächst auf die Definition des Artikels 4 Nummer 1 der Richtlinie 2006/123/EG. Dieser wiederum statuiert, dass „Dienstleistung" jede von Artikel 50 des Vertrags erfasste selbstständige Tätigkeit ist, die in der Regel gegen Entgelt erbracht wird.[11] Nimmt man nun besagten Art. 57 AEUV (ex-Artikel 50 EGV) unter die Lupe, findet man die folgende Aussage: Dienstleistungen im Sinne der Verträge sind Leistungen, die in der Regel gegen Entgelt erbracht werden, soweit sie nicht den Vorschriften über den freien Waren- und Kapitalverkehr und über die Freizügigkeit der Personen unterliegen. Als Dienstleistungen gelten insbesondere: gewerbliche Tätigkeiten, kaufmännische Tätigkeiten, handwerkliche Tätigkeiten, freiberufliche Tätigkeiten.[12]

9 Aufschluss gibt hier abermals § 1 BFSG. Auch für Dienstleistungen, wird dort der Anwendungsbereich des Gesetzes nämlich durch dessen Abs. 3 klarer umgrenzt. Zu den relevanten Dienstleistungen gehören: Telekommunikationsdienste, wie Telefonie, E-Mail-, SMS- und Messenger-Dienste; bestimmte Elemente privater Personenbeförderungsdienste; Bankdienstleistungen für Verbraucher; E-Books; sowie Dienstleistungen im Bereich des elektronischen Geschäftsverkehrs.[13] Unbedingt zu beachten sind die Rückausnahmen in § 1 Abs. 4 BFSG für gewisse Inhalte von Webseiten und mobilen Anwendungen.[14]

10 Ein besonderer Fokus liegt auf Dienstleistungen, die im Bereich des elektronischen Geschäftsverkehrs erbracht werden. Diese umfassen laut § 2 Nr. 3 und Nr. 26 BFSG alle Tätigkeiten, die typischerweise gegen Bezahlung über Webseiten und mobile Apps angeboten werden, und zwar auf eine spezifische, auf Vertragsschluss gerichtete Anfrage eines Verbrauchers hin. Es geht also um alle Arten von Online-Verträgen für Waren oder Dienstleistungen.[15] Wichtig ist dabei, dass der Vertrag selbst online eingegangen werden können muss. Wenn lediglich Informationen über eine Dienstleistung eingeholt werden und der Vertrag erst später im direkten Kontakt abgeschlossen wird, fällt dies nicht unter die Regelung. Anbieter im Internet müssen daher sicherstellen, dass sie die Vorgaben des BFSG erfüllen. Schon das zur Verfügung stellen eines Online-Termin-Buchungssystems oder eines Ruf-Dienstes

---

9 Näher dazu *Boysen/Steinbrück*: Vom European Accessibility Act zum Barrierefreiheitsstärkungsgesetz – Teil I; Beitrag E2-2021, abrufbar unter https://www.reha-recht.de/fachbeitraege/beitrag/artikel/beitrag-e2-2021, zuletzt abgerufen am 02.01.2025.

10 *Wagner*, MMR 2024, 755, 756; *Tabbara*, NZS 2021, 497, 498.

11 *Tabbara*, NZS 2021, 497, 498.

12 BT-Drs. 19/28653, S. 69.

13 Näheres zu den erfassten Dienstleistungen: BT-Drs. 19/28653, S. 64 ff.

14 *Tabbara*, NZS 2021, 497, 498.

15 Erwägungsgrund 43, Richtlinie (EU) 2019/882; *Boysen/Steinbrück*: Vom European Accessibility Act zum Barrierefreiheitsstärkungsgesetz – Teil I; Beitrag E2-2021, abrufbar unter https://www.reha-recht.de/fachbeitraege/beitrag/artikel/beitrag-e2-2021, zuletzt abgerufen am 02.01.2025.

zur Personenbeförderung führt zur Anwendung der Vorschriften über die Barrierefreiheit.[16]

III. Regelungsgehalt des Satzes 2

Während Satz 1 klarstellt, wofür und für wen die Anforderung der Barrierefreiheit **11**
gilt, ergänzt Satz 2 dies mit einer allgemeinen Erläuterung dessen, woran Barrierefreiheit zu messen ist. Die grundsätzliche Definition des § 3 Satz 2 BFSG, welche der des § 4 des Behindertengleichstellungsgesetzes nachgebildet ist,[17] verlangt, dass Produkte und Dienstleistungen so gestaltet werden, dass sie „für Menschen mit Behinderung in der allgemein üblichen Weise, ohne besondere Erschwernis und grundsätzlich ohne fremde Hilfe auffindbar, zugänglich und nutzbar sind". Dazu gehört nicht nur die Barrierefreiheit des Produkts oder der Dienstleistung selbst, sondern auch der Zugang zu erforderlichen Informationen für Menschen mit Behinderungen.[18] Bei Produkten kann dies beispielsweise die Gebrauchsanweisung, Sicherheitsinformationen oder die Kontaktdaten des Herstellers umfassen.[19] Bei Dienstleistungen werden in erster Linie Informationen zur Funktionsweise der Dienstleistung umfasst.

IV. Voraussetzungen des Satzes 2 im Einzelnen

Die Frage, ob eine Barriere vorhanden ist, ist am Maßstab der Zugänglichkeit für **12**
„Menschen mit Behinderungen" zu messen. Diese sind in § 2 Nr. 1 BFSG legaldefiniert als Menschen, die langfristige körperliche, seelische, geistige oder Sinnesbeeinträchtigungen haben, welche sie in Wechselwirkung mit einstellungs- und umweltbedingten Barrieren an der gleichberechtigten Teilhabe an der Gesellschaft hindern können; als langfristig gilt ein Zeitraum, der mit hoher Wahrscheinlichkeit länger als sechs Monate andauert. Der Begriff orientiert sich an § 2 Abs. 1 SGB IX,[20] sowie an Art. 1 Satz 2 der UN-Behindertenrechtskonvention.[21] Hervorzuheben ist die Dauerhaftigkeit der Beeinträchtigung, welche anhand einer Prognose zu beurteilen ist. Zu dieser dauerhaften Beeinträchtigung hinzukommen, muss die Tatsache, dass hieraus eine Erschwernis der gelichberechtigten Teilhabe folgen kann – also möglicherweise eine Barriere besteht.

Die Formulierung **„in allgemein übliche Weise"** bedeutet, dass die Produkte und **13**
Dienstleistungen für Menschen mit Behinderungen, vergleichbar allen anderen Verbrauchern, nutzbar sind.

16 *Wagner*, MMR 2024, 755, 756.

17 BT-Drs. 19/28653, S. 72; *Jones*, DSRITB 2022, 487, 492; so im Gesetzgebungsverfahren gefordert durch *DBSV/DVBS*, Stellungnahme von DBSV und DVBS zum Referentenentwurf zur Umsetzung der Richtlinie (EU) 2019/882 vom 11.03.2021, abrufbar unter https://www.dbsv.org/stellungnahme/BFG-RefE.html, zuletzt abgerufen am 02.01.2025.

18 BT-Drs. 19/28653, S. 72.

19 BT-Drs. 19/28653, S. 72.

20 *Lommatzsch/Albrecht*, GWR 2022, 355, 355.

21 BT-Drs. 19/28653, S. 67.

14 Der Begriff **„ohne besondere Erschwernisse“** legt fest, dass die Nutzung nicht mit zusätzlichen Unannehmlichkeiten verbunden sein darf. Bereits die Umstellung, auf eine barrierefreie Website-Version darf beispielsweise nicht so kompliziert gehalten sein, dass sie ein vorgeschaltetes Hindernis darstellt.

15 **„Grundsätzlich ohne fremde Hilfe“** bedeutet, dass die Nutzer in der Lage sein sollten, Produkte und Dienstleistungen weitgehend eigenständig zu verwenden. „Grundsätzlich“ impliziert hierbei, dass dieses Erfordernis im Gegensatz zu den beiden vorgenannten Voraussetzungen weniger streng gehandhabt wird, Ausnahmen also zulässig sind.

16 Letztlich müssen Produkte und Dienstleistungen **„auffindbar, zugänglich und nutzbar“** sein. „Auffindbar“ bedeutet, dass auch betroffene Verbraucher die Angebote schnell und einfach entdecken können. „Zugänglich“ bezieht sich auf die physische und praktische Erreichbarkeit der Angebote. „Nutzbar“ schließlich beschreibt die Inanspruchnahme alle Funktionen des Produkts oder der Dienstleistung selbst. Diese drei Dimensionen sollen gewährleisten, dass Menschen mit Behinderungen vollständigen Zugang zu den Angeboten auf allen Ebenen der Inanspruchnahme erhalten.

C. Konkretisierung der Anforderungen (§ 3 Abs. 2)

17 § 3 Abs. 2 enthält die Ermächtigung des Bundesministeriums für Arbeit und Soziales, eine Rechtsverordnung zur Regelung der detaillierten Anforderungen an Barrierefreiheit von Produkten nach § 1 Abs. 2 und Dienstleistungen nach § 1 Abs. 3 BFSG zu erlassen. Von dieser Ermächtigung wurde mit dem Erlass der Verordnung über die Barrierefreiheitsanforderungen für Produkte und Dienstleistungen (BFSGV), welche die Vorgaben des Anhangs I der Richtlinie (EU) 2019/882 umsetzt, Gebrauch gemacht.[22] Die Verordnung tritt ebenfalls am 28. Juni 2025 in Kraft. Auch wenn die Europäische Kommission die Barrierefreiheitsanforderungen im Sinne des Anhangs I der Richtlinie (EU) 2019/882 nach Artikel 4 Absatz 9 schon durch delegierte Rechtsakte präzisiert hat, darf durch die BFSGV weiter konkretisiert und ergänzt werden.

18 Für Details zu den Regelungen der BFSGV wird auf die separate Kommentierung hierzu verwiesen, die die dort normierten Anforderungen erläutert.

D. Ausnahme für Kleinstunternehmen (§ 3 Abs. 3)

I. Definition von Kleinstunternehmen

19 In § 3 Abs. 3 BFSG wird eine Ausnahme für Kleinstunternehmen festgelegt. Diese Unternehmen, wie in § 2 Nr. 17 BFSG definiert, sind solche, die weniger als zehn Mitarbeiter beschäftigen und deren Jahresumsatz oder Bilanzsumme maximal zwei

22 BT-Drs. 19/28653, S. 72.

Millionen Euro beträgt.[23] Die Ausnahmeregelung zielt darauf ab, den wirtschaftlichen Druck auf kleinere Unternehmen zu mindern, die möglicherweise nicht über die notwendigen Ressourcen zur Erfüllung der umfassenden Barrierefreiheitsanforderungen verfügen. Das Gesetz vermutet zu ihren Gunsten, dass die Erfüllung der Anforderungen eine unverhältnismäßige Belastung darstellen würde, da im Übrigen bereits der Nachweis und das Belegen der Ausnahme für ein kleines Unternehmen eine erhebliche Belastung darstellen kann, was den Zweck der Ausnahme konterkarieren würde.[24]

II. Einschränkung der Ausnahmen

20 Es ist hervorzuheben, dass die Ausnahmeregelung ausschließlich für Dienstleistungen gilt. Kleinstunternehmen, die Produkte anbieten, sind nach wie vor verpflichtet, die entsprechenden Barrierefreiheitsanforderungen zu beachten. Lediglich die strengen Dokumentations-, Aufbewahrungs- und Informationspflichten (§§ 16 Abs. 4 S. 1, 17 Abs. 2 S. 3 und Abs. 5 S. 2 BFSG) gelten für sie nicht.[25]

III. Handlungsempfehlungen für Kleinstunternehmen

21 Kleinstunternehmen werden dennoch dazu angehalten, auch ohne zwingende gesetzliche Verpflichtung Barrierefreiheit weitestgehend herzustellen. Hierdurch wird nicht nur die Gesellschaftliche Verantwortung der Bemühung um Inklusion wahrgenommen, sondern auch der Kundenkreis erweitert, sowie ein zukunftsorientiertes Unternehmensleidbild gefördert.[26]

22 Um die Umsetzung der Barrierefreiheitsanforderungen zu unterstützen, wird das Bundesministerium für Arbeit und Soziales spezifische Leitlinien entwickeln, mit denen Kleinstunternehmen bei einer ressourcenschonenden Umsetzung der Anforderungen an Barrierefreiheit unterstützt werden sollen.[27]

§ 4 BFSG
Konformitätsvermutung auf der Grundlage harmonisierter Normen

Bei Produkten und Dienstleistungen, die harmonisierten Normen oder Teilen davon entsprechen, deren Fundstellen im Amtsblatt der Europäischen Union veröffentlicht worden sind, wird vermutet, dass sie die Anforderungen der nach § 3 Absatz 2 zu erlassenden Rechtsverordnung erfüllen, soweit diese An-

---

23 *Franke*, ZfPC 2024, 21, 22; *Ruttloff/Wagner/Misztl*, ESG 2023, 325, 329.
24 BT-Drs. 19/28653, S. 73.
25 *Tabbara*, NZS 2021, 497, 498; *Wagner*, MMR 2024, 755, 757.
26 *BMAS*, Leitlinien für die Anwendung des Barrierefreiheitsstärkungsgesetzes S. 3.
27 BT-Drs. 19/28653, S. 73.

forderungen von den betreffenden Normen oder von Teilen dieser Normen abgedeckt sind.

Gliederung: Rn.

A. Einführung

1 § 4 BFSG regelt die widerlegliche Vermutung der Konformität von Produkten und Dienstleistungen mit den Barrierefreiheitsanforderungen des BFSG auf Grundlage harmonisierter Normen. Die Regelungstechnik des § 4 BFSG geht dabei auf Anh. I Art. R8 des Beschlusses 768/2008/EG über einen gemeinsamen Rechtsrahmen für die Vermarktung von Produkten zurück und setzt damit den New Legislative Framework[1] um. Die Vermutungswirkung technischer Normen hat sich als zentrales Strukturelement des europäischen Produktsicherheitsrechts etabliert: Bereits im Zuge des Rechtssetzungsmodells des New Approach der 80er-Jahre sollte die fortschreitende Harmonisierung des technischen Produktsicherheitsrechts den Abbau von Hemmnissen im Binnenhandel der Union bewirken und den freien Warenverkehr zwischen den Mitgliedstaaten (Art. 34 AEUV) begünstigen.[2]

---

1 Umfassend *Kapoor/Klindt*, EuZW 2008, 649; *Kapoor/Klindt*, EuZW 2009, 134; *Schucht*, EuZW 2014, 848.

2 *Klindt*, EuZW 2002, 133, 133; *Schucht*, EuZW 2017, 46, 46; *Ackermann*, in: BeckOK Produktrecht, Art. 7 GPSR Rn. 2.1.

B. Harmonisierte Normen

I. Definition

Harmonisierte Normen, wie sie in § 2 Nr. 19 BFSG definiert werden, sind harmonisierte Normen i. S. d. Art. 2 Nr. 1 lit. c der Verordnung (EU) Nr. 1025/2012[3]. Mithin „europäische Normen, die auf der Grundlage eines Auftrags der Kommission zu Durchführung von Harmonisierungsrechtsvorschriften der Union angenommen wurden". **2**

Harmonisierte Normen sind also technische Spezifikationen, die von europäischen Normungsorganisationen erarbeitet und im Amtsblatt der EU veröffentlicht werden.[4] Anh. I VO (EU) Nr. 1025/2012 enthält eine Auflistung der anerkannten Europäischen Normungsorganisationen, das CEN (Europäisches Komitee für Normung, „Comité Européen de Normalisation"), das CENELEC (Europäisches Komitee für elektrotechnische Normung, „Comité Européen de Normalisation Électrotechnique") und das ETSI (Europäisches Institut für Telekommunikationsnormen, „European Telecommunications Standards Institute"). **3**

Europäische Normen sind also dann harmonisiert i. S. d. Art. 2 Nr. 1 lit. c der Verordnung (EU) Nr. 1025/2012, wenn sie ein besonderes rechtliches Verfahren nach der Verordnung (EU) Nr. 1025/2012 durchlaufen haben.[5] Bei ihrer nationalen Umsetzung sind die Mitgliedstaaten verpflichtet, alle dazu im Widerspruch stehenden nationalen Normen außer Kraft zu setzen.[6] **4**

II. Regelungszweck

Der wesentliche Regelungszweck der Vermutungswirkung harmonisierter Normen liegt darin, größtmögliche Rechtssicherheit und Rechtsanwendungsklarheit zu schaffen. Gerade im Hinblick darauf, dass die BFSGV trotz ihrer ohnehin kleinteiligen Regelungsstruktur in erheblichem Umfang auf unbestimmte Rechtsbegriffe zurückgreift und damit ein besonderes Bedürfnis existiert, sich bei der Konzeption eines Produkts oder der Gestaltung einer Vertriebswebseite an harmonisierten Normen zu orientieren, kann die praktische Bedeutung des § 4 BFSG kaum überschätzt werden.[7] Beispielsweise mag ein Wirtschaftsakteur etwa gewisse Zweifel daran haben, wann eine Schriftart angemessene Größe (vgl. nur § 12 Nr. 2 lit. f BFSGV) aufweist oder ein Kontrast ausreichend ist (vgl. nur § 12 Nr. 2 lit. f BFSGV). So ermöglicht der Rückgriff auf harmonisierte Normen nicht nur eine Anwendbarkeit des **5**

---

3 Verordnung (EU) Nr. 1025/2012 des Europäischen Parlaments und des Rates vom 25. Oktober 2012 zur europäischen Normung, zur Änderung der Richtlinien 89/686/EWG und 93/15/EWG des Rates sowie der Richtlinien 94/9/EG, 94/25/EG, 95/16/EG, 97/23/EG, 98/34/EG, 2004/22/EG, 2007/23/EG, 2009/23/EG und 2009/105/EG des Europäischen Parlaments und des Rates und zur Aufhebung des Beschlusses 87/95/EWG des Rates und des Beschlusses Nr. 1673/2006/EG des Europäischen Parlaments und des Rates, Abl. 2012 L 316, 12.

4 *Wagner*, MMR 2024, 755, 759.

5 *Ackermann*, in: BeckOK, Produktrecht GPSR, Art. 7 Rn. 7.

6 *Europäische Kommission* (Hrsg.), Leitfaden für die Umsetzung der Produktvorschriften der EU („Blue Guide") 2022, ABl. 2022 C 247, S. 49.

7 *Kalisz*, BKR 2023, 292; *Wagner*, MMR 2024, 755, 759; *Jones*, DSRITB 2022, 487, 496.

Rechts durch die jeweiligen Wirtschaftsakteure, sondern auch die Auditierbarkeit von Produkten und Dienstleistungen durch den Rückgriff auf externe Prüfinstitute und wird in der Praxis vielfach die einzige Möglichkeit darstellen, die Barrierefreiheitsanforderungen rechtssicher umzusetzen.

III. Rechtscharakter

6 Die Einhaltung und Heranziehung harmonisierter Normen ist grundsätzlich freiwillig.[8] Darin findet sich einer der dem unionalen „New Approach" zugrundeliegenden Kerngedanken: Selbstverantwortung der Wirtschaftsakteure.[9] Diese haben stets die Möglichkeit auch andere technische Spezifikationen zu nutzen und auf solche Weise die Konformität der Produkte und Dienstleistungen mit dem BFSG herzustellen und nachzuweisen.[10]

7 Gleichwohl sind Abweichungen von harmonisierten Normen nur in Ausnahmefällen ratsam, da sie ein maßgebliches Indiz für den Stand der Technik darstellen.[11] Abweichungen bergen daher das Risiko, dass mit der Entscheidung über die Konformität des Produkts oder der Dienstleistung beauftragte Stellen diese in Frage stellen.[12] Den Wirtschaftsakteur trifft dann die Beweislast dahingehend, dass Barrierefreiheit trotz Nichtbeachtung einer harmonisierten europäische Norm vorliegt.[13] Ein solcher Beweis wird wiederum oftmals nur mit kostenintensiven (technischen) Gutachten zu erbringen sein.[14]

8 Harmonisierte Normen lösen bei Einschlägigkeit regelmäßig eine Konformitätsvermutung aus;[15] das ist keine Besonderheit des BFSG, sondern eine typische Regelungstechnik in der Unionsgesetzgebung, die sich auch in Art. 7 GPSR[16] und in vielen anderen unionalen Rechtsakten findet.

IV. Justiziabilität und Anspruch auf Zugang zu harmonisierten Normen

9 Der fehlende Rechtssatzcharakter harmonisierter Normen ändert nichts daran, dass harmonisierte Normen im Wege der Vorabentscheidung (Art. 267 AEUV) als Teil

8 *Wagner*, MMR 2024, 755, 759; *Ackermann*, in: BeckOK, Produktrecht GPSR, Art. 7 Rn. 9.

9 Vgl. *Rott*, Das Barrierefreiheitsstärkungsgesetz – Teil I: Konzeptionelle Grundlagen, E6-2021, abrufbar unter https://www.reha-recht.de/fachbeitraege/beitrag/artikel/beitrag-e6-2021, zuletzt abgerufen am 03.01.2025.

10 *Europäische Kommission* (Hrsg.), Leitfaden für die Umsetzung der Produktvorschriften der EU („Blue Guide") 2022, ABl. 2022, C 247, S. 51.

11 *Ackermann*, in: BeckOK, Produktrecht GPSR, Art. 7 Rn. 10.

12 *Ackermann*, in: BeckOK, Produktrecht GPSR, Art. 7 Rn. 10.

13 *Ackermann*, in: BeckOK, Produktrecht GPSR, Art. 7 Rn. 10.

14 *Ackermann*, in: BeckOK, Produktrecht GPSR, Art. 7 Rn. 10.

15 *Wagner*, MMR 2024, 755, 759.

16 Verordnung (EU) 2023/988 der Europäischen Parlaments und des Rates vom 10. Mai 2023 über die allgemeine Produktsicherheit, zur Änderung der Verordnung (EU) Nr. 1025/2012 des Europäischen Parlaments und des Rates und der Richtlinie (EU) 2020/1828 des Europäischen Parlaments und des Rates sowie zur Aufhebung der Richtlinie 2001/95/EG des Europäischen Parlaments und des Rates und der Richtlinie 87/357/EWG des Rates, ABl. 2023 L 135, 1.

des Unionsrechts der Auslegung durch den EuGH unterliegen.[17] Die damit einhergehende höhere Justiziabilität harmonisierter Normen führt durch die Gewährleistung einer einheitlichen Auslegung in sämtlichen Mitgliedstaaten der Union zu mehr Rechtssicherheit im Binnenmarkt.[18]

Dabei kann nach der Rechtsprechung des EuGH trotz des fehlenden Rechtssatz- **10**
charakters, aber aufgrund der faktischen Regelungswirkung harmonisierter Normen ein kraft Unionsrecht gewährleistetes Recht des Einzelnen auf Zugang zu harmonisierten Normen bestehen.[19] Die etablierte Rechtspraxis, nach der harmonisierte Normen von den Normsetzungsorganisationen gegen Entgelt abgegeben werden, wodurch die Normsetzung selbst finanziert wird, ist aus diesem Grund ein fragwürdiges Konzept. Da die Finanzierung der Normungsinstitute auf der anderen Seite sichergestellt sein muss, um Qualität und Aktualität europäischer Normung nachhaltig zu gewährleisten, ist ein kostenfreier Zugang zu den Normen ebenfalls nicht ohne Konsequenzen.[20] Eine Lösung des Konfliktes wird den zukünftigen, die Malamud-Entscheidung[21] des EuGH konkretisierenden Judikaten vorbehalten sein.

C. Konformitätsvermutung

I. Grundlagen

§ 4 des Barrierefreiheitsstärkungsgesetzes (BFSG) regelt, dass Produkte und Dienst- **11**
leistungen, die den harmonisierten Normen entsprechen, widerleglich als konform mit den Barrierefreiheitsanforderungen gelten.[22] Diese Regelung bietet Herstellern und Dienstleistern einen klaren rechtlichen Rahmen, um die Erfüllung der gesetzlich geforderten Barrierefreiheitsstandards i. S. d. § 3 Abs. 2 sicherzustellen. Sie dient also der Erleichterung der Konformitätsbewertung.[23]

II. Reichweite der Konformitätsvermutung

Die Vermutungswirkung des § 4 BFSG reicht nur soweit, wie Produktmerkmale **12**
und Dienstleistungsmerkmale betroffen sind, für die Anforderungen geregelt und die von der Norm abgedeckt werden. Die Reichweite der Konformitätsvermutung

17 EuGH, Urt. v. 27.10.2016 – C-613/14, NJW 2017, 311 – James Elliott Construction; vgl. auch *Molitoris/Klindt*, NJW 2017, 1582; kritisch *Karpenstein*, EuZW 2017, 321, 322; zum Zivilprozess *Ziegler*, DS 2017, 117.

18 BeckOK Produktrecht/*Ackermann*, Art. 7 GPSR Rn. 9.1; *Klindt/Wende*, EuZW 2017, 63, 67; *Karpenstein*, EuZW 2017, 321, 321 f.

19 Grundlegend EuGH, Urt. v. 05.03.2024 – C-588/21 P, ZfPC 2024, 123 – Malamud.

20 Kritisch *Kapoor*, EuZW 2024, 509, 514 f.; sehr kritisch *Klindt*, EuZW 2023, 701, 703: „faktische Enteignung"; gemäßigter *Loerzer/Schucht*, ZfPC 2024, 142, 145; *Gesmann-Nuissl*, ZfPC 2024, 123, 125 f.

21 EuGH, Urt. v. 05.03.2024 – C-588/21 P, ZfPC 2024, 123 – Malamud.

22 *Jones*, DSRITB 2022, 487, 496; *Jones*, DSRITB 2021, 417, 424.

23 BT-Drs. 19/28653, S. 73.

deckt sich dabei mit dem sachlichen Schutzbereich der europäischen Norm.[24] Dies hat insbesondere Bedeutung im Anwendungsbereich der EN 301 549, die zwar Anforderungen an digitale Produkte und Dienstleistungen stellt, aber nicht Erfordernisse für analoge Begleitdokumente wie Gebrauchsanleitungen regelt. In solchen Fällen kommt es zu einer Spaltung der Konformitätsvermutung: Während digitale Aspekte des Produkts von der Konformitätsvermutung der EN 301 549 profitieren, gilt das nicht für die außerhalb des Anwendungsbereichs der harmonisierten Norm liegende analoge Gebrauchsanleitung. Im Falle der Gebrauchsanleitung vermag ein Wirtschaftsakteur die damit einhergehende eingeschränkte Konformitätsvermutung dadurch zu umgehen, dass er sich in Ansehung der Gebrauchsanleitung zulässiger digitaler Lösungen bedient (hierzu → § 7 Rn. 29, 31).

III. Widerlegbarkeit

13 Die Vermutungswirkung des § 4 BFSG ist widerlegbar.[25] Der Marktüberwachungsbehörde obliegt also der schwer zu führende Nachweis, dass das Produkt oder die Dienstleistung trotz der Konformität mit der harmonisierten Norm den Barrierefreiheitsanforderungen nicht genügt. In der Praxis wird es selten vorkommen, dass eine harmonisierte Norm, die unter Beteiligung sachverständiger Kreise in einem Normungsverfahren erlassen wurde, den Stand der Technik in Ansehung der Barrierefreiheitsanforderungen unzutreffend abbildet.

14 Damit ist zu beachten, dass die Konformitätsvermutung die betroffenen Wirtschaftsakteure nicht von ihren Haftungspflichten befreit. Zum einen besteht für sie die fortlaufende Pflicht, die Änderungen in den Normen (und technischen Spezifikationen i. S. d. § 5 BFSG), auf die sie sich stützen, angemessen zu berücksichtigen (§§ 6 Abs. 3 Satz 2, 14 Abs. 3 Satz 2 BFSG). Außerdem bleibt es Marktüberwachungsbehörden unbeschadet des § 4 BFSG möglich, harmonisierte Normen (oder technische Spezifikationen i. S. d. § 5 BFSG) gem. § 24 Abs. 2 Satz 3 Nr. 2 BFSG für mangelhaft zu erklären. Ein Vertrauensschutz gilt für die betroffenen Wirtschaftsakteure dann nicht mehr. Vielmehr müssen sie die Barrierefreiheit ihrer Produkte oder Dienstleistungen auf andere Weise gewährleisten.

IV. Keine umgekehrte Konformitätsvermutung

15 Ein Wirtschaftsakteur, dessen Produkt oder Dienstleistungen die Anforderungen harmonisierter Normen nicht einhält, muss der Marktüberwachungsbehörde gegenüber nicht automatisch den Nachweis gleichwohl bestehender Konformität erbringen. Eine umgekehrte Konformitätsvermutung dergestalt, dass bei Nichteinhaltung der harmonisierten Norm die Nichtkonformität vermutet wird, gibt es nicht.[26]

---

24 *Wilrich*, NJW 2023, 1400, 1403; *Wilrich*, ProdSG Rn. 368; BeckOK Produktrecht/*Ackermann*, Art. 7 GPSR Rn. 16; *Dingemann*, in: Schucht/Wiebe, EU-Produktsicherheitsverordnung

25 *Wagner*, MMR 2024, 755, 759.

26 *Kapoor/Klindt*, NVwZ 2012, 719, 722; *Loerzer/Schucht*, ZfPC 2024, 142, 143; *Wilrich*, NJW 2023, 1400, 1403; *Klindt*, in: Klindt, ProdSG, § 4 Rn. 18.

D. Relevante harmonisierte Normen im Anwendungsbereich des § 4 BFSG

Wie bereits dargelegt gibt es harmonisierte Normen nicht nur auf dem Gebiet der Barrierefreiheit, sondern auch für viele andere Bereiche der Unionsgesetzgebung. Ein Verzeichnis sämtlicher harmonisierter und auch anderer im Amtsblatt der Union veröffentlichter europäischer Normen wird auf der Webseite der Europäischen Kommission geführt.[27] **16**

Die wichtigsten harmonisierten Normen im Anwendungsbereich des § 4 BFSG sind: **17**
- EN 301 549 (aktuelle Version V 3.2.1. 2021-03) für die digitale Barrierefreiheit von Informations- und Kommunikationstechnik des öffentlichen Sektors
- EN 17161:2019. Design for All – Accessibility.

I. EN 301 549 V 3.2.1

1. Grundlagen

Die harmonisierte Norm EN 301 549 V 3.2.1 regelt Mindestanforderungen an die Barrierefreiheit von Informations- und Kommunikationstechnologien und nimmt dabei weitgehend auf die WCAG 2.1 Guidelines Bezug. Diese Normen stellen einen wesentlichen Bestandteil bei der Bewertung und Umsetzung der Barrierefreiheit dar und ermöglichen so Unternehmen die Überprüfung der Einhaltung der Barrierefreiheitsanforderungen durch ihre Produkte und Dienstleistungen.[28] **18**

Die EN 301 549 V 3.2.1 legt umfassend die Mindestanforderungen an die Barrierefreiheit von Informations- und Kommunikationstechnologien fest. Sie wurde durch das World Wide Web Consortium (W3C) entwickelt und mit Durchführungsbeschluss (EU) 2021/1339[29] im Amtsblatt der Union veröffentlicht – also i. S. d. § 4 BFSG „genannt".[30] Aktuell befindet sich der Standard wieder in Überarbeitung.[31] **19**

Der Standard legt in Kapitel 5 zunächst allgemeine Anforderungen fest, die grundsätzlich für alle in seinen Anwendungsbereich fallenden Produkte und Dienstleistungen gelten. In den Folgekapiteln wird dann hinsichtlich der zu beachtenden technischen Aspekte nach bestimmten Produkt- bzw. Dienstleistungsgruppen unterschieden. Besondere Anforderungen gelten für Technologien mit Zwei-Wege-Sprachkommunikation (Kapitel 6), Informations- und Kommunikationstechnologien mit eingebundenen Videoplayern (Kapitel 7), Hardware (Kapitel 8), Webinhalte, (Kapitel 9), Nicht-Web-Dokumente (Kapitel 10), Software (Kapitel 11), Dokumentations- und Supportdienste (Kapitel 12) und Informations- und Kommu- **20**

---

27 Abrufbar unter: https://single-market-economy.ec.europa.eu/single-market/european-standards/harmonised-standards_en, zuletzt abgerufen am 03.01.2025.

28 *Wagner*, MMR 2024, 755, 759; *Kalisz*, BKR 2023, 292, 293.

29 Durchführungsbeschluss (EU) 2021/1339 der Kommission vom 11. August 2021 zur Änderung des Durchführungsbeschlusses (EU) 2018/2048 über die harmonisierte Norm für Websites und mobile Anwendungen, ABl. 2021, L 289, 53.

30 *Jones*, DSRITB 2021, 417, 424.

31 Aktueller Bearbeitungsstand abrufbar unter: https://portal.etsi.org/webapp/WorkProgram/Report_WorkItem.asp?WKI_ID=64282, zuletzt abgerufen am 03.01.2025.

nikationstechnologien, die Zugriff auf Relais und Notfalldienste ermöglichen. Eine Zusammenfassung der einzuhaltenden Barrierefreiheitsanforderungen findet sich in Annex A der EN 301 549.

21 In Kapitel 9 nimmt der EN 301 549 auf Teile der international anerkannten Web Content Accessibility Guidelines (WCAG) Version 2.1[32] Bezug.[33] Diese stellen konkrete Vorgaben für technische Implementierung barrierefreier Elemente in Webseite auf, indem sie technische Anforderungen an Wahrnehmbarkeit, Bedienbarkeit, Verständlichkeit und Robustheit festlegen.[34]

22 Die WCAG-Erfolgskriterien der Konformitätsstufen A und AA sind danach verbindlich einzuhalten. Erfolgskriterien der Konformitätsstufe AAA werden als optionale erweiterte Kriterien aufgelistet und zeigen, wie ein maximales Maß an Barrierefreiheit auch über die geforderten Standards hinaus aussehen kann.[35]

2. Begrenzung des Anwendungsbereichs

23 Die praktisch relevante Schwäche der EN 301 549 liegt darin, dass sie sich ausweislich ihres Anwendungsbereichs auf die Barrierefreiheit von Informations- und Kommunikationstechnologien beschränkt. Sie bietet daher keine Lösungen für Anforderungen an nicht digitale Produktinformation, wie sie das BFSG etwa in Form zahlreicher Produktkennzeichnungen kennt. Insbesondere für die Hersteller von Produkten bleibt es daher zum Inkrafttreten des BFSG bei erheblicher Rechtsunsicherheit, da auditierbare Maßstäbe für nicht digitale Produktinformationen, die von der Konformitätsvermutung gem. § 4 BFSG profitieren können, noch fehlen.

II. EN 17161:2019[36]

24 Neben der EN 301 549 ist auch die harmonisierte Norm EN 17161:2019 (Design for All) von Bedeutung, die den Zugang zu einer breiteren Nutzergruppe ermöglichen soll. Die Norm EN 17161:2019 „Design for All" legt Anforderungen fest, die es Organisationen ermöglichen, Produkte, Waren und Dienstleistungen so zu gestalten, dass sie von der größtmöglichen Nutzergruppe, einschließlich Menschen mit Behinderungen, zugänglich, verständlich und nutzbar sind. Der Fokus liegt auf einem inklusiven Designansatz, der die unterschiedlichen Bedürfnisse, Eigenschaften und

---

32 Im Jahr 2022 hat der Aktion Mensch e. V. eine inoffizielle deutsche Übersetzung der WCAG 2.1 veröffentlicht, kostenfrei abrufbar unter: https://outline-rocks.github.io/wcag/translations/WCAG21-de/; aktuell wird die WCAG überarbeitet; im Mai 2024 hat die Accessibility Guidelines Working Group einen „Working Draft" der WCAG 3.0 veröffentlicht, abrufbar unter: https://www.w3.org/TR/wcag-3.0/, zuletzt abgerufen am 03.01.2025.

33 Vgl. hierzu auch *Jones*, DSRITB 2021, 417, 419.

34 *Jones*, DSRITB 2021, 417, 419.

35 Vgl. *Beauftrage der Bundesregierung für Informationstechnik/ Informations Technik Zentrum Bund/ Landeskompetenzzentrum für barrierefreie IT,* Harmonisierte Europäische Norm (EN) 301 549, abrufbar unter: https://www.barrierefreiheit-dienstekonsolidierung.bund.de/Webs/PB/DE/gesetze-und-richtlinien/en301549/en301549-node.html, zuletzt abgerufen am 03.01.2025.

36 Abrufbar unter https://accessible-eu-centre.ec.europa.eu/content-corner/digital-library/en-171612019-design-all-accessibility-following-design-all-approach-products-goods-and-services_en, zuletzt abgerufen am 03.01.2025.

Präferenzen der Nutzer berücksichtigt. Die Norm fördert die Integration von Zugänglichkeitsprinzipien in den gesamten Entwicklungsprozess und unterstützt Organisationen dabei, gesetzlichen Anforderungen an die Barrierefreiheit zu genügen, ohne technische Spezifikationen für Design oder Funktionalität zu definieren.

Im Gegensatz dazu richtet sich die Norm EN 301 549 konkret auf die Barrierefreiheit von Informations- und Kommunikationstechnologien (IKT). Sie legt spezifische technische Anforderungen und Testkriterien fest, die IKT-Produkte und -Dienstleistungen erfüllen müssen, um als barrierefrei zu gelten. Während die EN 17161 einen breiteren, strategischen Ansatz zur Förderung der Barrierefreiheit in allen Bereichen verfolgt, bietet die EN 301 549 detaillierte Vorgaben für digitale Produkte und Dienstleistungen. **25**

§ 5 BFSG Konformitätsvermutung auf der Grundlage technischer Spezifikationen

Bei Produkten und Dienstleistungen, die den technischen Spezifikationen oder Teilen davon entsprechen, wird vermutet, dass sie die Anforderungen der nach § 3 Absatz 2 zu erlassenden Rechtsverordnung erfüllen, soweit diese von den technischen Spezifikationen oder Teilen dieser technischen Spezifikationen abgedeckt sind.

Gliederung: Rn.

A. Einführung

1 § 5 BFSG formuliert die Vermutungswirkung technischer Spezifikationen[1] (→ § 2 Nr. 20 BFSG) und etabliert damit einen alternativen Mechanismus der Konformitätsvermutung[2], der neben die Vermutungswirkung harmonisierter Normen nach § 4 BFSG tritt. Das nationale Produktrecht kennt in § 5 ProdSG eine weitgehend parallele Regelungstechnik. Indem das BFSG der Normung eine besondere Rolle zuweist und sich damit eines im harmonisierten Produktsicherheitsrecht fest ver-

1 BT-Drs. 19/28653, S. 73.
2 *Fuerst*, in: Binder/Vesting, § 99b MStV Rn. 6.

ankerten Regulierungsansatzes bedient,[3] fügt sich die Regelungstechnik nahtlos in althergebrachte Strukturen ein. Nach Maßgabe des § 5 BFSG wird daher die Konformität von Produkten und Dienstleistungen mit der BFSGV vermutet, wenn sie technischen Spezifikationen oder Teilen davon entsprechen, die in Durchführungsrechtsakten der europäischen Kommission festgelegt worden sind. Die Vorschrift setzt damit Art. 15 Abs. 4 der RL 2019/882/EU um.

2 Die Vermutungswirkung technischer Spezifikationen gewährt Herstellern weitgehende Rechtssicherheit für die Konformität ihrer Produkte.[4] Technische Spezifikationen bieten Wirtschaftsakteuren Orientierung in den normierten Bereichen.[5] Gerade im Hinblick darauf, dass die BFSGV bei ihrer kleinteiligen und unübersichtlichen Regelungsstruktur dennoch in erheblichem Umfang auf unbestimmte Rechtsbegriffe zurückgreift und damit ein besonderes Bedürfnis existiert, sich bei der Konzeption eines Produkts oder der Gestaltung einer Vertriebswebseite an technischen Spezifikationen zu orientieren, kann die praktische Bedeutung des § 5 BFSG kaum überschätzt werden.[6] Ein Wirtschaftsakteur mag etwa gewisse Restzweifel haben, wann eine Schriftart angemessene Größe (vgl. nur § 12 Nr. 2 lit. f BFSGV) aufweist oder ein Kontrast ausreichend ist (vgl. nur § 12 Nr. 2 lit. f BFSGV).

B. Regelungsgehalt

I. Der Begriff der technischen Spezifikation

3 § 2 Nr. 20 BFSG verweist für die Legaldefinition der technischen Spezifikation auf die entsprechenden Vorgaben des Art. 2 Nr. 4 VO (EU) Nr. 1025/2012.[7] Nach Art. 2 Nr. 4 VO (EU) Nr. 1025/2012[8] versteht man unter dem Begriff der technischen Spezifikation ein Schriftstück, in dem die technischen Anforderungen dargelegt sind, die ein Produkt, ein Verfahren, eine Dienstleistung oder ein System zu erfüllen hat, und das einen oder mehrere der folgenden Punkte enthält:

4 a) die Eigenschaften, die ein Produkt erfüllen muss, wie Qualitätsstufen, Leistung, Interoperabilität, Umweltverträglichkeit, Gesundheit, Sicherheit oder Abmessungen, einschließlich der Anforderungen an die Verkaufsbezeichnung, Terminologie, Symbole, Prüfungen und Prüfverfahren, Verpackung, Kennzeichnung oder Beschriftung des Produkts sowie die Konformitätsbewertungsverfahren;

5 b) die Herstellungsmethoden und -verfahren für die landwirtschaftlichen Erzeugnisse gemäß der Definition in Artikel 38 Absatz 1 AEUV, für die Erzeugnisse, die zur menschlichen und tierischen Ernährung bestimmt sind, und Arzneimittel sowie

3 Vgl. für das BFSG *Rott,* Das Barrierefreiheitsstärkungsgesetz – Teil I: Konzeptionelle Grundlagen, E6-2021, abrufbar unter https://www.reha-recht.de/fachbeitraege/beitrag/artikel/beitrag-e6-2021, zuletzt abgerufen am 03.01.2025; *Fuerst*, in: Binder/Vesting, § 99b MStV Rn. 3.

4 *Giesberts/Gayger*, NVwZ 2019, 1491, 1492; *Menz*, in: Klindt, ProdSG, § 4 Rn. 3.

5 *Wagner*, MMR 2024, 755, 759.

6 *Kalisz*, BKR 2023, 292; *Wagner*, MMR 2024, 755, 759; *Jones*, DSRITB 2022, 487, 496 [zu § 4 BFSG].

7 Vgl. auch *Hollinger*, in: Hollinger/Schade, MessEG/MessEV, § 2 MessEG Rn. 29.

8 Weiterführend *Funke*, maschinenrichtlinie aktuell III/2013, S. 26.

die Herstellungsmethoden und -verfahren für andere Produkte, sofern sie die Eigenschaften dieser Erzeugnisse beeinflussen;

c) die Eigenschaften, die eine Dienstleistung erfüllen muss, wie Qualitätsstufen, Leistung, Interoperabilität, Umweltverträglichkeit, Gesundheit oder Sicherheit, einschließlich der Anforderungen an die Informationen, die der Dienstleistungserbringer gemäß Artikel 22 Absätze 1 und 2 der Richtlinie 2006/123/EG dem Dienstleistungsempfänger zur Verfügung stellen muss; **6**

d) die Verfahren und Kriterien zur Bewertung der Leistung von Bauprodukten gemäß Artikel 2 Nummer 1 der Verordnung (EU) Nr. 305/2011 des Europäischen Parlaments und des Rates vom 9. März 2011 zur Festlegung harmonisierter Bedingungen für die Vermarktung von Bauprodukten in Bezug auf ihre wesentlichen Eigenschaften. **7**

II. Festlegung technischer Spezifikationen durch die Kommission

Nach Art. 15 Abs. 3 RL 2019/882/EU darf die Kommission derartige technische Spezifikationen **durch Durchführungsrechtsakt** nur festlegen, wenn sie entweder eine oder mehrere europäische Normungsorganisationen mit der Erarbeitung harmonisierter Normen beauftragt hat und beim Normungsverfahren übermäßige Verzögerungen auftreten bzw. der Auftrag von keiner der europäischen Normungsorganisationen angenommen wurde oder wenn sie nachweisen kann, dass eine technische Spezifikation den Anforderungen nach Anhang II VO (EU) Nr. 1025/2012 mit Ausnahme der Anforderung, dass die technische Spezifikation von einer gemeinnützigen Organisation erarbeitet worden sein sollten, entspricht.[9] **8**

III. Rechtscharakter

Die Einhaltung und Heranziehung technischer Spezifikationen ist, wie auch bei harmonisierten Normen (→ § 4 BFSG Rn. 6), grundsätzlich freiwillig.[10] Darin findet sich einer der dem unionalen „New Approach“ zugrundeliegenden Kerngedanken: Selbstverantwortung der Wirtschaftsakteure.[11] Diese haben stets die Möglichkeit, auch andere technische Spezifikationen zu nutzen und auf diese Weise die Konformität der Produkte und Dienstleistungen mit dem BFSG herzustellen und nachzuweisen.[12] **9**

Gleichwohl sind Abweichungen von technischen Spezifikationen, die die Vermutungswirkung nach § 5 BFSG realisieren, nur in Ausnahmefällen ratsam, da von der Europäischen Kommission festgelegte technische Spezifikationen ein maßgebliches Indiz für den Stand der Technik darstellen.[13] Abweichungen bergen daher das Risi- **10**

---

9 *Fuerst*, in: Binder/Vesting, § 99b MStV Rn. 6.

10 *Wagner*, MMR 2024, 755, 759; *Ackermann*, in: BeckOK, Produktrecht GPSR, Art. 7 Rn. 9.

11 Vgl. *Rott*, Das Barrierefreiheitsstärkungsgesetz – Teil I: Konzeptionelle Grundlagen, E6-2021, abrufbar unter https://www.reha-recht.de/fachbeitraege/beitrag/artikel/beitrag-e6-2021, zuletzt abgerufen am 03.01.2025.

12 *Europäische Kommission* (Hrsg.), Leitfaden für die Umsetzung der Produktvorschriften der EU („Blue Guide“) 2022, ABl. 2022, C 247, S. 51.

13 *Ackermann*, in: BeckOK, Produktrecht GPSR, Art. 7 Rn. 10.

ko, dass mit der Entscheidung über die Konformität des Produkts oder der Dienstleistung beauftragte Stellen diese in Frage stellen.[14] Den Wirtschaftsakteur trifft dann die Beweislast dahingehend, dass Barrierefreiheit trotz Verstoßes gegen eine (harmonisierte) europäische Norm vorliegt.[15] Dieser Beweis wird wiederum oftmals nur mit kostenintensiven (technischen) Gutachten zu erbringen sein.[16]

IV. Reichweite der Konformitätsvermutung

11 Die Vermutungswirkung des § 5 BFSG reicht ausweislich des Wortlauts der Bestimmung nur soweit, wie Produktmerkmale und Dienstleistungen betroffen sind, für die Anforderungen geregelt und die von der technischen Spezifikation abgedeckt werden. Die Reichweite der Konformitätsvermutung deckt sich dabei mit dem sachlichen Schutzbereich der technischen Spezifikation.[17]

V. Widerlegbarkeit

12 Die Vermutungswirkung des § 5 BFSG ist widerlegbar.[18] Der Marktüberwachungsbehörde obliegt also der schwer zu führende Nachweis, dass das Produkt oder die Dienstleistung trotz der Konformität mit der technischen Spezifikation den Barrierefreiheitsanforderungen nicht genügt. In der Praxis wird es selten vorkommen, dass eine technische Spezifikation, die unter Beteiligung sachverständiger Kreise durch die Kommission in einem Durchführungsrechtsakt festgelegt wurde, den Stand der Technik in Ansehung der Barrierefreiheitsanforderungen unzutreffend abbildet.

13 Damit ist zu beachten, dass die Konformitätsvermutung die betroffenen Wirtschaftsakteure nicht von ihren Haftungspflichten befreit. Zum einen besteht für sie die fortlaufende Pflicht, die Änderungen der technischen Spezifikationen, auf die sie sich stützen, angemessen zu berücksichtigen (§§ 6 Abs. 3 Satz 2, 14 Abs. 3 Satz 2 BFSG). Außerdem bleibt es Marktüberwachungsbehörden unbeschadet des § 5 BFSG möglich, technische Spezifikationen nach § 24 Abs. 2 Satz 3 Nr. 2 BFSG für ungültig zu erklären. Ein Vertrauensschutz gilt für die betroffenen Wirtschaftsakteure dann nicht. Vielmehr müssen sie dann die Barrierefreiheit ihrer Produkte oder Dienstleistungen auf andere Weise gewährleisten.

VI. Keine umgekehrte Konformitätsvermutung

14 Ein Wirtschaftsakteur, dessen Produkt oder Dienstleistungen die Anforderungen technischer Spezifikationen nicht einhält, muss der Marktüberwachungsbehörde gegenüber nicht den Nachweis gleichwohl bestehender Konformität erbringen. Eine umgekehrte Konformitätsvermutung dergestalt, dass bei Nichteinhaltung einer

---

14 *Ackermann*, in: BeckOK, Produktrecht GPSR, Art. 7 Rn. 10.

15 *Ackermann*, in: BeckOK, Produktrecht GPSR, Art. 7 Rn. 10.

16 *Ackermann*, in: BeckOK, Produktrecht GPSR, Art. 7 Rn. 10.

17 *Wilrich*, NJW 2023, 1400, 1403; *Wilrich*, ProdSG Rn. 368; BeckOK Produktrecht/*Ackermann*, Art. 7 GPSR Rn. 16; *Dingemann*, in: Schucht/Wiebe, EU-Produktsicherheitsverordnung, Art. 7 Rn. 29 [zu harmonisierten Normen].

18 *Wagner*, MMR 2024, 755, 759.

verfügbaren technischen Spezifikation die Nichtkonformität vermutet wird, gibt es nicht.[19]

§ 6 BFSG
Pflichten des Herstellers

(1) Der Hersteller darf ein Produkt nur in den Verkehr bringen, wenn

1. das Produkt nach den Barrierefreiheitsanforderungen der nach § 3 Absatz 2 zu erlassenden Rechtsverordnung gestaltet und hergestellt worden ist,

2. die technische Dokumentation nach der Anlage 2 erstellt wurde, das Konformitätsbewertungsverfahren durchgeführt wurde und die Konformität des Produkts mit den geltenden Barrierefreiheitsanforderungen im Rahmen dieses Verfahrens nachgewiesen wurde,

3. der Hersteller eine EU-Konformitätserklärung nach § 18 ausgestellt hat und

4. die CE-Kennzeichnung nach § 19 angebracht wurde.

(2) Der Hersteller bewahrt die technische Dokumentation und die EU-Konformitätserklärung nach dem Inverkehrbringen des Produkts für die Dauer von fünf Jahren in schriftlicher oder elektronischer Form auf.

(3) Der Hersteller hat durch geeignete Verfahren dafür zu sorgen, dass auch bei Serienfertigung stets die Konformität mit den Anforderungen dieses Gesetzes sichergestellt ist. Änderungen am Entwurf des Produkts oder an seinen Merkmalen sowie Änderungen der in den §§ 4 und 5 genannten Normen oder technischen Spezifikationen, auf die in der Konformitätserklärung verwiesen wird, sind angemessen zu berücksichtigen.

(4) Hat ein Hersteller Kenntnis davon oder Grund zur Annahme, dass ein von ihm in den Verkehr gebrachtes Produkt nicht den Barrierefreiheitsanforderungen der nach § 3 Absatz 2 zu erlassenden Rechtsverordnung entspricht, so ergreift er unverzüglich die erforderlichen Korrekturmaßnahmen, um die Konformität herzustellen. Sofern die Konformität nicht hergestellt werden kann, nimmt der Hersteller das Produkt zurück oder ruft es zurück. Wenn das Produkt den Barrierefreiheitsanforderungen der nach § 3 Absatz 2 zu erlassenden Rechtsverordnung nicht genügt, informiert der Hersteller unverzüglich die Marktüberwachungsbehörde sowie die Marktüberwachungsbehörden der Mitgliedstaaten der Europäischen Union, in denen er das Produkt in den Verkehr gebracht hat. Dabei macht er ausführliche Angaben, insbesondere über die Art der Nichtkonformität und die ergriffenen Korrekturmaßnahmen.

(5) Der Hersteller führt ein Verzeichnis derjenigen Produkte, über deren Nichtkonformität mit den geltenden Barrierefreiheitsanforderungen er die Marktüberwachungsbehörden informiert hat, und der diesbezüglichen Beschwerden. Das Verzeichnis ist schriftlich oder elektronisch zu führen.

---

19 *Kapoor/Klindt*, NVwZ 2012, 719, 722; *Loerzer/Schucht*, ZfPC 2024, 142, 143; *Wilrich*, NJW 2023, 1400, 1403; *Klindt*, in: Klindt, ProdSG, § 4 Rn. 18.

Gliederung: Rn.

A. Einführung

I. Normativer Hintergrund und Bezüge

§ 6 BFSG regelt in Umsetzung von Art. 7 RL 2019/882/EU die Pflichten des Herstellers (→ § 2 Nr. 11 BFSG), die dieser in Ansehung der Barrierefreiheit seiner Produkte im Binnenmarkt erfüllen muss. Die Regelungstechnik geht dabei auf die Referenzbestimmungen des Anhang I Art. R2 des Beschlusses Nr. 768/2008/EG über einen gemeinsamen Rechtsrahmen für die Vermarktung von Produkten zurück und setzt damit das New Legislative Framework um.[1] Im übrigen Produktsicherheitsrecht finden sich daher zahlreiche Parallelvorschriften, die der Bestimmung des § 6 BFSG weitgehend entsprechen. **1**

II. Der Hersteller als Marktakteur

Der Hersteller trägt im produktsicherheitsrechtlichen System abgestufter Verantwortlichkeiten die primäre Verantwortung für das in Verkehr gebrachte (→ § 2 Nr. Nr. 10 BFSG) Produkt (sog. Primärverantwortlichkeit des Herstellers).[2] Die produktsicherheitsrechtliche Primärverantwortlichkeit des Herstellers rechtfertigt sich daraus, dass er das potentiell nichtkonforme Produkt in Verkehr bringt und über die umfassendsten Kenntnisse über die technische Gestaltung des Produkts verfügt, mithin dem Fertigungsprozess und dem Konformitätsbewertungsverfahren am nächsten steht.[3] Gleichzeitig hat auch der Hersteller unter den Marktakteuren das größte wirtschaftliche Interesse an der Verkehrsfähigkeit des von ihm hergestellten Produkts im europäischen Binnenmarkt. Im Interesse einer effektiven Marktüberwachung muss die Vorbeugung von Nichtkonformitäten im Markt daher stets beim Hersteller ansetzen. Die Primärverantwortlichkeit des Herstellers ist dabei an keiner Stelle ausdrücklich gesetzlich normiert, folgt jedoch als dem Regelungssystem immanenter Rechtsgedanke aus dem produktsicherheitsrechtlichen System abgestufter Verantwortlichkeit.[4] Dieses Verständnis der Rolle des Herstellers als Marktakteur entspricht der Rechtsauffassung der Kommission, wonach marktüberwachungsrechtliche Maßnahmen gegen den Hersteller zu richten sind, es sei denn, die streitgegenständliche Frage bezieht sich speziell auf den Händler.[5] Diese Stellungnahme wird zusätzlich durch die Leitlinien der Kommission zur Anwendung der Maschinenrichtlinie RL 2006/42/EG abgesichert, wonach Händler als Vertreter der Liefer- **2**

---

1 Zum NLF: *Kapoor/Klindt*, EuZW 2008, 649; *Kapoor/Klindt*, EuZW 2009, 134; *Schucht*, EuZW 2014, 848.

2 *Klindt*, ZRP 2023, 108, 108; *Piovano*, Der Hersteller im Produktsicherheitsrecht, S. 76; *Piovano*, in: Schucht/Wiebe, EU-Produktsicherheitsverordnung, Art. 9 Rn. 1 [zur GPSR]; ähnlich *Rehmann*, in: Rehmann/Wagner, Art. 2 Rn. 46 [zur MP-VO]; *Europäische Kommission* (Hrsg.), Leitfaden für die Umsetzung der Produktvorschriften der EU („Blue Guide“), S. 35.

3 Vgl. ErwG. 21 des Beschlusses Nr. 786/2008/EG.

4 *Klindt*, ZRP 2023, 108, 108 ff., der sich für eine positiv-rechtliche Regelung des Grundsatzes der Primärverantwortlichkeit ausspricht.

5 *Europäische Kommission* (Hrsg.), Leitfaden für die Umsetzung der Produktvorschriften der EU („Blue Guide“), S. 102.

kette nur sekundär in Anspruch zu nehmen sind, wenn der Hersteller nicht oder nicht ohne Weiteres zu erreichen ist.[6]

3 Durch das umfassende Pflichtenprogramm des § 6 BFSG wird der Hersteller unmittelbar in den marktüberwachungsrechtlichen Aufgabenkreis eingebunden. Das BFSG folgt dabei insbesondere dem System der sog. internen Fertigungskontrolle, bei dem der Hersteller dem Ansatz der Selbstregulierung entsprechend die produktbezogenen Verpflichtungen erfüllt und auf eigene Verantwortung erklärt, dass die betreffenden Produkte den für sie geltenden Anforderungen der Rechtsvorschrift genügen.[7]

B. Regelungsgehalt

I. Anforderungen an das Inverkehrbringen von Produkten (Abs. 1)

4 Nach § 6 Abs. 1 BFSG darf der Hersteller ein Produkt nur dann in Verkehr bringen, wenn der Hersteller die in der Vorschrift niedergelegten Anforderungen erfüllt hat.

1. Allgemeines Konformitätsgebot (Abs. 1 Nr. 1)

a) Objektive Dimensionen

5 § 6 Abs. 1 Nr. 1 BFSG konstituiert die „Kardinalspflicht" des Herstellers.[8] Nach Maßgabe der Bestimmung darf ein Produkt nur dann in Verkehr gebracht (→ § 2 Nr. 10 BFSG) werden, wenn das Produkt nach den Barrierefreiheitsanforderungen der BFSGV gestaltet und hergestellt worden ist, mithin barrierefrei ist (materielle Konformität).[9]

b) Subjektive Dimensionen

6 Anders als es in Ansehung des Aufgabenbestands des Einführers (→ § 2 Nr. 13 BFSG) nach der überwiegenden Auffassung im Schrifttum der Fall ist,[10] die die Verantwortlichkeit des Einführers auf subjektiver Ebene im Sinne eingeschränkter Vorwerfbarkeit auf bestimmte Prüfmaßnahmen (stichprobenartige Kontrolle) beschränkt (→ § 9 Rn. 8), ist die Verantwortlichkeit des Herstellers für das Inverkehrbringen nichtkonformer Produkte auf subjektiver Ebene unbegrenzt. Der Hersteller hat vielmehr alle denkbaren Maßnahmen zu ergreifen, um das Inverkehrbringen

---

6 Europäische Kommission (Hrsg.), Leitfaden für die Anwendung der Maschinenrichtlinie, Auflage 2.3. April 2024, § 100.

7 *Wagner*, MMR 2024, 755, 757; vgl. auch *Müller*, in: Nusser/Fehse, Das neue Ökodesign-Recht, § 3 Rn. 17; *Hessel/Flieger*, in: BeckOK Produktrecht, § 18 FUAG Rn. 6; *Spiegel*, ZfPC 2024, 194, 195.

8 *Piovano*, in: Schucht/Wiebe, EU-Produktsicherheitsverordnung, Art. 9 Rn. 7 [zur GPSR].

9 *Franke*, ZfPC 2024, 21, 23; *Ruttloff/Wagner/Misztl*, ESG 2023, 325, 328; *Wagner*, MMR 2024, 755, 757.

10 *Spiegel*, ZfPC 2024, 194, 196 [zur EU-Batt-VO]; *Rohnfelder/Freytag*, in: Erbs/Kohlhaas, § 9 LFGB Rn. 30 [zum LFGB]; *Kapoor*, in: Heckmann/Paschke, Cyber Resilience Act, Art. 19 Rn. 7.

nichtkonformer Produkte zu verhindern. Ein Verstoß gegen die Verpflichtung aus § 6 Abs. 1 Nr. 1 BFSG wird daher regelmäßig fahrlässig erfolgen und stellt damit nach § 37 Abs. 1 Nr. 1 BFSG eine bußgeldbewehrte Ordnungswidrigkeit dar.

2. Erstellung der technischen Dokumentation und Durchführung des Konformitätsbewertungsverfahrens (Abs. 1 Nr. 2)

Nach Maßgabe des § 6 Abs. 1 Nr. 2 BFSG darf ein Produkt nur dann in Verkehr gebracht (→ § 2 Nr. 10 BFSG) werden, wenn die technische Dokumentation nach der Anlage 2 zum BFSG erstellt, das Konformitätsbewertungsverfahren durchgeführt und die Konformität des Produkts mit den geltenden Barrierefreiheitsanforderungen im Rahmen dieses Verfahrens nachgewiesen wurde.[11] § 6 Abs. 1 Nr. 2 BFSG legt damit die Verpflichtung des Herstellers fest, bestimmte Elemente des Konformitätsbewertungsverfahrens durchzuführen. **7**

Das Konformitätsbewertungsverfahren beschreibt die Summe der vom Hersteller oder seinem Bevollmächtigten vorzunehmenden Schritte zur Gewährleistung der Konformität des betreffenden Produkts mit den zugrundeliegenden harmonisierten Produktvorschriften. Durch das im Beschluss 768/2008/EG über den gemeinsamen Rechtsrahmen für die Vermarktung von Produkten umgesetzte New Legislative Framework wurden die im harmonisierten Produktrecht anzutreffenden Konformitätsbewertungsverfahren modulisiert. Die einzelnen Module des New Legislative Framework greifen dabei als abgestuftes System interner und externer Produktkontrolle ineinander, das von Selbstkontrolle über regulierte Selbstkontrolle bis hin zu umfassender staatlicher Regulierung reicht.[12] Das BFSG folgt dabei dem System der sog. internen Fertigungskontrolle (Modul A), bei dem der Hersteller dem Ansatz der Selbstregulierung entsprechend die produktbezogenen Verpflichtungen erfüllt und auf eigene Verantwortung erklärt, dass die betreffenden Produkte den für sie geltenden Anforderungen der Rechtsvorschrift genügen.[13] Das Konformitätsbewertungsverfahren der internen Fertigungskontrolle besteht aus den in Anlage 2 zum BFSG niedergelegten Elementen, insbesondere der Erstellung der technischen Dokumentation, der Herstellung des Produkts, der Konformitätserklärung und dem Anbringen der CE-Kennzeichnung. **8**

Der Hersteller kennt den Entwurfs- und Fertigungsprozess in allen Einzelheiten. Unter den in diesem Gesetz genannten Wirtschaftsakteuren ist er deshalb für die Durchführung der gesamten Konformitätsbewertung am besten geeignet.[14] Auf diese besondere Eignung nimmt die in § 6 Abs. 1 Nr. 2 BFSG niedergelegte Verpflichtung zur Erstellung der technischen Dokumentation und zur Durchführung des Konformitätsbewertungsverfahrens Bezug. **9**

11 *Ruttloff/Wagner/Misztl*, ESG 2023, 325, 328; *Wagner*, MMR 2024, 755, 757; *Franke*, ZfPC 2024, 21, 23.

12 *Ruschemeier*, in: Martini/Wendehorst, KI-VO, Art. 6 Rn. 45; *Spindler/Thorun*, MMR-Beil. 2016, 1, 8.

13 *Wagner*, MMR 2024, 755, 757; vgl. auch *Müller*, in: Nusser/Fehse, Das neue Ökodesign-Recht, § 3 Rn. 17; *Hessel/Flieger*, in: BeckOK Produktrecht, § 18 FUAG Rn. 6 [zum FUAG]; *Spiegel*, ZfPC 2024, 194, 195 [zur EU-Batt-VO].

14 BT-Drs. 19/28653, S. 73.

3. Ausstellung der Konformitätserklärung (Abs. 1 Nr. 3)

10 Nach § 6 Abs. 1 Nr. 3 BFSG darf der Hersteller ein Produkt erst in Verkehr bringen, wenn er die EU-Konformitätserklärung nach § 18 BFSG ausgestellt hat.[15] Die Verpflichtung kann, wie sich aus dem Wortlaut des § 18 BFSG ergibt, auf einen Bevollmächtigten (→ § 2 Nr. 12 BFSG) übertragen werden.

11 Die Konformitätserklärung steht mit der CE-Kennzeichnung (→ § 2 Nr. 21 BFSG) am Ende des vom Hersteller durchzuführenden Konformitätsbewertungsverfahrens, das in ihr seinen erfolgreichen Abschluss findet.[16] Sie ist die dokumentierte Erklärung des Herstellers, dass das betreffende Produkt die spezifischen Barrierefreiheitsanforderungen der BFSGV erfüllt (vgl. § 18 Abs. 2 Satz 1 BFSG).[17] Im Unterschied zur CE-Kennzeichnung, die ebenfalls als Selbsterklärung des Herstellers die Vereinbarkeit des Produkts mit den anwendbaren Produktvorschriften bescheinigt (vgl. § 2 Nr. 21 BFSG), eröffnet die EU-Konformitätserklärung eine deutlich weitergehende Informationsbasis[18] für die zuständige Behörde, indem sie die betroffenen Produktvorschriften und die zugrunde gelegten harmonisierten Normen (→ § 2 Nr. 19 BFSG) nennt und im Falle einer Berufung des Herstellers auf die Dispenstatbestände der §§ 16, 17 BFSG klarstellt, welche Barrierefreiheitsanforderungen von der Ausnahme betroffen sind (§ 18 Abs. 2 Satz 2 BFSG).

4. Anbringen der CE-Kennzeichnung (Abs. 1 Nr. 4)

12 Ein Produkt darf nach § 6 Abs. 1 Nr. 4 BFSG erst dann in Verkehr gebracht werden, wenn der Hersteller die CE-Kennzeichnung (vgl. § 19 BFSG) auf dem Produkt angebracht hat.[19] Die CE-Kennzeichnung ist ausweislich der Legaldefinition des § 2 Nr. 21 BFSG der herstellerseitige Hinweis darauf, dass das betreffende Produkt die unionsrechtlichen harmonisierten Produktvorschriften einhält.[20] Auch das Recht der CE-Kennzeichnung ist vollständig unionsrechtlich überformt und determiniert. Die allgemeinen Grundsätze der CE-Kennzeichnung und ihre exakte graphische Gestaltung werden dabei durch Art. 30 VO (EG) Nr. 765/2008 und den Anhang II der entsprechenden Verordnung geregelt. Dieses Regelungsregime wird in § 19 Abs. 3 BFSG ausdrücklich in Bezug genommen.

---

15 *Franke*, ZfPC 2024, 21, 23; *Wagner*, MMR 2024, 755, 757; *Ruttloff/Wagner/Misztl*, ESG 2023, 325, 328.

16 *Wagner*, in: Rehmann/Wagner, MP-VO, Art. 19 Rn. 1 [zur MP-VO]; *Gerdemann*, in: Martini/Wendehorst, KI-VO, Art. 47 Rn. 3; *Denga*, ZfPC 2023, 154, 157 [zur KI-VO]; *Hessel/Flieger*, in: BeckOK Produktrecht, § 18 FUAG Rn. 13 [zum FUAG].

17 *Europäische Kommission* (Hrsg.), Leitfaden für die Umsetzung der Produktvorschriften der EU („Blue Guide"), 2022, S. 62, OLG Hamm, Urt. v. 16.6.2022 – 24 U 178/16, NJW-RR 2023, 91 Rn. 69 [zum MaschinenR].

18 *Gerdemann*, in: Martini/Wendehorst, KI-VO, Art. 47 Rn. 1 [zur KI-VO].

19 *Franke*, ZfPC 2024, 21, 23; *Wagner*, MMR 2024, 755, 757; *Ruttloff/Wagner/Misztl*, ESG 2023, 325, 328.

20 *Wende*, in: Klindt, ProdSG, § 7 Rn. 5; *Schütte*, in: Ehring/Taeger, Produkthaftungs- und Produktsicherheitsrecht, § 7 ProdSG Rn. 2; vgl. auch Art. 30 Abs. 3 VO (EG) Nr. 765/2008.

II. Aufbewahrungspflichten (Abs. 2)

Nach § 6 Abs. 2 BFSG ist der Hersteller in Umsetzung von Art. 7 Abs. 3 RL 2019/882/EU verpflichtet, die technische Dokumentation und die EU-Konformitätserklärung nach dem Inverkehrbringen des Produkts (→ § 2 Nr. 10 BFSG) für die Dauer von fünf Jahren in schriftlicher oder elektronischer Form aufzubewahren.[21] Die Vorschrift entspricht in ihrer Art und ihrem Aufbau zahlreichen anderen Vorschriften, die das harmonisierte Produktrecht kennt.[22] **13**

Die Vorschrift verfolgt zwei Regelungsziele:[23] Zum einen kann der Hersteller durch Vorlage der entsprechenden Teile der technischen Unterlagen die Maßnahmen erläutern, die er zur Vermeidung einer Nichtkonformität getroffen hat. Zum anderen sollen die Marktüberwachungsbehörden in die Lage versetzt werden, diese Unterlagen bei Bedarf zu überprüfen. Wenn die Marktüberwachungsbehörden Zweifel an der Konformität des Produkts mit den Barrierefreiheitsanforderungen haben, können sie die Übermittlung eines Teils oder der gesamten technischen Unterlagen des Herstellers verlangen (vgl. § 7 Abs. 5 Satz 1 BFSG). Die Prüfung der technischen Unterlagen soll es den Marktüberwachungsbehörden ermöglichen, ihre Untersuchungen zu vervollständigen und die Zweifel an der Konformität des betreffenden Produkts entweder auszuräumen oder zu bestätigen. **14**

Die technische Dokumentation und die EU-Konformitätserklärung müssen dabei nicht notwendigerweise innerhalb der Europäischen Union aufbewahrt werden.[24] Die Informationen sind jedoch so zu ordnen, zu klassifizieren und aufzubewahren, dass der Hersteller auf begründetes Verlangen einer Marktüberwachungsbehörde die einschlägigen Teile der technischen Unterlagen unverzüglich vorlegen kann.[25] **15**

Die Verpflichtung zur Aufbewahrung der technischen Dokumentation und der EU-Konformitätserklärung kann ausweislich § 8 Abs. 3 Nr. 1 BFSG auf einen Bevollmächtigten (→ § 2 Nr. 13 BFSG) übertragen werden.

III. Verfahren bei Serienfertigung (Abs. 3)

In Umsetzung von Art. 7 Abs. 4 Rl 2019/882/EU hat der Hersteller nach § 6 Abs. 3 Satz 1 BFSG die Konformität mit den Anforderungen des BFSG auch bei Serienfertigung sicherzustellen und Änderungen harmonisierter Normen bzw. technischer Spezifikationen angemessen zu berücksichtigen.[26] Die Regelungstechnik geht dabei auf die Referenzbestimmung Anhang I Art. R2 Abs. 4 des Beschlusses Nr. 768/2008/ EG über einen gemeinsamen Rechtsrahmen für die Vermarktung von Produkten **16**

---

21 BT-Drs. 19/28653, S. 74; *Ruttloff/Wagner/Misztl*, ESG 2023, 325, 328.

22 Art. 9 Abs. 3 GPSR; Art. 10 Abs. 4 Maschinen-VO; Art. 10 Abs. 8 MP-VO; Art. 13 Abs. 14 CRA; § 9 Abs. 3 FUAG bzw. Art. 10 Abs. 4 RL 2014/53/EU; § 7 Abs. 3 1. ProdSV bzw. Art. 6 Abs. 3 RL 2014/35/EU.

23 *Piovano*, in: Schucht/Wiebe, EU-Produktsicherheitsverordnung, Art. 9 Rn. 33 [zur GPSR].

24 *Europäische Kommission* (Hrsg.), Leitfaden für die Umsetzung der Produktvorschriften der EU („Blue Guide"), 2022, S. 62; *Piovano*, in: Schucht/Wiebe, EU-Produktsicherheitsverordnung, Art. 9 Rn. 34 [zur GPSR].

25 *Piovano*, in: Schucht/Wiebe, EU-Produktsicherheitsverordnung, Art. 9 Rn. 34 [zur GPSR].

26 BT-Drs. 19/28653, S. 74.

zurück und findet in zahlreichen harmonisierten Produktvorschriften ihre Entsprechung.[27]

17 Nach § 6 Abs. 3 Satz 1 BFSG hat der Hersteller geeignete Verfahren einzurichten, um die Übereinstimmung mit der allgemeinen Sicherheitsanforderung bei Serienfertigung ausnahmslos zu gewährleisten (Qualitätsmanagementsystem).[28] Solche internen Verfahren sollten von den Wirtschaftsakteuren selbst in Bezug auf ihre Rolle in der Lieferkette und die Art der betroffenen Produkte festgelegt werden und können beispielsweise auf organisatorischen Verfahren, Leitlinien, Normen oder der Ernennung eines Ad-hoc-Verwalters beruhen.[29] Im Rahmen des Qualitätsmanagementsystems sind nach § 6 Abs. 3 Satz 2 BFSG Änderungen am Entwurf des Produkts oder an seinen Merkmalen sowie Änderungen der in den §§ 4 und 5 genannten Normen oder technischen Spezifikationen, auf die in der Konformitätserklärung verwiesen wird, angemessen zu berücksichtigen. Die genannten Änderungen, nämlich Änderungen am Entwurf oder den Merkmalen eines Produkts, sowie Änderungen von harmonisierten Normen und sonstigen technischen Spezifikationen sind beispielhaft genannt und stellen keine abschließende Aufzählung dar.[30] Ein Qualitätsmanagementsystem nach ISO 9001 ist dabei in der Regel geeignet, die korrespondierende Verpflichtung nach § 6 Abs. 3 BFSG zu erfüllen.[31]

18 Der Wortlaut des § 6 Abs. 3 Satz 2 BFSG („angemessen“) stellt dabei klar, dass nicht durch jede Änderung die Konformität eines Produkts betroffen sein muss.[32]

19 Die durch § 6 Abs. 3 BFSG etablierte Verpflichtung des Herstellers ist nicht nur Nachteil für den Hersteller, sondern versetzt ihn durch dokumentierte Selbstreflexion über den Nachweis der Einhaltung der Barrierefreiheitsanforderungen in die Lage, mögliche Konformitätslücken rechtzeitig, d. h. vor dem Inverkehrbringen, zu erkennen.[33]

IV. Korrekturmaßnahmen im Nachmarkt (Abs. 4)

20 § 6 Abs. 4 BFSG regelt die Pflicht des Herstellers, Korrekturmaßnahmen auf Nachmarktebene einzuleiten. § 6 Abs. 4 BFSG legt dabei ein zweistufiges Verfahren fest, wenn er aufgrund der ihm vorliegenden Informationen Kenntnis oder Grund zu der Annahme hat, dass ein von ihm in Verkehr gebrachtes Produkt gefährlich ist. Erstens hat der Hersteller nach § 6 Abs. 4 Satz 1 BFSG die erforderlichen Korrekturmaßnahmen zu ergreifen, um die Konformität des Produkts wirksam herzustellen bzw., wenn die Herstellung der Konformität nicht möglich ist, das Produkt nach § 6 Abs. 4 Satz 2 BFSG zurückzunehmen (→ § 2 Nr. 23 BFSG). Hierzu tritt in einem

27 Art. 9 Abs. 4 GPSR; Art. 10 Abs. 4 Maschinen-VO; Art. 10 Abs. 9 MP-VO; Art. 13 Abs. 14 CRA; Art. 22 Abs. 4 BauPVO; § 9 Abs. 4 FUAG.

28 *Piovano*, in: Schucht/Wiebe, EU-Produktsicherheitsverordnung, Art. 9 Rn. 39 [zur GPSR]; *Wagner*, in: Rehmann/Wagner, MP-VO Art. 10 Rn. 9 [zur MP-VO].

29 ErwG. 37 zur EU-Produktsicherheitsverordnung (GPSR).

30 BT-Drs. 19/28653, S. 74.

31 *Piovano*, in: Schucht/Wiebe, EU-Produktsicherheitsverordnung, Art. 9 Rn. 39 [zur GPSR].

32 BT-Drs. 19/28653, S. 74.

33 *Schucht*, GewArch 2020, 394, 398; *Piovano*, in: Schucht/Wiebe, EU-Produktsicherheitsverordnung, Art. 9 Rn. 39 [zur GPSR].

zweiten Schritt kumulativ die Verpflichtung, die Marktüberwachungsbehörde zu unterrichten (§ 6 Abs. 4 Satz 3 BFSG).

1. Ergreifen von Korrekturmaßnahmen (Abs. 4 Satz 1)

Nach § 6 Abs. 4 Satz 1 BFSG ist der Hersteller in Umsetzung von Art. 7 Abs. 8 RL 2019/882/EU verpflichtet, unverzüglich selbst und in eigener Verantwortung erforderliche Korrekturmaßnahmen zur Herstellung der Produktkonformität zu ergreifen, wenn er Kenntnis davon oder Grund zur Annahme hat, dass ein von ihm in Verkehr gebrachtes (→ § 2 Nr. 10 BFSG) Produkt nicht den Barrierefreiheitsanforderungen der BFSGV entspricht.[34] Die Bestimmung geht auf Anhang I Art. R2 Abs. 8 des Beschlusses Nr. 786/2008/EG über einen gemeinsamen Rechtsrahmen für die Vermarktung von Produkten zurück und fügt sich daher nahtlos in das übrige harmonisierte Produktsicherheitsrecht ein.[35] Die entsprechende Pflicht des Herstellers steht dabei selbstständig neben den gleichgerichteten Pflichten von Einführer (§ 9 Abs. 5 BFSG i. V. m. § 6 Abs. 4 Satz 1 BFSG) und Händler (§ 11 Abs. 4 BFSG i. V. m. § 6 Abs. 4 Satz 1 BFSG). 21

Der Zweck der auf Nachmarktebene angesiedelten Verpflichtung des Herstellers liegt darin, im Lichte des Konzepts der Selbstregulierung eine im Feld bestehende materielle Nichtkonformität zu korrigieren und zu beseitigen.[36] 22

a) Voraussetzungen der Reaktionspflicht

Um die Verpflichtung zum Ergreifen von Korrekturmaßnahmen nach § 6 Abs. 4 Satz 1 BFSG zu aktivieren, muss der Hersteller positive Kenntnis davon oder Grund zur Annahme haben, dass das betreffende in Verkehr gerbachte Produkt nicht den Barrierefreiheitsanforderungen der BFSGV entspricht. 23

Der Hersteller hat dabei Grund zur Annahme einer Nichtkonformität, wenn die ihm bekannten Umstände eine relevante Nichtkonformität nahelegen, mithin sich dem Hersteller die fehlende Konformität aufdrängt.[37] Vollständiger Überzeugung bedarf es aber gerade nicht, sodass auch fahrlässige Unkenntnis des Herstellers darüber, dass das von ihm bereit gestellte Verbraucherprodukt den Barrierefreiheitsanforderungen der BFSGV nicht genügt, die Verpflichtung zum Ergreifen von Korrekturmaßnahmen nicht entfallen lässt.[38] Ausreichend ist ein objektiver Tatumstand, der dem Hersteller zu Kenntnis gelangt und ihn auf eine Nichtkonformität schließen 24

34 BT-Drs. 19/28653, S. 74; *Ruttloff/Wagner/Misztl*, ESG 2023, 325, 328; *Wagner*, MMR 2024, 755, 757; vgl. auch *Piovano*, in: Schucht/Wiebe, EU-Produktsicherheitsverordnung, Art. 9 Rn. 83 ff. [zur GPSR].

35 Art. 9 Abs. 8 GPSR; Art. 20 Abs. 1 KI-VO.

36 *Eisenberger*, in: Martini/Wendehorst, KI-VO, Art. 20 Rn. 2 [zur KI-VO].

37 *Piovano*, in: Schucht/Wiebe, EU-Produktsicherheitsverordnung, Art. 9 Rn. 88 [zur GPSR]: „hätte kennen müssen"; *Schißler*, in: BeckOK Produktrecht, Art. 12 GPSR Rn. 25 [zu Art. 12 GPSR]: „begründete Zweifel"; *Schucht*, in: Schucht/Wiebe, EU-Produktsicherheitsverordnung, Art. 11 Rn. 50 [zu Art. 11 GPSR]; ähnlich *Gössl*, in: Martini/Wendehorst, KI-VO, Art. 23 Rn. 20 [zu Art. 23 KI-VO].

38 *Kapoor*, in: Klindt, ProdSG, § 6 Rn. 79 [zum ProdSG].

lässt. Andererseits reichen rein subjektive Verdachtsmomente nicht aus, wenn sie nicht durch irgendwelche objektiv nachvollziehbaren Anlässe nahegelegt werden.

25 Umstände, aufgrund derer der Hersteller nach § 6 Abs. 4 Satz 1 BFSG Grund zur Annahme einer Nichtkonformität haben kann, können sich in Gestalt von Informationen aus der Lieferkette, von Wettbewerbern, von Verbrauchern (ansteigendes Reklamationsgeschehen im Feld) oder Verbraucherorganisationen, sowie aus dem Kreis der Marktüberwachung, die ihrerseits hinreichend substantiiert und mit Belegen untermauert sind, ergeben.[39] Welche Mitteilungen freilich als hinreichend substantiiert anzusehen sind, wird gerichtlicher Klärung vorbehalten sein.[40] Der Händler wird dabei bei einem aufgrund objektiver Tatumstände gewonnenen Nichtkonformitätsverdacht durchaus auch in gewissem Umfang verpflichtet sein, diesem Verdacht durch Nachforschung nachzugehen. Die Bestimmung des genauen Zeitpunkts, zu dem ein Grund zur Annahme vorliegt und damit die Pflicht zum Ergreifen von Korrekturmaßnahmen auslöst, ist in der Praxis schwierig, da sich das Bewusstsein einer bestehenden Nichtkonformität, wenn es nicht gerade durch ein anwaltliches oder technisches Gutachten gewonnen wird, oftmals nicht schlagartig manifestiert.[41]

26 Ausgelöst wird die Reaktionspflicht des Herstellers durch eine Nichtkonformität mit den Barrierefreiheitsanforderungen der BFSGV. Die Reaktionspflicht wird daher ausweislich des eindeutigen Wortlauts des § 6 Abs. 4 Satz 1 BFSG nicht durch Rechtsverstöße ausgelöst, die nicht in Zusammenhang mit einer fehlenden Barrierefreiheit des Produkts stehen, wie etwa das Fehlen der CE-Kennzeichnung. Zu beachten bleibt freilich, dass der Hersteller in Ansehung solcher Verstöße gleichwohl nach Maßgabe des § 23 Abs. 1 BFSG durch die Marktüberwachungsbehörde zum Ergreifen von Korrekturmaßnahmen verpflichtet werden kann. Zweitens wird mit der Bezugnahme auf die Barrierefreiheitsanforderungen klargestellt, dass auch kennzeichnungsrechtliche Verstöße oder das Fehlen von Gebrauchsanleitung und Sicherheitsinformationen die Verpflichtung zum Ergreifen von Korrekturmaßnahmen dort aktivieren, wo die betreffende Kennzeichnung barrierefrei zu erfolgen hat. Denn es gehört zweifelsohne zu den Barrierefreiheitsanforderungen, dass die betreffenden Kennzeichnungen und Dokumente in barrierefreier Form vorhanden sind (§ 4 Abs. 1 BFSGV).

b) Inhalt der Reaktionspflicht

27 Nach Maßgabe des § 6 Abs. 4 Satz 1 BFSG hat der Hersteller die erforderlichen Korrekturmaßnahmen zu ergreifen. Obwohl die Pflicht des Herstellers zum Ergreifen von Korrekturmaßnahmen erst entsteht, wenn er Produkte in Verkehr gebracht

---

39 *Kapoor*, in: Heckmann/Paschke, Cyber Resilience Act, Art. 20 Rn. 20 [zu Art. 20 CRA]; *Kapoor*, in: Klindt, ProdSG, § 6 Rn. 79 [zum ProdSG]; *Gössl*, in: Martini/Wendehorst, KI-VO, Art. 23 Rn. 20 [zu Art. 23 KI-VO]; *Schucht*, in: Schucht/Wiebe, EU-Produktsicherheitsverordnung, Art. 11 Rn. 52 [zu Art. 11 GPSR].

40 Vgl. anhängige Vorlage BGH, Urt. v. 21.12.2023 – I ZR 17/23, PharmR 2024, 97 – „Trockenluftkompressor“ [zum MedizinprodukteR].

41 *Piovano*, in: Schucht/Wiebe, EU-Produktsicherheitsverordnung, Art. 9 Rn. 88 [zur GPSR]; *Kapoor*, in: Klindt, ProdSG, § 6 Rn. 78 f. [zum ProdSG].

(→ § 2 Nr. 10 BFSG) hat, können sich die Korrekturmaßnahmen selbst auch auf solche Produkte beziehen, die sich noch im Zugriffsbereich des Herstellers befinden.[42] Digitale Produkte oder solche Produkte mit digitalen Elementen, wie sie das BFSG schwerpunktmäßig zum Gegenstand hat, bieten dabei den Vorteil, dass Barrierefreiheitsdefizite im Bereich der Software durch Softwareupdates (sog. Patches), die drahtlos („over the air") übertragen werden, behoben werden können und die Kosten für die Bereitstellung eines Software-Updates für die Hersteller im Gegensatz zur Nachrüstung physischer Elemente eines Produkts in der Regel überschaubar sind.[43] Es kann daher durchaus davon ausgegangen werden, dass im Anwendungsbereich des BFSG Nichtkonformitäten im Nachmarkt verhältnismäßig einfach ausgeräumt werden können.

c) Frist

Die erforderlichen Korrekturmaßnahmen im Nachmarkt hat der Hersteller nach § 6 Abs. 4 Satz 1 BFSG unverzüglich zu ergreifen. Obwohl der nationale Umsetzungsgesetzgeber bei Implementierung der Vorschrift explizit auf die Terminologie des § 121 Abs. 1 Satz 1 BGB („ohne schuldhaftes Zögern") Bezug nimmt,[44] ist im Lichte der europarechtlichen Überformung der Vorschrift ein autonomer Maßstab für die Reaktionsfrist zu bestimmen.[45] Insoweit gelten die Ausführungen zur praxisrelevanteren Notifikationsfrist (§ 6 Abs. 4 Satz 3 BFSG) entsprechend, die nach dem hier vertretenen Ansatz regelmäßig mit 10 Kalendertagen zu bemessen sein wird (→ Rn. 43). Es ist gleichwohl zu beachten, dass der Hersteller regelmäßig Zeit benötigen wird, um die entsprechende Marktmaßnahme vorzubereiten, was maßgeblich von der Art der ergriffenen Korrekturmaßnahme abhängt: Soll etwa ein Softwareupdate (over-the-air) durchgeführt werden, muss dieses zunächst programmiert und validiert werden.[46] Die Reaktionsfrist ist daher im Sinne einer Entschließungsfrist zu verstehen: Ausreichend ist es, dass die entsprechenden Korrekturmaßnahmen innerhalb der Frist eingeleitet und auf den Weg gebracht werden, was noch nicht notwendigerweise voraussetzt, dass sie bereits die Sphäre des Herstellers verlassen und den Endkunden erreicht haben. Dieses Ergebnis wird insbesondere dadurch gestützt, dass es im Anwendungsbereich des BFSG, wo nichtkonforme Produkte allenfalls (mehr oder weniger) unbrauchbar, jedoch nicht gefährlich sind, weniger auf das Zeitmoment der Reaktion, sondern deren Tauglichkeit ankommt. Dennoch mag es dem Hersteller geraten sein, im Zweifelsfall nachvollziehbar zu dokumentieren, warum eine bestimmte Marktmaßnahme eine bestimmte Zeit in Anspruch genommen hat.[47] Die Frage weist allerdings nur eine vergleichsweise geringe Praxisrelevanz auf, da ein Verstoß gegen § 6 Abs. 4 Satz 1 BFSG, anders als 28

42 *Kapoor*, in: Heckmann/Paschke, Cyber Resilience Act, Art. 20 Rn. 24 [zum CRA].
43 *Grünvogel/Dörrenbächer*, ZVertriebsR 2019, 87, 89; *Reusch*, BB 2019, 904, 905 f.; *Raue*, NJW 2017, 1841, 1844 f.
44 BT-Drs. 19/28653, S. 74.
45 *Klindt/Piovano*, NVwZ 2021, 1016, 1017; *Kapoor*, in: Klindt, ProdSG, § 6 Rn. 81; wohl auch *Schucht*, BB 2013, 905, 908; a. A. wohl *Moelle*, StoffR 2004, 178, 187.
46 *Piovano*, in: Schucht/Wiebe, EU-Produktsicherheitsverordnung, Art. 9 Rn. 96 [zur GPSR].
47 *Piovano*, in: Schucht/Wiebe, EU-Produktsicherheitsverordnung, Art. 9 Rn. 96 [zur GPSR].

Verstöße gegen die Pflicht zur unverzüglichen behördlichen Notifikation nach § 6 Abs. 4 Satz 3 BFSG, nicht bußgeldbewehrt ist.

d) Pflichtenkumulation von Hersteller, Einführer und Händler

29 Den Hersteller (§ 6 Abs. 4 Satz 1 BFSG), den Einführer (§ 9 Abs. 5 BFSG i. V. m. § 6 Abs. 4 Satz 1 BFSG) und den Händler (§ 11 Abs. 4 BFSG i. V. m. § 6 Abs. 4 Satz 1 BFSG) treffen im produktsicherheitsrechtlichen Regelungssystem weitgehend gleichgelagerte Reaktionspflichten bei Nichtkonformität im Nachmarkt. Dieser Umstand macht es notwendig, die damit einhergehende Pflichtenkumulation aufzulösen und handhabbar zu machen. Der Hersteller trägt die primäre und letztendliche Verantwortung für die Konformität seines Produkts mit den anzuwendenden Harmonisierungsrechtsvorschriften der Union, da er entweder das Produkt selbst entworfen und hergestellt hat oder das Produkt unter seinem Namen oder seiner Marke auf den Markt gelangt (Grundsatz der Primärverantwortlichkeit).[48] Dieser Rechtsgedanke lässt sich auf die Nachmarktebene spiegeln: Ist der Hersteller vor Inverkehrbringen (→ § 2 Nr. 10 BFSG) der für die Produktkonformität originär verantwortliche Wirtschaftsakteur, so kann für die Herstellung der Konformität auf Nachmarktebene nichts anderes gelten. Dem entspricht auch die Rechtsauffassung der Europäischen Kommission, die davon ausgeht, dass marktüberwachungsrechtliche Maßnahmen gegen den Hersteller zu richten sind, es sei denn, die streitgegenständliche Frage bezieht sich speziell auf den Händler.[49] Diese Stellungnahme wird zusätzlich durch die Leitlinien der Kommission zur Anwendung der Maschinenrichtlinie RL 2006/42/EG abgesichert, wonach Händler als Vertreter der Lieferkette nur sekundär in Anspruch zu nehmen sind, wenn der Hersteller nicht oder nicht ohne Weiteres zu erreichen ist.[50]

30 Demgegenüber werden Einführer und Händler indes regelmäßig ihrer Verpflichtung zum Ergreifen von Korrekturmaßnahmen nur unter Heranziehung des Herstellers nachkommen können, insbesondere in Fällen, in denen die Nichtkonformität auf der technischen Gestaltung des Produkts beruht. In solchen Fällen beschränkt sich die Pflicht des Einführers zur Einleitung von Korrekturmaßnahmen darauf, deren Einleitung durch den Hersteller im Wege der Information innerhalb der Lieferkette sicherzustellen (vgl. § 9 Abs. 5 BFSG i. V. m. § 6 Abs. 4 Satz 3 BFSG) und Korrekturmaßnamen des Herstellers in erforderlichem und angemessenem Maße zu unterstützen. Dasselbe gilt für die korrespondierende Verpflichtung des Händlers aus § 11 Abs. 4 BFSG i. V. m. § 6 Abs. 4 BFSG.

---

48 *Europäische Kommission* (Hrsg.), Leitfaden für die Umsetzung der Produktvorschriften der EU („Blue Guide"), 2022, S. 35; *Klindt*, ZRP 2023, 108, 109; *Piovano*, Der Hersteller im Produktsicherheitsrecht, S. 76.

49 *Europäische Kommission* (Hrsg.), Leitfaden für die Umsetzung der Produktvorschriften der EU („Blue Guide"), S. 102.

50 Leitfaden für die Anwendung der Maschinenrichtlinie 2006/42/EG, 2.2 Aufl. Okt. 2019, § 100.

2. Produktrücknahme und Produktrückruf (Abs. 4 Satz 2)

a) Allgemeines

Kann die Konformität mit der BFSGV in den Fällen des § 6 Abs. 4 Satz 1 BFSG nicht hergestellt werden (etwa über ein Software-Update), so hat der Hersteller nach § 6 Abs. 4 Satz 2 BFSG das betreffende Produkt zurückzunehmen oder zurückzurufen.[51] Der Begriff des Produktrückrufs, der erst im Zuge der nationalen Umsetzung der RL 2019/882/EU Eingang in die Vorschrift gefunden hat und allein auf nationale begriffliche Gepflogenheiten Rücksicht nimmt, geht im weiten unionsrechtlichen Begriff der Produktrücknahme (→ § 2 Nr. 23 BFSG) auf (→ § 2 Rn. 32). **31**

Die Pflicht zur Produktrücknahme entsteht auch dann, wenn die Korrektur der im Feld bestehenden Konformität zwar technisch, aber nicht innerhalb einer angemessenen Zeitspanne möglich ist.[52] Dem Begriff der Angemessenheit wohnt ein Wertungsmoment inne, das richtigerweise durch den Grad der durch die Nichtkonformität ausgelösten Beeinträchtigung des Endkunden maßgebend konturiert wird. **32**

Entgegen dem insoweit durchaus irreführenden Wortlaut („oder") und den Leitlinien des BMAS, die von einem Wahlrecht des Herstellers sprechen,[53] ist richtigerweise der Hersteller umfassend verpflichtet, nichtkonforme Produkte der Lieferkette und dem Markt zu entziehen. Denn gibt das Unionsrecht in Art. 7 Abs. 8 Satz 1 RL 2019/882/EU vor, dass nichtkonforme Produkte zurückzunehmen sind, und versteht das Unionsrecht darunter (vgl. § 2 Nr. 23 BFSG) im Sinne eines weiten Rücknahmebegriffs sowohl Maßnahmen im Markt als auch in der Lieferkette, gibt es an der umfassenden Verpflichtung zum Tätigwerden in Lieferkette und Markt keinerlei Zweifel. **33**

b) Andere Rückrufverpflichtungen

Fraglich ist, ob der Hersteller im Einzelfall abseits der Fälle des § 6 Abs. 4 Satz 2 BFSG nach den deliktsrechtlichen Maßstäben (sog. Grundsätze der Produzentenhaftung) verpflichtet sein kann, ein betreffendes Produkt zurückzurufen. Im Hinblick darauf, dass eine deliktsrechtliche Verpflichtung zum Produktrückruf nur dort in Betracht kommt, wo aufgrund besonderer Anhaltspunkte davon ausgegangen werden kann, dass etwaige Produktgefahren durch eine Warnung des Herstellers nicht effektiv beseitigt werden können,[54] scheidet eine Rückrufpflicht nach Maßgabe des Zivilrechts regelmäßig schon bei objektiv gefährlichen Produkten aus. Dies gilt erst recht im Anwendungsbereich des BFSG, wo nichtkonforme Produkte allenfalls (mehr oder weniger) unbrauchbar, aber nicht gefährlich sind und daher **34**

---

51 BT-Drs. 19/28653, S. 74; BMAS (Hrsg.), Leitlinien für die Anwendung des Barrierefreiheitsstärkungs-gesetzes, S. 6; *Franke*, ZfPC 2024, 21, 23; *Ruttloff/Wagner/Misztl*, ESG 2023, 325, 328.

52 BT-Drs. 19/28653, S. 74.

53 BMAS (Hrsg.), Leitlinien für die Anwendung des Barrierefreiheitsstärkungsgesetzes, S. 6: „zwischen der Variante der Rücknahme oder des Rückrufs frei entscheiden".

54 Grundlegend BGH, Urt. v. 16.12.2008 – VI ZR 170/07, BGHZ 179, 157 = NJW 2009, 1080 – „Pflegebetten"; vgl. auch *Wagner*, in: MükoBGB, § 823 Rn. 1121 ff.; umfassend *Lüftenegger*, Rückrufpflicht des Herstellers, S. 207 ff.; krit. *Handorn* MPR 2009, 37, 42; *Klindt*, BB 2009, 792, 794 f.

schon im Regelfall keine entsprechende Verkehrssicherungspflicht des Herstellers bestehen wird.

35 Eine Verpflichtung zum Produktrückruf kann sich nach § 22 Abs. 4 Satz 1 BFSG auch aus einer entsprechenden behördlichen Anordnung ergeben, mit denen Hersteller zur Durchführung entsprechender Maßnahmen zur Behebung einer im Feld auffindbaren Nichtkonformität durch Produktrückruf hoheitlich gezwungen werden können.[55]

c) Kostentragungspflicht?

36 Führt der Hersteller den Produktrückruf der Verpflichtung aus § 6 Abs. 4 Satz 1 BFSG entsprechend durch, so stellt sich die Frage, ob der Hersteller verpflichtet ist, mit diesem Rückruf bestimmte Abhilfemaßnahmen (Reparatur, Ersatz des Produkts, Erstattung des Werts des zurückgerufenen Produkts) auf eigene Kosten zu verbinden. Anders als im Anwendungsbereich der GPSR kennt das BFSG keine Art. 37 GPSR entsprechende Kostentragungspflicht des Herstellers für bestimmte Abhilfemaßnahmen im Zuge eines Produktrückrufs („produktsicherheitsrechtliche Gewährleistung").[56] Der Hersteller ist daher im Anwendungsbereich des BFSG weder aus privatrechtlichen noch öffentlich-rechtlichen Gründen verpflichtet, Abhilfemaßnahmen auf eigene Kosten einzuleiten.

d) Pflichtenkumulation von Hersteller, Einführer und Händler

37 Wie auch beim Ergreifen von Korrekturmaßnahmen (§ 6 Abs. 4 Satz 1 BFSG) bestehen auch bei der Verpflichtung zur Produktrücknahme nach § 6 Abs. 4 Satz 2 BFSG gleichgelagerte Pflichten der übrigen Wirtschaftsakteure (§§ 9 Abs. 5, 11 Abs. 4 BFSG). Auch hier ist im Lichte des Grundsatzes der Primärverantwortlichkeit des Herstellers zu beachten, dass Produktrücknahme und Produktrückruf im Regelfall vom Hersteller initiiert werden sollten, weil dieser sein Produkt am besten kennt, die Konformität mit den Vorgaben der BFSGV am besten einschätzen kann und auch am effizientesten in der Lage ist, die erforderlichen Rückrufmaßnahmen auf sämtliche betroffenen und von ihm vertriebenen Produkte zu erstrecken, weil nur er – gewissermaßen als Quelle des Produktvertriebs – die Daten seiner verschiedenen Abnehmer kennt. Sollte der im Drittland ansässige Hersteller gleichwohl untätig bleiben, obliegt es dem Einführer als Quelle für den Produktvertrieb in Europa, entsprechende Korrekturmaßnahmen einzuleiten. Bleibt der Hersteller nicht untätig, so kann sich der Einführer regelmäßig darauf beschränken, Korrekturmaßnahmen des Herstellers in erforderlichem und angemessenem Maße zu unterstützen.

---

55 *Kapoor*, in: Kapoor, ProdHaftG, § 1 Rn. 141 [zum ProdHaftG]; *Franke*, ZfPC 2024, 21, 25; *Ruttloff/Wagner/Misztl*, ESG 2023, 325, 330.

56 Hierzu *Ackermann/Golling* ZfPC 2022, 67, 70 [zur GPSR]; *Hartmann/Klindt*, ZfPC 2022, 73, 76 [zur GPSR]; *Niermeier*, NJW 2024, 1463, 1463 ff. [zur GPSR]; *Thöne*, ZfPC 2024, 49, 49 ff. [zur GPSR].

3. Notifikationspflicht (Abs. 4 Satz 3)

Genügt ein Produkt den Barrierefreiheitsanforderungen der BFSGV nicht, so hat der Hersteller nach Maßgabe des § 6 Abs. 4 Satz 3 BFSG die Marktüberwachungsbehörde (→ § 2 Nr. 22 BFSG) und die Marktüberwachungsbehörden der Mitgliedstaaten der Europäischen Union, in denen er das Produkt in den Verkehr gebracht hat, unverzüglich zu informieren (sog. Notifikationspflicht).[57] Die Verpflichtung lässt sich als Nachmarktpflicht qualifizieren und tritt neben die Verpflichtung zum Ergreifen von Korrekturmaßnahmen bzw. zur Produktrücknahme (§ 6 Abs. 4 Satz 1, 2 BFSG). Die im Schrifttum zuspitzend als „Selbstanschwärzungspflicht"[58] bezeichnete Verpflichtung ist darauf gerichtet, die Marktüberwachungsbehörde in die Lage zu versetzen, auf eine Nichtkonformität im Markt zu reagieren, mithin die Durchführung von Korrekturmaßnahmen einer behördlichen Überprüfung zuzuführen. Die Verpflichtung trägt darüber hinaus zur Disziplinierung und Sensibilisierung der Wirtschaftsakteure bei der Problemidentifikation und -lösung bei. Während die Selbstanschwärzungspflicht oft als unangenehm oder überflüssig empfunden wird, ist die marktüberwachungsrechtliche Praxis demgegenüber durchaus von konstruktivem Zusammenwirken von Marktüberwachungsbehörde und Wirtschaftsakteuren geprägt.[59] **38**

a) Adressat der Information

Die Notifikationspflicht des Herstellers (§ 6 Abs. 4 Satz 3 BFSG) ist zum einen auf die Notifikation bei der nationale Marktüberwachungsbehörde, die Marktüberwachungsstelle der Länder für die Barrierefreiheit von Produkten und Dienstleistungen (MLBF) (→ § 20 BFSG Rn. 2), zum anderen aber auch auf die Notifikation bei den Marktüberwachungsbehörden der Mitgliedstaaten der Europäischen Union, in denen der Hersteller das betreffende Produkt in den Verkehr gebracht hat, bezogen.[60] Solange digitale Lösungen (für Produkte, die unter andere sektorspezifische Harmonisierungsvorschriften fallen, können entsprechende Behördenmeldungen über das Safety-Business-Gateway der EU-Kommission abgesetzt werden)[61] zur Übermittlung entsprechender Behördenmeldungen für den vorliegenden Kontext noch nicht zur Verfügung stehen, muss der Hersteller im Falle des Vorliegens der Voraussetzungen der Meldepflicht selbst dafür sorgen, die zuständigen Marktüberwachungsbehörden in den Mitgliedstaaten zu ermitteln, in denen er das Produkt in Verkehr gebracht hat. **39**

---

57 *Ruttloff/Wagner/Misztl*, ESG 2023, 325, 328; *Franke*, ZfPC 2024, 21, 23; *Wagner*, MMR 2024 755, 757; BMAS (Hrsg.), Leitlinien für die Anwendung des Barrierefreiheitsstärkungsgesetzes, S. 6; BT-Drs. 19/28653, S. 74; *Schucht*, CCZ 2024, 66, 68 [zur GPSR]; *Schucht*, CB 2024, 397, 400 f. [zur GPSR].

58 *Klindt*, ZRP 2000, 419, 422; *Klindt*, NJW 2004, 465, 469; Littbarski, VersR 2005, 448, 455; *Schucht*, BB 2013, 905, 905; *Klindt/Piovano*, NVwZ 2021, 1016, 1016; *Wiebe/Schucht*, NZV 2022, 209, 213; *Lenz*, in: Lenz, Produkthaftung, § 8 Rn. 57.

59 *Gauger/Hartmannsberger*, NJW 2014, 1137, 1140 f.

60 Vgl. auch die entsprechende Regelung in Art. 9 Abs. 8 lit. c GPSR.

61 *Schucht*, CB 2024, 397, 399 [zur GPSR]; *Schucht*, CCZ 2024, 66, 68 [zur GPSR]; *Schucht*, GewArch 2022, 394, 400 f. [zur GPSR]; *Kapoor*, in: Heckmann/Paschke, Cyber Resilience Act, Art. 20 Rn. 18 [zum CRA]; *Schucht*, StoffR 2023, 239, 246 f. [zur GPSR].

b) Form der Behördeninformation

40 Anders als im Kontext der GPSR ist die Erfüllung der Behördeninformationspflicht nicht an das Safety-Business-Gateway der EU-Kommission gebunden.[62] Im Anwendungsbereich des BFSG, das die Behördennotifikation nicht an ein bestimmtes Medium bindet, ist es daher nach wie vor ohne Weiteres möglich, die Notifikation mittels E-Mail oder Brief vorzunehmen.

c) Fristfragen der Notifikationspflicht

aa) Dauer

41 Die rechtlichen Kernfragen der Behördennotifikation drehen sich um die zeitlichen Grenzen der Notifikationspflicht („unverzüglich"), die auch deshalb praktische Relevanz erlangt, weil eine verspätete Notifikation mit erheblicher Geldbuße sanktioniert werden kann (vgl. § 37 Abs. 1 Nr. 2 BFSG: „nicht rechtzeitig"). Erhebliche Rechtsunsicherheit entsteht dabei dadurch, dass, wie auch in weiten Teilen des übrigen Produktsicherheitsrechts, weder aus dem Gesetz selbst noch aus seiner Begründung handhabbare Anhaltspunkte folgen.

42 Obwohl der nationale Umsetzungsgesetzgeber bei Implementierung der Vorschrift explizit auf die Terminologie des § 121 Abs. 1 Satz 1 BGB („ohne schuldhaftes Zögern") Bezug nimmt,[63] ist im Lichte der europarechtlichen Überformung der Vorschrift durch die RL 2019/882/EU (European Accessibility Act) ein autonomer Maßstab für eine fristgemäße Behördennotifikation zu bestimmen.[64] Ein nationaler Sonderweg widerspräche dem gesetzgeberischen Ziel der europäischen Harmonisierung des Produktsicherheitsrechts. Der Umsetzungsgesetzgeber weicht mit der erkennbaren Bezugnahme auf nationale Maßstäbe von den Vorgaben der Richtlinie ab und setzt den Rechtsakt damit letztlich defizitär um. Gerade daher steht die gesetzgeberische Einlassung zur Auslegung der Notifikationsfrist einer unionsrechtskonformen Auslegung des § 6 Abs. 4 Satz 3 BFSG, orientiert an autonomen Maßstäben, nicht entgegen.

43 Anhaltspunkt für die zeitlichen Grenzen der Notifikationsverpflichtung bieten die von der Europäischen Kommission erlassenen Leitlinien für die Meldung gefährlicher Verbrauchsgüter bei den zuständigen Behörden der Mitgliedstaaten durch Hersteller und Händler nach Art. 5 Abs. 3 der Richtlinie 2001/95/EG vom 14.12.2004.[65] Dabei kann der auf den Schweregrad von Produktrisiken gemünzte dreistufige Maßstab der Kommission nicht in Gänze sinnvollerweise auf die Einhaltung von Barrierefreiheitsanforderungen i. S. d. BFSG übertragen werden, von deren Nichteinhaltung ihrem Wesen nach keine Produktrisiken unterschiedlichen Stärkegrades

62 Dazu *Schucht*, CCZ 2024, 66, 68 [zur GPSR]: „ausnahmslos"; *Schucht*, CB 2024, 397, 399 [zur GPSR]: „Pflicht"; *Piovano*, in: Schucht/Wiebe, EU-Produktsicherheitsverordnung, Art. 19 Rn. 117 [zur GPSR].

63 BT-Drs. 19/28653, S. 74.

64 *Klindt/Piovano*, NVwZ 2021, 1016, 1017; *Kapoor*, in: Klindt, ProdSG, § 6 Rn. 81 [zum ProdSG]; wohl auch *Schucht*, BB 2013, 905, 908; **a.A.** wohl *Moelle*, StoffR 2004, 178, 187.

65 Europäische Kommission, Entscheidung 2004/905/EG, ABl. L 381; bezugnehmend auch *Klindt/Piovano*, NVwZ 2021, 1016, 1018; *Kapoor*, in: Klindt, ProdSG, § 6 Rn. 81 [zum ProdSG].

ausgehen. Geht von einem Produkt überhaupt kein Risiko aus, so ist die Dringlichkeit der Notifikation jedenfalls am unteren Ende des dreistufigen Notifikationsmaßstabs anzusiedeln. Eine Notifikationsfrist von mindestens zehn Kalendertagen mag gleichwohl angemessene Anhaltspunkte bieten.[66]

Gleichwohl kann sich ein Hersteller in der Praxis nicht darauf verlassen, dass die hier vertretene Rechtsauffassung in Anlehnung an die Kriterien der Kommission zur alten Produktsicherheitsrichtlinie von der Marktüberwachungsbehörde akzeptiert wird. Eine Berufung auf die genannten Leitlinien, die offenbar in keinem Mitgliedstaat Eingang in die rechtliche Umsetzung gefunden haben, ist daher allenfalls mit atmosphärisch vagen Ansprüchen verbunden.[67] **44**

bb) Beginn

Von der Frage nach ihrer Dauer zu trennen ist die Frage, wann die Notifikationsfrist beginnt. Im Lichte der Erkenntnis, dass der Hersteller im Rahmen der Notifikationspflicht im Nachmarkt § 6 Abs. 4 BFSG ergriffene Korrekturmaßnahmen anzugeben hat (→ Rn. 46), wird vereinzelt abgeleitet, diese könne erst beginnen, wenn der verantwortliche Wirtschaftsakteur die Nichtkonformität kennt und eine Entscheidung über mögliche Abhilfemaßnahmen treffen kann, dem Marktakteur sei mithin eine gewisse Ermittlungsfrist zuzugestehen.[68] Diese Erwägungen mögen im allgemeinen Produktsicherheitsrecht, wo der Umfang eines konkreten Produktrisikos anfänglich schwer abschätzbar sein kann, noch eine gewisse Berechtigung besitzen. Demgegenüber wird die Frage einer Nonkonformität mit den Barrierefreiheitsanforderungen nicht von Zweifeln im Tatsächlichen abhängen. Der Beginn der Meldefrist kann außerdem nicht zur Disposition des Meldepflichtigen stehen, indem er bestimmt, wie schnell er geeignete Gefahrenabwendungsmaßnahmen entwickelt. Die Notifikationsfrist beginnt daher mit der schlichten Kenntnis von der Nichtkonformität des Produkts mit der BFSGV. Der sich dadurch ergebende Konflikt zwischen Schnelligkeit und Vollständigkeit der Mitteilung lässt sich über eine gestaffelte Notifikation auflösen (→ Rn. 47).[69] **45**

d) Inhalt

Die Behördennotifikation muss nach § 6 Abs. 4 Satz 4 BFSG ausführliche Angaben, insbesondere über die Art der Nichtkonformität und die ergriffenen Korrekturmaßnahmen, enthalten.[70] Dem Wörtchen „insbesondere“ lässt sich entnehmen, dass der **46**

---

66 Strenger *Schucht*, in: Schucht/Wiebe, EU-Produktsicherheitsverordnung, Art. 12 Rn. 102 [zur GPSR]: „in wenigen Tagen“.

67 *Kapoor*, in: Klindt, ProdSG, § 6 Rn. 80 [zum PrrodSG]; *Hagena/Freeman/Volz*, BB 2005, 2591, 2592.

68 *Klindt/Piovano*, NVwZ 2021, 1016, 1018 ff.; *Piovano*, in: Schucht/Wiebe, EU-Produktsicherheitsverordnung, Art. 9 Rn. 95 [zur GPSR]; **richtigerweise a.A.:** *Kapoor*, in: Klindt, ProdSG, § 6 Rn. 73; nun auch *Schucht*, CB 2024, 397, 401.

69 *Kapoor*, in: Klindt, ProdSG, § 6 Rn. 88 [zum ProdSG].

70 BT-Drs. 19/28653, S. 74; vgl. auch *Kapoor*, in: Heckmann/Paschke, Cyber Resilience Act, Art. 19 Rn. 34; vgl. auch *Poviano*, in: Schucht/Wiebe, EU-Produktsicherheitsverordnung, Art. 9 Rn. 122 [zur GPSR].

Hersteller im Rahmen seiner Meldung im Einzelfall auch darüberhinausgehende Informationen zu übermitteln hat. Diese Informationen können sich beispielsweise auf die Erkenntnisquellen des Einführers, auf Anzahl und Vertriebswege bereits in den Verkehr gebrachter Produkte sowie auf die vorhandenen Lagerbestände beziehen.

e) Strategische Aspekte der Behördenkommunikation

47 Wie bereits im Rahmen der Notifikationsfrist angedeutet, kann es je nach Sachverhaltskonstellation zur fristwahrenden Behördeninformation nach § 6 Abs. 4 Satz 3 BFSG angezeigt sein, die Beschreibung der Maßnahmen zur Behebung der Nichtkonformität in einem ersten Schritt zurückzustellen und gestaffelt an die zuständigen Marktüberwachungsbehörde zu berichten.[71] Häufig kann das schlichte Phänomen einer Nichtkonformität zwar fristgemäß gemeldet werden. Die Erarbeitung passgenauer und geeigneter Korrekturmaßnahmen, mit denen der Nichtkonformität begegnet wird, nimmt dagegen regelmäßig mehr Zeit in Anspruch als für eine Behördenmeldung zur Verfügung steht. In der Regel steht vor der Festlegung konkreter Abwendungsmaßnahmen eine aufwändige Ursachenanalyse und die Einholung von Rechtsrat, deren Ergebnis Grundlage für eine daran anschließende Behebung der Nichtkonformität ist.

4. Keine Pflicht zur Verbraucherinformation

48 Anders als die GPSR in Art. 9 Abs. 8 lit. a GPSR kennt das BFSG keine Verpflichtung des Herstellers zur Verbraucherinformation über eine bestehende Nichtkonformität oder durchzuführende Feldmaßnahmen (sog. Produktsicherheitswarnung).[72] Das BFSG steht daher insbesondere dem Vorhaben eines Herstellers nicht entgegen, eine bestehende Nichtkonformität ohne Wissen des Endkunden per Softwareupdate zu beheben.

V. Nichtkonformitätsverzeichnis (Abs. 5)

49 In Umsetzung von Art. 7 Abs. 5 RL 2019/882/EU ist der Hersteller nach § 6 Abs. 5 Satz 1 BFSG verpflichtet, ein Verzeichnis derjenigen Produkte, über deren Nichtkonformität mit den geltenden Barrierefreiheitsanforderungen er die Marktüberwachungsbehörden informiert hat, und der diesbezüglichen Beschwerden zu führen (sog. Nichtkonformitätsverzeichnis).[73] Die Verpflichtung geht auf Anhang I Art. R2 Abs. 4 des Beschlusses Nr. 786/2008/EG über einen gemeinsamen Rechtsrahmen für die Vermarktung von Produkten zurück und findet sich daher in oftmals leicht modifizierter Form auch in anderen Rechtsakten des harmonisierten Produktsicherheitsrechts.[74] Die Bestimmung statuiert im Ausgangspunkt eine passive öffent-

---

71 *Kapoor*, in: Klindt, ProdSG, § 6 Rn. 88 [zum ProdSG].

72 Dazu *Schucht*, CB 2024, 397, 401; *Neumann*, BB 2024, 2882, 2886.

73 BT-Drs. 19/28653, S. 74; *Ruttloff/Wagner/Misztl*, ESG 2023, 325, 328; *Wagner*, MMR 2024, 755, 757.

74 Vgl. Art. 9 Abs. 12 GPSR; Art. 10 Abs. 4 VO (EU) 2023/1230 (Maschinen-VO); Art. 41 Abs. 5 EU-Batt-VO.

lich-rechtliche Produktbeobachtungspflicht, die ihrer Art nach darauf abzielt, durch die Pflicht zur Registerführung den verpflichteten Wirtschaftsakteuren eine realitätsnahe Einschätzung über ein bereits auf dem Markt befindliches Verbraucherprodukt und die von ihm ausgehenden Gefahren, bzw. im Fall des BFSG die Verwendbarkeit des Verbraucherprodukts für Menschen mit Behinderungen zu ermöglichen.[75] Das BFSG verzichtet allerdings auf die final formulierte Vorgabe, (etwaige) bestehende Einschränkungen der Verwendbarkeit auch tatsächlich erkennen zu müssen und beschreibt gewissermaßen abstrakt die notwendigen Verhaltensweisen.

Der Pflicht, ein Nichtkonformitätsregister zu unterhalten und eingehende Beschwer- **50**
den über das hergestellte Produkt auszuwerten, kommt im genuinen Produktsicherheitsrecht vor dem Hintergrund realer Produktgefahren zweifelsohne eine größere Bedeutung als im Anwendungsbereich des BFSG zu, wo betroffene nichtkonforme Produkte allenfalls unbrauchbar, aber nicht gefährlich sind.[76] Die schlichte, unmodifizierte Übernahme der rahmenmäßigen Regelungsvorgabe aus Art. R2 Abs. 4 des Beschlusses Nr. 786/2008/EG zieht daher durchaus in Zweifel, welches Regelungsziel mit der in der Bestimmung realisierten Produktbeobachtungspflicht erreicht werden soll. Festhalten lässt sich aber, dass sich durch die Pflicht zum Führen eines Nichtkonformitätsverzeichnisses die Auswirkung einer erkannten Nichtkonformität im Markt, d. h. die Verwendbarkeit für Menschen mit Behinderung und die reale Brauchbarkeitsminderung durch das Fehlen der Barrierefreiheitsanforderungen, besser einschätzen lässt. So mag der Hersteller auch zu ergreifende Abhilfemaßnahmen (vgl. § 6 Abs. 4 BFSG) durchaus daran orientieren können, was ihm aus dem Feld gemeldet wird.

Nach § 6 Abs. 5 Satz 2 BFSG ist das Nichtkonformitätsverzeichnis schriftlich oder **51**
elektronisch zu führen. Der Begriff der Schriftlichkeit ist daher im harmonisierten Produktsicherheitsrecht nach richtiger Auffassung an autonomen Maßstäben und nicht den Vorgaben des nationalen Rechts (vgl. § 126 BGB) zu orientieren.[77] Für das Schriftformerfordernis ist im Unionsrecht vielmehr der Zweck der betreffenden Unionsrechtsnorm maßgeblich und entscheidet über die an Schriftform zu stellenden Anforderungen.[78] Für die Schriftlichkeit i. S. d. § 6 Abs. 5 Satz 2 BFSG kommt es daher insbesondere nicht auf eine eigenhändige Unterschrift wie im Rahmen des § 126 BGB an. Dabei stellt sich schon die Frage, was ein solches Erfordernis eigenhändiger Unterschrift bei der Registerführung bezwecken würde. Schriftlichkeit ist daher im Sinne textlicher Verkörperung zu verstehen. Das Verzeichnis kann ausweislich § 6 Abs. 5 Satz 2 Var. 2 BFSG auch in elektronischer Form geführt werden.

75 *Piovano*, in: Schucht/Wiebe, EU-Produktsicherheitsverordnung, Art. 9 Rn 143 [zur GPSR]; *Kapoor*, in: Klindt, ProdSG, § 6 Rn. 56 [zum ProdSG].

76 *Franke*, ZfPC 2024, 21, 27.

77 *Kapoor*, in: Heckmann/Paschke, Cyber Resilience Act, Art. 18 Rn. 11 [zu Art. 18 CRA]; *Piovano*, in: Schucht/Wiebe, EU-Produktsicherheitsverordnung, Art. 10 GPSR Rn. 10 [zu Art. 10 GPSR]; *Gössl*, in: Martini/Wendehorst, KI-VO, Art. 22 Rn. 12 [zu Art. 22 KI-VO]; (wohl) **a. A.** (für Orientierung an § 126 BGB): *Klindt*, in: Klindt, ProdSG, § 2 Rn. 65 [zum ProdSG]; *Wilrich*, ProdSG, Rn. 199 [zum ProdSG]; *Wittbrodt*, in: BeckOK Produktrecht, Art. 3 Nr. 9 GPSR Rn. 7 [zur GPSR].

78 EuGH, Urt. v. 24.01.2002 – Rs. C-170/00, Slg 2002, I-1007 (1040); BGH, Urt. v. 6.12.2005 – XI ZR 139/05, NJW 2006, 681, 683; MüKoBGB/*Einsele*, 9. Aufl. 2021, BGB § 126 Rn. 6.

Auch die elektronische Form setzt nicht die nach nationalen Maßstäben (vgl. § 126a BGB) erforderliche qualifizierte elektronische Signatur voraus. Die elektronische Form liegt daher immer schon dann vor, wenn Daten durch Hilfsmittel verarbeitet oder übertragen werden.[79]

C. Verstöße

I. Bußgeldtatbestände

1. Inverkehrbringen von nichtkonformen Produkten (§ 37 Abs. 1 Nr. 1 BFSG)

52 Ordnungswidrig handelt der Hersteller nach § 37 Abs. 1 Nr. 1 BFSG, der entgegen § 6 Abs. 1 Nr. 1 BFSG ein materiell nichtkonformes Produkt in Verkehr bringt. Die Ordnungswidrigkeit kann in diesem Fall nach Maßgabe des § 37 Abs. 2 BFSG mit einer Geldbuße bis zu EUR 100.000 geahndet werden.[80]

2. Fehlende oder fehlerhafte Notifikation im Nachmarkt (§ 37 Abs. 1 Nr. 2 BFSG)

53 Ordnungswidrig handelt der Hersteller nach § 37 Abs. 1 Nr. 2 BFSG, der entgegen § 6 Abs. 4 Satz 3 BFSG eine Information nicht, nicht richtig, nicht vollständig oder nicht rechtzeitig gibt. Der Sache nach geht es um die unterbliebene oder fehlerhafte Notifikation des Herstellers auf Nachmarktebene (→ Rn. 38 ff.). Die Ordnungswidrigkeit kann in diesem Fall nach Maßgabe des § 37 Abs. 2 BFSG mit einer Geldbuße bis zu EUR 10.000 geahndet werden.

3. Verstöße im Umfeld der CE-Kennzeichnung (§ 37 Abs. 1 Nr. 9 u. 10 BFSG)

54 Ordnungswidrig handelt nach § 37 Abs. 1 Nr. 9 BFSG, wer ein Produkt mit einer CE-Kennzeichnung nicht, nicht richtig, nicht vollständig, nicht in der vorgeschriebenen Weise oder nicht rechtzeitig versieht. Ordnungswidrig handelt nach § 37 Abs. 1 Nr. 10 BFSG auch derjenige, der entgegen § 19 Abs. 3 BFSG i. V. m. Art. 30 VO (EG) Nr. 765/2008 ein Kennzeichen, Zeichen oder eine Aufschrift an dem Produkt anbringt, deren Bedeutung oder Gestalt mit der der CE-Kennzeichnung verwechselt werden kann, oder eine andere Kennzeichnung anbringt, die Sichtbarkeit, Lesbarkeit oder Bedeutung der CE-Kennzeichnung beeinträchtigt. Die Ordnungswidrigkeit kann mit Geldbuße bis zu EUR 100.000 (vgl. § 37 Abs. 2 BFSG) geahndet werden.[81]

---

79 *Ruttloff/Wagner*, in: Schucht/Wiebe, EU-Produktsicherheitsverordnung, Art. 21 Rn. 15 [zur GPSR].
80 Vgl. auch *Franke*, ZfPC 2024, 21, 25; *Kapoor/Klindt*, NJW 2024, 3545, 3550.
81 Vgl. auch *Franke*, ZfPC 2024, 21, 25; *Kapoor/Klindt*, NJW 2024, 3545, 3550.

II. Marktüberwachungsmaßnahmen

Der Hersteller ist nach Maßgabe der Legaldefinition des § 2 Nr. 15 BFSG barrierefreiheitsrechtlicher Wirtschaftsakteur, sodass er von der zuständigen Marktüberwachungsbehörde grundsätzlich auch als solcher nach Maßgabe der §§ 22, 23 BFSG adressiert werden kann. Dabei sind Marktüberwachungsmaßnahmen im Lichte der sog. Primärverantwortlichkeit des Herstellers auch in aller Regel zunächst gegen diesen zu richten, wenn nicht außergewöhnliche Umstände (z. B. die Nichterreichbarkeit des Herstellers) ein Vorgehen gegen andere Marktakteure als besonders zweckmäßig und der Effektivität der Gefahrenabwehr dienlich erscheinen lassen.[82] **55**

III. Wettbewerbsrecht

Verstöße des Herstellers gegen das Pflichtenprogramm des § 6 BFSG können wettbewerbsrechtliche Unterlassungsansprüche auslösen.[83] Denn bei dem produktsicherheitsrechtlichen Pflichtenprogramm der Marktakteure (§§ 6 ff. BFSG) handelt es sich um Marktverhaltensregeln i. S. d. § 3a UWG, sodass auch Verstöße gegen formale Produktanforderungen wettbewerbsrechtlich angreifbar sind. Der Hersteller haftet daher verschuldensunabhängig etwa für das Fehlen der Herstellerkennzeichnung,[84] der Gebrauchsanleitung und Sicherheitshinweise oder eine fehlende CE-Kennzeichnung.[85] **56**

Unterlassungsansprüche eines Wettbewerbers bei Vorliegen der übrigen Voraussetzungen des UWG sind auch dann denkbar, wenn dem Einführer im Hinblick auf die Verletzung seiner Pflichten kein Verschulden vorzuwerfen ist. In der Praxis ist das wettbewerbsrechtliche Risiko für den Einführer, von anderen Wirtschaftsakteuren aufgrund tatsächlicher oder vermeintlicher Verstöße gegen produktregulatorische Vorgaben abgemahnt und mit einstweiligen Verfügungen überzogen zu werden, durchaus relevant, wie zahlreiche wettbewerbsrechtliche Verfahren mit produktregulatorischem Bezug aus der jüngeren Vergangenheit zeigen. **57**

IV. Kaufrechtliches Gewährleistungsrecht

Verstöße gegen das BFSG führen dazu, dass das betreffende Produkt nicht die Eignung zur gewöhnlichen Verwendung (§ 434 Abs. 3 Satz 1 Nr. 1 BGB) bzw. – je nach Fallgestaltung – nicht die gewöhnliche Beschaffenheit (§ 434 Abs. 3 Satz 1 Nr. 2 **58**

---

82 *Europäische Kommission* (Hrsg.), Leitfaden für die Umsetzung der Produktvorschriften der EU („Blue Guide"), S. 102; *Klindt*, ZRP 2023, 108, 109.

83 *Lommatzsch/Albrecht*, GWR 2022, 355, 357; *Franke*, ZfPC 2024, 21, 25; offener noch *Kapoor/Klindt*, NJW 2024, 3545, 3550; *Hartmannsberger/Herzig*, GRUR-RR 2016, 433.

84 BGH, Urt. v. 9.7.2015 – I ZR 224/13, GRUR 2015, 1021 – Kopfhörer-Kennzeichnung; auch OLG Düsseldorf, Urt. v. 24.9.2015 – I-2 U 3/15, GRUR-RS 2015, 16758; *Hartmannsberger/Herzig*, GRUR-RR 2016, 433, 436 f.

85 BGH, Urt. v. 27.11.2014 – I ZR 124/11, GRUR 2015, 672 – Videospiel-Konsolen II, zur (fehlenden) CE-Kennzeichnung nach der 2. ProdSV; OLG Frankfurt a. M., Urt. v. 25.9.2014 – 6 U 99/14, GRUR-RS 2015, 08504; *Hartmannsberger/Herzig*, GRUR-RR 2016, 433, 436.

BGB) aufweist und daher einen Sachmangel begründet.[86] Ein Einführer, der ein Produkt in Verkehr bringt, das den Vorgaben des BFSG nicht entspricht, muss daher damit rechnen, Gewährleistungsansprüchen nach Maßgabe der §§ 437 ff. BGB ausgesetzt zu sein.

V. Produkthaftungsrecht

59 Die am 08.12.2024 in Kraft getretene neue Produkthaftungsrichtlinie (RL 2024/2853/EU), die die Produkthaftungsrichtlinie 85/374/EWG ablöst und bis Ende 2026 in nationales Recht überführt werden muss, sieht unter bestimmten Voraussetzungen eine verschuldensunabhängige Haftung des Herstellers vor (Art. 8 Abs. 1 lit. a RL 2024/2853/EU).[87] Gleichwohl ist nur schwer vorstellbar, wie es durch ein nichtkonformes Produkt im Anwendungsbereich des BFSG, das für einen Verbraucher im Regelfall schlimmstenfalls unbrauchbar, aber nicht gefährlich ist,[88] zu einem Personen- oder Sachschaden kommen soll. Es ist daher davon auszugehen, dass die Haftung des Herstellers aus Produkthaftung im Anwendungsbereich des BFSG allenfalls eine untergeordnete Rolle spielen wird.

§ 7 BFSG
Besondere Kennzeichnungs- und Informationspflichten des Herstellers

(1) Der Hersteller hat dafür zu sorgen, dass sein Produkt eine Typen-, Chargen- oder Seriennummer oder ein anderes Kennzeichen zu seiner Identifikation nach Maßgabe des Absatzes 4 trägt. Falls dies aufgrund der Größe oder der Art des Produkts nicht möglich ist, hat der Hersteller dafür zu sorgen, dass die zur Identifikation erforderlichen Informationen auf der Verpackung oder in einer dem Produkt beigefügten Unterlage angegeben werden.

(2) Der Hersteller hat beim Inverkehrbringen seinen Namen, seine Firma oder seine Marke sowie seine Postanschrift auf dem Produkt anzugeben. Falls dies aufgrund der Größe oder der Art des Produkts nicht möglich ist, sind diese Informationen auf der Verpackung oder in einer dem Produkt beigefügten Unterlage anzugeben. Die Postanschrift muss eine zentrale Stelle bezeichnen, unter der der Hersteller kontaktiert werden kann. Die Kontaktdaten sind in einer Sprache zu verfassen, die vom Verbraucher leicht verstanden werden kann.

(3) Der Hersteller stellt sicher, dass dem Produkt eine Gebrauchsanleitung und Sicherheitsinformationen in deutscher Sprache nach Maßgabe des Absatzes 4 beigefügt sind.

---

86 *Franke*, ZfPC 2024, 21, 25; *Lommatzsch/Albrecht*, GWR 2022, 355, 357; *Tabbara*, NZS 2021, 497, 502.

87 *Piovano/Hess*, in: Piovano/Hess, ProdHaftR, § 4 Rn. 20.

88 *Franke*, ZfPC 2024, 21, 27.

(4) Alle Kennzeichnungen, die Gebrauchsanleitung und die Sicherheitsinformationen müssen nach den Anforderungen der nach § 3 Absatz 2 zu erlassenden Rechtsverordnung klar, verständlich und deutlich sein.

(5) Der Hersteller ist verpflichtet, der Marktüberwachungsbehörde auf deren begründetes Verlangen alle Auskünfte zu erteilen und alle Unterlagen auszuhändigen, die für den Nachweis der Konformität erforderlich sind. Die Auskünfte und die Unterlagen sind in deutscher Sprache oder in einer Sprache, die von der deutschen Marktüberwachungsbehörde leicht verstanden werden kann, zu erteilen und auszuhändigen. Der Hersteller arbeitet mit der Marktüberwachungsbehörde auf deren Verlangen bei allen Maßnahmen zur Herstellung der Konformität bei einem von ihm in den Verkehr gebrachten Produkt mit den geltenden Barrierefreiheitsanforderungen zusammen und stellt insbesondere die Konformität des Produkts mit den geltenden Barrierefreiheitsanforderungen her.

Gliederung: Rn.

A. Einführung

Neben das allgemeine Pflichtenprogramm des Herstellers (vgl. § 6 BFSG) treten 1
nach Maßgabe des § 7 BFSG in Umsetzung von Art. 7 RL 2019/882/EU spezifische Kennzeichnungs- und Informationspflichten. Die Regelungstechnik geht ebenfalls auf die Referenzbestimmungen des Beschlusses in Anh. I Art. R2 des Beschlusses Nr. 786/2008/EG über einen gemeinsamen Rechtsrahmen für die Vermarktung von

Produkten zurück und fügt sich damit nahtlos in das harmonisierte Produktsicherheitsrecht rein.[1]

2 Die Normierung außerhalb des allgemeinen Pflichtenprogramms (§ 6 BFSG), die sich vom unionsrechtlichen Hintergrund der Vorschriften löst (vgl. Art. 7 RL 2019/882/EU), erfolgt aus redaktionellen Gründen und dient der Übersichtlichkeit.

B. Pflichtenprogramm des Herstellers

3 Auf Vormarktebene hat der Hersteller das betreffende Produkt nach § 7 Abs. 1 BFSG mit einer Typen-, Chargen- oder Seriennummer oder einem anderen Kennzeichen zu seiner Identifikation zu versehen (sog. Identifikationskennzeichnung) und nach § 7 Abs. 2 BFSG seinen Namen, seine Firma oder seine Marke sowie seine Postanschrift auf dem Produkt anzugeben (sog. Herstellerkennzeichnung). Hinzu tritt nach § 7 Abs. 3 BFSG die Verpflichtung, sicherzustellen, dass dem Produkt barrierefreie Gebrauchsanleitung und Sicherheitsinformationen in deutscher Sprache beigefügt sind.

4 Das Pflichtenprogramm wird durch die Pflicht zur Auskunftserteilung gegenüber und zur Kooperation mit der Marktüberwachungsbehörde (§ 7 Abs. 5 BFSG) abgerundet. Die Verpflichtung lässt sich als Nachmarktpflicht qualifizieren.[2]

I. Identifikationskennzeichnung (Abs. 1)

5 Nach § 7 Abs. 1 Satz 1 BFSG hat der Hersteller das Produkt mit einer Typen-, Chargen- oder Seriennummer oder einem anderen Kennzeichen zu seiner Identifikation zu versehen (**sog. Identifikationskennzeichnung**). Nach § 7 Abs. 4 BFSG muss die Identifikationskennzeichnung dabei nach Maßgabe der Barrierefreiheitsanforderungen der BFSGV klar, verständlich und deutlich sein, mithin ihrerseits barrierefrei erfolgen (vgl. § 4 BFSGV).

1. Regelungszweck

6 Die Identifikationskennzeichnung dient der Rückverfolgbarkeit von Produkten zu Zwecken der Marktüberwachung, indem sie eine eindeutige Zuordnung des Produkts zu dem verantwortlichen Wirtschaftsakteur ermöglichen.[3] Die Rückverfolgbarkeit ermöglicht außerdem Herstellern, im Falle einer Nichtkonformität die Auswirkungen eines Produktrückrufs zu minimieren.[4]

---

1 Vgl. etwa Art. 9 Abs. 5–7, Art. 15 GPSR, § 10 FUAG.

2 *Schucht*, in: Schucht/Wiebe, EU-Produktsicherheitsverordnung Art. 11 Rn. 115 [zur GPSR].

3 BT-Drs. 19/28653, S. 74; *Poviano*, in: Schucht/Wiebe, EU-Produktsicherheitsverordnung Art. 9 Rn. 40 [zur GPSR]; *Kapoor*, in: Klindt, ProdSG § 6 Rn. 24 [zum ProdSG]; bereits schon *Fluck/Sechting*, DVBl 2004, 1392, 1401; *Moelle*, StoffR 2004, 178, 180.

4 Europäische Kommission (Hrsg.), Leitfaden für die Umsetzung der Produktvorschriften der EU („Blue Guide"), 2022, S. 56.

2. Inhalt der Identifikationskennzeichnung

Der Hersteller hat das Produkt mit einer Typen-, Chargen- oder Seriennummer oder einem anderen Kennzeichen zu seiner Identifikation zu versehen (**sog. Identifikationskennzeichnung**). Insoweit ist § 7 Abs. 1 Satz 1 BFSG keine spezifische Vorgabe zu entnehmen, wie die Identifikationskennzeichnung vorzunehmen ist. Der Verpflichtungsadressat kann daher die Art der Identifikationskennzeichnung selbst bestimmen, sofern sich mit ihrer Hilfe das Produkt im Beanstandungsfalle eindeutig identifizieren lässt.[5] **7**

Entscheidend ist, dass **Produkte der gleichen Bauart** in gleicher Weise gekennzeichnet sind, dass diese – z. B. im Falle eines Produktrückrufes – vom Verwender zweifelsfrei als betroffen erkannt werden können.[6] Demgegenüber ist es nicht erforderlich, dass das Kennzeichen die Identifikationsmöglichkeit einzelner Produktionschargen oder gar eines jeden einzelnen Produkts innerhalb der Gruppe baugleicher Serienprodukte eröffnet.[7] Eine solche Chargenkennzeichnung kann im Interesse einer kostensparenden Eingrenzung betroffener Produkte im Falle des Produktrückrufs gleichwohl empfehlenswert sein.[8] **8**

In Betracht kommt daher auch die Kennzeichnung mit unternehmensunabhängigen Kodierungssystemen, soweit diese eine eindeutige Produktidentifizierung zulassen, etwa mittels der Vergabe von GTIN (früher: EAN) Codes.[9] **9**

3. Art der Identifikationskennzeichnung

Wie die Identifikationskennzeichnung technisch realisiert wird, bleibt dem Hersteller selbst überlassen. Anders als vergleichbare Kennzeichnungsvorschriften[10] setzt § 7 Abs. 1 BFSG nicht voraus, dass die Kennzeichnung dauerhaft oder ablösungsfest zu erfolgen hat. Mit Rücksicht auf Sinn und Zweck der Bestimmung ist gleichwohl zu verlangen, dass sich die Kennzeichnung nicht ohne Weiteres von dem betreffenden Produkt entfernen lässt.[11] Der Hersteller kann die Identifikationskennzeichnung daher auch mittels eines Aufklebers realisieren, der besonders fest und nicht ohne Weiteres ablösbar ist.[12] **10**

4. Ort der Identifikationskennzeichnung

Die Identifikationskennzeichnung hat dabei nach § 7 Abs. 1 Satz 1 BFSG **vorrangig auf dem Produkt selbst** zu erfolgen (sog. Grundsatz der produktunmittelbaren **11**

5 *Kapoor*, in: Klindt, ProdSG § 6 Rn. 30 [zum ProdSG]; *Schütte*, in: Ehring/Taeger, Produkthaftungs- und Produktsicherheitsrecht § 6 ProdSG Rn. 25 [zum ProdSG].
6 Europäische Kommission (Hrsg.), Leitfaden für die Umsetzung der Produktvorschriften der EU („Blue Guide"), 2022, S. 60.
7 *Kapoor*, in: Klindt, ProdSG § 6 Rn. 30 [zum ProdSG].
8 *Kapoor*, in: Klindt, ProdSG § 6 Rn. 30 [zum ProdSG]; *Piovano*, in: Schucht/Wiebe, EU-Produktsicherheitsverordnung Art. 9 Rn. 43 [zur GPSR].
9 *Schütte*, in: Ehring/Taeger, Produkthaftungs- und Produktsicherheitsrecht § 6 ProdSG Rn. 25 [zum ProdSG].
10 So § 9 ElektroG.
11 *Piovano*, in: Schucht/Wiebe, EU-Produktsicherheitsverordnung Art. 9 Rn. 45 [zur GPSR].
12 *Piovano*, in: Schucht/Wiebe, EU-Produktsicherheitsverordnung Art. 9 Rn. 45 [zur GPSR].

Kennzeichnung). Die betreffenden Informationen können nach § 7 Abs. 1 Satz 2 BFSG nur dann auf der Verpackung oder in einer dem Produkt beigefügten Unterlage (etwa der Gebrauchsanleitung) angegeben werden, wenn eine Angabe auf dem Produkt wegen dessen **Größe** oder der **Art des Produkts** nicht möglich ist.

12 Umstritten ist, ob eine Kennzeichnung auf dem betreffenden Produkt auch in den Fällen unmöglich ist, in denen sie mit einem **wirtschaftlich unverhältnismäßigen Aufwand** verbunden wäre. Die EU-Kommission steht auch dem Standpunkt, dass wirtschaftliche Aspekte – anders als im Rahmen der Hersteller- und Einführerkennzeichnung – für die Zwecke der Identifikationskennzeichnung keine Rolle spielen können.[13] Es bleibt daher zu abzuwarten, wie der nationale Verwaltungsvollzug die im Zuge des engen Kennzeichnungsregimes heraufbeschworenen Schwierigkeiten lösen wird.

13 Auch ein Ausweichen auf die Verpackung aus rein ästhetischen Gründen scheidet aus.[14]

5. Barrierefreiheit

14 Nach § 7 Abs. 4 BFSG muss die Identifikationskennzeichnung nach Maßgabe der BFSGV klar, verständlich und deutlich sein. Damit wird auf die Barrierefreiheitsanforderungen der BFSGV Bezug genommen, die Kennzeichnung muss mithin selbst barrierefrei erfolgen. Die Barrierefreiheitsanforderungen für Produktkennzeichnungen richten sich nach § 4 Abs. 1 BFSGV. Zentrale Bedeutung kommt dabei insbesondere der Verpflichtung zu, Produktkennzeichnungen über mehr als einen sensorischen Kanal zur Verfügung zu stellen (§ 4 Abs. 1 Nr. 1 BFSGV). So muss die Identifikationskennzeichnung nicht nur visuell, sondern auch taktil erfassbar sein, damit auch blinde Personen das betreffende Produkt nutzen können.[15]

II. Herstellerkennzeichnung (Abs. 2)

1. Inhalt der Herstellerkennzeichnung

15 Nach Maßgabe des § 7 Abs. 2 Satz 1 BFSG hat der Hersteller in Umsetzung von Art. 7 Abs. 6 RL 2019/882/EU auf dem Produkt seinen Namen, seine Firma oder seine Marke und seine Postanschrift anzugeben (**sog. Herstellerkennzeichnung**). Die Pflicht zur Angabe einer Postanschrift macht eine vollständige postalische Kontaktanschrift erforderlich. Die postalische Kontaktanschrift muss sich dabei nicht zwingend aus einer Straße und einer Hausnummer zusammensetzen. Die Angabe eines Postfachs ist ausreichend. Das Gleiche gilt nach der etablierten Vollzugspraxis der Marktüberwachungsbehörden in Deutschland für den Verzicht auf Straße und Hausnummer, wenn für das Unternehmen eine eigene Postleitzahl existiert, sodass es der zusätzlichen Angabe von Straße und Hausnummer nicht bedarf.

---

13 Europäische Kommission (Hrsg.), Leitfaden für die Umsetzung der Produktvorschriften der EU („Blue Guide“), 2022, S. 59; vgl. auch *Schucht*, CB 2023, 34, 36.

14 Europäische Kommission (Hrsg.), Leitfaden für die Umsetzung der Produktvorschriften der EU („Blue Guide“), 2022, S. 55; vgl. insoweit auch *Schucht*, CB 2023, 34, 36; *Piovano*, in: Schucht/Wiebe, EU-Produktsicherheitsverordnung Art. 9 Rn. 45 [zur GPSR].

15 BMAS, Verordnungsentwurf zur BFSGV, S. 19.

Bei der Herstellerkennzeichnung gilt dabei gegenüber dem Pflichtenprogramm des Einführers (→ § 10 Rn. 5 f.) die Besonderheit, dass die Postanschrift eine zentrale Stelle bezeichnen muss, unter der der Hersteller kontaktiert werden kann (§ 7 Abs. 2 Satz 3 BFSG). **16**

Im Unterschied zu anderen Rechtsakten des harmonisierten Produktsicherheitsrecht[16] ist die Angabe einer elektronischen Kontaktmöglichkeit (etwa einer E-Mail-Adresse) nicht erforderlich. Entgegen der Auffassung des OLG Frankfurt am Main zum ProdSG[17] vermag die isolierte Angabe einer Internet- und Mailadresse im Lichte des klaren Wortlauts der Regelung auch keine vollständige Herstellerkennzeichnung zu realisieren.[18] **17**

Der Hersteller ist nicht verpflichtet, seine jeweilige Rolle als Wirtschaftsakteur durch einen **klarstellenden Zusatz** im Rahmen der Herstellerkennzeichnung („manufactured by") zu verdeutlichen, mag ein solcher Zusatz auch im Einzelfall sinnvoll sein.[19] **18**

Die Kennzeichnungspflicht kann im Lichte des insoweit eindeutigen Wortlauts des § 7 Abs. 2 Satz 1 BFSG nicht mittels digitaler Lösungen (insbesondere eines QR-Codes) realisiert werden.[20] **19**

2. Art und Ort der Herstellerkennzeichnung

Die Herstellerkennzeichnung hat nach § 7 Abs. 2 Satz 1 BFSG **vorrangig auf dem Produkt selbst** zu erfolgen (sog. Grundsatz der produktunmittelbaren Kennzeichnung). Die betreffenden Informationen können nach § 7 Abs. 2 Satz 2 BFSG nur dann auf der Verpackung oder in einer dem Produkt beigefügten Unterlage (etwa der Gebrauchsanleitung) angegeben werden, wenn eine Angabe auf dem Produkt wegen dessen Größe oder der Art des Produkts nicht möglich ist. Anders als insoweit von der Kommission nahegelegt,[21] besteht zwischen der Angabe auf der Verpackung und auf der beigefügten Unterlage im Anwendungsbereich des § 7 Abs. 2 Satz 2 BFSG kein Vorrangverhältnis. Ist die Angabe auf dem Produkt unmöglich, so darf der Hersteller auch direkt auf die beigefügte Unterlage ausweichen. Die von der Kommission postulierte Einschränkung besitzt keinen Anhaltspunkt im Gesetz. **20**

Unmöglich ist eine Angabe auf dem betreffenden Produkt – anders als bei der Identifikationskennzeichnung nach § 7 Abs. 1 Satz 1 BFSG (→ Rn. 12) – auch in den Fällen, in denen sie mit einem **wirtschaftlich unverhältnismäßigen Aufwand** ver- **21**

16 Vgl. nur Art. 11 Abs. 3 VO (EU) 2023/988 [GPSR]; Art. 19 Abs. 4 VO (EU) 2024/2847 [CRA].

17 OLG Frankfurt a. M., Beschl. v. 21.04.2020 – 6 W 41/20, MMR 2020, 862 [zum ProdSG].

18 *Piovano*, in: Schucht/Wiebe, EU-Produktsicherheitsverordnung Art. 9 Rn. 45 [zur GPSR]; *Schütte*, in: Ehring/Taeger, Produkthaftungs- und Produktsicherheitsrecht, § 6 ProdSG Rn. 21 [zum ProdSG]; *Gesmann-Nuissl*, InTeR 2020, 154, 176 f.

19 *Schucht*, CB 2023, 34, 35; Europäische Kommission (Hrsg.), Leitfaden für die Umsetzung der Produktvorschriften der EU („Blue Guide"), 2022, S. 56.

20 *Schucht*, CB 2023, 34, 37.

21 Europäische Kommission (Hrsg.), Leitfaden für die Umsetzung der Produktvorschriften der EU („Blue Guide"), 2022, S. 57.

bunden wäre.[22] Ein Ausweichen auf die Verpackung aus rein ästhetischen Gründen soll demgegenüber nach der Auffassung der Europäischen Kommission ausscheiden.[23]

22 Wahlfreiheit besteht auch in Ansehung der Art und Weise der Anbringung der Herstellerkennzeichnung. Da das Gesetz selbst – wie auch bereits im Rahmen der Identifikationskennzeichnung – gerade keine besondere „Dauerhaftigkeit" der Herstellerkennzeichnung verlangt, kann der Hersteller die Angabe auch mittels eines Aufklebers, der besonders fest und nicht ohne Weiteres ablösbar ist,[24] eines Klebefähnchens oder eines am Produkt angebrachten Hangtags[25] realisieren. Genauso spielt es keine Rolle, ob Kennzeichnungen aufgedruckt oder aufgepresst werden.[26]

3. Sprache

23 Nach § 7 Abs. 2 Satz 4 BFSG sind die Kontaktangaben der Herstellerkennzeichnung in einer Sprache zu verfassen, die vom Verbraucher leicht verstanden werden kann. Sie hat daher insbesondere durch Verwendung des lateinischen Alphabets zu erfolgen.[27] Das wird insbesondere für Hersteller aus Mitgliedstaaten, in denen die kyrillische oder griechische Schrift Anwendung findet, eine Transposition erforderlich machen.

24 Name, und Kontaktanschrift dürfen abseits solcher Extremfälle vom Hersteller grundsätzlich so angegeben werden, wie dies in dem Mitgliedstaat, in dem er ansässig ist, üblich ist. Weil es auf die postalische Zustellbarkeit ankommt, müssen insbesondere Ortsnamen oder Straßenbezeichnungen nicht übersetzt werden, weil davon ausgegangen werden kann, dass solche Angaben sowohl von Nutzern als auch von Behörden als „leicht verständlich" eingestuft werden.[28]

4. Regelungszweck

25 Die Kennzeichnungspflicht des Herstellers dient nicht in erster Linie dazu, dem Endkunden des Produkts einen passiv legitimierten Anspruchsgegner etwa für den Fall der Geltendmachung von Schadensersatzansprüchen zu benennen. Sinn und Zweck der Kennzeichnungspflicht ist es vielmehr, den zuständigen Marktüberwachungsbehörden die für das Inverkehrbringen des Produkts verantwortliche Person zu benennen, damit diese im Falle behördlicher Beanstandungen von den zustän-

---

22 *Schucht*, CB 2023, 34, 36; genauso *Kapoor*, in: Klindt, ProdSG § 6 Rn. 35 [zum ProdSG]; *Schütte*, in: Ehring/Taeger, Produkthaftungs- und Produktsicherheitsrecht, § 6 ProdSG Rn. 34 [zum ProdSG].

23 Europäische Kommission (Hrsg.), Leitfaden für die Umsetzung der Produktvorschriften der EU („Blue Guide"), 2022, S. 57; vgl. insoweit auch *Schucht*, CB 2023, 34, 36.

24 *Schucht*, CB 2023, 34, 36; *Schucht*, DÖV 2018, 431, 437; *Kapoor*, in: Klindt, ProdSG § 6 Rn. 38 [zum ProdSG]; *Wende*, in: Klindt, ProdSG § 7 Rn. 19 [zur CE-Kennzeichnung].

25 *Schucht*, CB 2023, 34, 37.

26 *Schucht*, CB 2023, 34, 37; Europäische Kommission (Hrsg.), Leitfaden für die Umsetzung der Produktvorschriften der EU („Blue Guide"), 2022, S. 56.

27 BT-Drs. 19/28653, S. 75.

28 *Schucht*, CCZ 2016, 126, 129.

digen Behörden unkompliziert ermittelt und zu Zwecken der Marktüberwachung schnell kontaktiert werden kann.[29]

III. Gebrauchsanleitung und Sicherheitsinformationen (Abs. 3)

Nach § 7 Abs. 3 BFSG stellt der Hersteller sicher, dass dem Produkt eine Gebrauchsanleitung und Sicherheitsinformationen in deutscher Sprache beigefügt sind, die den Barrierefreiheitsanforderungen der BFSGV entsprechen. **26**

1. Inhalt

§ 7 Abs. 3 BFSG verpflichtet den Hersteller, dem Produkt Gebrauchsanleitung und Sicherheitsinformationen beizufügen. Die **Gebrauchsanleitung** enthält die für eine sichere Verwendung zu beachtenden Regeln, einschließlich etwaiger Vorschriften für die Instandhaltung, die Ergänzung des Produkts und über den Austausch von Ersatzteilen.[30] **Sicherheitsinformationen** klären den Verwender über die von dem Produkt ausgehenden Gefahren auf, die sich zwar durch die Konstruktion nicht in zumutbarem Maße abwenden lassen, aber bei bestimmungsgemäßer Verwendung oder vorhersehbarer Fehlanwendung des Produkts durch einen durchschnittlichen Benutzer auftreten können und die für den Benutzer ohne Hinweis nicht unmittelbar erkennbar sind.[31] **27**

Gebrauchsanleitung und Sicherheitsinformationen müssen – wie sich letztlich aus § 7 Abs. 4 BFSG ergibt – klar, verständlich und deutlich sein. **28**

2. Beigefügt

Die Sicherheitsinformationen sind dem Produkt in auf Papier verkörperter Form beizufügen.[32] Denn der Hersteller hat sicherzustellen, dass der Verwender die erforderlichen Informationen erhält, was deren Verkörperung voraussetzt. Demgegenüber kann die Gebrauchsanleitung nach Auffassung der Kommission in elektronischer Form (etwa durch QR-Code), in anderen Dateispeicherformaten oder auf einer verlinkten Website bereitgestellt werden[33], was insoweit von der herrschend zu § 3 ProdSG vertretenen Auffassung (sog. Verkörperungsdoktrin)[34] abweicht. **29**

3. Sprache

Gebrauchsanleitung und Sicherheitsinformationen müssen in deutscher Sprache abgefasst sein bzw. jedenfalls über eine deutsche Sprachfassung verfügen. Anders als **30**

29 BT-Drs. 19/28653, S. 75.

30 *Piovano*, in: Schucht/Wiebe, EU-Produktsicherheitsverordnung Art. 9 Rn. 68 [zur GPSR]; *Klindt*, in: Klindt, ProdSG § 3 Rn. 49.

31 *Piovano*, in: Schucht/Wiebe, EU-Produktsicherheitsverordnung Art. 9 Rn. 71 [zur GPSR].

32 Europäische Kommission (Hrsg.), Leitfaden für die Umsetzung der Produktvorschriften der EU („Blue Guide"), 2022, S. 36 Fn. 114; *Kapoor*, in: Klindt, ProdSG § 6 Rn. 21 [zum ProdSG]; *Schucht*, NJW 2016, 3681, 3684.

33 Europäische Kommission (Hrsg.), Leitfaden für die Umsetzung der Produktvorschriften der EU („Blue Guide"), 2022, S. 36 Fn. 114.

34 *Klindt*, in: Klindt, ProdSG § 3 Rn. 48; *Schucht*, NJW 2016, 3681, 3684.

im Rahmen der Herstellerkennzeichnung kann nicht auf eine andere Sprache ausgewichen werden, mag sie auch vom Verbraucher leicht verstanden werden.

4. Barrierefreiheit

31 Nach § 7 Abs. 4 BFSG müssen Gebrauchsanleitung und Sicherheitsinformationen nach Maßgabe der BFSGV klar, verständlich und deutlich sein. Sicherheitsinformationen und Gebrauchsanleitung müssen damit den Barrierefreiheitsanforderungen des § 4 Abs. 1 BFSGV genügen. Zentrale praktische Bedeutung kommt dabei insbesondere der Verpflichtung zu, Gebrauchsanleitung und Warnhinweise über mehr als einen sensorischen Kanal zur Verfügung zu stellen (§ 4 Abs. 1 Nr. 1 BFSGV). So müssen die betreffenden Dokumente nicht nur visuell, sondern auch taktil erfassbar sein, damit auch blinde Personen das Produkt nutzen können.[35] Entscheidet sich der Hersteller in Ansehung der Gebrauchsanleitung für eine digitale Lösung, kann insoweit auf die Vorgaben der EN 301 549 zurückgegriffen werden.

IV. Gebrauchsanleitung und Sicherheitsinformationen (Abs. 5)

1. Auskunftspflicht

32 Nach § 7 Abs. 5 Satz 1 BFSG hat der Hersteller der Marktüberwachungsbehörde auf deren begründetes Verlangen alle Auskünfte zu erteilen und alle Unterlagen auszuhändigen, die für den Nachweis der Konformität erforderlich sind. Gegenstand der Verpflichtung sind nicht nur Dokumente, sondern auch nicht verkörperte Informationen.

33 Die Auskunftspflicht ist von einem **begründeten Verlangen** der Behörde abhängig.[36] Ein **begründetes Verlangen** liegt nicht nur dann vor, wenn die anfragende Marktüberwachungsbehörde den konkreten Verdacht einer Non-Compliance hegt. Auch die Durchführung verdachtsunabhängiger proaktiver Kontrollen, etwa im Zusammenhang mit einer Marktüberwachungsaktion, im Rahmen derer behördlicherseits verschiedene gleichartige Produkte diverser Hersteller hin überprüft werden, kann ein hinreichender Grund sein, vom Hersteller die Übermittlung eines Teils der technischen Dokumentation zu verlangen. Die **völlig verdachtsunabhängige Anforderung** der kompletten technischen Dokumentation abseits konkreter Verdachtsmomente ist dagegen **unzulässig,** weil insoweit kein „begründetes" Verlangen der Behörden vorliegt. Die technischen Unterlagen dienen nicht dazu, den zuständigen Behörden eine umfassende „Fernüberprüfung" von Produkten zu ermöglichen, sondern dazu, die Konformität mit den Anforderungen des BFSG gegenüber den Behörden im Bedarfsfall nachzuweisen.

34 Die Erfüllung der Auskunftspflicht hat nach § 7 Abs. 5 Satz 2 BFSG in deutscher Sprache oder in einer Sprache, die von der Marktüberwachungsbehörde leicht verstanden werden kann, zu erfolgen. In der Praxis hat sich indes herausgestellt, dass die zuständigen Markübenwachungsbehörden in Europa regelmäßig keine Einwände dagegen haben, wenn ihnen die angefragten Konformitätsnachweise in engli-

35 BMAS, Verordnungsentwurf zur BFSGV, S. 19.
36 *Schucht*, BB 2015, 654, 657.

scher Sprache zur Verfügung gestellt werden.[37] Hinsichtlich der Form steht es dem Hersteller frei, ob er die von der Behörde angeforderten Dokumente in Papierform oder in elektronischer Form übermittelt.

2. Allgemeine Kooperationspflicht

§ 7 Abs. 5 Satz 3 BFSG verpflichtet den Hersteller, mit der Marktüberwachungsbehörde bei allen Maßnahmen zur Herstellung der Konformität von in den Verkehr gebrachten Produkten zusammenzuarbeiten. Die Bestimmung normiert damit die sog. allgemeine Kooperationspflicht.[38] Sie setzt ein schlichtes Verlangen der Behörde voraus und unterscheidet sich dadurch von der von einem begründeten Verlangen abhängigen Auskunftspflicht nach § 7 Abs. 5 Satz 1 BFSG. Ohne Verlangen besteht wiederum auch keine Rechtspflicht zur Kooperation.[39] **35**

Dennoch steht die Kooperationspflicht des Herstellers selbstredend unter dem Vorbehalt ordnungsgemäßer, d. h. insbesondere verhältnismäßiger Ermessensausübung.[40] Vom Hersteller können seitens der Behörden demnach nur solche Kooperationshandlungen verlangt werden, mit denen ein legitimer Zweck verfolgt wird, die zur Erreichung dieses Zwecks geeignet und erforderlich sind und deren Angemessenheit im Sinne der Zweck-Mittel-Relation im Einzelfall nicht infrage steht. **36**

§ 8 BFSG Bevollmächtigter des Herstellers

(1) Der Hersteller kann schriftlich einen Bevollmächtigten benennen.

(2) Der Bevollmächtigte nimmt die ihm vom Hersteller übertragenen Pflichten für diesen und in dessen Namen wahr.

(3) Ein Hersteller, der einen Bevollmächtigten einsetzt, muss diesem mindestens die folgenden Pflichten übertragen:

1.die Pflicht, die EU-Konformitätserklärung und die technischen Unterlagen gemäß § 6 Absatz 2 für die Marktüberwachungsbehörde für eine Dauer von fünf Jahren aufzubewahren;

2.die Pflicht, der Marktüberwachungsbehörde alle Auskünfte nach § 7 Absatz 5 Satz 1 zu erteilen und dieser alle Unterlagen nach § 7 Absatz 5 Satz 1 auszuhändigen;

3.die Pflicht, mit der Marktüberwachungsbehörde auf deren Verlangen bei allen Maßnahmen zur Herstellung der Konformität zusammenzuarbeiten, soweit die betroffenen Produkte zum Aufgabenbereich des Bevollmächtigten gehören.

---

37 *Kapoor*, in: Heckmann/Paschke, Cyber Resilience Act Art. 19 Rn. 44 [zum CRA].
38 *Schucht*, BB 2015, 654, 656.
39 *Schucht*, BB 2015, 654, 656.
40 *Kapoor*, in: Heckmann/Paschke, Cyber Resilience Act Art. 19 Rn. 44 [zum CRA].

(4) Die Pflichten gemäß § 6 Absatz 1 Nummer 1 und die Pflicht zur Erstellung der technischen Dokumentation gemäß § 6 Absatz 1 Nummer 2 darf der Hersteller nicht auf einen Bevollmächtigten übertragen.

Gliederung: Rn.

A. Einführung

I. Normativer Hintergrund und Bezüge

1 Nach § 8 Abs. 1 BFSG hat der Hersteller in Umsetzung von Art. 8 RL 2019/882/EU die Möglichkeit, einen Bevollmächtigten (→ § 2 Nr. 12 BFSG) zu benennen. § 8 BFSG regelt selbst nicht unmittelbar die Verpflichtungen des Bevollmächtigten, sondern vielmehr die Berechtigung des Herstellers, bestimmte Pflichten auf einen Bevollmächtigten zu übertragen. Die Regelungstechnik geht weitgehend auf die Referenzbestimmungen in Anh. I Art. R3 des Beschlusses Nr. 786/2008/EG über einen gemeinsamen Rechtsrahmen für die Vermarktung von Produkten und damit auf das New Legislative Framework zurück.[1] Die Produktsicherheitsrichtlinie (RL 2001/95/

1 Vgl. nur *Klindt*, in: Klindt, ProdSg, § 2 Rn. 69; instruktiv zum New Legislative Framework *Kapoor/Klindt*, EuZW 2008, 649; *Kapoor/Klindt*, EuZW 2009, 134; *Schucht*, EuZW 2014, 848.

EG) kannte den Begriff des Bevollmächtigten noch nicht.[2] Entsprechend dem Charakter als harmonisierte Produktvorschrift finden sich ähnliche Bestimmungen auch im übrigen Produktsicherheitsrecht,[3] sodass sich die Vorschrift des § 8 BFSG nahtlos in altbekannte Strukturen einfügt.

Der Hersteller ist dabei ausweislich des Wortlauts des § 8 Abs. 1 BFSG nicht verpflichtet, einen Bevollmächtigten zu bestellen.[4] Eine Verpflichtung zur Bestellung eines Bevollmächtigten, wie sie das Medizinprodukterecht (vgl. Art 11 MP-VO), die Schiffsausrüstungsrichtlinie (Art. 13 RL 2014/90/EU), die Verordnung über In-vitro-Diagnostika (Art. 11 VO (EU) 2017/746), das Recht der künstlichen Intelligenz (vgl. Art. 22 Abs. 1, 54 KI-VO), das Recht des GS-Zeichens (§ 20 Abs. 1 Satz 2 ProdSG)[5] und jedenfalls partiell auch die Marktüberwachungsverordnung (Art. 5 Abs. 1 MÜ-VO) kennt, existiert im Regelungssystem des BFSG nicht. **2**

II. Regelungszweck

Der Bevollmächtigte (→ § 2 Nr. 12 BFSG) ist primärer Ansprechpartner der Marktüberwachungsbehörden im europäischen Binnenmarkt.[6] Die Übertragung von Herstellerpflichten auf den Bevollmächtigten bietet insbesondere für Hersteller in Drittstaaten außerhalb der Europäischen Union die Möglichkeit, ihre Compliance-Verpflichtungen in der Europäischen Union direkt und effizient durch eine vor Ort ansässige Person zu erfüllen. Zwar sind nach der gesetzlichen Regelung (vgl. § 2 Nr. 12 BFSG) nicht nur die in einem Drittstaat ansässigen Hersteller berechtigt, einen Bevollmächtigten zu benennen. Dennoch liegt die praktische Bedeutung der Rechtsfigur des Bevollmächtigten genau in dieser Konstellation.[7] **3**

Der Möglichkeit zur Bestellung des Bevollmächtigten liegt dabei eine spezifische regulatorische Interessenslage zugrunde. Das BFSG ist in seinem Anwendungsbereich nicht auf die Europäische Union oder den Europäischen Wirtschaftsraum beschränkt, sondern verpflichtet auch denjenigen Hersteller, der in einem Drittstaat ansässig ist. Dieses Regelungskonzept ins angesichts der immensen Bedeutung des Erwerbs von Produkten aus Dritt- und Schwellenländern im Non-Food-Bereich auch alternativlos. Faktisch stößt das europäische Produktrecht gleichwohl auf Durchsetzungsdefizite, wenn marktüberwachungsrechtliche Anordnungen gegenüber dem im Drittstaat ansässigen Hersteller durchgesetzt werden sollen, und ist auf **4**

---

2 *Piovano*, in: Schucht/Wiebe, EU-Produktsicherheitsverordnung, Art. 10 Rn. 1 [zur GPSR]; *Wittbrodt*, in: BeckOK Produktrecht, Art. 10 GPSR Rn. 1 [zur GPSR].

3 Art. 10 GPSR, Art. 11 Abs. 1 MP-VO, Art. 12 Maschinen-VO, § 9 1. ProdSV (Niederspannungsverordnung), § 5 2. ProdSV (Spielzeugverordnung).

4 *Europäische Kommission* (Hrsg.), Leitfaden für die Umsetzung der Produktvorschriften der EU („Blue Guide"), S. 38.

5 Hierzu *Geiß/Moritz/Felz*, NVwZ 2022, 299, 301.

6 *Wendehorst*, in: Martini/Wendehorst, KI-VO, Art. 3 Rn. 94 [zur KI-VO]; *Gössl*, in: Martini/Wendehorst, KI-VO, Art. 22 Rn. 2 [zur KI-VO]; *Kapoor*, in: Heckmann/Paschke, Cyber Resilience Act, Art. 18 Rn. 4 [zum CRA]; *Schucht*, GewA 2020, 259, 262.

7 *Kapoor*, in: Heckmann/Paschke, CRA, Art. 18 Rn. 4; vgl. *Schucht*, NJW 2021, 2392, 2394; *Piovano*, in: EU-Produktsicherheitsverordnung, Art. 10 GPSR Rn. 7 [zur GPSR].

drittstaatliche Rechtshilfe angewiesen.[8] Aus Sicht der Verwaltung liegt der Vorteil der Bestellung des Bevollmächtigten daher darin, dass er funktional an die Stelle des Herstellers tritt (→ § 2 Nr. 12 BFSG) und daher die Erfüllung und Durchsetzbarkeit bestimmter Produktpflichten sichergestellt wird.

5 Wenngleich die Bestellung eines Bevollmächtigten primär die Effektivität der Marktüberwachung stärkt, bringt sie auch für die beteiligten Wirtschaftsakteure erhebliche Vorteile mit sich. Drittstaatenansässige Hersteller stehen regelmäßig vor der Herausforderung, dass ihre Abnehmer sämtlich als Einführer (→ § 2 Nr. 13 BFSG) im Sinne des harmonisierten Produktsicherheitsrechts einzustufen sind und von den Marktüberwachungsbehörden daher jedenfalls faktisch als primäre Adressaten für Produktprüfungen und Produktbeanstandungen herangezogen werden (sog. Ersatzfunktion des Einführers). Mit der Benennung eines Bevollmächtigten kann der Hersteller Aufgaben, die grundsätzlich ihm obliegen und die in der Importkonstellation von jedem einzelnen Einführer übernommen werden müssten, auf eine von ihm benannte Person übertragen. Dies entlastet sowohl den Hersteller[9] als auch dessen direkte Abnehmer.

III. Praktische Bedeutung

6 Die Rechtsfigur des Bevollmächtigten ist in der Praxis nach wie vor verhältnismäßig selten anzutreffen.[10] Eine gewisse Aufwertung erfuhr das Rechtsinstitut zum einen durch den Austritt des Vereinigten Königreich aus der Europäischen Union („Brexit"), der Hersteller aus dem Vereinigten Königreich verstärkt auf das Institut zurückgreifen ließ,[11] zum anderen aber auch durch die neue Marktüberwachungsverordnung, in deren Anwendungsbereich jedenfalls partiell die Pflicht zur Bestellung eines Bevollmächtigten besteht (vgl. Art. 5 MÜ-VO).

7 Vor dem Hintergrund der produkthaftungsrechtlichen Verantwortung des Bevollmächtigten unter der neuen Produkthaftungsrichtlinie (RL 2024/2853/EU) ist zu erwarten, dass diese Haftungsverschärfung für den Bevollmächtigten das Institut als Geschäftsmodell in Zukunft unattraktiver machen wird.[12]

8 *Gössl*, in: Martini/Wendehorst, KI-VO, Art. 22 Rn. 2 [zur KI-VO]; ähnlich *Piovano/Hess*, in: Piovano/Hess, ProdukthaftungsR, § 3 Rn. 65 [zur Prodhaft-RL].

9 *Dittrich/Heinelt*, RDi 2023, 309, 315; *Kapoor*, in: Heckmann/Paschke, CRA, Art. 18 Rn. 4.

10 *Wilrich*, in: Schucht/Wiebe, EU-Produktsicherheitsverordnung, Art. 3 GPSR Rn. 177 [zur GPSR]; *Kuntz/Rost*, EU-Konformität für elektrotechnische und elektronische Produkte: Leitfaden für Hersteller, Importeure und Händler, 2019, S. 13: „fand man ihn nicht allzu häufig".

11 *Piovano*, in: Schucht/Wiebe, EU-Produktsicherheitsverordnung, Art. 10 GPSR Rn. 4 [zur GPSR]; *Georg*, ZfPC 2022, 18, 20; *Wagner*, in: Rehmann/Wagner, MP-VO, Art. 11 Rn. 3 [zur MP-VO].

12 *Piovano/Hess*, in: Piovano/Hess, ProdHaftR, § 4 Rn. 21.

B. Rechtsstellung und Funktion des Bevollmächtigten

I. Definition des Bevollmächtigten

Der Bevollmächtigte ist nach Maßgabe des § 2 Nr. 12 BFSG jede in der Europäischen Union ansässige natürliche oder juristische Person oder rechtsfähige Personengesellschaft, die von einem Hersteller schriftlich beauftragt wurde, in seinem Namen bestimmte Aufgaben wahrzunehmen. Der Bevollmächtigte (→ § 2 Nr. 12 BFSG) im produktsicherheitsrechtlichen Sinne ist dabei streng vom bloßen Handelsvertreter des Herstellers, etwa einem bevollmächtigten Händler oder Agenten, zu unterscheiden.[13] Die Rechtsstellung des produktsicherheitsrechtlichen Bevollmächtigten vollzieht sich jenseits zivilrechtlicher Kategorien und Rechtsinstitute wie der Stellvertretung (§§ 164 ff. BGB) und ergibt sich ausschließlich aus den Vorgaben des BFSG und des übrigen harmonisierten Produktsicherheitsrechts. Als Bevollmächtigter in Betracht kommen dabei zunächst alle rechtsfähigen Personengesellschaften (OHG, KG, GbR), ebenso wie juristische Personen des Privat- oder öffentlichen Rechts.[14] Dabei kann es sich auch um eine Tochtergesellschaft des im Drittstaat ansässigen Herstellers handeln.[15] Als Bevollmächtigte kommen außerdem auch Händler oder Einführer in Betracht, die in diesem Fall ebenfalls den einschlägigen Verpflichtungen nach Maßgabe der §§ 9, 10 bzw. 11 BFSG nachkommen müssen.[16] In diesen Fällen mag es sich auch anbieten, terminologisch vom beauftragten Einführer bzw. vom beauftragten Händler zu sprechen.[17] Zulässig ist es ebenso, einen Fulfillment-Dienstleister als Bevollmächtigten zu benennen.[18] 8

Der Bevollmächtigte muss weiterhin in der Europäischen Union ansässig sein.[19] 9
Der Begriff der Europäischen Union ist dabei nach Maßgabe des Primärrechts (Art. 52 Abs. 1 EUV i. V. m. Art. 355 Abs. 1 AEUV) nicht auf das Territorium der 27 Mitgliedstaaten beschränkt, sondern umfasst nach dem EWR-Abkommen insbesondere auch den europäischen Wirtschaftsraum, also die EWR-EFTA-Staaten Island, Liechtenstein und Norwegen. Inwieweit der Begriff der Europäischen Union überdies Überseegebiete der Mitgliedstaaten einschließt, bestimmt sich ebenfalls nach Art. 355 Abs. 1 AEUV.[20] Im Lichte des Schutzzwecks der Norm, der Marktüberwa-

13 *Europäische Kommission* (Hrsg.), Leitfaden für die Umsetzung der Produktvorschriften der EU („Blue Guide"), S. 38; *Wilrich*, in: Schucht/Wiebe, EU-Produktsicherheitsverordnung, Art. 3 Rn. 167 [zur GPSR].

14 *Klindt*, in: Klindt, ProdSG, § 2 Rn. 65; *Schucht*, in: Ehring/Taeger, Produkthaftungs- und Produktsicherheitsrecht, Art. 3 MÜ-VO Rn. 41; *Wilrich*, in: Schucht/Wiebe, EU-Produktsicherheitsverordnung, Art. 3 Rn. 164; *Piovano/Hess*, in: Piovano/Hess, ProdukthaftR, § 3 Rn. 67.

15 Vgl. OLG Düsseldorf, Urt. v. 14. 3. 2012 – 15 U 122/10, NJOZ 2012, 1404 [zur MP-VO].

16 Leitfaden für die Umsetzung der Produktvorschriften der EU 2022 („Blue Guide") hrsg. v. der Europäischen Kommission, 2022 S. 39; *Lenz*, in: Lenz, Produkthaftung, § 8 Rn. 37; *Klindt*, in: Klindt, ProdSG, § 2 Rn. 67; *Wilrich*, ProdSG Rn. 199.

17 *Klindt*, in: Klindt, ProdSG, § 2 Rn. 67.

18 *Wiebe*, NJOZ 2017, 1178, 1181; *Europäische Kommission* (Hrsg.), Leitfaden für die Umsetzung der Produktvorschriften der EU („Blue Guide"), S. 33.

19 *Piovano*, in: Schucht/Wiebe, EU-Produktsicherheitsverordnung, Art. 10 GPSR Rn. 2 [zur GPSR]; *Schucht*, GewA 2020, 259, 262 [zur GPSR].

20 *Europäische Kommission* (Hrsg.), Leitfaden für die Umsetzung der Produktvorschriften der EU („Blue Guide"), S. 26 f.

chungsbehörde ein reales Zugriffssubjekt in der Europäischen Union zur Verfügung zu stellen, ist durchaus fraglich, ob hierfür ein satzungsmäßiger Sitz im Europäischen Wirtschaftsraum genügt oder ob es auf den Verwaltungssitz ankommt. Die in Rechtsprechung und Schrifttum bislang nicht erörterte Rechtsfrage kann dabei als offen bezeichnet werden. Im Hinblick darauf, dass das Unionsrecht bei der Bestimmung des Sitzstaates einer juristischen Person grundsätzlich auf die sog. Gründungs- oder Inkorporationstheorie[21] zurückgreift, erscheint es durchaus möglich, den bloßen Satzungssitz ausreichen zu lassen („reine Briefkastenfirma"). Dieses Ergebnis ließe sich auch damit absichern, dass im Produktsicherheitsrecht auch anderenorts durchaus anerkanntermaßen auf die Gründungstheorie zurückgegriffen wird. Richtigerweise ist die Rechtsfrage ausgehend von Sinn und Zweck der Vorschrift dahingehend zu beantworten, dass der Verwaltungssitz des Bevollmächtigten in der Union verortet werden muss.[22] Denn würde man die reine Briefkastengesellschaft ausreichen lassen, so ist die Pflicht zur Benennung eines unionsansässigen Bevollmächtigten letztlich sinnentleert, da auch Personen aus Drittstaaten über Fernkommunikation erreichbar sind.

10 Wie sich aus dem Wortlaut des § 8 Abs. 1 BFSG ergibt, kann der Hersteller nur einen, nicht aber mehrere Bevollmächtigte benennen.[23] Einem im Drittstaat ansässigen Hersteller ist es daher insbesondere verwehrt, für dieselbe Produktserie verschiedene oder sämtliche seiner Abnehmer in der Union als Bevollmächtigte zu bestellen.

II. Doppelrolle des Bevollmächtigten

11 Der Bevollmächtigte erfüllt eine Doppelrolle.[24] Zum einen steht der Bevollmächtigte zu dem im Drittstaat ansässigen Hersteller in einem privatrechtlichen Auftrags- bzw. Geschäftsbesorgungsverhältnis (sog. Innenverhältnis), während sich seine Stellung als Wirtschaftsakteur und seine damit einhergehenden Pflichten im Regelungssystem dem BFSG nach den Kriterien des Öffentlichen Rechts bemessen (sog. Außenverhältnis).

1. Produktsicherheitsrechtliche Verantwortlichkeit (Außenverhältnis)

12 Im Außenverhältnis übernimmt der Bevollmächtigte im Rahmen des vertraglich mit dem Hersteller schriftlich vereinbarten Auftrags (sog. Mandat) bestimmte Herstellerpflichten in dem durch § 8 Abs. 3, Abs. 4 BFSG konturierten Umfang.

13 Die Übertragung von Herstellerpflichten auf den Bevollmächtigten nach Maßgabe des § 8 BFSG führt zu dessen originärer, eigenständiger produktsicherheitsrechtlichen Verantwortlichkeit gegenüber der Marktüberwachungsbehörde. Sie wirkt dennoch nicht haftungsersetzend, sondern steht neben selbstständig erhalten bleibenden

---

21 Grundlegend EuGH, Urt. v. 9.3.1999 – Rs. C-212–97, NJW 1999, 2027 – „Centros"; instruktiv *Kindler*, in: Münchner Kommentar, Internationales Wirtschaftsrecht, Teil 8, C. Rn. 317 ff.

22 Ähnlich *Bernsteiner/Schmitt*, in: Martini/Wendehorst, KI-VO, Art. 54 Rn. 17 [zur KI-VO].

23 *Kapoor*, in: Heckmann/Paschke, Cyber Resilience Act, Art. 18 Rn. 3 [zum CRA].

24 *Gössl*, in: Martini/Wendehorst, KI-VO, Art. 22 Rn. 3 [zur KI-VO];

Verantwortlichkeit des Herstellers.[25] Denn ausweislich § 8 Abs. 2 BFSG nimmt der Bevollmächtigte die ihm vom Hersteller übertragenen Aufgaben für diesen und in dessen Namen wahr; die Delegation führt mithin nicht zu einem vollständigen Pflichtenübergang. Abgesichert wird das gefundene Ergebnis durch die Heranziehung des Rechtsgedankens von Art. 11 Abs. 5 In-vitro-Diagnostika-VO (VO EU 2017/746) und Art. 11 Abs. 5 MP-VO (VO EU 2017/745), die auf produkthaftungsrechtlicher Ebene die gesamtschuldnerische Haftung von Hersteller und Bevollmächtigtem anordnen und daher belegen, dass die Bevollmächtigung nicht mit einem vollständigen Pflichtenübergang einhergeht. Für die produktsicherheitsrechtliche Verantwortlichkeit kann insbesondere im Lichte des Regelungsziels effektiver Gefahrenabwehr nichts anderes gelten.

Die Bestellung des Bevollmächtigten nach § 8 BFSG führt daher dazu, dass sich die **14** Marktüberwachungsbehörde zunächst, freilich im Rahmen des übertragenen Aufgabenbestands (vgl. § 8 Abs. 3, 4 BFSG), an den Bevollmächtigten halten kann, der Rückgriff auf den Hersteller aber weiterhin möglich bleibt. Wenngleich insbesondere bei drittstaatenansässigen Herstellern der marktüberwachungsrechtliche Zugriff auf den Bevollmächtigten regelmäßig eine effizientere Aufgabenwahrnehmung versprechen wird, besteht hierzu keine strikte Verpflichtung. Dennoch wird dem Gebot ordnungsgemäßer Ermessensausübung regelmäßig allein die primäre Inanspruchnahme des Bevollmächtigten entsprechen.

2. Vertragliches Innenverhältnis

Das vertragliche Innenverhältnis zwischen dem Hersteller und dem Bevollmächtig- **15** ten wird durch Gegenstand und Reichweite des zugrundeliegenden Auftrags (sog. Mandat) und den damit einhergehenden Vereinbarungen der Parteien bestimmt.[26] Den vertraglichen Beziehungen der Parteien liegt dabei regelmäßig ein Auftrag bzw. (bei Entgeltlichkeit) ein Geschäftsbesorgungsvertrag zugrunde.[27] Das auf das Innenverhältnis anwendbare Recht Das Mandat wird dabei regelmäßig die erfassten Produkte oder Produktkategorien festlegen, den zeitlichen Rahmen der Aufgabenübertragung abstecken und Gegenstand wie Reichweite der Aufgabenübertragung selbst regeln.

Der Schriftform unterliegt nach Maßgabe des § 8 Abs. 1 BFSG strenggenommen **16** nur die Beauftragung selbst.[28] Gleichwohl empfiehlt es sich doch gerade für den Bevollmächtigten, zum Nachweis der Reichweite seiner Verantwortlichkeiten gegenüber der Marktüberwachungsbehörde stets auch den Inhalt der vertraglichen Vereinbarungen schriftlich festzuhalten. Zu beachten ist, dass bei Anwendbarkeit ausländischen Rechts nach Maßgabe des internationalen Privatrechts das vertragliche Innenverhältnis besonderen Formvorschriften unterliegen kann.[29]

---

25 *Dittrich/Heinelt*, RDi 2023, 309, 315 [zum CRA]: keine „befreiende Schuldübernahme".
26 *Schilbach*, MPR 2016, 82, 83.
27 *Gössl*, in: Martini/Wendehorst, KI-VO, Art. 22 Rn. 19 [zur KI-VO]; *Schilbach*, MPR 2016, 82, 83.
28 *Gössl*, in: Martini/Wendehorst, KI-VO, Art. 22 Rn. 23 [zur KI-VO]: „Formfreiheit".
29 *Gössl*, in: Martini/Wendehorst, KI-VO, Art. 22 Rn. 23 [zur KI-VO].

17 Im Schrifttum weitgehend ungeklärt, ist das Verhältnis von vertraglichem Innenverhältnis und produktsicherheitsrechtlicher Außenverantwortlichkeit in den Fällen, in denen das Innenverhältnis an einem Fehler leidet, der zu seiner Nichtigkeit führt (etwa Formnichtigkeit aufgrund eines anwendbaren ausländischen Rechts). Richtigerweise ist die produktsicherheitsrechtliche Außenverantwortlichkeit weitgehend von Mängeln des Innenverhältnisses abstrahiert. Das entspricht dem Wesen des öffentlichen Rechts und dem Regelungsziel effektiver Gefahrenabwehr. Notwendig für das Entstehen der produktsicherheitsrechtliche Außenverantwortlichkeit ist daher allein eine tatsächliche Willensübereinstimmung in Ansehung der Übertragung des spezifischen Pflichtenprogramms.

C. Beauftragung und Aufgabenbestand

I. Beauftragung (Abs. 1)

18 Nach § 8 Abs. 1 BFSG kann der Hersteller schriftlich einen Bevollmächtigten benennen. Die Delegation produktsicherheitsrechtlicher Herstellerpflichten bedarf daher der ausdrücklichen, schriftlichen Bestellung. Besonderer Bedeutung kommt dabei dem Begriff der Schriftform zu, den der Umsetzungsgesetzgeber nicht näher konturiert. Wegen der unionsrechtlichen Prägung der Vorschrift kann das Schriftformerfordernis nicht der Schriftform i. S. d. § 126 BGB gleichgesetzt werden, die eine eigenhändige Unterschrift verlangt.[30] Für das Schriftformerfordernis ist im Unionsrecht vielmehr der Zweck der betreffenden Unionsrechtsnorm maßgeblich und entscheidet über die an Schriftform zu stellenden Anforderungen.[31] Das in § 8 Abs. 1 BFSG angeordnete Schriftformerfordernis bezweckt die Gewährleistung von Rechtssicherheit und Rechtsklarheit, indem die Reichweite der Delegation marktüberwachungsrelevanter Herstellerpflichten reproduzierbar festgehalten wird. Diesen Zielen der gesetzlichen Regelung kann auch ohne die Herstellerunterschrift Rechnung getragen werden. Ausreichend ist es daher auch, dass die Beauftragung der Textform des § 126b BGB genügt. Ob dagegen die rein elektronische Reproduktion genügt, ist fraglich. Nach natürlichem Begriffsverständnis setzt Schriftlichkeit jedenfalls eine gewisse Verkörperung voraus, die elektronische Fixierung der Delegation überschreitet die Wortlautgrenze.[32]

19 Die Bestellung eines Bevollmächtigten durch Beauftragung muss gegenüber dem Bevollmächtigten erklärt werden.[33] Insbesondere kann sie in Ermangelung einer entsprechenden Bestimmung nicht vergleichbar einer Außenvollmacht (vgl. § 167

30 *Kapoor*, in: Heckmann/Paschke, Cyber Resilience Act, Art. 18 Rn. 11 [zum CRA]; *Piovano*, in: Schucht/Wiebe, EU-Produktsicherheitsverordnung, Art. 10 GPSR Rn. 10 [zur GPSR]; *Gössl*, in: Martini/Wendehorst, KI-VO, Art. 22 Rn. 12 [zur KI-VO]; (wohl) **a. A.** (für Orientierung an § 126 BGB): *Klindt*, in: Klindt, ProdSG, § 2 Rn. 65 [zum ProdSG]; *Wilrich*, ProdSG, Rn. 199 [zum ProdSG]; *Wittbrodt*, in: BeckOK Produktrecht, Art. 3 Nr. 9 GPSR Rn. 7 [zur GPSR].

31 EuGH, Urt. v. 24.01.2002 – Rs. C-170/00, Slg 2002, I-1007 (1040); BGH, Urt. v. 6.12.2005 – XI ZR 139/05, NJW 2006, 681, 683; MüKoBGB/*Einsele*, 9. Aufl. 2021, BGB § 126 Rn. 6.

32 In der Tendenz genauso *Piovano*, in: Schucht/Wiebe, EU-Produktsicherheitsverordnung, Art. 10 GPSR Rn. 10 [zur GPSR].

33 *Kapoor*, in: Heckmann/Paschke, Cyber Resilience Act, Art. 18 Rn. 12 [zum CRA].

Abs. 1 Var. 2 BGB) durch Erklärung gegenüber Dritten wie etwa der Marktüberwachungsbehörde erfolgen. Denn bei der Beauftragung nach § 8 Abs. 1 BFSG ist aufgrund ihres abstrakt-unbestimmten Wirkungsfelds schon kein einzelner Adressat individualisierbar, gegenüber dem die Beauftragung Rechtswirkungen herbeiführen soll. Die Bevollmächtigung wäre gegenüber einer Vielzahl von Behörden und Wirtschaftsakteuren erklären, was offensichtlich unpraktikabel wäre. Das BFSG lässt daher die Bevollmächtigung ausschließlich durch Vereinbarung mit dem Bevollmächtigten selbst zu.

Auch wenn weder § 2 Nr. 12 BFSG noch § 8 Abs. 1 BFSG einen bestimmten Auftrag voraussetzt, sollten in dem Mandat sowohl die Art der Verpflichtungen als auch die Grenzen der Befugnisse des Bevollmächtigten festgelegt werden. Hierdurch wird die Transparenz und Klarheit in Bezug auf die Aufgaben des Bevollmächtigten gewährleistet, die dieser im Namen des Herstellers wahrnehmen soll.[34] 20

Anders als es in anderen Rechtsakten des harmonisierten Produktsicherheitsrechts[35] besteht im Regelungssystem des BFSG keine Verpflichtung, den Auftrag der zuständigen Marktüberwachungsbehörde in Kopie vorzulegen. 21

II. Umfang der Delegation (Abs. 3 und 4)

Nach Maßgabe des § 8 Abs. 3 und Abs. 4 BFSG bestimmt sich, in welchem Umfang Herstellerpflichten auf den Bevollmächtigten übertragen werden können. 22

1. Ausgeschlossene Aufgaben (Abs. 4)

§ 8 Abs. 4 BFSG konturiert den Aufgabenbestand, der nicht auf den Bevollmächtigten (→ § 2 Nr. 12 BFSG) übertragen werden darf (sog. ausgeschlossene Aufgaben). Denn die Pflichten des Bevollmächtigten sind kraft des gesetzlichen Leitbilds administrativer Art.[36] Der Bevollmächtigte ist insbesondere nicht für die formelle und materielle Produktkonformität, mithin die Verkehrsfähigkeit des Produkts, verantwortlich.[37] Der Hersteller darf kraft dieses gesetzlichen Leitbilds den Bevollmächtigten insbesondere nicht mit der Gewährleistung materieller Produktkonformität beauftragen (§ 8 Abs. 4 Var. 1 BFSG).[38] Der umfassende Pflichtenkatalog des § 6 Abs. 1 Nr. 1 BFSG, mithin die Pflicht des Herstellers, nur barrierefreie Produkte in Verkehr zu bringen (→ § 2 Nr. 10 BFSG), ist damit der Delegation auf den Bevollmächtigten von vornherein entzogen. 23

34 Leitfaden für die Umsetzung der Produktvorschriften der EU 2022 („Blue Guide") hrsg. v. der Europäischen Kommission, 2022 S. 39.

35 Art. 10 Abs. 2 Satz 2 GPSR, Art. 18 Abs. 3 Satz 2 CRA, Art. 11 Abs. 3 Satz 2 MP-VO.

36 *Europäische Kommission* (Hrsg.), Leitfaden für die Umsetzung der Produktvorschriften der EU („Blue Guide"), S. 39; *Kapoor*, in: Heckmann/Paschke, Cyber Resilience Act, Art. 18 Rn. 16 [zum CRA]; *Baur*, Das Recht des technischen Produkts, Rn. 279; *Piovano*, in: Schucht/Wiebe, EU-Produktsicherheitsverordnung, Art. 10 GPSR Rn. 13 [zur GPSR].

37 *Schucht*, in: Ehring/Taeger, Produkthaftungs- und Produktsicherheitsrecht, Art. 4 MÜ-VO Rn. 14 [zur MÜ-VO]; *Piovano*, in: Schucht/Wiebe, EU-Produktsicherheitsverordnung, Art. 10 GPSR Rn. 13 [zur GPSR].

38 *Europäische Kommission* (Hrsg.), Leitfaden für die Umsetzung der Produktvorschriften der EU („Blue Guide"), S. 39; *Schöttle*, MMR 2024, 834, 836 [zum CRA].

24 Ebenfalls der Delegation entzogen ist nach § 8 Abs. 4 Var. 2 BFSG die Verpflichtung des Herstellers zur Erstellung der technischen Dokumentation (§ 6 Abs. 1 Nr. 2 BFSG).[39] Der Grund hierfür liegt in der engen Verbindung der technischen Dokumentation zum Herstellungsprozess. Die Erstellung der technischen Dokumentation dient, auch weil sie den Hersteller zu einer gewissen Selbstkontrolle zwingt, maßgeblich der Gewährleistung materieller Produktkonformität und wird daher dem Hersteller als sachnäherer Person zugewiesen. Ein Bevollmächtigter darf ferner das Produkt nicht von sich aus verändern, um es mit den anzuwendenden Harmonisierungsrechtsvorschriften der Union in Einklang zu bringen.[40] Die Vornahme konformitätsrelevanter Änderungen am Produkt im Einklang und im Zusammenwirken mit dem Hersteller sind ausweislich des klaren Wortlauts („nicht von sich aus“) gleichwohl gestattet.

2. Mindestumfang (Abs. 3)

25 § 8 Abs. 3 BFSG enthält in Abgrenzung zu § 8 Abs. 4 BFSG einen Katalog von Aufgaben, die dem Bevollmächtigten in jedem Fall übertragen werden müssen. Hierzu gehören die Herstellerpflichten zur Aufbewahrung der EU-Konformitätserklärung und der technischen Dokumentation (→ § 6 Rn. 7), zur Auskunftserteilung gegenüber (→ § 6 Rn. 38 ff.) und zur Zusammenarbeit mit der Marktüberwachungsbehörde in Zusammenhang mit sämtlichen Maßnahmen zur Abwendung einer Nichtkonformität, die von den betreffenden Produkten ausgeht, für die der Bevollmächtigte entsprechende Aufgaben übernommen hat (→ § 7 Rn. 35). Wie bereits aus dem Wortlaut der Bestimmung folgt, ist eine Beauftragung des Bevollmächtigten nur mit einzelnen Aufgaben aus dem Mindestaufgabenbestand unzulässig.[41]

26 Durch die Statuierung dieser Minimalanforderungen wird eine unionsrechtliche Vereinheitlichung der Aufgaben des Bevollmächtigten erreicht, die für eine effiziente Arbeit der europäischen Marktüberwachungsbehörden von besonderer Bedeutung ist.[42] Der Schwerpunkt der dem Bevollmächtigten zu übertragenden Aufgaben liegt auf der Zusammenarbeit mit den Marktüberwachungsbehörden.

a) Aufbewahrung der EU-Konformitätserklärung und der technischen Dokumentation

27 Nach § 8 Abs. 3 Nr. 1 BFSG ist dem Bevollmächtigten die Herstellerpflicht, die EU-Konformitätserklärung und die technische Dokumentation für eine Dauer von fünf Jahren ab dem Inverkehrbringen (→ § 2 Nr. 10 BFSG) aufzubewahren (§ 6 Abs. 2 BFSG), zu übertragen.

---

39 *Europäische Kommission* (Hrsg.), Leitfaden für die Umsetzung der Produktvorschriften der EU („Blue Guide“), S. 39.

40 *Europäische Kommission* (Hrsg.), Leitfaden für die Umsetzung der Produktvorschriften der EU („Blue Guide“), S. 39.

41 *Piovano,* in: Schucht/Wiebe, EU-Produktsicherheitsverordnung, Art. 10 GPSR Rn. 16 [zur GPSR].

42 *Kapoor*, in: Heckmann/Paschke, Cyber Resilience Act, Art. 18 CRA Rn. 18 [zum CRA].

28 Der Bevollmächtigte muss daher die EU-Konformitätserklärung (vgl. § 18 BFSG) und die technische Dokumentation (vgl. § 6 Abs. 1 Nr. 2 BFSG i. V. m. Anlage 2 zum BFSG) für die Marktüberwachungsbehörde aufbewahren.[43] Hierzu ist dem Bevollmächtigten nahezulegen, sich vertraglich ein Zugriffsrecht auf die betroffenen Dokumente zusichern zu lassen. Die Verpflichtung gilt für einen Zeitraum von fünf Jahren ab dem Inverkehrbringen (→ § 2 Nr. 10 BFSG) des betreffenden Produkts. Vor diesem Hintergrund ist es durchaus sinnvoll für den Bevollmächtigten, den zeitlichen Umfang seiner Bevollmächtigung im Innenverhältnis mit dem Hersteller klar zu regeln und über Informationsrechte sicherzustellen, dass bekannt ist, wie lange die Produkte einer bestimmten Produktserie auf dem europäischen Markt vertrieben werden.[44]

b) Auskunftspflicht

29 Nach § 8 Abs. 3 Nr. 2 BFSG ist dem Bevollmächtigten die Herstellerpflicht, gegenüber der Marktüberwachungsbehörde auf ein begründetes Verlangen hin alle Auskünfte zu erteilen und alle Unterlagen auszuhändigen, die für den Nachweis der Konformität erforderlich sind (§ 7 Abs. 5 Satz 1 BFSG), zu übertragen.[45] Die Verpflichtung erfasst etwa die EU-Konformitätserklärung und die technische Dokumentation. Gegenstand der Verpflichtung sind aber nicht nur Dokumente, sondern auch nichtverkörperte Informationen. Für die Zwecke der Übermittlung muss der Bevollmächtigte die Informationen und Unterlagen nicht notwendigerweise (dauerhaft) an seinem Sitz in der Europäischen Union in Besitz haben. Es genügt, dass er in einem angemessenen zeitlichen Rahmen darauf zugreifen kann.[46]

30 Die Auskunftspflicht ist von einem **begründeten Verlangen** der Behörde abhängig.[47] Ein **begründetes Verlangen** liegt nicht nur dann vor, wenn die anfragende Marktüberwachungsbehörde den konkreten Verdacht einer Non-Compliance hegt. Auch die Durchführung verdachtsunabhängiger proaktiver Kontrollen, etwa im Zusammenhang mit einer Marktüberwachungsaktion, im Rahmen derer behördlicherseits verschiedene gleichartige Produkte diverser Hersteller hin überprüft werden, kann ein hinreichender Grund sein, vom Hersteller die Übermittlung eines Teils der technischen Dokumentation zu verlangen, denn zum Wesen behördlicher Überwachung im Sinne einer Nachschau rechnet selbstredend die Suche nach etwaigen Verstößen.[48] Die **völlig verdachtsunabhängige Anforderung** der kompletten

43 *Kapoor*, in: Heckmann/Paschke, Cyber Resilience Act, Art. 18 CRA Rn. 19 [zum CRA]; BT-Drs. 19/28653, S. 75; *Bernsteiner/Schmitt*, in: Martini/Wendehorst, KI-VO, Art. 54 Rn. 20 [zur KI-VO].

44 *Kapoor*, in: Heckmann/Paschke, Cyber Resilience Act, Art. 18 CRA Rn. 19 [zum CRA].

45 BT-Drs. 19/28653, S. 75; *Wittbrodt*, in: BeckOK Produktrecht, Art. 10 GPSR Rn. 10 [zur GPSR]; *Kapoor*, in: Heckmann/Paschke, Cyber Resilience Act, Art. 18 CRA Rn. 19 [zum CRA].

46 *Europäische Kommission* (Hrsg.), Leitfaden für die Umsetzung der Produktvorschriften der EU („Blue Guide"), S. 111; *Wittbrodt*, in: BeckOK Produktrecht, Art. 10 GPSR Rn. 11.1 [zur GPSR].

47 *Schucht*, BB 2015, 654, 657; *Wittbrodt*, in: BeckOK Produktrecht, Art. 10 GPSR Rn. 10 [zur GPSR]; *Wilrich*, in: Schucht/Wiebe, EU-Produktsicherheitsverordnung, Art. 3 GPSR Rn. 179 [zur GPSR]; *Schucht*, CB 2024, 397, 398 [zur GPSR].

48 *Schucht*, in: Klindt, ProdSG, § 28 Rn. 41 [zum ProdSG a. F.]; *Wittbrodt*, in: BeckOK Produktrecht, Art. 10 GPSR Rn. 10 f. [zur GPSR].

technischen Dokumentation abseits konkreter Verdachtsmomente ist dagegen richtigerweise **unzulässig,** weil insoweit kein „begründetes“ Verlangen der Behörden vorliegt.[49] Die technischen Unterlagen dienen nicht dazu, den zuständigen Behörden eine umfassende „Fernüberprüfung“ von Produkten zu ermöglichen, sondern dazu, die Konformität mit den Anforderungen des BFSG gegenüber den Behörden im Bedarfsfall nachzuweisen. Für ein begründetes Verlangen wird man es dabei als ausreichend erachten können, dass eines von mehreren vom Hersteller vertriebenen Produkten eine Nichtkonformität aufgewiesen hat und dadurch jedenfalls der Verdacht im Raum steht, dass die Produkte des Herstellers ganz allgemein nicht im Einklang mit den Barrierefreiheitsanforderungen des BFSG entwickelt und konstruiert wurden.

c) Kooperation mit der Marktüberwachungsbehörde

31 Nach § 8 Abs. 3 Nr. 3 BFSG ist dem Bevollmächtigten die Herstellerpflicht, mit der Marktüberwachungsbehörde auf deren Verlangen bei allen Maßnahmen zur Herstellung der Konformität zusammenzuarbeiten, soweit die betroffenen Produkte zum Aufgabenbereich des Bevollmächtigten gehören, zu übertragen. Die entsprechende Verpflichtung des Herstellers ergibt sich dabei aus § 7 Abs. 5 Satz 3 BFSG.

32 Die Bestimmung normiert damit die sog. allgemeine Kooperationspflicht.[50] Sie setzt ein schlichtes Verlangen der Behörde voraus und unterscheidet sich dadurch von der von einem begründeten Verlangen abhängigen Auskunftspflicht nach § 7 Abs. 5 Satz 1 BFSG. Ohne Verlangen besteht wiederum auch keine Rechtspflicht zur Kooperation.[51] Die Anfrage der Marktüberwachungsbehörde sollte dabei auf die Rolle des Bevollmächtigten in der Lieferkette und das zugrundeliegende gesetzliche Leitbild, kraft dessen die Pflichten des Bevollmächtigten administrativer Art sind, zugeschnitten sein.[52] Eine Aufforderung an den Bevollmächtigten, die auf die Herstellung der Produktsicherheit in Konstruktion und Bau gerichtet ist, wäre mit Blick auf dessen rein administrativen Pflichtenkreis rechtswidrig. Der Sache nach handelt es sich insoweit um eine teleologische Restriktion des Tatbestands.

33 Dennoch steht die Kooperationspflicht des Bevollmächtigten selbstredend unter dem Vorbehalt ordnungsgemäßer, d. h. insbesondere verhältnismäßiger Ermessensausübung.[53] Vom Hersteller können seitens der Behörden demnach nur solche Kooperationshandlungen verlangt werden, mit denen ein legitimer Zweck verfolgt wird, die zur Erreichung dieses Zwecks geeignet und erforderlich sind und deren Angemessenheit im Sinne der Zweck-Mittel-Relation im Einzelfall nicht infrage steht.

---

49 *Kapoor*, in: Heckmann/Paschke, Cyber Resilience Act, Art. 19 Rn. 41 [zum CRA]; *Europäische Kommission* (Hrsg.), Leitfaden für die Umsetzung der Produktvorschriften der EU („Blue Guide“), S. 110: „nicht systematisch“.

50 *Schucht*, BB 2015, 654, 656.

51 *Schucht*, BB 2015, 654, 656.

52 *Wittbrodt*, in: BeckOK Produktrecht, Art. 10 GPSR Rn. 24 [zur GPSR].

53 *Kapoor*, in: Heckmann/Paschke, Cyber Resilience Act Art. 19 Rn. 44 [zum CRA]; *Wittbrodt*, in: BeckOK Produktrecht, Art. 10 GPSR Rn. 25 [zur GPSR].

3. Fakultative Verpflichtungen (Abs. 3)

Aus der Zusammenschau von Abs. 3 und Abs. 4 ergibt sich der verbleibende fakultative Umfang der Bevollmächtigung. So kann der Bevollmächtigte etwa dazu bestimmt werden, nach Maßgabe des Konformitätsbewertungsverfahren die CE-Kennzeichnung (vgl. § 19 BFSG: „oder seinem Bevollmächtigten“) und andere Identifikations- und Herstellerkennzeichnungen an dem betreffenden Produkt anzubringen.[54] **34**

Umstritten ist, ob der Bevollmächtigten auch mit Maßnahmen beauftragt werden kann, die der Sicherung dienen, dass der Herstellungsprozess die materielle Konformität des Produkts gewährleistet, mithin mit der Durchführung des Konformitätsbewertungsverfahrens (vgl. Anlage 2). Die Frage ist richtigerweise im Lichte des gesetzlichen Leitbilds des Bevollmächtigten, dessen Aufgaben administrativer Art sind, zu verneinen. Nach ErwG. 21 des Beschlusses Nr. 786/2008/EG über einen gemeinsamen Rechtsrahmen für die Vermarktung von Produkten ist die Konformitätsbewertung „ausschließliche Verpflichtung“ des Herstellers, weil gerade der Hersteller den Entwurfs- und Fertigungsprozess in allen Einzelheiten kennt und daher am besten für die Durchführung des gesamten Konformitätsbewertungsverfahrens geeignet. Die Durchführung des Konformitätsbewertungsverfahrens dient der Versicherung, dass der Herstellungsprozess die materielle Konformität des Produkts gewährleistet. Wegen der engen Verbindung zur materiellen Produktkonformität ist daher eine Übertragung auf den Bevollmächtigten mit seiner marktüberwachungsrechtlichen Stellung unvereinbar. **35**

D. Verstöße

I. Bußgeldtatbestand nach § 37 Abs. 1 Nr. 6 BFSG

Ordnungswidrig handelt nach § 37 Abs. 1 Nr. 6 BFSG, wer entgegen § 7 Abs. 5 Satz 1 BFSG eine Auskunft nicht, nicht richtig, nicht vollständig, nicht in der vorgeschriebenen Weise oder nicht rechtzeitig erteilt oder eine Unterlage nicht, nicht richtig, nicht vollständig, nicht in der vorgeschriebenen Weise oder nicht rechtzeitig aushändigt. Der Verstoß kann nach § 37 Abs. 2 BFSG mit einer Geldbuße von bis zu EUR 10.000 geahndet werden.[55] **36**

Kraft der Delegation der Herstellerverantwortlichkeit auf den Bevollmächtigten erwächst das Pflichtenprogramm des § 7 Abs. 5 Satz 1 BFSG, das sich grundsätzlich auf den Hersteller bezieht, in seiner Person. Als eigenständiger Adressat produktsicherheitsrechtlicher Verantwortlichkeit (→ Rn. 13) kann daher auch der Bevollmächtigte den Bußgeldtatbestand des § 37 Abs. 1 Nr. 6 BFSG verwirklichen. Vom strafrechtlichen Analogieverbot her aufkommenden Bedenken – immerhin findet sich in der Norm des § 7Abs. 5 Satz 1 BFSG kein Hinweis darauf, dass die Pflicht den Bevollmächtigten trifft – kann entgegengehalten werden, dass das Gesetz selbst die Delegation der Verantwortlichkeit in § 8 Abs. 3 Nr. 2 BFSG gestattet und un- **37**

54 *Kapoor*, in: Heckmann/Paschke, Cyber Resilience Act Art. 18 Rn. 23 [zum CRA].
55 Vgl. auch *Franke*, ZfPC 2024, 21, 25; *Kapoor/Klindt*, NJW 2024, 3545, 3550.

mittelbar normativ anlegt.Abgesichert wird diese Überlegung dadurch, dass andere Bußgeldtatbestände wie § 37 Abs. 1 Nr. 9, 10 BFSG ohne jeden Zweifel tatbestandlich durch den Bevollmächtigten verwirklicht werden können. Wenn aber bereits Verstöße gegen fakultative Pflichten des Bevollmächtigten Bußgeldtatbestände verwirklichen können, so muss Entsprechendes doch erst recht für seine Kernaufgaben gelten.

II. Bußgeldtatbestand nach § 37 Abs. 1 Nr. 9 und 10 BFSG

38 Wird dem Bevollmächtigten, fakultativ, das Anbringen der CE-Kennzeichnung übertragen, so handelt er nach § 37 Abs. 1 Nr. 9 BFSG ordnungswidrig, wenn er entgegen § 19 Abs. 1 BFSG ein Produkt mit einer CE-Kennzeichnung nicht, nicht richtig, nicht vollständig, nicht in der vorgeschriebenen Weise oder nicht rechtzeitig versieht. Der Verstoß kann nach § 37 Abs. 2 BFSG mit einem Bußgeld in Höhe von EUR 100.000 sanktioniert werden.[56]

39 Ordnungswidrig handelt nach § 37 Abs. 1 Nr. 10 BFSG auch derjenige, der entgegen § 19 Abs. 3 BFSG i. V. m. Art. 30 VO (EG) Nr. 765/2008 ein Kennzeichen, Zeichen oder eine Aufschrift an dem Produkt anbringt, deren Bedeutung oder Gestalt mit der der CE-Kennzeichnung verwechselt werden kann, oder eine andere Kennzeichnung anbringt, die Sichtbarkeit, Lesbarkeit oder Bedeutung der CE-Kennzeichnung beeinträchtigt.

III. Marktüberwachungsmaßnahmen

40 Der Bevollmächtigte ist nach § 2 Nr. 15 BFSG barrierefreiheitsrechtlicher Wirtschaftsakteur, sodass er von der zuständigen Marktüberwachungsbehörde grundsätzlich auch als solcher nach Maßgabe der §§ 22, 23 BFSG adressiert werden kann. Die marktüberwachungsrechtliche Verantwortlichkeit beschränkt sich gleichwohl auf den übernommenen Aufgabenbestand, sodass Maßnahmen wegen materieller Nichtkonformität nicht gegen den Bevollmächtigten gerichtet werden können.

IV. Produkthaftungsrecht

41 Die am 08.12.2024 in Kraft getretene neue Produkthaftungsrichtlinie (RL 2024/2853/EU), die die Produkthaftungsrichtlinie 85/374/EWG ablöst und bis Ende 2026 in nationales Recht überführt werden muss, sieht unter bestimmten Voraussetzungen erstmals eine verschuldensunabhängige Haftung des Bevollmächtigten vor (Art. 8 Abs. 1 lit. c RL 2024/2853/EU).[57] Die Haftungserstreckung auf den Bevollmächtigten, der grundsätzlich keine materielle Verantwortung für das Produkt trägt, wird mitunter als sehr weitgehend empfunden.[58] Durch die Verknüpfung der Haftung des Einführers und des ggf. vorhandenen Bevollmächtigten in Art. 8 Abs. 1 lit. c Rl 2024/2853/EU („und“) ist von einer gesamtschuldnerischen Haftung aus-

56 Vgl. auch *Franke*, ZfPC 2024, 21, 25; *Kapoor/Klindt*, NJW 2024, 3545, 3550.
57 *Piovano/Hess*, in: Piovano/Hess, ProdHaftR, § 4 Rn. 20.
58 *Piovano/Hess*, in: Piovano/Hess, ProdHaftR, § 4 Rn. 21.

zugehen, sofern es parallel einen verantwortlichen Einführer und Bevollmächtigten für das fehlerhafte Produkt gibt.[59]

Gleichwohl ist nur schwer vorstellbar, wie es durch ein nichtkonformes Produkt im Anwendungsbereich des BFSG, das für einen Verbraucher im Regelfall schlimmstenfalls unbrauchbar, aber nicht gefährlich ist,[60] zu einem Personen- oder Sachschaden kommen soll. **42**

V. Deliktsrechtliche Verantwortlichkeit

Eine deliktsrechtliche Schadensersatzhaftung des Bevollmächtigten auf Grundlage des nationalen Deliktsrechts kommt für den Bevollmächtigten nur dort in Betracht, wo dieser schuldhaft gegen die ihm nach § 8 BFSG obliegenden Pflichten verstößt und diese Pflichtverletzung nachweislich adäquat-kausal für einen Schaden an deliktsrechtlich geschützten Rechtsgütern geworden ist. Dies erscheint mit Blick auf den Aufgabenbestand und die erfassten Produktkategorien in der Praxis äußerst unwahrscheinlich.[61] **43**

Ein Bevollmächtigter nach § 8 BFSG kann für durch Inverkehrbringen des Produkts durch den Hersteller erfolgte Schutzrechtsverletzungen als Gehilfe oder Störer haften, wenn er durch eine Abmahnung auf das verletzte Schutzrecht hingewiesen worden ist.[62] **44**

§ 9 BFSG
Allgemeine Pflichten des Einführers

(1) Der Einführer darf nur Produkte in den Verkehr bringen, die die Barrierefreiheitsanforderungen der nach § 3 Absatz 2 zu erlassenden Rechtsverordnung erfüllen.

(2) Der Einführer darf ein Produkt erst in den Verkehr bringen, wenn

1. der Hersteller das Konformitätsbewertungsverfahren gemäß Anlage 2 durchgeführt hat,

2. der Hersteller die gemäß Anlage 2 erforderlichen technischen Unterlagen erstellt hat,

3. das Produkt mit der CE-Kennzeichnung nach § 19 versehen ist,

4. dem Produkt die Gebrauchsanleitung und Sicherheitsinformationen beigefügt sind und

5. der Hersteller die Pflichten nach § 7 Absatz 1 und 2 erfüllt hat.

---

59 *Handorn*, MPR 2023, 16, 20.
60 *Franke*, ZfPC 2024, 21, 27.
61 *Schilbach*, MPR 2016, 82, 85 [zum MedizinprodukteR].
62 OLG Frankfurt a. M., Urt. v. 16.3.2023 – 6 U 189/22, GRUR-RS 2023, 9325 – „Lunchpot“ [zum ProdSG].

(3) Hat ein Einführer Kenntnis davon oder Grund zur Annahme, dass ein Produkt die Barrierefreiheitsanforderungen dieses Gesetzes nicht erfüllt, darf er dieses Produkt erst in den Verkehr bringen, wenn die Konformität hergestellt worden ist. Wenn das Produkt den Barrierefreiheitsanforderungen nicht genügt, informiert der Einführer außerdem den Hersteller und die Marktüberwachungsbehörden darüber.

(4) Solange sich ein Produkt im Verantwortungsbereich des Einführers befindet, muss dieser dafür sorgen, dass die Lagerungs- oder Transportbedingungen die Übereinstimmung des Produkts mit den Barrierefreiheitsanforderungen der nach § 3 Absatz 2 zu erlassenden Rechtsverordnung nicht beeinträchtigen.

(5) § 6 Absatz 4 und 5 gilt entsprechend.

Gliederung: Rn.

A. Einführung

I. Normsystematische Einordnung

§ 9 BFSG setzt Art. 9 RL 2019/882/EU um und gestaltete dadurch das Pflichtenprogramm des Einführers (→ § 2 Nr. 13 BFSG) im Regelungssystem des BFSG aus. Die Regelungstechnik geht dabei ebenfalls auf das im Rahmen des Anh. I Art. R4 des Beschlusses 768/2008/EG über einen gemeinsamen Rechtsrahmen für die Vermarktung von Produkten umgesetzte New Legislative Framework zurück.[1] Die Vorgaben des New Legislative Framework werden dabei in § 9 BFSG vollständig übernommen. Die Bestimmung des § 9 BFSG findet daher im übrigen harmonisierten Produktrecht korrespondierende Parallelvorschriften.[2] 1

II. Der Einführer als Marktakteur

Die Rechtsstellung des Einführers baut auf derjenigen des Herstellers (→ § 2 Nr. 11 BFSG) auf, den im Lichte des Grundsatzes der Primärverantwortlichkeit[3] in erster Linie für die Konformität der von ihm in Verkehr gebrachten Produkte verantwortlich ist. Der Einführer ist anders als der Händler gerade kein bloßer Wiederverkäufer von Produkten.[4] Hierin liegt auch der Grund, dass das Regelungssystem des harmonisierten Produktsicherheitsrechts den Einführer vergleichsweise stark in die Pflicht nimmt. Der Einführer nimmt eine Schlüsselrolle im Rahmen der Marktüberwachung wahr. Dem liegen im Wesentlichen zwei zentrale Erwägungen zugrunde: Erstens liegt gerade im Import von Produkten in den Binnenmarkt der Europäischen Union, dem insbesondere im Non-Food-Bereich erhebliche Bedeutung zukommt, eine besondere Gefahrenquelle für das Inverkehrbringen nichtkonformer Produkte. So mögen in Drittstaaten ansässige Hersteller regelmäßig mit den geltenden produktsicherheitsrechtlichen Anforderungen weniger vertraut, Compliance-Prozesse weniger professionalisiert und durch den fehlenden direkten Zugriff europäischer Marktüberwachungsbehörden die Hersteller auch weniger geneigt sein, produkt- 2

---

1 Umfassend *Kapoor/Klindt*, EuZW 2008, 649; *Kapoor/Klindt*, EuZW 2009, 134; *Schucht*, EuZW 2014, 848.

2 Art. 11 GPSR; Art. 13, 14 Maschinen-VO; Art. 13 MP-VO; Art. 19 CRA; Art. 24 BauPVO; § 12 FUAG.

3 *Europäische Kommission* (Hrsg.), Leitfaden für die Umsetzung der Produktvorschriften der EU („Blue Guide"), S. 35 u. 102; *Klindt*, ZRP 2023, 108, 109.

4 *Europäische Kommission* (Hrsg.), Leitfaden für die Umsetzung der Produktvorschriften der EU („Blue Guide"), 2022, S. 39; *Schucht*, CZZ 2022, 230, 231; *Spiegel*, in: BeckOK Produktrecht, Art. 11 GPSR Rn. 1.

sicherheitsrechtliche Standards einzuhalten. Dem Einführer kommt an diesem für die Gewährleistung der Konformität neuralgischen Punkt eine Schlüsselstellung und daher eine besondere **Garantenfunktion** zu.[5] Zudem existieren oftmals enge wirtschaftliche Beziehungen zwischen dem außereuropäischen Hersteller und dem Einführer, die seine Einbeziehung in die produktsicherheitsrechtliche Marktüberwachung rechtfertigen.[6] Und drittens ergeben sich bei drittstaatenansässigen Herstellern Durchsetzungsprobleme, die ein Bedürfnis nach einem produktsicherheitsrechtlichen Verantwortlichen im Zugriffsbereich der Marktüberwachungsbehörden hervorrufen. Dem Einführer kommt eine solche **Ersatzfunktion** zu.[7]

3 Das aus den skizzierten Gründen unzweifelhaft bestehende regulatorische Interesse an der marktüberwachungsrechtlichen Verantwortlichkeit des Einführers steht gleichzeitig in einem Spannungsfeld zu dem fehlenden Einfluss auf die materielle Produktkonformität, den der Einführer als bloßer Distributor im Rahmen der Vertriebskette besitzt. Die gesetzliche Regelung ist daher maßgeblich von einem Bemühen um harmonischen Ausgleich beider Regelungsziele geprägt, der richtigerweise in der subjektiven Dimension der Einführerverantwortlichkeit zu suchen ist.

B. Regelungsgehalt

I. Verpflichtung zum Vertrieb barrierefreier Produkte (Abs. 1)

1. Objektive Dimensionen

4 Der Einführer darf nach § 9 Abs. 1 BFSG nur Produkte in den Verkehr bringen, die den Barrierefreiheitsanforderungen der BFSGV genügen. Die Auslegung der generalklauselartigen Bestimmung zur Konturierung eines konkreten Pflichtenprogramms bereitet erhebliche Schwierigkeiten. Einige verstehen dabei § 9 Abs. 1 BFSG als schlechthin nicht vollziehbaren Programmsatz, dessen Regelungsgehalt in entscheidendem Maße durch das weitere Pflichtenprogramm des § 9 Abs. 2 BFSG geprägt und konturiert wird.[8] Mit anderen Worten: Wer das Pflichtenprogramm des § 9 Abs. 2 BFSG einhält, verstößt auch nicht gegen § 9 Abs. 1 BFSG, mag er auch ein nichtkonformes Produkt in Verkehr bringen.

5 Diese Überlegungen sind zwar im Lichte des nachvollziehbaren Ziels, die Ausuferung der Verantwortlichkeit des Einführers im Rahmen der Marktüberwachung zu verhindern, durchaus verständlich, vermengen aber die objektive Reichweite des Pflichtenprogramms mit der subjektiven Vorwerfbarkeit eines Pflichtenverstoßes, wie sie für die Frage des Bußgeldtatbestands entscheidend ist. Denn der Gesetzgeber selbst geht in § 37 Abs. 1 Nr. 1 BFSG davon aus, dass gegen § 9 Abs. 1 BFSG verstoßen werden kann, es sich mithin durchaus um eine vollständig vollziehbare

5 ErwG. 20 u. 22 des Beschlusses 768/2008/EG, ABl. L 218, 13.8.2008, 82 ff; *Gössl*, in: Martini/Wendehorst, KI-VO Art. 23 Rn. 2 [zur KI-VO].

6 *Schucht*, CCZ 2022, 230, 230.

7 *Gössl*, in: Martini/Wendehorst, KI-VO Art. 23 Rn. 1 [zur KI-VO]; *Förster*, in: BeckOK BGB, § 4 ProdHaftG Rn. 20 [zum ProdHafG].

8 *Schucht*, CCZ 2022, 230, 234; *Spiegel*, in: BeckOK Produktrecht, Art. 11 GPSR Rn. 5 [zur GPSR]; *Spiegel*, ZfPC 2024, 194, 196 [zur EU-Batt-VO].

Bestimmung mit originärem Regelungsgehalt handelt. Auch hat der Gesetzgeber die Pflicht des Einführers aus § 9 Abs. 1 BFSG explizit parallel zur Verpflichtung des Herstellers in § 6 Abs. 1 BFSG ausgestaltet.[9] Diese gesetzgeberische Entscheidung muss vom Rechtsanwender, selbst wenn man sie für falsch hält, respektiert werden.

Der bei oberflächlicher Betrachtung bestehende Konflikt lässt sich daher stimmig auflösen: Ein objektiver Verstoß gegen § 9 Abs 1 BFSG liegt schon immer dann vor, wenn der Einführer ein nichtkonformes Produkt in Verkehr bringt. Wann ein solcher objektiver Verstoß dem Einführer auch subjektiv vorwerfbar, mithin fahrlässig und daher nach § 37 Abs. 1 Nr. 1 BFSG sanktionierbar ist, ist eine nachgelagerte, vom objektiven Verstoßtatbestand strikt zu trennende Frage. Auf diese Weise lässt sich der Gesetzeswortlaut wahren, gleichzeitig aber die angesichts der sonst ausufernden Verantwortlichkeit des Einführers gebotene Restriktion vornehmen. **6**

2. Subjektive Vorwerfbarkeit von Pflichtverstößen

Maßgebend für die Sanktionierbarkeit eines Verstoßes gegen § 9 Abs. 1 BFSG ist daher die Frage nach der subjektiven Vorwerfbarkeit des Pflichtenverstoßes. Anders als bei den Pflichten des Händlers (vgl. § 11 Abs. 1 BFSG) handelt es sich nicht um bloße Prüfpflichten,[10] sondern um eine umfassende, genuin eigene Konformitätsverantwortlichkeit.[11] **7**

Das Konzept des Einführers wird sicherstellen müssen, dass jedenfalls jedes importierte Produktmodell jedes Lieferanten im Sinne einer Plausibilitätskontrolle kontrolliert wird. Dies bedeutet gleichwohl nicht, dass der Einführer ohne Anlass jede importierte Lieferung oder Charge untersuchen muss.[12] Ob allein eine stichprobenartige Überprüfung der betreffenden Produkte, wie sie auch dem Händler obliegt (→ § 11 Rn. 13), ausreicht[13], wird im Schrifttum teilweise unter Berufung auf die an den Hersteller angenäherten Stellung des Einführers bezweifelt.[14] Um dem marktaufsichtsrechtlichen Vorwurf eines Verstoßes zu entgehen, reicht die stichprobenartige Kontrolle aus. Ein anderes Verständnis, dass den Einführer zwingen würde, systematische Kontrollen oftmals vollverpackter Produkte vorzunehmen, widerspricht der Marktrealität und würde dem Einführer Unmögliches abverlangen. **8**

Im Hinblick auf den Nachweis der ordnungsgemäßen Plausibilitätskontrolle empfehlen sich vertragliche Vereinbarungen mit dem Hersteller, die die Product Compliance im Allgemeinen und anlasslose/-bezogene Berichtspflichten des Herstellers über den Verlauf der Produktion, etwaige Störungen oder gar Abweichungen im Besonderen, sowie ggf. sogar Audit-Rechte zum Gegenstand haben.[15] **9**

---

9 BT-Drs. 19/28653, S. 76: „analog zur Pflicht des Herstellers aus § 6 Absatz 1".
10 *Wiebe/Daelen*, EuZW 2023, 257, 262 [zum CRA].
11 *Kapoor*, in: Heckmann/Paschke, Cyber Resilience Act, Art. 19 Rn. 4 [zum CRA]; *Schucht*, NJW 2021, 2392, 2393.
12 *Schucht*, CCZ 2022, 230, 235.
13 So *Spiegel*, ZfPC 2024, 194, 196 [zur EU-Batt-VO]; *Rohnfelder/Freytag*, in: Erbs/Kohlhaas, § 9 LFGB Rn. 30 [zum LFGB]; *Kapoor*, in: Heckmann/Paschke, Cyber Resilience Act, Art. 19 Rn. 7 [zum CRA].
14 *Schucht*, CCZ 2022, 230, 235.
15 *Schucht*, CCZ 2022, 230, 235.

II. Verpflichtung zum Vertrieb formell konformer Produkte (Abs. 2)

10 Neben die grundsätzliche Verpflichtung des Einführers aus § 9 Abs. 1 BFSG zum Vertrieb barrierefreier Produkte tritt nach § 9 Abs. 2 BFSG die Pflicht, Produkte erst dann in Verkehr zu bringen (→ § 2 Nr. 10 BFSG), wenn der Hersteller seinerseits ausgewählte formelle produktbezogene Verpflichtungen ordnungsgemäß vorgenommen hat. Hierzu zählen

- die Pflicht des Herstellers, das Konformitätsbewertungsverfahren durchzuführen (Nr. 1),
- die Pflicht des Herstellers, die technischen Unterlagen zu erstellen (Nr. 2),
- die Pflicht des Herstellers, das Produkt mit der CE-Kennzeichnung zu versehen (Nr. 3),
- die Pflicht des Herstellers, Gebrauchsanleitung und Sicherheitsinformationen beizufügen (Nr. 4) und
- die Kennzeichnungspflichten des Herstellers nach § 7 Abs. 1 u. 2 BFSG (Nr. 5).

11 In Ansehung der subjektiven Vorwerfbarkeit des Pflichtenverstoßes gelten die zu § 9 Abs. 1 BFSG entwickelten Grundsätze entsprechend.

III. Inverkehrbringungsverbot und Notifikationspflicht (Abs. 3)

1. Inverkehrbringungsverbot (Abs. 3 Satz 1)

12 Hat der Einführer Kenntnis davon oder Grund zur Annahme, dass ein Produkt nicht den Barrierefreiheitsanforderungen entspricht, so darf der Einführer das Produkt nach § 9 Abs. 3 Satz 1 BFSG erst in Verkehr bringen, wenn die Konformität hergestellt worden ist (Bereitstellungsverbot). Die Bestimmung lässt sich als Vormarktpflicht qualifizieren.[16]

a) Voraussetzungen

13 Der Einführer muss nach § 9 Abs. 3 Satz 1 BFSG positive Kenntnis oder Grund zur Annahme haben, dass das betreffende Produkt nicht den Barrierefreiheitsanforderungen der BFSGV entspricht. Der Einführer hat dabei Grund zur Annahme einer Nichtkonformität, wenn ihm bekannten Umstände eine relevante Nichtkonformität nahelegen, mithin sich dem Einführer die fehlende Konformität geradezu aufdrängt.[17] Vollständiger Überzeugung bedarf es dabei aber gerade nicht. Ausreichend ist ein objektiver Tatumstand, der dem Händler zur Kenntnis gelangt und ihn auf eine Nichtkonformität schließen lässt. Andererseits reichen rein subjektive

---

16 *Spiegel*, in: BeckOK Produktrecht, Art. 11 GPSR Rn. 15 [zur GPSR]; *Schucht*, in: Schucht/Wiebe, EU-Produktsicherheitsverordnung, Art. 11 Rn. 38 [zur GPSR]; *Schucht*, CCZ 2024, 66, 70; instruktiv zu den Begriffen von Vor- und Nachmarktpflicht *Kapoor*, in: Klindt, ProdSG, § 6 Rn. 5, 55.

17 *Schißler*, in: BeckOK Produktrecht, Art. 12 GPSR Rn. 25 [zur GPSR]: „begründete Zweifel"; *Schucht*, in: Schucht/Wiebe, EU-Produktsicherheitsverordnung, Art. 11 Rn. 50 [zur GPSR]; ähnlich *Gössl*, in: Martini/Wendehorst, KI-VO, Art. 23 Rn. 20 [zur KI-VO].

Verdachtsmomente nicht aus, wenn sie nicht durch irgendwelche objektiv nachvollziehbaren Anlässe verursacht wurden.

Umstände, aufgrund derer der Einführer nach § 9 Abs. 3 Satz 2 BFSG Grund zur Annahme einer Nichtkonformität haben kann, können sich in Gestalt von Informationen aus der Lieferkette, von Wettbewerbern, von Verbrauchern oder Verbraucherorganisationen, sowie aus dem Kreis der Marktüberwachung, die ihrerseits hinreichend substantiiert und mit Belegen untermauert sind, ergeben.[18] Welche Mitteilungen freilich als hinreichend substantiiert anzusehen sind, wird gerichtlicher Klärung vorbehalten sein.[19] Der Händler wird dabei bei einem aufgrund objektiver Tatumstände gewonnenen Nichtkonformitätsverdacht durchaus auch in gewissem Umfang verpflichtet sein, diesem Verdacht durch Nachforschung nachzugehen. **14**

Das innere Vorstellungsbild des Einführers muss sich auf eine Nichtkonformität mit den Barrierefreiheitsanforderungen der BFSGV beziehen. Das Inverkehrbringungsverbot des § 9 Abs. 3 Satz 1 BFSG wird daher nicht durch Rechtsverstöße ausgelöst, die nicht in Zusammenhang mit einer fehlenden Barrierefreiheit des Produkts stehen, wie etwa das Fehlen der CE-Kennzeichnung. Zu beachten bleibt, dass sich ein entsprechendes Bereitstellungsverbot in diesen Fällen bereits unmittelbar aus § 9 Abs. 1 BFSG ergibt. Zweitens wird mit der Bezugnahme auf die Barrierefreiheitsanforderungen klargestellt, dass auch kennzeichnungsrechtliche Verstöße oder das Fehlen von Gebrauchsanleitung und Sicherheitsinformationen das Bereitstellungsverbot des § 9 Abs. 3 Satz 1 BFSG dort aktivieren, wo die betreffende Kennzeichnung barrierefrei zu erfolgen hat. Denn es gehört zweifelsohne zu den Barrierefreiheitsanforderungen, dass die betreffenden Kennzeichnungen und Dokumente in barrierefreier Form vorhanden sind (§ 4 Abs. 1 BFSGV). An der Rechtslage ändert die Einbeziehung solcher Fälle formaler Nichtkonformität mit Auswirkung auf Barrierefreiheitseigenschaften der betreffenden Produkte freilich nichts, da sich ein entsprechendes Bereitstellungsverbot schon aus § 9 Abs. 1 Nr. 4–5 BFSG ergibt. **15**

b) Rechtsfolgen

Das Inverkehrbringen (→ § 2 Nr. 10 BFSG) des betroffenen Produkts hat nach § 9 Abs. 3 Satz 1 BFSG zu unterbleiben, bis die Konformität mit den Barrierefreiheitsanforderungen hergestellt ist. Dem Einführer wird damit die Wahlmöglichkeit eingeräumt, die Konformität des Produkts selbst herzustellen, ohne jedoch dazu verpflichtet zu sein. Eine Beseitigung der Nonkonformität durch den Einführer wird dabei regelmäßig allenfalls bei Kennzeichnungsverstößen durch manuelles Nachlabeln in Betracht kommen.[20] Betrifft die Nichtkonformität hingegen die technische Gestaltung des Produkts, so wird allein der Hersteller, nicht aber der Einführer zur Herstellung der Konformität mit den Barrierefreiheitsanforderungen in der Lage sein. **16**

---

18 *Kapoor*, in: Heckmann/Paschke, Cyber Resilience Act, Art. 20 Rn. 20 [zum CRA]; *Gössl*, in: Martini/Wendehorst, KI-VO, Art. 23 Rn. 20 [zur KI-VO]; *Schucht*, in: Schucht/Wiebe, EU-Produktsicherheitsverordnung, Art. 11 Rn. 52 [zur GPSR].

19 Vgl. die anhängige Vorlage BGH, Urt. v. 21.12.2023 – I ZR 17/23, PharmR 2024, 97 [zum MedizinprodukteR].

20 *Schucht*, in: Schucht/Wiebe, EU-Produktsicherheitsverordnung, Art. 11 Rn. 56 [zur GPSR].

17 Aus der Bestimmung des § 9 Abs. 3 Satz 1 BFSG folgt dementsprechend auch, dass der Einführer nicht gegen produktsicherheitsrechtliche Bestimmungen verstößt, wenn er nichtkonforme Produkte auf dem Markt bereitstellt, deren Nichtkonformität er aber nicht kennt oder kennen muss.

2. Informations- und Notifikationspflicht (Abs. 3 Satz 2)

18 Genügt ein Produkt nicht den geltenden Barrierefreiheitsanforderungen, so hat der Einführer nach Maßgabe des § 9 Abs. 3 Satz 2 BFSG unverzüglich den Hersteller und die Marktüberwachungsbehörde zu informieren.[21] Die Verpflichtung lässt sich als Vormarktpflicht qualifizieren. Die im Schrifttum zuspitzend als „Selbstanschwärzungspflicht“[22] bezeichnete Verpflichtung ist darauf gerichtet, die Marktüberwachungsbehörde in die Lage zu versetzen, auf eine Nichtkonformität im Markt zu reagieren mithin das Erfordernis einer Durchführung von Risikoabwendungsmaßnahmen einer behördlichen Überprüfung zuzuführen. Die Verpflichtung trägt darüber hinaus zur Disziplinierung und Sensibilisierung der Wirtschaftsakteure bei der Problemidentifikation und -lösung bei. Während die Selbstanschwärzungspflicht oft als unangenehm oder überflüssig empfunden wird, ist die marktüberwachungsrechtliche Praxis demgegenüber durchaus von konstruktivem Zusammenwirken von Marktüberwachungsbehörde und Wirtschaftsakteuren bestimmt.[23]

IV. Gewährleistung nichtbeeinträchtigender Transport- und Lagerungsbedingungen (Abs. 4)

19 Der Einführer hat nach Maßgabe des § 9 Abs. 4 BFSG dafür zu sorgen, dass die Lagerungs- oder Transportbedingungen die Übereinstimmung des Produkts mit den Barrierefreiheitsanforderungen der BFSGV nicht beeinträchtigen, solange sich das Produkt in seinem Verantwortungsbereich befindet. Für geeignete Lagerungs- und Transportbedingungen zu sorgen, ist auch ureigenstes Interesse des Einführers als (zivil-)haftungsrechtlicher Adressat.[24]

20 Im Verantwortungsbereich des Einführers befindet sich ein Produkt dann, wenn dem Einführer die Steuerung bzw. Kontrolle des betreffenden Vorgangs möglich ist.[25] Ein Produkt befindet sich daher auch dann im Verantwortungsbereich des Einführers, wenn dieser ein externes Logistikunternehmen mit Transport oder Lagerung des Produkts beauftragt. Ein weites Verständnis des Verantwortungsbereiches ist angesichts der Verbreitung externer Logistikdienstleister angezeigt, um der Vor-

---

21 *Schucht*, CCZ 2024, 66, 70 [zur GPSR]; *Schucht*, CB 2024, 436, 437 [zur GPSR]; *Schucht*, CCZ 2022, 230, 234.

22 *Klindt*, ZRP 2000, 419, 422; *Klindt*, NJW 2004, 465, 469; *Littbarski*, VersR 2005, 448, 455; *Schucht*, BB 2013, 905, 905; *Klindt/Piovano*, NVwZ 2021, 1016, 1016; *Wiebe/Schucht*, NZV 2022, 209, 213; *Lenz*, in: Lenz, Produkthaftung, § 8 Rn. 57.

23 *Gauger/Hartmannsberger*, NJW 2014, 1137, 1140 f.

24 *Spiegel*, in: BeckOK Produktrecht, Art. 11 GPSR Rn. 47 [zur GPSR].

25 *Wiebe*, BB 2022, 899, 904 [zur KI-VO]; *Schucht*, in: Schucht/Wiebe, EU-Produktsicherheitsverordnung, Art. 11 Rn. 111 [zur GPSR]; *Gössl*, in: Martini/Wendehorst, KI-VO, Art. 23 Rn. 30 [zur KI-VO].

schrift nicht weitegehend ihren Anwendungsbereich zu entziehen und eine lückenlose Verantwortlichkeit der Marktakteure sicherzustellen.

Die Vorschrift fasst insbesondere die Sorge für eine fachgerechte Verpackung der Produkte und den Schutz vor Witterungseinflüssen ins Auge.[26] So ist es in Fällen, in denen die Kennzeichnungspflicht zulässigerweise mittels Aufklebers oder Hangtags realisiert wurde,[27] zumindest denkbar, dass sich die betreffende Kennzeichnung, die barrierefrei zu erfolgen hat, durch einen sorgfaltswidrigen Transport oder falsche Lagerungsbedingungen ablösen kann.[28] Genauso scheint es nicht ausgeschlossen, dass begleitende Dokumente wie Gebrauchsanleitung und Sicherheitsinformationen durch eine falsche, etwa feuchte Lagerung in Mitleidenschaft gezogen werden.[29] **21**

Der Einführer verwirklicht die Pflicht zur Gewährleistung nichtbeeinträchtigender Transport- und Lagerungsbedingungen nach Maßgabe des § 9 Abs. 4 BFSG in erster Linie durch organisatorische Vorkehrungen. So hat der Einführer etwa das Vorhandensein geeigneter Lagerräume, ein Konzept für die separate Lagerung besonders sensibler Produkte und die Eignung der beschäftigten Arbeitnehmer bzw. beauftragter Logistikunternehmen sicherzustellen.[30] Die ergriffenen Vorkehrungen sind dabei zum Zwecke des Nachweises gegenüber der Marktüberwachungsbehörde sinnvollerweise entsprechend zu dokumentieren. **22**

V. Korrekturmaßnahmen im Nachmarkt (Abs. 5)

§ 9 Abs. 5 BFSG i. V. m. 6 Abs. 4 BFSG regelt die Pflicht des Einführers, Korrekturmaßnahmen auf Nachmarktebene einzuleiten.[31] Die Verpflichtung entspricht damit, jedenfalls prima facie, der korrespondierenden Verpflichtung des Herstellers (→ § 6 Rn. 38) und geht auf die Referenzbestimmung in Anhang I Art. R4 Abs. 7 des Beschlusses Nr. 768/2008/EG zurück.[32] **23**

§ 6 Abs. 4 BFSG legt dabei ein zweistufiges Verfahren zur Behebung von Nichtkonformitäten im Nachmarkt fest, wenn der Einführer aufgrund der ihm vorliegenden Informationen Kenntnis oder Grund zu der Annahme hat, dass ein von ihm in Verkehr gebrachtes Produkt gefährlich ist. Erstens hat der Einführer nach § 9 Abs. 5 Satz 1 BFSG i. V. m. § 6 Abs. 4 Satz 1 BFSG die erforderlichen Korrekturmaßnahmen zu ergreifen, um die Konformität des Produkts wirksam herzustellen, bzw., **24**

---

26 BT-Drs. 19/28653, S. 76; *Schißler*, in: BeckOK Produktrecht, Art. 12 GPSR Rn. 19, 21 [zu Art. 12 GPSR].

27 Hierzu *Schucht*, CB 2023, 34, 36; *Kapoor*, in: Klindt, ProdSG § 6 Rn. 37 [zum ProdSG]; *Schucht*, DÖV 2018, 431, 437; *Wende*, in: Klindt, ProdSG § 7 Rn. 19 [zum ProdSG].

28 *Schißler*, In: BeckOK Produktrecht, Art. 12 GPSR Rn. 19; *Schucht*, in. Schucht/Wiebe, EU-Produktsicherheitsverordnung, Art. 11 Rn. 107 [zur GPSR].

29 *Schucht*, in: Schucht/Wiebe, EU-Produktsicherheitsverordnung, Art. 11 Rn. 107 [zur GPSR].

30 *Schucht*, in: Schucht/Wiebe, EU-Produktsicherheitsverordnung, Art. 11 Rn. 109, 112 [zur GPSR].

31 BT-Drs. 19/28653, S. 76; *Wagner*, MMR 2024, 755, 757; *Franke*, ZfPC 2024, 21, 23; vgl. auch *Spiegel*, in; BeckOK Produktrecht, Art. 11 GPSR Rn. 54 [zur GPSR]; *Rehmann*, in: Rehmann/Wagner, MP-VO, Art. 13 Rn. 5 [zur MP-VO].

32 *Schucht*, in: Schucht/Wiebe, EU-Produktsicherheitsverordnung, Art. 11 Rn. 137 f. [zur GPSR].

wenn die Herstellung der Konformität nicht möglich ist, das Produkt nach § 9 Abs. 5 BFSG i. V. m. § 6 Abs. 4 Satz 2 BFSG zurückzunehmen (→ § 2 Nr. 23 BFSG). Hierzu tritt in einem zweiten Schritt kumulativ die Verpflichtung, die Marktüberwachungsbehörde zu unterrichten (§ 9 Abs. 5 BFSG i. V. m. § 6 Abs. 4 Satz 3 BFSG).

1. Ergreifen von Korrekturmaßnahmen (Abs. 4 Satz 1)

25 Nach § 9 Abs. 5 BFSG i. V. m. § 6 Abs. 4 Satz 1 BFSG ist der Einführer in Umsetzung von Art. 8 Abs. 8 RL 2019/882/EU verpflichtet, unverzüglich selbst und in eigener Verantwortung erforderliche Korrekturmaßnahmen zur Herstellung der Produktkonformität zu ergreifen, wenn er Kenntnis davon oder Grund zur Annahme hat, dass ein von ihm in Verkehr gebrachtes (→ § 2 Nr. 10 BFSG) Produkt nicht den Barrierefreiheitsanforderungen der BFSGV entspricht.[33] Die Bestimmung geht auf Anhang I Art. R4 Abs. 7 des Beschlusses Nr. 786/2008/EG über einen gemeinsamen Rechtsrahmen für die Vermarktung von Produkten zurück und fügt sich daher nahtlos in das übrige harmonisierte Produktsicherheitsrecht ein.[34] Die entsprechende Pflicht des Einführers steht dabei selbstständig neben den gleichgerichteten Pflichten von Hersteller (§ 6 Abs. 4 Satz 1 BFSG) und Händler (§ 11 Abs. 4 BFSG i. V. m. § 6 Abs. 4 Satz 1 BFSG).

26 Der Zweck der auf Nachmarktebene angesiedelten Verpflichtung des Einführers liegt darin, im Lichte des Konzepts der Selbstregulierung eine im Feld bestehende materielle Nichtkonformität zu korrigieren und zu beseitigen.[35]

a) Voraussetzungen der Reaktionspflicht

27 Um die Verpflichtung zum Ergreifen von Korrekturmaßnahmen nach § 9 Abs. 5 BFSG i. V. m. 6 Abs. 4 Satz 1 BFSG zu aktivieren, muss der Einführer positive Kenntnis davon oder Grund zur Annahme haben, dass das betreffende in Verkehr gebrachte Produkt nicht den Barrierefreiheitsanforderungen der BFSGV entspricht.

28 Der Einführer hat dabei Grund zur Annahme einer Nichtkonformität, wenn die ihm bekannten Umstände eine relevante Nichtkonformität nahelegen, mithin sich dem Einführer die fehlende Konformität aufdrängt.[36] Vollständiger Überzeugung bedarf es aber gerade nicht, sodass auch fahrlässige Unkenntnis des Einführers darüber, dass das von ihm bereit gestellte Verbraucherprodukt den Barrierefreiheitsanforderungen der BFSGV nicht genügt, die Verpflichtung zum Ergreifen von Korrektur-

---

33 BT-Drs. 19/28653, S. 76; *Ruttloff/Wagner/Misztl*, ESG 2023, 325, 328; *Wagner*, MMR 2024, 755, 757; vgl. auch *Schucht*, in: Schucht/Wiebe, EU-Produktsicherheitsverordnung, Art. 11 Rn. 154 [zur GPSR].

34 Art. 11 Abs. 8 GPSR; Art. 13 Abs. 7, 14 Abs. 6 Maschinen-VO; Art. 13 Abs. 7 MP-VO.

35 *Eisenberger*, in: Martini/Wendehorst, KI-VO, Art. 20 Rn. 2 [zu Art. 20 KI-VO]; *Schucht*, in: Schucht/Wiebe, EU-Produktsicherheitsverordnung, Art. 11 Rn. 140 [zur GPSR].

36 *Schucht*, in: Schucht/Wiebe, EU-Produktsicherheitsverordnung, Art. 11 Rn. 50 [zur GPSR]; ähnlich *Gössl*, in: Martini/Wendehorst, KI-VO, Art. 23 Rn. 20 [zur KI-VO]; vgl. auch *Piovano*, in: Schucht/Wiebe, EU-Produktsicherheitsverordnung, Art. 9 Rn. 88 [zu Art. 9 GPSR]: „hätte kennen müssen"; *Schißler*, in: BeckOK Produktrecht, Art. 12 GPSR Rn. 25 [zu Art. 12 GPSR]: „begründete Zweifel".

maßnahmen nicht entfallen lässt.[37] Ausreichend ist ein objektiver Tatumstand, der dem Einführer zu Kenntnis gelangt und ihn auf eine Nichtkonformität schließen lässt. Andererseits reichen rein subjektive Verdachtsmomente nicht aus, wenn sie nicht durch irgendwelche objektiv nachvollziehbaren Anlässe nahegelegt werden.

Umstände, aufgrund derer der Einführer nach § 9 Abs. 5 BFSG i. V. m. § 6 Abs. 4 **29**
Satz 1 BFSG Grund zur Annahme einer Nichtkonformität haben kann, können sich in Gestalt von Informationen aus der Lieferkette, von Wettbewerbern, von Verbrauchern (ansteigendes Reklamationsgeschehen im Feld) oder Verbraucherorganisationen, sowie aus dem Kreis der Marktüberwachung, die ihrerseits hinreichend substantiiert und mit Belegen untermauert sind, ergeben.[38] Welche Mitteilungen freilich als hinreichend substantiiert anzusehen sind, wird gerichtlicher Klärung vorbehalten sein.[39] Der Einführer wird dabei bei einem aufgrund objektiver Tatumstände gewonnenen Nichtkonformitätsverdacht durchaus auch in gewissem Umfang verpflichtet sein, diesem Verdacht durch Nachforschung nachzugehen. Die Bestimmung des genauen Zeitpunkts, zu dem ein Grund zur Annahme vorliegt und damit die Pflicht zum Ergreifen von Korrekturmaßnahmen auslöst, ist in der Praxis schwierig, da sich das Bewusstsein einer bestehenden Nichtkonformität, wenn es nicht gerade durch ein anwaltliches oder technisches Gutachten gewonnen wird, oftmals nicht schlagartig manifestiert.[40]

Ausgelöst wird die Reaktionspflicht des Einführers durch eine Nichtkonformität **30**
mit den Barrierefreiheitsanforderungen der BFSGV. Die Reaktionspflicht wird daher ausweislich des eindeutigen Wortlauts des § 6 Abs. 4 Satz 1 BFSG nicht durch Rechtsverstöße ausgelöst, die nicht in Zusammenhang mit einer fehlenden Barrierefreiheit des Produkts stehen, wie etwa das Fehlen der CE-Kennzeichnung. Zu beachten bleibt freilich, dass der Hersteller in Ansehung solcher Verstöße gleichwohl nach Maßgabe des § 23 Abs. 1 BFSG durch die Marktüberwachungsbehörde zum Ergreifen von Korrekturmaßnahmen verpflichtet werden kann. Zweitens wird mit der Bezugnahme auf die Barrierefreiheitsanforderungen klargestellt, dass auch kennzeichnungsrechtliche Verstöße oder das Fehlen von Gebrauchsanleitung und Sicherheitsinformationen die Verpflichtung zum Ergreifen von Korrekturmaßnahmen dort aktivieren, wo die betreffende Kennzeichnung barrierefrei zu erfolgen hat. Denn es gehört zweifelsohne zu den Barrierefreiheitsanforderungen, dass die betreffenden Kennzeichnungen und Dokumente in barrierefreier Form vorhanden sind (§ 4 Abs. 1 BFSGV).

---

37 *Kapoor*, in: Klindt, ProdSG, § 6 Rn. 79 [zum ProdSG]; *Schucht*, in: Schucht/Wiebe, EU-Produktsicherheits-verordnung, Art. 11 Rn. 44 [zur GPSR].

38 *Gössl*, in: Martini/Wendehorst, KI-VO, Art. 23 Rn. 20 [zur KI-VO]; *Schucht*, in: Schucht/Wiebe, EU-Produktsicherheitsverordnung, Art. 11 Rn. 52 [zur GPSR]; *Kapoor*, in: Heckmann/Paschke, Cyber Resilience Act, Art. 20 Rn. 20 [zu Art. 20 CRA]; *Kapoor*, in: Klindt, ProdSG, § 6 Rn. 79 [zum ProdSG].

39 Vgl. anhängige Vorlage BGH, Urt. v. 21.12.2023 – I ZR 17/23, PharmR 2024, 97 – „Trockenluftkompressor“ [zum MedizinprodukteR].

40 *Piovano*, in: Schucht/Wiebe, EU-Produktsicherheitsverordnung, Art. 9 Rn. 88 [zu Art. 9 GPSR]; *Kapoor*, in: Klindt, ProdSG, § 6 Rn. 78 f. [zum ProdSG].

b) Inhalt der Reaktionspflicht

31 Nach Maßgabe des § 6 Abs. 4 Satz 1 BFSG hat der Einführer die erforderlichen Korrekturmaßnahmen zu ergreifen. Obwohl die Pflicht des Einführers zum Ergreifen von Korrekturmaßnahmen erst entsteht, wenn er Produkte in Verkehr gebracht (→ § 2 Nr. 10 BFSG) hat, können sich die Korrekturmaßnahmen selbst auch auf solche Produkte beziehen, die sich noch im Zugriffsbereich des Einführers befinden.[41] Digitale Produkte oder solche Produkte mit digitalen Elementen, wie sie das BFSG schwerpunktmäßig zum Gegenstand hat, bieten dabei den Vorteil, dass Barrierefreiheitsdefizite im Bereich der Software durch Softwareupdates (sog. Patches), die drahtlos („over the air") übertragen werden, behoben werden können und die Kosten für die Bereitstellung eines Software-Updates für den betreffenden Marktakteur im Gegensatz zur Nachrüstung physischer Elemente eines Produkts in der Regel überschaubar sind.[42] Es kann daher durchaus davon ausgegangen werden, dass im Anwendungsbereich des BFSG Nichtkonformitäten im Nachmarkt verhältnismäßig einfach ausgeräumt werden können.

c) Frist

32 Die erforderlichen Korrekturmaßnahmen im Nachmarkt hat der Einführer nach § 9 Abs. 5 BFSG i. V. m. § 6 Abs. 4 Satz 1 BFSG unverzüglich zu ergreifen. Obwohl der nationale Umsetzungsgesetzgeber bei Implementierung der Vorschrift explizit auf die Terminologie des § 121 Abs. 1 Satz 1 BGB („ohne schuldhaftes Zögern") Bezug nimmt,[43] ist im Lichte der europarechtlichen Überformung der Vorschrift ein autonomer Maßstab für die Reaktionsfrist zu bestimmen.[44] Insoweit gelten die Ausführungen zur praxisrelevanteren Notifikationsfrist (§ 6 Abs. 4 Satz 3 BFSG) entsprechend, die nach dem hier vertretenen Ansatz regelmäßig mit 10 Kalendertagen zu bemessen sein wird (→ § 6 Rn. 43). Es ist gleichwohl zu beachten, dass der Einführer regelmäßig Zeit benötigen wird, um die entsprechende Marktmaßnahme vorzubereiten, was maßgeblich von der Art der ergriffenen Korrekturmaßnahme abhängt: Soll etwa ein Softwareupdate (over-the-air) durchgeführt werden, muss dieses zunächst programmiert und validiert werden.[45] Die Reaktionsfrist ist daher im Sinne einer Entschließungsfrist zu verstehen: Ausreichend ist es, dass die entsprechenden Korrekturmaßnahmen innerhalb der Frist eingeleitet und auf den Weg gebracht werden, was noch nicht notwendigerweise voraussetzt, dass sie bereits die Sphäre des Einführers verlassen und den Endkunden erreicht haben. Dieses Ergebnis wird insbesondere dadurch gestützt, dass es im Anwendungsbereich des BFSG, wo nichtkonforme Produkte allenfalls (mehr oder weniger) unbrauchbar, jedoch nicht gefährlich sind, weniger auf das Zeitmoment der Reaktion, sondern deren Tauglichkeit ankommt. Dennoch mag es dem Einführer geraten sein, im Zwei-

---

41 *Kapoor*, in: Heckmann/Paschke, Cyber Resilience Act, Art. 20 Rn. 24 [zu Art. 20 CRA].

42 *Grünvogel/Dörrenbächer*, ZVertriebsR 2019, 87, 89; *Reusch*, BB 2019, 904, 905 f.; *Raue*, NJW 2017, 1841, 1844 f.

43 BT-Drs. 19/28653, S. 74 [zu § 6 Abs. 4 Satz 1 BFSG].

44 *Klindt/Piovano*, NVwZ 2021, 1016, 1017; *Kapoor*, in: Klindt, ProdSG, § 6 Rn. 81; wohl auch *Schucht*, BB 2013, 905, 908; **a. A.** wohl *Moelle*, StoffR 2004, 178, 187.

45 *Piovano*, in: Schucht/Wiebe, EU-Produktsicherheitsverordnung, Art. 9 Rn. 96 [zur Art. 9 GPSR].

felsfall nachvollziehbar zu dokumentieren, warum eine bestimmte Marktmaßnahme eine bestimmte Zeit in Anspruch genommen hat.[46] Die Frage weist allerdings nur eine vergleichsweise geringe Praxisrelevanz auf, da ein Verstoß gegen § 9 Abs. 5 BFSG i. V. m. § 6 Abs. 4 Satz 1 BFSG, anders als Verstöße gegen die Pflicht zur unverzüglichen behördlichen Notifikation nach § 9 Abs. 5 BFSG i. V. m. § 6 Abs. 4 Satz 3 BFSG, nicht bußgeldbewehrt ist.

d) Pflichtenkumulation von Hersteller, Einführer und Händler

Den Hersteller (§ 6 Abs. 4 Satz 1 BFSG), den Einführer (§ 9 Abs. 5 BFSG i. V. m. § 6 Abs. 4 Satz 1 BFSG) und den Händler (§ 11 Abs. 4 BFSG i. V. m. § 6 Abs. 4 Satz 1 BFSG) treffen im produktsicherheitsrechtlichen Regelungssystem weitgehend gleichgelagerte Reaktionspflichten bei Nichtkonformität im Nachmarkt. Dieser Umstand macht es notwendig, die damit einhergehende Pflichtenkumulation aufzulösen und handhabbar zu machen, um etwa abzustecken, inwieweit Maßnahmen durch den Einführer neben denen des Herstellers ergriffen werden müssen. **33**

Der Hersteller trägt die primäre und letztendliche Verantwortung für die Konformität seines Produkts mit den anzuwendenden Harmonisierungsrechtsvorschriften der Union, da er entweder das Produkt selbst entworfen und hergestellt hat oder das Produkt unter seinem Namen oder seiner Marke auf den Markt gelangt (Grundsatz der Primärverantwortlichkeit).[47] Dieser Rechtsgedanke lässt sich auf die Nachmarktebene spiegeln: Ist der Hersteller vor Inverkehrbringen (→ § 2 Nr. 10 BFSG) der für die Produktkonformität originär verantwortliche Wirtschaftsakteur, so kann für die Herstellung der Konformität auf Nachmarktebene nichts anderes gelten. Dem entspricht auch die Rechtsauffassung der Europäischen Kommission, die davon ausgehen, dass marktüberwachungsrechtliche Maßnahmen gegen den Hersteller zu richten sind, es sei denn, die streitgegenständliche Frage bezieht sich speziell auf den Händler.[48] Diese Stellungnahme wird zusätzlich durch die Leitlinien der Kommission zur Anwendung der Maschinenrichtlinie RL 2006/42/EG abgesichert, wonach Händler als Vertreter der Lieferkette nur sekundär in Anspruch zu nehmen sind, wenn der Hersteller nicht oder nicht ohne Weiteres zu erreichen ist.[49] **34**

Darüber hinaus wird ein Einführer seiner Verpflichtung zum Ergreifen von Korrekturmaßnahmen nur unter Heranziehung des Herstellers nachkommen können, insbesondere in Fällen, in denen die Nichtkonformität auf der technischen Gestaltung des Produkts beruht. In solchen Fällen beschränkt sich die Pflicht des Einführers zur Einleitung von Korrekturmaßnahmen darauf, deren Einleitung durch den Hersteller im Wege der Information innerhalb der Lieferkette sicherzustellen (vgl. § 9 Abs. 5 **35**

46 *Piovano*, in: Schucht/Wiebe, EU-Produktsicherheitsverordnung, Art. 9 Rn. 96 [zur Art. 9 GPSR].

47 *Europäische Kommission* (Hrsg.), Leitfaden für die Umsetzung der Produktvorschriften der EU („Blue Guide"), 2022, S. 35; *Klindt*, ZRP 2023, 108, 109; *Piovano*, Der Hersteller im Produktsicherheitsrecht, S. 76.

48 *Europäische Kommission* (Hrsg.), Leitfaden für die Umsetzung der Produktvorschriften der EU („Blue Guide"), S. 102.

49 Leitfaden für die Anwendung der Maschinenrichtlinie 2006/42/EG, 2.2 Aufl. Okt. 2019, § 100.

BFSG i.V.m. § 6 Abs. 4 Satz 3 BFSG) und Korrekturmaßnamen des Herstellers in erforderlichem und angemessenem Maße zu unterstützen.[50]

2. Produktrücknahme und Produktrückruf (Abs. 4 Satz 2)

a) Allgemeines

36 Kann die Konformität mit der BFSGV in den Fällen des § 9 Abs. 5 BFSG i.V.m. § 6 Abs. 4 Satz 1 BFSG nicht hergestellt werden (etwa über ein Software-Update), so hat der Einführer nach § 9 Abs. 5 BFSG i.V.m. § 6 Abs. 4 Satz 2 BFSG das betreffende Produkt zurückzunehmen oder zurückzurufen.[51] Der Begriff des Produktrückrufs, der erst im Zuge der nationalen Umsetzung der RL 2019/882/EU Eingang in die Vorschrift gefunden hat und allein auf nationale begriffliche Gepflogenheiten Rücksicht nimmt, geht im weiten unionsrechtlichen Begriff der Produktrücknahme (→ § 2 Nr. 23 BFSG) auf (→ § 2 Rn. 32).

37 Die Pflicht zur Produktrücknahme entsteht auch dann, wenn die Korrektur der im Feld bestehenden Konformität zwar technisch, aber nicht innerhalb einer angemessenen Zeitspanne möglich ist.[52] Dem Begriff der Angemessenheit wohnt ein Wertungsmoment inne, das richtigerweise durch den Grad der durch die Nichtkonformität ausgelösten Beeinträchtigung des Endkunden maßgebend konturiert wird.

38 Entgegen dem insoweit durchaus irreführenden Wortlaut („oder") und den Leitlinien des BMAS, die von einem Wahlrecht des Einführers sprechen,[53] ist richtigerweise der Einführer umfassend verpflichtet, nichtkonforme Produkte der Lieferkette und dem Markt zu entziehen. Denn gibt das Unionsrecht in Art. 9 Abs. 8 Satz 1 RL 2019/882/EU vor, dass nichtkonforme Produkte zurückzunehmen sind, und versteht das Unionsrecht darunter (vgl. § 2 Nr. 23 BFSG) im Sinne eines weiten Rücknahmebegriffs sowohl Maßnahmen im Markt als auch in der Lieferkette, gibt es an der umfassenden Verpflichtung zum Tätigwerden in Lieferkette und Markt keinerlei Zweifel.

b) Andere Rückrufverpflichtungen

39 Eine Rückrufverpflichtung nach Maßgabe des nationalen Deliktsrechts (sog. Grundsätze der Produzentenhaftung) scheitert schon daran, dass der Einführer nach deliktsrechtlichen Grundsätzen für die Sicherheit der von ihm vertriebenen Produkte grundsätzlich nicht verantwortlich ist.[54] Selbst im Falle einer Verantwortlichkeit ist nach den zur Herstellerhaftung entwickelten Grundsätzen ein Produktrückruf nur dort angezeigt, wo aufgrund besonderer Anhaltspunkte davon ausgegangen werden

---

50 So (wohl) auch *Schucht*, in: Schucht/Wiebe, EU-Produktsicherheitsverordnung, Art. 11 Rn. 155 [zur GPSR]; *Schucht*, CCZ 2024, 66, 70.

51 BT-Drs. 19/28653, S. 76; BMAS (Hrsg.), Leitlinien für die Anwendung des Barrierefreiheitsstärkungs-gesetzes, S. 10; *Franke*, ZfPC 2024, 21, 23; *Ruttloff/Wagner/Misztl*, ESG 2023, 325, 328.

52 BT-Drs. 19/28653, S. 76.

53 BMAS (Hrsg.), Leitlinien für die Anwendung des Barrierefreiheitsstärkungs-gesetzes, S. 10: „zwischen der Variante der Rücknahme oder des Rückrufs frei entscheiden".

54 BGHZ 99, 167 = NJW 1987, 1009 – Lenkerverkleidung; BGH NJW 1994, 517; OLG Celle VersR 2006, 1647 = NJW-RR 2006, 526 – Pendelrollenlager; *Wagner*, in: MükoBGB, § 823 Rn. 1052.

kann, dass etwaige Produktgefahren durch eine bloße Warnung nicht effektiv beseitigt werden können.[55] Und drittens führt eine Nichtkonformität mit den Vorgaben des BFSG regelmäßig nur dazu, dass das betreffende Produkt allenfalls (mehr oder weniger) unbrauchbar, aber nicht gefährlich sind und daher schon im Regelfall keine entsprechende Verkehrssicherungspflicht zur Abwehr von Produktgefahren bestehen wird.

Eine Verpflichtung zum Produktrückruf kann sich nach § 22 Abs. 4 Satz 1 BFSG **40**
auch aus einer entsprechenden behördlichen Anordnung ergeben, mit denen auch Einführer zur Durchführung entsprechender Maßnahmen zur Behebung einer im Feld auffindbaren Nichtkonformität durch Produktrückruf hoheitlich gezwungen werden können.[56]

c) Kostentragungspflicht?

Führt der Einführer den Produktrückruf der Verpflichtung aus § 9 Abs. 5 BFSG **41**
i. V. m. § 6 Abs. 4 Satz 1 BFSG entsprechend durch, so stellt sich die Frage, ob er verpflichtet ist, mit diesem Rückruf bestimmte Abhilfemaßnahmen (Reparatur, Ersatz des Produkts, Erstattung des Werts des zurückgerufenen Produkts) auf eigene Kosten zu verbinden. Anders als im Anwendungsbereich der GPSR kennt das BFSG keine Art. 37 GPSR entsprechende Kostentragungspflicht für Wirtschaftsakteure in Ansehung bestimmter Abhilfemaßnahmen im Zuge eines Produktrückrufs („produktsicherheitsrechtliche Gewährleistung").[57] Der Hersteller ist daher im Anwendungsbereich des BFSG weder aus privatrechtlichen noch öffentlich-rechtlichen Gründen verpflichtet, Abhilfemaßnahmen auf eigene Kosten einzuleiten.

d) Pflichtenkumulation von Hersteller, Einführer und Händler

Wie auch beim Ergreifen von Korrekturmaßnahmen (§ 9 Abs. 5 BFSG i. V. m. § 6 **42**
Abs. 4 Satz 1 BFSG) bestehen auch bei der Verpflichtung zur Produktrücknahme nach 9 Abs. 5 BFSG i. V. m. § 6 Abs. 4 Satz 2 BFSG gleichgelagerte Pflichten der übrigen Wirtschaftsakteure (§§ 6 Abs. 4, 11 Abs. 4 BFSG). Auch hier ist im Lichte des Grundsatzes der Primärverantwortlichkeit des Herstellers (→ § 6 BFSG Rn. 2) zu beachten, dass Produktrücknahme und Produktrückruf im Regelfall vom Hersteller initiiert werden sollten, weil dieser sein Produkt am besten kennt, die Konformität mit den Vorgaben der BFSGV am besten einschätzen kann und auch am effizientesten in der Lage ist, die erforderlichen Rückrufmaßnahmen auf sämtliche betroffenen und von ihm vertriebenen Produkte zu erstrecken, weil nur er – gewissermaßen als Quelle des Produktvertriebs – die Daten seiner verschiedenen Abnehmer kennt.

---

55 Grundlegend BGH Urt. v. 16.12.2008 – VI ZR 170/07, BGHZ 179, 157 = NJW 2009, 1080 – „Pflegebetten"; vgl. auch *Wagner*, in: MükoBGB, § 823 Rn. 1121 ff.; umfassend *Lüftenegger*, Rückrufpflicht des Herstellers, S. 207 ff.; krit. *Handorn*, MPR 2009, 37, 42; *Klindt*, BB 2009, 792, 794 f.

56 *Kapoor*, in: Kapoor, ProdHaftG, § 1 Rn. 141 [zum ProdHaftG]; *Franke*, ZfPC 2024, 21, 25; *Ruttloff/Wagner/Misztl*, ESG 2023, 325, 330.

57 Hierzu *Ackermann/Golling* ZfPC 2022, 67, 70 [zur GPSR]; *Hartmann/Klindt*, ZfPC 2022, 73, 76 [zur GPSR]; *Niermeier*, NJW 2024, 1463, 1463 ff. [zur GPSR]; *Thöne*, ZfPC 2024, 49, 49 ff. [zur GPSR].

Sollte der im Drittland ansässige Hersteller gleichwohl untätig bleiben, obliegt es dem Einführer als Quelle für den Produktvertrieb in Europa, entsprechende Korrekturmaßnahmen einzuleiten. Bleibt der Hersteller nicht untätig, so kann sich der Einführer regelmäßig darauf beschränken, Korrekturmaßnahmen des Herstellers in erforderlichem und angemessenem Maße zu unterstützen.[58]

3. Notifikationspflicht (Abs. 4 Satz 3)

43 Genügt ein Produkt den Barrierefreiheitsanforderungen der BFSGV nicht, so hat der Einführer nach Maßgabe des § 9 Abs. 5 BFSG i. V. m. § 6 Abs. 4 Satz 3 BFSG die Marktüberwachungsbehörde (→ § 2 Nr. 22 BFSG) und die Marktüberwachungsbehörden der Mitgliedstaaten der Europäischen Union, in denen er das Produkt in den Verkehr gebracht hat, unverzüglich zu informieren (sog. Notifikationspflicht).[59] Die Verpflichtung lässt sich als Nachmarktpflicht qualifizieren und tritt neben die Verpflichtung zum Ergreifen von Korrekturmaßnahmen bzw. zur Produktrücknahme (§ 9 Abs. 5 BFSG i. V. m. § 6 Abs. 4 Satz 1, 2 BFSG). Die im Schrifttum zuspitzend als „Selbstanschwärzungspflicht“[60] bezeichnete Verpflichtung ist darauf gerichtet, die Marktüberwachungsbehörde in die Lage zu versetzen, auf eine Nichtkonformität im Markt zu reagieren, mithin die Durchführung von Korrekturmaßnahmen einer behördlichen Überprüfung zuzuführen. Die Verpflichtung trägt darüber hinaus zur Disziplinierung und Sensibilisierung der Wirtschaftsakteure bei der Problemidentifikation und -lösung bei. Während die Selbstanschwärzungspflicht oft als unangenehm oder überflüssig empfunden wird, ist die marktüberwachungsrechtliche Praxis demgegenüber durchaus von konstruktivem Zusammenwirken von Marktüberwachungsbehörde und Wirtschaftsakteuren geprägt.[61]

a) Adressat der Information

44 Die Notifikationspflicht des Einführers ist zum einen auf die Notifikation bei der nationale Marktüberwachungsbehörde, die Marktüberwachungsstelle der Länder für die Barrierefreiheit von Produkten und Dienstleistungen (MLBF) (→ § 20 BFSG Rn. 2), zum anderen aber auch auf die Notifikation bei den Marktüberwachungsbehörden der Mitgliedstaaten der Europäischen Union, in denen der Hersteller das betreffende Produkt in den Verkehr gebracht hat, bezogen.[62] Solange digitale Lösungen (für Produkte, die unter andere sektorspezifische Harmonisierungsvorschriften fallen, können entsprechende Behördenmeldungen über das Safety-Business-Gate-

---

58 *Kapoor*, in: Heckmann/Paschke, Cyber Resilience Act, Art. 19 Rn. 28 [zum CRA].

59 *Ruttloff/Wagner/Misztl*, ESG 2023, 325, 328; *Franke*, ZfPC 2024, 21, 23; *Wagner*, MMR 2024 755, 757; BMAS (Hrsg.), Leitlinien für die Anwendung des Barrierefreiheitsstärkungsgesetzes, S. 10; BT-Drs. 19/28653, S. 76; *Schucht*, CCZ 2024, 66, 70 [zur GPSR]; *Schucht*, CB 2024, 436, 438 [zur GPSR].

60 *Klindt*, ZRP 2000, 419, 422; *Klindt*, NJW 2004, 465, 469; Littbarski, VersR 2005, 448, 455; *Schucht*, BB 2013, 905, 905; *Klindt/Piovano*, NVwZ 2021, 1016, 1016; *Wiebe/Schucht*, NZV 2022, 209, 213; *Lenz*, in: Lenz, Produkthaftung, § 8 Rn. 57.

61 *Gauger/Hartmannsberger*, NJW 2014, 1137, 1140 f.

62 Vgl. auch die entsprechende Regelung in Art. 9 Abs. 8 lit. c GPSR.

way der EU-Kommission abgesetzt werden)[63] zur Übermittlung entsprechender Behördenmeldungen für den vorliegenden Kontext noch nicht zur Verfügung stehen, muss der Einführer im Falle des Vorliegens der Voraussetzungen der Meldepflicht selbst dafür sorgen, die zuständigen Marktüberwachungsbehörden in den Mitgliedstaaten zu ermitteln, in denen er das Produkt in Verkehr gebracht hat.

b) Form der Behördeninformation

Anders als im Kontext der GPSR ist die Erfüllung der Behördeninformationspflicht nicht an das *Safety-Business-Gateway* der EU-Kommission gebunden.[64] Im Anwendungsbereich des BFSG, das die Behördennotifikation nicht an ein bestimmtes Medium bindet, ist es daher nach wie vor ohne weiteres möglich, die Notifikation mittels E-Mail oder Brief vorzunehmen. **45**

c) Fristfragen der Notifikationspflicht

aa) Dauer

Die rechtlichen Kernfragen der Behördennotifikation drehen sich um die zeitlichen Grenzen der Notifikationspflicht („unverzüglich"), die auch deshalb praktische Relevanz erlangt, weil eine verspätete Notifikation mit erheblicher Geldbuße sanktioniert werden kann (vgl. § 37 Abs. 1 Nr. 2 BFSG: „nicht rechtzeitig"). Erhebliche Rechtsunsicherheit entsteht dabei dadurch, dass, wie auch in weiten Teilen des übrigen Produktsicherheitsrechts, weder aus dem Gesetz selbst noch aus seiner Begründung handhabbare Anhaltspunkte folgen. **46**

Obwohl der nationale Umsetzungsgesetzgeber bei Implementierung der Vorschrift explizit auf die Terminologie des § 121 Abs. 1 Satz 1 BGB („ohne schuldhaftes Zögern") Bezug nimmt,[65] ist im Lichte der europarechtlichen Überformung der Vorschrift durch die RL 2019/882/EU (European Accessibility Act) ein autonomer Maßstab für eine fristgemäße Behördennotifikation zu bestimmen.[66] Ein nationaler Sonderweg widerspräche dem gesetzgeberischen Ziel der europäischen Harmonisierung des Produktsicherheitsrechts. Der Umsetzungsgesetzgeber weicht mit der erkennbaren Bezugnahme auf nationale Maßstäbe von den Vorgaben der Richtlinie ab und setzt den Rechtsakt damit letztlich defizitär um. Gerade daher steht die gesetzgeberische Einlassung zur Auslegung der Notifikationsfrist einer unionsrechtskonformen Auslegung des § 6 Abs. 4 Satz 3 BFSG, orientiert an autonomen Maßstäben, nicht entgegen. **47**

---

63 *Schucht*, CB 2024, 397, 399 [zur GPSR]; *Schucht*, CCZ 2024, 66, 68 [zur GPSR]; *Schucht*, GewArch 2022, 394, 400 f. [zur GPSR]; *Kapoor*, in: Heckmann/Paschke, Cyber Resilience Act, Art. 20 Rn. 18 [zum CRA]; Schucht, StoffR 2023, 239, 246 f. [zur GPSR].

64 Dazu *Schucht*, CCZ 2024, 66, 68 [zur GPSR]: „ausnahmslos"; Schucht, CB 2024, 397, 399 [zur GPSR]: „Pflicht"; *Piovano*, in: Schucht/Wiebe, EU-Produktsicherheitsverordnung, Art. 19 Rn. 117 [zur GPSR].

65 BT-Drs. 19/28653, S. 74.

66 *Klindt/Piovano*, NVwZ 2021, 1016, 1017; *Kapoor*, in: Klindt, ProdSG, § 6 Rn. 81 [zum ProdSG]; wohl auch *Schucht*, BB 2013, 905, 908; **a. A.** wohl *Moelle*, StoffR 2004, 178, 187.

48 Anhaltspunkt für die zeitlichen Grenzen der Notifikationsverpflichtung bieten die von der Europäischen Kommission erlassenen Leitlinien für die Meldung gefährlicher Verbrauchsgüter bei den zuständigen Behörden der Mitgliedstaaten durch Hersteller und Händler nach Art. 5 Abs. 3 der Richtlinie 2001/95/EG vom 14.12.2004.[67] Dabei kann der auf den Schweregrad von Produktrisiken gemünzte dreistufige Maßstab der Kommission nicht in Gänze sinnvollerweise auf die Einhaltung von Barrierefreiheitsanforderungen i. S. d. BFSG übertragen werden, von deren Nichteinhaltung ihrem Wesen nach keine Produktrisiken unterschiedlichen Stärkegrades ausgehen. Geht von einem Produkt überhaupt kein Risiko aus, so ist die Dringlichkeit der Notifikation jedenfalls am unteren Ende des dreistufigen Notifikationsmaßstabs anzusiedeln. Eine Notifikationsfrist von mindestens zehn Kalendertagen mag gleichwohl angemessene Anhaltspunkte bieten.[68]

49 Gleichwohl kann sich ein Einführer in der Praxis nicht darauf verlassen, dass die hier vertretene Rechtsauffassung in Anlehnung an die Kriterien der Kommission zur alten Produktsicherheitsrichtlinie von der Marktüberwachungsbehörde akzeptiert wird. Eine Berufung auf die genannten Leitlinien, die offenbar in keinem Mitgliedstaat Eingang in die rechtliche Umsetzung gefunden haben, ist daher allenfalls mit atmosphärisch vagen Ansprüchen verbunden.[69]

bb) Beginn

50 Von der Frage nach ihrer Dauer zu trennen ist die Frage, wann die Notifikationsfrist beginnt. Im Lichte der Erkenntnis, dass der Einführer im Rahmen der Notifikationspflicht im Nachmarkt nach § 9 Abs. 5 BFSG i. V. m. § 6 Abs. 4 BFSG ergriffene Korrekturmaßnahmen anzugeben hat (→ Rn. 51), wird vereinzelt abgeleitet, diese könne erst beginnen, wenn der verantwortliche Wirtschaftsakteur die Nichtkonformität kennt und eine Entscheidung über mögliche Abhilfemaßnahmen treffen kann, dem Marktakteur sei mithin eine gewisse Ermittlungsfrist zuzugestehen.[70] Diese Erwägungen mögen im allgemeinen Produktsicherheitsrecht, wo der Umfang eines konkreten Produktrisikos anfänglich schwer abschätzbar sein kann, noch eine gewisse Berechtigung besitzen. Demgegenüber wird die Frage einer Nonkonformität mit den Barrierefreiheitsanforderungen nicht von Zweifeln im Tatsächlichen abhängen. Der Beginn der Meldefrist kann außerdem nicht zur Disposition des Meldepflichtigen stehen, indem er bestimmt, wie schnell er geeignete Gefahrenabwendungsmaßnahmen entwickelt. Die Notifikationsfrist beginnt daher mit der schlichten Kenntnis von der Nichtkonformität des Produkts mit der BFSGV. Der sich dadurch ergebende

---

67 Europäische Kommission, Entscheidung 2004/905/EG, ABl. L 381; bezugnehmend auch *Klindt/Piovano*, NVwZ 2021, 1016, 1018; *Kapoor*, in: Klindt, ProdSG, § 6 Rn. 81 [zum ProdSG].

68 Strenger *Schucht*, in: Schucht/Wiebe, EU-Produktsicherheitsverordnung, Art. 12 Rn. 102 [zur GPSR]: „in wenigen Tagen".

69 *Kapoor*, in: Klindt, ProdSG, § 6 Rn. 80 [zum PrrodSG]; *Hagena/Freeman/Volz* BB 2005, 2591, 2592.

70 *Klindt/Piovano*, NVwZ 2021, 1016, 1018 ff.; *Piovano*, in: Schucht/Wiebe, EU-Produktsicherheitsverordnung, Art. 9 Rn. 95 [zur GPSR]; **richtigerweise a. A.:** *Kapoor*, in: Klindt, ProdSG, § 6 Rn. 73; nun auch *Schucht*, CB 2024, 397, 401.

Konflikt zwischen Schnelligkeit und Vollständigkeit der Mitteilung lässt sich über eine gestaffelte Notifikation auflösen (→ Rn. 52).[71]

d) Inhalt

Die Behördennotifikation muss nach § 9 Abs. 5 BFSG i. V. m. § 6 Abs. 4 Satz 4 BFSG ausführliche Angaben, insbesondere über die Art der Nichtkonformität und die ergriffenen Korrekturmaßnahmen, enthalten.[72] Dem Wörtchen „insbesondere" lässt sich entnehmen, dass der Einführer im Rahmen seiner Meldung im Einzelfall auch darüberhinausgehende Informationen zu übermitteln hat. Diese Informationen können sich beispielsweise auf die Erkenntnisquellen des Einführers, auf Anzahl und Vertriebswege bereits in den Verkehr gebrachter Produkte sowie auf die vorhandenen Lagerbestände beziehen. **51**

e) Strategische Aspekte der Behördenkommunikation

Wie bereits im Rahmen der Notifikationsfrist angedeutet, kann es je nach Sachverhaltskonstellation zur fristwahrenden Behördeninformation nach § 9 Abs. 5 BFSG i. V. m. § 6 Abs. 4 Satz 3 BFSG angezeigt sein, die Beschreibung der Maßnahmen zur Behebung der Nichtkonformität in einem ersten Schritt zurückzustellen und gestaffelt an die zuständigen Marktüberwachungsbehörde zu berichten.[73] Häufig kann das schlichte Phänomen einer Nichtkonformität zwar fristgemäß gemeldet werden. Die Erarbeitung passgenauer und geeigneter Korrekturmaßnahmen, mit denen der Nichtkonformität begegnet wird, nimmt dagegen regelmäßig mehr Zeit in Anspruch als für eine Behördenmeldung zur Verfügung steht. In der Regel steht vor der Festlegung konkreter Abwendungsmaßnahmen eine aufwändige Ursachenanalyse und die Einholung von Rechtsrat, deren Ergebnis Grundlage für eine daran anschließende Behebung der Nichtkonformität ist. **52**

f) Eigene Notifikation des Einführers trotz Herstellernotifikation?

In Anlehnung an die entsprechende Problematik im Rahmen des Pflichtenkanons des Händlers (→ § 11 BFSG Rn. 22) stellt sich die Frage, ob der Einführer eine Notifikation noch vornehmen muss, wenn bereits der Hersteller nach § 6 Abs. 4 Satz 3 BFSG eine solche Notifikation vorgenommen hat.[74] Zwar sind in diesem Falle die mit der Notifikationspflicht verfolgten Regelungsziele umfassend verwirklicht und es entspricht insoweit auch nationaler Verwaltungspraxis zu § 6 Abs. 4 ProdSG, dass jedenfalls der Händler in dieser Konstellation regelmäßig in Abstimmung mit dem Hersteller auf eine eigene Notifikation verzichtet.[75] Von den zuständigen Behörden wird dies in aller Regel akzeptiert, weil die Meldung des Einführers bzw. **53**

---

71 *Kapoor*, in: Klindt, ProdSG, § 6 Rn. 88 [zum ProdSG].

72 BT-Drs. 19/28653, S. 76; vgl. auch *Kapoor*, in: Heckmann/Paschke, Cyber Resilience Act, Art. 19 Rn. 34; vgl. auch *Poviano*, in: Schucht/Wiebe, EU-Produktsicherheitsverordnung, Art. 9 Rn. 122 [zur GPSR].

73 *Kapoor*, in: Klindt, ProdSG, § 6 Rn. 88 [zum ProdSG].

74 *Kapoor*, in: Heckmann/Paschke, Cyber Resilience Act, Art. 20 Rn. 20 [zum CRA].

75 *Kapoor*, in: Heckmann/Paschke, Cyber Resilience Act, Art. 20 Rn. 20 [zum CRA]; *Kapoor*, in: Klindt, ProdSG, § 6 Rn. 71 [zum ProdSG].

des Herstellers über das elektronische Kommunikationssystem der europäischen Marktüberwachungsbehörden (ICSMS) ohnehin kurzfristig behördenöffentlich wird. Dennoch ist die marktüberwachungsrechtliche Verantwortlichkeit des Einführers der des Herstellers deutlich stärker angenähert, als dies beim Händler der Fall ist. Der Einführer ist kein Verpflichteter zweiter Klasse[76] und kann sich daher nicht darauf verlassen, dass eine ausbleibende Behördenmeldung in dieser Konstellation stets sanktionslos bleiben wird.

4. Keine Pflicht zur Verbraucherinformation

54 Anders als die GPSR in Art. 11 Abs. 8 lit. c GPSR kennt das BFSG keine Verpflichtung des Einführers zur Verbraucherinformation über eine bestehende Nichtkonformität oder durchzuführende Feldmaßnahmen (sog. Produktsicherheitswarnung).[77] Das BFSG steht daher insbesondere dem Vorhaben eines Wirtschaftsakteurs nicht entgegen, eine bestehende Nichtkonformität ohne Wissen des Endkunden per Softwareupdate zu beheben.

VI. Nichtkonformitätsverzeichnis (Abs. 5)

55 In Umsetzung von Art. 9 Abs. 8 RL 2019/882/EU ist der Einführer nach § 9 Abs. 5 BFSG i. V. m. § 6 Abs. 5 Satz 1 BFSG verpflichtet, ein Verzeichnis derjenigen Produkte, über deren Nichtkonformität mit den geltenden Barrierefreiheitsanforderungen er die Marktüberwachungsbehörden informiert hat, und der diesbezüglichen Beschwerden zu führen (sog. Nichtkonformitätsverzeichnis).[78] Die Verpflichtung geht auf Anhang I Art. R4 Abs. 6 des Beschlusses Nr. 786/2008/EG über einen gemeinsamen Rechtsrahmen für die Vermarktung von Produkten zurück und findet sich daher in oftmals leicht modifizierter Form auch in anderen Rechtsakten des harmonisierten Produktsicherheitsrechts.[79] Die Bestimmung statuiert im Ausgangspunkt eine passive öffentlich-rechtliche Produktbeobachtungspflicht, die ihrer Art nach darauf abzielt, durch die Pflicht zur Registerführung den verpflichteten Wirtschaftsakteuren eine realitätsnahe Einschätzung über ein bereits auf dem Markt befindliches Verbraucherprodukt und die von ihm ausgehenden Gefahren, bzw. im Fall des BFSG die Verwendbarkeit des Verbraucherprodukts für Menschen mit Behinderungen zu ermöglichen.[80] Das BFSG verzichtet allerdings auf die final formulierte Vorgabe, (etwaige) bestehende Einschränkungen der Verwendbarkeit auch tatsächlich erkennen zu müssen und beschreibt gewissermaßen abstrakt die notwendigen Verhaltensweisen.

---

76 *Schucht*, BB 2013, 905, 908.

77 Dazu *Schucht*, CB 2024, 397, 401; *Neumann*, BB 2024, 2882, 2886.

78 BT-Drs. 19/28653, S. 76; *Ruttloff/Wagner/Misztl*, ESG 2023, 325, 328; *Wagner*, MMR 2024, 755, 757.

79 Vgl. Art. 9 Abs. 12 GPSR; Art. 10 Abs. 4 VO (EU) 2023/1230 (Maschinen-VO); Art. 41 Abs. 5 EU-Batt-VO.

80 *Piovano*, in: Schucht/Wiebe, EU-Produktsicherheitsverordnung, Art. 9 Rn 143 [zur GPSR]; *Kapoor*, in: Klindt, ProdSG, § 6 Rn. 56 [zum ProdSG].

Der Pflicht, ein Nichtkonformitätsregister zu unterhalten und eingehende Beschwerden über das hergestellte Produkt auszuwerten, kommt im genuinen Produktsicherheitsrecht vor dem Hintergrund realer Produktgefahren zweifelsohne eine größere Bedeutung als im Anwendungsbereich des BFSG zu, wo betroffene nichtkonforme Produkte allenfalls unbrauchbar, aber nicht gefährlich sind.[81] Die schlichte, unmodifizierte Übernahme der rahmenmäßigen Regelungsvorgabe aus Art. R4 Abs. 6 des Beschlusses Nr. 786/2008/EG zieht daher durchaus in Zweifel, welches Regelungsziel mit der in der Bestimmung realisierten Produktbeobachtungspflicht erreicht werden soll. Festhalten lässt sich aber, dass sich durch die Pflicht zum Führen eines Nichtkonformitätsverzeichnisses die Auswirkung einer erkannten Nichtkonformität im Markt, d. h. die Verwendbarkeit für Menschen mit Behinderung und die reale Brauchbarkeitsminderung durch das Fehlen der Barrierefreiheitsanforderungen, besser einschätzen lässt. So mag der Einführer auch zu ergreifende Abhilfemaßnahmen (vgl. § 9 Abs. 5 BFSG i. V. m. § 6 Abs. 4 BFSG) durchaus daran orientieren können, was ihm aus dem Feld gemeldet wird. **56**

Nach Maßgabe des § 9 Abs. 5 BFSG i. V. m. § 6 Abs. 5 Satz 2 BFSG ist das Nicht-konformitätsverzeichnis schriftlich oder elektronisch zu führen. Der Begriff der Schriftlichkeit ist daher im harmonisierten Produktsicherheitsrecht nach richtiger Auffassung an autonomen Maßstäben und nicht den Vorgaben des nationalen Rechts (vgl. § 126 BGB) zu orientieren.[82] Für das Schriftformerfordernis ist im Unionsrecht vielmehr der Zweck der betreffenden Unionsrechtsnorm maßgeblich und entscheidet über die an Schriftform zu stellenden Anforderungen.[83] Für die Schriftlichkeit i. S. d. § 6 Abs. 5 Satz 2 BFSG kommt es daher insbesondere nicht auf eine eigenhändige Unterschrift wie im Rahmen des § 126 BGB an. Dabei stellt sich schon die Frage, was ein solches Erfordernis eigenhändiger Unterschrift bei der Registerführung bezwecken würde. Schriftlichkeit ist daher im Sinne textlicher Verkörperung zu verstehen. Das Verzeichnis kann ausweislich § 6 Abs. 5 Satz 2 Var. 2 BFSG auch in elektronischer Form geführt werden. Auch die elektronische Form setzt nicht die nach nationalen Maßstäben (vgl. § 126a BGB) erforderliche qualifizierte elektronische Signatur voraus. Die elektronische Form liegt daher immer schon dann vor, wenn Daten durch Hilfsmittel verarbeitet oder übertragen werden.[84] **57**

81 *Franke*, ZfPC 2024, 21, 27.

82 *Kapoor,* in: Heckmann/Paschke, Cyber Resilience Act, Art. 18 Rn. 11 [zu Art. 18 CRA]; *Piovano,* in: Schucht/Wiebe, EU-Produktsicherheitsverordnung, Art. 10 GPSR Rn. 10 [zu Art. 10 GPSR]; *Gössl,* in: Martini/Wendehorst, KI-VO, Art. 22 Rn. 12 [zu Art. 22 KI-VO]; (wohl) **a. A.** (für Orientierung an § 126 BGB): *Klindt,* in: Klindt, ProdSG, § 2 Rn. 65 [zum ProdSG]; *Wilrich,* ProdSG, Rn. 199 [zum ProdSG]; *Wittbrodt,* in: BeckOK Produktrecht, Art. 3 Nr. 9 GPSR Rn. 7 [zur GPSR].

83 EuGH, Urt. v. 24.01.2002 – Rs. C-170/00, Slg 2002, I-1007 (1040); BGH, Urt. v. 6.12.2005 – XI ZR 139/05, NJW 2006, 681, 683; MüKoBGB/*Einsele*, 9. Aufl. 2021, BGB § 126 Rn. 6.

84 *Ruttloff/Wagner*, in: Schucht/Wiebe, EU-Produktsicherheitsverordnung, Art. 21 Rn. 15 [zur GPSR].

C. Verstöße

I. Bußgeldtatbestände

58 Ordnungswidrig handelt nach § 37 Abs. 1 Nr. 1 BFSG der Einführer, der ein Produkt entgegen § 9 Abs. 1 BFSG in Verkehr bringt. Die Ordnungswidrigkeit kann in ersterem Fall mit Geldbuße bis zu EUR 100.000 (vgl. § 37 Abs. 2 BFSG), im zweiten Fall mit Geldbuße bis zu EUR 10.000 geahndet werden.[85]

59 Ein Verstoß des Einführers gegen die Notifikationspflicht im Nachmarkt führt anders als beim Hersteller (→ § 6 BFSG Rn. 53) ausweislich § 37 Abs. 1 BFSG nicht zur Verwirklichung eines Bußgeldtatbestands.

II. Marktüberwachungsmaßnahmen

60 Der Einführer ist nach Maßgabe der Legaldefinition des § 2 Nr. 15 BFSG barrierefreiheitsrechtlicher Wirtschaftsakteur, sodass er von der zuständigen Marktüberwachungsbehörde grundsätzlich auch als solcher nach Maßgabe der §§ 22, 23 BFSG adressiert werden kann. Insbesondere drohen Untersagungsverfügungen und Verpflichtungen zum Produktrückruf nach Maßgabe der §§ 22 Abs. 4 Satz 1, 23 Abs. 3 Satz 1 BFSG.

61 Rechtspolitisch zwar hart, angesichts des klaren Normanwendungsbefehls des europäischen Gesetzgebers in § 23 Abs. 3 Satz 1 BFSG aber hinzunehmen, ist die Konsequenz, dass im Regelungssystem des BFSG auch dann zum Produktrückruf verpflichtet werden kann, wenn von dem betreffenden Produkt keine Produktgefahren im engeren Sinne ausgehen, das Produkt mithin für Menschen mit Behinderungen schlimmstenfalls unbrauchbar, aber nicht gefährlich ist.[86] Entsprechende Marktüberwachungsmaßnahmen können nach Maßgabe der §§ 32, 33 BFSG auch durch Verbraucher und Verbände eingeleitet werden.

III. Wettbewerbsrechtliche Konsequenzen

62 Verstöße des Einführers gegen das Pflichtenprogramm des § 9 BFSG können wettbewerbsrechtliche Unterlassungsansprüche auslösen.[87] Denn bei dem produktsicherheitsrechtlichen Pflichtenprogramm der Marktakteure handelt es sich um Marktverhaltensregeln i. S. d. § 3a UWG, sodass auch Verstöße gegen formale Produktanforderungen, deren Überprüfung nach Maßgabe des § 9 Abs. 2 BFSG dem Einführer obliegt, wettbewerbsrechtlich angreifbar sind. Der Einführer haftet daher verschuldensunabhängig etwa für das Fehlen der Herstellerkennzeichnung,[88] der Gebrauchsanleitung und Sicherheitshinweise oder eine fehlende CE-Kennzeich-

---

85 Vgl. auch *Franke*, ZfPC 2024, 21, 25; *Kapoor/Klindt*, NJW 2024, 3545, 3550.

86 Kritisch insoweit auch *Franke*, ZfPC 2024, 21, 27.

87 *Lommatzsch/Albrecht*, GWR 2022, 355, 357; *Franke*, ZfPC 2024, 21, 25; offener *Kapoor/Klindt*, NJW 2024, 3545, 3550; *Hartmannsberger/Herzig*, GRUR-RR 2016, 433.

88 BGH, Urt. v. 12.1.2017 – I ZR 258/15, NJW-RR 2017, 745 – Motivkontaktlinsen [zu § 6 Abs. 5 ProdSG]; krit. *Tiedge*, GewA 2016, 326, 328 [zu § 6 Abs. 5 ProdSG]; krit. *Schucht*, GewA 2017, 392, 397 [zu § 6 Abs. 5 ProdSG].

nung.[89] Unterlassungsansprüche eines Wettbewerbers bei Vorliegen der übrigen Voraussetzungen des UWG sind auch dann denkbar, wenn dem Einführer im Hinblick auf die Verletzung seiner Pflichten kein Verschulden vorzuwerfen ist. In der Praxis ist das wettbewerbsrechtliche Risiko für den Einführer, von anderen Wirtschaftsakteuren aufgrund tatsächlicher oder vermeintlicher Verstöße gegen produktregulatorische Vorgaben abgemahnt und mit einstweiligen Verfügungen überzogen zu werden, durchaus relevant, wie zahlreiche wettbewerbsrechtliche Verfahren mit produktregulatorischem Bezug aus der jüngeren Vergangenheit zeigen.

IV. Kaufrechtliches Gewährleistungsrecht

Verstöße gegen das BFSG führen dazu, dass das betreffende Produkt nicht die Eig- **63**
nung zur gewöhnlichen Verwendung (§ 434 Abs. 3 Satz 1 Nr. 1 BGB) bzw. – je nach Fallgestaltung – nicht die gewöhnliche Beschaffenheit (§ 434 Abs. 3 Satz 1 Nr. 2 BGB) aufweist und daher einen Sachmangel begründet.[90] Ein Einführer, der ein Produkt in Verkehr bringt, dass den Vorgaben des BFSG nicht entspricht, muss daher damit rechnen, Gewährleistungsansprüchen seiner Abnehmer nach Maßgabe der §§ 437 ff. BGB ausgesetzt zu sein.

§ 10 BFSG
Besondere Kennzeichnungs- und Informationspflichten des Einführers

(1) Der Einführer hat beim Inverkehrbringen seinen Namen, seine Firma oder seine Marke sowie seine Postanschrift auf dem Produkt anzugeben. Falls dies aufgrund der Größe oder der Art des Produkts nicht möglich ist, sind die Informationen auf der Verpackung oder in einer der dem Produkt beigefügten Unterlage anzugeben. Die Kontaktangaben sind in einer Sprache zu verfassen, die vom Verbraucher leicht verstanden werden kann.

(2) Der Einführer stellt sicher, dass dem Produkt eine den Anforderungen der nach § 3 Absatz 2 zu erlassenden Rechtsverordnung entsprechende Gebrauchsanleitung und diesen Anforderungen entsprechende Sicherheitsinformationen in deutscher Sprache beigefügt sind.

(3) Der Einführer hat ab dem Inverkehrbringen des Produkts für die Dauer von fünf Jahren eine Kopie der EU-Konformitätserklärung für die Marktüberwachungsbehörden bereitzuhalten und dafür zu sorgen, dass er auf deren Verlangen die technischen Unterlagen vorlegen kann.

(4) § 7 Absatz 5 gilt entsprechend.

---

89 *Hartmannsberger/Herzig*, GRUR-RR 2016, 433, 436.

90 *Franke* ZfPC 2024, 21, 25; *Lommatzsch/Albrecht*, GWR 2022, 355, 357; *Tabbara*, NZS 2021, 497, 502.

Gliederung: Rn.

A. Einführung

1 Neben das allgemeine Pflichtenprogramm des Einführers (vgl. § 9 BFSG) treten nach Maßgabe des § 10 BFSG in Umsetzung von Art. 9 RL 2019/882/EU spezifische Kennzeichnungs- und Informationspflichten. Die Regelungstechnik geht ebenfalls auf die Referenzbestimmungen des Beschlusses in Anh. I Art. R4 des Beschlusses Nr. 786/2008/EG über einen gemeinsamen Rechtsrahmen für die Vermarktung von Produkten zurück und fügt sich damit nahtlos in das harmonisierte Produktsicherheitsrecht rein.[1]

2 Die Normierung außerhalb des allgemeinen Pflichtenprogramms (§ 9 BFSG), die sich vom unionrechtlichen Hintergrund der Vorschriften löst (vgl. Art. 9 RL 2019/882/EU), erfolgt aus redaktionellen Gründen und dient der Übersichtlichkeit. Bei Lichte betrachtet handelt es sich bei dem Pflichtenprogramm des § 10 BFSG um eine Fortsetzung der Anforderungen, die § 9 BFSG an den Einführer stellt.

B. Pflichtenprogramm des Einführers

3 Auf Vormarktebene hat der Einführer nach § 10 Abs. 1 BFSG seinen Namen, seine Firma oder seine Marke sowie seine Postanschrift auf dem Produkt anzugeben (sog. Einführerkennzeichnung). Hinzu tritt nach § 10 Abs. 2 BFSG die Verpflichtung, si-

1 Art. 9 Abs. 5 GPSR. Vgl. § 10 FUAG.

cherzustellen, dass dem Produkt barrierefreie Gebrauchsanleitung und Sicherheitsinformationen in deutscher Sprache beigefügt sind.

Nach § 10 Abs. 3 BFSG hat der Einführer für eine Dauer von fünf Jahren ab Inverkehrbringen des Produkts eine Kopie der EU-Konformitätserklärung für die Marktüberwachungsbehörde bereitzuhalten und dafür zu sorgen, dass er auf deren Verlangen die technische Dokumentation vorlegen kann. Das Pflichtenprogramm wird durch die Pflicht zur Auskunftserteilung gegenüber und zur Kooperation mit der Marktüberwachungsbehörde (§ 10 Abs. 4 BFSG i. V. m. § 7 Abs. 5 BFSG) abgerundet. Beide Verpflichtungen lassen sich als Nachmarktpflichten qualifizieren.[2] 4

I. Einführerkennzeichnung (Abs. 1)

1. Inhalt der Einführerkennzeichnung

Nach Maßgabe des § 10 Abs. 1 Satz 1 BFSG hat der Einführer in Umsetzung von Art. 9 Abs. 4 RL 2019/882/EU auf dem Produkt seinen Namen, seine Firma oder seine Marke und seine Postanschrift anzugeben (**sog. Einführerkennzeichnung**). Die Pflicht zur Angabe einer Postanschrift macht eine vollständige postalische Kontaktanschrift erforderlich. Die postalische Kontaktanschrift muss sich dabei nicht zwingend aus einer Straße und einer Hausnummer zusammensetzen. Die Angabe eines Postfachs ist ausreichend. Das Gleiche gilt nach der etablierten Vollzugspraxis der Marktüberwachungsbehörden in Deutschland für den Verzicht auf Straße und Hausnummer, wenn für das Unternehmen eine eigene Postleitzahl existiert, sodass es der zusätzlichen Angabe von Straße und Hausnummer nicht bedarf. Im Unterschied zu anderen Rechtsakten des harmonisierten Produktsicherheitsrecht[3] ist die Angabe einer elektronischen Kontaktmöglichkeit (etwa einer E-Mail-Adresse) nicht erforderlich. 5

Der Einführer ist dabei nicht verpflichtet, seine jeweilige Rolle als Wirtschaftsakteur durch einen **klarstellenden Zusatz** im Rahmen der Einführerkennzeichnung („imported by") zu verdeutlichen, mag ein solcher Zusatz auch im Einzelfall sinnvoll sein.[4] 6

Die Kennzeichnungspflicht kann im Lichte des insoweit eindeutigen Wortlauts des § 10 Abs. 1 Satz 1 BFSG nicht mittels digitaler Lösungen (insbesondere eines QR-Codes) realisiert werden.[5] 7

2. Art und Ort der Einführerkennzeichnung

Die Einführerkennzeichnung hat dabei nach § 10 Abs. 1 Satz 1 BFSG **vorrangig auf dem Produkt selbst** zu erfolgen (sog. Grundsatz der produktunmittelbaren Kennzeichnung). Die betreffenden Informationen können nach § 10 Abs. 1 Satz 2 BFSG nur dann auf der Verpackung oder in einer dem Produkt beigefügten Unter- 8

---

2 *Schucht*, in: Schucht/Wiebe, EU-Produktsicherheitsverordnung Art. 11 Rn. 115 [zur GPSR].

3 Vgl. nur Art. 11 Abs. 3 VO (EU) 2023/988 [GPSR]; Art. 19 Abs. 4 VO (EU) 2024/2847 [CRA].

4 *Schucht*, CB 2023, 34, 35; *Europäische Kommission* (Hrsg.), Leitfaden für die Umsetzung der Produktvorschriften der EU („Blue Guide"), 2022, S. 56.

5 *Schucht*, CB 2023, 34, 37.

lage (etwa der Gebrauchsanleitung) angegeben werden, wenn eine Angabe auf dem Produkt wegen dessen Größe oder der Art des Produkts nicht möglich ist. Anders als insoweit von der Kommission nahegelegt,[6] besteht zwischen der Angabe auf der Verpackung und auf der beigefügten Unterlage im Anwendungsbereich des § 10 Abs. 1 Satz 2 BFSG kein Vorrangverhältnis. Ist die Angabe auf dem Produkt unmöglich, so darf der Einführer auch direkt auf die beigefügte Unterlage ausweichen. Die von der Kommission postulierte Einschränkung besitzt keinen Anhaltspunkt im Gesetz.

9 Unmöglich ist eine Angabe auf dem betreffenden Produkt auch in den Fällen, in denen sie mit einem **wirtschaftlich unverhältnismäßigen Aufwand** verbunden wäre.[7] Dies erfasst insbesondere den Fall, dass der Einführer gezwungen wäre, die Verpackung der ihm bereits verkaufsfertig verpackt zugelieferten Produkte zunächst zu öffnen.[8] Den damit verbundenen Aufwand stuft der europäische Gesetzgeber zurecht als unverhältnismäßig ein, sodass jedwede Anbringung der geforderten Daten auf dem Produkt, auf der Verpackung oder auf Begleitunterlagen durch den Einführer als gleichermaßen ausreichend zu erachten ist. In der Praxis kann daher die Einführerkennzeichnung regelmäßig nach Maßgabe des § 10 Abs. 1 Satz 2 BFSG auf der Verpackung oder der beigefügten Unterlage erfolgen.

10 Ein Ausweichen auf die Verpackung aus rein ästhetischen Gründen soll demgegenüber nach der Auffassung der Europäischen Kommission ausscheiden.[9]

11 Wahlfreiheit besteht auch in Ansehung der Art und Weise der Anbringung der Einführerkennzeichnung. Da das Gesetz selbst gerade keine besondere „Dauerhaftigkeit“ der Einführerkennzeichnung verlangt, wie sie das Kennzeichnungsrecht an anderer Stelle kennt, kann der Einführer die Angabe auch mittels eines Aufklebers, der besonders fest und nicht ohne Weiteres ablösbar ist[10], eines Klebefähnchens oder eines am Produkt angebrachten Hangtags[11] realisieren. Genauso spielt es keine Rolle, ob Kennzeichnungen aufgedruckt oder aufgepresst werden.[12]

---

6 Europäische Kommission (Hrsg.), Leitfaden für die Umsetzung der Produktvorschriften der EU („Blue Guide“), 2022, S. 57.

7 *Schucht*, CB 2023, 34, 36; genauso *Kapoor*, in: Klindt, ProdSG § 6 Rn. 35 [zum ProdSG]; *Schütte*, in: Ehring/Taeger, Produkthaftungs- und Produktsicherheitsrecht, § 6 ProdSG Rn. 34 [zum ProdSG].

8 Europäische Kommission (Hrsg.), Leitfaden für die Umsetzung der Produktvorschriften der EU („Blue Guide“), 2022, S. 58; *Schucht*, CB 2023, 34, 36; *Kapoor*, in: Heckmann/Paschke, Cyber Resilience Act Art. 21 Rn. 4 [zum CRA].

9 Europäische Kommission (Hrsg.), Leitfaden für die Umsetzung der Produktvorschriften der EU („Blue Guide“), 2022, S. 57; vgl. insoweit auch *Schucht*, CB 2023, 34, 36.

10 *Schucht*, CB 2023, 34, 36; *Schucht*, DÖV 2018, 431, 437; *Kapoor*, in: Klindt, ProdSG § 6 Rn. 38 [zum ProdSG]; *Wende*, in: Klindt, ProdSG § 7 Rn. 19 [zur CE-Kennzeichnung].

11 *Schucht*, CB 2023, 34, 37; *Kapoor*, in: Heckmann/Paschke, Cyber Resilience Act Art. 19 Rn. 21 [zum CRA].

12 *Schucht*, CB 2023, 34, 37; Europäische Kommission (Hrsg.), Leitfaden für die Umsetzung der Produktvorschriften der EU („Blue Guide“), 2022, S. 56.

3. Sprachfassung der Einführerkennzeichnung

Nach § 10 Abs. 1 Satz 3 BFSG sind die Kontaktangaben der Einführerkennzeichnung in einer Sprache zu verfassen, die vom Verbraucher leicht verstanden werden kann. Sie hat daher insbesondere durch Verwendung des lateinischen Alphabets zu erfolgen.[13] Das wird insbesondere für Einführer aus Mitgliedstaaten, in denen die kyrillische oder griechische Schrift Anwendung findet, eine Transposition erforderlich machen. **12**

Name und Kontaktanschrift dürfen abseits solcher Extremfälle vom Einführer grundsätzlich so angegeben werden, wie dies in dem Mitgliedstaat, in dem er ansässig ist, üblich ist. Weil es auf die postalische Zustellbarkeit ankommt, müssen insbesondere Ortsnamen oder Straßenbezeichnungen nicht übersetzt werden, weil davon ausgegangen werden kann, dass solche Angaben sowohl von Nutzern als auch von Behörden als „leicht verständlich" eingestuft werden.[14] **13**

4. Zweck und Funktion der Einführerkennzeichnung

Die Kennzeichnungspflicht des Einführers dient nicht in erster Linie dazu, dem Endkunden des Produkts einen passiv legitimierten Anspruchsgegner etwa für den Fall der Geltendmachung von Schadensersatzansprüchen zu benennen. Sinn und Zweck der Kennzeichnungspflicht ist es vielmehr, den zuständigen Marktüberwachungsbehörden für Produkte, deren Hersteller in einem Drittstaat ansässig ist, die für den Vertrieb der Produkte in Europa verantwortliche Person zu benennen, damit diese im Falle behördlicher Beanstandungen von den zuständigen Behörden unkompliziert ermittelt und zu Zwecken der Marktüberwachung schnell kontaktiert werden kann.[15] **14**

5. Verdeckung der Herstellerkennzeichnung

Im Schrifttum umstritten ist die Frage, ob eine ordnungsgemäße Einführerkennzeichnung nach § 10 Abs. 1 Satz 1 BFSG voraussetzt, dass diese die Herstellerkennzeichnung nicht verdeckt. Dies wird teilweise unter Berufung auf einen Umkehrschluss aus Art. 11 Abs. 3 VO(EU) 2023/988 verneint.[16] Richtigerweise enthält Art. 11 Abs. 3 VO(EU) 2023/988 vielmehr einen allgemeinen Rechtsgedanken dahingehend, dass die Einführerkennzeichnung nur dann ordnungsgemäß erfolgt, wenn sie andere Kennzeichnungen und die mit ihnen verfolgten Regelungsziele nicht beeinträchtigt. **15**

---

13 BT-Drs. 19/28653, S. 77.
14 *Schucht*, CCZ 2016, 126, 129.
15 BT-Drs. 19/28653, S. 77.
16 *Schucht*, CB 2023, 34, 37.

II. Barrierefreie Gebrauchsanleitung und Sicherheitsinformationen (Abs. 2)

1. Regelungsgehalt

16 Nach § 10 Abs. 2 BFSG stellt der Einführer sicher, dass dem Produkt eine Gebrauchsanleitung und Sicherheitsinformationen in deutscher Sprache beigefügt sind, die den Barrierefreiheitsanforderungen der BFSGV entsprechen. In Bezug genommen ist damit insbesondere die § 4 BFSGV. Die Vorschrift wiederholt dabei weitgehend die entsprechende Verpflichtung aus § 9 Abs. 2 Nr. 4 BFSG, wonach der Einführer ein Produkt nicht in Verkehr bringen darf, dem die Gebrauchsanleitung und Sicherheitsinformationen nicht beigefügt sind.

17 Vermag man daher in § 10 Abs. 2 BFSG einen eigenständigen Regelungsgehalt zu erblicken, so beschränkt sich dieser darauf, klarzustellen, dass der Einführer insoweit verpflichtet ist, nicht nur das Vorhandensein einer Gebrauchsanleitung und entsprechender Sicherheitsinformationen, sondern insbesondere auch die Konformität mit den Barrierefreiheitsanforderungen sicherzustellen.

18 Damit ist klar, dass der Einführer das betreffende Produkt im Anwendungsbereich des § 10 Abs. 2 BFSG ausnahmsweise einer materiellen Prüfung unterziehen muss. Die Vorschrift weicht daher von dem skizzierten Grundsatz ab, wonach Einführer zu einer solchen materiellen Prüfung gerade nicht verpflichtet ist.[17] Um der durch § 10 Abs. 2 BFSG auferlegten Gewährleistungspflicht zu entsprechen, reichen stichprobenartige Kontrollen aus.[18] Der Einführer ist demgegenüber nicht dazu gehalten, systematisch auf zusätzliche Kontrollverfahren oder Prüfungen (durch Dritte) zurückzugreifen.[19]

2. Inhaltliche Anforderungen

a) Inhalt

19 § 7 Abs. 3 BFSG verpflichtet den Hersteller, dem Produkt Gebrauchsanleitung und Sicherheitsinformationen beizufügen. Die **Gebrauchsanleitung** enthält die für eine sichere Verwendung zu beachtenden Regeln, einschließlich etwaiger Vorschriften für die Instandhaltung, die Ergänzung des Produkts und über den Austausch von Ersatzteilen.[20] **Sicherheitsinformationen** klären den Verwender über die von dem Produkt ausgehenden Gefahren auf, die sich zwar durch die Konstruktion nicht in zumutbarem Maße abwenden lassen, aber bei bestimmungsgemäßer Verwendung oder vorhersehbarer Fehlanwendung des Produkts durch einen durchschnittlichen Benutzer auftreten können und die für den Benutzer ohne Hinweis nicht unmittelbar erkennbar sind.[21]

---

17 Vgl. nur *Schucht*, CCZ 2022, 230, 236.

18 *Kapoor*, in: Heckmann/Paschke, Cyber Resilience Act Art. 19 Rn. 7 [zum CRA].

19 Europäische Kommission (Hrsg.), Leitfaden für die Umsetzung der Produktvorschriften der EU („Blue Guide"), 2022, S. 40.

20 *Piovano*, in: Schucht/Wiebe, EU-Produktsicherheitsverordnung Art. 9 Rn. 68 [zur GPSR]; *Klindt*, in: Klindt, ProdSG § 3 Rn. 49.

21 *Piovano*, in: Schucht/Wiebe, EU-Produktsicherheitsverordnung Art. 9 Rn. 71 [zur GPSR].

Gebrauchsanleitung und Sicherheitsinformationen müssen – wie sich letztlich aus § 7 Abs. 4 BFSG ergibt – klar, verständlich und deutlich sein. 20

b) Beigefügt

Die Sicherheitsinformationen sind dem Produkt in auf Papier verkörperter Form beizufügen.[22] Denn der Hersteller hat sicherzustellen, dass der Verwender die erforderlichen Informationen erhält, was deren Verkörperung voraussetzt. Demgegenüber kann die Gebrauchsanleitung nach Auffassung der Kommission in elektronischer Form (etwa durch QR-Code), in anderen Dateispeicherformaten oder auf einer verlinkten Website bereitgestellt werden[23], was insoweit von der herrschend zu § 3 ProdSG vertretenen Auffassung (sog. Verkörperungsdoktrin)[24] abweicht. 21

c) Sprache

Gebrauchsanleitung und Sicherheitsinformationen müssen in deutscher Sprache abgefasst sein bzw. jedenfalls über eine deutsche Sprachfassung verfügen. Anders als im Rahmen der Herstellerkennzeichnung kann nicht auf eine andere Sprache ausgewichen werden, mag sie auch vom Verbraucher leicht verstanden werden. 22

d) Barrierefreiheit

Nach § 7 Abs. 4 BFSG müssen Gebrauchsanleitung und Sicherheitsinformationen nach Maßgabe der BFSGV klar, verständlich und deutlich sein. Sicherheitsinformationen und Gebrauchsanleitung müssen damit den Barrierefreiheitsanforderungen des § 4 Abs. 1 BFSGV genügen. Zentrale praktische Bedeutung kommt dabei insbesondere der Verpflichtung zu, Gebrauchsanleitung und Warnhinweise über mehr als einen sensorischen Kanal zur Verfügung zu stellen (§ 4 Abs. 1 Nr. 1 BFSGV). So müssen die betreffenden Dokumente nicht nur visuell, sondern auch taktil erfassbar sein, damit auch blinde Personen das Produkt nutzen können.[25] Entscheidet sich der Hersteller in Ansehung der Gebrauchsanleitung für eine digitale Lösung, kann insoweit auf die Vorgaben der EN 301 549 zurückgegriffen werden. 23

III. Konformitätserklärung und technische Dokumentation (Abs. 3)

1. Einführung und Regelungszweck

§ 10 Abs. 3 BFSG verpflichtet den Einführer, auf Nachmarktebene ab dem Inverkehrbringen des Produkts für die Dauer von fünf Jahren eine **Kopie der EU-Konformitätserklärung** für die Marktüberwachungsbehörden bereitzuhalten und dafür 24

---

22 Europäische Kommission (Hrsg.), Leitfaden für die Umsetzung der Produktvorschriften der EU („Blue Guide"), 2022, S. 36 Fn. 114; *Kapoor*, in: Klindt, ProdSG § 6 Rn. 21 [zum ProdSG]; *Schucht*, NJW 2016, 3681, 3684.

23 Europäische Kommission (Hrsg.), Leitfaden für die Umsetzung der Produktvorschriften der EU („Blue Guide"), 2022, S. 36 Fn. 114.

24 *Klindt*, in: Klindt, ProdSG § 3 Rn. 48; *Schucht*, NJW 2016, 3681, 3684.

25 BMAS, Verordnungsentwurf zur BFSGV, S. 19.

zu sorgen, dass er auf deren Verlangen die **technischen Unterlagen** vorlegen kann. Es handelt sich insoweit um eine Nachmarktpflicht.[26] Die Regelung geht auf das entsprechende Vorbild in den Musterbestimmungen in Anh. I Art. R4 des Beschlusses Nr. 786/2008/EG zurück.

25 Der Regelungszweck der Bestimmung liegt darin begründet, dass die Marktüberwachungsbehörden mangels hoheitlicher Befugnisse in Drittstaaten die dort ansässigen Hersteller nicht dazu zwingen können, entsprechende Konformitätsnachweise zur Verfügung zu stellen, sodass insoweit § 10 Abs. 3 BFSG den Zugriff auf den Einführer als den in der EU ansässigen Wirtschaftsakteur eröffnet.[27]

2. Erfasste Dokumente

26 Vom Anwendungsbereich der Bestimmung erfasst werden die EU-Konformitätserklärung und die technischen Unterlagen i. S. d. § 9 Abs. 2 BFSG. Während der Einführer eine Kopie der EU-Konformitätserklärung für die Marktüberwachungsbehörden **bereithalten** muss, genügt es, wenn er die technischen Unterlagen auf Verlangen **vorlegen** kann.

27 Die Kopie der **EU-Konformitätserklärung** müssen die Einführer dabei **jederzeit** und ohne weitere Voraussetzungen zur Einsichtnahme durch die Marktüberwachungsbehörden **bereithalten.** Aus der Verpflichtung zum Bereithalten folgt, dass sich die Kopie der EU-Konformitätserklärung ab Inverkehrbringen im Besitz des Einführers befinden muss.[28]

28 Demgegenüber ist der Einführer in Ansehung der technischen Dokumentation lediglich verpflichtet, diese der Marktüberwachungsbehörde auf deren Verlangen **vorlegen zu können**. Es genügt daher, wenn der Einführer die technische Dokumentation auf Verlangen beim Hersteller beschaffen kann.[29] Vor diesem Hintergrund ist es empfehlenswert, die Überlassung der technischen Dokumentation zum Zwecke der Vorlage bei der Marktüberwachungsbehörde zum Gegenstand vertraglicher Vereinbarungen zu machen.[30] Denn ein entsprechender Anspruch gegen den Hersteller besteht nicht.[31] Dabei ist der Einführer gut beraten, sich die technische Dokumentation bereits zu Beginn des Vertriebs vom Hersteller übermitteln zu lassen, um diese im Bedarfsfalle einer Behörde tatsächlich vorlegen zu können. In der Praxis entstehen diesbezüglich Schwierigkeiten, wenn der Einführer die technische Dokumentation zunächst nicht vorrätig hat und der Hersteller im Bedarfsfall nicht mehr existiert

---

26 *Schucht,* in: Schucht/Wiebe, EU-Produktsicherheitsverordnung Art. 11 Rn. 115 [zur GPSR].

27 *Kapoor,* in: Heckmann/Paschke, Cyber Resilience Act Art. 19 Rn. 7 [zum CRA], andeutend auch *Schucht,* in: Schucht/Wiebe, EU-Produktsicherheitsverordnung Art. 11 Rn. 118 [zur GPSR].

28 *Schucht,* in: Schucht/Wiebe, EU-Produktsicherheitsverordnung Art. 11 Rn. 119 [zur GPSR]; *Kapoor,* in: Heckmann/Paschke, Cyber Resilience Act Art. 19 Rn. 37 [zum CRA].

29 Europäische Kommission (Hrsg.), Leitfaden für die Umsetzung der Produktvorschriften der EU („Blue Guide"), 2022, S. 41.

30 *Schucht,* CCZ 2024, 66, 70 f.; *Kapoor,* in: Heckmann/Paschke, Cyber Resilience Act Art. 19 Rn. 38 [zum CRA].

31 *Schucht,* CCZ 2024, 66, 71.

oder die technischen Unterlagen dem Einführer später nicht mehr zur Verfügung stellen kann oder möchte.

3. Auf Verlangen

Die Kopie der EU-Konformitätserklärung muss der Einführer für die Marktüberwachungsbehörden bereithalten, mithin auf jedwedes Verlangen hin aushändigen. 29

Zu beachten ist, dass in Ansehung der technischen Dokumentation fraglich ist, ob – 30 wie es der Wortlaut des § 10 Abs. 3 BFSG nahelegt – jedes Verlangen der Marktüberwachungsbehörde für eine Aktivierung der Vorlagepflicht genügt oder es sich insoweit um ein **begründetes Verlangen** der Behörde handeln muss. Richtigerweise handelt es sich bei der Bestimmung, die auf Art. 9 Abs. 7, Abs. 9 RL 2019/882/EU zurückgeht, um ein **gesetzgeberisches Redaktionsversehen**. Denn nimmt man den Gesetzeswortlaut ernst, so ginge die Vorlagepflicht des Einführers über die des Herstellers in § 7 Abs. 5 BFSG hinaus (→ § 7 Rn. 32 ff.). Darin liegt ein Wertungswiderspruch, steht doch der Hersteller dem Produkt wesentlich näher als der Einführer. Sachliche Gründe, wieso der Einführer die technische Dokumentation jederzeit auf einfaches Verlangen hin vorlegen muss, der Hersteller gleichwohl nur auf begründetes Verlangen, sind nicht ersichtlich. Auch die Vorlagepflicht nach § 10 Abs. 3 BFSG setzt daher ein begründetes Verlangen der Marktüberwachungsbehörde voraus.[32]

Ein **begründetes Verlangen** liegt nicht nur dann vor, wenn die anfragende Markt- 31 überwachungsbehörde den konkreten Verdacht einer Non-Compliance hegt. Auch die Durchführung verdachtsunabhängiger proaktiver Kontrollen, etwa im Zusammenhang mit einer Marktüberwachungsaktion, im Rahmen derer behördlicherseits verschiedene gleichartige Produkte diverser Hersteller hin überprüft werden, kann ein hinreichender Grund sein, vom Einführer die Übermittlung eines Teils der technischen Dokumentation zu verlangen. Die **völlig verdachtsunabhängige Anforderung** der kompletten technischen Dokumentation zu einem Produkt abseits konkreter Verdachtsmomente ist dagegen **unzulässig,** weil insoweit kein „begründetes" Verlangen der Behörden vorlegt. Die technischen Unterlagen dienen nicht dazu, den zuständigen Behörden eine umfassende „Fernüberprüfung" von Produkten zu ermöglichen, sondern dazu, die Konformität mit den Anforderungen des BFSG gegenüber den Behörden im Bedarfsfall nachzuweisen.

IV. Weitere Konformitätsnachweise und Kooperationspflicht (Abs. 4)

1. Auskunftspflicht

Nach § 10 Abs. 4 BFSG i. V. m. § 7 Abs. 5 Satz 1 BFSG hat der Einführer der Markt- 32 überwachungsbehörde auf deren begründetes Verlangen alle Auskünfte zu erteilen und alle Unterlagen auszuhändigen, die für den Nachweis der Konformität erforderlich sind. Die Pflicht des Einführers zur Übermittlung der EU-Konformitätserklärung und der technischen Dokumentation aus § 10 Abs. 3 BFSG wird durch die Bestimmung **auf alle sonstigen Informationen** und **Unterlagen erweitert**, die für

32 *Kapoor*, in: Heckmann/Paschke, Cyber Resilience Act Art. 19 Rn. 40 [zum CRA].

den Nachweis der Konformität des Produkts erforderlich sind. Gegenstand dieser Verpflichtung sind nicht nur Dokumente, sondern auch nicht verkörperte Informationen.

33 Die Auskunftspflicht ist von einem **begründeten Verlangen** der Behörde abhängig.[33] Insoweit wird auf die Ausführungen zur Übermittlung der technischen Dokumentation nach Maßgabe des § 10 Abs. 3 BFSG verwiesen (→ Rn. 24).

34 Die Erfüllung der Auskunftspflicht hat nach § 10 Abs. 4 BFSG i. V. m. § 7 Abs. 5 Satz 2 BFSG in deutscher Sprache oder in einer Sprache, die von der Marktüberwachungsbehörde leicht verstanden werden kann, zu erfolgen. In der Praxis hat sich indes herausgestellt, dass die zuständigen Markübeŕwachungsbehörden in Europa regelmäßig keine Einwände dagegen haben, wenn ihnen die angefragten Konformitätsnachweise in englischer Sprache zur Verfügung gestellt werden.[34] Hinsichtlich der Form steht es dem Einführer ausdrücklich frei, ob er die von der Behörde angeforderten Dokumente in Papierform oder in elektronischer Form übermittelt.

2. Allgemeine Kooperationspflicht

35 § 10 Abs. 4 BFSG i. V. m. § 7 Abs. 5 Satz 3 BFSG verpflichtet den Einführer, mit der Marktüberwachungsbehörde bei allen Maßnahmen zur Herstellung der Konformität von in den Verkehr gebrachten Produkten zusammenzuarbeiten. Die Bestimmung normiert damit die sog. allgemeine Kooperationspflicht.[35] Sie setzt ein schlichtes Verlangen der Behörde voraus und unterscheidet sich dadurch von der von einem begründeten Verlangen abhängigen Auskunftspflicht nach § 10 Abs. 4 BFSG i. V. m. § 7 Abs. 5 Satz 1 BFSG. Ohne Verlangen besteht wiederum auch keine Rechtspflicht zur Kooperation.[36]

36 Dennoch steht die Kooperationspflicht des Einführers selbstredend unter dem Vorbehalt ordnungsgemäßer, d. h. insbesondere verhältnismäßiger Ermessensausübung.[37] Vom Einführer können seitens der Behörden demnach nur solche Kooperationshandlungen verlangt werden, mit denen ein legitimer Zweck verfolgt wird, die zur Erreichung dieses Zwecks geeignet und erforderlich sind und deren Angemessenheit im Sinne der Zweck-Mittel-Relation im Einzelfall nicht infrage steht. Grundsätzlich können die zuständigen Marktüberwachungsbehörden vom Einführer im Rahmen der Kooperationspflicht beispielsweise die umfassende Mitwirkung bei der Aufklärung seiner Einkaufs- und Vertriebswege in Bezug auf das betroffene Produkt verlangen. Ob und inwieweit der Einführer auf Verlangen einer Marktüberwachungsbehörde darüber hinaus etwa dazu verpflichtet ist, interne Korrespondenz mit dem Hersteller offenzulegen oder Dokumente bzw. Daten in bestimmte, von der Behörde bevorzugte Dateiformate zu überführen, kann dagegen im Einzelfall fraglich sein.

---

33 *Schucht*, BB 2015, 654, 657.
34 *Kapoor*, in: Heckmann/Paschke, Cyber Resilience Act Art. 19 Rn. 44 [zum CRA].
35 *Schucht*, BB 2015, 654, 656.
36 *Schucht*, BB 2015, 654, 656.
37 *Kapoor*, in: Heckmann/Paschke, Cyber Resilience Act Art. 19 Rn. 44 [zum CRA].

§ 11 BFSG
Pflichten des Händlers

(1) Der Händler darf ein Produkt erst auf dem Markt bereitstellen, wenn

1. das Produkt mit der CE-Kennzeichnung nach § 19 versehen ist,

2. dem Produkt die Unterlagen nach § 7 Absatz 3 beigefügt sind,

3. der Hersteller seine Pflichten nach § 7 Absatz 1 und 2 erfüllt hat und

4. der Einführer seine Pflichten nach § 10 Absatz 1 und 2 erfüllt hat.

(2) Hat der Händler Kenntnis davon oder Grund zur Annahme, dass ein Produkt nicht den Barrierefreiheitsanforderungen der nach § 3 Absatz 2 zu erlassenden Rechtsverordnung entspricht, darf er dieses Produkt erst auf dem Markt bereitstellen, wenn die Konformität hergestellt worden ist. Wenn das Produkt den geltenden Barrierefreiheitsanforderungen nicht genügt, informiert der Händler außerdem unverzüglich den Hersteller oder den Einführer sowie die Marktüberwachungsbehörden darüber.

(3) Solange sich ein Produkt im Verantwortungsbereich des Händlers befindet, muss dieser dafür sorgen, dass die Lagerungs- oder Transportbedingungen die Übereinstimmung des Produkts mit den Anforderungen der nach § 3 Absatz 2 zu erlassenden Rechtsverordnung nicht beeinträchtigen.

(4) § 6 Absatz 4 und § 7 Absatz 5 gelten entsprechend.

Gliederung: Rn.

A. Einführung

I. Normsystematische Einordnung

1 § 11 BFSG regelt in Umsetzung von Art. 10 RL 2019/882/EU das Pflichtenprogramm des Händlers (→ § 2 Nr. 14 BFSG) im Regelungssystem des BFSG. Die Regelungstechnik geht auf Anh. I Art. R5 des Beschlusses 768/2008/EG über einen gemeinsamen Rechtsrahmen für die Vermarktung von Produkten zurück und fügt sich konzeptionell in das übrige harmonisierte Produktsicherheitsrecht ein.[1] Keinen Eingang in das Pflichtenprogramm des BFSG hat der dort in Abs. 1 enthaltene Grundsatz gebührender Sorgfalt gefunden, was aufgrund seiner floskelhaften Unbestimmtheit rechtspolitisch zu begrüßen ist.[2] Das durch die Vorschrift auferlegte Pflichtenprogramm soll sicherstellen, dass nur Produkte in den Warenverkehr gelangen, die den Barrierefreiheitsanforderungen des BFSG entsprechen.

II. Rechtsstellung des Händlers als Marktakteur

2 Obwohl das Pflichtenprogramm des Händlers im Rahmen des New Legislative Framework dem Pflichtenprogramm des Herstellers und des Einführers nachgelagert und auf dieses bezogen ist, nimmt der Händler aufgrund seiner Nähe zum Endabnehmer eine Schlüsselrolle im Rahmen der Marktüberwachung wahr.[3] In Abkehr von dem althergebrachten Werktorprinzip des § 8 Abs. 5 GPSG als Gebot quellnaher Marktüberwachung[4] kann der Händler im Regelungssystem des BFSG im Falle einer Nonkonformität auch originär und nicht nur subsidiär im Anwendungsbereich seiner Verpflichtungen marktüberwachungsrechtlichen Maßnahmen der zuständigen Behörde ausgesetzt sein.

3 Das Pflichtenprogramm des Händlers (§ 11 BFSG) ist im Vergleich zu Hersteller und Einführer deutlich reduziert, da er anders als die betreffenden Marktakteure

---

1 Dazu *Kapoor/Klindt*, EuZW 2008, 649, 652.

2 Zur Kritik: *Schucht*, CCZ 2020, 322, 325; *Schucht*, CCZ 2016, 126, 128; *Schißler*, in: BeckOK Produktrecht, Art. 12 GPSR Rn. 2.

3 *Europäische Kommission* (Hrsg.), Leitfaden für die Umsetzung der Produktvorschriften der EU („Blue Guide"), 2022, S. 41; vgl. auch *Wiebe*, NJOZ 2017, 1178, 1178; *Schißler*, in: BeckOK Produktrecht, Art. 12 GPSR Rn. 1 [zur GPSR].

4 *Schucht*, CCZ 2020, 322, 328 f.; *Klindt*, InTeR 2021, 3, 4; *Klindt*, GPSG § 8 Rn. 159 ff.

nicht primär für die Konformität der von ihm vertriebenen Produkte mit den Vorgaben der europäischen Harmonisierungsvorschriften verantwortlich ist.[5] Der Händler bringt Produkte schließlich nicht in Verkehr, sondern stellt sie nur auf dem Markt bereit (→ § 2 Nr. 9 BFSG). Kehrseite der geringeren Nähe zum die Barrierefreiheitseigenschaften primär beeinflussenden Herstellungsprozess ist die nachgelagerte Verantwortlichkeit, die sich in erster Linie auf die Überprüfung der formellen Konformität des Produkts konzentriert (vgl. § 11 Abs. 1 BFSG).

Anders als der Bevollmächtigte (vgl. § 8 BFSG) kann der Händler nicht gleichzeitig als ein anderer Marktakteur auftreten, da eine solche Doppelfunktionalität durch die Legaldefinition des § 2 Nr. 14 BFSG ausgeschlossen wird. **4**

III. Händlerrolle im Kontext spezifischer Geschäftsmodelle

Die Rolle des Händlers ergibt sich für eine bestimmte Person allerdings nicht einheitlich nach dem verfolgten Geschäftsmodell. Vielmehr kann ein Unternehmen je nach konkreter Vertriebssituation Bezug auf ein spezifisches Produkt unterschiedliche Rollen als Wirtschaftsakteur einnehmen. Soweit Produkte zum Weiterverkauf von einer Person innerhalb der Europäischen Union bezieht, mag sie als Händlerin im Sinne des § 2 Nr. 14 BFSG einzustufen sein. Vermarktet sie dieses Produkt allerdings unter Verwendung ihres eigenen (Marken-)Namens, gerät sie in die Rolle des Herstellers gemäß § 2 Nr. 11 BFSG. Würde sie auf die Vermarktung unter eigenem Namen verzichten, das Produkt aber von einer Person mit Sitz in einem Drittstaat außerhalb der EU beziehen, wäre sie Einführerin des Produkts gemäß § 2 Nr. 13 BFSG. **5**

Ein Unternehmen, das ausschließlich Online-Vermittlungsdienste für Produkte erbringt, also letztlich Kaufverträge zwischen Dritten und Endkunden vermittelt (sog. **Marketplace Modelle**), fällt als sog. Anbieter eines Online-Marktplatzes bzw. einer Online-Verkaufsplattform in den Anwendungsbereich des Digital Services Act (EU) 2022/2065 sowie ggf. auch in den der Allgemeinen Produktsicherheitsverordnung (EU) 2023/988.[6] Im Sinne des BFSG sind solche Plattformen indes nicht als Wirtschaftsakteure einzustufen, soweit sie selbst keine Produkte auf dem Markt bereitstellen. **6**

B. Pflichtenprogramm des Händlers

Systematisch lassen sich im Pflichtenprogramm des Händlers **Vor- und Nachmarktpflichten** unterscheiden. Zentral ist dabei die Verpflichtung, ein Produkt erst dann bereitzustellen, wenn Hersteller und Einführer ein ausgewähltes formales Pflichtenprogramm erfüllt haben (§ 11 Abs. 1 BFSG). Die formelle Überprüfungspflicht prägt die Rechtsstellung des Händlers, die damit den Verpflichtungen der **7**

5 *Kapoor*, in: Klindt, ProdSG, § 6 Rn. 96; *Held/Jaguttis/Rupp*, in: Held/Jaguttis/Rupp Art. 14 BauP-VO Rn. 1.
6 Hierzu *Krings/Schmieke*, GRUR-Prax 2024, 665; *Spiegel*, ZVertriebsR 2023, 71.

anderen Wirtschaftsakteure nachgelagert und auf diese bezogen ist.[7] Daneben trifft den Händler ein Bereitstellungsverbot, wenn er positive Kenntnis oder Grund zur Annahme besitzt, dass ein Produkt den Barrierefreiheitsanforderungen der BFSGV nicht genügt (§ 11 Abs. 2 BFSG). Außerdem hat der Händler nichtbeeinträchtigende Transport- und Lagerungsbedingungen zu gewährleisten (§ 11 Abs. 3 BFSG). Das Pflichtenprogramm wird auf Ebene des Nachmarkts durch Reaktions-, Notifikations- und Kooperationspflichten abgerundet (§ 11 Abs. 4 BFSG).

I. Formelle Überprüfungspflicht (Abs. 1)

1. Inhalt

8 Nach Maßgabe des § 11 Abs. 1 BFSG darf der Händler ein Produkt erst auf dem Markt bereitstellen, wenn

- das Produkt mit der **CE-Kennzeichnung nach § 19 BFSG** versehen ist,
- dem Produkt die **Unterlagen nach 7 Abs. 3 BFSG** (Barrierefreie Gebrauchsanleitung und Sicherheitsinformationen) beigefügt sind,
- der Hersteller seine **Pflichten nach § 7 Abs. 1, Abs. 2 BFSG** (Anbringung der barrierefreien Identifikations- und Herstellerkennzeichnungen) erfüllt hat und
- der Einführer seine **Pflichten nach § 10 Abs. 1, Abs. 2 BFSG** (Anbringen der barrierefreien Einführerkennzeichnung, barrierefreie Gebrauchsanleitung und Sicherheitsinformationen) erfüllt hat.

9 § 11 Abs. 1 BFSG begründet für den Händler konkrete Überprüfungspflichten, die sich auf Produktaspekte beziehen, die für den Händler leicht zugänglich sind und deren Überprüfung durch den Händler daher der europäische Gesetzgeber ohne Weiteres für zumutbar hält.[8] Hieraus folgt auch, dass es sich bei dem Pflichtenprogramm nicht um eine materielle Gewährleistungspflicht, sondern eine **formelle Überprüfungspflicht** handelt.[9]

2. Prüfungsmaßstab

a) Prüfungsdichte: Evident fehlende Verkehrsfähigkeit

10 Anders als der Einführer kann sich der Händler im Rahmen seiner Prüfpflichten auf das „Ob“ der Erfüllung der Pflichten seiner Vorlieferanten beschränken. Da der Händler keine Sicherstellungs- und Gewährleistungspflichten hat, muss er das „Wie“ der Pflichterfüllung seiner Vorlieferanten abseits evident fehlender Verkehrsfähigkeit, d.h. ganz offensichtlicher Verstöße, nicht proaktiv hinterfragen.[10] Die betreffende Verpflichtung des Händlers umfasst daher etwa allein die Frage nach dem Vorhandensein der CE-Kennzeichnung. Der Händler ist demgegenüber nicht gehalten, zu überprüfen, ob die Kennzeichnung rechtmäßigerweise oder ordnungsgemäß,

---

7 Vgl. auch *Schucht*, in: Schucht/Wiebe, EU-Produktsicherheitsverordnung, Art. 12 Rn. 12 [zur GPSR].

8 *Kapoor*, in: Heckmann/Paschke, Cyber Resilience Act, Art. 20 Rn. 9 [zum CRA].

9 *Kapoor*, in: Heckmann/Paschke, Cyber Resilience Act, Art. 20 Rn. 13 [zum CRA].

10 *Schucht*, CCZ 2020, 322, 327; *Schuette*, in: Ehring/Taeger, ProdSG § 6 Rn. 95 [zum ProdSG]; *Schißler*, BeckOK Produktrecht, Art. 12 GPSR Rn. 7 [zur GPSR].

d. h. den formellen Vorgaben des § 19 Abs. 2, Abs. 3 BFSG i. V. m. Art. 30 VO (EG) 765/2008 entsprechend, erfolgt ist. Genauso wenig erstreckt sich die Überprüfungspflicht nach § 11 Abs. 1 BFSG auf die Frage, ob entsprechende Kennzeichnungen ordnungsgemäß erfolgt oder im Einklang mit den Barrierefreiheitsanforderungen der BFSGV vorgenommen worden sind. Derartige Materien des Kennzeichnungs- und materiellen Produktsicherheitsrechts weisen komplexe Rechtsfragen auf, deren Beantwortung dem Händler nicht abverlangt werden kann.

Abzuverlangen sind dem Händler Anstrengungen, die ein normaler, umsichtig han- **11**
delnder Händler typischerweise unternimmt, um unter Berücksichtigung der konkreten Umstände Schaden von anderen abzuwenden.[11] Darunter fällt auch ein belastbares Grundverständnis der Anforderungen nach dem BFSG, allerdings keine umfassende und detaillierte Rechtskenntnis. Die Herausforderung des Händlers liegt demnach abseits der Kontrolle des bloßen Vorhandenseins der betreffenden Kennzeichnungen und Unterlagen insbesondere in einer Evidenzkontrolle fehlender Verkehrsfähigkeit.[12]

b) Keine Überprüfung materieller Anforderungen

Über die ausdrücklich in § 11 Abs. 1 BFSG genannten Überprüfungspflichten hinaus **12**
treffen den Händler keine weiteren Prüf-, Gewährleistung- oder Sicherstellungspflichten. Dies unterscheidet den Händler als bloßen Wiederverkäufer vom Einführer. Erst recht treffen den Händler keine materiellen Prüfpflichten im Hinblick darauf, ob das von ihm vertriebene Produkt den materiellen Barrierefreiheitsanforderungen der BFSGV entspricht.[13] Hierfür spricht neben der Rolle des Händlers als nachgelagerter Wirtschaftsakteur auch der systematische Vergleich mit dem Pflichtenprogramm des Einführers, der nach § 9 Abs. 1 BFSG nur Produkte in den Verkehr bringen darf, die die Barrierefreiheitsanforderungen der BFSGV erfüllen. Demgegenüber ist der Händler zu einer vollumfänglichen Prüfung der Konformität gerade nicht verpflichtet.

3. Erfüllung der Überprüfungspflicht

Zur Erfüllung seiner Prüfpflichten reicht es aus, wenn der Händler **stichproben-** **13**
artige Kontrollen der formellen Produktkonformität im Anwendungsbereich des § 11 Abs. 1 BFSG durchführt.[14] Eine Einzelfallprüfung an jedem einzelnen Produkt (etwa zur Kontrolle der ordnungsgemäßen Herstellerkennzeichnung) ist vom Händler nicht in praktikabler Form zu leisten und daher auch nicht erforderlich. Im Rahmen des Konzepts des abgestuften Pflichtenprogramms der Wirtschaftsakteure im

11 *Europäische Kommission* (Hrsg.), Leitfaden für die Umsetzung der Produktvorschriften der EU 2022 („Blue Guide"), 2022, S. 41.

12 *Europäische Kommission* (Hrsg.), Leitfaden für die Umsetzung der Produktvorschriften der EU 2022 („Blue Guide"), 2022, S. 41; *Schucht*, CCZ 2020, 322, 327.

13 *Schucht*, CCZ 2020, 322, 326.

14 *Schucht*, PHi 2017, 114, 118; *Schucht*, CCZ 2020, 322, 327; *Schucht*, in: Schucht/Wiebe, EU-Produktsicherheitsverordnung, Art. 12 Rn. 31 [zur GPSR]; *Kapoor*, in: Heckmann/Paschke, Cyber Resilience Act, Art. 20 Rn. 11 [zum CRA]; *Schißler*, in: BeckOK Produktrecht, Art. 12 GPSR Rn. 16 [zur GPSR].

Rahmen des New Legislative Framework kann dem Händler als bloßem Wiederverkäufer, dem keinerlei Qualitätssicherungspflichten obliegen, indes nicht zugemutet werden, jedes einzelne von ihm vertriebene Exemplar auf die Einhaltung der in § 11 Abs. 1 BFSG genannten Produktaspekte zu überprüfen. Im Falle einer Vielzahl von vertriebenen Produkten empfiehlt sich die Integration eines Prüfkonzepts mit einer Mindestprüfungsquote in das bestehende Qualitätsmanagementsystem.

II. Bereitstellungsverbot und Notifikationspflicht (Abs. 2)

1. Bereitstellungsverbot (Abs. 2 Satz 1)

14 Hat der Händler Kenntnis davon oder Grund zur Annahme, dass ein Produkt nicht den Barrierefreiheitsanforderungen entspricht, so darf der Händler das Produkt nach § 11 Abs. 2 Satz 1 BFSG erst auf dem Markt bereitstellen, wenn die Konformität hergestellt worden ist (Bereitstellungsverbot). Die Bestimmung lässt sich als Vormarktpflicht qualifizieren.[15]

a) Voraussetzungen

15 Der Händler muss nach § 11 Abs. 2 Satz 1 BFSG positive Kenntnis oder Grund zur Annahme haben, dass das betreffende Produkt nicht den Barrierefreiheitsanforderungen der BFSGV entspricht. Der Händler hat dabei Grund zur Annahme einer Nichtkonformität, wenn ihm bekannten Umstände eine relevante Nichtkonformität nahelegen, mithin sich dem Händler die fehlende Konformität geradezu aufdrängt.[16] Vollständiger Überzeugung bedarf es dabei aber gerade nicht. Ausreichend ist ein objektiver Tatumstand, der dem Händler zu Kenntnis gelangt und ihn auf eine Nichtkonformität schließen lässt.

16 Umstände, aufgrund derer der Händler nach § 11 Abs. 2 Satz 2 BFSG Grund zur Annahme einer Nichtkonformität haben kann, können sich in Gestalt von Informationen aus der Lieferkette, von Wettbewerbern, von Verbrauchern oder Verbraucherorganisationen, sowie aus dem Kreis der Marktüberwachung, die ihrerseits hinreichend substantiiert und mit Belegen untermauert sind, ergeben.[17] Welche Mitteilungen freilich als hinreichend substantiiert anzusehen sind, wird gerichtlicher Klärung vorbehalten sein.[18] Der Händler wird dabei bei einem aufgrund objektiver Tatumstände gewonnenen Nichtkonformitätsverdacht durchaus auch in gewissem Umfang verpflichtet sein, diesem Verdacht durch Nachforschung nachzugehen.

17 Das innere Vorstellungsbild des Händlers muss sich auf eine Nichtkonformität mit den Barrierefreiheitsanforderungen der BFSGV beziehen. Das Bereitstellungsverbot des § 11 Abs. 2 Satz 1 BFSG wird daher nicht durch Rechtsverstöße aus-

---

15 *Schucht*, in: Schucht/Wiebe, EU-Produktsicherheitsverordnung, Art. 12 Rn. 57 [zur GPSR].

16 *Schißler*, in: BeckOK Produktrecht, Art. 12 GPSR Rn. 25 [zur GPSR]: „begründete Zweifel"; *Schucht*, in: Schucht/Wiebe, EU-Produktsicherheitsverordnung, Art. 12 Rn. 70 [zur GPSR].

17 *Kapoor*, in: Heckmann/Paschke, Cyber Resilience Act, Art. 20 Rn. 20 [zum CRA]; vgl. auch VG Arnsberg Beschl. v. 28.10.2016 – 1 L 1531/16, BeckRS 2016, 112687 [zur BauPVO]; *Schucht*, in: Schucht/Wiebe, EU-Produktsicherheitsverordnung, Art. 12 Rn. 70 [zur GPSR].

18 Vgl. die anhängige Vorlage BGH, Urt. v. 21.12.2023 – I ZR 17/23, PharmR 2024, 97 [zum MedizinprodukteR].

gelöst, die nicht in Zusammenhang mit einer fehlenden Barrierefreiheit des Produkts stehen wie etwa das Fehlen der CE-Kennzeichnung. Zu beachten bleibt, dass sich ein entsprechendes Bereitstellungsverbot in diesen Fällen bereits unmittelbar aus § 11 Abs. 1 BFSG ergibt. Zweitens wird mit der Bezugnahme auf die BFSGV klargestellt, dass auch kennzeichnungsrechtliche Verstöße oder das Fehlen von Gebrauchsanleitung und Sicherheitsinformationen das Bereitstellungsverbot des § 11 Abs. 2 Satz 1 BFSG dort aktivieren, wo die betreffende Kennzeichnung barrierefrei zu erfolgen hat. Denn es gehört zweifelsohne zu den Barrierefreiheitsanforderungen, dass die betreffenden Kennzeichnungen und Dokumente in barrierefreier Form vorhanden sind (§ 4 Abs. 1 BFSGV). An der Rechtslage ändert die Einbeziehung solcher Fälle formaler Nichtkonformität mit Auswirkung auf Barrierefreiheitseigenschaften der betreffenden Produkte freilich nichts, da sich ein entsprechendes Bereitstellungsverbot schon aus § 11 Abs. 1 Nr. 2–4 BFSG ergibt.

b) Rechtsfolgen

Die Bereitstellung (→ § 2 Nr. 9 BFSG) des betroffenen Produkts hat nach § 11 Abs. 2 Satz 1 BFSG zu unterbleiben, bis die Konformität mit den Barrierefreiheitsanforderungen hergestellt ist. Dem Händler wird damit die Wahlmöglichkeit eingeräumt, die Konformität des Produkts selbst herzustellen, ohne jedoch dazu verpflichtet zu sein. Eine Beseitigung der Nonkonformität durch den Händler wird dabei allenfalls bei Kennzeichnungsverstößen durch manuelles Nachlabeln in Betracht kommen.[19] Betrifft die Nichtkonformität hingegen die technische Gestaltung des Produkts, so wird allein der Hersteller, nicht aber der Händler zur Herstellung der Konformität mit den Barrierefreiheitsanforderungen in der Lage sein. **18**

Aus der Bestimmung des § 11 Abs. 2 Satz 1 BFSG folgt dementsprechend auch, dass der Händler nicht gegen produktsicherheitsrechtliche Bestimmungen verstößt, wenn er nichtkonforme Produkte auf dem Markt bereitstellt, deren Nichtkonformität er aber nicht kennt oder kennen muss. **19**

2. Informations- und Notifikationspflicht (Abs. 2 Satz 2)

Genügt ein Produkt nicht den geltenden Barrierefreiheitsanforderungen, so hat der Händler nach Maßgabe des § 11 Abs. 2 Satz 2 BFSG unverzüglich den Hersteller bzw. den Einführer und die Marktüberwachungsbehörde zu informieren (Notifikationspflicht).[20] Die Verpflichtung lässt sich als Vormarktpflicht qualifizieren. **20**

Die Notifikationspflicht bei den Marktüberwachungsbehörden beschränkt sich ausweislich des Wortlauts und in Abgrenzung zur Notifikationspflicht im Nachmarkt nach § 11 Abs. 4 BFSG i. V. m. § 6 Abs. 4 BFSG räumlich auf eine Notifikation bei der nationalen Marktüberwachungsbehörde. Durch die Schaffung einer zentralen Marktüberwachungsbehörde der Länder für den Vollzug des BFSG entfällt die Ermittlung der am Geschäftssitz des meldepflichtigen Wirtschaftsakteurs zuständigen Marktüberwachungsbehörde. **21**

---

19 *Schucht*, in: Schucht/Wiebe, EU-Produktsicherheitsverordnung, Art. 12 Rn. 74 [zur GPSR]; *Schißler*, in: BeckOK Produktrecht, Art. 12 GPSR Rn. 36 [zur GPSR].

20 *Schucht*, CCZ 2024, 66, 71 [zur GPSR].

22 Auch wenn den Händler nach Maßgabe des § 11 Abs. 2 Satz 2 BFSG strenggenommen eine eigene, originäre Notifikationspflicht trifft, kann sich die Frage stellen, ob der Händler eine Notifikation noch vornehmen muss, wenn bereits Hersteller oder Einführer nach § 6 Abs. 4 Satz 3 BFSG eine solche Notifikation vorgenommen haben.[21] Denn in diesem Fall sind die mit der Notifikationspflicht nach § 11 Abs. 2 Satz 2 BFSG verfolgten Regelungsziele umfassend verwirklicht. Es entspricht insoweit der nationalen Verwaltungspraxis zu § 6 Abs. 4 ProdSG, dass Händler in dieser Konstellation regelmäßig auf eine eigene Notifikation verzichten. Von den zuständigen Behörden wird dies in aller Regel akzeptiert, weil die Meldung des Einführers bzw. des Herstellers über das elektronische Kommunikationssystem der europäischen Marktüberwachungsbehörden (ICSMS) ohnehin kurzfristig behördenöffentlich wird. Gleichwohl können sich Händler im Lichte der eindeutigen Regelung des § 11 Abs. 2 Satz 2 BFSG nicht darauf verlassen, dass eine ausbleibende Behördenmeldung in dieser Konstellation stets sanktionslos bleiben wird.[22]

23 Gleichwohl ist Händlern andererseits auch von einer vorschnellen Notifikation gegenüber der Marktüberwachungsbehörde unter Umgehung des Herstellers unter Rücksicht auf dessen berechtigte Interessen abzuraten. Ein Händler, der Zweifel an der Vereinbarkeit eines Produkts mit den Bestimmungen der BFSGV hegt, sollte über die vorliegenden Informationen zunächst den Hersteller informieren, wie es § 11 Abs. 2 Satz 2 BFSG ohnehin verlangt.[23]

24 Eine bestimmte Form der Notifikation verlangt das Gesetz nicht.[24] Solange digitale Lösungen (für Produkte, die unter andere sektorspezifische Harmonisierungsvorschriften fallen, können entsprechende Behördenmeldungen über das Safety Gate der EU-Kommission abgesetzt werden[25]) zur Übermittlung entsprechender Behördenmeldungen für den vorliegenden Kontext noch nicht zur Verfügung stehen, muss der Händler im Falle des Vorliegens der Voraussetzungen der Meldepflicht selbst dafür sorgen, die zuständigen Marktüberwachungsbehörde zu kontaktieren.

a) Fristfragen der Notifikationspflicht

25 Den zeitlichen Grenzen der Notifikationspflicht („unverzüglich") genügt nach dem Willen des nationalen Umsetzungsgesetzgebers ein Händler, der die entsprechende Notifikation ohne schuldhaftes Zögern vornimmt.[26] Damit ist prima facie auf die Kategorien des Bürgerlichen Rechts Bezug genommen (vgl. § 121 Abs. 1 Satz 1 BGB). Im Lichte dessen, dass die Vorschrift durch die RL 2019/882/EU unionsrechtlich überformt ist, ist dem Begriff dennoch eine autonome Auslegung zugrunde zu legen, die dem Ziel des Rechtsakts, nationale Rechtsvorschriften zu harmoni-

21 *Kapoor*, in: Heckmann/Paschke, Cyber Resilience Act, Art. 20 Rn. 20 [zum CRA].
22 Ähnlich *Schucht*, BB 2013, 905, 908: „kein Verpflichteter zweiter Klasse".
23 *Geiß/Doll*, GPSG, 2005, § 5 Rn. 63 [zum GPSG]; *Kapoor*, in: Klindt, ProdSG, § 6 Rn. 110 [zum ProdSG]; *Schütte*, in: Ehring/Taeger, Produkthaftungs- und Produktsicherheitsrecht, § 6 ProdSG Rn. 103 [zum ProdSG].
24 *Schucht*, BB 2013, 905, 908; *Kapoor*, in: Klindt, ProdSG, § 6 Rn. 86.
25 *Schucht*, CCZ 2024, 66 (71) [zu Art. 12 Abs. 4 GPSR]; *Kapoor*, in: Heckmann/Paschke, Cyber Resilience Act, Art. 20 Rn. 18 [zum CRA].
26 BT-Drs. 19/28653, S. 78 [zu § 11 Abs. 4 BFSG].

sieren, auch gerecht wird.[27] Der Umsetzungsgesetzgeber weicht mit der erkennbaren Bezugnahme auf nationale Maßstäbe von den Vorgaben der Richtlinie ab und verletzt dadurch seine Verpflichtung aus den Verträgen (Art. 288 Abs. 3 AEUV) zur ordnungsgemäßen Umsetzung des Rechtsaktes. Die betreffende Vorschrift ist vielmehr unionsrechtskonform dahingehend auszulegen, dass in Ansehung der zeitlichen Grenzen der Notifikationspflicht eine autonome Lösung zu suchen ist.

Anhaltspunkt für die zeitlichen Grenzen der Notifikationsverpflichtung bieten die von der Europäischen Kommission erlassenen Leitlinien für die Meldung gefährlicher Verbrauchsgüter bei den zuständigen Behörden der Mitgliedstaaten durch Hersteller und Händler nach Art. 5 Abs. 3 der Richtlinie 2001/95/EG vom 14.12.2004.[28] Dabei kann gleichwohl der auf den Schweregrad von Produktrisiken gemünzte dreistufige Maßstab der Kommission nicht in Gänze sinnvollerweise auf die Einhaltung von Barrierefreiheitsanforderungen i. S. d. BFSG übertragen werden. Eine Notifikationsfrist von zehn Kalendertagen mag gleichwohl angemessene Anhaltspunkte bieten.[29] **26**

Von der Frage nach ihrer Dauer zu trennen ist der Problemkreis des Beginns der Notifikationspflicht. Im Lichte der Erkenntnis, dass der Händler im Rahmen der gleichgelagerten Notifikationspflicht im Nachmarkt nach Maßgabe des § 11 Abs. 4 BFSG i. V. m. § 6 Abs. 4 BFSG ergriffene Korrekturmaßnahmen anzugeben hat, wird vereinzelt abgeleitet, diese könne erst beginnen, wenn der verantwortliche Wirtschaftsakteur eine Entscheidung über Marktmaßnahmen treffen kann, dem Marktakteur sei mithin eine gewisse Ermittlungsfrist zuzugestehen.[30] Diese Erwägungen mögen im allgemeinen Produktsicherheitsrecht, wo Produktrisiken anfänglich schwer abschätzbar sein können, eine gewisse Berechtigung besitzen. Demgegenüber wird die Frage einer Nonkonformität mit den Barrierefreiheitsanforderungen nicht von Zweifeln im Tatsächlichen abhängen. **27**

b) Strategische Aspekte der Behördenkommunikation

Je nach Sachverhaltskonstellation kann es zur fristwahrenden Behördeninformation angezeigt sein, die geforderte Beschreibung der Maßnahmen zur Risikominimierung in einem ersten Schritt zurückzustellen, also gestaffelt an die zuständigen Behörden zu berichten. Häufig kann das schlichte Phänomen eines von dem betroffenen Produkt ausgehenden Risikos zwar fristgemäß gemeldet werden. Die Erarbeitung passgenauer und geeigneter Gefahrenabwendungsmaßnahmen, mit denen diesem Risiko begegnet wird, nimmt dagegen regelmäßig mehr Zeit in Anspruch als für eine Behördenmeldung zur Verfügung steht. In der Regel steht vor der Festlegung konkreter Gefahrenabwendungsmaßnahmen eine technisch aufwändige Ursachenanalyse, deren Ergebnis Grundlage für eine daran anschließende technisch-recht- **28**

27 *Klindt/Piovano*, NVwZ 2021, 1016, 1017; *Kapoor*, in: Klindt, ProdSG, § 6 Rn. 81; wohl auch *Schucht*, BB 2013, 905, 908; a. A. wohl *Moelle*, StoffR 2004, 178, 187.

28 2004/905/EG; bezugnehmend auch *Klindt/Piovano*, NVwZ 2021, 1016, 1018; *Kapoor*, in: Klindt, ProdSG, § 6 Rn. 81.

29 Strenger *Schucht*, in: Schucht/Wiebe, EU-Produktsicherheitsverordnung, Art. 12 Rn. 102 [zur GPSR]: „in wenigen Tagen".

30 *Klindt/Piovano*, NVwZ 2021, 1016.

liche Risikobewertung ist, aus der sich wiederum erst die geeigneten Maßnahmen zur Risikosteuerung ergeben.

III. Gewährleistung nichtbeeinträchtigender Transport- und Lagerungsbedingungen (Abs. 3)

29 Der Händler hat nach Maßgabe des § 11 Abs. 3 BFSG dafür zu sorgen, dass die Lagerungs- oder Transportbedingungen die Übereinstimmung des Produkts mit den Barrierefreiheitsanforderungen der BFSGV nicht beeinträchtigen, solange sich das Produkt in seinem Verantwortungsbereich befindet.

30 Im Verantwortungsbereich des Händlers befindet sich ein Produkt dann, wenn dem Händler die Steuerung bzw. Kontrolle des betreffenden Vorgangs möglich ist.[31] Ein Produkt befindet sich daher auch dann im Verantwortungsbereich des Händlers, wenn dieser ein externes Logistikunternehmen mit Transport oder Lagerung des Produkts beauftragt. Ein weites Verständnis des Verantwortungsbereiches ist angesichts der Verbreitung externer Logistikdienstleister angezeigt, um der Vorschrift nicht weitegehend ihren Anwendungsbereich zu entziehen und eine lückenlose Verantwortlichkeit der Marktakteure sicherzustellen.

31 Die Vorschrift fasst insbesondere die Sorge für eine fachgerechte Verpackung der Produkte und den Schutz vor Witterungseinflüssen ins Auge.[32] So ist es in Fällen, in denen die Kennzeichnungspflicht zulässigerweise mittels Aufklebers oder Hangtags realisiert wurde,[33] zumindest denkbar, dass sich die betreffende Kennzeichnung, die barrierefrei zu erfolgen hat, durch einen sorgfaltswidrigen Transport oder falsche Lagerungsbedingungen ablösen kann.[34] Genauso scheint es nicht ausgeschlossen, dass begleitende Dokumente wie Gebrauchsanleitung und Sicherheitsinformationen durch eine falsche, etwa feuchte Lagerung in Mitleidenschaft gezogen werden.[35]

32 Der Händler verwirklicht die Pflicht zur Gewährleistung nichtbeeinträchtigender Transport- und Lagerungsbedingungen nach Maßgabe des § 11 Abs. 3 BFSG in erster Linie durch organisatorische Vorkehrungen. So hat der Händler etwa das Vorhandensein geeigneter Lagerräume, ein Konzept für die separate Lagerung besonders sensibler Produkte und die Eignung der beschäftigten Arbeitnehmer bzw. beauftragter Logistikunternehmen sicherzustellen.[36]

---

31 *Wiebe*, BB 2022, 899, 904 [zur KI-VO]; *Schucht*, in: Schucht/Wiebe, EU-Produktsicherheitsverordnung, Art. 12 Rn. 53 [zur GPSR]; in diese Richtung ebenfalls *Ulmer*, MPR 2019, 184, 194 [zum MedizinprodukteR].

32 BT-Drs. 19/28653, S. 78.

33 Hierzu *Schucht*, CB 2023, 34, 36; *Schütte*, in: Ehring/Taeger, Produkthaftungs- und Produktsicherheitsrecht, § 6 ProdSG Rn. 29 [ProdSG]; *Kapoor*, in: Klindt, ProdSG, § 6 Rn. 38 [ProdSG]; *Schucht*, DÖV 2018, 431, 437.

34 *Schißler*, in: BeckOK Produktrecht, Art. 12 GPSR Rn. 19 [zur GPSR]; *Schucht*, in. Schucht/Wiebe, EU-Produktsicherheitsverordnung, Art. 12 Rn. 49 [zur GPSR].

35 *Schißler*, in: BeckOK Produktrecht, Art. 12 GPSR Rn. 19 [zur GPSR]; *Schucht*, in: Schucht/Wiebe, EU-Produktsicherheitsverordnung, Art. 12 Rn. 49 [zur GPSR].

36 *Schucht*, in: Schucht/Wiebe, EU-Produktsicherheitsverordnung, Art. 12 Rn. 51 [zur GPSR].

IV. Reaktionspflichten bei Nichtkonformität (Abs. 4)

1. Ergreifen von Korrekturmaßnahmen

Nach § 11 Abs. 4 BFSG i. V. m. § 6 Abs. 4 Satz 1 BFSG ist der Händler prima facie gleich dem Hersteller verpflichtet, unverzüglich selbst und in eigener Verantwortung die erforderlichen Korrekturmaßnahmen zu ergreifen, um Konformität herzustellen, wenn er Kenntnis davon oder Grund zur Annahme hat, dass ein von ihm bereitgestelltes Produkt nicht den Barrierefreiheitsanforderungen der BFSGV entspricht. Die Verpflichtung des Händlers steht dabei selbstständig neben den gleichgerichteten Pflichten von Hersteller (§ 6 Abs. 4 Satz 1 BFSG) und Einführer (§ 9 Abs. 5 BFSG i. V. m. § 6 Abs. 4 Satz 1 BFSG). 33

Der Zweck dieser Nachmarktpflicht des Händlers liegt darin, einen Beitrag zu einer schnellstmöglichen Korrektur bei nicht-barrierefreien Produkten zu leisten.[37] Die Stellung des Händlers als Marktakteur ist dabei durch ein besonderes Näheverhältnis zum Verbraucher geprägt, das eine Einbindung des Händlers bei Korrekturmaßnahmen im Feld als zweckmäßig erscheinen lässt. 34

a) Voraussetzungen der Reaktionspflicht

Der Händler muss nach § 11 Abs. 4 Satz 1 BFSG i. V. m. § 6 Abs. 4 Satz 1 BFSG positive Kenntnis davon oder Grund zur Annahme haben, dass das betreffende Produkt nicht den Barrierefreiheitsanforderungen der BFSGV entspricht. Insoweit wird vollumfänglich auf die Ausführungen zu § 11 Abs. 2 Satz 1 BFSG verwiesen. 35

Auslösendes Moment der Reaktionspflicht nach § 11 Abs. 4 Satz 1 BFSG i. V. m. § 6 Abs. 4 Satz 1 BFSG ist wie bei § 11 Abs. 2 Satz 1 BFSG die Non-Konformität des betreffenden Produkts mit den Barrierefreiheitsanforderungen der BFSGV. Damit ist klar, dass formale Verstöße ohne Bezug zu den Barrierefreiheitseigenschaften des Produkts (z. B. eine fehlende CE-Kennzeichnung) die Pflicht, Korrekturmaßnahmen zu ergreifen, nicht zu aktivieren vermögen. Fehlen vorgeschriebene Kennzeichnungen oder Begleitdokumente, die barrierefrei vorzunehmen bzw. beizufügen sind (vgl. § 4 Abs. 1 BFSG), oder erfolgen sie nicht in barrierefreier Form, so liegt ein Verstoß gegen die BFSGV vor, der den Händler nach Maßgabe des § 11 Abs. 4 Satz 1 BFSG i. V. m. § 6 Abs. 4 Satz 1 BFSG dazu verpflichtet, Korrekturmaßnahmen zu ergreifen. 36

b) Inhalt der Reaktionspflicht

Entsprechende Korrekturmaßnahmen sind vom Händler unverzüglich zu ergreifen.[38] Diese Frist wird regelmäßig in (wenigen) Tagen und umgekehrt nicht in Wochen zu bemessen sein.[39] 37

Abweichend von dem Wortlaut des § 11 Abs. 4 Satz 1 BFSG i. V. m. § 6 Abs. 4 Satz 1 BFSG muss der Händler im Gegensatz zum Hersteller oder Einführer etwaige Kor- 38

37 *Schucht*, in: Schucht/Wiebe, EU-Produktsicherheitsverordnung, Art. 12 Rn. 85 [zur GPSR].
38 BT-Drs. 19/28653, S. 78; vertiefend *Klindt/Piovano*, NVwZ 2021, 1016.
39 *Schucht*, in: Schucht/Wiebe, EU-Produktsicherheitsverordnung, Art. 12 Rn. 102 [zur GPSR].

rekturmaßnahmen gleichwohl nicht selbst ergreifen.[40] Einer solchen Verpflichtung könnte der Händler regelmäßig, insbesondere in Fällen, in denen die Nichtkonformität auf der technischen Gestaltung des Produkts beruht, auch überhaupt nur unter Heranziehung des Herstellers nachkommen. In solchen Fällen beschränkt sich die Pflicht des Händlers zur Einleitung von Korrekturmaßnahmen darauf, deren Einleitung durch den Hersteller im Wege der Information innerhalb der Lieferkette sicherzustellen (vgl. § 11 Abs. 4 Satz 1 BFSG i. V. m. § 6 Abs. 4 Satz 3 BFSG) und Korrekturmaßnamen des Herstellers in erforderlichem und angemessenem Maße zu unterstützen. Obwohl die Pflicht zur Ergreifung von Korrekturmaßnahmen für den Händler erst entsteht, wenn er Produkte auf dem Markt bereitgestellt hat, können sich solche Korrekturmaßnahmen auch auf solche Produkte beziehen, die sich noch im Zugriffsbereich des Händlers befinden.[41]

2. Produktrücknahme und Produktrückruf

39 Kann die Konformität mit der BFSGV in den Fällen des § 11 Abs. 4 BFSG § 6 Abs. 4 Satz 1 BFSG nicht hergestellt werden, so hat der Händler nach § 11 Abs. 4 BFSG i. V. m. § 6 Abs. 4 Satz 2 BFSG das betreffende Produkt zurückzunehmen oder zurückzurufen. Der Begriff des Produktrückrufs, der erst im Zuge der nationalen Umsetzung der RL 2019/882/EU Eingang in die Vorschrift gefunden hat, geht im weiten unionsrechtlichen Begriff der Produktrücknahme (→ § 2 Nr. 23 BFSG) auf (→ § 2 Rn. 32).

40 Im Verhältnis zu den gleichgerichteten Pflichten des Herstellers (§ 6 Abs. 4 Satz 2 BFSG) und des Einführers (§ 9 Abs. 5 BFSG i. V. m. § 6 Abs. 4 Satz 2 BFSG) ist zu beachten, dass Produktrücknahme und Produktrückruf im Regelfall vom Hersteller initiiert werden sollten, weil dieser sein Produkt am besten kennt, die Konformität mit den Vorgaben der BFSGV am besten einschätzen kann und auch am effizientesten in der Lage ist, die erforderlichen Rückrufmaßnahmen auf sämtliche betroffenen und von ihm vertriebenen Produkte zu erstrecken, weil nur er – gewissermaßen als Quelle des Produktvertriebs – die Daten seiner verschiedenen Abnehmer kennt. Sollte der im Drittland ansässige Hersteller gleichwohl untätig bleiben, obliegt es dem Einführer als Quelle für den Produktvertrieb in Europa, entsprechende Korrekturmaßnahmen einzuleiten. Für den Händler wird sich die Pflicht zur Durchführung von Korrekturmaßnahmen hinsichtlich von ihm bereits auf dem Markt bereitgestellter Produkte, deren Non-Compliance nicht in seiner Sphäre verursacht wurde, regelmäßig darauf beschränken, Korrekturmaßnahmen des Herstellers und/oder des Einführers in erforderlichem und angemessenem Maße zu unterstützen. Eine genuin eigene Verpflichtung des Händlers zur Durchführung etwa eines Rückrufes eines von ihm vertriebenen Produkts dürfte allenfalls dann in Betracht kommen, wenn der Händler beispielsweise als Großhändler in einem Mitgliedstaat die Quelle des dortigen Vertriebs darstellt und die zuständigen Behörden dieses Mitgliedstaates die Durchführung eines Rückrufs ihm gegenüber fordern.

---

40 BT-Drs. 19/28653, S. 78; *Wagner*, MMR 2024, 755, 758; *BMAS* (Hrsg.), Leitlinien für die Anwendung des BFSG, S. 11.

41 *Kapoor*, in: Heckmann/Paschke, Cyber Resilience Act, Art. 20 Rn. 24 [zum CRA].

3) Informations- und Notifikationspflicht

Genügt ein Produkt nicht den geltenden Barrierefreiheitsanforderungen, so hat der Händler nach Maßgabe des § 11 Abs. 4 BFSG i. V. m. § 6 Abs. 4 Satz 1 BFSG unverzüglich den Hersteller bzw. den Einführer und die Marktüberwachungsbehörde zu informieren. **41**

V. Weitere Konformitätsnachweise und Kooperationspflicht (Abs. 4)

1. Auskunftspflicht

Nach § 11 Abs. 4 BFSG i. V. m. § 7 Abs. 5 Satz 1 BFSG hat der Händler der Marktüberwachungsbehörde auf deren begründetes Verlangen alle Auskünfte zu erteilen und alle Unterlagen auszuhändigen, die für den Nachweis der Konformität erforderlich sind. Die Verpflichtung des Händlers erstreckt sich **auf alle Informationen** und **Unterlagen**, die für den Nachweis der Konformität des Produkts erforderlich sind. Gegenstand dieser Verpflichtung sind nicht nur Dokumente, sondern auch nicht verkörperte Informationen. **42**

Die Auskunftspflicht ist von einem **begründeten Verlangen** der Behörde abhängig.[42] Ein **begründetes Verlangen** liegt nicht nur dann vor, wenn die anfragende Marktüberwachungsbehörde den konkreten Verdacht einer Non-Compliance hegt. Auch die Durchführung verdachtsunabhängiger proaktiver Kontrollen, etwa im Zusammenhang mit einer Marktüberwachungsaktion, im Rahmen derer behördlicherseits verschiedene gleichartige Produkte diverser Hersteller hin überprüft werden, kann ein hinreichender Grund sein, vom Händler die Übermittlung betreffender Informationen und Unterlagen zu verlangen. Die **völlig verdachtsunabhängige Anforderung** ist dagegen **unzulässig,** weil insoweit kein „begründetes" Verlangen der Behörden vorliegt. Die technischen Unterlagen dienen nicht dazu, den zuständigen Behörden eine umfassende „Fernüberprüfung" von Produkten zu ermöglichen, sondern dazu, die Konformität mit den Anforderungen des BFSG gegenüber den Behörden im Bedarfsfall nachzuweisen. **43**

Die Erfüllung der Auskunftspflicht hat nach § 11 Abs. 4 BFSG i. V. m. § 7 Abs. 5 Satz 2 BFSG in deutscher Sprache oder in einer Sprache, die von der Marktüberwachungsbehörde leicht verstanden werden kann, zu erfolgen. In der Praxis hat sich indes herausgestellt, dass die zuständigen Markübervachungsbehörden in Europa regelmäßig keine Einwände dagegen haben, wenn ihnen die angefragten Konformitätsnachweise in englischer Sprache zur Verfügung gestellt werden.[43] Hinsichtlich der Form steht es dem Händler ausdrücklich frei, ob er die von der Behörde angeforderten Dokumente in Papierform oder in elektronischer Form übermittelt. **44**

2. Allgemeine Kooperationspflicht

§ 11 Abs. 4 BFSG i. V. m. § 7 Abs. 5 Satz 3 BFSG verpflichtet den Händler, mit der Marktüberwachungsbehörde bei allen Maßnahmen zur Herstellung der Konformität **45**

42 *Schucht,* BB 2015, 654, 657.
43 *Kapoor,* in: Heckmann/Paschke, Cyber Resilience Act Art. 19 Rn. 44 [zum CRA].

von in den Verkehr gebrachten Produkten zusammenzuarbeiten. Die Bestimmung normiert damit die sog. allgemeine Kooperationspflicht.[44] Sie setzt ein schlichtes Verlangen der Behörde voraus und unterscheidet sich dadurch von der von einem begründeten Verlangen abhängigen Auskunftspflicht nach § 10 Abs. 4 BFSG i. V. m. § 7 Abs. 5 Satz 1 BFSG. Ohne Verlangen besteht wiederum auch keine Rechtspflicht zur Kooperation.[45]

46 Dennoch steht die Kooperationspflicht des Händlers selbstredend unter dem Vorbehalt ordnungsgemäßer, d. h. insbesondere verhältnismäßiger Ermessensausübung.[46] Vom Händler können seitens der Behörden demnach nur solche Kooperationshandlungen verlangt werden, mit denen ein legitimer Zweck verfolgt wird, die zur Erreichung dieses Zwecks geeignet und erforderlich sind und deren Angemessenheit im Sinne der Zweck-Mittel-Relation im Einzelfall nicht infrage steht. Grundsätzlich können die zuständigen Marktüberwachungsbehörden vom Einführer im Rahmen der Kooperationspflicht beispielsweise die umfassende Mitwirkung bei der Aufklärung seiner Einkaufs- und Vertriebswege in Bezug auf das betroffene Produkt verlangen. Ob und inwieweit der Händler auf Verlangen einer Marktüberwachungsbehörde darüber hinaus etwa dazu verpflichtet ist, interne Korrespondenz mit dem Hersteller oder Einführer offenzulegen oder Dokumente bzw. Daten in bestimmte, von der Behörde bevorzugte Dateiformate zu überführen, kann dagegen im Einzelfall fraglich sein.

C. Rechtsfolgen bei Verstoß

I. Ordnungswidrigkeitstatbestände

47 Ordnungswidrig handelt nach § 37 Abs. 1 Nr. 7 BFSG der Händler, der ein Produkt entgegen § 11 Abs. 1 BFSG oder § 11 Abs. 2 Satz 1 BFSG auf dem Markt bereitstellt. Ordnungswidrig handelt nach § 37 Abs. 1 Nr. 2 BFSG auch, wer entgegen § 11 Abs. 4 BFSG i. V. m. § 6 Abs. 4 Satz 3 BFSG oder entgegen § 11 Abs. 2 Satz 2 BFSG gegen die Notifikationspflicht bei vor oder nach Bereitstellung des Produkts festgestellter Nonkonformität verstößt, indem er eine Angabe nicht, nicht richtig, nicht vollständig, nicht in der vorgeschriebenen Weise oder nicht rechtzeitig macht. Die Ordnungswidrigkeit kann in ersterem Fall mit Geldbuße bis zu EUR 100.000 (vgl. § 37 Abs. 2 BFSG), im zweiten Fall mit Geldbuße bis zu EUR 10.000 geahndet werden.[47]

II. Marktüberwachungsmaßnahmen

48 Daneben drohen Untersagungsverfügungen und Verpflichtungen zum Produktrückruf nach Maßgabe der §§ 22 Abs. 4 Satz 1, 23 Abs. 3 Satz 1 BFSG. Rechtspolitisch zwar hart, angesichts des klaren Normanwendungsbefehls des europäischen Gesetz-

44 *Schucht*, BB 2015, 654,656.
45 *Schucht*, BB 2015, 654, 656.
46 *Kapoor*, in: Heckmann/Paschke, Cyber Resilience Act Art. 19 Rn. 44 [zum CRA].
47 Vgl. auch *Franke*, ZfPC 2024, 21, 25; *Kapoor/Klindt*, NJW 2024, 3545, 3550.

gebers in § 23 Abs. 3 Satz 1 BFSG aber hinzunehmen, ist die Konsequenz, dass im Regelungssystem des BFSG auch dann zum Produktrückruf verpflichtet werden kann, wenn von dem betreffenden Produkt keine Produktgefahren im engeren Sinne ausgehen, das Produkt mithin für Menschen mit Behinderungen schlimmstenfalls unbrauchbar, aber nicht gefährlich ist.[48]

Entsprechende Marktüberwachungsmaßnahmen können nach Maßgabe der §§ 32, **49**
33 BFSG auch durch Verbraucher und Verbände eingeleitet werden.

III. Wettbewerbsrechtliche Konsequenzen

Verstöße des Händlers gegen das Pflichtenprogramm des § 11 BFSG können wett- **50**
bewerbsrechtliche Unterlassungsansprüche auslösen.[49] Denn bei dem produktsicherheitsrechtlichen Pflichtenprogramm der Marktakteure handelt es sich um Marktverhaltensregeln i. S. d. § 3a UWG, sodass auch Verstöße gegen formale Produktanforderungen, deren Überprüfung nach Maßgabe des § 11 Abs. 1 BFSG dem Händler obliegt, wettbewerbsrechtlich angreifbar sind. Der Händler haftet daher verschuldensunabhängig etwa für das Fehlen der Herstellerkennzeichnung,[50] der Gebrauchsanleitung und Sicherheitshinweise oder eine fehlende CE-Kennzeichnung.[51] Dabei wird die Reichweite der wettbewerbsrechtlichen Verantwortlichkeit durch die Reichweite der Überprüfungspflicht nach § 11 Abs. 1 BFSG konturiert: Für die Richtigkeit etwaiger Kennzeichnungen haftet der Händler abseits evident fehlender Verkehrsfähigkeit auch wettbewerbsrechtlich nicht, denn insoweit besteht keine entsprechende Marktverhaltensvorschrift.

Unterlassungsansprüche eines Wettbewerbers bei Vorliegen der übrigen Voraus- **51**
setzungen des UWG sind auch dann denkbar, wenn dem Händler im Hinblick auf die Verletzung seiner Pflichten kein Verschulden vorzuwerfen ist. In der Praxis ist das wettbewerbsrechtliche Risiko für den Händler, von anderen Wirtschaftsakteuren aufgrund tatsächlicher oder vermeintlicher Verstöße gegen produktregulatorische Vorgaben abgemahnt und mit einstweiligen Verfügungen überzogen zu werden, durchaus relevant, wie zahlreiche wettbewerbsrechtliche Verfahren mit produktregulatorischem Bezug aus der jüngeren Vergangenheit zeigen.

IV. Kaufrechtliches Gewährleistungsrecht

Verstöße gegen das BFSG führen dazu, dass das betreffende Produkt nicht die Eig- **52**
nung zur gewöhnlichen Verwendung (§ 434 Abs. 3 Satz 1 Nr. 1 BGB) bzw. – je nach Fallgestaltung – nicht die gewöhnliche Beschaffenheit (§ 434 Abs. 3 Satz 1 Nr. 2

48 Kritisch insoweit auch Franke, ZfPC 2024, 21, 27.

49 *Lommatzsch/Albrecht*, GWR 2022, 355, 357; *Franke*, ZfPC 2024, 21, 25; offener *Kapoor/Klindt*, NJW 2024, 3545, 3550; *Hartmannsberger/Herzig*, GRUR-RR 2016, 433.

50 BGH, Urt. v. 12.1.2017 – I ZR 258/15, NJW-RR 2017, 745 – Motivkontaktlinsen [zu § 6 Abs. 5 ProdSG]; krit. *Tiedge*, GewA 2016, 326, 328 [zu § 6 Abs. 5 ProdSG]; krit. *Schucht*, GewA 2017, 392, 397 [zu § 6 Abs. 5 ProdSG].

51 *Hartmannsberger/Herzig*, GRUR-RR 2016, 433, 436.

BGB) aufweist und daher einen Sachmangel begründet.[52] Ein Händler, der ein Produkt in Verkehr bringt, dass den Vorgaben des BFSG nicht entspricht, muss daher damit rechnen, Gewährleistungsansprüchen nach Maßgabe der §§ 437 ff. BGB ausgesetzt zu sein.

§ 12 BFSG
Einführer oder Händler als Hersteller

Auf einen Einführer oder Händler sind die §§ 6 und 7 entsprechend anzuwenden, wenn er

1.ein Produkt unter seinem eigenen Namen oder seiner eigenen Marke in den Verkehr bringt oder

2. ein bereits in den Verkehr gebrachtes Produkt so ändert, dass dessen Konformität mit den Anforderungen der nach § 3 Absatz 2 zu erlassenden Rechtsverordnung beeinträchtigt werden kann.

Gliederung: Rn.

A. Einführung

1 § 12 BFSG regelt in Umsetzung von Art. 11 RL 2019/882/EU die Fälle, in denen Einführer und Händler die Pflichten des Herstellers obliegen. Diesen Fällen ist gemein, dass der Einführer oder Händler dem Produkt in gesteigertem Maße nahesteht, indem er es entweder unter eigenem Namen oder eigener Marke in den Verkehr bringt (§ 12 Nr. 1 BFSG) oder nach Inverkehrbringen potentiell die Konformität beeinträchtigende Änderungen an dem Produkt vornimmt (§ 12 Nr. 2 BFSG).

---

52 *Franke*, ZfPC 2024, 21, 25; *Lommatzsch/Albrecht*, GWR 2022, 355, 357; *Tabbara*, NZS 2021, 497, 502.

I. Rechtsnatur und Regelungsgehalt

Die Vorschrift des § 12 BFSG hat **deklaratorischen Charakter**, soweit sie durch § 12 Nr. 1 BFSG den **sog. Quasi-Hersteller** dem Pflichtenprogramm des Herstellers unterwirft.[1] Denn derjenige, der ein Produkt herstellen lässt und unter eigenem Namen oder eigener Marke vermarktet, ist nach Maßgabe des § 2 Nr. 11 BFSG ohnehin Hersteller im Sinne des Gesetzes. Insoweit besteht die maßgebliche Bedeutung der Vorschrift darin, Wirtschaftsakteure dahingehend zu sensibilisieren, dass die Kennzeichnung von fremden Verbraucherprodukten mit dem eigenen Namen bzw. der eigenen Handelsmarke mit erheblichen produktsicherheitsrechtlichen Konsequenzen einhergeht.[2] 2

Originären Regelungsgehalt entfaltet die Vorschrift daher allein für den Fall der **Produktänderung nach Inverkehrbringen**, die die Konformität mit den Barrierefreiheitsanforderungen der BFSGVO potentiell beeinträchtigen kann (§ 12 Nr. 2 BFSG). Diese Konstellation betrifft das im harmonisierten Produktsicherheitsrecht seit langem vorgesehene Rechtsinstitut der **sog. wesentlichen Veränderung**, das auf Anh. I Art. R6 des Beschlusses 768/2008/EG über einen gemeinsamen Rechtsrahmen für die Vermarktung von Produkten zurückgeht[3] und selbst der Produktsicherheitsrichtlinie in ähnlicher Form bekannt war.[4] Während potentiell konformitätsbeeinträchtigende Veränderungen von Produkten traditionell insbesondere im Maschinen- und Anlagebau, wo die betreffenden Produkte eine vergleichbar lange Lebensdauer aufweisen und aufgrund sich ändernder Produktionsbedingungen häufig Anpassungen und Modernisierungen unterliegen,[5] eine bedeutende Rolle gespielt haben, werden sie im Kontext des Barrierefreiheitsstärkungsgesetzes vor allem in Form von **Softwareupdates** relevant. 3

II. Persönlicher Anwendungsbereich

Die Vorschrift gilt ausweislich ihres Wortlauts **nur für Händler und Einführer** und unterscheidet sich damit durchaus von entsprechenden Regelungen in anderen Rechtsakten.[6] Andere Personen werden nicht erfasst. In der von § 12 Nr. 1 BFSG geregelten Konstellation der Quasi-Herstellung wirkt sich dies freilich nicht aus, da Dritten, die ebenfalls aufgrund eines betrieblichen Interesses die Anbringung ihres Namens oder ihrer Marke auf Produkten realisieren, ohnehin nach § 2 Nr. 11 BFSG Herstellereigenschaft zukommt. 4

1 *Schucht*, in: Schucht/Wiebe, EU-Produktsicherheits-VO Art. 13 Rn. 10 [zur GPSR]; *Kapoor*, in: Heckmann/Paschke, Cyber Resilience Act Art. 21 Rn. 3 [zum CRA].
2 *Schucht*, in: Schucht/Wiebe, EU-Produktsicherheits-VO Art. 13 Rn. 12 [zur GPSR].
3 *Schucht*, in: Schucht/Wiebe, EU-Produktsicherheits-VO Art. 13 Rn. 12 [zur GPSR].
4 *Klindt/Schucht*, in: Klindt, Produktsicherheitsgesetz § 2 Rn. 123 [zum ProdSG].
5 *Kapoor*, in: Heckmann/Paschke, Cyber Resilience Act Art. 21 Rn. 4 [zum CRA].
6 Anders etwa Art. 13 GPSR.

B. Regelungsgehalt

I. Inverkehrbringen von Produkten unter eigenem Namen oder eigener Marke (Nr. 1)

5 § 12 Nr. 1 BFSG regelt, dass ein Händler oder Einführer, der ein Produkt unter eigenem Namen oder eigener Marke in Verkehr bringt, als Hersteller gilt und den für den Hersteller geltenden Verpflichtungen der §§ 6, 7 BFSG unterliegt.

1. Inverkehrbringen

6 Die Bestimmung setzt voraus, dass der betreffende Wirtschaftsakteur ein Produkt in Verkehr bringt und nimmt damit unmittelbar auf die Legaldefinition des Inverkehrbringens in § 2 Nr. 10 BFSG Bezug. Auf den ersten Blick erscheint § 12 Nr. 1 BFSG gleichwohl terminologisch nicht konsistent, soweit er auch den Händler erfasst. Denn der Händler bringt keine Produkte in den Verkehr, sondern stellt diese lediglich auf dem Markt bereit (vgl. § 2 Nr. 14 BFSG).

7 Richtigerweise ist gleichwohl derjenige Händler, der ein Produkt „umlabelt" und sodann abgibt, niemals als Händler des betreffenden Produkts in Erscheinung getreten, weil er es nicht „als Händler" auf dem Markt bereitgestellt hat.[7] Bei dem Produkt, das der Händler mit seinem Namen und/oder mit seiner Marke versieht, handelt es sich um ein gänzlich neues Produkt das vom Händler innerhalb der Union erstmals auf dem Markt bereitgestellt und damit im Sinne des in den Verkehr gebracht wird.[8] Auch der Händler gilt daher bei Vorliegen der weiteren Voraussetzungen nach Maßgabe des § 12 Nr. 1 BFSG als Hersteller.

2. Unter eigenem Namen oder eigener Marke

a) Grundlagen

8 Der Wirtschaftsakteur muss das betreffende Produkt unter eigenem Namen oder eigener Marke in Verkehr gebracht haben. Das Inverkehrbringen unter eigenem Namen oder eigener Marke ist dabei weit zu verstehen. So kann die Eigenschaft der Muttergesellschaft als Quasi-Herstellerin etwa durch das Anbringen von Konzernkennzeichen begründet werden.[9] Das Anbringen des Namens oder der Marke kann in den das Produkt begleitenden Unterlagen, der Gebrauchsanleitung, auf der Verpackung oder im Produktbeschreibungsblatt erfolgen und die Rechtsfolgen des § 12 Nr. 1 BFSG auslösen.[10]

b) Mehrere Namen und Marken

9 Die Anwendung des § 12 Nr. 1 BFSG wirft die Frage aus, inwieweit die Vorschrift neben dem bloßen Anbringen des Namens oder der Marke voraussetzt, dass der

---

7 *Schucht*, in: Schucht/Wiebe, EU-Produktsicherheits-VO Art. 13 Rn. 14 [zur GPSR].
8 *Kapoor*, in: Heckmann/Paschke, Cyber Resilience Act Art. 21 Rn. 4 [zum CRA].
9 *Krause*, in: Soergel, ProdhaftG § 4 Rn. 5 [zum ProdhaftG]; *Wilrich*, in: Schucht/Wiebe, EU-Produktsicherheitsverordnung, Art. 3 Rn. 150 [zur GPSR].
10 *Wilrich*, in: Schucht/Wiebe, EU-Produktsicherheitsverordnung, Art. 3 Rn. 150.

Wirtschaftsakteur sich auch gerade als Hersteller ausgibt und einen entsprechenden Rechtsschein setzt. Relevant wird die Problematik in Fällen, in denen **mehrere Namen** (z. B. unterschiedliche Konzerngesellschaften auf der Verpackung und in der Bedienungsanleitung) und/oder **mehrere Marken** (z. B. in Fällen des Co-Branding verschiedener Unternehmen) auf dem Produkt und/oder seiner Verpackung bzw. den Begleitunterlagen angegeben werden und daher zweifelhaft ist, ob einer der beteiligten Wirtschaftsakteure neben dem originären Hersteller als Hersteller auftritt. Es entspricht insoweit der Rechtsprechung des EuGH, dass ein Wirtschaftsakteur bereits dann als Quasi-Hersteller anzusehen ist, wenn er allein seinen Namen bzw. seine Marke auf dem Produkt anbringt, ohne dass es insoweit notwendig ist, dass sich der Wirtschaftsakteur auch auf andere Weise als Hersteller des Produkts ausgibt.[11] Der EuGH mag an dieser Stelle aber nicht den Fall vor Augen gehabt haben, dass ein Produkt über mehrere konkurrierende Kennzeichnungen verschiedener Wirtschaftsakteure verfügt.[12]

Unklar bleibt freilich, ob es in diesen Fällen, in denen mehrere Kennzeichnungen unterschiedlicher Akteure vorhanden sind, zu einer Aufspaltung der Herstellereigenschaft auf mehrere Personen kommen kann, die dem Produktsicherungsrecht an sich fremd ist.[13] **10**

Der Wirtschaftsakteur kann den Eintritt der Fiktion des § 12 Nr. 1 BFSG gleichwohl dadurch vermeiden, dass er zwar seinen Namen oder seine Handelsmarke neben einer vorhandenen Marke anbringt, aber zugleich hinreichend deutlich macht, dass er nicht als Hersteller zu agieren beabsichtigt.[14] Denn ist Regelungszweck des § 12 Nr. 1 BFSG, denjenigen, der sich nach außen hin als Hersteller geriert, auch als solchen zu behandeln,[15] so ist ein Eingreifen der Vorschrift eben dann nicht geboten, wenn eine ausdrückliche Distanzierung von der Herstellereigenschaft erfolgt. Zu verlangen ist gleichwohl eine eindeutige Klarstellung, nicht Hersteller zu sein. **11**

II. Produktänderungen (Nr. 2)

Nach § 12 Nr. 2 BFSG gilt derjenige Händler oder Einführer als Hersteller, der ein bereits in den Verkehr gebrachtes Produkt so ändert, dass dessen Konformität mit den Barrierefreiheitsanforderungen der BFSGVO beeinträchtigt werden kann. Auch er unterliegt nach Maßgabe der Vorschrift den Pflichten des Herstellers aus §§ 6, 7 BFSG. Sinn und Zweck der Bestimmung liegen darin, den Wechsel der Herstellereigenschaft im Falle spezifischer Produktmodifikationen anzuzeigen.[16] Denn werden Produkte in einer Weise geändert, die dessen Vereinbarkeit mit den Barriere- **12**

11 EuGH, Urt. v. 07.07.2022 – Rs. C-264/21, ZfPC 2022, 235 m. Anm. Seehafer.

12 *Seehafer*, ZfPC 2022, 235, 238; *Öttinger/Schucht*, BB 2023, 899, 900.

13 *Wilrich*, Produktsicherheitsrecht und CE-Konformität, Kap. 2.3.3.1 S. 151; *Schucht*, in: Schucht/Wiebe, EU-Produktsicherheits-VO Art. 13 Rn. 15 [zur GPSR].

14 *Schucht*, in: Schucht/Wiebe, EU-Produktsicherheits-VO Art. 13 Rn. 15 [zur GPSR]; *Sieber-Fazakas*, StoffR 2022, 254, 256; *Katzenmaier/Voigt*, ProdHaftG, § 4, Rn. 38; *Öttinger/Schucht*, BB 2023, 899, 900; zweifelnd *Wagner/Rutloff/Wagner*, BB 2022, 2382, 2383.

15 BT-Drs. 19/28653, S. 78.

16 *Schucht*, in: Schucht/Wiebe, EU-Produktsicherheits-VO Art. 13 Rn. 26 [zur GPSR].

freiheitsanforderungen der BFSGV berühren kann, so wird bei Lichte betrachtet ein neues Produkt im Sinne des Produktsicherheitsrechts geschaffen.

1. Inverkehrbringen

13 Wie auch § 12 Nr. 1 BFSG setzt die Vorschrift voraus, dass das geänderte Produkt im Zeitpunkt der Produktänderung bereits in Verkehr gebracht wurde. Genauso wie auch § 12 Nr. 1 BFSG leidet die Vorschrift an einer gewissen terminologischen Unschärfe, soweit sie den Begriff des Inverkehrbringens auf den Händler bezieht.

14 Keine Voraussetzung ist demgegenüber die vorherige Inbetriebnahme des Produkts.[17] Dieses Ergebnis tragen der Wortlaut des § 12 Nr. 2 BFSG, der systematische Vergleich mit der EU-Maschinenverordnung und das Telos der Norm: Geht man zutreffend von der Überlegung aus, dass dem produktverändernden Wirtschaftsakteur deshalb Herstellerpflichten auferlegt werden, weil mit der Produktänderung die inhärente Gefahr des einer marktrelevanten Nichtkonformität einhergeht, so kann es nicht darauf ankommen, ob das Produkt bereits in Betrieb genommen wurde oder nicht. Denn die Nichtkonformität eines Produktes auf dem Markt besteht unabhängig von der Frage nach einer etwaigen Inbetriebnahme fort.

2. Voraussetzungen der konformitätsbeeinträchtigenden Produktänderung

15 § 12 Nr. 2 BFSG setzt eine Produktänderung voraus, die geeignet ist, die Konformität des Produkts mit den Barrierefreiheitsanforderungen zu beeinträchtigen.

16 Ausgangspunkt für die Beantwortung der Frage, ob eine potentiell konformitätsbeeinträchtigende Produktänderung vorliegt, ist die **Konformitätsbewertung**, die der Hersteller im Rahmen der technischen Dokumentation (vgl. § 6 Abs. 1 Nr. 2 BFSG i. V. m. Anhang 2) vorgenommen hat. Werden Eigenschaften oder Funktionen des Produkts, die in der technischen Dokumentation herstellerseitig als konformitätsrelevant identifiziert wurden, in funktionsrelevanter Weise geändert, so liegt eine potentiell konformitätsbeeinträchtigende Produktänderung vor. Nur dann liegt in Ansehung einer potentiellen Nichtkonformität eine Risikoerhöhung vor, die das Institut der wesentlichen Produktänderung im harmonisierten Produktsicherheitsrecht maßgebend prägt.[18] Insoweit bleibt festzuhalten, dass nicht jede beliebige Änderung des Produkts die Rechtsfolge des § 12 Nr. 2 BFSG auslöst.

17 Produktänderungen i. S. d. § 12 Nr. 2 BFSG, die die Konformität mit der BFSGVO berühren, können nicht nur durch physische Veränderungen des Produkts – wie es etwa traditionell im Maschinenrecht der Fall war –, sondern auch über **Softwareänderungen** erfolgen. Es wird vielmehr sogar dem Wesen der vom BFSG erfassten Produktkategorien entsprechen, dass nachträgliche Modifikationen über eine Änderung der entsprechenden Software implementiert werden, die dazu auch nicht

---

17 *Schucht*, StoffR 2015, 191, 195; *Schucht*, in: Schucht/Wiebe, EU-Produktsicherheits-VO Art. 13 Rn. 60, 61 [zur GPSR].

18 *Piovano*, Der Hersteller im europäischen Produktsicherheitsrecht, Teil F.II.3.h.; *Schucht*, StoffR 2015, 191, 193.

stationär, sondern kabellos erfolgen. Dies erfasst etwa Fälle, in denen Händler vom Hersteller erworbene Software-Updates implementieren.[19]

Keine Produktänderungen sind bloße Reparaturen und Instandhaltungsarbeiten, die die zugrundeliegenden Produkteigenschaften und die Produktfunktionalität im Vergleich zum Ausgangsprodukt nicht beeinflussen.[20] Dasselbe gilt für Softwareaktualisierungen und -reparaturen, die im Rahmen solcher Instandhaltungsarbeiten durchgeführt werden.[21] In diesen Konstellationen wird es von den Umständen des Einzelfalls abhängen, ob der Händler die wesentliche Veränderung vorgenommen hat, oder ob diese letztlich dem Hersteller zuzurechnen ist. **18**

Einen weiteren klassischen Anwendungsfall der Produktänderung stellt die Kombination von Produkten dar.[22] **19**

3. Rechtsfolgen

Derjenige Händler oder Einführer, der ein bereits in den Verkehr gebrachtes Produkt so ändert, dass dessen Konformität mit den Anforderungen der BFSGVO beeinträchtigt werden kann, gilt nach § 12 Nr. 2 BFSG als Hersteller. Ihn treffen daher auch die Pflichten des Herstellers. Anders als in anderen Rechtsakten des harmonisierten Produktsicherungsrecht ist dabei der Pflichtenübergang nicht auf den geänderten Produktteil beschränkt.[23] Der Marktakteur kann daher umfassend von der Marktüberwachungsbehörde als Hersteller adressiert werden. **20**

So ist das betreffende Produkt einer vollständigen Konformitätsbewertung zu unterziehen, und der Name und die Kontaktadresse des neuen Herstellers müssen auf dem Produkt angegeben werden. Die technischen Unterlagen müssen dabei aktualisiert werden, sofern sich die Modifizierung auf die Anforderungen der geltenden Rechtsvorschriften auswirkt.[24] **21**

§ 13 BFSG
Angabe der Wirtschaftsakteure, Verordnungsermächtigung

(1) Der Wirtschaftsakteur hat der Marktüberwachungsbehörde auf deren Verlangen Auskunft über die Wirtschaftsakteure zu erteilen,

1. von denen er ein Produkt bezogen hat und

---

19 *Kapoor*, in: Heckmann/Paschke, Cyber Resilience Act Art. 21 Rn. 4 [zum CRA].
20 Europäische Kommission (Hrsg.), Leitfaden für die Umsetzung der Produktvorschriften der EU („Blue Guide"), 2022, S. 18.
21 *Kapoor*, in: Heckmann/Paschke, Cyber Resilience Act Art. 21 Rn. 4 [zum CRA].
22 *Schucht*, PHi 2019, 20 ff.
23 Vgl. zu Art. 13 GPSR: *Schucht*, in: Schucht/Wiebe, EU-Produktsicherheits-VO Art. 13 Rn. 30 [zur GPSR].
24 Europäische Kommission (Hrsg.), Leitfaden für die Umsetzung der Produktvorschriften der EU („Blue Guide"), 2022, S. 18.

2. an die er ein Produkt abgegeben hat.

(2) Der Wirtschaftsakteur stellt sicher, dass er die Angaben nach Absatz 1 mindestens fünf Jahre ab dem Zeitpunkt des Bezugs des Produkts oder der Abgabe des Produkts vorlegen kann.

(3) Das Bundesministerium für Arbeit und Soziales wird ermächtigt, durch Rechtsverordnung, die der Zustimmung des Bundesrates bedarf, im Einverständnis mit dem Bundesministerium für Wirtschaft und Energie den in Absatz 2 genannten Zeitraum für einzelne Produkte zu verlängern, wenn dies im Hinblick auf die wirtschaftliche Nutzungsdauer des Produkts geboten erscheint.

Gliederung: Rn.

A. Einführung

1 § 13 BFSG regelt in Umsetzung von Art. 12 RL 2019/882/EU die Verpflichtung des Wirtschaftsakteurs (→ § 2 Nr. 15 BFSG) zur Identifizierung der anderen in die Lieferkette einbezogenen Wirtschaftsakteure.[1] Typologisch regelt § 13 BFSG damit eine weitere Auskunfts- und Kooperationspflicht,[2] die gleichermaßen für alle Wirtschaftsakteure gilt. Aus der systematischen Stellung des § 13 BFSG und seinem thematischen Zuschnitt auf den Produktvertrieb ergibt sich allerdings, dass die Bestimmung nicht den Dienstleistungsbereich erfasst, mithin nicht für den Dienstleistungserbringer (→ § 2 Nr. 4 BFSG) gilt, auch wenn er ausweislich der Legaldefinition des § 2 Nr. 15 BFSG Wirtschaftsakteur im Sinne des Gesetzes ist.

2 Die Vorschrift geht dabei auf Anhang I Art. R7 des Beschlusses 768/2008/EG über einen gemeinsamen Rechtsrahmen für die Vermarktung von Produkten zurück und setzt damit das sog. *New Legislative Framework* um.[3] Die Verpflichtung zur Identifizierung der Wirtschaftsakteure innerhalb der Lieferkette wurde durch das New Legislative Framework erstmalig aus der Taufe gehoben. Die Bestimmung ist ihrem Zweck nach darauf gerichtet, Produkte durch die Liefer- und Vertriebskette zurückverfolgen zu können und damit eine effektive Marktüberwachung zu ge-

1 *Schucht*, NVwZ 2017, 434, 435 („Pflicht zur Identifizierung der Wirtschaftsakteure"); *Schucht*, CZZ 2022, 230, 235; *Schucht*, InTeR 2014, 149 ff.; *Schucht*, BB 2020, 1990, 1993.

2 *Held/Jaguttis/Rupp*, in: Held/Jaguttis/Rupp, BauPVO, Art. 16 Rn. 1 [zur BauPVO].

3 Umfassend *Kapoor/Klindt*, EuZW 2008, 649; *Kapoor/Klindt*, EuZW 2009, 134; *Schucht*, EuZW 2014, 848.

währleisten.[4] Aufgrund der in Rede stehenden Auskünfte kann die Marktüberwachungsbehörde die Lieferketten leichter nachvollziehen und schneller zielgerichtete Maßnahmen ergreifen.[5] § 13 BFSG verwirklicht daher Produktkonformität durch Information.

B. Regelungsgehalt

I. Auskunftserteilungspflicht (Abs. 1)

Nach § 13 Abs. 1 BFSG hat der Wirtschaftsakteur der Marktüberwachungsbehörde 3
auf deren Verlangen Auskunft über die Wirtschaftsakteure zu erteilen, von denen er ein Produkt bezogen (Nr. 1) und an die er ein Produkt abgegeben hat (Nr. 2).

1. Persönlicher Anwendungsbereich

Die Bestimmung des § 13 BFSG erfasst die im Produktbereich vorzufindenden 4
Wirtschaftsakteure: den Hersteller (→ § 2 Nr. 11 BFSG), den Bevollmächtigten (→ § 2 Nr. 12 BFSG), den Einführer (→ § 2 Nr. 13 BFSG) und den Händler (→ § 2 Nr. 14 BFSG). Wenngleich auch der Dienstleistungserbringer (→ § 2 Nr. 14 BFSG) nach Maßgabe der Legaldefinition des § 2 Nr. 15 BFSG Wirtschaftsakteur im Sinne des Barrierefreiheitsrechts ist, ergibt sich aus der systematischen Stellung und dem Gesamtkontext der Bestimmung, die auf die produktrechtliche Vertriebskette zielt, dass § 13 BFSG nicht den Dienstleistungserbringer verpflichtet.[6]

2. Auf Verlangen der Behörde

Die Vorschrift des § 13 Abs. 1 BFSG setzt zur Aktivierung der Auskunftserteilungs- 5
pflicht das schlichte Verlangen der Behörde voraus. Ohne Verlangen besteht wiederum auch keine Rechtspflicht zur Kooperation.[7] Das Verlangen bedarf nicht, wie etwa von § 7 Abs. 5 Satz 1 BFSG (→ § 7 BFSG Rn. 33) verlangt, einer besonderen Rechtfertigung (eben kein „begründetes Verlangen"). Im Lichte der allgemeinen verfassungsrechtlichen Verpflichtung der Verwaltung, nicht willkürlich zu handeln (sog. Willkürverbot), bedarf es gleichwohl richtigerweise eines sachlichen Grundes im Sinne einer gewissen Plausibilisierung des behördlichen Verlangens.

3. Inhalt der Auskunftserteilungspflicht

Der Auskunftserteilungspflicht des § 13 Abs. 1 BFSG genügt ein Wirtschaftsakteur 6
nicht schlicht dadurch, dass er gegenüber der Marktüberwachungsbehörde schriftlich die entsprechenden Angaben tätigt. Im Lichte des Normzwecks, effektive Marktüberwachung zu gewährleisten, muss der Wirtschaftsakteur diese Angaben auch auf Verlangen plausibilisieren und damit eine effektive Überprüfung durch die Marktüberwachungsbehörde ermöglichen. Nach der Auffassung der Kommission

4 BT-Drs. 19/28653, S. 78.
5 BT-Drs. 19/28653, S. 79.
6 Ungenau daher BT-Drs. 19/28653 „alle Wirtschaftsakteure".
7 *Schucht*, BB 2015, 654, 656.

ermächtigt § 13 Abs. 1 BFSG die Marktüberwachungsbehörde insbesondere auch dazu, **einschlägige Unterlagen** wie beispielsweise Rechnungen anzufordern, die Rückschlüsse auf den Ursprung des Produkts ermöglichen.[8] Daher ist Wirtschaftsakteuren insoweit zu raten, Rechnungen länger als in den Rechnungslegungsvorschriften vorgeschrieben aufzubewahren und so den Anforderungen an die Rückverfolgbarkeit zu genügen. Dass § 13 Abs. 1 BFSG auch zur Vorlage von Unterlagen verpflichtet, ergibt sich mittelbar aus § 37 Abs. 1 Nr. 6 BFSG, der einen Bußgeldtatbestand zuungunsten desjenigen normiert, der entgegen § 13 Abs. 1 BFSG eine Auskunft nicht, nicht richtig, nicht vollständig, nicht in der vorgeschriebenen Weise oder nicht rechtzeitig erteilt oder eine Unterlage nicht, nicht richtig, nicht vollständig, nicht in der vorgeschriebenen Weise oder nicht rechtzeitig aushändigt.

7 Zu beachten bleibt auch, dass die Verpflichtung des § 13 BFSG nicht in Bezug auf die Endnutzer (Verbraucher) gilt, da diese nicht als Wirtschaftsakteure im Sinne des Gesetzes gelten.[9]

II. Aufbewahrungspflicht (Abs. 2)

8 Nach § 13 Abs. 2 BFSG hat der Wirtschaftsakteur sicherzustellen, dass er die Angaben nach Absatz 1, mithin die mindestens fünf Jahre ab dem Zeitpunkt des Bezugs des Produkts oder der Abgabe des Produkts vorlegen kann. Die damit korrespondierende Aufbewahrungspflicht verlangt gleichwohl nicht, dass der Wirtschaftsakteure für die Zwecke der Übermittlung die Informationen und Unterlagen (dauerhaft) an seinem Sitz in der Europäischen Union in Besitz haben muss. Es genügt, dass er in einem angemessenen zeitlichen Rahmen darauf zugreifen kann.[10] Der Wirtschaftsakteur kann zur Erfüllung dieser Pflicht beispielsweise ein Verzeichnis über diejenigen Wirtschaftsakteure führen, von denen er ein Produkt bezogen hat und an die er ein Produkt abgegeben hat.[11]

III. Verlängerungsmöglichkeit (Abs. 3)

9 Nach Maßgabe des § 13 Abs. 3 BFSG kann das Bundesministerium für Arbeit und Soziales (BMAS) durch Rechtsverordnung die Aufbewahrungsfrist nach § 13 Abs. 2 BFSG verlängern, wenn dies im Hinblick auf die wirtschaftliche Nutzungsdauer des Produkts geboten erscheint. Die Verlängerungsmöglichkeit bezieht sich allerdings ausweislich des Wortlauts der Vorschrift allein auf einzelne Produktkategorien. Eine generelle Verlängerung der Aufbewahrungsfrist für sämtliche Produktgruppen wäre daher von der Verordnungsermächtigung in § 13 Abs. 3 BFSG nicht gedeckt.

---

8 *Europäische Kommission* (Hrsg.), Leitfaden für die Umsetzung der Produktvorschriften der EU („Blue Guide"), 2022, S. 60.

9 *Europäische Kommission* (Hrsg.), Leitfaden für die Umsetzung der Produktvorschriften der EU („Blue Guide"), 2022, S. 60.

10 *Europäische Kommission* (Hrsg.), Leitfaden für die Umsetzung der Produktvorschriften der EU („Blue Guide"), S. 111; *Wittbrodt*, in: BeckOK Produktrecht, Art. 10 GPSR Rn. 11.1 [zu Art. 10 GPSR].

11 BT-Drs. 19/28653 S. 79.

C. Verstöße

Nach § 37 Abs. 1 Nr. 6 BFSG handelt ordnungswidrig, wer entgegen § 13 Abs. 1 BFSG eine Auskunft nicht, nicht richtig, nicht vollständig, nicht in der vorgeschriebenen Weise oder nicht rechtzeitig erteilt oder eine Unterlage nicht, nicht richtig, nicht vollständig, nicht in der vorgeschriebenen Weise oder nicht rechtzeitig aushändigt. Die Ordnungswidrigkeit kann in diesem Fall mit Geldbuße bis zu EUR 10.000 (vgl. § 37 Abs. 2 BFSG) geahndet werden.[12] 10

§ 14 BFSG
Pflichten des Dienstleistungserbringers

(1) Der Dienstleistungserbringer darf seine Dienstleistung nur anbieten oder erbringen, wenn

1. die Dienstleistung die Barrierefreiheitsanforderungen der nach § 3 Absatz 2 zu erlassenden Rechtsverordnung erfüllt und

2. er die Informationen nach Anlage 3 Nummer 1 erstellt hat und diese Informationen für die Allgemeinheit in barrierefreier Form zugänglich gemacht hat; für die Zugänglichmachung sind die Vorgaben der nach § 3 Absatz 2 zu erlassenden Rechtsverordnung maßgebend.

(2) Der Dienstleistungserbringer bewahrt die Informationen nach Absatz 1 Nummer 2 so lange auf, wie er die Dienstleistung anbietet oder erbringt.

(3) Der Dienstleistungserbringer gewährleistet, dass die Barrierefreiheitsanforderungen der nach § 3 Absatz 2 zu erlassenden Rechtsverordnung stets erfüllt werden, wenn er eine Dienstleistung anbietet oder erbringt. Er trägt Veränderungen bei der Art und Weise der Erbringung der Dienstleistung, Veränderungen bei den geltenden Barrierefreiheitsanforderungen und Änderungen der harmonisierten Normen oder technischer Spezifikationen, auf die bei der Erklärung der Übereinstimmung der Dienstleistung mit den Barrierefreiheitsanforderungen verwiesen wird, gebührend Rechnung.

(4) Bei Nichtkonformität ergreift der Dienstleistungserbringer die erforderlichen Korrekturmaßnahmen, um die Konformität der Dienstleistung mit den Barrierefreiheitsanforderungen der nach § 3 Absatz 2 zu erlassenden Rechtsverordnung herzustellen. Wenn die Dienstleistung den Barrierefreiheitsanforderungen der nach § 3 Absatz 2 zu erlassenden Rechtsverordnung nicht genügt, informiert der Dienstleistungserbringer darüber unverzüglich die Marktüberwachungsbehörde und die Marktüberwachungsbehörden der Mitgliedstaaten der Europäischen Union, in denen er die Dienstleistung anbietet oder erbringt. Dabei macht er ausführliche Angaben, insbesondere über die Art der Nichtkonformität und die ergriffenen Korrekturmaßnahmen.

12 Vgl. auch *Franke*, ZfPC 2024, 21, 25; *Kapoor/Klindt*, NJW 2024, 3545, 3550.

(5) Der Dienstleistungserbringer hat der Marktüberwachungsbehörde auf deren begründetes Verlangen alle Auskünfte zu erteilen, die erforderlich sind, um die Konformität der Dienstleistung nach Absatz 1 nachzuweisen. Er kooperiert mit der Marktüberwachungsbehörde auf deren begründetes Verlangen bei allen Maßnahmen, die zur Herstellung der Konformität ergriffen werden.

Gliederung: Rn.

A. Allgemeines

I. Systematische Einordnung

1 Die Pflichten der Wirtschaftsakteure nach dem BFSG regeln die §§ 6 bis 14 BFSG. In Ergänzung zu den Pflichten des Herstellers (§§ 6 bis 8, 12 BFSG), des Einführers (§§ 9, 10 BFSG) und des Händlers (§§ 11, 13 BFSG) ist § 14 BFSG Ausgangspunkt für die Pflichten des Dienstleistungserbringers. Die Ausgestaltung dieser Pflichten wird durch die vom BMAS nach § 3 Abs. 2 BFSG erlassene BFSGV konkretisiert.

2 Die allgemeinen Anforderungen an Dienstleistungen sind in § 12 BFSGV festgelegt. § 13 BFSGV sieht zusätzliche Anforderungen an bestimmte Dienstleistungen vor. Zusätzliche Anforderungen sind zudem speziell für Telekommunikationsdienste (→ § 14 BFSGV), für Personenbeförderungsdienste (→ § 15 BFSGV), für Stadt-, Vorort- und Regionalverkehrsdienste (→ § 16 BFSGV) sowie für Bankdienstleistungen für Verbraucher (→ § 17 BFSGV), E-Books (→ § 18 BFSGV) und Dienstleistungen im elektronischen Rechtsverkehr (→ § 19 BFSGV) geregelt.

II. Regelungszweck

3 Die Vorschrift verfolgt den Zweck, Menschen mit Behinderungen ein unabhängiges Leben zu erleichtern und eine inklusivere Gesellschaft zu ermöglichen. Sie zielt dabei auf die Teilhabe am Dienstleistungsangebot ab.[1]

III. Umsetzung von EU-Recht

4 § 14 BFSG setzt Art. 13 der RL (EU) 2019/882 um. Die Anforderungen an die Bereitstellung von Informationen durch den Dienstleistungserbringer beruhen auf Anhang I, Abschnitt III b) i) RL (EU) 2019/882.

---

1 BT-Drs. 19/28653, S. 41.

B. Regelungsgehalt

I. Anwendungsbereich

1. Dienstleistungen

5 Für den Begriff der Dienstleistungen verweist § 2 Nr. 3 BFSG auf die Richtlinie 2006/123/EG des Europäischen Parlaments und des Rats der Europäischen Union (Dienstleistungs-Richtlinie). Danach sind Dienstleistungen alle von Art. 57 AEUV erfassten selbstständigen Tätigkeiten, die in der Regel gegen Entgelt erbracht werden, soweit sie nicht den Vorschriften über den freien Waren- und Kapitalverkehr und über die Freizügigkeit der Personen unterliegen.

6 Das BFSG erfasst in § 1 Abs. 3 die folgenden Dienstleistungen:

- bestimmte Telekommunikationsdienste
- bestimmte Elemente von Personenbeförderungsdiensten
- Bankdienstleistungen für Verbraucher
- E-Books und hierfür bestimmte Software
- Dienstleistungen im elektronischen Geschäftsverkehr.

a) Telekommunikationsdienste

7 § 2 Nr. 7 BFSG fasst unter dem Oberbegriff der Telekommunikationsdienste Internetzugangsdienste, interpersonelle Kommunikationsdienste und Dienste, die ganz oder überwiegend in der Übertragung von Signalen bestehen, zusammen. Konkret erfasst sind damit insbesondere Sprach- und Internettelefonie sowie E-Mail- und Messengerdienste.[2] Nicht erfasst sind Dienstleistungen der Maschine-zu-Maschine-Kommunikation, die also den überwiegend automatisierten Informationsaustausch zwischen technischen Einrichtungen, wie Maschinen, Automaten, Fahrzeugen oder Messwerken, betreffen (→ näher § 2 Rn. 15 BFSG).[3]

b) Personenbeförderungsdienste

8 Auch bestimmte Elemente von **Personenbeförderungsdiensten im Luft-, Bus-, Schienen- und Schiffsverkehr** fallen in den Anwendungsbereich. Gemäß § 1 Abs. 3 Nr. 2 betrifft das die Webseite, mobile Anwendungen, elektronische Tickets und Ticketdienste, Informationen in Bezug auf den Verkehrsdienst und interaktive Selbstbedienungsterminals. Bei Stadt-, Vorort- und Regionalverkehrsdiensten gelten die Barrierefreiheitsanforderungen nur für interaktive Selbstbedienungsterminals (→ näher § 2 Rn. 43 ff. BFSG).

c) Bankdienstleistungen für Verbraucher

9 **Bankdienstleistungen für Verbraucher** umfassen gemäß § 2 Nr. 24 BFSG die Bereitstellung von bestimmten Bank- und Finanzdienstleistungen für Verbraucher. Hierzu zählen bestimmte Kreditverträge, Wertpapierdienstleistungen und Anlage-

---

2 *Fancsik*, K&R, 765, 766.

3 *Kapoor/Klindt*, NJW 2024, 3545, 3545 f.

tätigkeiten sowie Nebendienstleistungen, darunter die Portfolio-Verwaltung und die Anlageberatung, Zahlungsdienste nach dem ZAG und dem ZKG sowie das E-Geld (→ näher § 2 Rn. 33 BFSG und § 17 Rn. 2 BFSGV).[4]

d) E-Books und hierfür bestimmte Software

Gemäß § 2 Nr. 37 BFSG ist ein **E-Book** ein Dienst, der in der Bereitstellung digitaler Dateien besteht, die eine elektronische Fassung eines Buches übermitteln und Zugriff, Blättern, Lektüre und Nutzung ermöglichen. **10**

Die hierfür bestimmte Software ist speziell auf Zugriff, Navigieren, Lektüre und Nutzung der betreffenden Dateien ausgelegt, einschließlich Dienstleistungen und mobiler Anwendungen, die auf Mobilgeräten angeboten werden. Ausgenommen ist Software für E-Book-Lesegeräte, also nach § 2 Nr. 38 BFSG ein spezielles Gerät einschließlich Hardware und Software, das für Zugriff, Navigieren, Lektüre und Nutzung von E-Book-Dateien verwendet wird. **11**

Als Dienstleistungserbringer sind in Bezug auf E-Books auch Verleger oder andere am Vertrieb von E-Books beteiligte Wirtschaftsakteure erfasst.[5] **12**

e) Dienstleistungen im elektronischen Rechtsverkehr

§ 2 Nr. 26 BFSG definiert **Dienstleistungen im elektronischen Rechtsverkehr** als Dienstleistungen der Telemedien, die über Webseiten und über Anwendungen auf Mobilgeräten angeboten werden und elektronisch und auf individuelle Anfrage eines Verbrauchers im Hinblick auf den Abschluss eines Verbrauchervertrags erbracht werden. (→ § 2 Rn. 40 BFSG; ausführlich § 19 Rn. 3 ff. BFSGV). **13**

Hierunter fällt insbesondere der online vermittelte Abschluss von Verbraucherverträgen, unabhängig davon, welche Produkte oder Dienstleistungen über eine Webseite oder mobile Anwendung vertrieben werden.[6] Erforderlich ist, dass der Vertragsschluss online wenigstens angebahnt wird, also Angebote vorgestellt werden oder Buchungen abgeschlossen und Zahlungen getätigt werden können.[7] Erfasst ist also der gesamte Onlinehandel, aber auch andere Dienstleistungen, wie beispielsweise Online-Unterricht oder der Online-Vertrieb von Fahrdiensten.[8] Auch Online-Buchungsportale für stationär vertriebene Dienstleistungen fallen in den Anwendungsbereich.[9] Nicht in den Anwendungsbereich fallen hingegen die stationär erbrachten Dienstleistungen selbst.[10] **14**

---

4 *Kapoor/Klindt*, NJW 2024, 3545, 3546.
5 BT-Drs. 19/28653, S. 65; *Fancsik*, K&R, 765, 766.
6 Vgl. BMAS, Leitlinien für die Anwendung des Barrierefreiheitsstärkungsgesetzes, S. 3; ausführlich *Billing/Bremenkamp*, ZVertriebsR 2025, 9.
7 Vgl. BT-Drs. 19/28653, S. 65.
8 *Tabarra*, NZS 2021, 497, 498; EuGH, Urt. v. 03.12.2020 – C-62/19 – Star Taxi App; Urt. v. 20.12.2017 – C-434/15 – Elite Taxi/Uber System Spain; BT-Drs. 19/28653, S. 65.
9 So zumindest die Ansicht des BMAS, Leitlinien für die Anwendung des Barrierefreiheitsstärkungsgesetzes, S. 2.
10 BT-Drs. 19/28653, S. 65.

2. Dienstleistungserbringer

15 Nach § 2 Nr. 4 ist Dienstleistungserbringer jede natürliche oder juristische Person oder rechtsfähige Personengesellschaft, die auf dem Unionsmarkt eine Dienstleistung für Verbraucher erbringt oder anbietet, eine solche Dienstleistung zu erbringen. Der persönliche Anwendungsbereich ist damit zunächst denkbar weit.

16 Ausnahmen gelten allerdings für Kleinstunternehmen nach Maßgabe des § 3 Abs. 3 BFSG (→ § 3 Rn. 19 ff. BFSG).

3. Ausnahmen

17 Vom Pflichtenprogramm des § 14 BFSG sind nach § 1 Abs. 4 BFSG bestimmte Inhalte von Webseiten und mobilen Anwendungen ausgenommen (→ § 1 Rn. 44 BFSG). Zudem sind Kleinstunternehmen, die Dienstleistungen erbringen, vom Anwendungsbereich ausgeschlossen (→ § 3 Rn. 19 ff. BFSG). Weitere Ausnahmen ergeben sich nach §§ 16, 17 BFSG, wenn die Einhaltung der Pflichten eine wesentliche Änderung der Dienstleistung erfordern würde oder eine unverhältnismäßige Belastung darstellt.

a) Ausnahmen nach § 1 Abs. 4 BFSG

18 Nach § 1 Abs. 4 BFSG (→ § 1 Rn. 44 ff. BFSG) sind folgende Inhalte von Webseiten und mobile Anwendungen vom Anwendungsbereich ausgenommen:

- aufgezeichnete zeitbasierte Medien, die vor dem 28. Juni 2025 veröffentlicht wurden;
- Dateiformate von Büro-Anwendungen, die vor dem 28. Juni 2025 veröffentlicht wurden;
- Online-Karten und Kartendienste, sofern bei Karten für Navigationszwecke wesentliche Informationen barrierefrei zugänglich in digitaler Form bereitgestellt werden;
- Inhalte von Dritten, die von dem betreffenden Wirtschaftsakteur weder finanziert noch entwickelt werden noch dessen Kontrolle unterliegen;
- Inhalte von Webseiten und mobilen Anwendungen, die als Archive gelten, da ihre Inhalte nach dem 28. Juni 2025 weder aktualisiert noch überarbeitet werden.

b) Ausnahmen nach §§ 16, 17 BFSG

19 Ausnahmen vom Anwendungsbereich regeln §§ 16 und 17 BFSG. Will sich ein Wirtschaftsakteur auf diese Ausnahmen berufen, so muss er die zuständige Marktüberwachungsbehörde darüber informieren.

20 Nach § 16 Abs. 1 Satz 1 BFSG gelten die Barrierefreiheitsanforderungen nicht, wenn ihre Einhaltung eine **wesentliche Änderung des Produkts oder der Dienstleistung** erfordern würde. Der Gesetzgeber nennt hier als Beispiel, dass die Einhaltung der Anforderungen an die Barrierefreiheit den Einsatz einer neuen Technologie erfordert, die die Leistungsfähigkeit des Produkts so sehr einschränkt, dass es nicht mehr zu seinem eigentlichen Zweck nutzbar ist. Mit Blick auf den Regelungszweck des BFSG fordert der Gesetzgeber eine restriktive Auslegung und hält mangelnde

Priorität, Zeit oder Kenntnisse nicht für valide Gründe für eine Abweichung von den Barrierefreiheitsanforderungen (→ näher § 16 BFSG).[11]

Gemäß § 17 BFSG greift zudem eine Ausnahme, wenn die Barrierefreiheitsanforderungen eine **unverhältnismäßige Belastung** bedeuten würden. Die Anforderungen hieran sind ebenfalls restriktiv auszulegen und ergeben sich aus Anlage 4 des BFSG.[12] Bedeutung hat dabei insbesondere das Verhältnis der Nettokosten der Einhaltung der Barrierefreiheitsanforderungen zu den Gesamtkosten und zum Nettoumsatz des Wirtschaftsakteurs. Auch die Häufigkeit der Nutzung des Produkts oder der Dienstleistung durch Menschen mit Behinderungen ist in die Abwägung einzustellen.[13] Dienstleistungsunternehmer müssen die Beurteilung mindestens alle 5 Jahre wiederholen, oder auf Aufforderung der zuständigen Behörde, oder wenn sich die angebotene Dienstleistung verändert hat (§ 17 Abs. 3 BFSG) (→ näher § 17 BFSG). 21

c) Kleinstunternehmen

Kleinstunternehmen, die Dienstleistungen innerhalb des Anwendungsbereichs des BFSG erbringen, sind gemäß § 3 Abs. 3 BFSG vom Anwendungsbereich ausgenommen. Hintergrund dieser Regelung ist die gesetzgeberische Vermutung, dass die Umsetzung der Barrierefreiheitsanforderungen für diese Kleinstunternehmen regelmäßig eine unverhältnismäßige Belastung darstellen würde.[14] 22

Kleinstunternehmen sind nach § 2 Nr. 17 BFSG Unternehmen, die weniger als zehn Personen beschäftigen und die entweder einen Jahresumsatz von höchstens zwei Millionen Euro erzielen oder deren Jahresbilanzsumme sich auf höchstens zwei Millionen Euro beläuft (→ § 2 Rn. 26 BFSG). 23

II. Pflichten des Dienstleistungserbringers

Dienstleistungserbringer dürfen gemäß § 14 Abs. 1 BFSG ihre Dienstleistungen nur anbieten oder erbringen, wenn 24
- die Dienstleistung die Barrierefreiheitsanforderungen der BFSGV erfüllt (materielle Konformität) und
- der Dienstleistungserbringer die Informationen nach Anlage 3 Nr. 1 zum BFSG erstellt hat und diese Informationen für die Allgemeinheit in barrierefreier Form zugänglich gemacht hat; für die Zugänglichmachung sind die Vorgaben der BFSGV maßgebend (formelle Konformität).

11 BT-Drs. 19/28653, S. 81.
12 *Kapoor/Klindt*, NJW 2024, 3545, 3549 f.
13 *Billing/Bremenkamp*, ZVertriebsR 2025, 9, 10.
14 BT-Drs. 19/28653, S. 73.

1. Erfüllung der Barrierefreiheitsanforderungen nach der BFSGV (Abs. 1 Nr. 1)

25 Gemäß § 14 Abs. 1 Nr. 1 BFSG darf der Dienstleistungserbringer seine Dienstleistung nur anbieten oder erbringen, wenn sie die Barrierefreiheitsanforderungen der BFSGV erfüllt.

26 Das Gesetz verweist an dieser Stelle auf die vom BMAS erlassene Rechtsverordnung. Dort sind die Barrierefreiheitsanforderungen in den §§ 12 bis 19 BFSGV geregelt. Weitere Anforderungen ergeben sich aus §§ 20 und 21 BFSGV für bestimmte Funktionen und visuelle Bedienungsformen.

a) Allgemeine Anforderungen an Dienstleistungen

27 Allgemeine Anforderungen an Dienstleistungen sind in § 12 BFSGV festgelegt. Danach müssen zunächst die **Produkte**, die zur Erbringung der Dienstleistung verwendet werden, barrierefrei sein (→ §§ 4–10 BFSGV, → § 12 Rn. 2 BFSGV).

28 **Bereitgestellte Informationen** über die Funktionsweise der Dienstleistung, der zu Erbringung der Dienstleistung verwendeten Produkte, zu den Barrierefreiheitsmerkmalen oder zur Interoperabilität der Produkte mit assistiven Technologien müssen den in § 12 Nr. 2 BFSGV bestimmten Anforderungskatalog erfüllen, der in weiten Teilen die vier Grundprinzipien der Barrierefreiheit, Wahrnehmbarkeit, Bedienbarkeit, Verständlichkeit und Robustheit, konkretisiert (→ § 12 Rn. 4 ff. BFSGV).

29 **Webseiten und mobile Anwendungen** müssen gemäß § 12 Nr. 3 BFSGV wahrnehmbar, bedienbar, verständlich und robust gestaltet werden. Wie diese Kriterien zu verstehen sind, wird in der harmonisierten Europäischen Norm (EN) 301 549 V3.2.1 konkretisiert, die speziell die Barrierefreiheit von Webseiten zum Gegenstand hat (→ § 4 Rn. 18 ff. BFSG).

30 Soweit Dienstleistungserbringer auch **Unterstützungsdienste** wie Help-Desk, Call-Center, technische Unterstützung, Relaisdienste und Schulungsdienste anbieten, sind sie gemäß § 12 Nr. 4 BFSGV verpflichtet, die Informationen über die Barrierefreiheit und die Interoperabilität mit assistiven Technologien mit barrierefreien Kommunikationsmitteln zur Verfügung zu stellen (→ § 12 Rn. 41 BFSGV).

b) Zusätzliche Anforderungen an bestimmte Dienstleistungen

31 Zusätzliche Anforderungen an bestimmte Dienstleistungen sind in den §§ 13 bis 19 BFSGV geregelt.

aa) Zusätzliche Anforderungen gemäß § 13 BFSGV

32 Nach § 13 BFSGV müssen die Dienstleistungen Funktionen, Vorgehensweisen, Strategien und Verfahren sowie Änderungen bei der Ausführung vorsehen, die auf die Bedürfnisse von Menschen mit Behinderungen ausgerichtet sind und die **Interoperabilität mit assistiven Technologien** gewährleisten (→ näher § 13 BFSGV).

bb) Zusätzliche Anforderungen an Telekommunikationsdienste (§ 14 BFSGV)

§ 14 BFSGV sieht vor, dass bei **Telekommunikationsdiensten**, die Sprachkommunikation ermöglichen, Text in Echtzeit bereitgestellt werden muss. Für den Fall, dass die Telekommunikationsdienste Videos zur Verfügung stellen, ist ein Gesamtgesprächsdienst bereitzustellen (→ näher § 14 BFSGV). **33**

cc) Zusätzliche Anforderungen an Personenbeförderungsdienste (§ 15 BFSGV)

Bestimmte Personenbeförderungsdienste müssen nach § 15 BFSGV die dort genannten Informationen bereitstellen. Darunter fallen Informationen über die Barrierefreiheit der Verkehrsmittel, der umliegenden Infrastruktur und Gebäude sowie die Unterstützung für Menschen mit Behinderungen, Informationen zu intelligenten Ticketsystemen (z. B. elektronische Reservierung und Buchung von Fahrausweisen). Ebenfalls erfasst sind Reiseinformationen in Echtzeit wie Fahrpläne, Informationen über Verkehrsstörungen, Anschlüsse und die Weiterreise mit anderen Verkehrsmitteln sowie zusätzliche Serviceinformationen, wie am Bahnhof im Dienst befindliches Servicepersonal, defekte Aufzüge oder vorübergehend nicht verfügbare Dienstleistungen (→ näher § 15 BFSGV). **34**

dd) Zusätzliche Anforderungen Dienstleistungen im Stadt-, Vorort- und Regionalverkehrsdienst (§ 16 BFSGV)

Selbstbedienungsterminals, die zur Erbringung der **Dienstleistungen im Stadt-, Vorort- und Regionalverkehrsdienst** verwendet werden, müssen gemäß § 16 BFSGV die Anforderungen der §§ 4, 6, 7 und 11 BFSGV erfüllen. Hierzu zählen Informationspflichten, Anforderungen an die Gestaltung der Benutzerschnittstelle und die Funktionalität von Produkten, branchenspezifische Anforderungen an Selbstbedienungsterminals und Pflichten im Zusammenhang mit Unterstützungsdiensten (→ näher § 16 BFSGV). **35**

ee) Zusätzliche Anforderungen an Bankdienstleistungen für Verbraucher (§ 17 BFSGV)

Nach § 17 BFSGV müssen bestimmte **Bankdienstleistungen für Verbraucher** wahrnehmbar, bedienbar, verständlich und robust sein. Ferner müssen die Informationen zur Funktionsweise der Bankdienstleistung für Verbraucher verständlich sein. Dabei darf der Schwierigkeitsgrad das Sprachniveau B2 des Gemeinsamen europäischen Referenzrahmens für Sprachen des Europarates[15] nicht überschreiten (→ näher § 17 BFSGV). **36**

ff) Zusätzliche Anforderungen an E-Books (§ 18 BFSGV)

Ferner werden in § 18 BFSGV bestimmte Anforderungen für **E-Books** festgelegt. So müssen E-Books insbesondere die synchronisierte Bereitstellung von Text- und **37**

---

15 www.coe.int/en/web/common-european-framework-reference-languages/.

Audioinhalten gewährleisten und, sofern sie neben Text- auch Audioinhalte enthalten, gewährleisten, dass die Dateien des E-Books die ordnungsgemäße Funktionsweise assistiver Technologien nicht verhindern. Ferner müssen E-Books alternative Wiedergabearten für den Inhalt in wahrnehmbarer, verständlicher, bedienbarer und robuster Weise ermöglichen (→ näher § 18 BFSGV).

gg) Zusätzliche Anforderungen an Dienstleistungen im elektronischen Rechtsverkehr (§ 19 BFSGV)

38 Nach § 19 BFSGV müssen **Informationen zur Barrierefreiheit** der zum Verkauf stehenden Produkte und der angebotenen Dienstleistungen bereitgestellt werden, soweit diese Informationen vom verantwortlichen Wirtschaftsakteur zur Verfügung gestellt werden.

39 Außerdem müssen **Identifizierungs-, Authentifizierungs-, Sicherheits- und Zahlungsfunktionen**, wenn diese nicht in Form eines Produkts, sondern im Rahmen einer Dienstleistung bereitgestellt werden, wahrnehmbar, bedienbar, verständlich und robust gestaltet werden.

40 Schließlich sind auch **Identifizierungsmethoden, Authentifizierungsmethoden, elektronische Signaturen und Zahlungsdienste**, wenn diese bereitgestellt werden, wahrnehmbar, bedienbar, verständlich und robust zu gestalten (→ näher § 19 BFSGV).

c) Auffangkriterien (§§ 20, 21 BFSGV)

41 **Funktionen**, die die Gestaltung von Produkten oder die Erbringung von Dienstleistungen betreffen, müssen den Leistungskriterien nach § 21 BFSGV entsprechen, wenn für sie keine Anforderungen in den §§ 4–19 BFSGV aufgestellt werden, § 20 Abs. 1 BFSGV. Gemäß § 20 Abs. 2 BFSGV können die Leistungskriterien des § 21 BFSGV auch als Alternative zu einer technischen Anforderung nach den §§ 4–19 BFSGV zur Anwendung kommen, wenn die übrigen Barrierefreiheitsanforderungen erfüllt und die Barrierefreiheit hierdurch insgesamt zu einer mindestens gleichwertigen Barrierefreiheit führt (→ näher § 20 Rn. 6 f. BFSGV).

42 § 21 BFSGV legt **funktionale Leistungskriterien** für die Barrierefreiheit fest. Beispielsweise muss bei einer visuellen Bedienungsform je mindestens eine Bedienungsform vorhanden sein, die die Nutzung bei fehlendem Sehvermögen, bei eingeschränktem Sehvermögen und bei Störung der Farbwahrnehmung ermöglicht (→ näher § 21 Rn. 3 BFSGV).

d) Konformitätsvermutung

43 Produkte und Dienstleistungen, die den im Amtsblatt der Europäischen Union veröffentlichten harmonisierten Normen oder Teilen dieser Normen entsprechen, gelten gemäß § 4 BFSG als konform mit den Anforderungen der BFSGV, sofern diese Anforderungen durch die betreffenden Normen oder deren Teile abgedeckt werden (→ näher § 4 BFSG). Eine vergleichbare Konformitätsvermutung greift gemäß § 5 BFSG für technischen Spezifikationen i. S. d. Art. 15 Abs. 3 RL (EU) 2019/882 (→ näher § 5 BFSG).

Bei Einhaltung der harmonisierten Normen und technischen Spezifikationen der Europäischen Union wird gemäß §§ 4, 5 BFSG die Konformität mit den Barrierefreiheitsanforderungen des BFSG vermutet. Besonders relevant ist die harmonisierte Europäische Norm (EN) 301 549 V3.2.1, die im Amtsblatt der EU veröffentlicht ist.[16] Der Standard soll aktualisiert werden, um auf die besonderen Anforderungen der Richtlinie 2019/882/EU stärker einzugehen (→ näher § 4 Rn. 18 ff. BFSG). **44**

2. Informationspflichten, Formelle Konformität (Abs. 1 Nr. 2, 2)

Gemäß § 14 Abs. 1 Nr. 2 BFSG darf der Dienstleistungserbringer seine Dienstleistung nur anbieten oder erbringen, wenn er die Informationen nach Anlage 3 Nr. 1 BFSG erstellt hat und in geeigneter Form zugänglich gemacht hat. **45**

a) Barrierefreiheitserklärung

Dienstleister müssen im Rahmen einer Barrierefreiheitserklärung gemäß Anlage 3 Nr. 1 BFSG angeben, wie sie die Barrierefreiheitsanforderungen nach der BFSGV erfüllen. Diese Informationen treten zu den allgemeinen Verbraucherinformationen nach Art. 246 EGBGB hinzu. **46**

Die Barrierefreiheitserklärung beinhaltet die Beschreibung der Anforderungen, Gestaltung und Durchführung der Dienstleistung. Es müssen mindestens die folgenden Informationen angegeben werden: **47**
- allgemeine Beschreibung der Dienstleistung;
- Beschreibungen und Erläuterungen, die zum Verständnis der Dienstleistung erforderlich sind;
- Beschreibung, wie die Dienstleistung die einschlägigen Barrierefreiheitsanforderungen nach der BSGV erfüllt;
- Angabe der zuständigen Marktüberwachungsbehörde (→ § 20 Rn. 2 ff. BFSG).

Im Unterschied zu der Barrierefreiheitserklärung für öffentliche Dienste i. S. d. § 12b BGG muss der Dienstleistungserbringer in seinen Informationen nicht angeben, welche Teile seiner Dienstleistung nicht barrierefrei sind und wie die Nichtkonformität begründet wird. Der Dienstleistungserbringer ist dazu verpflichtet, vollständige Barrierefreiheit herzustellen. Es gelten lediglich die Ausnahmen nach § 1 Abs. 4 BFSG und nach den §§ 16, 17 BFSG.[17] **48**

b) Form der Bereitstellung

Der Dienstleistungserbringer muss die Informationen entweder in seinen Allgemeinen Geschäftsbedingungen oder auf andere gut wahrnehmbare Weise (typischerweise im Impressum) sowohl schriftlich als auch akustisch für die Allgemeinheit zugänglich machen. **49**

Gemäß der Richtlinie (EU) 2019/882 müssen die Informationen „mündlich" bereitgestellt werden. Im deutschen Recht ist der Begriff dahingehend auszulegen, dass es **50**

---

16 Amtsblatt der EU, L289 v. 12.08.2021, S. 53.
17 BT-Drs. 19/28653, S. 79.

ausreicht, wenn der Dienstleister die Informationen in akustischer Form, beispielsweise als Audiodatei, bereitstellt.[18]

c) Aufbewahrungsfristen

51 Gemäß § 14 Abs. 2 BFSG muss der Dienstleistungserbringer die Barrierefreiheitsinformationen nach Abs. 1 Nr. 2 so lange aufbewahren, wie er die Dienstleistung anbietet oder erbringt.

3. Überwachungs- und Aktualisierungspflichten (Abs. 3)

52 Dienstleistungserbringer sind verpflichtet, die Erfüllung der Barrierefreiheitsanforderungen **dauerhaft** zu erfüllen, wenn er Dienstleistungen anbietet oder erbringt. Das beinhaltet auch, **Änderungen** der geltenden Anforderungen oder der harmonisierten Normen und technischen Spezifikationen **zu verfolgen** und seine Dienstleistungen entsprechend **aktualisierter Anforderungen** zu gestalten. Durch diese Regelung soll verhindert werden, dass sich die Barrierefreiheit im Rahmen von neuen Tools oder neuer Software verschlechtert.[19]

4. Reaktionspflichten bei Nichtkonformität (Abs. 4)

53 Bei Nichtkonformität ist der Dienstleistungserbringer verpflichtet, die erforderlichen **Korrekturmaßnahmen** zu ergreifen, um die Konformität mit den Barrierefreiheitsanforderungen wieder herzustellen.

54 Den Dienstleistungserbringer treffen zudem **Informationspflichten** gegenüber der inländischen Marktüberwachungsbehörde und gegenüber den Marktüberwachungsbehörden der Mitgliedstaaten der EU, in denen er die Dienstleistung anbietet oder erbringt. Die Notifikation hat unverzüglich zu erfolgen, also nach deutschem Verständnis ohne schuldhaftes Zögern.[20] Der Begriff ist freilich unionsrechtskonform auszulegen. Dennoch wird von einer Frist von wenigen Tagen auszugehen sein (→ § 6 Rn. 43 BFSG). Für den Fristbeginn ist die Kenntnis der Nichtkonformität maßgeblich (→ § 6 Rn. 45 BFSG). Im Rahmen der Notifikation muss der Dienstleistungserbringer ausführliche Angaben zur Art der Nichtkonformität sowie den ergriffenen Korrekturmaßnahmen machen.

5. Mitwirkungs- und Kooperationspflichten gegenüber der Marktüberwachungsbehörde (Abs. 5)

55 Den Dienstleistungserbringer treffen umfassende Mitwirkungs- und Kooperationspflichten gegenüber der Marktüberwachungsbehörde.

a) Auskunftspflicht

56 Der Dienstleistungserbringer hat der Marktüberwachungsbehörde auf deren begründetes Verlangen alle **Auskünfte** zu geben, die für den Nachweis der Konformität

18 BT-Drs. 19/28653, S. 79 f.
19 BT-Drs. 19/28653, S. 80.
20 BT-Drs. 19/28653, S. 80.

erforderlich sind. Die Auskunftspflicht erstreckt sich auf alle relevanten Informationen und Unterlagen.

Voraussetzung ist ein **begründetes Verlangen** der Behörde, das regelmäßig mit der Marktüberwachung von Dienstleistungen nach § 28 BFSG einhergehen dürfte. Ein **begründetes Verlangen** liegt demgemäß nicht nur dann vor, wenn die anfragende Marktüberwachungsbehörde Grund zur Annahme einer Nichtkonformität. Die Behörde kann gemäß § 23 Abs. 2 Satz 1 BFSG auch anlasslos Stichproben nehmen. Ein begründetes Verlangen kann auch Folge des Antrags eines Verbrauchers nach § 32 BFSG sein. **57**

b) Allgemeine Kooperationspflicht

§ 14 Abs. 5 BFSG verpflichtet den Dienstleistungserbringer zudem, bei allen Maßnahmen, die zur Herstellung der Konformität mit den geltenden Barrierefreiheitsanforderungen erforderlich sind, mit der Marktüberwachungsbehörde zusammenzuarbeiten. **58**

Voraussetzung ist wiederum ein **begründetes Verlangen** der Behörde. Insoweit wird auf die Ausführungen zur Auskunftspflicht verwiesen. (→ Rn. 57). **59**

III. Rechtsfolgen bei Verstoß

1. Ordnungswidrigkeitstatbestände

Ordnungswidrig handelt nach § 37 Abs. 1 Nr. 8 BFSG der Dienstleistungserbringer, der eine Dienstleistung entgegen § 14 Abs. 1 BFSG i. V. m. mit den Regelungen BFSGV anbietet oder erbringt. Die Ordnungswidrigkeit kann gemäß § 37 Abs. 2 BFSG mit einer Geldbuße bis zu 100.000 Euro sanktioniert werden.[21] **60**

2. Marktüberwachungsmaßnahmen

Erfüllt ein Dienstleistungserbringer die Barrierefreiheitsanforderungen nach § 14 Abs. 1 i. V. m. der BFSGV nicht, so liegt **materielle Nichtkonformität** vor. In diesem Fall ergreift die Behörde Maßnahmen gemäß § 29 BFSG. Der Dienstleistungserbringer erhält zunächst die Gelegenheit, innerhalb einer angemessenen Frist geeignete Maßnahmen zu ergreifen, um die Konformität herzustellen. Die Marktüberwachungsmaßnahmen bei materieller Nichtkonformität **reichen bis zur Untersagung** des Angebots oder der Erbringung der Dienstleistung (→ § 29 BFSG). **61**

Wenn ein Wirtschaftsakteur die Informationen nach § 14 Abs. 1 Nr. 2 BFSG i. V. m. Anlage 3 Nr. 1 BFSG nicht oder nicht vollständig erstellt oder nicht bzw. nicht vollständig in barrierefreier Form zugänglich gemacht hat, liegt **formale Nichtkonformität** vor, § 30 Abs. 2 BFSG. In diesem Fall fordert die Marktüberwachungsbehörde den Wirtschaftsakteur zunächst dazu auf, geeignete Korrekturmaßnahmen zu ergreifen, § 30 Abs. 1 S. 1 BFSG. Kommt der Dienstleistungserbringer wiederholten Aufforderungen der Behörde nicht nach, so trifft die Behörde Maßnahmen, um die formale Nichtkonformität abzustellen, § 30 Abs. 4 BFSG (→ § 30 BFSG). **62**

---

21 Vgl. auch *Franke*, ZfPC 2024, 21, 25; *Kapoor/Klindt*, NJW 2024, 3545, 3550.

63 Entsprechende Marktüberwachungsmaßnahmen können nach Maßgabe der §§ 32, 33 BFSG auch durch Verbraucher und Verbände eingeleitet und gerichtlich durchgesetzt werden.

§ 15 BFSG
Beratungsangebot der Bundesfachstelle für Barrierefreiheit

Die Beratung der Bundesfachstelle für Barrierefreiheit nach § 13 Absatz 2 Satz 2 des Behindertengleichstellungsgesetzes vom 27. April 2002 (BGBl. I S. 1467, 1468), das zuletzt durch Artikel 3 des Gesetzes vom 10. Juli 2018 (BGBl. I S. 1117) geändert worden ist, in der jeweils geltenden Fassung umfasst eine Beratung von Kleinstunternehmen, um diesen die Anwendung dieses Gesetzes zu erleichtern. Die Beratung nach Satz 1 beinhaltet auch eine Beratung von Kleinstunternehmen, die barrierefreie Dienstleistungen anbieten und erbringen möchten.

Gliederung: Rn.

A. Allgemeines

1 § 15 BFSG regelt für Kleinstunternehmen ein Beratungsangebot der bereits im Rahmen des § 13 BGG eingerichteten Bundesfachstelle für Barrierefreiheit. Die Regelung verfolgt den Zweck, Kleinstunternehmen zu entlasten und flankiert die Ausnahme von Kleinstunternehmen vom Anwendungsbereich gemäß § 3 Abs. 3 BFSG (→ § 3 Rn. 19 f. BFSG).[1] Der Gesetzgeber geht davon aus, dass kleinere Unternehmen möglicherweise nicht über die notwendigen Ressourcen verfügen, um sich rechtlich beraten zu lassen.[2] Zudem sollen auch Kleinstunternehmen, die nicht in den Anwendungsbereich des BFSG fallen, dazu ermutigt werden, barrierefreie Produkte und Dienstleistungen anzubieten und hierdurch die Wettbewerbsfähigkeit

1 BT-Drs. 19/28653, S. 80.
2 BT-Drs. 19/28653, S. 73.

ihrer Produkte und Dienstleistungen zu verbessern und ihr Wachstumspotenzial im Binnenmarkt zu steigern.[3]

B. Bezug zu weiteren Normen

I. EU-Normen

§ 15 BFSG setzt Art. 4 Abs. 6 RL 2019/882/EU um. Danach sind die Mitgliedstaaten verpflichtet, Leitlinien und Instrumente für Kleinstunternehmen vorzusehen, um diesen die Anwendung des BFSG zu erleichtern und die überobligatorische Einhaltung der Barrierefreiheitsanforderungen zu fördern. Die Mitgliedstaaten arbeiten diese Instrumente in Absprache mit den einschlägigen Interessensträgern aus. Der deutsche Gesetzgeber hat die Beratung der Kleinstunternehmen durch die Bundesfachstelle als ein solches Instrument vorgesehen.[4] **2**

II. Nationale Vorschriften (insbes. BGG)

§ 15 BFSG verweist ausdrücklich auf § 13 BGG. Hiernach ist der Bund zur Einrichtung einer Bundesfachstelle für Barrierefreiheit – ursprünglich als reine Anlaufstelle für öffentliche Stellen – verpflichtet. Dieser Verpflichtung ist der Bund im Jahr 2016 nachgekommen. **3**

III. BFSGV

§ 3 BFSGV verweist ebenfalls auf die Bundesfachstelle für Barrierefreiheit. Das beinhaltet eine Auflistung der wichtigsten zu beachtenden Standards, Konformitätstabellen, die einen Überblick zu den wichtigsten Barrierefreiheitsanforderungen geben, sowie aktuelle Informationen zu den zu beachtenden Standards (näher → § 3 BFSGV). **4**

C. Regelungsgehalt

I. Bundesfachstelle für Barrierefreiheit

Die Bundesfachstelle für Barrierefreiheit wurde bereits im Jahr 2016 im Rahmen des § 13 BGG eingerichtet. Sie ist organisatorisch bei der Deutschen Rentenversicherung Knappschaft-Bahn-See angesiedelt. **5**

Die Bundesfachstelle ist zentrale Anlaufstelle für alle Bundesbehörden in Fragen der Barrierefreiheit. Nach Kapazität berät sie auch die Wirtschaft und Zivilgesellschaft. Die Bundesfachstelle sammelt, bündelt und entwickelt praktische und wissenschaftliche Erkenntnisse zur Barrierefreiheit. Zudem bringt sie ihre Expertise in **6**

---

3 Vgl. zu dieser Zielsetzung RL 2019/882/EU, Erwägungsgr. 72; BT-Drs. 19/28653, S. 80.
4 BT-Drs. 19/28653, S. 80.

Forschungsvorhaben und in die Entwicklung von DIN-Normen zur Barrierefreiheit ein.[5]

7 Bisher konnten im Rahmen von § 13 Abs. 2 BGG bestimmte öffentliche Stellen des Bundes, Wirtschaft, Verbände und Zivilgesellschaft nur auf Anfrage eine Beratung der Bundesfachstelle für Barrierefreiheit in Anspruch nehmen. Daher muss die Bundesfachstelle für Barrierefreiheit ihre Beratung anpassen und ein Konzept entwickeln, das sowohl auf die Bedürfnisse von Unternehmen insbesondere in der Software- und IT-Branche als auch auf die Bedürfnisse von Kleinstunternehmen eingeht.

II. Beratungsangebot für Kleinstunternehmen

8 § 15 BFSG dehnt das Beratungsangebot der Bundesfachstelle für Barrierefreiheit ausdrücklich auf Kleinstunternehmen aus. Gemäß § 2 Nr. 17 BFSG sind das Unternehmen, die weniger als zehn Mitarbeiter beschäftigen und deren Jahresumsatz oder Jahresbilanzsumme maximal zwei Millionen Euro beträgt (→ § 2 Rn. 26 BFSG). Der Gesetzgeber geht von einem hohen Beratungsbedarf aus, da rund 90 Prozent der Unternehmen im Bereich Software und IT-Services Kleinstunternehmen sind. Insgesamt sind aktuell 100.000 Unternehmen in diesem Bereich angesiedelt.[6] Nach eigener Aussage hat die Bundesfachstelle für Barrierefreiheit bereits im Jahr 2024 vermehrt Anfragen zum BFSG erhalten, sie wurde jedoch erst 2025 personell für den Beratungsauftrag ausgestattet.[7]

9 Die Beratung umfasst zunächst die Frage, ob das betroffene Unternehmen als Kleinstunternehmen, das Dienstleistungen anbietet oder erbringt, vom Anwendungsbereich des BFSG ausgenommen ist im Sinne des § 3 Abs. 3 Satz 1 BFSG.

10 Satz 2 stellt zudem klar, dass das Beratungsangebot der Bundesfachstelle auch die Beratung hinsichtlich der Umsetzung der Barrierefreiheitsanforderungen umfasst und nicht auf die Erstberatung beschränkt ist. Das dient dem Zweck, auch Kleinstunternehmen, die nicht in den Anwendungsbereich des BFSG fallen, dazu zu ermutigen, barrierefreie Produkte und Dienstleistungen anzubieten.[8]

III. Sonstiges

11 § 3 Abs. 2 BFSGV sieht vor, dass auf der Webseite der Bundesfachstelle für Barrierefreiheit[9] Informationen zu den im Bereich der Barrierefreiheit geltenden technischen Standards veröffentlicht werden. Bisher nimmt die Bundesfachstelle nur auf die EN 301 549 Bezug.

---

5 Vgl. § 13 BGG sowie Bundesfachstelle für Barrierefreiheit, Jahresreport 2023, S. 3 f.
6 BT-Drs. 19/28653, S. 61.
7 https://www.bundesfachstelle-barrierefreiheit.de/SharedDocs/Kurzmeldungen/DE/hinweis-zu-anfragen-zum-barrierefreiheitsstaerkungsgesetz.html, zuletzt aufgerufen am 14.03.2025.
8 Vgl. zu dieser Zielsetzung RL 2019/882/EU, Erwägungsgr. 72; BT-Drs. 19/28653, S. 80.
9 www.bundesfachstelle-barrierefreiheit.de.

Die Bundesfachstelle stellt auf ihrer Webseite auch allgemeine Informationen zum BFSG zur Verfügung und unterhält eine Rubrik zu häufig gestellten Fragen (FAQ).[10] 12

§ 16 BFSG
Grundlegende Veränderungen

(1) Die Barrierefreiheitsanforderungen der nach § 3 Absatz 2 zu erlassenden Rechtsverordnung gelten nur insoweit, als deren Einhaltung keine wesentliche Änderung eines Produkts oder einer Dienstleistung erfordert, die zu einer grundlegenden Veränderung der Wesensmerkmale des Produkts oder der Dienstleistung führt. Der betreffende Wirtschaftsakteur nimmt eine Beurteilung vor, ob die Einhaltung der Barrierefreiheitsanforderungen der nach § 3 Absatz 2 zu erlassenden Rechtsverordnung eine grundlegende Veränderung der Wesensmerkmale mit sich bringen würde.

(2) Der Wirtschaftsakteur dokumentiert die Beurteilung nach Absatz 1 Satz 2 und bewahrt sie für einen Zeitraum von fünf Jahren ab der letzten Bereitstellung eines Produkts auf dem Markt oder ab der letzten Erbringung einer Dienstleistung auf. Auf Verlangen der Marktüberwachungsbehörde legt er dieser eine Kopie der in Absatz 1 Satz 2 genannten Beurteilung vor.

(3) Wenn sich der Wirtschaftsakteur bei einem bestimmten Produkt oder einer bestimmten Dienstleistung auf Absatz 1 Satz 1 beruft, unterrichtet er darüber unverzüglich die Marktüberwachungsbehörde und die Marktüberwachungsbehörden der Mitgliedstaaten der Europäischen Union, in denen das Produkt in den Verkehr gebracht wird oder die Dienstleistung angeboten oder erbracht wird.

(4) Absatz 2 Satz 1 und Absatz 3 gelten nicht für Kleinstunternehmen, die mit Produkten befasst sind. Auf Verlangen der Marktüberwachungsbehörde übermitteln Kleinstunternehmen, die mit Produkten befasst sind und die sich auf Absatz 1 Satz 1 berufen, der Behörde die für die Beurteilung nach Absatz 1 Satz 2 maßgeblichen Fakten.

Gliederung: Rn.

10 Abrufbar unter www.bundesfachstelle-barrierefreiheit.de/DE/Fachwissen/Produkte-und-Dienstleistungen/Barrierefreiheitsstaerkungsgesetz/FAQ/faq_node.html, zuletzt aufgerufen am 14.03.2025.

A. Einführung

I. Die Ausnahmeregelungen in Abschnitt 4 des BFSG

1 In den §§ 16, 17 BFSG, die allein den Abschnitt 4 („Grundlegende Veränderungen von Produkten oder Dienstleistungen und unverhältnismäßige Belastungen für die Wirtschaftsakteure") des BFSG bilden, sind zwei Ausnahmegründe geregelt, auf die sich Wirtschaftsakteure berechtigterweise berufen können, wenn sie die Barrierefreiheitsanforderungen des BFSG nicht einhalten (können). Die beiden Vorschriften setzen Art. 14 der RL 2019/882/EU um. Die Aufteilung in zwei Vorschriften erfolgte dabei wohl im Sinne der Übersichtlichkeit, inhaltliche Auswirkungen hat es keine. Auch im Hinblick auf Art. 14 strebt das BFSG somit wie auch für das gesamte Gesetzeswerk eine „Eins-zu-Eins"-Umsetzung der RL 2019/882/EU an.[1]

2 § 16 BFSG sieht dabei eine Ausnahme von der Pflicht zur Einhaltung der Barrierefreiheitsanforderungen vor, wenn die Einhaltung nur unter grundlegender Veränderung der Dienstleistung oder des Produkts möglich ist. Dabei handelt es sich also um eine Ausnahme, die in dem Charakter des Produkts oder der Dienstleistung begründet ist. § 17 sieht demgegenüber eine Ausnahme für Fälle vor, in denen die Einhaltung der Barrierefreiheitsanforderungen eine unverhältnismäßige Belastung für den Wirtschaftsakteur bedeuten würde. Diese Ausnahme findet ihren Grund also eher in der konkreten Situation des Wirtschaftsakteurs und den Umständen, die die Einhaltung der Barrierefreiheitsanforderungen mit sich bringen, namentlich den betriebswirtschaftlichen Auswirkungen.

3 In Erwägungsgrund 64 der RL 2019/882/EU wird als gemeinsame Ratio für beide Ausnahmevorschriften angeführt, dass sie aus Gründen der Verhältnismäßigkeit eingeführt wurden. Als geschriebenes Tatbestandsmerkmal findet sich die Verhältnismäßigkeit lediglich in § 17 Abs. 1 BFSG bzw. Art. 14 Abs. 1 lit. b) der RL 2019/882/EU („unverhältnismäßigen Belastung"). Im Rahmen von § 16 BFSG ist der Grundsatz der Verhältnismäßigkeit keine eigenständig zu prüfende Voraussetzung, leitet aber als Regelungszweck die Auslegung und Anwendung im Einzelfall (siehe unter Rn. 26 ff.). Der europäische Gesetzgeber hielt es ausweislich Erwägungsgrund 64 der RL 2019/882/EU zugleich für erforderlich, Kontrollmechanismen für das Berufen auf diese Ausnahmegründe einzuführen, um sicherzustellen, dass sich Wirtschaftsakteure die Ausnahmen nur in tatsächlich berechtigten Fällen in Anspruch nehmen. Die Kontrollmechanismen finden sich in der Vorschrift in der Form von Vorlage- und Unterrichtungspflichten.

---

1 Explizit: BT-Drs. 19/28653, S. 41.

Grundlegend für die Vorschriften in §§ 16 und 17 BFSG, die die Verhältnismäßigkeit der Anforderungen an die Barrierefreiheit sicherstellen sollen, ist die Berücksichtigung der Belange kleiner und mittlerer Unternehmen. Die RL 2019/882/EU verzichtet bewusst auf die Schaffung allgemeiner Ausnahmen und Sonderregelungen für diese Unternehmen und setzt vielmehr darauf, insgesamt ein schlankes Regelungskonzept einzurichten, d.h. von vornherein Anforderungen und Verfahren zu regeln, die für KMU tragbar sind, und zusätzlich die Situation von KMU im Einzelfall zu berücksichtigen. Der Richtliniengeber hat dafür klare Worte gefunden. So heißt es in Erwägungsgrund 64 der RL 2019/882/EU, die Richtlinie solle sich am Grundsatz „Vorfahrt für KMU" orientieren. Dazu gehören insbesondere auch, dass die Behörden „bei ihrem Handeln der Größe der Unternehmen und dem Kleinserien- oder Nichtseriencharakter der jeweiligen Produktion gebührend Rechnung tragen". **4**

Dieser Grundsatz der Rücksichtnahme auf die Interessen der KMU muss die Auslegung von der Ausnahmeregelungen im Einzelfall leiten; das gilt insbesondere für § 17 BFSG.[2] **5**

II. Aufbau

§ 16 ist in vier Absätze untergliedert und bezieht sich grundsätzlich sowohl auf Produkte als auch Dienstleistungen: **6**

Abs. 1 Satz 1 enthält die Ausnahmeregelung: Danach müssen Wirtschaftsakteure die Vorschriften aus § 3 Abs. 2 BFSGV insoweit nicht beachten, als durch die Einhaltung eine wesentliche Änderung eines Produkts oder einer Dienstleistung erforderlich würde, „die zu einer grundlegenden Veränderung der Wesensmerkmale des Produkts oder der Dienstleistung führt". Satz 2 sieht vor, dass der betroffene Wirtschaftsakteur selbst die Beurteilung vornimmt, ob die Einhaltung der Anforderungen der BFSGV „eine grundlegende Veränderung der Wesensmerkmale mit sich bringen würde". **7**

Abs. 2 enthält eine fünfjährige Dokumentationspflicht der Beurteilung für den Wirtschaftsakteur ab „der letzten Bereitstellung eines Produkts auf dem Markt oder ab der letzten Erbringung einer Dienstleistung" (Satz 1). Die Marktüberwachungsbehörde kann die Vorlage einer Kopie der Beurteilung verlangen (Vorlagepflicht, Satz 2). **8**

Abs. 3 enthält eine Informations-/Unterrichtungspflicht für den Wirtschaftsakteur, der bei Berufen auf § 16 Abs. 1 Satz 1 stets die zuständigen Marktüberwachungsbehörden der Länder sowie der anderen Mitgliedstaaten darüber zu unterrichten hat. **9**

Abs. 4 sieht schließlich eine Ausnahme von der Dokumentationspflicht des Abs. 2 Satz 1 sowie der Informations-/Unterrichtungspflicht des Abs. 3 für Kleinstunternehmer, die mit Produkten befasst sind, vor (Abs. 4 Satz 1). Kleinstunternehmer, die mit Produkten befasst sind, müssen jedoch auf Verlangen der Marktüberwachungsbehörde dieser die maßgeblichen Fakten, aufgrund derer sie sich auf die Ausnahme **10**

---

2 *Kapoor/Klindt*, NJW 2024, 3545, 3549 f.

der „Grundlegenden Veränderungen“ des Abs. 1 Satz 1 berufen, mitteilen (Abs. 4 Satz 2).

III. Entstehungsgeschichte

11 Die Regelung des § 16 BFSG blieb nach Einbringen des Referentenentwurfs weitgehend unverändert. Absatz 1 entspricht gänzlich der Fassung des Referentenentwurfs. Die einzige Änderung zum Referentenentwurf in Abs. 2 liegt darin, dass in Satz 2 nun nicht mehr von „Marktüberwachungsbehörden“ in der Mehrzahl, sondern nun schlicht von „Marktüberwachungsbehörde“ im Singular die Rede ist.

12 Absatz 4 verwies in Satz 1 ursprünglich auf Absatz 3 Satz 1, statt pauschal auf Absatz 3. Dabei muss es sich allerdings um ein reines Redaktionsversehen gehandelt haben, das in der aktuellen Variante des Abs. 4 Satz 1 bereinigt wurde, da auch der Referentenentwurf keinen zweiten Satz in Absatz 3 enthielt. Außerdem sah Abs. 4 Satz 2 im Referentenentwurf noch einen weiteren Adressatenkreis der Informationsübermittlungspflicht für Kleinstunternehmer vor, indem diese im Referentenentwurf nicht wie nun im Gesetz festgehalten nur für „Kleinstunternehmen, die mit Produkten befasst sind“, sondern pauschal für „Kleinstunternehmen“ formuliert war. Auch die Einengung des Wortlauts auf „Kleinstunternehmen, die mit Produkten befasst sind“ dürfte aufgrund des generellen Ausschlusses von „Kleinstunternehmen, die mit Dienstleistungen befasst sind“ aus dem Anwendungsbereich des BFSG gemäß § 3 Abs. 3 Satz 1 mehr klärenden Charakter als rechtliche Auswirkungen haben.

13 Eine substanzielle Veränderung ist für Absatz 3 zu notieren: Absatz 3 sah im Referentenentwurf noch vor, dass der Wirtschaftsakteur seine nach Abs. 1 Satz 2 vorgenommene Beurteilung an die zuständigen Marktüberwachungsbehörden übermitteln müsse. Dieses Erfordernis wurde zurückgenommen, indem Abs. 3 nun – im Einklang mit der RL 2019/882/EU – lediglich die Pflicht zur Unterrichtung der zuständigen Behörden über das Berufen auf Abs. 1 Satz 1 vorsieht. Eine Pflicht zur proaktiven Herausgabe weiterer Informationen oder gar (einer Kopie) der Beurteilung ist damit in Abs. 3 jedenfalls nicht mehr explizit festgeschrieben.

B. Regelungsgehalt

I. Ausnahmeregelung (Abs. 1 Satz 1)

14 Abs. 1 Satz 1 sieht eine Ausnahme von den Barrierefreiheitsanforderungen vor, wenn deren Einhaltung eine „wesentliche Änderung eines Produkts oder einer Dienstleistung erfordert, die zu einer grundlegenden Veränderung der Wesensmerkmale des Produkts oder der Dienstleistung führt“. Damit gilt die Ausnahmeregelung des § 16 BFSG grundsätzlich für Produkte und Dienstleistungen. Für die Barrierefreiheitsanforderungen verweist Abs. 1 Satz 1 auf die nach der Verordnungsermächtigung des § 3 Abs. 2 erlassene Verordnung, also die BFSGV.

15 Die Ausnahme gilt dabei „nur insoweit“ als der Tatbestand des § 16 Abs. 1 Satz 1 erfüllt ist. Durch diese Formulierung ist klargestellt, dass die Barrierefreiheitsvo-

raussetzungen der BFSGV im Übrigen weiterhin einzuhalten sind (vgl. dazu auch unter § 17 Rn. 4).

1. Persönlicher Anwendungsbereich

16 Grundsätzlich kann sich auf die Ausnahme des Abs. 1 Satz 1 jeder betroffene Wirtschaftsakteur berufen (das folgt auch aus dem Wortlaut des Abs. 2 Satz 2). Allerdings wird in der Praxis wohl lediglich der Hersteller eines Produkts oder der Erbringer einer Dienstleistung „betroffen sein", da nur sie Einfluss auf die Gestaltung des Produkts bzw. der Dienstleistung haben.[3] Einführer oder Händler hingegen operieren lediglich mit bereits vorgefundenen Produkten, sodass für sie die Geltendmachung von § 16 fernliegt.

2. Tatbestand

17 Ein Berufen auf die Ausnahme nach Abs. 1 Satz 1 kommt in Betracht, wenn die Einhaltung der Barrierefreiheitsanforderungen der BFSGV eine „wesentliche Änderung eines Produkts oder einer Dienstleistung erfordert, die zu einer grundlegenden Veränderung der Wesensmerkmale des Produkts oder der Dienstleistung führt". Dem Wortlaut nach ergeben sich daraus zwei an „Veränderung" angelehnte Tatbestandsmerkmale, die kumulativ vorliegen müssen, wobei das eine Tatbestandsmerkmal auf dem anderen aufbaut: Zunächst müsste eine „*wesentliche* Veränderung" eines Produkts oder einer Dienstleistung für die Einhaltung der Barrierefreiheitsanforderungen nötig sein. Diese wesentliche Veränderung müsste dann wiederum zu einer „*grundlegenden* Veränderung der Wesensmerkmale des Produkts oder Dienstleistung" führen.

18 Dieser Maßstab, der identisch in Art. 14 Abs. 1 lit. a) RL 2019/882/EU formuliert ist, erscheint aus mehreren Gründen nicht ganz griffig, weshalb er bei zweckgeleiteter Betrachtung auf seinen Kern reduziert werden kann:

19 Erstens irritiert, dass an die jeweiligen Veränderungen auf unterschiedlicher Tatbestandsebene unterschiedliche Anforderungen gestellt werden, wenn zum einen von „wesentlicher", zum anderen von „grundlegender" (Ver)Änderung gesprochen wird. Möglich und eigentlich naheliegend scheint es zunächst, beide als explizit unterschiedliche Schwellenbegriffe zu verstehen, sodass sich die Frage nach einer Abgrenzung beider Maßstäbe stellen würde – etwa, ob der Grad der Veränderung bei einer wesentlichen Änderung stärker oder geringer wäre als bei einer grundlegenden Veränderung. Gegen eine solche gewollte Differenzierung nach Veränderungsgrad spricht hingegen, dass beide Formulierungen, wesentlich und grundlegend, im Sprachgebrauch weitgehend synonym verwendet werden und jeweils auf den Charakter des beschriebenen Gegenstands zielen. Hinzu kommt, dass das Gesetz an keiner anderen Stelle bewusst auf eine solche explizite Unterscheidung zurückgreift. Außerdem findet sich auch in den Gesetzesmaterialien nichts zu einer bewussten Differenzierung der Veränderungsmaßstäbe. Richtigerweise ist daher anzunehmen, dass trotz des unterschiedlichen Wortlauts keine unterschiedlichen Maßstäbe an den Veränderungsgrad gestellt werden sollen. Schließlich spricht das Gesetz selbst

---

3 *Franke*, ZfPC 2024, 21, 24; BT-Drs. 19/28653, S. 81.

davon, dass sich die „grundlegende Veränderung" auf die „*Wesens*merkmale" des Produkts bzw. der Dienstleistung richten muss. Eine wesentliche Veränderung ist aber letztlich nicht anders als Veränderung von Wesensmerkmalen denkbar. Das alles spricht letztlich dafür, dass es sich bei der Gesetzesformulierung um eine etwas ungeschickte Dopplung, nicht um zwei voneinander zu trennende Maßstäbe an den Veränderungsgrad handelt.

20 Im Ergebnis ist daher davon auszugehen, dass es sich um einen einheitlichen Tatbestand handelt, bei dem zu prüfen ist, ob die Einhaltung der Anforderungen an die Barrierefreiheit zu einer „grundlegenden Veränderung der Wesensmerkmale" von Produkt oder Dienstleistung führt. Dem (vermeintlichen) ersten Tatbestandsmerkmal („wesentliche Änderung") kommt keine eigenständige Bedeutung zu. Es handelt sich schlicht um eine redundante Formulierung.

21 Damit wäre zu fragen, wann eine solche grundlegende Veränderung vorliegt. Die Gesetzesbegründung liefert dazu einzig das Beispiel, dass die Einhaltung der Barrierefreiheit den Einsatz neuer Technologie oder Software erfordert, die die Leistungsfähigkeit des Produktes so stark beeinflusst, dass es nicht mehr der beabsichtigten Nutzung dienen kann. Ein Beispiel für Dienstleistungen wird nicht genannt. Auch in der Literatur herrscht bislang Zurückhaltung bei der Formulierung von Beispielen.[4]

22 Ergänzend erläutert die Gesetzesbegründung, ebenfalls abstrakt, dass eine Ausnahme nach Abs. 1 Satz 1 zu bejahen ist, wenn „die Produkte oder Dienstleistungen in ihrem Wesenskern verändert würden". Der Hinweis auf den Wesenskern führt jedoch nicht zu einem klar umrissenen Tatbestand.[5]

23 Es besteht Einigkeit darüber, dass hierbei ein (sehr) strenger Maßstab anzulegen ist.[6] Das kann aber nicht dazu führen, dass die Ausnahme erst greift, wenn ein Produkt vollständig unbrauchbar wird bzw. „erst bei völliger Zweckvernichtung".[7]

24 Jede Bestimmung grundlegender Veränderung muss in diesem Sinne beim beabsichtigten Nutzungszweck ansetzen. Die Wesensmerkmale eines Produkts oder einer Dienstleistung sind danach berührt, wenn Funktionalitäten des Produkts oder der Dienstleistung, die der Leistung ihr Gepräge geben, nicht mehr zur Verfügung stehen könnten. Da das Gesetz von Wesensmerkmalen spricht, müssen dabei alle diejenigen Funktionaltäten in den Blick genommen werden, die nicht weggedacht werden können, ohne dass das Produkt im Markt als ein anderes wahrgenommen werden würde. Für die Bestimmung einer relevanten Änderung der Wesensmerkmale ist daher im Kern auf eine Nutzer- bzw. Verbraucherperspektive abzustellen.

25 Mit einiger Berechtigung wird kritisiert, dass ein so offener Tatbestand zu erheblicher Rechtsunsicherheit führt.[8] Es bleibt abzuwarten, ob diese Rechtsunsicherheit

---

4 Vgl. aber *Fuerst*, in: Binder/Vesting, Beck'scher Kommentar zum Rundfunkrecht, 5. Auflage 2024, § 99a Rn. 22: „Beispielsweise kann ein Dienst in Gestalt einer mobilen App nicht aus Gründen der Barrierefreiheit auf Schriftgrößen verpflichtet werden, die sich auf einer mobilen App aus Platzgründen gar nicht darstellen lassen."

5 So auch *Franke*, ZfPC 2024, 21, 26.

6 BT-Drs. 19/28653, S. 81; vgl. *Ruttloff/Wagner/Misztl*, ESG 2023, 325, 329; *Jones*, DSRITB 2022, 487, 490; *Kapoor/Klindt*, NJW 2024, 3545, 3549.

7 *Franke*, ZfPC 2024, 21, 26.

8 *Franke*, ZfPC 2024, 21, 26.

durch die Praxis zügig beseitigt werden kann. Ergänzende Leitlinien oder Hinweise zur Anwendung seitens der Bundesfachstelle oder der Marktaufsichtsbehörde könnten hierzu beitragen.[9]

3. Verhältnismäßigkeit

Unklar ist die Rolle der Verhältnismäßigkeit im Umgang mit Abs. 1 Satz 1. Die Verhältnismäßigkeit wird als Kriterium im Normtext des § 16 BFSG nicht genannt, anders als in § 17 Abs. 1 Satz 1 BFSG. **26**

Für die Integration von Verhältnismäßigkeitserwägungen bei der Auslegung von § 16 BFSG spricht aber Erwägungsgrund Nr. 64 der RL 2019/882/EU, der betont, dass den Wirtschaftsakteuren keine unverhältnismäßigen Bürden auferlegt werden sollen. Anders als im Rahmen von § 17 BFSG, der explizit Kosten und Nutzen gegenüberstellt, darf § 16 BFSG aber nicht so verstanden werden, als sei die Verhältnismäßigkeit ein eigenes, selbstständig zu prüfendes ungeschriebenes Tatbestandsmerkmal. **27**

Allerdings weist die Einzelfallprüfung, ob der Wesenskern eines Produkts oder einer Dienstleistung verändert wird, Elemente einer Verhältnismäßigkeitserwägung auf. Das gilt namentlich insoweit, als hierfür eine Analyse der Intensität der Veränderung erforderlich ist.[10] Zugleich stellt die Gesetzesbegründung klar, dass im Rahmen der Beurteilung grundsätzlich nur „berechtigte Gründe" zu berücksichtigen sind. Mangelnde Priorität, Zeit oder Kenntnis gelten nicht als berechtigte Gründe. Auch das zeigt, dass die Prüfung des Tatbestands offen ist für eine wertende Berücksichtigung widerstreitender Interessen im Einzelfall. **28**

II. Beurteilung durch den Wirtschaftsakteur (Abs. 1 Satz 2)

Abs. 1 Satz 2 sieht vor, dass der Wirtschaftsakteur die Beurteilung, ob ein Ausnahmefall wegen grundlegender Veränderung nach Abs. 1 Satz 1 vorliegt, selbst vornimmt. Zum Teil wird dabei kritisiert, dass der Wirtschaftsakteur angesichts der bereits problematisierten Unbestimmtheiten im Tatbestand mit der Bewertung allein gelassen wird.[11] **29**

Beruft sich der Wirtschaftsakteur auf eine Ausnahme nach Abs. 1 Satz 1 wegen grundlegender Veränderung, so muss er darüber die zuständigen Marktaufsichtsbehörden unterrichten (Abs. 3). Auf Verlangen der zuständigen Marktaufsichtsbehörde(n) muss der Wirtschaftsakteur eine Kopie der Beurteilung herausgeben (Abs. 2 Satz 2). **30**

III. Dokumentationspflicht (Abs. 2 Satz 1)

Abs. 2 Satz 1 statuiert eine Dokumentationspflicht bezüglich der nach Abs. 1 Satz 2 durch den Wirtschaftsakteur durchzuführenden Beurteilung, ob er sich aufgrund **31**

9 Vgl. *Kucza*, DStR 2024, 1836, 1838 f.
10 *Jones*, DSRITB 2022, 487, 490.
11 *Kucza*, DStR 2024, 1836, 1838 f.

einer grundlegenden Veränderung auf Abs. 1 Satz 1 beruft. Diese Beurteilung hat der Wirtschaftsakteur für mindestens fünf Jahre ab der letzten Bereitstellung des Produkts bzw. der letzten Erbringung der Dienstleistung aufzubewahren.

32 Im Gegensatz insbesondere zu § 17 Abs. 3 BFSG (siehe unter § 17 Rn. 21 f.) sieht § 16 BFSG keine Pflicht zur (turnusmäßigen) Erneuerung der Beurteilung vor. Eine solche Verpflichtung besteht somit nicht. Der Gesetzgeber geht folglich davon aus, dass die Beurteilung eines Produkts oder einer Dienstleistung eine einmalige Angelegenheit ist und – anders als die (wirtschaftliche) Zumutbarkeit nach § 17 BFSG – im Ergebnis konstant bleibt.

IV. Vorlagepflicht (Abs. 2 Satz 2)

33 Abs. 2 Satz 2 statuiert eine Vorlagepflicht für den Wirtschaftsakteur gegenüber der Marktüberwachungsbehörde, wenn diese die Vorlage einer Kopie verlangt (Abs. 2 Satz 2). Das Gesetz beschränkt ein solches Verlangen nicht auf bestimmte Fälle, insbesondere nicht auf das Vorliegen eines (in irgendeiner Form qualifizierten) Verdachts auf einen Verstoß. Das Gesetz erlaubt der Marktüberwachungsbehörde daher auch anlasslose, stichprobenhafte Überprüfungen.

V. Unterrichtungspflicht (Abs. 3)

34 Wenn ein Wirtschaftsakteur sich auf die Ausnahmeregelung nach Abs. 1 Satz 1 beruft, muss er darüber sofort die Marktüberwachungsbehörde sowie die Marktüberwachungsbehörden der Mitgliedstaaten, in denen Produkt/Dienstleistung angeboten wird, unterrichten (Abs. 3).

35 Im Referentenentwurf sah Abs. 3 noch vor, dass der Wirtschaftsakteur bei Berufen auf Abs. 1 Satz 1 seine entsprechend nach Abs. 1 Satz 2 vorgenommene Beurteilung an die zuständigen Marktüberwachungsbehörden übermitteln müsse (siehe unter Rn. 11 ff.). Allerdings hätte dies die Regelung des Abs. 2 Satz 2 praktisch hinfällig gemacht, da die entsprechenden Behörden dann ohnehin bereits die Beurteilung vorliegen gehabt hätten. Die Regelung des Abs. 3 hätte dann nur noch für Beurteilungen gegriffen, in denen Wirtschaftsakteure sich nicht auf eine Ausnahme nach Abs. 1 Satz 1 berufen, sich also an die Barrierefreiheitsanforderungen der BFSGV halten. In solchen Fällen dürfte aber in aller Regel schon gar kein Interesse der Behörden an einer Einsicht in die Beurteilung bestehen.

VI. Ausnahme für Kleinstunternehmer (Abs. 4)

36 Abs. 4 Satz 1 bedingt Abs. 2 Satz 1 und Abs. 3 für Kleinstunternehmer, die mit Produkten befasst sind, ab. Das bedeutet, dass Kleinstunternehmer, die mit Produkten befasst sind, weder ihre Beurteilung dokumentieren (Abs. 2 Satz 1) noch im Falle der Geltendmachung einer Ausnahme nach § 16 Abs. 1 Satz 1 die Marktüberwachungsbehörden informieren (Abs. 3) müssen. Kleinstunternehmen sind in § 2 Nr. 17 legaldefiniert (siehe unter § 2 Rn. 26).

Abs. 4 Satz 1 stellt eine Privilegierung von Kleinstunternehmen dar. Die Regelung ordnet sich neben die Privilegierung des § 3 Abs. 3 Satz 1 von Kleinstunternehmen, die mit Dienstleistungen befasst sind, ein, welche für diese Kleinstunternehmer die Barrierefreiheitsanforderungen der BFSGV gänzlich abbedingt. Die Ratio für diese Privilegierung von Kleinstunternehmen ist in Erwägungsgrund Nr. 70 der RL 2019/882/EU festgehalten und stützt sich insbesondere auf die begrenzten finanziellen und Humanressourcen, die durch die Verpflichtung auf Barrierefreiheitsanforderungen allein schon durch den bürokratischen Aufwand überstrapaziert werden könnten. **37**

Abs. 4 Satz 2 sieht wiederum als Rückausnahme vor, dass auf Anfrage der Marktüberwachungsbehörde die Pflicht zur Übermittlung der für die Vornahme einer Beurteilung nach Abs. 1 Satz 2 maßgeblichen Fakten besteht. Das bedeutet also, dass erst, aber eben auch spätestens auf Nachfrage die entsprechenden maßgeblichen Aspekte und Fakten für eine Begründung nach Abs. 1 Satz 2 gesammelt, zusammengetragen und an die entsprechenden Behörden übermittelt werden müssen. **38**

§ 17 BFSG
Unverhältnismäßige Belastungen, Verordnungsermächtigung

(1) Die Barrierefreiheitsanforderungen der nach § 3 Absatz 2 zu erlassenden Rechtsverordnung gelten nur insoweit, als deren Einhaltung nicht zu einer unverhältnismäßigen Belastung nach Anlage 4 des betreffenden Wirtschaftsakteurs führen würde. Der Wirtschaftsakteur nimmt eine entsprechende Beurteilung vor.

(2) Der Wirtschaftsakteur dokumentiert die Beurteilung nach Absatz 1 Satz 2 und bewahrt sie für einen Zeitraum von fünf Jahren ab der letzten Bereitstellung eines Produkts auf dem Markt oder nach der letzten Erbringung einer Dienstleistung auf. Auf Verlangen der Marktüberwachungsbehörde legt er dieser eine Kopie der in Absatz 1 Satz 2 genannten Beurteilung vor. Satz 1 und Satz 2 gelten nicht für Kleinstunternehmen, die mit Produkten befasst sind. Auf Verlangen der Marktüberwachungsbehörde übermitteln Kleinstunternehmen, die mit Produkten befasst sind und die sich auf Absatz 1 Satz 1 berufen, der Behörde jedoch die für die Beurteilung nach Absatz 1 Satz 2 maßgeblichen Fakten.

(3) Ein Dienstleistungserbringer, der sich auf Absatz 1 Satz 1 beruft, nimmt seine Beurteilung nach Absatz 1 Satz 2 für jede Dienstleistungskategorie oder -art mindestens alle fünf Jahre vor. Die Beurteilung nach Satz 1 hat stets zu erfolgen, wenn

1. die angebotene Dienstleistung verändert wird oder

2. der Dienstleistungserbringer von der für die Prüfung der Konformität der Dienstleistung zuständigen Behörde dazu aufgefordert wird.

(4) Wenn ein Wirtschaftsakteur zu Zwecken der Verbesserung der Barrierefreiheit nichteigene öffentliche oder private Mittel erhält, ist er nicht dazu berechtigt, sich auf Absatz 1 Satz 1 zu berufen.

(5) Wenn sich der Wirtschaftsakteur bei einem bestimmten Produkt oder einer bestimmten Dienstleistung auf Absatz 1 Satz 1 beruft, unterrichtet er darüber unverzüglich die zuständige Marktüberwachungsbehörde oder die für die Überprüfung der Konformität der Dienstleistungen zuständigen Behörde des Mitgliedstaats, in dem das betreffende Produkt in den Verkehr gebracht oder die betreffende Dienstleistung angeboten oder erbracht wird. Satz 1 gilt nicht für Kleinstunternehmen.

(6) Das Bundesministerium für Arbeit und Soziales wird ermächtigt, durch Rechtsverordnung, die der Zustimmung des Bundesrates bedarf, im Einvernehmen mit dem Bundesministerium der Finanzen und dem Bundesministerium für Wirtschaft und Energie die in Anlage 4 enthaltenen Kriterien, die der Wirtschaftsakteur bei der Beurteilung nach Absatz 1 berücksichtigen muss, zu präzisieren und zu ergänzen.

Gliederung: Rn.

A. Allgemeines

1 Der § 17 BFSG stellt neben § 16 BSFG eine zentrale Bestimmung dar, die Ausnahmen von der Verpflichtung zur Barrierefreiheit für Produkte und Dienstleistungen ermöglicht. Die Vorschrift setzt ebenfalls Art. 14 RL 2019/882/EU um (siehe unter § 16 BFSG Rn. 1 ff.). Die Vorschrift ist Ausdruck einer Abwägung zwischen einem effektiven Abbau von Barrieren für Menschen mit Behinderungen und der Schonung wirtschaftlicher Ressourcen.[1]

2 Während § 16 BFSG eine sehr enge Ausnahmeregelung schafft und eine Ausnahme nur zulässt, wenn das betroffene Produkt aus Nutzer- bzw. Verbraucherperspektive für seinen eigentliche Zweck nicht mehr nutzbar ist, nimmt § 17 BFSG die umgekehrte Blickrichtung ein: Entscheidend ist hier, ob die Einhaltung der Barrierefreiheitsanforderungen für den Wirtschaftsakteur zu einer unverhältnismäßigen

1 *Franke*, ZfPC 2024, 21, 24; *Kapoor/Klindt*, NJW 2024, 3545, 3549.

Belastung führen würde. Es handelt sich also anders als bei § 16 BFSG um eine **individuelle Beurteilung** der Belastbarkeit des Unternehmens im Einzelfall. Die Vorschrift ist somit auch deutlich weiter gefasst als § 16 BFSG[2] und dürfte daher auch von größerer praktischer Relevanz werden.

B. Regelungsgehalt

I. Ausnahmeregelung (Abs. 1 Satz 1)

Wie bei § 16 BFSG kann sich grundsätzlich jeder betroffene Wirtschaftsakteur auf die Ausnahme des Abs. 1 Satz 1 berufen. Allerdings wird in der Praxis wohl lediglich der Hersteller eines Produkts oder der Erbringer einer Dienstleistung von dieser Ausnahme Gebrauch machen können. Namentlich Einführer oder Händler operieren lediglich mit bereits vorgefundenen Produkten, sodass eine wirtschaftliche Unverhältnismäßigkeit der Einhaltung von Barrierefreiheitsanforderungen für sie fernliegend erscheint. 3

Die Ausnahme von den Barrierefreiheitsanforderungen gilt nur, „insoweit" deren Einhaltung zu einer unverhältnismäßigen Belastung führen würde. Aus dieser Formulierung folgt, dass die Befreiung von einer bestimmten Anforderung nicht dazu führt, dass das Produkt oder die Dienstleitung die Anforderungen insgesamt nicht einhalten muss. Das stellt auch die Gesetzesbegründung ausdrücklich klar. Gilt die unverhältnismäßige Belastung nur für Teile des Produkts oder der Dienstleistung, sind die Barrierefreiheitsanforderungen für die übrigen Teile uneingeschränkt einzuhalten.[3] 4

Eine unverhältnismäßige Belastung kann ausweislich der Gesetzesbegrünung dann vorliegen, wenn die Einhaltung der Barrierefreiheitsanforderungen eine zusätzliche übermäßige **organisatorische oder finanzielle** Belastung für den Wirtschaftsakteur darstellt und es dem Wirtschaftsakteur **nach vernünftigem Ermessen nicht möglich wäre**, eine oder mehrere der Barrierefreiheitsanforderungen dieses Gesetzes vollumfänglich anzuwenden. Die Beurteilung, ob eine unverhältnismäßige Belastung vorliegt, erfolgt gemäß den Vorgaben in Anlage 4. Im Rahmen der Beurteilung sind grundsätzlich **nur berechtigte Gründe** zu berücksichtigen. Mangelnde Priorität, Zeit oder Kenntnis gelten nicht als berechtigte Gründe. Angesichts des angestrebten Nutzens für Menschen mit Behinderungen ist zudem eine **enge Auslegung** des Begriffs „unverhältnismäßige Belastung" vorzunehmen. 5

Die Beurteilung, ob eine „unverhältnismäßige Belastung" vorliegt, erfolgt anhand der spezifischen Kriterien der Anlage 4 zum BFSG, die den Anhang VI der RL 2019/882/EU wiedergibt. Zusammengefasst handelt es sich dabei um die folgenden Kriterien: 6

Verhältnis von Nettokosten zu Gesamtkosten: Das Hauptaugenmerk liegt auf der Evaluation der Nettokosten, die durch die Einhaltung der Barrierefreiheitsanforderungen entstehen, im Vergleich zu den gesamten Betriebs- und Investitionskosten. 7

---

2 *Franke*, ZfPC 2024, 21, 25.
3 BT-Drs. 19/28653, S. 82.

Diese beinhalten sowohl einmalige als auch laufende Kosten wie Personal- und Schulungsausgaben.

8 **Kosten-Nutzen-Verhältnis:** Es wird das Verhältnis der geschätzten Kosten zu den erwarteten Vorteilen für Menschen mit Behinderungen bewertet. Berücksichtigt werden Anzahl und Häufigkeit der Nutzung eines Produkts oder einer Dienstleistung. Dadurch sollen wirtschaftliche Belastungen und die soziale Nützlichkeit in Einklang gebracht werden.

9 **Relation zu Umsätzen:** Die Relation der Nettokosten zur Barrierefreiheit im Vergleich zu den Nettoumsätzen des Wirtschaftsakteurs ist ein weiterer entscheidender Faktor.

10 Kennzeichnend für diese gesetzliche Regelung ist, dass zwar eine Reihe von Gesichtspunkten vorgegeben werden, die bei der Prüfung der Unverhältnismäßigkeit einzustellen sind. Das Gesetz enthält indes **keine Schwelle für Unverhältnismäßigkeit**; es bleibt also unklar, wie groß das Missverhältnis im Einzelfall sein muss, um eine Ausnahme zu rechtfertigen.[4]

11 Der Gesetzgeber sieht, wie bereits erwähnt, die Schwelle dann als überschritten an, wenn dem Wirtschaftsakteur eine Einhaltung „nach vernünftigem Ermessen" nicht mehr zugemutet werden kann. Das dürfte jedenfalls dann der Fall sein, wenn die Einhaltung der gesetzlichen Anforderungen dazu führt, dass Produktion oder Vertrieb des Produkts oder die Erbringung der Dienstleistung nicht mehr profitabel erfolgen kann. Allerdings sind finanzielle Verluste nicht der einzige Fall einer Unverhältnismäßigkeit. Eine solche kann insbesondere bereits dann vorliegen, wenn die Kosten für die Einhaltung der gesetzlichen Anforderungen der Barrierefreiheit außer Verhältnis zu den sonstigen Herstellungskosten stehen.

12 Die Kriterien in Anlage 4 zum BFSG werden in der Literatur kritisiert, weil sie lediglich Kriterien für den Wirtschaftsakteur nennen würden und die Relevanz des Produkts oder der Dienstleistung für Menschen mit Behinderungen nicht in die Abwägung einbezögen.[5] Das ist nicht zutreffend: Nach Nr. 2 der Anlage ist ausdrücklich der geschätzte Nutzen für Menschen mit Behinderungen einzubeziehen, wobei die Anzahl der Nutzungen und die Nutzungshäufigkeit des betreffenden Produkts bzw. der betreffenden Dienstleistung zu berücksichtigen sind. Es ist somit nicht richtig, dass das Gesetz insoweit einseitig wirtschaftliche Gesichtspunkte gelten lässt. Die angemessene Berücksichtigung der Nutzungsinteressen wirft indes ihrerseits erheblich Fragen auf, denn das Bedürfnis von Menschen (mit oder ohne Behinderungen) bestimmte Dienstleistungen oder Produkte zu verwenden, wird sich häufig nicht leicht monetarisieren lassen, auch wenn es sich um zentrale Aspekte der Lebensführung handelt. Wie die Interessen der Betroffenen an einer barrierefreien Teilhabe dann konkret mit den wirtschaftlichen Belastungen der Unternehmen ins Verhältnis gesetzt werden können, bleibt offen.

---

4 *Kapoor/Klindt*, NJW 2024, 3545, 3549.

5 *Boysen/Steinbrück*: Vom European Accessibility Act zum Barrierefreiheitsstärkungsgesetz – Teil II; Beitrag E3-2021, abrufbar unter https://www.reha-recht.de/fachbeitraege/beitrag/artikel/beitrag-e3-2021, zuletzt abgerufen am 13.04.2025.

Wie bereits im Rahmen der Kommentierung zu § 16 BFSG ausgeführt wurde, sind bei der Beurteilung der Verhältnismäßigkeit insbesondere die **Belange kleiner und mittlerer Unternehmen** zu berücksichtigen. Der Richtliniengeber hat klargestellt, die Richtlinie solle sich am Grundsatz „Vorfahrt für KMU" orientieren, weshalb die Behörden grundsätzlich der Größe der Unternehmen und der Größe der Produktionsmengen gebührend Rechnung tragen müssen. 13

Dementsprechend sind im Rahmen der Abwägung bzgl. des Vorliegens einer „unverhältnismäßigen Belastung" bei KMU keine zu hohen Maßstäbe anzulegen. So wird nachvollziehbarerweise argumentiert, eine unverhältnismäßige Belastung liege für KMU regelmäßig bereits vor, wenn zusätzliches Vollzeitpersonal für die Umsetzung der Barrierefreiheitsanforderungen eingestellt werden müsste oder wenn die Umsetzung nur mit einer erheblichen Preissteigerung oder erheblichen Absatzverlusten einherginge.[6] 14

Im Ergebnis erscheint dies zutreffend. Fraglich ist aber, ob damit wirklich ein eigenständiger bzw. modifizierter Maßstab verbunden ist. Es liegt vielmehr in der Natur einer Verhältnismäßigkeitsprüfung, dass sie unterschiedliche Größenverhältnisse abbildet. Zusätzliche Kosten (bspw. durch zusätzliches Personal) haben innerhalb eines kleinen Unternehmens einen größeren wirtschaftlichen Effekt. Dennoch bleibt es richtig, dass der Grundsatz der Rücksichtnahme auf die Interessen der KMU die Auslegung der Ausnahmeregelung im Einzelfall leiten muss. 15

II. Beurteilung durch den Wirtschaftsakteur (Abs. 1 Satz 2)

Abs. 1 Satz 2 sieht vor, dass der Wirtschaftsakteur die Beurteilung, ob ein Ausnahmefall nach Abs. 1 Satz 1 vorliegt, selbst vornimmt. 16

III. Dokumentationspflicht (Abs. 2 Satz 1)

Abs. 2 Satz 1 statuiert eine Dokumentationspflicht bezüglich der nach Abs. 1 Satz 2 durch den Wirtschaftsakteur durchzuführenden Beurteilung, ob er sich aufgrund einer grundlegenden Veränderung auf Abs. 1 Satz 1 beruft. Diese Beurteilung hat der Wirtschaftsakteur für mindestens fünf Jahre ab der letzten Bereitstellung des Produkts bzw. der letzten Erbringung der Dienstleistung aufzubewahren. 17

IV. Vorlagepflicht (Abs. 2 Satz 2)

Abs. 2 Satz 2 statuiert eine Vorlagepflicht für den Wirtschaftsakteur gegenüber der Marktüberwachungsbehörde, wenn diese die Vorlage einer Kopie verlangt (Abs. 2 S. 2). Das Gesetz beschränkt ein solches Verlangen nicht auf bestimmte Fälle, insbesondere nicht auf das Vorliegen eines (in irgendeiner Form qualifizierten) Verdachts auf einen Verstoß. Das Gesetz erlaubt der Marktüberwachungsbehörde daher auch anlasslose, stichprobenhafte Überprüfungen. 18

---

6 *Franke*, ZfPC 2024, 21, 24; *Kapoor/Klindt*, NJW 2024, 3545, 3549.

V. Ausnahme für Kleinstunternehmer (Abs. 2 Satz 3 und 4)

19 Nach Abs. 2 Satz 3 gelten die Dokumentations- und Vorlagepflicht nicht für Kleinstunternehmer, die mit Produkten befasst sind, ab (dazu unter § 16 Rn. 36 ff.). Kleinstunternehmen sind in § 2 Nr. 17 legaldefiniert (siehe unter § 2 Rn. 26).

20 Abs. Abs. 2 Satz 4 regelt eine Rückausnahme: Auf Anfrage der Marktüberwachungsbehörde haben auch Kleinstunternehmen die Pflicht zur Übermittlung der für die Vornahme einer Beurteilung nach Abs. 1 Satz 2 maßgeblichen Fakten. Das bedeutet also, dass erst, aber eben auch spätestens auf Nachfrage die entsprechenden maßgeblichen Aspekte und Fakten für eine Begründung nach Abs. 1 Satz 2 gesammelt, zusammengetragen und an die entsprechenden Behörden übermittelt werden müssen.

VI. Erneute Beurteilung (Abs. 3)

21 Während der Gesetzgeber in § 16 BFSG davon ausgeht, dass die Beurteilung des Ausnahmetatbestands eine einmalige Angelegenheit ist und im Ergebnis konstant bleibt, gilt dies im Rahmen von § 17 BFSG nur für Produkte nicht aber für Dienstleistungen. Nach § 17 Abs. 3 BFSG müssen Dienstleistungserbringer, die keine Kleinstunternehmen sind, daher ihre Beurteilung einer unverhältnismäßigen Belastung mindestens alle fünf Jahre erneuern. Unabhängig von diesem Fünf-Jahre-Turnus muss die Beurteilung zudem dann erneut erfolgen, wenn die angebotene Dienstleistung verändert wird oder die Marktüberwachungsbehörde hierzu auffordert.

22 Hier stellt sich insbesondere die Frage, wann eine Veränderung der Dienstleistung im Sinne der Vorschrift vorliegt, die eine neue Beurteilung erfordert. Die Gesetzesbegründung enthält insoweit den Hinweis, dass dies bei kleineren redaktionellen Änderungen oder Software-Updates, die die Dienstleistung an sich nicht berühren, noch nicht der Fall sein soll. Auch in diesem Rahmen muss der Grundsatz der Verhältnismäßigkeit gewahrt werden, um die Unternehmen (insbesondere KMU) vor unnötigem bürokratischem Aufwand zu bewahren. Eine Veränderung im Sinne des Absatz 3 liegt daher nur vor, wenn sich dadurch Parameter, die nach Anlage 4 zum Gesetz zu berücksichtigen sind, nicht nur unerheblich verschieben.

VII. Keine Ausnahme bei Empfang von Fördermitteln (Abs. 4)

23 Nach Absatz 4 können sich Wirtschaftsakteure nicht auf eine unverhältnismäßige Belastung berufen, wenn sie private oder staatliche Fördermittel zur Verbesserung der Barrierefreiheit erhalten haben. Ausweislich der Gesetzesbegründung gilt das gilt nicht für Kredite, die der Wirtschaftsakteur erhält, um seinen gesetzlichen Verpflichtungen nachzukommen.[7]

7 BT-Drs. 19/28653, S. 82.

VIII. Unterrichtungspflicht (Abs. 5)

Wenn ein Wirtschaftsakteur sich auf die Ausnahmeregelung nach Abs. 1 Satz 1 beruft, muss er darüber sofort die Marktüberwachungsbehörde sowie die Marktüberwachungsbehörden der Mitgliedstaaten, in denen Produkt/Dienstleistung angeboten wird, unterrichten. **24**

IX. Verordnungsermächtigung (Abs. 6)

Absatz 6 enthält eine Verordnungsermächtigung für das BMAS, die Kriterien zur Beurteilung des Vorliegens einer unverhältnismäßigen Belastung durch eine Rechtsverordnung zu ergänzen und zu präzisieren. Angesichts der erheblichen Unsicherheiten, die mit der Anwendung verbunden sind, könnte eine solche Verordnung – die bisher noch nicht vorliegt – von erheblichem praktischen Nutzen sein. **25**

§ 18 BFSG
EU-Konformitätserklärung für Produkte

(1) Bevor ein Produkt, dessen Übereinstimmung mit den Barrierefreiheitsanforderungen der nach § 3 Absatz 2 zu erlassenden Rechtsverordnung im Verfahren nach Anlage 2 nachgewiesen wurde, in den Verkehr gebracht wird, muss der Hersteller eine EU-Konformitätserklärung ausstellen.

(2) Aus der EU-Konformitätserklärung geht hervor, dass die Barrierefreiheitsanforderungen der nach § 3 Absatz 2 zu erlassenden Rechtsverordnung nachweislich erfüllt sind. Wurde von der Möglichkeit einer Ausnahme nach den §§ 16 oder 17 Gebrauch gemacht, so geht aus der EU-Konformitätserklärung hervor, welche Barrierefreiheitsanforderungen von dieser Ausnahmeregelung betroffen sind.

(3) Die EU-Konformitätserklärung entspricht in ihrem Aufbau dem Muster in Anhang III des Beschlusses Nr. 768/2008/EG des Europäischen Parlaments und des Rates vom 9. Juli 2008 über einen gemeinsamen Rechtsrahmen für die Vermarktung von Produkten und zur Aufhebung des Beschlusses 93/465/EWG des Rates (ABl. L 218 vom 13.8.2008, S. 82). Sie enthält die in Anlage 2 angegebenen Elemente und wird auf dem neuesten Stand gehalten. Sie wird in die deutsche Sprache übersetzt. Die Anforderungen an die technischen Unterlagen dürfen Kleinstunternehmen sowie kleinen und mittleren Unternehmen keinen übermäßigen Aufwand auferlegen.

(4) Unterliegt das Produkt mehreren Rechtsakten der Europäischen Union, in denen jeweils eine EU-Konformitätserklärung vorgeschrieben ist, so stellt der Hersteller oder ein von ihm Bevollmächtigter eine einzige EU-Konformitätserklärung für sämtliche Rechtsakte der Europäischen Union aus. In dieser Erklärung sind die betreffenden Rechtsakte samt Fundstelle anzugeben.

Gliederung: Rn.

A. Einführung

1 Die Vorschrift des § 18 BFSG regelt in Umsetzung von Art. 16 RL 2019/882/EU (European Accessibility Act) das Recht der EU-Konformitätserklärung. Die Regelungstechnik geht dabei weitgehend auf das im Rahmen des Anh. I Art. R10 des Beschlusses 768/2008/EG über den gemeinsamen Rechtsrahmen für die Vermarktung von Produkten umgesetzte *New Legislative Framework* zurück.[1]

I. Bedeutung der EU-Konformitätserklärung

2 Die Konformitätserklärung steht mit der CE-Kennzeichnung (→ § 2 Nr. 21 BFSG) am Ende des vom Hersteller durchzuführenden Konformitätsbewertungsverfahrens, das in ihr seinen erfolgreichen Abschluss findet.[2] Sie die dokumentierte Erklärung des Herstellers, dass das betreffende Produkt die spezifischen Barrierefreiheitsanforderungen der BFSGV erfüllt (vgl. § 18 Abs. 2 Satz 1 BFSG).[3] Im Unterschied zur CE-Kennzeichnung, die ebenfalls als Selbsterklärung des Herstellers die Vereinbarkeit des Produkts mit den anwendbaren Produktvorschriften bescheinigt (vgl. § 2 Nr. 21 BFSG), eröffnet die EU-Konformitätserklärung eine deutlich weitergehende Informationsbasis[4] für die zuständige Behörde, indem sie die betroffenen Produktvorschriften und die zugrunde gelegten harmonisierten Normen (→ § 2 Nr. 19 BFSG) nennt und im Falle einer Berufung der Herstellers auf die Dispenstat-

1 Instruktiv zum New Legislative Framework: *Kapoor/Klindt*, EuZW 2008, 649; *Kapoor/Klindt*, EuZW 2009, 134; *Schucht*, EuZW 2014, 848.

2 *Wagner*, in: Rehmann/Wagner, MP-VO, Art. 19 Rn. 1; *Gerdemann*, in: Martini/Wendehorst, KI-VO, Art. 47 Rn. 3; *Denga*, ZfPC 2023, 154, 157 [zur KI-VO]; *Hessel/Flieger*, in: BeckOK Produktrecht, § 18 FUAG Rn. 13.

3 *Europäische Kommission* (Hrsg.), Leitfaden für die Umsetzung der Produktvorschriften der EU („Blue Guide"), 2022, S. 62, OLG Hamm, Urt. v. 16.6.2022 – 24 U 178/16, NJW-RR 2023, 91 Rn. 69 [zum MaschinenR].

4 *Gerdemann*, in: Martini/Wendehorst, KI-VO, Art. 47 Rn. 1.

bestände der §§ 16, 17 BFSG klarstellt, welche Barrierefreiheitsanforderungen von der Ausnahme betroffen sind (§ 18 Abs. 2 Satz 2 BFSG).

II. Rechtswirkungen der EU-Konformitätserklärung

Von der Konformitätserklärung geht keine rechtliche Vermutungswirkung aus. Das bloße Vorliegen der EU-Konformitätserklärung führt daher nicht dazu, dass die Konformität mit den geprüften Anforderungen feststeht.[5] Der Konformitätserklärung liegt als bloßer Selbsterklärung des Herstellers auch gerade kein klassisches verwaltungsrechtliches Genehmigungs- oder Prüfverfahren zugrunde, das rechtsverbindlich die Verkehrsfähigkeit des Produkts feststellt. Die bloße Selbsterklärung des Herstellers schafft aber keinen ausreichenden Vertrauenstatbestand, der die Annahme einer Konformitätsvermutung rechtfertigen kann. Die Konformitätserklärung des Herstellers kann eine Vermutungswirkung nur dort entfalten, wo eine gesetzliche Regelung sie ausdrücklich anordnet, wie es etwa in § 7 Abs. 1 Satz 2 9. ProdSV (Maschinenverordnung) der Fall ist. 3

Wie auch bei der CE-Kennzeichnung (→ § 19 BFSG Rn. 4) hat das Fehlen der EU-Konformitätserklärung nicht zur Folge, dass der Verstoß gegen die zu prüfenden Vorschriften oder ein sonstiger Fehler feststeht.[6] Entsprechende Feststellungen können im Zivilprozess auch nicht im Wege des Anscheinsbeweises getroffen werden.[7] Wieso eine EU-Konformitätserklärung im Einzelfall fehlt, kann mannigfaltige Ursachen haben, sodass das bloße Fehlen der Konformitätserklärung nicht schwer genug wiegt, um eine entsprechende negative Vermutungswirkung begründen zu können. 4

III. Die EU-Konformitätserklärung im Konformitätsbewertungsverfahren

Das Ausstellen der EU-Konformitätserklärung schließt zusammen mit dem Anbringen der CE-Kennzeichnung das zugrundeliegende Konformitätsbewertungsverfahren ab.[8] Das Konformitätsbewertungsverfahren beschreibt die Summe der vom Hersteller oder seinem Bevollmächtigten vorzunehmenden Schritte zur Gewährleistung der Konformität des betreffenden Produkts mit den zugrundeliegenden harmonisierten Produktvorschriften. Durch das im Beschluss 768/2008/EG über den gemeinsamen Rechtsrahmen für die Vermarktung von Produkten umgesetzte *New Legislative Framework* wurden die im harmonisierten Produktrecht anzutreffenden Konformitätsbewertungsverfahren modulisiert. Die einzelnen Module des *New Legislative Framework* greifen dabei als abgestuftes System interner und externer Produktkontrolle ineinander, das von Selbstkontrolle über regulierte Selbst- 5

5 *Mayrhofer*, RDi 2024, 492, 497.

6 *Mayrhofer*, RDi 2024, 492, 497; *Schucht*, InTeR 2023, 71, 77; OLG Frankfurt a. M., Urt. v. 13.1.2015 – 8 U 168/13, BeckRS 2015, 9145 Rn. 21.

7 OLG Frankfurt a. M., Urt. v. 13.1.2015 – 8 U 168/13, BeckRS 2015, 9145 Rn. 21.

8 *Wagner*, in: Rehmann/Wagner, MP-VO, Art. 19 Rn. 1; *Gerdemann*, in: Martini/Wendehorst, KI-VO, Art. 47 Rn. 3; *Denga*, ZfPC 2023, 154, 157 [zur KI-VO]; *Hessel/Flieger*, in: BeckOK Produktrecht, § 18 FUAG Rn. 13.

kontrolle bis hin zu umfassender staatlicher Regulierung reicht.[9] Das BFSG folgt dabei dem System der sog. internen Fertigungskontrolle (Modul A), bei dem der Hersteller dem Ansatz der Selbstregulierung entsprechend die produktbezogenen Verpflichtungen erfüllt und auf eigene Verantwortung erklärt, dass die betreffenden Produkte den für sie geltenden Anforderungen der Rechtsvorschrift genügen.[10] Das Konformitätsbewertungsverfahren der internen Fertigungskontrolle besteht aus den in Anlage 2 zum BFSG niedergelegten Elementen, insbesondere der Erstellung der technischen Dokumentation, der Herstellung des Produkts, der Konformitätserklärung und dem Anbringen der CE-Kennzeichnung.

B. Regelungsgehalt

I. Pflicht zur Ausstellung der EU-Konformitätserklärung (Abs. 1)

6 Nach § 18 Abs. 1 BFSG ist der Hersteller verpflichtet, für Produkte, deren Vereinbarkeit mit den Barrierefreiheitsanforderungen der BFSGV im Konformitätsverfahren nach Anlage 1 nachgewiesen wurden, eine EU-Konformitätserklärung auszustellen. Die Vorschrift wiederholt insoweit die entsprechende Verpflichtung des Herstellers aus § 6 Abs. 1 Nr. 3 BFSG und verfügt damit über keinen weitergehenden Regelungsgehalt. Dazu tritt die nicht in § 18 BFSG niedergelegte Verpflichtung des Herstellers, die EU-Konformitätserklärung für die Dauer von fünf Jahren aufzubewahren (§ 6 Abs. 2 BFSG).

II. Inhalt und Form der EU-Konformitätserklärung (Abs. 2 u. 3)

7 Der Aufbau der EU-Konformitätserklärung entspricht nach Maßgabe des § 18 Abs. 3 Satz 1 BFSG den genauen Vorgaben des Musters in Anhang III des Beschlusses 768/2008/EG über den gemeinsamen Rechtsrahmen für die Vermarktung von Produkten. Aus ihr geht nach § 18 Abs. 2 Satz 1 BFSG hervor, dass die Barrierefreiheitsanforderungen der BFSGV nachweislich erfüllt sind. Im Regelungssystem des BFSG besteht nach § 18 Abs. 2 Satz 2 BFSG die Besonderheit, dass auch die Berufung auf einen Ausnahmetatbestand der §§ 16, 17 BFSG in der EU-Konformitätserklärung zu vermerken und klarzustellen ist, welche Anforderungen von der Ausnahmeregelung betroffen sind.

8 Die EU-Konformitätserklärung ist den Vorgaben von Art. 16 Abs. 2 Satz 4 RL 2019/882/EU entsprechend in deutsche Sprache zu übersetzen. Sie kann, wie sich mittelbar aus § 6 Abs. 2 BFSG ergibt, sowohl in schriftlicher als auch in elektronischer Form ausgestellt werden.[11]

---

9 *Ruschemeier*, in: Martini/Wendehorst, KI-VO, Art. 6 Rn. 45; *Spindler/Thorun*, MMR-Beil. 2016, 1, 8.

10 *Wagner*, MMR 2024, 755, 757; vgl. auch *Müller*, in: Nusser/Fehse, Das neue Ökodesign-Recht, § 3 Rn. 17; *Hessel/Flieger*, in: BeckOK Produktrecht, § 18 FUAG Rn. 6; *Spiegel*, ZfPC 2024, 194, 195.

11 *Wagner*, MMR 2024, 755, 757.

Die EU-Konformitätserklärung ist nach § 18 Abs. 3 Satz 1 BFSG i. V. m. Anhang III des Beschlusses 768/2008/EG vom Hersteller oder seinem Bevollmächtigten zu unterzeichnen. Wurde die deutsche Übersetzung der EU-Konformitätserklärung von einem anderen Wirtschaftsakteur (etwa dem Einführer) erstellt, so muss diese Übersetzung nach der Rechtsauffassung der Kommission nicht notwendigerweise vom Hersteller unterzeichnet werden.[12] Das ist auch stimmig, beziehen sich doch die Vorgaben des Anhangs III des Beschlusses 768/2008/EG auf das Original. In diesen Fällen ist vielmehr auf Verlangen der Marktüberwachungsbehörde zusätzlich zur Übersetzung eine Kopie des vom Hersteller unterzeichneten Originals vorzulegen.[13] **9**

III. Aktualisierung der EU-Konformitätserklärung (Abs. 2 u. 3)

Die EU-Konformitätserklärung muss ausweislich § 18 Abs. 3 Satz 2 BFSG auf dem neuesten Stand gehalten werden.[14] Sobald sich die der EU-Konformitätserklärung zugrundeliegenden normativen Rahmenbedingungen ändern, muss die EU-Konformitätserklärung jedoch aktualisiert werden. Bei solchen Änderungen kann es sich um Änderungen von Rechtsvorschriften, Änderungen der Fassungen der harmonisierten Normen oder Änderungen der Kontaktdaten des Herstellers oder des Bevollmächtigten handeln. **10**

IV. Grundsatz der Einheit der Konformitätserklärung (Abs. 4)

Auch im Kontext des BFSG gilt nach Maßgabe des § 18 Abs. 4 BFSG das Prinzip von der Einheit der Konformitätserklärung.[15] Unterliegt das betreffende Produkt mehreren Rechtsakten der Europäischen Union, die Produktvorschriften enthalten und das Ausstellen einer EU-Konformitätserklärung vorschreiben, so ist gleichwohl nur eine einzige Konformitätserklärung für sämtliche Rechtsakte auszustellen (§ 18 Abs. 4 Satz 1 BFSG). In diesem Fall sind gem. § 18 Abs. 4 Satz 2 BFSG die jeweils betroffenen Rechtsakte samt Fundstelle in der Konformitätserklärung anzugeben. Im Interesse der Minimierung des mit der einheitlichen Konformitätserklärung verbundenen Aufwands kann die EU-Konformitätserklärung auch eine Akte sein, die aus den einschlägigen einzelnen Konformitätserklärungen besteht.[16] **11**

---

12 Europäische Kommission (Hrsg.), Leitfaden für die Umsetzung der Produktvorschriften der EU („Blue Guide"), 2022, S. 64.

13 Europäische Kommission (Hrsg.), Leitfaden für die Umsetzung der Produktvorschriften der EU („Blue Guide"), 2022, S. 64.

14 Europäische Kommission (Hrsg.), Leitfaden für die Umsetzung der Produktvorschriften der EU („Blue Guide"), 2022, S. 62.

15 *Gerdemann*, in: Martini/Wendehorst, KI-VO, Art. 47 Rn. 3 [zur KI-VO], Europäische Kommission (Hrsg.), Leitfaden für die Umsetzung der Produktvorschriften der EU („Blue Guide"), 2022, S. 63.

16 Europäische Kommission (Hrsg.), Leitfaden für die Umsetzung der Produktvorschriften der EU („Blue Guide"), 2022, S. 63.

C. Rechtsfolgen bei Verstößen gegen § 18 BFSG

I. Bußgeldtatbestände

12 Bringt der Hersteller entgegen §§ 18 Abs. 1, 6 Abs. 1 Nr. 3 BFSG ein Produkt in Verkehr (→ § 2 Rn. 10 BFSG), ohne die EU-Konformitätserklärung ausgestellt zu haben, verwirklicht dieser Verstoß im Regelungssystem des BFSG keinen Bußgeldtatbestand. Insbesondere wird dieser Fall nicht von § 37 Abs. 1 Nr. 1 BFSG erfasst, der das Inverkehrbringen eines materiell nonkonformen Produkts sanktioniert. Ein Ordnungswidrigkeitentatbestand, wie ihn § 37 Abs. 1 Nr. 9 BFSG für die fehlende oder unrichtige CE-Kennzeichnung kennt, fehlt für Verstöße gegen § 18 Abs. 1 BFSG.

II. Maßnahmen der Marktüberwachung

13 Verstöße des Herstellers gegen § 18 Abs. 1 BFSG können marktaufsichtsrechtliche Maßnahmen auslösen. Da eine fehlende Konformitätserklärung nach Maßgabe des § 23 Abs. 2 Nr. 2 BFSG zur formalen Nichtkonformität des betreffenden Produkts führt, drohen Untersagungsverfügungen und Verpflichtungen zum Produktrückruf nach Maßgabe des § 23 Abs. 3 Satz 1 BFSG. Rechtspolitisch zwar hart, angesichts des klaren Normanwendungsbefehls des europäischen Gesetzgebers in § 23 Abs. 3 Satz 1 BFSG aber hinzunehmen, ist die Konsequenz, dass im Regelungssystem des BFSG auch dann zum Produktrückruf verpflichtet werden kann, wenn von dem betreffenden Produkt keine Produktgefahren im engeren Sinne ausgehen, es für Menschen mit Behinderungen noch nicht einmal unbrauchbar ist,[17] sondern allein nicht über die notwendige EU-Konformitätserklärung verfügt.

III. Kaufrechtliches Gewährleistungsrecht

14 Im Schrifttum umstritten ist, ob das reine Fehlen der EU-Konformitätserklärung bei materieller Konformität des Produkts einen Sachmangel i. S. d. § 434 BGB begründet (zur parallelen Problematik bei der CE-Kennzeichnung → § 19 BFSG Rn. 26). Die Frage ist richtigerweise zu bejahen.[18] Denn darf ein Hersteller das Produkt nicht in Verkehr bringen, ist es also nicht zirkulationsfähig, so eignet es sich nicht für die übliche Verwendung (§ 434 Abs. 3 Satz 1 Nr. 2 BGB). Denn es gehört zweifelsohne zu den üblichen Produkteigenschaften, dass ein Produkt im Binnenmarkt rechtmäßig vertrieben werden kann. Ein Produkt mit fehlender CE-Kennzeichnung ist darüber hinaus im Lichte der marktüberwachungsrechtlichen Eingriffsbefugnisse mit einem erheblichen rechtlichen Vertriebsrisiko behaftet, das sich im Lichte bilanzrechtlicher Grundsätze unmittelbar wertmindernd auswirkt (vgl. § 252 Abs. 1 Nr. 4 HGB). Diese Ausführungen gelten entgegen entsprechenden Ansätzen im Schrifttum[19] auch für Verbrauchergeschäfte. Zwar mag der Endabnehmer typischerweise nicht dazu entschlossen sein, das Produkt zu veräußern, ausgeschlossen ist dies aber

17 Kritisch bereits insoweit *Franke*, ZfPC 2024, 21, 27.

18 OLG Hamm, Urt. v. 16.6.2020 – 24 U 178/16, NZBau 2023, 108 [zum MaschinenR]; LG Erfurt Urt. v. 7.8.2014 – 10 O 410/12, BeckRS 2014, 12725 [zum MaschinenR]; *Mahnken*, NZBau 2024, 540, 544; wohl auch *Wende*, in: Klindt, ProdSG, § 7 Rn. 26 [zur CE-Kennzeichnung].

19 Derart differenzierend *Niebling*, DB 1996, 80, 80 [zur CE-Kennzeichnung].

nicht. Eine solche Schlechterstellung des Verbrauchers ist mit den unionsrechtlichen Vorgaben der Warenkauf-RL,[20] von der wegen ihres vollharmonisierenden Charakters nicht abgewichen kann, schlechthin unvereinbar.

§ 19 BFSG
CE-Kennzeichnung

(1) Bevor ein Produkt, dessen Übereinstimmung mit den Barrierefreiheitsanforderungen der nach § 3 Absatz 2 zu erlassenden Rechtsverordnung im Konformitätsbewertungsverfahren nach Anlage 2 nachgewiesen wurde, in den Verkehr gebracht wird, ist es vom Hersteller oder seinem Bevollmächtigten, soweit es diesem übertragen wurde, mit der CE-Kennzeichnung nach Maßgabe des Absatzes 2 zu versehen.

(2) Die CE-Kennzeichnung wird deutlich sichtbar, gut lesbar und dauerhaft auf dem Produkt oder seiner Datenplakette angebracht. Falls die Art des Produkts dies nicht zulässt oder nicht rechtfertigt, wird die CE-Kennzeichnung auf der Verpackung und den Begleitunterlagen angebracht.

(3) Für die CE-Kennzeichnung gelten die allgemeinen Grundsätze nach Artikel 30 der Verordnung (EG) Nr. 765/2008 des Europäischen Parlaments und des Rates vom 9. Juli 2008 über die Vorschriften für die Akkreditierung und Marktüberwachung im Zusammenhang mit der Vermarktung von Produkten und zur Aufhebung der Verordnung (EWG) Nr. 339/93 des Rates (ABl. L 218 vom 13.8.2008, S. 30; ABl. L 169 vom 25.6.2019, S. 1) in der jeweils geltenden Fassung.

Gliederung: Rn.

---

20 RL (EU) 2019/771, Abl. L 136 vom. 22.05.2019, S. 28 ff.

A. Einführung

1 Die Vorschrift des § 19 BFSG bildet im Regelungssystem des BFSG die Schnittstelle zum Recht der CE-Kennzeichnung.

I. Rechtsnatur

2 Die CE-Kennzeichnung ist ausweislich der Legaldefinition des § 2 Nr. 21 BFSG der herstellerseitige Hinweis darauf, dass das betreffende Produkt die unionsrechtlichen harmonisierten Produktvorschriften einhält.[1] In Schrifttum und Rechtsprechung vielfach als „Schlüssel", „Reisepass" oder „Warenpass" für den Binnenmarkt bezeichnet,[2] richtet sie sich dabei bei funktionaler Betrachtung an die Marktüberwachungsbehörden und nicht den Produktverwender, für den sie allenfalls als bloßer Rechtsreflex gewisse Signalwirkung entfaltet. Diese Zweckrichtung wird auch dadurch deutlich, dass die CE-Kennzeichnung selbst nicht in barrierefreier Form erfolgen muss, es mithin auf die Wahrnehmbarkeit der Kennzeichnung für den Produktverwender nicht ankommt. Die Bezeichnung „CE" hat sich dabei als verselbstständigter Begriff etabliert,[3] auch wenn die begriffliche Herkunft weitgehend ungeklärt ist.[4]

3 Die CE-Kennzeichnung ist anders als das GS-Zeichen, das nicht die Konformität des betreffenden Produkts mit harmonisierten Produktvorschriften, sondern das Vorliegen der besonderen Voraussetzungen des § 20 Abs 3 ProdSG bescheinigt, kein Qualitätszeichen oder besonderes Gütesiegel.[5] Das GS-Zeichen ist zudem keine bloße Selbsterklärung des Herstellers, sondern wird durch eine unabhängige Instanz, die GS-Stelle (§ 20 Abs. 1 ProdSG), verliehen.[6] Und drittens richtet sich das GS-Zeichen als Mittel der Werbung und Absatzförderung durchaus an den Endver-

---

1 *Wende*, in: Klindt, ProdSG, § 7 Rn. 5; *Schütte*, in: Ehring/Taeger, Produkthaftungs- und Produktsicherheitsrecht, § 7 ProdSG Rn. 2; vgl. auch Art. 30 Abs. 3 VO (EG) Nr. 765/2008.

2 *Wagner*, BB 1997, 2489, 2497; BR-Drs. 360/03; *Scheel*, DVBl. 1999, 442, 444; vgl. auch *Bauer*, Das Recht des technischen Produkts, Rn. 657.

3 *Wende*, in: Klindt, ProdSG, § 7 Rn. 3; *Schütte*, in: Ehring/Taeger, Produkthaftungs- und Produktsicherheitsrecht, § 7 ProdSG Rn. 2; Gauger, Produktsicherheit und staatliche Verantwortung, 2015, S. 114.

4 *Moritz/Geiß*, ProdSG, S. 71; *Hoeren/Ernstschneider*, MMR 2004, 507, 511: „communautés européennes"; OLG Köln Urt. v. 28.3.2003 – 19 U 142/02, NJW-RR 2004, 1141; *Wagner*, BB 1997, 2489, 2497; *Lenz*, in: GS Hübner, 2012, 531, 549; *Weidert*, GRUR-Prax 2010, 351, 352: „conformité européennes".

5 *Niebling*, Die CE-Kennzeichnung, S. 15; *Niebling*, DB 1996, 80, 80.

6 *Gesmann-Nuissl*, InTeR 2016, 95, 96; *Wilrich*, ProdSG Rn. 470; *Schütte*, in: Ehring/Taeger, § 7 ProdSG Rn. 5.

braucher, weniger an die Marktüberwachungsbehörden.[7] Bei dem GS-Zeichen handelt es sich zudem um eine freiwillige Kennzeichnung.[8]

II. Rechtswirkungen der CE-Kennzeichnung

Die CE-Kennzeichnung ist ein wesentlicher Hinweis, aber eben kein Nachweis dafür, dass ein Produkt harmonisierten Produktvorschriften entspricht.[9] Die CE-Kennzeichnung begründet daher insbesondere keine gesetzlich angeordnete Vermutungswirkung zugunsten der Konformität des Produkts, wie sie § 8 Abs. 2 Satz 3 GPSG noch kannte.[10] Das ist auch stimmig: Der CE-Kennzeichnung liegt gerade kein klassisches verwaltungsrechtliches Genehmigungs- oder Prüfverfahren zugrunde, das rechtsverbindlich die Verkehrsfähigkeit des Produkts feststellt; als Selbsterklärung des Herstellers erfolgt die Verleihung der CE-Kennzeichnung nicht durch eine unabhängige, dritte Stelle. Die bloße Selbsterklärung des Herstellers schafft keinen ausreichenden Vertrauenstatbestand, der die Annahme einer Konformitätsvermutung rechtfertigen kann. Dies entspricht auch der Systematik des BFSG, Vermutungswirkungen in seinem Anwendungsbereich klar zu benennen (vgl. § 4 BFSG). Fehlt die ausdrückliche Anordnung der Vermutungswirkung, so ist davon auszugehen, dass der Gesetzgeber sie der CE-Kennzeichnung auch nicht verleihen wollte. Etwas anderes gilt lediglich dort, wo eine gesetzliche Regelung eine Vermutungswirkung der CE-Kennzeichnung ausdrücklich anordnet, wie es etwa in § 7 Abs. 1 Satz 2 9. ProdSV (Maschinenverordnung) der Fall ist. Auch eine negative Vermutungswirkung der CE-Kennzeichnung, wie sie der Kommissionsentwurf der Marktüberwachungsverordnung noch kannte, kennt das BFSG nicht.[11] 4

III. Rechtsquellen des Rechts der CE-Kennzeichnung

Das Recht der CE-Kennzeichnung ist vollständig unionsrechtlich überformt und determiniert. Die allgemeinen Grundsätze der CE-Kennzeichnung und ihre exakte graphische Gestaltung werden dabei durch Art. 30 VO (EG) Nr. 765/2008 und den Anhang II der entsprechenden Verordnung geregelt. Dieses Regelungsregime wird in § 19 Abs. 3 BFSG ausdrücklich in Bezug genommen. 5

---

7 BGH, Beschl. v. 31.3.2011 – III ZR 339/09, NVwZ-RR 2011, 556, Rn. 8; *Pünder*, ZHR 170, 567, 570; *Weiß*, Die rechtliche Gewährleistung der Produktsicherheit, S. 354, 361, 363; *Schütte*, in: Ehring/Taeger, § 7 ProdSG Rn. 5.

8 *Schütte*, in: Ehring/Taeger, § 7 ProdSG Rn. 5; *Kreifels/Weide*, in: Foerste/v. Westphalen, ProdHaft-HdB § 59 Rn. 38; *Wilrich*, ProdSG Rn. 521; *Moritz/Geiß*, ProdSG S. 102.

9 *Europäische Kommission* (Hrsg.), Leitfaden für die Umsetzung der Produktvorschriften der EU („Blue Guide"), S. 64.

10 *Kreifels/Weide*, in: Foerste/v. Westphalen, § 59 Rn. 37; *Wende*, in: Klindt, ProdSG, § 7 Rn. 6; *Gesmann-Nuissl*, InTeR 2016, 95, 96; *Schucht*, DÖV 2018, 431, 436; *Lach/Polly*, BB 2012, 71, 72; *Lenz*, in: GS Ulrich Hübner, S. 551; *Schütte*, in: Ehring/Taeger, Produkthaftungs- und Produktsicherungsrecht, § 7 ProdSG Rn. 3; a. A.: *Gauger*, Produktsicherheit und staatliche Verantwortung, S. 118.

11 Vgl. Europäische Kommission, Produktsicherheits- und Marktüberwachungspaket, COM (2013) 75 final, S. 22.

6 Der Vorschrift des § 19 BFSG entsprechende Regelungen zur CE-Kennzeichnung finden sich auch in anderen Rechtsakten, in § 7 ProdSG im Allgemeinen und produktgruppenspezifischen Produktsicherheitsverordnungen im Besonderen.

B. Regelungsgehalt

I. Pflicht zum Anbringen der CE-Kennzeichnung (Abs. 1)

7 Nach Maßgabe des § 19 Abs. 1 BFSG ist der Hersteller (→ § 2 Nr. 11 BFSG) oder sein Bevollmächtigter (→ § 2 Nr. 12 BFSG) verpflichtet, das dem Regelungsregime des BFSG unterworfene Produkt vor dem Inverkehrbringen (→ § 2 Nr. 10 BFSG) mit der CE-Kennzeichnung zu versehen. Die Bestimmung wiederholt die entsprechende Verpflichtung aus § 6 Abs. 1 Nr. 4 BFSG und verfügt insoweit nicht über einen eigenständigen Regelungsgehalt.

II. Gestaltung der CE-Kennzeichnung (Abs. 2)

1. Sichtbarkeit, Lesbarkeit, Dauerhaftigkeit

8 Die CE-Kennzeichnung ist nach § 19 Abs. 2 Satz 1 BFSG in Übereinstimmung mit bestimmten optischen Vorgaben, nämlich deutlich sichtbar, gut lesbar und dauerhaft zu gestalten. Gute **Sichtbarkeit** bedeutet, dass die CE-Kennzeichnung leicht zugänglich[12] ist, mithin von Marktüberwachungsbehörden, Verwendern und Verbrauchern ohne größere Mühe aufgefunden und wahrgenommen werden kann.[13] Dabei ist auch die das Produktdesign schonende Anbringung auf der dem Bediener abgewandten Seite des Produkts oder das Anbringen auf der Unterseite ohne Weiteres ausreichend und zulässig.[14] Entgegen einem vereinzelt im Schrifttum vertretenen Ansatz ist es nicht erforderlich, dass die Sichtbarkeit auch nach einer bestimmungsgemäßen Montage des Produkts gewährleistet ist; Sichtbarkeit muss lediglich für den Produktzustand sichergestellt sein, in dem sich das Produkt im Zeitpunkt des Inverkehrbringens befindet.[15]

9 **Lesbarkeit** ist die Eigenschaft einer Folge von erkennbaren Zeichen, die es ermöglicht, diese Zeichen im Zusammenhang zu erfassen und die Information zweifelsfrei zu verstehen (DIN 1450). Lesbarkeit ist dann gegeben, wenn die CE-Kennzeichnung den in VO (EG) Nr. 765/2008 Anhang II vorgegebenen Proportionen und Mindestgröße entspricht.

---

12 *Europäische Kommission* (Hrsg.), Leitfaden für die Umsetzung der Produktvorschriften der EU („Blue Guide“), 2022, S. 65.

13 *Wende*, in: Klindt, ProdSG, § 7 Rn. 18; *Häberle*, in: Erbs/Kohlhaas, § 7 ProdSG Rn. 4; *Schütte*, in: Ehring/Taeger, Produkthaftungs- und Produktsicherheitsrecht, § 7 ProdSG Rn. 18.

14 *Schütte*, in: Ehring/Taeger, Produkthaftungs- und Produktsicherheitsrecht, § 7 ProdSG Rn. 18; *Wilrich*, ProdSG Rn. 503; *Fischerauer*, in: Theobald/Kühling, Energierecht, § 6 EVPG Rn. 5; *Wende*, in: Klindt, ProdSG, § 7 Rn. 18.

15 *Schütte*, in: Ehring/Taeger, Produkthaftungs- und Produktsicherheitsrecht, § 7 ProdSG Rn. 18; a.A.: *Wilricht*, ProdSG Rn. 503; *Wagner*, in: Rehmann/Wagner, MPG, § 9 Rn. 5.

10 Die CE-Kennzeichnung muss außerdem **dauerhaft** erfolgen. Dauerhaftigkeit ist gegeben, wenn sich die Kennzeichnung bei bestimmungsgemäßer Verwendung während der Lebensdauer des Produktes nicht ablöst und ihre Entfernung nicht ohne Weiteres rückstandsfrei möglich ist.[16] Dabei ist eine stofflich implementierte Verbindung etwa in Form von Gravur, Bedruckung, Prägung oder andere Formen einer werkstofflichen Beeinflussung des Produkts selbst, nicht zwingend erforderlich.[17] So kann die CE-Kennzeichnungspflicht auch mittels eines Aufklebers oder Haftetiketts realisiert werden, sofern die Kennzeichnung nicht ohne Weiteres entfernt werden kann, ohne Spuren zu hinterlassen.[18] Dabei gebietet die Systematik der gesetzlichen Regelung, der erkennbar daran gelegen ist, ein Ausweichen auf die Verpackung nach § 19 Abs. 2 Satz 2 BFSG nur im Ausnahmefall zuzulassen, eine durchaus großzügige Auslegung, um die Kennzeichnung auf dem Produkt möglichst weitgehend zu ermöglichen.

11 Die Dauerhaftigkeit fehlt demgegenüber bei Klebefähnchen oder Anhängeetiketten, wenn die Kennzeichnung ohne nennenswerte Schwierigkeiten und ohne die Gefahr einer Beschädigung des Produkts durch einen einfachen Schnitt mit einer Schere entfernt werden kann.[19]

2. Ort

12 Die CE-Kennzeichnung ist ausweislich § 19 Abs. 2 Satz 1 BFSG primär auf dem Produkt selbst oder seiner Datenplakette (auch sog. Typenschild) anzubringen (sog. Grundsatz der produktunmittelbaren Kennzeichnung). Auf die Verpackung oder die Begleitunterlagen kann der Hersteller nach § 19 Abs. 2 Satz 2 BFSG nur dann ausweichen, wenn die Art des Produkts, zu der insbesondere auch dessen Größe zählt, dies nicht zulässt oder nicht rechtfertigt.

13 Unmöglich ist die produktunmittelbare Kennzeichnung insbesondere bei sehr kleinen oder ungünstig geformten Produkten.[20] Nicht gerechtfertigt ist die produktunmittelbare Kennzeichnung überall dort, wo sie mit einem wirtschaftlich unverhältnismäßigen Aufwand verbunden wäre.[21] Aus rein ästhetischen Gründen darf die CE-Kennzeichnung hingegen nicht auf die Verpackung oder die Begleitunterlagen verlagert werden.[22]

---

16 *Schütte*, in: Ehring/Taeger, Produkthaftungs- und Produktsicherheitsrecht, § 7 ProdSG Rn. 20; *Europäische Kommission* (Hrsg.), Leitfaden für die Umsetzung der Produktvorschriften der EU („Blue Guide"), 2022, S. 66: „unter normalen Umständen nicht entfernt werden kann, ohne Spuren zu hinterlassen".

17 Vgl. nur *Wende*, in: Klindt, ProdSG, § 7 Rn. 19.

18 *Fischerauer*, in: Theobald/Kühling, Energierecht, § 6 EVPG Rn. 6; *Schucht*, DÖV 2018, 431, 437; *Wende*, in: Klindt, ProdSG, § 7 Rn. 19; *Wilrich*, ProdSG Rn. 505

19 BGH Urt. v. 9.7.2015 – I ZR 224/13, GRUR 2015, 1021 Rn. 26 – Klebefähnchen an Kopfhörerkabel [zu § 7 ElektroG a. F.]; OLG Hamm Urt. v. 4.9.2014 – 4 U 77/14 Rn. 73 – juris.

20 *Europäische Kommission* (Hrsg.), Leitfaden für die Umsetzung der Produktvorschriften der EU („Blue Guide"), 2022, S. 66: „z. B. bei bestimmten Sprengstoffarten"; *Schütte*, in: Ehring/Taeger, Produkthaftungs- und Produktsicherheitsrecht, § 7 ProdSG Rn. 21.

21 *Europäische Kommission* (Hrsg.), Leitfaden für die Umsetzung der Produktvorschriften der EU („Blue Guide"), 2022, S. 66.

22 *Wagner*, in: Rehmann/Wagner, MPG, § 9 Rn. 10.

14 Die CE-Kennzeichnung auf einem zum Lieferumfang gehörenden Netzteil erfolgt nicht produktunmittelbar.[23]

3. Barrierefreiheit

15 Fraglich ist, ob die CE-Kennzeichnung nach Maßgabe des **§ 4 Abs. 1 BFSGV** barrierefrei zu erfolgen hat. Denn immerhin schreibt die Bestimmung vor, dass Informationen zur Nutzung des Produkts auf dem Produkt selbst wie „die Kennzeichnungen" nach Maßgabe der Vorschrift barrierefrei zu erfolgen haben. Dafür, die CE-Kennzeichnung in den Anwendungsbereich des § 4 Abs. 1 BFSGV einzubeziehen, spricht im Wesentlichen der Wortlaut der Vorschrift: Denn sicher handelt es sich bei der CE-Kennzeichnung um eine „Kennzeichnung".

16 Richtigerweise handelt es sich bei § 4 Abs. 1 BFSGV um ein gesetzgeberisches Redaktionsversehen, das symptomatisch ist für die Defizite der gesetzlichen Regelung, insbesondere im Bereich des BFSGV, der es großflächig an Präzision und Klarheit fehlt. Die CE-Kennzeichnung muss nicht barrierefrei erfolgen. Zum einen richtet sich die CE-Kennzeichnung jedenfalls primär an die Marktüberwachungsbehörde und nicht an Verwender und Verbraucher (→ § 19 Rn. 2). Bezweckt die CE-Kennzeichnung nicht den Schutz oder die Information des Verbrauchers, so besteht auch kein Grund dafür, wieso sie barrierefrei erfolgen sollte. Zweitens vermittelt die CE-Kennzeichnung keine Informationen zur Nutzung des Produkts im engeren Sinne, wie es etwa die auch in § 4 Abs. 1 BFSGV genannte Gebrauchsanleitung tut. Drittens kollidiert eine Einbeziehung in den Anwendungsbereich der BFSGV mit den zwingenden gestalterischen Vorgaben des Art. 30 VO (EG) Nr. 765/2008: Ist die Gestaltung der Kennzeichnung unionsrechtlich vorgegeben, so wäre die Anordnung einer Pflicht zur Verwendung einer Schriftart angemessener Größe und mit geeigneter Form, eines angemessenen Kontrastes und ausreichenden Abständen zwischen den Zeilen (vgl. § 4 Abs. 1 Nr. 4 BFSGV) überflüssig. Dieses Ergebnis wird durch einen systematischen Vergleich mit § 7 Abs. 4 BFSG abgesichert: Ordnet der Gesetzgeber explizit an, dass Hersteller- und Identifikationskennzeichnung nach Maßgabe der BFSGV barrierefrei zu erfolgen haben, so ist nicht einsichtig, wieso der Gesetzgeber auf einen ausdrücklichen Verweis auf die BFSGV in Ansehung der CE-Kennzeichnung verzichten sollte.

4. Graphische Gestaltung

17 Die genaue graphische Gestaltung der CE-Kennzeichnung ist verbindlich durch § 19 Abs 3 BFSG i. V. m. Anhang II VO (EG) Nr. 765/2008 festgelegt.

III. Allgemeine Anforderungen an die CE-Kennzeichnung (Abs. 3)

1. Anbringen durch Hersteller und Bevollmächtigten

18 Die CE-Kennzeichnung ist originäre Verpflichtung des Herstellers. Nach § 19 Abs. 3 BFSG i. V. m. Art. 30 Abs. 1 VO (EG) Nr. 765/2008 darf sie daher nur durch den Hersteller und seinen Bevollmächtigten am Produkt angebracht werden.

23 LG Cottbus, Urt. v. 15.6.2022 – 11 O 5/20, ZfPC 2023, 33 – elektrisch verstellbarer Sessel.

19 Fraglich ist, ob eine CE-Kennzeichnung diesen Vorgaben entspricht, die durch Einführer oder Händler mit der Zweckrichtung an dem betreffenden Produkt angebracht werden, einen anfänglichen Kennzeichnungsverstoß des Herstellers durch Nachlabeln oder Umlabeln zu heilen. Das Anbringen der CE-Kennzeichnung wird deshalb nach Art. 30 Abs. 1 VO (EG) Nr. 765/2008 dem Hersteller zugewiesen, da der Hersteller kraft überlegenen Sachwissens die Konformität des betreffenden Produkts bewerten kann und das Anbringen der CE-Kennzeichnung als letzte Stufe in das dem Hersteller obliegende Konformitätsbewertungsverfahren eingebettet ist. Ein Nachlabeln durch andere Wirtschaftsakteure kommt nur dort in Betracht, wo diese Zwecke umfassend verwirklicht werden, das Nachlabeln mithin auf ein willentliches Zusammenwirken mit dem Hersteller zurückzuführen ist. Die CE-Kennzeichnung erfolgt daher auch dann ordnungsgemäß, wo ein Kennzeichnungsverstoß durch Händler oder Einführer unter Abstimmung mit dem Hersteller behoben wird.

2. Verbot der missbräuchlichen Verwendung der CE-Kennzeichnung

20 Die CE-Kennzeichnung darf nach § 19 Abs. 3 BFSG i. V. m. Art. 30 Abs. 2 VO (EG) Nr. 765/2008 nur auf Produkten angebracht werden, für die harmonisierte Produktvorschriften die Anbringung vorschreiben. Erfasst sind damit Fälle, in denen das betreffende Produkt schon gar nicht CE-pflichtig bzw. „CE-untauglich" ist.[24]

3. Irreführungsverbot bei Kennzeichnungen

21 Nach § 19 Abs. 3 BFSG i. V. m. Art. 30 Abs. 5 VO (EG) Nr. 765/2008 ist das Anbringen von Kennzeichnungen, Zeichen oder Aufschriften, deren Bedeutung oder Gestalt von Dritten mit der Bedeutung oder Gestalt der CE-Kennzeichnung verwechselt werden kann, untersagt. Die Vorschrift normiert ein durch den Bußgeldtatbestand des § 37 Abs. 1 Nr. 10 BFSG abgesichertes Irreführungsverbot.[25] Dabei ist im Grundsatz durchaus davon auszugehen, dass den beteiligten Verkehrskreisen die Hintergründe und Gestalt der CE-Kennzeichnung bekannt sind, sodass an eine Irreführung strenge Maßstäbe anzulegen sind.

C. Rechtsfolgen bei Verstößen gegen § 19 BFSG

I. Bußgeldtatbestände

22 Mindestens fahrlässige Verstöße gegen § 19 BFSG sind in § 37 BFSG durch zwei separate Ordnungswidrigkeitentatbestände mit Bußgeld bedroht. Ordnungswidrig handelt nach § 37 Abs. 1 Nr. 9 BFSG, wer ein Produkt mit einer CE-Kennzeichnung nicht, nicht richtig, nicht vollständig, nicht in der vorgeschriebenen Weise oder nicht rechtzeitig versieht. Ordnungswidrig handelt nach § 37 Abs. 1 Nr. 10 BFSG auch

---

24 *Schütte*, in: Ehring/Taeger, Produkthaftungs- und Produktsicherheitsrecht, § 7 ProdSG Rn. 13; *Wilrich*, ProdSG Rn. 493.

25 Vgl. *Häberle*, in: Erbs/Kohlhaas, § 28 ProdSG Rn. 9; *Gerdemann*, in: Martini/Wendehorst, KI-VO, Art. 48 Rn. 13; *Cornelius/Spitz*, in: Ehring/Taeger, Produkthaftungs- und Produktsicherheitsrecht, § 28 ProdSG Rn. 42.

derjenige, der entgegen § 19 Abs. 3 BFSG i. V. m. Art. 30 VO (EG) Nr. 765/2008 ein Kennzeichen, Zeichen oder eine Aufschrift an dem Produkt anbringt, deren Bedeutung oder Gestalt mit der der CE-Kennzeichnung verwechselt werden kann, oder eine andere Kennzeichnung anbringt, die Sichtbarkeit, Lesbarkeit oder Bedeutung der CE-Kennzeichnung beeinträchtigt. Die Ordnungswidrigkeit kann mit Geldbuße bis zu EUR 100.000 (vgl. § 37 Abs. 2 BFSG) geahndet werden.[26]

II. Maßnahmen der Marktüberwachung

23 Verstöße des Herstellers gegen § 19 BFSG können marktaufsichtsrechtliche Maßnahmen auslösen. Da eine fehlende oder nicht ordnungsgemäß angebrachte und gestaltete CE-Kennzeichnung nach Maßgabe des § 23 Abs. 2 Nr. 1 BFSG zur formalen Nichtkonformität des betreffenden Produkts führt, drohen Untersagungsverfügungen und Verpflichtungen zum Produktrückruf nach Maßgabe des § 23 Abs. 3 Satz 1 BFSG. Rechtspolitisch zwar hart, angesichts des klaren Normanwendungsbefehls des europäischen Gesetzgebers in § 23 Abs. 3 Satz 1 BFSG aber hinzunehmen, ist die Konsequenz, dass im Regelungssystem des BFSG auch dann zum Produktrückruf verpflichtet werden kann, wenn von dem betreffenden Produkt keine Produktgefahren im engeren Sinne ausgehen, das Produkt mithin für Menschen mit Behinderungen schlimmstenfalls unbrauchbar, aber nicht gefährlich ist.[27]

III. Wettbewerbsrecht

24 Verstöße des Herstellers gegen das Pflichtenprogramm des § 19 BFSG können wettbewerbsrechtliche Unterlassungsansprüche auslösen. Die Vorschriften über die CE-Kennzeichnung sind zumindest auch dazu bestimmt, im Interesse der Marktteilnehmer Marktverhalten zu regeln, und daher marktverhaltensregelnd i. S. d. § 3a UWG.[28]

25 Wettbewerbsrechtliche Unterlassungsansprüche können sich auch dadurch ergeben, dass ein Hersteller die CE-Kennzeichnung in einer Weise anbringt, durch die dem Verbraucher suggeriert wird, bei ihr handele es sich um ein anerkanntes Prüfsiegel, wie im Falle der ausdrücklichen Werbung mit dem Begriff „CE-geprüft" oder der Verwendung der CE-Kennzeichnung in unmittelbarem textlichem oder graphischem Zusammenhang mit echten Prüfsiegeln.[29]

---

26 Vgl. auch *Franke*, ZfPC 2024, 21, 25; *Kapoor/Klindt*, NJW 2024, 3545, 3550.

27 Kritisch insoweit auch *Franke*, ZfPC 2024, 21, 27.

28 BGH, Urt. v. 27.11.2014 – I ZR 124/11, GRUR 2015, 672 Rn. 102 [zur 2. ProdSV]; OLG Köln, Urt. v. 5.7.2019 – 6 U 21/15, GRUR-RR 2020, 269, 271 Rn. 29 [zu § 7 ProdSG]; OLG Frankfurt Urt. v. 23.3.2017 – 6 U 23/16 – juris [zu § 7 ProdSG]; *Hartmannsberger/Herzig*, GRUR-RR 2016, 433, 436; *Schucht*, DÖV 2018, 431, 441.

29 OLG Düsseldorf, Urt. v. 25.2.2016 – 15 U 58/15 – juris Rn. 25; *Gesmann-Nuissl*, InTeR 2016, 95, 96; *Schütte*, in: Ehring/Taeger, § 7 ProdSG Rn. 42.

IV. Kaufrechtliches Gewährleistungsrecht

Im Schrifttum umstritten ist, ob das reine Fehlen der CE-Kennzeichnung bei materieller Konformität des Produkts einen Sachmangel i. S. d. § 434 BGB begründet. Auf den ersten Blick mag es durchaus schwerfallen, bei einem technisch und in Ansehung der Funktionalität einwandfreien, materiell konformen Produkt von einem Sachmangel auszugehen. Richtigerweise eröffnet aber schon das bloße Fehlen der CE-Kennzeichnung den Vorwurf des Sachmangels nach § 434 Abs. 3 Satz 1 Nr. 2 BGB.[30] Denn ein Produkt weist nur dann die übliche Beschaffenheit auf, wenn die Voraussetzungen für sein Inverkehrbringen gegeben sind, das Produkt mithin zirkulationsfähig ist. Denn es gehört zweifelsohne zu den üblichen Produkteigenschaften, dass ein Produkt im Binnenmarkt rechtmäßig vertrieben werden kann. Ein Produkt mit fehlender CE-Kennzeichnung ist darüber hinaus im Lichte der marktüberwachungsrechtlichen Eingriffsbefugnisse mit einem erheblichen rechtlichen Vertriebsrisiko behaftet, das sich im Lichte bilanzrechtlicher Grundsätze unmittelbar wertmindernd auswirkt. Diese Ausführungen gelten entgegen entsprechenden Ansätzen im Schrifttum[31] auch für Verbrauchergeschäfte. Zwar mag der Endabnehmer typischerweise nicht dazu entschlossen sein, das Produkt zu veräußern, ausgeschlossen ist dies aber nicht. Eine solche Schlechterstellung des Verbrauchers ist mit den unionsrechtlichen Vorgaben der Warenkauf-RL[32], von der wegen ihres vollharmonisierenden Charakters nicht abgewichen werden kann, schlechthin unvereinbar. **26**

§ 20 BFSG
Aufgaben der Marktüberwachungsbehörden

(1) Die Länder stellen sicher, dass ihre Marktüberwachungsbehörden ihre Aufgaben ordnungsgemäß wahrnehmen können. Dafür statten sie sie mit den notwendigen Ressourcen aus. Sie stellen eine effiziente Zusammenarbeit und einen wirksamen Informationsaustausch ihrer Marktüberwachungsbehörden untereinander sowie zwischen ihren Marktüberwachungsbehörden und denjenigen der anderen Mitgliedstaaten der Europäischen Union sicher.

(2) Die Länder erstellen eine Marktüberwachungsstrategie für Produkte im Sinne des § 1 Absatz 2. Bei deren Ausarbeitung ist Artikel 13 Absatz 1 und 2 der Verordnung (EU) 2019/1020 des Europäischen Parlaments und des Rates vom 20. Juni 2019 über Marktüberwachung und die Konformität von Produkten sowie zur Änderung der Richtlinie 2004/42/EG und der Verordnungen (EG) Nr. 765/2008 und (EU) Nr. 305/2011 (ABl. L 169 vom 25.6.2019, S. 1) auf Produkte im Sinne des § 1 Absatz 2 entsprechend anzuwenden. Die Länder über-

30 *Mahnken*, NZBau 2024, 540 [zur BauPVO]; in der Tendenz auch *Wende*, in: Klindt, ProdSG, § 7 Rn. 26; LG Aachen, Urt. v. 24.06.2010 – 8 O 386/09; BeckRS 2010, 16836; a. A.: AG Frankfurt a. M., Urt. v. 11.07.2011, 31 C 635/11, MPR 2012, 21.
31 Derart differenzierend *Niebling*, DB 1996, 80.
32 RL (EU) 2019/771, Abl. L 136 vom. 22.05.2019, S. 28 ff.

mitteln der zentralen Verbindungsstelle gemäß Artikel 10 Absatz 3 der Verordnung (EU) 2019/1020 ihre Marktüberwachungsstrategie nach Satz 1.

Gliederung: Rn.

A. Einführung

I. Normativer Hintergrund

1 § 20 BFSG legt in Umsetzung von Art. 19 Abs. 1 RL 2019/882/EU die Aufgaben der Marktüberwachungsbehörden (→ § 2 Nr. 22 BFSG) bei der Marktüberwachung von Produkten (→ § 22 ff. BFSG) fest. Der marktüberwachungsrechtliche Rahmen des BFSG geht dabei auf die Vorgaben des New Legislative Framework in Gestalt der VO (EG) Nr. 765/2008 zurück.[1]

II. Behördenvielfalt und Vollzugssystem

1. Zuständige Marktüberwachungsbehörde

2 Zuständig für den Vollzug des BFSG sind im Einklang mit der kraft Verfassungsrechts vorgegebenen Kompetenz der Länder zum Vollzug von Bundesrecht (Art. 83 GG)[2] die Länder.[3] Dies folgt bereits aus der entsprechenden Legaldefinition der Marktüberwachungsbehörde in § 2 Nr. 22 BFSG, wonach Marktüberwachungsbehörde jede Behörde ist, die nach Landesrecht für die Durchführung der Marktüber-

1 Instruktiv zum New Legislative Framework: *Kapoor/Klindt*, EuZW 2008, 649; *Kapoor/Klindt*, EuZW 2009, 134; *Schucht*, EuZW 2014, 848.

2 Instruktiv *Kirchhof*, in: Dürig/Herzog/Scholz, Grundgesetz, Art. 83 Rn. 1; vgl. auch *Klindt*, ZRP 2009, 51.

3 BT-Drs. 19/28653, S. 69; *Billing/Bremenkamp*, ZVertriebsR 2025, 9, 14 Fn. 45; *Wagner*, MMR 2024, 755, 760; *Kalisz*, BKR 2023, 292, 297; *Kucza*, DStR 2024, 1836, 1840; *Lommatzsch/Albrecht*, GWR 2022, 355, 357.

wachung zuständig ist. Die Länder führen die Marktüberwachung im Anwendungsbereich des Gesetzes dabei als eigene Angelegenheit aus und bestimmen in eigener Zuständigkeit, welche Behörden die Aufgabe der Marktüberwachung übernehmen sollen.[4]

Im Schrifttum und in Stellungnahmen von Betroffenenverbänden im Gesetzgebungsverfahren ist die Aufgabenzuweisung an die Bundesländer, aus der sich insbesondere bei deutschlandweit angebotenen Produkten und digitalen Dienstleistungen (etwa einer Webseite) im Einzelfall die parallele Zuständigkeit von 16 verschiedenen Marktüberwachungsbehörden hätte ergeben können, teils scharf kritisiert.[5] **3**

Im Lichte der anspruchsvollen Aufgabenwahrnehmung und den geschilderten drohenden Vollzugsproblemen haben sich die Länder entschieden, durch Staatsvertrag[6] eine gemeinsame zentrale Marktüberwachungsbehörde mit Sitz in Sachsen-Anhalt, die „Marktüberwachungsstelle der Länder für die Barrierefreiheit von Produkten und Dienstleistungen" (MLBF), zu errichten und auf sie sowohl Fach- als auch Vollzugsaufgaben zu übertragen. Die MLBF ist daher als Marktüberwachungsbehörde (→ § 2 Nr. 22 BFSG) für den Vollzug des BFSG zuständig. Die Konzentration der marktüberwachungsrechtlichen Zuständigkeit ist rechtspolitisch begrüßenswert.[7] Sie beugt positiven Zuständigkeitskonflikten, wie sie im Anwendungsbereich des § 4 MÜG eintreten können,[8] vor und stärkt durch die Bündelung und Konzentration personaler und sachlicher Mittel die Effektivität der Marktüberwachung. **4**

2. Zuständigkeit der Bundesanstalt für Arbeitsschutz und Arbeitsmedizin

Während die Marktüberwachungsstelle der Länder das BFSG als Marktüberwachungsbehörde im eigentlichen Sinne vollzieht (→ § 2 Nr. 22 BFSG), ist die Bundesanstalt für Arbeitsschutz und Arbeitsmedizin im Rahmen der Marktüberwachung für die grenzüberschreitende Kommunikation zwischen deutschen Behörden und den Behörden anderer EU-Staaten sowie der Europäischen Kommission zuständig (§§ 24–26 BFSG).[9] **5**

Die Bundesanstalt für Arbeitsschutz und Arbeitsmedizin ist eine Bundesoberbehörde im nachgeordneten Geschäftsbereich des Bundesministeriums für Arbeit und Soziales (BMAS) ohne eigene Rechtspersönlichkeit (unselbstständige Anstalt des Öffentlichen Rechts[10]). **6**

---

4 BT-Drs. 19/28653, S. 69.

5 *Kalisz*, BKR 2023, 292, 297; vgl. *Tabbara*, NZS 2021, 497, 500; Ausschuss-Drs. 19(11)1137, S. 19, 36, 84, 141, 165, 177.

6 Staatsvertrag über die Aufgabenerfüllung nach dem Barrierefreiheitsstärkungsgesetz (BFSG) und damit über die Errichtung einer Stelle zur Marktüberwachung der Länder über die Barrierefreiheit von Produkten und Dienstleistungen (BFSG-Staatsvertrag).

7 *Klindt*, ZRP 2009, 51.

8 Instruktiv hierzu *Klindt/Hartmann*, ZfPC 2025, 25.

9 BT-Drs. 19/28653, S. 88: „Zwischenstelle".

10 Instruktiv *Kluth*, in: Wolff/Bachof/Stober/Kluth, Verwaltungsrecht II, § 86 Rn. 24.

3. Zuständigkeiten der Bundesnetzagentur als zentraler Verbindungsstelle

7 Nach § 27 BFSG nimmt die Bundesnetzagentur[11] als zentrale Verbindungsstelle gewisse Aspekte der Koordinierung von Kommunikation mit den anderen Mitgliedstaaten der Europäischen Union und der Europäischen Kommission wahr. Zu ihren Aufgaben im Anwendungsbereich des Gesetzes gehört insbesondere, die von der Marktüberwachungsstelle der Länder (MLBF) zu entwickelnde Marktüberwachungsstrategie und die zuständige Marktüberwachungsbehörde über das Information and Communication System on Market Surveillance (ICMS) an andere EU-Staaten und die Europäische Kommission zu übermitteln (§ 27 Abs. 1 BFSG) und der Öffentlichkeit eine Zusammenfassung der Marktüberwachungsstrategie zur Verfügung zu stellen (§ 27 Abs. 2 BFSG).

8 Daneben nimmt die Bundesnetzagentur als zentrale Verbindungsstelle nach § 27 Abs. 3 BFSG untergeordnete flankierende Aufgaben zur Erleichterung der Kommunikation nach Maßgabe des Art. 31 Abs. 2 lit. a, f, g, m der Marktüberwachungsverordnung[12] wahr.

9 Die Zuständigkeit der Bundesnetzagentur als zentraler Verbindungsstelle entspricht der Umsetzung der MÜ-VO (vgl. § 14 Abs. 2 MÜG).[13]

4. Beratungsangebot der Bundesfachstelle Barrierefreiheit

10 Die Bundesfachstelle Barrierefreiheit, die auf Grundlage von § 13 BBG bei der Deutsche Rentenversicherung Knappschaft-Bahn-See eingerichtet wurde, berät nach Maßgabe des § 15 BFSG Kleinstunternehmen zur Erleichterung der Anwendung des Gesetzes.[14] Nach Maßgabe des § 3 Abs. 2 BFSGV veröffentlicht sie darüber hinausgehend auf ihrer Webseite auch die zu beachtenden Standards, Konformitätstabellen und weiterführende Informationen.[15] Das informatorische Wirken der Bundesfachstelle erleichtert im Lichte der doch in vielen Regelungsbereichen sehr detailreichen und gleichzeitig an Klarheit fehlenden Regelungstechnik der BFSGV sowohl für Industrie als auch Beratungspraxis die Umsetzung und Anwendung des Gesetzes.

III. Verhältnis zum allgemeinen Marktüberwachungsrecht

11 Die §§ 20 ff. BFSG verdrängen als besonderes Marktüberwachungsrecht die MÜ-VO und deren nationale Umsetzungsgesetzgebung im MÜG. Die harmonisierten Produktvorschriften der RL 2019/882/EU, die das BFSG umsetzt, werden von beiden Rechtsakten nicht erfasst. Den §§ 20 ff. BFSG liegt daher ein in sich geschlos-

11 BT-Drs. 19/28653, S. 88; *Tabbara*, NZS 2021, 497, 501.

12 Verordnung (EU) 2019/1020 des Europäischen Parlaments und des Rates vom 20. Juni 2019 über Marktüberwachung und die Konformität von Produkten sowie zur Änderung der Richtlinie 2004/42/EG und der Verordnungen (EG) Nr. 765/2008 und (EU) Nr. 305/2011, Abl. vom 25.06.2019 L 169/1 ff.

13 BT-Drs. 19/28653, S. 88.

14 *Kalisz*, BKR 2023, 292, 293.

15 *Jones*, DSRITB 2022, 487, 493; *Wagner*, MMR 2024, 755, 759.

senes, abschließendes System der Marktüberwachung zugrunde, das gleichwohl vielfach auf die MÜ-VO verweist oder jedenfalls sachlich-strukturell auf sie abgestimmt ist. Das Regelungssystem der §§ 20 ff. BFSG ist (nur) dann anwendbar, wenn Marktüberwachungsmaßnahmen nach dem BFSG in Rede stehen.

B. Regelungsgehalt

I. Gewährleistung effektiver Aufgabenwahrnehmung (Abs. 1)

Nach § 20 Abs. 1 Satz 1 und 2 BFSG stellen die Länder sicher, dass ihre Marktüberwachungsbehörden ihre Aufgaben ordnungsgemäß wahrnehmen können und statten sie mit den notwendigen Ressourcen aus. Die Bestimmung entspricht § 6 Abs. 3 MÜG und setzt Art. 19 Abs. 1 RL 2019/882/EU i. V. m. Art. 18 Abs. 1 VO (EG) 765/2008 um.[16] Das Regelungsziel wird neben der Ausstattung mit notwendigen Ressourcen vor allem durch Etablierung der für die ordnungsgemäße Erfüllung der Marktüberwachungsaufgaben erforderlichen Verfahren und anderen Vorkehrungen erreicht.[17] Das Ziel effektiver Aufgabenwahrnehmung ist dabei durch den Grundsatz der Gesetzmäßigkeit der Verwaltung (Art. 20 Abs. 3 GG) und die Verpflichtung der Länder zum Vollzug der Bundesgesetze (Art. 83 GG) auch verfassungsrechtlich geboten. Ein weitergehender Regelungsgehalt ist der Bestimmung nicht zu entnehmen, so dass dieser allein eine deklaratorische Bedeutung zukommt.[18] **12**

Unter der Ausstattung mit notwendigen Ressourcen (§ 20 Abs. 1 Satz 2 BFSG) ist vor allem die Ausstattung mit Haushalts- und personalen Mitteln zu verstehen, wie sie die Länder im Rahmen des BFSG-Staatsvertrags vorgenommen haben. Notwendig ist dabei das, was im Sinne einer ordnungsgemäßen Aufgabenwahrnehmung erforderlich ist.[19] **13**

Im Stile eines Programmsatzes tritt nach § 20 Abs. 1 Satz 3 BFSG die Verpflichtung der Länder hinzu, eine effiziente Zusammenarbeit und einen wirksamen Informationsaustausch zwischen den Marktüberwachungsbehörden untereinander und mit denjenigen der anderen Mitgliedstaaten der Europäischen Union sicherzustellen. Dieses Regelungsziel, das durch die Errichtung der MLBF als länderübergreifender Marktüberwachungsbehörde erheblich vereinfacht wurde, verwirklicht das Gesetz insbesondere durch geordnete Verfahren und die Einbindung des BAuA als Zwischenstelle zur Europäischen Union (§§ 24–26 BFSG). **14**

16 BT-Drs. 19/28653, S. 84.

17 *Giesberts/Gayger*, in: Ehring/Taeger, Produkthaftungs- und Produktsicherheitsrecht, § 6 MÜG Rn. 23.

18 *Schucht*, in: Klindt, ProdSG, § 25 Rn. 28 [zum ProdSG a. F.]; *Giesberts/Gayger*, in: Ehring/Taeger, Produkthaftungs- und Produktsicherheitsrecht, § 6 MÜG Rn. 24 [zum MÜG].

19 *Giesberts/Gayger*, in: Ehring/Taeger, Produkthaftungs- und Produktsicherheitsrecht, § 6 MÜG Rn. 25.

II. Marktüberwachungsstrategie (Abs. 2)

1. Erstellen der Marktüberwachungsstrategie (Abs. 2 Satz 1)

15 Nach § 20 Abs. 2 Satz 1 BFSG erstellen die Länder eine Marktüberwachungsstrategie für die in den Anwendungsbereich des Gesetzes fallenden Produktkategorien.[20] Für die Erstellung der entsprechenden Marktüberwachungsstrategie gelten dabei die Vorgaben des Art. 13 Abs. 1, Abs. 2 MÜ-VO entsprechend (§ 20 Abs. 2 Satz 2 BFSG).

a) Frequenz

16 Nach Maßgabe des § 20 Abs. 2 Satz 2 BFSG i. V. m. Art. 13 Abs. 1 MÜ-VO ist die entsprechende Marktüberwachungsstrategie mindestens alle vier Jahre zu erstellen. Ziel der nationalen Marktüberwachungsstrategien ist ein einheitlicher, umfassender und integrierter Ansatz für die Marktüberwachung und die Durchsetzung der Harmonisierungsrechtsvorschriften in den Mitgliedstaaten (Satz 2).

b) Inhalt und Umfang

17 Die von der MLBF zu entwickelnde Marktüberwachungsstrategie umfasst damit nach Maßgabe des § 20 Abs. 2 Satz 2 BFSG i. V. m. Art. 13 Abs. 2 MÜ-VO insbesondere die verfügbaren Informationen über die Marktdurchdringung nicht konformer Produkte, die Bereiche, die von der MLBF für die Durchsetzung der Harmonisierungsrechtsvorschriften der Union als prioritär eingestuft wurden, die Durchsetzungsaktivitäten, die geplant sind, um Nichtkonformität in den als prioritär eingestuften Bereichen zu verringern, und eine Bewertung der Zusammenarbeit mit den Marktüberwachungsbehörden in anderen Mitgliedstaaten.[21]

18 Die Entwicklung von Marktüberwachungsstrategien als Strukturelement des harmonisierten Marktüberwachungsrechts geht dabei auf das New Legislative Framework im Allgemeinen und Art. 18 Abs. 5 der VO (EG) Nr. 765/2008 im Besonderen zurück,[22] war dem Produktsicherheitsrecht aber auch zuvor bekannt (vgl. § 8 Abs. 2 Satz 1 GPSG a. F.). Dem Leitbild des New Legislative Frameworks folgend finden sich daher vielfach Parallelvorschriften in anderen Rechtsakten des harmonisierten Produktsicherheitsrechts (vgl. § 6 MÜG, Art. 13 MÜ-VO).

2. Übermittlung der Marktüberwachungsstrategie (Abs. 2 Satz 3)

19 Nach § 20 Abs. 2 Satz 3 BFSG übermittelt die Marktüberwachungsstelle der Länder (MLBF) der Bundesnetzagentur als zentraler Verbindungsstelle die von ihr entwickelte Marktüberwachungsstrategie.[23] Die Übermittlung erfolgt dabei vor dem Hintergrund, dass die Bundesnetzagentur als zentrale Verbindungsstelle nach § 27

---

20 *Ruttloff/Wagner/Misztl*, ESG 2023, 325, 329; *Tabbara*, NZS 2021, 497, 500.

21 *Niedermeyer*, ZfPC 2022, 46, 46; *Giesberts/Gayger*, in: Ehring/Taeger, Produkthaftungs- und Produktsicherheitsrecht, Art. 13 MÜ-VO Rn. 3.

22 *Kapoor/Klindt*, EuZW 2008, 649, 653; *Schucht*, in: Klindt, ProdSG, § 25 Rn. 2; *Giesberts/Gayger*, in: Ehring/Taeger, Produkthaftungs- und Produktsicherheitsrecht, Art. 13 MÜ-VO Rn. 3.

23 *Tabbara*, NZS 2021, 497, 501.

Abs. 1 Satz 1 Nr. 1 BFSG die Marktüberwachungsstrategie den anderen Mitgliedstaaten der Europäischen Union und der Europäischen Kommission mitzuteilen und nach § 27 Abs. 2 BFSG der Öffentlichkeit zur Verfügung zu stellen hat.

Die Regelungstechnik ist dabei in das übrige Produktsicherheitsrecht eingebettet: Parallelvorschriften finden sich in § 6 Abs. 2 MÜG und § 25 Abs. 2 ProdSG a. F. **20**

3. Strategische Aspekte

21 Die von der MLBF nach § 20 Abs. 2 BFSG zu erstellende und von der Bundesnetzagentur nach § 27 Abs. 2 BFSG zu veröffentlichende Marktüberwachungsstrategie entfaltet für Wirtschaftsakteure erhebliche Bedeutung. Wirtschaftsakteuren ist gerade angesichts der durchaus umfangreichen Compliance-Herausforderung, die das BFSG in seiner Umsetzung mit sich bringt, zu raten, sich mit der von der Bundesnetzagentur nach § 27 Abs. 2 BFSG zu veröffentlichenden Zusammenfassung der Marktüberwachungsstrategie zu befassen und diese in ihre Überlegungen einzubeziehen.[24] Denn ist das Hergestellte oder Vertriebene Gegenstand prioritärer Marktüberwachung durch die MLBF, so ist auch das Aufgriffsrisiko einer Nichtkonformität entsprechend gegenüber einem bloßen Standardprodukt erhöht. Dann kann eine besonders sorgfältige Prüfung der Barrierefreiheitsanforderungen der BFSGV angezeigt und eine enge Ausrichtung an harmonisierten Normen dringend geboten sein, um etwaigen Vorwürfen durch die MLBF rechtssicher zu begegnen. Für den Händler (→ § 2 Nr. 14 BFSG) oder den Einführer (→ § 2 Nr. 13 BFSG) kann die prioritäre Einstufung der von ihm vertriebenen Produkte in der Marktüberwachungsstrategie Anlass geben, die Erfüllung der formellen bzw. materiellen Prüfpflichten genau zu dokumentieren.

§ 21 BFSG
Marktüberwachungsmaßnahmen

(1) Die Marktüberwachung von Produkten erfolgt nach der von den Ländern nach § 20 Absatz 2 Satz 1 entwickelten Marktüberwachungsstrategie und den weiteren Bestimmungen dieses Gesetzes.

(2) Für die Marktüberwachung von Produkten gelten Artikel 2 Absatz 3, Artikel 11 Absatz 2, 3 und 5, Artikel 14 Absatz 2, Artikel 16 Absatz 3 Buchstabe g und Absatz 5 sowie die Artikel 17 und 22 der Verordnung (EU) 2019/1020 entsprechend. Die Marktüberwachungsbehörden haben die Befugnisse entsprechend Artikel 14 Absatz 4 Buchstabe a, b, e und j der Verordnung (EU) 2019/1020. Die Befugnisse nach Artikel 14 Absatz 4 Buchstabe e der Verordnung (EU) 2019/1020 bestehen nur zu den üblichen Betriebs- und Geschäftszeiten.

---

24 *Schucht*, in: Klindt, ProdSG, § 25 Rn. 24; *Heuer/Reusch*, Das neue Produktsicherheitsgesetz, 2012, S. 54.

(3) Die Marktüberwachungsbehörde prüft für den Fall, dass sich der Hersteller, Einführer oder Händler auf § 16 oder § 17 berufen hat,

1. ob der Wirtschaftsakteur die nach der jeweiligen Vorschrift erforderliche Beurteilung durchgeführt hat,

2. die Beurteilung einschließlich der ordnungsgemäßen Anwendung der in Anlage 4 genannten Kriterien und

3. ob die übrigen Barrierefreiheitsanforderungen der nach § 3 Absatz 2 zu erlassenden Rechtsverordnung eingehalten werden.

(4) Die Marktüberwachungsbehörde stellt einem Verbraucher auf Antrag Folgendes in einer für ihn wahrnehmbaren Form zur Verfügung:

1. die ihr vorliegenden Informationen darüber, ob ein bestimmter Wirtschaftsakteur die Barrierefreiheitsanforderungen der nach § 3 Absatz 2 zu erlassenden Rechtsverordnung einhält und

2. die Beurteilung, die der Wirtschaftsakteur nach § 16 Absatz 1 Satz 2 und § 17 Absatz 1 Satz 2 durchgeführt hat.

Soweit dies erforderlich ist, soll die Marktüberwachungsbehörde die ihr vorliegenden Informationen in einfacher und verständlicher Weise erläutern. Ist eine solche Erläuterung nach Satz 2 für den Verbraucher nicht ausreichend, soll die Marktüberwachungsbehörde die Informationen in Leichter Sprache erläutern. Die Verpflichtung nach Satz 1 gilt nicht, wenn die Informationen entsprechend Artikel 17 der Verordnung (EU) Nr. 2019/1020 aus Gründen der Vertraulichkeit nicht erteilt werden können.

(5) Menschen mit Hörbehinderungen und Menschen mit Sprachbehinderungen haben das Recht, im Verfahren nach Absatz 4 in Deutscher Gebärdensprache, mit lautsprachbegleitenden Gebärden oder über andere geeignete Kommunikationshilfen mit der Marktüberwachungsbehörde zu kommunizieren. Die Kosten für Kommunikationshilfen sind von der Marktüberwachungsbehörde zu tragen. § 5 der Kommunikationshilfenverordnung vom 17. Juli 2002 (BGBl. I S. 2650), die zuletzt durch Artikel 12 Absatz 2 des Gesetzes vom 21. Dezember 2020 (BGBl. I S. 3229) geändert worden ist, in der jeweils geltenden Fassung gilt entsprechend.

(6) Die §§ 10 und 11 des Behindertengleichstellungsgesetzes gelten für das Verfahren nach Absatz 4 entsprechend.

Gliederung: Rn.

A. Einführung

§ 21 BFSG regelt in Umsetzung von Art. 19 RL 2019/882/EU weitere allgemeine Bestimmungen zur Marktüberwachung von Produkten und ist daher wie § 20 BFSG eine Rahmenvorschrift des Marktüberwachungsrechts der §§ 20 ff. BFSG. 1

B. Regelungsgehalt

I. Marktüberwachung anhand der Marktüberwachungsstrategie (Abs. 1)

Nach § 20 Abs. 2 BFSG haben die Bundesländer eine Marktüberwachungsstrategie für die Marktüberwachung von Produkten zu entwickeln (→ § 20 BFSG Rn. 15). § 21 Abs. 1 BFSG stellt deklaratorisch klar, dass die Marktüberwachung von Produkten nach Maßgabe dieser Marktüberwachungsstrategie und den weiteren Bestimmungen des Gesetzes erfolgt. 2

II. Verweis auf die Marktüberwachungsverordnung (Abs. 2)

§ 21 Abs. 2 BFSG enthält für die Marktüberwachung von Produkten unter dem Regelungssystem der §§ 20 ff. BFSG einen beschränkten Verweis auf die Vorschriften der Marktüberwachungsverordnung VO (EU) 2019/1020.[1] 3

Neben der Befugnis, sich verschiedene weitgehende Informationen von den Wirtschaftsakteuren vorlegen zu lassen (§ 21 Abs. 2 in Verbindung mit Art. 14 Abs. 4 Nr. 4a) und b) der Verordnung (EU) 2019/1020), haben die Behörden insbesondere die Befugnis, Geschäftsräume zu betreten (§ 21 Abs. 2 in Verbindung mit Art. 14 Abs. 4 Nr. 4 e) der Verordnung (EU) 2019/1020) und unter falscher Identität Produktproben zu erwerben, sie zu überprüfen und im Wege der Nachkonstruktion (reverse engineering) zu analysieren, um eine etwaige Nichtkonformität festzustellen und Beweismaterial zu sichern (§ 21 Abs. 2 in Verbindung mit Art. 14 Abs. 4 Nr. 4 j) und b) der Verordnung (EU) 2019/1020).[2] 4

III. Marktüberwachungsrechtliches Prüfverfahren in den Fällen der §§ 16, 17 (Abs. 3)

Die Regelung des § 21 Abs. 3 BFSG steht in engem systematischen Zusammenhang mit den Ausnahmetatbeständen der §§ 16, 17 BFSG, die es Wirtschaftsakteuren erlauben, in den Fällen, in denen die Einhaltung der Anforderungen der BFSGV zu 5

1 BT.-Drs. 19/28653, S. 84.
2 *Ruttloff/Wagner/Misztl*, ESG 2023, 325, 330.

einer grundlegenden Veränderung des betreffenden Produkts oder der betreffenden Dienstleistung führt (→ § 16 BFSG Rn. 17) bzw. der Einhaltung der Barrierefreiheitsanforderungen der Einwand der Unverhältnismäßigkeit entgegensteht (→ § 17 BFSG Rn. 4), von der Umsetzung der Barrierefreiheitsanforderungen abzusehen. Die Realisierung der entsprechenden Ausnahmetatbestände setzt dabei ausweislich der §§ 16 Abs. 3, 17 Abs. 5 BFSG eine Notifizierung durch den Wirtschaftsakteur voraus. Die Bestimmung des § 21 Abs. 3 BFSG setzt Art. 19 Abs. 2 RL 2019/882/EU um und regelt die **Prüfpflichten der Marktüberwachungsbehörde** für den Fall, dass sich ein Wirtschaftsakteur auf die Ausnahmeregelungen der §§ 16, 17 BFSG beruft.[3] Zu beachten bleibt freilich, dass ausweislich der systematischen Stellung des § 21 Abs. 3 BFSG in den §§ 20 ff. BFSG (eben: Marktüberwachung von Produkten) die Vorschrift ausschließlich den Fall erfasst, dass sich Hersteller (→ § 2 Nr. 11 BFSG), Einführer (→ § 2 Nr. 13 BFSG) oder Händler (→ § 2 Nr. 14 BFSG) auf die einschlägigen Ausnahmetatbestände berufen. Das Prüfverfahren bei einer Berufung des Dienstleistungserbringers (→ § 2 Nr. 4 BFSG) auf einen Ausnahmetatbestand der §§ 16, 17 BFSG wird durch die Bestimmung des § 28 Abs. 3 BFSG konturiert (→ § 28 BFSG Rn. 3).

6 Nach § 21 Abs. 3 BFSG prüft die Marktüberwachungsbehörde für den Fall, dass sich der Hersteller, Einführer oder Händler auf § 16 BFSG oder § 17 BFSG berufen hat, ob der Wirtschaftsakteur die nach der jeweiligen Vorschrift erforderliche Beurteilung durchgeführt hat (Nr. 1), die Beurteilung einschließlich der ordnungsgemäßen Anwendung der in Anlage 4 genannten Kriterien (Nr. 2) und ob die übrigen Barrierefreiheitsanforderungen der BFSGV eingehalten werden (Nr. 3).

7 Die Vorschrift ist ihrem Telos nach darauf gerichtet, eine missbräuchliche Berufung auf die Ausnahmetatbestände der §§ 16, 17 BFSG zu unterbinden.[4] Dies geschieht im Wesentlichen dadurch, dass jede Notifikation nach §§ 16 Abs. 3, 17 Abs. 5 BFSG ein besonderes Prüfverfahren auslöst, das insbesondere nach § 21 Abs. 3 Nr. 3 BFSG auch auf eine umfassende Überprüfung der Barrierefreiheitseigenschaften des Produkts im Übrigen gerichtet ist. Jeder Dispens nach §§ 16, 17 BFSG zieht damit immer auch eine umfassende barrierefreiheitsrechtliche Beurteilung des Produkts durch die Marktüberwachungsbehörde nach sich.

IV. Verbraucherinformationsverfahren (Abs. 4–6)

1. Grundlagen

8 § 21 Abs. 4–6 BFSG etabliert ein **spezifisches Verbraucherinformationsverfahren**, das den Zugang der Verbraucher zu den der Marktüberwachungsbehörde vorliegenden Informationen über die Einhaltung der Barrierefreiheitsanforderungen durch einen bestimmten Wirtschaftsakteur und gegebenenfalls über die von diesem durchgeführte Beurteilung nach § 16 Abs. 1 Satz 2 BFSG und § 17 Abs. 1 Satz 2 BFSG regelt.[5] Bei der Vorschrift handelt es sich um eine Konkretisierung des allge-

---

3 BT.-Drs. 19/28653, S. 84; *Kapoor/Klindt*, NJW 2024, 3545, 3550; *Tabbara*, NZS 2021, 497, 500.
4 BT.-Drs. 19/28653, S. 84.
5 BT.-Drs. 19/28653, S. 84; *Ruttloff/Wagner/Misztl*, ESG 2023, 325, 330; *Tabbara*, NZS 2021, 497, 500.

meinen Informationszugangsrechts.[6] Mangels insofern geltender Einschränkungen oder Ausnahmetatbeständen kann so ein erheblicher öffentlicher Druck auf die betroffenen Wirtschaftsakteure ausgeübt werden, indem von Verbrauchern ermittelte Informationen der Öffentlichkeit zur Verfügung gestellt werden.[7] Ein Wirtschaftsakteur kann sich daher nicht darauf verlassen, dass Verstöße gegen die Bestimmungen des BFSG nicht für die Öffentlichkeit zugänglich werden.

Nach § 21 Abs. 4 Satz 1 BFSG hat die Marktüberwachungsbehörde einem Verbraucher auf Antrag vorliegenden Informationen über die Einhaltung der Barrierefreiheitsanforderungen durch einen bestimmten Wirtschaftsakteur (§ 21 Abs. 4 Satz 1 Nr. 1 BFSG) und gegebenenfalls auch die von diesem durchgeführte Beurteilung nach § 16 Abs. 1 Satz 2 BFSG und § 17 Abs. 1 Satz 2 BFSG (§ 21 Abs. 4 Satz 1 Nr. 2 BFSG) in einer für den Verbraucher wahrnehmbaren Form zur Verfügung zu stellen. **9**

2. Pflicht zur verständlichen Erläuterung

Die Marktüberwachungsbehörde soll nach Maßgabe des § 21 Abs. 4 Satz 2 BFSG die ihr vorliegenden Informationen in einfacher und verständlicher Weise erläutern. Ist eine solche Erläuterung nach Satz 2 für den Verbraucher nicht ausreichend, so trifft die Marktüberwachungsbehörde nach § 21 Abs. 4 Satz 3 BFSG sogar eine Pflicht zur Erläuterung in Leichter Sprache.[8] **10**

3. Kommunikationskanäle für Menschen mit Hörbehinderung

Menschen mit Hörbehinderungen und Menschen mit Sprachbehinderungen haben nach § 21 Abs. 5 Satz 1 BFSG das Recht, im Verbraucherinformationsverfahren in Deutscher Gebärdensprache, mit lautsprachbegleitenden Gebärden oder über andere geeignete Kommunikationshilfen mit der Marktüberwachungsbehörde zu kommunizieren. Für Menschen mit Hörbehinderung hat die Marktüberwachungsbehörde die Kosten für die Kommunikationshilfen zu tragen (§ 21 Abs. 5 Satz 2 BFSG).[9] **11**

4. Anwendung der §§ 10, 11 BGG

Durch den Verweis in § 21 Abs. 6 BFSG finden im Verbraucherinformationsverfahren nach § 21 Abs. 4 BFSG die Vorschriften der §§ 10, 11 BGG Anwendung. Die Bestimmungen enthalten im Wesentlichen Regelungen zur barrierefreien Behördenkommunikation, die schwerpunktmäßig ebenfalls Vorschriften zur Verwendung leichter Sprache beinhalten. **12**

---

6 BT.-Drs. 19/28653, S. 84.
7 *Ruttloff/Wagner/Misztl*, ESG 2023, 325, 330.
8 *Tabbara*, NZS 2021, 497, 500.
9 *Tabbara*, NZS 2021, 497, 500.

§ 22 BFSG
Maßnahmen der Marktüberwachung bei Produkten, die die Barrierefreiheitsanforderungen nicht erfüllen

(1) Hat die Marktüberwachungsbehörde Grund zu der Annahme, dass ein Produkt die Barrierefreiheitsanforderungen der nach § 3 Absatz 2 zu erlassenden Rechtsverordnung nicht erfüllt, so prüft sie, ob das Produkt die Anforderungen erfüllt. Die Wirtschaftsakteure sind verpflichtet, zu diesem Zwecke umfassend mit der Marktüberwachungsbehörde zusammenzuarbeiten.

(2) Gelangt die Marktüberwachungsbehörde zu dem Ergebnis, dass das Produkt die Barrierefreiheitsanforderungen der nach § 3 Absatz 2 zu erlassenden Rechtsverordnung nicht erfüllt, so fordert sie unverzüglich den betreffenden Wirtschaftsakteur auf, innerhalb einer von ihr festgesetzten angemessenen Frist die geeigneten Maßnahmen zu ergreifen, um die Konformität herzustellen. Für die Anhörung des betroffenen Wirtschaftsakteurs nach § 28 des Verwaltungsverfahrensgesetzes oder nach den dieser Bestimmung entsprechenden Anhörungsvorschriften der Länder darf die Anhörungsfrist nicht weniger als zehn Tage betragen.

(3) Der Wirtschaftsakteur hat sicherzustellen, dass sich die Maßnahmen, die er zur Herstellung der Konformität ergreift, auf alle betroffenen Produkte erstrecken, die er auf dem Markt der Europäischen Union bereitgestellt hat.

(4) Ergreift der Wirtschaftsakteur innerhalb der nach Absatz 2 Satz 1 gesetzten Frist keine geeigneten Maßnahmen zur Herstellung der Konformität, so trifft die Marktüberwachungsbehörde die geeigneten Maßnahmen, um die Bereitstellung des Produktes auf dem deutschen Markt einzuschränken, oder sie untersagt die Bereitstellung auf dem Markt oder sorgt dafür, dass das Produkt zurückgenommen oder zurückgerufen wird. Ist kein Wirtschaftsakteur im Binnenmarkt ansässig, können die Maßnahmen gegen jeden gerichtet werden, der die Weitergabe im Auftrag des Wirtschaftsakteurs vornimmt. Absatz 2 Satz 2 gilt entsprechend. Wurde eine Maßnahme getroffen, ohne dass der betroffene Wirtschaftsakteur angehört wurde, wird ihm unverzüglich Gelegenheit gegeben, sich zu äußern. Auf die Stellungnahme hin wird die Maßnahme umgehend überprüft.

(5) Hat die Marktüberwachungsbehörde Grund zur Annahme, dass sich eine nach Absatz 2 festgestellte Nichtkonformität nicht auf das deutsche Hoheitsgebiet beschränkt, so trifft sie die Maßnahmen nach Absatz 4 unter dem Vorbehalt, dass sie widerrufen werden, wenn die Europäische Kommission nach Artikel 21 Absatz 1 der Richtlinie (EU) 2019/882 feststellt, dass die Maßnahmen nicht gerechtfertigt sind.

Gliederung: Rn.

A. Einführung

I. Normativer Hintergrund und Regelungszweck

Die Bestimmung des § 22 BFSG regelt in Umsetzung von Art. 20 RL 2019/882/EU das Vorgehen der Marktüberwachungsbehörde bei einer **materiellen Nichtkonformität** im Nachmarkt.[1] Die Regelungstechnik geht auf die Referenzbestimmungen in Anhang I Art. R31 des Beschlusses (EG) 768/2008 über einen gemeinsamen Rechtsrahmen für die Vermarktung von Produkten und damit das sog. New Legislative Framework[2] zurück und fügt sich daher nahtlos in das übrige harmonisierte Produktsicherheitsrecht ein.[3] Während die Referenzbestimmungen des Anhang I Art. R31 des Beschlusses (EG) 768/2008 in erster Linie die Gesundheit und Sicherheit von Menschen in den Blick nehmen, geht es § 22 BFSG freilich um die Gewährleistung der Teilhabe von Menschen mit Behinderungen durch die Sicherung effektiver Marktüberwachung. 1

Das BFSG trennt in seiner Regelungssystematik klar zwischen materieller (§ 22 BFSG) und formeller (§ 23 BFSG) Nichtkonformität im Nachmarkt und behält da- 2

1 BT-Drs. 19/28653, S. 85; *Ruttloff/Wagner/Misztl*, ESG 2023, 325, 329; zur Unterscheidung von Vor- und Nachmarkt *Kapoor*, in: Klindt, ProdSG, § 6 Rn. 5, 55.

2 Umfassend *Kapoor/Klindt*, EuZW 2008, 649; *Kapoor/Klindt*, EuZW 2009, 134; *Schucht*, EuZW 2014, 848.

3 §§ 24, 25 FUAG; Art. 79 KI-VO; Art. 56 BauPVO a. F.; Art. 54 CRA; Art. 58 VerpackungsVO; Art. 69 Ökodesign-VO; Art. 79 EU-Batt-VO.

mit die Regelungstechnik bei, die im allgemeinen Marktüberwachungsrecht unter der Marktüberwachungsverordnung weitgehend zugunsten einheitlicher Befugnisnormen aufgegeben wurde (Art. 16 Abs. 1 MÜ-VO). Die differenziertere Regelungstechnik des BFSG hat den Vorteil, dass die Anordnung von Produktrückrufen bei formeller Nichtkonformität ausgeschlossen ist,[4] (→ § 23 BFSG Rn. 29) und damit ein am Schweregrad der Nichtkonformität orientiertes Stufenverhältnis zwischen formeller und materieller Nichtkonformität besteht, das dem Grundsatz der Verhältnismäßigkeit als Ausfluss des Rechtsstaatsprinzips (Art. 20 Abs. 3 GG) optimal Rechnung trägt.

II. Die Systematik des dreistufigen Marktüberwachungsverfahrens

3 Der Marktüberwachung liegt bei materieller Nichtkonformität im Nachmarkt ein dreistufiges Marktüberwachungsverfahren zugrunde.[5] Auf die Prüfung und Feststellung einer materiellen Nichtkonformität in Ansehung des betreffenden Produkts nach § 22 Abs. 1 BFSG (1. Stufe) folgt die behördliche Aufforderung, Korrekturmaßnahmen zu ergreifen (§ 22 Abs. 2 BFSG), die die zweite Stufe des Marktüberwachungsverfahrens bildet. Kommt der Wirtschaftsakteur der behördlichen Anordnung nicht nach, so kann die Behörde vertriebsbeschränkende oder vertriebsuntersagende Maßnahmen treffen oder den Produktrückruf anordnen (§ 22 Abs. 4 Satz 1 BFSG), die sog. Maßnahmen der dritten Stufe.[6] Das abgestufte Vorgehen der Marktüberwachungsbehörde trägt dabei dem Grundsatz der Verhältnismäßigkeit Rechnung.[7]

III. Verfahrensrechtlicher Rahmen

4 Der verfahrensrechtliche Rahmen der Bestimmung wird grundsätzlich durch das autonome Verwaltungsverfahrensrecht der Mitgliedstaaten, mithin für die Bundesrepublik Deutschland durch das VwVfG, konturiert, soweit nicht die Vorschrift des § 22 BFSG selbst speziellere Regelungen enthält, wie es etwa § 22 Abs. 2 Satz 2 BFSG für die Anhörungsfrist tut (→ Rn. 22).

---

4 Genauso *Nusser/Klusmeyer*, ZfPC 2025, 18, 24; *Franke*, ZfPC 2024, 21, 25; verkennend *Ruttloff/Wagner/Misztl*, ESG 2023, 325, 330 zu § 23: „Maßnahmen (…) entsprechen denen, die bei materieller Nonkonformität eingeleitet werden können."

5 *Schucht*, EuZW 2020, 554, 559; *Spiegel*, ZVertriebsR 2023, 71, 75; *Giesberts/Gayger*, in: Ehring/Taeger, Produkthaftungs- und Produktsicherheitsrecht, Art. 16 MÜ-VO Rn. 5; vgl. *Schucht/Wiebe*, Die neue Produktsicherheitsverordnung, § 5 Rn. 12; *Djefall*, in: BeckOK KI-Recht, Art. 79 Rn. 1 [zur KI-VO].

6 *Seehafer*, ZfPC 2022, 27, 31.

7 *Schulte*, in: Heckmann/Paschke, Cyber Resilience Act, Art. 58 Rn. 1 [zum CRA].

B. Regelungsgehalt

I. Prüfungsverpflichtung und Kooperationspflicht (Abs. 1)

Nach Maßgabe des § 22 Abs. 1 Satz 1 BFSG ist die Marktüberwachungsbehörde (→ § 2 Nr. 22 BFSG) verpflichtet, die materielle Konformität eines Produkts zu überprüfen, wenn sie Grund zur Annahme hat, dass ein Produkt die Barrierefreiheitsanforderungen der BFSGV nicht erfüllt.[8] Ob eine Nichtkonformität vorliegt, hat die Marktüberwachungsbehörde im Rahmen einer umfassenden Gesamtwürdigung aller erheblichen Umstände zu ermitteln. Entsprechende Anhaltspunkte[9] können Notifikationen des Herstellers nach § 6 Abs. 4 BFSG, anonyme Hinweise, Verbraucherbeschwerden und Informationen in Fachpublikationen sein.[10] Speziell im Kontext des BFSG werden sich entsprechende Umstände oft auch aus Hinweisen der einschlägigen Verbände ergeben, die nach Maßgabe des § 32 Abs. 2 BFSG entsprechende marktüberwachungsrechtliche Verfahren anstoßen können.[11] Bei der Beurteilung des betreffenden Produkts hat die Marktüberwachungsbehörde sämtliche Barrierefreiheitsanforderungen der BFSGV zu berücksichtigen; die Verpflichtung ist insoweit umfassend zu verstehen.[12] 5

Zur Überprüfung der betreffenden Produkte benötigt die Marktüberwachungsbehörde gegebenenfalls Informationen von den betroffenen Wirtschaftsakteuren.[13] Die **Kooperationsverpflichtung** nach § 22 Abs. 1 Satz 2 BFSG erfasst daher sämtliche Maßnahmen, die einerseits für die effiziente und effektive Durchführung der behördlichen Konformitätsbewertung erforderlich und dem betroffenen Wirtschaftsakteur andererseits auch zumutbar sind.[14] Die Zumutbarkeit einer entsprechenden Kooperation bestimmt sich dabei nach den Umständen des Einzelfalls. Zu beachten bleibt, dass die Kooperationspflicht nach § 22 Abs. 1 Satz 2 BFSG durch speziellere Regeln über die Zusammenarbeit von Behörde und Wirtschaftsakteur, insbesondere durch die verschiedenen Auskunftserteilungspflichten (vgl. insbesondere § 13 BFSG), als *leges speciales* verdrängt wird. Die Kooperation zwischen Behörde und Wirtschaftsakteur kann sich etwa auch auf die Zurverfügungstellung des Produkts, die Duldung der Anfertigung von Bildaufnahmen, die Erläuterung von Konstruktion und Software sowie allgemein die Zurverfügungstellung erforderlicher Informationen, Daten, Dokumente erstrecken. Die mit der Kooperation verbundenen Aufwendungen hat der Wirtschaftsakteur zu tragen, sofern sich nicht ausnahmsweise im Falle einer rechtswidrigen Kooperationsaufforderung ein entsprechender Ersatzan- 6

8 BT-Drs. 19/28653, S. 85; *Ruttloff/Wagner/Misztl*, ESG 2023, 325, 329; *Hartmann*, in: Martini/Wendehorst, KI-VO, Art. 79 Rn. 9 [zur KI-VO].

9 BT-Drs. 19/28653, S. 85.

10 *Schulte*, in: Heckmann/Paschke, Cyber Resilience Act, Art. 57 Rn. 4 [zum CRA], vgl. auch *Hartmann*, in: Martini/Wendehorst, KI-VO, Art. 79 Rn. 9 [zur KI-VO].

11 *Ruttloff/Wagner/Misztl*, ESG 2023, 325, 330; *Franke*, ZfPC 2024, 21, 25; *Kucza*, DStR 2024, 1836, 1840; *Lommatzsch/Albrecht*, GWR 2022, 355, 358; *Nickl/Heuser*, GRUR-Prax 2024, 803, 804; *Nusser/Klusmeyer*, ZfPC 2025, 18, 24; Jones, DSRITB 2022, 487, 498.

12 BT-Drs. 19/28653, S. 85.

13 BT-Drs. 19/28653, S. 85; zur allgemeinen Kooperationsverpflichtung: *Schucht*, BB 2015, 654.

14 *Schulte*, in: Heckmann/Paschke, Cyber Resilience Act, Art. 57 Rn. 4 [zum CRA]; *Wagner*, MMR 2024, 755, 757.

spruch aus Amtshaftung (Art. 34 Satz 1 GG i. V. m. § 839 Abs. 1 Satz 1 BGB) ergibt.[15]

II. Korrekturaufforderung (Abs. 2)

7 Nach § 22 Abs. 2 Satz 1 BFSG fordert die Marktüberwachungsbehörde (→ § 2 Nr. 22 BFSG) den Wirtschaftsakteur (→ § 2 Nr. 15 BFSG) auf, die im Feld bestehende materielle Nichtkonformität innerhalb einer angemessenen Frist zu korrigieren, wenn sie eine solche feststellt (Aufforderung zu Korrekturmaßnahmen).[16] § 22 Abs. 2 Satz 1 BFSG ermächtigt daher im Regelungssystem des dreistufigen Marktüberwachungsverfahrens (→ Rn. 3) zu sog. Maßnahmen der zweiten Stufe.[17] Dem verantwortlichen Wirtschaftsakteur soll die Möglichkeit eingeräumt werden, vor einem eingriffsintensiveren Tätigwerden der Marktüberwachungsbehörde nach § 22 Abs. 4 BFSG (sog. Maßnahmen der dritten Stufe) selbst Abhilfe zu schaffen.

1. Materielle Nichtkonformität im Nachmarkt

8 § 22 Abs. 2 Satz 1 BFSG setzt eine materielle Nichtkonformität im Nachmarkt voraus. Eine solche ist gegeben, wenn das betreffende Produkt den Barrierefreiheitsanforderungen der BFSGV nicht genügt. Der subjektivierende Wortlaut der Vorschrift („Gelangt (…) zu dem Ergebnis“) darf nicht etwa dahingehend verstanden werden, dass es allein auf die subjektive Überzeugung der Behörde von einer Nichtkonformität ankommt: Die materielle Nichtkonformität im Nachmarkt muss tatsächlich vorliegen, bevor die Behörde Korrekturmaßnahmen rechtmäßig anordnen kann.[18]

2. Fristsetzung

9 Die marktüberwachungsrechtliche Aufforderung zu Korrekturmaßnahmen nach § 22 Abs. 2 Satz 1 BFSG bedarf ausweislich des Wortlauts der Vorschrift einer Fristsetzung. Das setzt entsprechend den im Rahmen der Verwaltungsvollstreckung entwickelten Grundsätzen voraus, dass das Fristende zumindest kalendermäßig bestimmbar ist; die Bezeichnung eines bestimmten Kalendertags ist demgegenüber nicht zwingend erforderlich.[19] Die behördliche Aufforderung, „unverzüglich“ oder „sofort“ die formale Konformität des betreffenden Produkts herzustellen, genügt demgegenüber mangels kalendermäßiger Bestimmbarkeit nicht und führt zur Rechtswidrigkeit der Anordnung. Dies unterscheidet das BFSG maßgeblich von anderen Rechtsakten, die statt einer Fristsetzung die bloße Aufforderung genügen lassen.[20] Im Lichte des klaren Gesetzeswortlauts – eine Fristsetzung ist eben etwas anderes als die bloße Aufforderung – ist dieses Auslegungsergebnis zwingend.

---

15 *Schulte*, in: Heckmann/Paschke, Cyber Resilience Act, Art. 57 Rn. 4 [zum CRA].
16 BT-Drs. 19/28653, S. 85; *Ruttloff/Wagner/Misztl*, ESG 2023, 325, 329.
17 *Seehafer*, in: Schucht/Wiebe, EU-Produktsicherheitsverordnung, Art. 23 Rn. 62 ff. [zur GPSR].
18 So auch *Schulte*, in: Heckmann/Paschke, Cyber Resilience Act, Art. 54 Rn. 13 [zum CRA];
19 Vgl. BayVGH, DÖV 1986, 619; OVG Münster, NVwZ-RR 1994, 365, 366; ThürOVG DÖV 2008, 881; *Lemke*, in: Fehling/Kastner/Störmer, § 13 VwVG Rn. 9; *Unger/Dietz*, JuS 2017, 342, 348; *Stellhorn*, JA 2022, 242.
20 Vgl.: *Schulte*, in: Heckmann/Paschke, Cyber Resilience Act, Art. 58 Rn. 5 [zum CRA].

3. Bestimmtheit

10 Die behördliche Anordnung nach § 22 Abs. 2 Satz 1 BFSG muss inhaltlich bestimmt sein (vgl. auch § 37 Abs. 1 (L)VwVfG). Das Gebot der Bestimmtheit hoheitlichen Handelns ist Ausfluss des Rechtsstaatsprinzips.[21] Inhaltliche Bestimmtheit setzt im Anwendungsbereich der Vorschrift voraus, dass die Marktüberwachungsbehörde die Nichtkonformität benennt und den zugrunde liegenden Vorwurf der Nichtkonformität in Ausmaß und Umfang klar umreißt.[22] Anderenfalls bleibt für den betreffenden Marktakteur in erheblicher Weise offen, welche Nichtkonformität es zu beheben gilt. Dass der behördliche Bescheid die der Verfügung zugrundeliegende Rechtsgrundlage nennt, ist zwar zweckmäßig, aber keine Rechtmäßigkeitsvoraussetzung des behördlichen Handelns.

11 Nicht erforderlich und regelmäßig auch nicht zweckmäßig ist, dass die Marktüberwachungsbehörde (→ § 2 Nr. 22 BFSG) dem Wirtschaftsakteur vorgibt, wie und auf welche Art und Weise eine im Markt bestehende Nichtkonformität zu beheben ist. Kraft überlegenen Fachwissens wird regelmäßig der betroffene Wirtschaftsakteur besser einschätzen können, wie eine Nichtkonformität beseitigt werden kann. So fehlt der Marktüberwachungsbehörde typischerweise der notwendige Einblick in die technische Gestaltung des Produkts, um entscheiden zu können, ob sich eine Nichtkonformität etwa über ein bloßes Softwareupdate abstellen lässt.

4. Adressat

a) Grundsatz

12 Marktüberwachungsrechtliche Maßnahmen nach Maßgabe des § 23 BFSG können ausweislich des Wortlauts grundsätzlich gegen den sie jeweils betreffenden Wirtschaftsakteur (→ § 2 Nr. 15 BFSG), mithin Hersteller, Bevollmächtigten, Einführer oder Händler. gerichtet werden. Insbesondere auch der Bevollmächtigte ist nach § 2 Nr. 15 BFSG barrierefreiheitsrechtlicher Wirtschaftsakteur, sodass er von der zuständigen Marktüberwachungsbehörde grundsätzlich auch als solcher nach Maßgabe der Vorschrift des § 23 BFSG adressiert werden kann. Die marktüberwachungsrechtliche Verantwortlichkeit beschränkt sich gleichwohl auf den übernommenen Aufgabenbestand (→ § 8 BFSG Rn. 12, 14).

b) Maßnahmerichtung bei kumulativer Verantwortlichkeit

13 Für die formelle Nichtkonformität eines Produkts sind regelmäßig mehrere Wirtschaftsakteure im marktüberwachungsrechtlichen Sinne verantwortlich.[23] Neben dem (primär) verantwortlichen Hersteller, der ein nichtkonformes Produkt in Verkehr gebracht (→ § 2 Nr. 10 BFSG) hat, ist für eine im Markt bestehende Nichtkonformität auch der Händler verantwortlich, der das betreffende Produkt auf dem Markt bereitgestellt hat.

---

21 *Grzeszick*, in: Dürig/Herzog/Scholz, GG, Art. 20 Rn. 58; BVerfGE 49, 168, 181; 59, 104, 114; 62, 169, 183; 80, 103, 107.

22 *Schulte*, in: Heckmann/Paschke, Cyber Resilience Act, Art. 54 Rn. 13 [zum CRA].

23 *Klindt*, ZRP 2023, 108, 108.

14 Der Hersteller trägt die primäre und letztendliche Verantwortung für die Konformität seines Produkts mit den anzuwendenden Harmonisierungsrechtsvorschriften der Union, da er entweder das Produkt selbst entworfen und hergestellt hat oder das Produkt unter seinem Namen oder seiner Marke auf den Markt gelangt (Grundsatz der Primärverantwortlichkeit).[24] Dieser Rechtsgedanke lässt sich auf die Nachmarktebene spiegeln: Ist der Hersteller vor Inverkehrbringen (→ § 2 Nr. 10 BFSG) der für die Produktkonformität originär verantwortliche Wirtschaftsakteur, so kann für die Herstellung der Konformität auf Nachmarktebene nichts anderes gelten. Dem entspricht auch die Rechtsauffassung der Europäischen Kommission, die davon ausgeht, dass marktüberwachungsrechtliche Maßnahmen gegen den Hersteller zu richten sind, es sei denn, die streitgegenständliche Frage bezieht sich speziell auf den Händler.[25] Diese Stellungnahme wird zusätzlich durch die Leitlinien der Kommission zur Anwendung der Maschinenrichtlinie RL 2006/42/EG abgesichert, wonach Händler als Vertreter der Lieferkette nur sekundär in Anspruch zu nehmen sind, wenn der Hersteller nicht oder nicht ohne Weiteres zu erreichen ist.[26]

15 Das gefundene Ergebnis steht in starkem Kontrast zu der äußerst verbreiteten marktüberwachungsrechtlichen Praxis, lokal gegen einzelne Filialen von großen Handelsketten oder freie Einzelhandelsgeschäfte mit vertriebsbeschränkenden Maßnahmen vorzugehen.[27] Dieses Vorgehen birgt insbesondere das strukturelle Risiko, dass der Einzelhändler, der oftmals ohnehin nur eine begrenzte Anzahl von Exemplaren auf Lager hat, gegen eine solche Maßnahme innerhalb der Rechtsfrist nicht vorgeht und kein Interesse daran hat, ein fremdes Markenprodukt auf eigene Kosten zu verteidigen.[28] Zwar bindet die Bestandskraft der gegen den Händler ergangenen Maßnahme aufgrund der persönlichen Grenzen der Bestandskraft nicht den Hersteller,[29] da die bloße Präjudizialität für die Rechtsposition des Dritten für eine Erstreckung der Bestandskraft auf den Hersteller nicht genügt. Trotzdem wird der Hersteller jedenfalls faktisch in eine ungünstige Lage versetzt, indem er Regressansprüchen aus der Lieferkette ausgesetzt wird und gezwungen ist, quasi bergauf und entgegen bestandskräftiger Entscheidungen gegenüber Marktüberwachungsbehörden die Konformität des Produkts argumentativ zu verteidigen.[30] Gerade auch diese Erwägungen lassen es im Lichte ordnungsgemäßer Ermessensausübung als zwingend erscheinen, marktaufsichtsrechtliches Einschreiten am Grundsatz der Primärverantwortlichkeit des Herstellers zu orientieren.

---

24 *Europäische Kommission* (Hrsg.), Leitfaden für die Umsetzung der Produktvorschriften der EU („Blue Guide"), 2022, S. 35; *Klindt*, ZRP 2023, 108, 109; *Piovano*, Der Hersteller im Produktsicherheitsrecht, S. 76; *Seehafer*, ZfPC 2022, 27, 29; *Reinhart*, LMuR 2022, 171, 177.

25 *Europäische Kommission* (Hrsg.), Leitfaden für die Umsetzung der Produktvorschriften der EU („Blue Guide"), S. 102.

26 Leitfaden für die Anwendung der Maschinenrichtlinie 2006/42/EG, 2.2 Aufl. Okt. 2019, § 100.

27 Ebenso kritisch *Klindt*, ZRP 2023, 108.

28 *Krey/Kapoor*, Praxisleitfaden Produktsicherheitsrecht, 2. Aufl. 2015, S. 192; *Klindt*, ZRP 2023, 108.

29 *Sachs*, in: Stelkens/Bonk/Sachs, § 43 VwVfG Rn. 92.

30 *Klindt*, ZRP 2023, 108, 108.

III. Erstreckung auf alle Produkte (Abs. 3)

Ordnet die Marktüberwachungsbehörde nach § 22 Abs. 2 BFSG die Herstellung materieller Konformität an, so hat der betreffende Wirtschaftsakteur die ergriffenen Abhilfemaßnahmen nach § 22 Abs. 3 BFSG auf sämtliche auf dem Europäischen Markt bereitgestellte Produkte zu erstrecken. § 22 Abs. 3 BFSG ist bei verständiger Würdigung gleichwohl **einschränkend auszulegen**. Von der Korrekturpflicht können nur solche Produkte bzw. Produktversionen betroffen sein, die zuvor einer behördlichen Konformitätsbewertung nach § 22 Abs. 1 BFSG unterzogen, insoweit als nichtkonform identifiziert und hinreichend konkret in der behördlichen Anordnung bezeichnet wurden.[31] Erforderlich ist eine technische und formale Übereinstimmung.[32] Denn anderenfalls kann von einer relevanten Nichtkonformität nicht mit der erforderlichen Sicherheit ausgegangen werden und würden die Verfahrensrechte des betroffenen Wirtschaftsakteurs, die § 22 Abs. 2 Satz 2 BFSG gerade sichern soll, nicht hinreichend gewahrt. Mithin kommt es auch im Kontext des § 22 Abs. 3 BFSG darauf an, dass die Korrekturaufforderung nach § 22 Abs. 2 BFSG und die Korrekturverpflichtung vollständig übereinstimmen (Deckungsgebot).[33] **16**

IV. Vertriebsbeschränkende Maßnahmen (Abs. 4)

1. Grundlagen

Beseitigt der Wirtschaftsakteur (→ § 2 Nr. 15 BFSG) innerhalb der von der Behörde nach § 22 Abs. 2 Satz 1 BFSG gesetzten Frist die Nichtkonformität nicht, so kann die Marktüberwachungsbehörde nach § 22 Abs. 4 BFSG geeignete Maßnahmen treffen, um die Bereitstellung des Produkts auf dem Markt zu beschränken, solange zu untersagen, bis die Konformität hergestellt ist, oder einen Produktrückruf anordnen.[34] **17**

In § 22 Abs. 4 Satz 1 BFSG liegt der zentrale Unterschied zwischen behördlichen Maßnahmen bei einer formalen und einer materiellen Nichtkonformität: Während § 23 Abs. 3 Satz 1 BFSG im Bereich der formellen Nichtkonformität das behördliche Maßnahmenarsenal auf vertriebsuntersagende Anordnungen beschränkt, ermächtigt § 22 Abs. 4 Satz 1 BFSG die Marktüberwachungsbehörde (→ § 2 Nr. 22 BFSG) auch explizit zum Produktrückruf.[35] Die Verpflichtung zum Produktrückruf wirkt dabei umso schwerer, als nichtkonforme Produkte im Kontext des BFSG für den Endverbraucher allenfalls unbrauchbar, aber nicht gefährlich sind. Typischerweise erfolgen Produktrückrufe nur als *ultima ratio*, vor allem wenn Risiken für Leib und Leben im Raum stehen.[36] Gleichwohl ist mittlerweile auch für das übrige Produktrecht entschieden, dass der Produktrückruf nicht notwendigerweise eine Gefährdung per- **18**

---

31 *Schulte*, in: Heckmann/Paschke, Cyber Resilience Act, Art. 54 Rn. 22 [zum CRA].

32 *Schulte*, in: Heckmann/Paschke, Cyber Resilience Act, Art. 54 Rn. 22 [zum CRA].

33 *Schulte*, in: Heckmann/Paschke, Cyber Resilience Act, Art. 54 Rn. 22 [zum CRA].

34 BT-Drs. 19/28653, S. 86; *Franke*, ZfPC 2024, 21, 25; *Ruttloff/Wagner/Misztl*, ESG 2023, 325, 330; vgl. auch *Schulte*, in: Heckmann/Paschke, Cyber Resilience Act, Art. 58 Rn. 17 [zum CRA].

35 Richtig daher *Nusser/Klusmeyer*, ZfPC 2025, 18, 24; *Franke*, ZfPC 2024, 21, 25; verkennend *Ruttloff/Wagner/Misztl*, ESG 2023, 325, 330 zu § 23: „Maßnahmen (…) entsprechen denen, die bei materieller Nonkonformität eingeleitet werden können."

36 *Nusser/Klusmeyer*, ZfPC 2025, 18, 24; *Franke*, ZfPC 2024, 21, 25.

sönlicher Rechtsgüter durch das betreffende Produkt voraussetzt.[37] Dass der Produktrückruf nicht etwa aus Verhältnismäßigkeitsgründen ausgeschlossen ist, legt neben diesen systematischen Erwägungen auch schon die Tatsache nahe, dass es sich bei § 22 Abs. 4 Satz 1 BFSG um einen eindeutigen Normanwendungsbefehl des Gesetzgebers handelt. Diese Entscheidung des Gesetzgebers, einen Produktrückruf auch bei nicht gefährdenden Produkten zuzulassen, muss der Rechtsanwender, selbst wenn er sie für falsch hält, respektieren. Auch den von der Vorschrift umfassten vertriebsbeschränkenden Maßnahmen und Verpflichtungen zum Produktrückruf kommt entsprechend obiger Ausführungen Verwaltungsaktcharakter zu (→ Rn. 7).

2. Tatbestandliche Voraussetzungen

a) Grundsatz

19 § 22 Abs. 4 Satz 1 BFSG setzt richtigerweise voraus, dass eine materielle Nichtkonformität des Produkts, die bereits Gegenstand einer Maßnahme nach § 22 Abs. 2 BFSG geworden ist, gar nicht, nicht fristgerecht oder nicht im erforderlichen Umfang beseitigt wurde und damit weiterhin besteht.[38]

b) Suspensiveffekt der Anfechtungsklage?

20 Fraglich ist, ob eine Behörde auch dann vertriebsbeschränkende Maßnahmen nach § 22 Abs. 4 Satz 1 BFSG erlassen kann, wenn die zugrundeliegende Anordnung nach § 22 Abs. 2 BFSG mit der Anfechtungsklage angefochten wurde (§ 42 Abs. 1 VwGO) und daher, in Ermangelung der Anordnung der sofortigen Vollziehung (§ 80 Abs. 2 Satz 1 Nr. 4 VwGO), für den Adressaten nicht rechtsverbindlich wird. Parallel zur Problematik angefochtener Auflagen[39] stellt sich die Frage, ob die Behörde aus dem Verstreichenlassen einer nicht rechtsverbindlich gewordenen Fristsetzung, rechtlich nachteilige Rechtsfolgen für den Adressaten herleiten darf. Wie auch nach der überwiegenden Auffassung in Rechtsprechung und Schrifttum für Auflagen und Widerrufsvorbehalte gilt,[40] hindert die aufschiebende Wirkung der Anfechtungsklage als sog. Verwirklichungsverbot die Behörde daran, aus dem Verwaltungsakt nachteilige Rechtsfolgen für den Adressaten zu ziehen. Ficht der Adressat daher die Anordnung nach § 22 Abs. 2 BFSG an, ist eine darin getroffene Fristsetzung für die Zeit des Verfahrens nicht verbindlich. Die Behörde kann diese Sperrwirkung dadurch umgehen, dass sie die sofortige Vollziehung anordnet, wie es in der Praxis ohnehin regelmäßig geschehen wird.

3. Rechtsfolge

21 § 22 Abs. 4 Satz 1 BFSG ermächtigt die Marktüberwachungsbehörde (→ § 2 Nr. 22 BFSG) zum Erlass vertriebsbeschränkender und vertriebsuntersagender Maßnah-

37 VG Düsseldorf, Urt. v. 20.8.2024 – 3 K 3908/22; – juris – Verstoß gegen Energieeffizienzanforderungen.

38 *Schulte*, in: Heckmann/Paschke, Cyber Resilience Act, Art. 58 Rn. 17 [zum CRA].

39 Vgl. OVG Bautzen LKV 2013, 418 [Widerrufsvorbehalt]; *Sachs*, in: Stelkens/Bonk/Sachs, § 49 VwVfG Rn. 39; *Schoch*, in: Schoch/Schneider, § 49 VwVfG Rn. 97.

40 Vgl. OVG Bautzen LKV 2013, 418 Rn. 14 [Widerrufsvorbehalt]; *Sachs*, in: Stelkens/Bonk/Sachs, § 49 VwVfG Rn. 39; *Schoch*, in: Schoch/Schneider, § 49 VwVfG Rn. 97.

men Solche Maßnahmen können umfassend im Sinne eines Bereitstellungsverbots oder nur teilweise iS einer Abgabe- bzw. Vertriebsbeschränkung durch die Behörde angeordnet werden. Letzteres kann in Betracht kommen, wenn sich die materielle Nichtkonformität auf eindeutig abgrenzbare Produktteile, die gesondert vertrieben bzw. abgegeben werden, Zubehör, Ersatzteile oder bestimmte Produktversionen, wie z. B. spezielle Upgrades, bezieht.[41] § 22 Abs. 4 Satz 1 BFSG ermächtigt die Marktüberwachungsbehörde außerdem, einen Produktrückruf anzuordnen. § 22 Abs. 4 Satz 1 BFSG ermächtigt die Marktüberwachungsbehörde auch dazu, den Hersteller durch flankierende Annex-Regelung zu verpflichten, die belieferten gewerblichen Kunden (Händler) über die Rücknahme sowie die namentlich bekannten Endverbraucher über den Rückruf zu informieren und den Rückruf auf der Firmenhomepage zu veröffentlichen und zudem dem Beklagten sowohl die Rücknahme als auch den öffentlichen Rückruf nach Durchführung der Maßnahmen nachzuweisen.[42]

4. Verfahrensrechtlicher Rahmen

a) Anhörungsfrist

Nach Maßgabe des § 22 Abs. 4 Satz 3 BFSG i. V. m. § 22 Abs. 2 Satz 2 BFSG ist in den Fällen des § 22 Abs. 4 Satz 1 BFSG mindestens eine zehntägige Anhörungsfrist zugrunde zu legen.[43] Die Bestimmung trägt damit zur Konkretisierung des Anhörungserfordernisses nach § 28 VwVfG bzw. seiner landesrechtlichen Parallelvorschrift bei. **22**

b) Verfahren bei unterbliebener Anhörung

Ist etwa auf Grundlage der Ausnahmetatbestände des § 28 Abs. 2 VwVfG eine Anhörung unterblieben, bevor die Maßnahme getroffen wurde, so ist dem betroffenen Wirtschaftsakteur nach § 22 Abs. 4 Satz 4 BFSG unverzüglich Gelegenheit zu geben, sich zu äußern. Auf die Stellungnahme hin wird die Maßnahme umgehend überprüft. **23**

V. Vorläufigkeit bei grenzüberschreitendem Bezug (Abs. 5)

Beziehen sich die Maßnahmen auf ein Produkt, das nicht auf den deutschen Markt beschränkt ist, stehen die Maßnahmen der Marktüberwachungsbehörde nach § 22 Abs. 5 BFSG unter dem Vorbehalt der Aufhebung durch die Europäische Kommission. Diese Einschränkung ist notwendig, da die anderen Mitgliedstaaten und die Europäische Union das Recht haben, über da sog. Schutzklauselverfahren der Union (→ § 24 Rn. 14) Einwände gegen die ergriffene Maßnahme zu erheben.[44] **24**

41 *Schulte*, in: Hermann/Paschke, Cyber Resilience Act, Art. 58 Rn. 18 [zum CRA]
42 VG Düsseldorf, Urt. v. 20.8.2024 – 3 K 3908/22; – juris [zu § 7 Abs. 3 EPVG].
43 *Ruttloff/Wagner/Misztl*, ESG 2023, 325, 330.
44 *Tabbara*, NZS 2021, 497, 501; *Hartmann*, in: Martini/Wendehorst, KI-VO, Art. 79 Rn. 2 [zur KI-VO].

C. Rechtsschutz

25 Statthafte Rechtsbehelfe gegen marktüberwachungsrechtliche Maßnahmen nach Maßgabe des § 22 Abs. 2 u. 4 BFSG sind Widerspruch (§§ 68 ff. VwGO) und Anfechtungsklage (§ 42 Abs. 1 VwGO). Die Notwendigkeit der Durchführung eines Widerspruchsverfahrens hängt in Ermangelung einer Regelung durch den Bundesgesetzgeber (vgl. § 68 Abs. 1 Nr. 1 VwGO) von der einschlägigen landesgesetzlichen Regelung ab. Laut Art. 2 Abs. 3 des BFSG-Staatsvertrags ist für das Verwaltungsverfahren das Landesrecht von Sachsen-Anhalt einschlägig. Da Art. 9 des BFSG-Staatsvertrags nahelegt, dass die nächsthöhere Behörde die zuständige oberste Landesbehörde ist, gilt hier § 73 Abs. 1 S. 2 Nr. 2 VwGO, nach dessen Maßgabe die Ausgangsbehörde selbst über den Widerspruch entscheidet. In dieser Konstellation greift § 8a Abs. 1 S. 1 AGVwGO LSA, der für die Fälle des § 73 Abs. 1 S. 2 Nr. 2 VwGO ein Vorverfahren entfallen lässt. Demnach ist für Rechtsbehelfe nach dem BFSG gemäß § 68 Abs. 1 S. 2 Var. 1 VwGO i. V. m. § 8a Abs. 1 S. 1 AGVwGO LSA kein Vorverfahren notwendig. Daher ist wegen des Verwaltungsaktcharakters der zugrundeliegenden marktaufsichtsrechtlichen Maßnahmen (→ Rn. 18) die Anfechtungsklage zu erheben.

26 Maßnahmen nach § 22 Abs. 2 u. 4 BFSG werden in der Praxis regelmäßig mit der Anordnung ihrer sofortigen Vollziehung (§ 80 Abs. 4 Satz 1 Nr. 4 VwGO) verbunden, sodass im Verfahren des vorläufigen Rechtsschutzes kraft der Kollisionsvorschrift des § 123 Abs. 5 VwGO ein Antrag auf Wiederherstellung der aufschiebenden Wirkung nach § 80 Abs. 5 Satz 1 VwGO statthaft ist.[45]

27 § 22 Abs. 2 u. 4 BFSG gewährt der zuständigen Marktüberwachungsbehörde zwar kein Entschließung- aber doch ein Auswahlermessen, das sich auf die Auswahl des verpflichteten Wirtschaftsakteurs (→ § 2 Nr. 15 BFSG) bezieht. Im Hinblick auf das Auswahlermessen ist die behördliche Entscheidung nach Maßgabe der § 40 VwVfG, § 114 VwGO nur auf Ermessensfehler hin überprüfbar. Der Umfang der gerichtlichen Überprüfung ist damit partiell beschränkt, namentlich darauf, ob die gesetzlichen Grenzen des Ermessens überschritten wurden oder ob von dem Ermessen in einer dem Zweck der Ermächtigung nicht entsprechenden Weise Gebrauch gemacht worden ist.[46] In solchen Konstellationen, in denen eine marktüberwachungsrechtliche Maßnahme trotz Greifbarkeit des Herstellers gegenüber dem Händler getroffen wurde, liegt nach hier vertretener Auffassung die Fehlerhaftigkeit der behördlichen Auswahlentscheidung im Lichte des Grundsatzes der Primärverantwortlichkeit des Herstellers[47] regelmäßig nahe.

---

45 *Held/Jaguttis/Rupp*, in: Held/Jaguttis/Rupp, BauPVO, Art. 56 Rn. 7; verkennend *Schulte*, in: Hermann/Paschke, Cyber Resilience Act, Art. 58 Rn. 22 [zum CRA]: § 123 VwGO.

46 *Schulte*, in: Hermann/Paschke, Cyber Resilience Act, Art. 58 Rn. 21 [zum CRA].

47 *Europäische Kommission* (Hrsg.), Leitfaden für die Umsetzung der Produktvorschriften der EU („Blue Guide“), 2022, S. 35; *Klindt*, ZRP 2023, 108, 109; *Piovano*, Der Hersteller im Produktsicherheitsrecht, S. 76; *Seehafer*, ZfPC 2022, 27, 29; *Reinhart*, LMuR 2022, 171, 177.

D. Verstöße

Anders als in vielen Rechtsakten des übrigen harmonisierten Produktrechts[48] enthält das BFSG keine Ordnungswidrigkeitentatbestände, die ein Zuwiderhandeln gegen eine vollziehbare Anordnung nach § 22 Abs. 2 u. 4 BFSG sanktionieren. **28**

§ 23 BFSG
Maßnahmen bei formaler Nichtkonformität von Produkten

(1) Stellt die Marktüberwachungsbehörde eine formale Nichtkonformität fest, so fordert sie den Wirtschaftsakteur auf, die formale Nichtkonformität innerhalb einer angemessenen Frist zu korrigieren. § 22 Absatz 2 Satz 2 gilt entsprechend.

(2) Eine formale Nichtkonformität liegt vor, wenn

1. die CE-Kennzeichnung nicht oder unter Nichteinhaltung der Vorgaben des § 19 angebracht wurde,

2. die EU-Konformitätserklärung nach § 18 nicht oder nicht ordnungsgemäß ausgestellt wurde,

3. die technischen Unterlagen nicht verfügbar oder nicht vollständig sind,

4. die Angaben des Herstellers nach § 7 Absatz 2 oder des Einführers nach § 10 Absatz 1 fehlen, falsch oder unvollständig sind oder

5. eine andere formale Verpflichtung nach § 6, § 7, § 9 oder § 10 nicht erfüllt ist.

(3) Ergreift der Wirtschaftsakteur innerhalb der nach Absatz 1 gesetzten Frist keine geeigneten Maßnahmen zur Herstellung der Konformität, so trifft die Marktüberwachungsbehörde geeignete Maßnahmen, um die Bereitstellung des Produkts auf dem Markt zu beschränken, oder sie untersagt die Bereitstellung auf dem Markt solange, bis die Konformität hergestellt ist. § 22 Absatz 2 Satz 2 und Absatz 4 Satz 4 und 5 gilt entsprechend.

Gliederung: Rn.

48 Vgl. zu Art. 56 BauPVO a. F.: *Held/Jaguttis/Rupp*, in: Held/Jaguttis/Rupp, BauPVO, Art. 56 Rn. 8 [zur BauPVO].

A. Einführung

I. Normativer Hintergrund und Regelungszweck

1 Die Bestimmung des § 23 BFSG regelt in Umsetzung von Art. 22 RL 2019/882/EU das Vorgehen der Marktüberwachungsbehörde bei einer formalen Nichtkonformität im Nachmarkt.[1] Die Regelungstechnik geht auf die Referenzbestimmungen in Anhang I Art. R34 des Beschlusses (EG) 768/2008 über einen gemeinsamen Rechtsrahmen für die Vermarktung von Produkten und damit das sog. New Legislative Framework[2] zurück und fügt sich daher nahtlos in das übrige harmonisierte Produktsicherheitsrecht ein.[3]

2 Das BFSG trennt in seiner Regelungssystematik klar zwischen materieller und formeller Nichtkonformität im Nachmarkt und behält damit die Regelungstechnik bei, die im allgemeinen Marktüberwachungsrecht unter der Marktüberwachungsverordnung weitgehend zugunsten einheitlicher Befugnisnormen aufgegeben wurde (Art. 16 Abs. 1 MÜ-VO). Die differenziertere Regelungstechnik des BFSG hat den Vorteil, dass die Anordnung von Produktrückrufen bei formeller Nichtkonformität ausgeschlossen ist (→ Rn. 29) und damit ein am Schweregrad der Nichtkonformität

1 BT-Drs. 19/28653, S. 86; *Ruttloff/Wagner/Misztl*, ESG 2023, 325, 330.
2 Umfassend *Kapoor/Klindt*, EuZW 2008, 649; *Kapoor/Klindt*, EuZW 2009, 134; *Schucht*, EuZW 2014, 848.
3 § 28 FUAG; Art. 83 KI-VO; Art. 59 BauPVO a. F.; Art. 58 CRA; Art. 62 VerpackungsVO; Art. 71 Ökodesign-VO; Art. 83 EU-Batt-VO.

orientiertes Stufenverhältnis zwischen formeller und materieller Nichtkonformität besteht, das dem Grundsatz der Verhältnismäßigkeit als Ausfluss des Rechtsstaatsprinzips (Art. 20 Abs. 3 GG) optimal Rechnung trägt.

Seine Rechtfertigung findet die Möglichkeit marktaufsichtsrechtlichen Einschreitens (schon) bei formaler Nichtkonformität in der Erkenntnis, dass die in Rede stehenden Bestimmungen des Kennzeichnungsrechts und des Rechts der CE-Kennzeichnung die Einhaltung der Barrierefreiheitsanforderungen formell absichern und transparent machen.[4] Wo sich ein Wirtschaftsakteur über formale Produktanforderungen hinwegsetzt, ist, da der Schluss auf defizitäre Compliance naheliegt, auch die materielle Nichtkonformität nicht weit. Schließlich würden die betreffenden Vorschriften des formellen Produktrechts weitgehend gegenstandslos, bestünde keine Möglichkeit, ihre Einhaltung auch durch einschneidendes marktaufsichtsrechliches Einschreiten zu erzwingen. **3**

II. Die Systematik des dreistufigen Marktüberwachungsverfahrens

Der Marktüberwachung liegt auch im Bereich formeller Nichtkonformität ein dreistufiges Marktüberwachungsverfahren zugrunde.[5] Auf die Feststellung einer formellen Nichtkonformität in Ansehung des betreffenden Produkts (1. Stufe) folgt die behördliche Aufforderung, Korrekturmaßnahmen zu ergreifen (§ 23 Abs. 1 BFSG), die die zweite Stufe des Marktüberwachungsverfahrens bildet. Kommt der Wirtschaftsakteur der behördlichen Anordnung nicht nach, so kann die Behörde vertriebsbeschränkende oder vertriebsuntersagende Maßnahmen treffen (§ 23 Abs. 3 Satz 1 BFSG), die sog. Maßnahmen der dritten Stufe.[6] Das abgestufte Vorgehen der Marktüberwachungsbehörde trägt dabei dem Grundsatz der Verhältnismäßigkeit Rechnung.[7] **4**

III. Verfahrensrechtlicher Rahmen

Der verfahrensrechtliche Rahmen der Bestimmung wird grundsätzlich durch das autonome Verwaltungsverfahrensrecht der Mitgliedstaaten, mithin für die Bundesrepublik Deutschland durch das VwVfG, konturiert. Ergänzend verweist Art. 19 Abs. 1 RL 2019/882/EU auf die Verfahrensvorschriften der alten Marktüberwachungsverordnung VO (EG) Nr. 765/2008, die insbesondere in Art. 21 im Umfeld vertriebsbeschränkender Maßnahmen besondere Anhörungs- und Begründungserfordernisse vorsieht, denen im Rahmen der nationalen Umsetzung maßgebend durch die Verweisung in § 23 Abs. 3 Satz 2 BFSG und ergänzend durch das VwVfG und das spezifische Landesverwaltungsverfahrensrecht Rechnung getragen wird, **5**

4 *Schulte*, in: Heckmann/Paschke, Cyber Resilience Act, Art. 58 Rn. 1 [zum CRA].
5 *Schucht*, EuZW 2020, 554, 559; Spiegel, ZVertriebsR 2023, 71, 75; *Giesberts/Gayger*, in: Ehring/Taeger, Produkthaftungs- und Produktsicherheitsrecht, Art. 16 MÜ-VO Rn. 5; vgl. *Schucht/Wiebe*, Die neue Produktsicherheitsverordnung, § 5 Rn. 12;
6 *Seehafer*, ZfPC 2022, 27, 31.
7 *Schulte*, in: Heckmann/Paschke, Cyber Resilience Act, Art. 58 Rn. 1 [zum CRA].

das ohnehin in §§ 28, 39 (L)VwVfG entsprechende Anhörungs- und Begründungserfordernisse vorsieht.

IV. Territorialer Geltungsbereich marktüberwachungsrechtlicher Anordnungen

6 Marktüberwachungsrechtliche Anordnungen nach Maßgabe des § 23 BFSG entfalten eine auf das deutsche Hoheitsgebiet beschränkte Wirkung. Der Grund hierfür liegt in der Souveränität der anderen Mitgliedstaaten und dem Fehlen einer unionsrechtlich angeordneten Wirkungserstreckung.[8] In anderen Mitgliedstaaten treffen nationale Hoheitsakte auf fremde Souveränitätsinhaber, welche fremde Staatsgewalt auf ihrem Terrain nicht oder nur begrenzt dulden. Daher sehen die §§ 24 ff. BFSG mit der Schnittstelle zum Schutzklauselverfahren der Union gerade einen spezifischen Mechanismus vor, um deutsche Verwaltungsentscheidungen in den anderen Mitgliedstaaten in gleichgerichtete nationale Maßnahmen zu übersetzen.

B. Regelungsgehalt

I. Anordnungsbefugnis bei formaler Nichtkonformität (Abs. 1)

7 Nach § 23 Abs. 1 Satz 1 BFSG fordert die Marktüberwachungsbehörde (→ § 2 Nr. 22 BFSG) den Wirtschaftsakteur (→ § 2 Nr. 15 BFSG) auf, die formale Nichtkonformität innerhalb einer angemessenen Frist zu korrigieren, wenn sie eine solche feststellt (Aufforderung zu Korrekturmaßnahmen).[9] Die Bestimmung enthält eine genuine Anordnungsbefugnis der Marktüberwachungsbehörde.[10]

8 Die Aufforderung der Marktüberwachungsbehörde nach § 23 Abs. 1 Satz 1 BFSG hat Verwaltungsaktcharakter.[11] Sie entfaltet insbesondere dergestalt Regelungswirkung i. S. d. § 35 VwVfG, dass sie zum einen unmittelbar eine rechtliche Verpflichtung des betreffenden Wirtschaftsakteurs begründet und zum anderen die Grundlage dafür bildet, vertriebsbeschränkende oder vertriebsuntersagende Maßnahmen nach Maßgabe des § 23 Abs. 3 Satz 1 BFSG zu treffen.

1. Zuständigkeit

9 Zuständig für den Erlass einer entsprechenden Aufforderung zu Korrekturmaßnahmen ist nach § 23 Abs. 1 Satz 1 BFSG die Marktüberwachungsbehörde, mithin die Marktüberwachungsstelle der Länder für die Barrierefreiheit von Produkten und Dienstleistungen (MLBF) (→ § 20 BFSG Rn. 2).

---

8 *Ellerbrok*, JA 2022, 969, 972.

9 BT-Drs. 19/28653, S. 86.

10 *Schucht*, ZfPC 2022, 50, 53 [zu Art. 16 MÜ-VO].

11 *Held/Jaguttis/Rupp*, in: Held/Jaguttis/Rupp, BauPVO, Art. 59 Rn. 3 [zur BauPVO]; *Schulte*, in: Heckmann/Paschke, Cyber Resilience Act, Art. 58 Rn. 22 [zum CRA].

2. Taugliche Adressaten

a) Grundsatz

Marktüberwachungsrechtliche Maßnahmen nach Maßgabe des § 23 BFSG können ausweislich des Wortlauts grundsätzlich gegen den sie jeweils betreffenden Wirtschaftsakteur (→ § 2 Nr. 15 BFSG), mithin Hersteller, Bevollmächtigten, Einführer oder Händler. gerichtet werden. Insbesondere auch der Bevollmächtigte ist nach § 2 Nr. 15 BFSG barrierefreiheitsrechtlicher Wirtschaftsakteur, sodass er von der zuständigen Marktüberwachungsbehörde grundsätzlich auch als solcher nach Maßgabe der Vorschrift des § 23 BFSG adressiert werden kann. Die marktüberwachungsrechtliche Verantwortlichkeit beschränkt sich gleichwohl auf den übernommenen Aufgabenbestand (→ § 8 Rn. 12, 14). **10**

b) Maßnahmerichtung bei kumulativer Verantwortlichkeit

Für die formelle Nichtkonformität eines Produkts sind regelmäßig mehrere Wirtschaftsakteure im marktüberwachungsrechtlichen Sinne verantwortlich.[12] Neben dem (primär) verantwortlichen Hersteller, der ein formell nichtkonformes Produkt in Verkehr gebracht (→ § 2 Nr. 10 BFSG) hat, ist für eine im Markt bestehende Nichtkonformität auch der Händler verantwortlich, der das betreffende Produkt auf dem Markt bereitgestellt hat. **11**

Der Hersteller trägt die primäre und letztendliche Verantwortung für die Konformität seines Produkts mit den anzuwendenden Harmonisierungsrechtsvorschriften der Union, da er entweder das Produkt selbst entworfen und hergestellt hat oder das Produkt unter seinem Namen oder seiner Marke auf den Markt gelangt (Grundsatz der Primärverantwortlichkeit).[13] Dieser Rechtsgedanke lässt sich auf die Nachmarktebene spiegeln: Ist der Hersteller vor Inverkehrbringen (→ § 2 Nr. 10 BFSG) der für die Produktkonformität originär verantwortliche Wirtschaftsakteur, so kann für die Herstellung der Konformität auf Nachmarktebene nichts anderes gelten. Dem entspricht auch die Rechtsauffassung der Europäischen Kommission, die davon ausgehen, dass marktüberwachungsrechtliche Maßnahmen gegen den Hersteller zu richten sind, es sei denn, die streitgegenständliche Frage bezieht sich speziell auf den Händler.[14] Diese Stellungnahme wird zusätzlich durch die Leitlinien der Kommission zur Anwendung der Maschinenrichtlinie RL 2006/42/EG abgesichert, wonach Händler als Vertreter der Lieferkette nur sekundär in Anspruch zu nehmen sind, wenn der Hersteller nicht oder nicht ohne Weiteres zu erreichen ist.[15] **12**

Das gefundene Ergebnis steht in starkem Kontrast zu der marktüberwachungsrechtlichen Praxis, lokal gegen einzelne Filialen von großen Handelsketten oder freie **13**

---

12 *Klindt*, ZRP 2023, 108, 108.

13 *Europäische Kommission* (Hrsg.), Leitfaden für die Umsetzung der Produktvorschriften der EU („Blue Guide"), 2022, S. 35; *Klindt*, ZRP 2023, 108, 109; *Piovano*, Der Hersteller im Produktsicherheitsrecht, S. 76; *Seehafer*, ZfPC 2022, 27, 29; *Reinhart*, LMuR 2022, 171, 177.

14 *Europäische Kommission* (Hrsg.), Leitfaden für die Umsetzung der Produktvorschriften der EU („Blue Guide"), S. 102.

15 Leitfaden für die Anwendung der Maschinenrichtlinie 2006/42/EG, 2.2 Aufl. Okt. 2019, § 100.

Einzelhandelsgeschäfte mit vertriebsbeschränkenden Maßnahmen vorzugehen.[16] Dieses Vorgehen birgt insbesondere das Risiko, dass der Einzelhändler, der oftmals ohnehin nur eine begrenzte Anzahl von Exemplaren auf Lager hat, gegen eine solche Maßnahme innerhalb der Rechtsfrist nicht vorgeht und kein Interesse daran hat, ein fremdes Markenprodukt auf eigene Kosten zu verteidigen.[17] Zwar bindet die Bestandskraft der gegen den Händler ergangenen Maßnahme aufgrund der persönlichen Grenzen der Bestandskraft nicht den Hersteller[18], was letztlich schon allein wegen des Grundrechts auf rechtliches Gehör (Art. 19 Abs. 4 GG) zwingend geboten ist. Die bloße Präjudizialität für die Position des Herstellers genügt nicht. Trotzdem wird der Hersteller jedenfalls faktisch in eine ungünstige Lage versetzt: Er ist gezwungen, quasi bergauf und entgegen bestandskräftiger Entscheidungen gegenüber Marktüberwachungsbehörden argumentieren zu müssen, und Regressansprüchen aus der Lieferkette ausgesetzt.[19] Gerade auch diese Erwägungen lassen es sinnvoll erscheinen, marktaufsichtsrechtliches Einschreiten am Grundsatz der Primärverantwortlichkeit des Herstellers zu orientieren.

3. Fristsetzung

14 Die marktüberwachungsrechtliche Aufforderung zu Korrekturmaßnahmen nach § 23 Abs. 1 BFSG bedarf ausweislich des Wortlauts der Vorschrift einer Fristsetzung. Das setzt entsprechend den im Rahmen der Verwaltungsvollstreckung entwickelten Grundsätzen voraus, dass das Fristende zumindest kalendermäßig bestimmbar ist, die Bezeichnung eines bestimmten Kalendertags ist nicht zwingend erforderlich.[20] Die behördliche Aufforderung, „unverzüglich" oder „sofort" die formale Konformität des betreffenden Produkts herzustellen, genügt demgegenüber mangels kalendermäßiger Bestimmbarkeit nicht. Dies unterscheidet das BFSG maßgeblich von anderen Rechtsakten, die statt einer Fristsetzung die bloße Aufforderung genügen lassen.[21]

4. Kooperationspflicht (§ 23 Abs. 1 Satz 2 BFSG)

15 Nach § 23 Abs. 1 Satz 2 BFSG i. V. m. § 22 Abs. 1 Satz 2 BFSG sind die Wirtschaftsakteure umfassend zur Kooperation mit der Marktüberwachungsbehörde verpflichtet. Die Kooperationspflicht ist dabei eine besondere Ausformung gleichgerichteter Kooperationspflichten nach §§ 7 Abs. 5, 10 Abs. 4, 11 Abs. 4 BFSG, ohne in ihrem Regelungsgehalt über diese hinauszugehen.

---

16 *Klindt*, ZRP 2023, 108, 108.

17 *Krey/Kapoor*, Praxisleitfaden Produktsicherheitsrecht, 2. Aufl. 2015, S. 192; *Klindt*, ZRP 2023, 108.

18 *Sachs*, in: Stelkens/Bonk/Sachs, § 43 VwVfG Rn. 92.

19 *Klindt*, ZRP 2023, 108.

20 Vgl. OVG Münster, NVwZ-RR 1994, 365, 366; *Lemke*, in: Fehling/Kastner/Störmer, § 13 VwVG Rn. 9.

21 Vgl.: *Schulte*, in: Heckmann/Paschke, Cyber Resilience Act, Art. 58 Rn. 5 [zum CRA].

II. Formale Nichtkonformität (Abs. 2)

§ 23 Abs. 2 BFSG nimmt die gebotene Legaldefinition des Begriffs der formalen Nichtkonformität vor.[22] **16**

1. Fehlende oder fehlerhafte CE-Kennzeichnung (Nr. 1)

Eine formale Nichtkonformität liegt nach § 23 Abs. 2 Nr. 1 BFSG zunächst dann vor, wenn die CE-Kennzeichnung nicht oder unter Nichteinhaltung der Vorgaben des § 19 BFSG an dem betreffenden Produkt angebracht wurde.[23] **17**

Während das Fehlen der CE-Kennzeichnung dabei leicht feststellbar sein wird, kann die Frage nach dem Umstand der Einhaltung der Vorgaben des § 19 BFSG, insbesondere in Hinblick auf Dauerhaftigkeit[24] und Ort[25] der CE-Kennzeichnung (vgl. § 19 Abs. 2 BFSG), komplexe Problemkreise des Kennzeichnungsrechts berühren, die sich ohne eine eingehende rechtliche Beratung oftmals nur unsicher navigieren lassen. Trotz des insoweit irreführenden Wortlauts des § 4 Abs. 1 BFSGV („Kennzeichnungen") muss die CE-Kennzeichnung richtigerweise nach hier vertretener Auffassung selbst nicht barrierefrei erfolgen (→ § 19 BFSG Rn. 16). **18**

2. Fehlende oder fehlerhafte EU-Konformitätserklärung (Nr. 2)

Eine formale Nichtkonformität liegt nach § 23 Abs. 2 Nr. 2 BFSG aber auch dann vor, wenn die EU-Konformitätserklärung (§ 18 BFSG) nicht oder nicht ordnungsgemäß ausgestellt wurde.[26] Die Konformitätserklärung steht mit der CE-Kennzeichnung (→ § 2 Nr. 21 BFSG) am Ende des vom Hersteller durchzuführenden Konformitätsbewertungsverfahrens, das in ihr seinen erfolgreichen Abschluss findet.[27] Sie ist die dokumentierte Erklärung des Herstellers, dass das betreffende Produkt die spezifischen Barrierefreiheitsanforderungen der BFSGV erfüllt (vgl. § 18 Abs. 2 Satz 1 BFSG).[28] Im Unterschied zur CE-Kennzeichnung, die ebenfalls als Selbst- **19**

---

22 BT-Drs. 19/28653, S. 86.

23 BT-Drs. 19/28653, S. 86; vgl. auch *Held/Jaguttis/Rupp*, in: Held/Jaguttis/Rupp, BauPVO, Art. 59 Rn. 2 [zur BauPVO]; *Schulte*, in: Heckmann/Paschke, Cyber Resilience Act, Art. 58 Rn. 9 [zum CRA].

24 *Schütte*, in: Ehring/Taeger, Produkthaftungs- und Produktsicherheitsrecht, § 7 ProdSG Rn. 20; *Europäische Kommission* (Hrsg.), Leitfaden für die Umsetzung der Produktvorschriften der EU („Blue Guide"), 2022, S. 66: „unter normalen Umständen nicht entfernt werden kann, ohne Spuren zu hinterlassen"; *Wende*, in: Klindt, ProdSG, § 7 Rn. 19.

25 *Europäische Kommission* (Hrsg.), Leitfaden für die Umsetzung der Produktvorschriften der EU („Blue Guide"), 2022, S. 66; *Schütte*, in: Ehring/Taeger, Produkthaftungs- und Produktsicherheitsrecht, § 7 ProdSG Rn. 21.

26 BT-Drs. 19/28653, S. 86; vgl. auch *Held/Jaguttis/Rupp*, in: Held/Jaguttis/Rupp, BauPVO, Art. 59 Rn. 2 [zur BauPVO]; *Schulte*, in: Heckmann/Paschke, Cyber Resilience Act, Art. 58 Rn. 10 [zum CRA].

27 *Wagner*, in: Rehmann/Wagner, MP-VO, Art. 19 Rn. 1; *Gerdemann*, in: Martini/Wendehorst, KI-VO, Art. 47 Rn. 3; *Denga*, ZfPC 2023, 154, 157 [zur KI-VO]; *Hessel/Flieger*, in: BeckOK Produktrecht, § 18 FUAG Rn. 13.

28 *Europäische Kommission* (Hrsg.), Leitfaden für die Umsetzung der Produktvorschriften der EU („Blue Guide"), 2022, S. 62, OLG Hamm, Urt. v. 16.6.2022 – 24 U 178/16, NJW-RR 2023, 91 Rn. 69 [zum MaschinenR].

erklärung des Herstellers die Vereinbarkeit des Produkts mit den anwendbaren Produktvorschriften bescheinigt (vgl. § 2 Nr. 21 BFSG), eröffnet die EU-Konformitätserklärung eine deutlich weitergehende Informationsbasis[29] für die zuständige Behörde, indem sie die betroffenen Produktvorschriften und die zugrunde gelegten harmonisierten Normen (→ § 2 Nr. 19 BFSG) nennt und im Falle einer Berufung der Herstellers auf die Dispenstatbestände der §§ 16, 17 BFSG klarstellt, welche Barrierefreiheitsanforderungen von der Ausnahme betroffen sind (§ 18 Abs. 2 Satz 2 BFSG).

20 Der Aufbau der EU-Konformitätserklärung entspricht nach Maßgabe des § 18 Abs. 3 Satz 1 BFSG den genauen Vorgaben des Musters in Anhang III des Beschlusses 768/2008/EG über den gemeinsamen Rechtsrahmen für die Vermarktung von Produkten. Aus ihr geht nach § 18 Abs. 2 Satz 1 BFSG hervor, dass die Barrierefreiheitsanforderungen der BFSGV nachweislich erfüllt sind. Im Regelungssystem des BFSG besteht nach § 18 Abs. 2 Satz 2 BFSG die Besonderheit, dass auch die Berufung auf einen Ausnahmetatbestand der §§ 16,17 BFSG in der EU-Konformitätserklärung zu vermerken und klarzustellen ist, welche Anforderungen von der Ausnahmeregelung betroffen sind.

21 Die EU-Konformitätserklärung ist den Vorgaben von Art. 16 Abs. 2 Satz 4 RL 2019/882/EU entsprechend in deutsche Sprache zu übersetzen. Sie kann, wie sich mittelbar aus § 6 Abs. 2 BFSG ergibt, sowohl in schriftlicher als auch in elektronischer Form ausgestellt werden.[30]

22 Die EU-Konformitätserklärung ist nach § 18 Abs. 3 Satz 1 BFSG i. V. m. Anhang III des Beschlusses 768/2008/EG vom Hersteller oder seinem Bevollmächtigten zu unterzeichnen. Wurde die deutsche Übersetzung der EU-Konformitätserklärung von einem anderen Wirtschaftsakteur (etwa dem Einführer) erstellt, so muss diese Übersetzung nach der Rechtsauffassung der Kommission nicht notwendigerweise vom Hersteller unterzeichnet werden.[31] Das ist auch stimmig, beziehen sich doch die Vorgaben des Anhangs III des Beschlusses 768/2008/EG auf das Original. In diesen Fällen ist vielmehr auf Verlangen der Marktüberwachungsbehörde zusätzlich zur Übersetzung eine Kopie des vom Hersteller unterzeichneten Originals vorzulegen.[32]

3. Fehlende oder unvollständige technische Dokumentation (Nr. 3)

23 Eine formale Nichtkonformität liegt nach § 23 Abs. 2 Nr. 3 BFSG vor, wenn die die technischen Unterlagen nicht verfügbar oder nicht vollständig sind.[33] Nicht verfügbar ist die technische Dokumentation zum einen dann, wenn sie gar nicht erstellt wurde, aber nach natürlichem Begriffsverständnis auch dann, wenn sie von dem be-

29 *Gerdemann*, in: Martini/Wendehorst, KI-VO, Art. 47 Rn. 1.

30 *Wagner*, MMR 2024, 755, 757.

31 *Europäische Kommission* (Hrsg.), Leitfaden für die Umsetzung der Produktvorschriften der EU („Blue Guide“), 2022, S. 64.

32 *Europäische Kommission* (Hrsg.), Leitfaden für die Umsetzung der Produktvorschriften der EU („Blue Guide“), 2022, S. 64.

33 BT-Drs. 19/28653, S. 86; vgl. auch *Held/Jaguttis/Rupp*, in: Held/Jaguttis/Rupp, BauPVO, Art. 59 Rn. 2 [zur BauPVO]; *Schulte*, in: Heckmann/Paschke, Cyber Resilience Act, Art. 58 Rn. 10 [zum CRA].

treffenden Wirtschaftsakteur, regelmäßig dem Hersteller, auf Verlangen der Marktüberwachungsbehörde nicht zeitnah vorgelegt werden können.

4. Fehlende oder fehlerhafte Hersteller- oder Einführerkennzeichnung (Nr. 4)

Eine formale Nichtkonformität liegt nach § 23 Abs. 2 Nr. 4 BFSG vor, wenn die Angaben des Herstellers nach § 7 Absatz 2 (sog. Herstellerkennzeichnung) (→ § 7 BFSG Rn. 15 ff.) oder des Einführers nach § 10 Absatz 1 (sog. Einführerkennzeichnung) (→ § 10 BFSG Rn. 5 ff.) fehlen, falsch oder unvollständig sind. Im Hinblick auf die Vorgaben der einschlägigen Normen wird auf die dortigen Ausführungen verwiesen. **24**

5. Andere formale Verpflichtung (Nr. 4)

Eine formale Nichtkonformität liegt nach § 23 Abs. 2 Nr. 5 BFSG auch dann vor, wenn eine andere formale Verpflichtung nach § 6, § 7, § 9 oder § 10 nicht erfüllt ist. Aus dem Gesamtkontext ergibt sich, dass es sich dabei um produktbezogene formale Verpflichtungen handeln muss. Zweifelsohne handelt es sich bei der Verpflichtung des Herstellers, ein Nichtkonformitätsregister zu führen (§ 6 Abs. 5 BFSG), auch um eine formale Verpflichtung. Da sie aber nicht produktbezogen ist, wird sie ausweislich der gesetzlichen Überschrift („Maßnahmen bei formaler Nichtkonformität von Produkten) vom Anwendungsbereich des § 23 Abs. 2 Nr. 5 BFSG nicht erfasst. Beispiele für § 23 Abs. 2 Nr. 5 BFSG ist das Fehlen oder die Fehlerhaftigkeit der Produktkennzeichnung (§ 7 Abs. 1 BFSG) oder der Gebrauchsanleitung. **25**

6. Das Problem des Doppelmangels

Aus dem Umstand, dass das BFSG erstmals materiell-rechtliche Anforderungen an Produktkennzeichnungen stellt, ergibt sich das Problem des Doppelmangels. Da zahlreiche Produktkennzeichnungen und -informationen (vgl. § 7 Abs. 4 BFSG i. V. m. § 4 Abs. 1 BFSGV) selbst barrierefrei zu erfolgen haben, besitzt ein Verstoß gegen Kennzeichnungsrecht in dieser Konstellation nicht nur formalen, sondern auch materiellen Charakter. Daher stellt sich die Frage, ob sich marktaufsichtsrechtliches Einschreiten aufgrund des betreffenden Kennzeichnungsfehlers (z. B. bei einer nicht-barrierefreie Gebrauchsanleitung) nach § 22 BFSG oder § 23 BFSG bemisst. Die Frage weist auch praktische Relevanz auf, da die Anordnung eines Produktrückrufs nur unter dem Regime des § 22 BFSG möglich ist. **26**

Richtigerweise kann bei einem Doppelmangel wahlweise auf Grundlage des § 22 BFSG oder des § 23 BSFG eingeschritten werden. Dem liegen teleologische Erwägungen zugrunde: Der Grund dafür, dass der Gesetzgeber in § 22 Abs. 4 Satz 1 BFSG die Möglichkeit einer Verpflichtung zum Produktrückruf vorsieht, liegt darin, dass eine materielle Nichtkonformität die Gebrauchstauglichkeit des Produkts für Menschen mit Behinderungen einschränkt oder im Ausnahmefall sogar aufhebt, sich mithin im Feld deutlich gravierender auswirkt. Diese Erwägung gilt genauso in den Fällen der nicht-barrierefreien Gebrauchsanleitung, mit der Nutzungshemnisse für Menschen mit Behinderungen geschaffen werden. **27**

III. Vertriebsbeschränkende Maßnahmen (Abs. 3)

1. Grundlagen

28 Beseitigt der Wirtschaftsakteur (→ § 2 Nr. 15 BFSG) innerhalb der von der Behörde nach § 23 Abs. 1 Satz 1 BFSG gesetzten Frist die formale Nichtkonformität nicht, so kann die Marktüberwachungsbehörde nach § 23 Abs. 3 BFSG geeignete Maßnahmen treffen, um die Bereitstellung des Produkts auf dem Markt zu beschränken oder solange zu untersagen, bis die Konformität hergestellt ist.[34]

29 In § 23 Abs. 3 Satz 1 BFSG liegt der zentrale Unterschied zwischen behördlichen Maßnahmen bei einer formalen und einer materiellen Nichtkonformität: Während § 22 Abs. 4 Satz 1 BFSG im Bereich der materiellen Nichtkonformität zur Anordnung eines Produktrückrufs ermächtigt (→ § 22 BFSG Rn. 21), reicht das Maßnahmenarsenal der Marktüberwachung im Bereich formeller Nichtkonformität nur bis zur Untersagungsverfügung.[35]

30 Auch vertriebsbeschränkende Maßnahmen nach § 23 Abs. 3 BFSG sind Verwaltungsakt.

2. Tatbestandliche Voraussetzungen

a) Grundsatz

31 § 23 Abs. 3 Satz 1 BFSG setzt richtigerweise voraus, dass mindestens ein formaler Mangel, der bereits Gegenstand einer Maßnahme nach § 23 Abs. 1 BFSG geworden ist, gar nicht, nicht fristgerecht oder nicht im erforderlichen Umfang beseitigt wurde und damit weiterhin besteht.[36]

b) Suspensiveffekt der Anfechtungsklage?

32 Fraglich ist, ob eine Behörde auch dann vertriebsbeschränkende Maßnahmen nach § 23 Abs. 3 Satz 1 BFSG erlassen kann, wenn die zugrundeliegende Anordnung nach § 23 Abs. 1 BFSG mit der Anfechtungsklage angefochten wurde (§ 42 Abs. 1 VwGO) und daher, in Ermangelung der Anordnung der sofortigen Vollziehung (§ 80 Abs. 2 Satz 1 Nr. 4 VwGO), für den Adressaten nicht rechtsverbindlich wird. Parallel zur Problematik angefochtener Auflagen[37] stellt sich die Frage, ob die Behörde aus dem Verstreichenlassen einer nicht rechtsverbindlich gewordenen Fristsetzung, rechtlich nachteilige Rechtsfolgen für den Adressaten herleiten darf. Wie auch nach der überwiegenden Auffassung in Rechtsprechung und Schrifttum für Auflagen und Widerrufsvorbehalte gilt,[38] hindert die aufschiebende Wirkung der Anfechtungs-

---

34 BT-Drs. 19/28653, S. 86; *Franke*, ZfPC 2024, 21, 25; *Ruttloff/Wagner/Misztl*, ESG 2023, 325, 330; vgl. auch *Schulte*, in: Heckmann/Paschke, Cyber Resilience Act, Art. 58 Rn. 17 [zum CRA].

35 Richtig daher *Franke*, ZfPC 2024, 21, 25; verkennend *Ruttloff/Wagner/Misztl*, ESG 2023, 325, 330: „Maßnahmen (…) entsprechen denen, die bei materieller Nonkonformität eingeleitet werden können."

36 *Schulte*, in: Heckmann/Paschke, Cyber Resilience Act, Art. 58 Rn. 17 [zum CRA].

37 Vgl. OVG Bautzen LKV 2013, 418 [Widerrufsvorbehalt]; *Sachs*, in: Stelkens/Bonk/Sachs, § 49 VwVfG Rn. 39; *Schoch*, in: Schoch/Schneider, § 49 VwVfG Rn. 97.

38 Vgl. OVG Bautzen LKV 2013, 418 Rn. 14 [Widerrufsvorbehalt]; *Sachs*, in: Stelkens/Bonk/Sachs, § 49 VwVfG Rn. 39; *Schoch*, in: Schoch/Schneider, § 49 VwVfG Rn. 97.

klage als sog. Verwirklichungsverbot die Behörde daran, aus dem Verwaltungsakt nachteilige Rechtsfolgen für den Adressaten zu ziehen. Ficht der Adressat daher die Anordnung nach § 23 Abs. 1 BFSG an, ist eine darin getroffene Fristsetzung für die Zeit des Verfahrens nicht verbindlich. Die Behörde kann diese Sperrwirkung dadurch umgehen, dass sie die sofortige Vollziehung anordnet.

3. Rechtsfolge

§ 23 Abs. 3 BFSG ermächtigt die Marktüberwachungsbehörde (→ § 2 Nr. 22 BFSG) zum Erlass vertriebsbeschränkender und vertriebsuntersagender Maßnahmen. Solche Maßnahmen können umfassend im Sinne eines Bereitstellungsverbots oder nur teilweise i. S. einer Abgabe- bzw. Vertriebsbeschränkung durch die Behörde angeordnet werden. Letzteres kann in Betracht kommen, wenn sich die formale Nichtkonformität auf eindeutig abgrenzbare Produktteile, die gesondert vertrieben bzw. abgegeben werden, Zubehör, Ersatzteile oder bestimmte Produktversionen, wie z. B. spezielle Upgrades, bezieht.[39] **33**

4. Verfahrensrechtlicher Rahmen

a) Anhörungsfrist

Nach Maßgabe des § 23 Abs. 3 Satz 2 BFSG i. V. m. § 22 Abs. 2 Satz 2 BFSG ist in den Fällen des § 23 Abs. 3 Satz 1 BFSG mindestens eine zehntägige Anhörungsfrist zugrunde zu legen. Die Bestimmung trägt damit zur Konkretisierung des Anhörungserfordernisses nach § 28 VwVfG bzw. seiner landesrechtlichen Entsprechung bei. **34**

b) Verfahren bei unterbliebener Anhörung

Ist etwa auf Grundlage der Ausnahmetatbestände des § 28 Abs. 2 VwVfG eine Anhörung unterblieben, bevor die Maßnahme getroffen wurde, so ist dem betroffenen Wirtschaftsakteur nach § 23 Abs. 3 Satz 2 BFSG i. V. m. § 22 Abs. 4 Satz 4 BFSG unverzüglich Gelegenheit zu geben, sich zu äußern. Auf die Stellungnahme hin wird die Maßnahme umgehend überprüft. **35**

C. Rechtsschutz

Statthafte Rechtsbehelfe gegen marktüberwachungsrechtliche Maßnahmen nach Maßgabe des § 23 Abs. 1 u. 3 BFSG sind Widerspruch (§§ 68 ff. VwGO) und Anfechtungsklage (§ 42 Abs. 1 VwGO). Die Notwendigkeit der Durchführung eines Widerspruchsverfahrens hängt in Ermangelung einer Regelung durch den Bundesgesetzgeber (vgl. § 68 Abs. 1 Nr. 1 VwGO) von der einschlägigen landesgesetzlichen Regelung ab. Laut Art. 2 Abs. 3 des BFSG-Staatsvertrags ist für das Verwaltungsverfahren das Landesrecht von Sachsen-Anhalt einschlägig. Da Art. 9 des BFSG-Staatsvertrags nahelegt, dass die nächsthöhere Behörde die zuständige obers- **36**

39 *Schulte*, in: Hermann/Paschke, Cyber Resilience Act, Art. 58 Rn. 18 [zum CRA].

te Landesbehörde ist, gilt hier § 73 Abs. 1 S. 2 Nr. 2 VwGO, nach dessen Maßgabe die Ausgangsbehörde selbst über den Widerspruch entscheidet. In dieser Konstellation greift § 8a Abs. 1 S. 1 AGVwGO LSA, der für die Fälle des § 73 Abs. 1 S. 2 Nr. 2 VwGO ein Vorverfahren entfallen lässt. Demnach ist für Rechtsbehelfe nach dem BFSG gemäß § 68 Abs. 1 S. 2 Var. 1 VwGO i. V. m. § 8a Abs. 1 S. 1 AGVwGO LSA kein Vorverfahren notwendig. Daher ist wegen des Verwaltungsaktcharakters der zugrundeliegenden marktaufsichtsrechtlichen Maßnahmen (→ Rn. 30) die Anfechtungsklage zu erheben.

37 Maßnahmen nach § 23 Abs. 1 u. 3 BFSG werden in der Praxis regelmäßig mit der Anordnung ihrer sofortigen Vollziehung (§ 80 Abs. 4 Satz 1 Nr. 4 VwGO) verbunden, sodass im Verfahren des vorläufigen Rechtsschutzes kraft der Kollisionsvorschrift des § 123 Abs. 5 VwGO ein Antrag auf Wiederherstellung der aufschiebenden Wirkung nach § 80 Abs. 5 Satz 1 VwGO statthaft ist.[40]

38 § 23 Abs. 1 u. 3 BFSG gewährt der zuständigen Marktüberwachungsbehörde zwar kein Entschließung- aber doch ein Auswahlermessen, das sich auf die Auswahl des verpflichteten Wirtschaftsakteurs (→ § 2 Nr. 15 BFSG) bezieht. Im Hinblick auf das Auswahlermessen ist die behördliche Entscheidung nach Maßgabe der § 40 VwVfG, § 114 VwGO nur auf Ermessensfehler hin überprüfbar. Der Umfang der gerichtlichen Überprüfung ist damit partiell beschränkt, namentlich darauf, ob die gesetzlichen Grenzen des Ermessens überschritten wurden oder ob von dem Ermessen in einer dem Zweck der Ermächtigung nicht entsprechenden Weise Gebrauch gemacht worden ist.[41] In solchen Konstellationen, in denen eine marktüberwachungsrechtliche Maßnahme trotz Greifbarkeit des Herstellers gegenüber dem Händler getroffen wurde, liegt nach hier vertretener Auffassung die Fehlerhaftigkeit der behördlichen Auswahlentscheidung im Lichte des Grundsatzes der Primärverantwortlichkeit des Herstellers[42] regelmäßig nahe.

D. Verstöße

39 Anders als in vielen Rechtsakten des übrigen harmonisierten Produktrechts[43] enthält das BFSG keine Ordnungswidrigkeitentatbestände, die ein Zuwiderhandeln gegen eine vollziehbare Anordnung nach § 23 Abs. 1 u. 3 BFSG sanktionieren.

---

40 Verkennend *Schulte*, in: Hermann/Paschke, Cyber Resilience Act, Art. 58 Rn. 22 [zum CRA]: § 123 VwGO.

41 *Schulte*, in: Hermann/Paschke, Cyber Resilience Act, Art. 58 Rn. 21 [zum CRA].

42 *Europäische Kommission* (Hrsg.), Leitfaden für die Umsetzung der Produktvorschriften der EU („Blue Guide“), 2022, S. 35; *Klindt*, ZRP 2023, 108, 109; *Piovano*, Der Hersteller im Produktsicherheitsrecht, S. 76; *Seehafer*, ZfPC 2022, 27, 29; *Reinhart*, LMuR 2022, 171, 177.

43 Vgl. zu Art. 59 BauPVO a. F.: *Held/Jaguttis/Rupp*, in: Held/Jaguttis/Rupp, BauPVO, Art. 59 Rn. 4 [zur BauPVO].

§ 24 BFSG
Pflichten der Marktüberwachungsbehörde und der Bundesanstalt für Arbeitsschutz und Arbeitsmedizin bei Nichtkonformität von Produkten, die sich nicht auf das deutsche Hoheitsgebiet beschränken

(1) Ist die Marktüberwachungsbehörde nach der Prüfung nach § 22 Absatz 1 der Auffassung, dass die beanstandeten Produkte auch in anderen Mitgliedstaaten der Europäischen Union auf dem Markt bereitgestellt werden, so informiert sie unverzüglich die Bundesanstalt für Arbeitsschutz und Arbeitsmedizin. Sie informiert die Bundesanstalt für Arbeitsschutz und Arbeitsmedizin auch über das Ergebnis der Prüfung nach § 22 Absatz 1 und über die Maßnahmen, die zu ergreifen sie den Wirtschaftsakteur aufgefordert hat.

(2) Trifft die Marktüberwachungsbehörde Maßnahmen nach § 22 Absatz 4, so informiert sie unverzüglich die Bundesanstalt für Arbeitsschutz und Arbeitsmedizin über die getroffenen Maßnahmen. Die Information enthält alle verfügbaren Angaben, insbesondere die Daten für die Identifizierung des betroffenen Produktes, die Herkunft des Produktes, die Art der behaupteten Nichtkonformität sowie die Art und Dauer der ergriffenen Maßnahmen und die Argumente des betreffenden Wirtschaftsakteurs. Die Information enthält darüber hinaus Angaben dazu, ob die behauptete Nichtkonformität darauf beruht, dass

1. das Produkt die Barrierefreiheitsanforderungen der nach § 3 Absatz 2 zu erlassenden Rechtsverordnung nicht erfüllt oder

2. die harmonisierten Normen oder die technischen Spezifikationen, bei deren Einhaltung nach den §§ 4 und 5 eine Konformitätsvermutung gilt, mangelhaft sind.

(3) Die Bundesanstalt für Arbeitsschutz und Arbeitsmedizin überprüft die eingegangenen Informationen nach Absatz 1 und Absatz 2 auf Vollständigkeit und Schlüssigkeit. Sie leitet diese Informationen unverzüglich an die Europäische Kommission und die übrigen Mitgliedstaaten der Europäischen Union weiter.

(4) Die Marktüberwachungsbehörde hebt den Widerrufsvorbehalt nach § 22 Absatz 5 auf, wenn

1. die Frist von drei Monaten nach Artikel 20 Absatz 7 der Richtlinie (EU) 2019/882 verstrichen ist, ohne dass ein Mitgliedstaat der Europäischen Union Einwände gegen die Maßnahmen erhoben hat, oder

2. die Europäische Kommission nach Artikel 21 Absatz 1 der Richtlinie (EU) 2019/882 festgestellt hat, dass die Maßnahmen gerechtfertigt sind.

(5) Die Marktüberwachungsbehörde widerruft die nach § 22 Absatz 4 getroffenen Maßnahmen, wenn die Europäische Kommission nach Artikel 21 Absatz 1 der Richtlinie (EU) 2019/882 feststellt, dass die Maßnahmen nicht gerechtfertigt sind.

Gliederung: Rn.

A. Einführung

I. Normzweck und Rechtshistorie

1 § 24 BFSG regelt die marktüberwachungsrechtliche Informationsweiterleitung zwischen der Marktüberwachungsbehörde (→ § 2 Nr. 22 BFSG), der MLBF, und der Europäischen Union (§ 24 Abs. 1–3 BFSG) unter Einschaltung der Bundesanstalt für Arbeitsschutz und Arbeitssicherheit (BAuA). Sie bildet damit die Schnittstelle zum Schutzklauselverfahren der Union (§ 24 Abs. 4, 5 BFSG). § 24 BFSG setzt schwerpunktmäßig Art. 20 Abs. 4 und Art. 21 Abs. 2 RL 2019/882/EU (European Accessibility Act) um, wobei in der Gestaltung der Informationsweiterleitung den Mitgliedstaaten erhebliche Ausgestaltungsspielräume eingeräumt werden. Die Regelungstechnik geht in ihrer modernen Ausprägung auf das in Anhang I Art. R31 f. des Beschlusses 768/2008/EG über den gemeinsamen Rechtsrahmen für die Vermarktung von Produkten umgesetzte New Legislative Framework zurück.[1]

II. Rolle der Bundesanstalt für Arbeitsschutz und Arbeitsmedizin

2 Die Bundesanstalt für Arbeitsschutz und Arbeitsmedizin (BAuA) ist im Rahmen der Marktüberwachung für die grenzüberschreitende Kommunikation zwischen der deutschen Marktüberwachungsbehörde, der MLBF, und den Behörden anderer Mitgliedstaaten sowie der Europäischen Kommission zuständig (§§ 24–26

1 *Langner/Klindt/Schucht*, in: Dauses/Ludwigs, Handbuch des EU-Wirtschaftsrechts, C. VI. Rn. 54; *Schucht*, NVwZ 2018, 538, 542; instruktiv zum New Legislative Framework: *Kapoor/Klindt*, EuZW 2008, 649; *Kapoor/Klindt*, EuZW 2009, 134; *Schucht*, EuZW 2014, 848.

BFSG).[2] Diese Zuständigkeit entspricht der Rolle, die die Bundesanstalt für Arbeitsschutz und Arbeitsmedizin auch im übrigen harmonisierten Produktsicherheitsrecht typischerweise wahrnimmt (vgl. § 17 MÜG).[3] Die Existenz einer solchen Zwischenstelle und die damit einhergehende Bündelung der Informationsweiterleitung ist durch den European Accessibility Act nicht vorgegeben (vgl. Art. 20 Abs. 4 RL 2019/882/EU), sondern entspringt dem Entschluss des nationalen Umsetzungsgesetzgebers.

Die Bundesanstalt für Arbeitsschutz und Arbeitsmedizin ist eine Bundesoberbehörde im nachgeordneten Geschäftsbereich des Bundesministeriums für Arbeit und Soziales (BMAS) ohne eigene Rechtspersönlichkeit (unselbstständige Anstalt des Öffentlichen Rechts[4]). **3**

B. Regelungsgehalt

I. Unterrichtungspflicht bei Feststellung materieller Nichtkonformität (Abs. 1)

Ist die Marktüberwachungsbehörde (→ § 2 Nr. 22 BFSG) im Rahmen der von ihr nach § 22 Abs. 1 BFSG vorgenommenen Prüfung der Auffassung, dass ein als nichtkonform beanstandetes Produkt auch in anderen Mitgliedstaaten der Europäischen Union auf dem Markt bereitgestellt wird, so informiert sie nach § 24 Abs. 1 Satz 1 BFSG die Bundesanstalt für Arbeitsschutz und Arbeitsmedizin (BAuA). **4**

Die Unterrichtungspflicht der MLBF nach § 24 Abs. 1 Satz 1 BFSG soll die Bundesanstalt für Arbeitsschutz und Arbeitsmedizin (BAuA) befähigen, der Verpflichtung aus Art. 20 Abs. 2 RL 2019/882/EU nachzukommen, ihrerseits die Europäische Kommission und die anderen Mitgliedstaaten zu unterrichten (vgl. auch § 25 Abs. 2 BFSG). **5**

Aktiviert wird die Unterrichtungspflicht trotz der anderslautenden Einlassung des Umsetzungsgesetzgebers[5] richtigerweise allein bei der Feststellung materieller Nichtkonformität. Dies ergibt sich erstens aus dem Verweis der Norm auf § 22 Abs. 1 BFSG, dessen Anwendungsbereich auf Produkte beschränkt ist, die die Barrierefreiheitsanforderungen nicht erfüllen. Auch der European Accessibility Act differenziert in Art. 20, 22 RL 2019/882/EU strikt zwischen materieller und formeller Nichtkonformität: Nur für erstere kennt die Richtlinie eine entsprechende Unterrichtungspflicht. Und drittens steht die Norm in unmittelbarem Zusammenhang mit dem Schutzklauselverfahren der Union **6**

2 BT-Drs. 19/28653, S. 88: „Zwischenstelle“.

3 *Graue*, in: Ehring/Taeger, Produkthaftungs- und Produktsicherheitsrecht, § 17 MÜG Rn. 8; vgl. auch https://www.baua.de/DE/Themen/Monitoring-Evaluation/Marktueberwachung-Produktsicherheit/Marktueberwachung/Zustaendigkeiten.html, zuletzt abgerufen am 02.02.2025.

4 Instruktiv *Kluth*, in: Wolff/Bachof/Stober/Kluth, Verwaltungsrecht II, § 86 Rn. 24.

5 BT-Drs. 19/28653, S. 87.

II. Unterrichtungspflicht bei vertriebsbeschränkenden Maßnahmen (Abs. 2)

1. Grundsatz

7 Nach § 24 Abs. 2 Satz 1 BFSG hat die Marktüberwachungsbehörde (→ § 2 Nr. 22 BFSG), die MLBF, unverzüglich die Bundesanstalt für Arbeitsschutz und Arbeitssicherheit (BAuA) zu unterrichten, wenn sie vertriebsbeschränkende Maßnahmen nach § 22 Abs. 4 BFSG getroffen hat. Meldepflichtig sind daher Maßnahmen, die unmittelbare Auswirkungen auf den Vertrieb des Produkts entfalten.[6] Erfasst sind daher namentlich Untersagungsverfügungen und Anordnungen des Produktrückrufs.

8 Nicht meldepflichtig sind dagegen Aufforderungen an den Wirtschaftsakteur, Konformität herzustellen (§ 22 Abs. 2 Satz 1 BFSG).

9 Zweck der Unterrichtungspflicht ist es, die Bundesanstalt für Arbeitsschutz und Arbeitssicherheit (BAuA) in die Lage zu versetzen, ihrer Meldeverpflichtung an die Europäische Kommission nach § 24 Abs. 3 BFSG bzw. Art. 20 Abs. 4 RL 2019/882/EU nachkommen zu können.

2. Inhalt

10 Nach § 24 Abs. 2 Satz 2 BFSG enthält die Information der MLBF alle verfügbaren Angaben, insbesondere die Daten für die Identifizierung des betroffenen Produktes, die Herkunft des Produktes, die Art der behaupteten Nichtkonformität sowie die Art und Dauer der ergriffenen Maßnahmen und die Argumente des betreffenden Wirtschaftsakteurs.

11 Nach § 24 Abs. 2 Satz 3 BFSG hat die Marktüberwachungsbehörde außerdem Angaben zu machen, ob die behauptete materielle Nichtkonformität darauf beruht, dass die Barrierefreiheitsanforderungen der BFSGV nicht eingehalten werden oder harmonisierte Normen oder technische Spezifikationen, nach denen das Produkt konzipiert wurde, mangelhaft sind. Hintergrund der Bestimmung ist, dass sich das Vorgehen der Europäischen Kommission im Schutzklauselverfahren (→ Rn. 14 ff.) danach unterscheidet, ob die Nichtkonformität auf der Mangelhaftigkeit einer harmonisierten Norm bzw. technischen Spezifikation beruht.[7] In diesem Fall leitet die Europäische Kommission das Verfahren zur Erhebung formeller Einwände gegen harmonisierte Normen nach Art. 11 der Normungs-VO (EU) 1025/2012 ein. Daher ist es sinnvoll, dass die BAuA die Europäische Kommission auf einen entsprechenden Missstand in Ansehung der harmonisierten Norm hinweisen kann.

---

6 *Graue*, in: Ehring/Taeger, Produkthaftungs- und Produktsicherheitsrecht, § 17 MÜG Rn. 12 [zum MÜG]; *Wende*, in: Klindt, ProdSG, § 29 Rn. 9 [zum ProdSG].

7 *Held/Jaguttis/Rupp*, in: Held/Jaguttis/Rupp, BauPVO, Art. 57 Rn. 4 [zur BauPVO]; *Hartmann*, in: Martini/Wendehorst, KI-VO, Art. 81 Rn. 11 [zur KI-VO]; *Giesberts/Gayger*, in: Ehring/Taeger, Produkthaftungs- und Produktsicherheitsrecht, § 4 ProdSG Rn. 37 [zum ProdSG].

III. Weiterleitungspflicht der BAuA (Abs. 3)

1. Weiterleitungspflicht der BAuA nach § 24 Abs. 3 BFSG

§ 24 Abs. 3 Satz 2 BFSG regelt die Pflicht der Bundesanstalt für Arbeitsschutz und Arbeitsmedizin (BAuA), Informationen der MLBF über vertriebsbeschränkende Maßnahmen an die Europäische Kommission und die betroffenen Mitgliedstaaten weiterzuleiten.[8] Die Vorschrift entspricht dabei § 17 Abs. 3 MÜG und § 29 Abs. 3 ProdSG a. F. Zuvor hat die Bundesanstalt für Arbeitsschutz und Arbeitsmedizin (BAuA) die erhaltenen Informationen auf Schlüssigkeit und Vollständigkeit zu überprüfen (§ 24 Abs. 3 Satz 1 BFSG). Eine inhaltliche Überprüfung erfolgt nicht.[9] **12**

Indem die Bundesanstalt für Arbeitsschutz und Arbeitsmedizin den Sachverhalt im Rahmen ihrer Meldepflicht nach § 24 Abs. 3 BFSG an die EU-Kommission und die übrigen Mitgliedstaaten weiterleitet, wird das eigentliche Schutzklauselverfahren angestoßen. **13**

2. Das Schutzklauselverfahren der Union

a) Zweck

Das Schutzklauselverfahren geht auf Anhang I Art. R31 f. des Beschlusses 768/2008/EG über den gemeinsamen Rechtsrahmen für die Vermarktung von Produkten zurück[10] und durch EU-Primärrecht vorgegeben (Art. 114 X AEUV). Das Schutzklauselverfahren gewährt der Europäischen Kommission und anderen Mitgliedstaaten der Europäischen Union die Möglichkeit, eine vertriebsbeschränkende Maßnahme zu beanstanden und schützt damit den Binnenmarkt vor ungerechtfertigten Einschränkungen des freien Warenverkehrs (Art. 34 AEUV).[11] Gleichzeitig gewährleistet die Letztentscheidungsbefugnis der Europäischen Kommission die koordinierte Durchsetzung des Produktsicherheitsrechts im gesamten europäischen Binnenmarkt:[12] Da eine Vielzahl nationaler Marktüberwachungsbehörden mit dem Vollzug des European Accessibility Act (RL 2019/882/EU) befasst ist, bestünde bei Fehlen einer Letztentscheidungsbefugnis der Europäischen Kommission die Gefahr, dass in Ansehung des betreffenden Produkts einige Mitgliedstaaten vertriebsbeschränkende Maßnahmen ergreifen, andere Mitgliedstaaten unter Berufung auf eine abweichende Rechtsauffassung jedoch nicht. Die drohende Fragmentierung des Binnenmarkts durch Vertriebsbeschränkungen wäre mit der Warenverkehrsfreiheit unvereinbar. **14**

Gleichzeitig kann durch das Schutzklauselverfahren die effiziente Ressourcenverwendung, insbesondere durch die Vermeidung von doppelten Prüfungen, wesentlich erhöht werden.[13] **15**

---

8 *Graue*, in: Ehring/Taeger, Produkthaftungs- und Produktsicherheitsrecht, § 17 MÜG Rn. 16 [zum MÜG]; *Wende*, in: Klindt, ProdSG, § 29 Rn. 17 [zum ProdSG].

9 BT-Drs. 19/28653, S. 87.

10 *Langner/Klindt/Schucht*, in: Dauses/Ludwigs, Handbuch des EU-Wirtschaftsrechts, C. VI. Rn. 54; *Schucht*, NVwZ 2018, 538, 542.

11 *Schucht*, NVwZ 2018, 538, 542.

12 *Giesberts/Gayger*, in: Ehring/Taeger, Produkthaftungs- und Produktsicherheitsrecht, Art. 16 MÜ-VO Rn. 52; *Hartmann*, in: Martini/Wendehorst, KI-VO, Art. 81 Rn. 1.

13 *Ipsen*, ZfPC 2024, 155, 155.

b) Voraussetzungen des Schutzklauselverfahrens

16 Das Schutzklauselverfahren wird allein durch vertriebsuntersagende bzw. -beschränkende Maßnahme der Marktüberwachungsbehörde nach Maßgabe des § 22 Abs. 4 BFSG ausgelöst.[14] Erfasst werden damit nur marktüberwachungsrechtliche Maßnahmen der dritten Stufe (→ § 22 BFSG Rn. 3) wegen materieller Nichtkonformität.[15] Das Schutzklauselverfahren auszulösen vermögen weder Maßnahmen wegen formeller Nichtkonformität (§ 23 BFSG) noch marktüberwachungsrechtliche Maßnahmen der zweiten Stufe.

17 Das Schutzklauselverfahren setzt außerdem eine vorläufige vertriebsbeschränkende Maßnahme voraus.[16] Diese wird dadurch gekennzeichnet, dass sie nach Maßgabe des § 22 Abs. 5 BFSG mit einem Widerrufsvorbehalt versehen wird.

c) Ablauf des Schutzklauselverfahrens

18 Das Schutzklauselverfahren untergliedert sich in das auf Anhang I Art. R31 des Beschlusses Beschl. Nr. 768/2008/EG zurückgehende Einwandsverfahren (vgl. auch Art. 20 Abs. 6 RL 2019/882/EU) und das eigentliche Schutzklauselverfahren nach Anhang I Art. R32 des Beschlusses Nr. 768/2008/EG, das der European Accessibility Act in Art. 21 RL 2019/882/EU umsetzt.[17]

19 Ausgelöst wird das Schutzklauselverfahren nach Art. 21 RL 2019/882/EU entweder durch die Kommission selbst, soweit sie diese die Maßnahme für unvereinbar mit dem Unionsrecht hält, oder durch einen anderen Mitgliedstaat, der Einwände gegen die Maßnahme gegenüber der Kommission erhebt.[18] Die Einwände sind innerhalb einer Frist von 3 Monaten zu erheben, nach deren Ablauf die Maßnahme gem. Art. 20 Abs. 7 RL 2019/882/EU ohne Prüfung als gerechtfertigt gilt. Werden Einwände erhoben, so entscheidet die Kommission nach Art. 21 Abs. 1 RL 2019/882/EU, ob die vertriebsbeschränkende Maßnahme gerechtfertigt ist.

20 Der Kommission steht bei komplexen technischen Beurteilungen im Schutzklauselverfahren ein weites Ermessen zu, das für den Fall nicht angewendeter harmonisierter Normen durch den Hersteller von innovativen Produkten ohne Weiteres auch dann rechtmäßig ausgeübt werden kann, wenn die Gleichwertigkeit des „normwidrigen" Produkts anerkannt wird.[19] Voraussetzung ist insoweit insbesondere die zutreffende Feststellung des Sachverhalts, der anschließend nicht offensichtlich fehlerhaft gewürdigt werden darf.

---

14 *Schucht*, ZfPC 2022, 50, 54

15 *Schucht*, ZfPC 2022, 50, 54

16 *Schucht*, NVwZ 2018, 538, 541 f.

17 *Graue*, in: Ehring/Taeger, Produkthaftungs- und Produktsicherheitsrecht, § 17 MÜG Rn. 9 [zum MÜG]; LASI, Handlungsanleitung für die Ausführung der Marktüberwachung in Deutschland – LV 36, 6. Aufl. 2024, S. 74, abrufbar unter https://lasi-info.com/publikationen/lasi-veroeffentlichungen/download/36-handlungsanleitung-fuer-die-ausfuehrung-der-marktueberwachung-in-deutschland, zuletzt abgerufen am 27.05.2025.

18 *Hartmann*, in: Martini/Wendehorst, KI-VO, Art. 81 Rn. 5.

19 EuG, Urteil vom 13.9.2023 – T-349/21, ZfPC 2023, 268 m. Anm. *Schucht*.

d) Rechtswirkungen des Schutzklauselverfahrens

aa) Rechtswirkungen bei Rechtfertigungsfiktion

Erhebt weder die Europäische Kommission noch ein anderer Mitgliedstaat der Union innerhalb einer Frist von drei Monaten Einwände gegen die vertriebsbeschränkende Maßnahme, so gilt sie nach Art. 20 Abs. 7 RL 2019/882/EU als gerechtfertigt. Die MLBF hebt daraufhin nach § 24 Abs. 4 Nr. 1 BFSG den Widerrufsvorbehalt auf; die vorläufige vertriebsbeschränkende Maßnahme erhält damit endgültigen Charakter. **21**

Die anderen Mitgliedstaaten ergreifen daraufhin ebenfalls geeignete vertriebsbeschränkende Maßnahmen (Art. 20 Abs. 8 RL 2019/882/EU). **22**

bb) Rechtswirkungen einer Beanstandung der nationalen Maßnahme

Wird die streitgegenständliche Maßnahme der Marktüberwachungsbehörde im Rahmen des Schutzklauselverfahrens durch die Europäische Kommission beanstandet, so wird sie von der MLBF nach Maßgabe des § 24 Abs. 5 BFSG widerrufen.[20] Im anhängigen Verwaltungsprozess führt die Aufhebung der vertriebsbeschränkenden Maßnahme zur Erledigung mit der Folge, dass das beklagte Land die Kosten des Verfahrens zu tragen hat.[21] **23**

Gegen den beanstandenden Beschluss der Kommission kann sich die Bundesrepublik Deutschland mit der Nichtigkeitsklage nach Art. 263 AEUV wenden.[22] **24**

cc) Rechtswirkungen einer Bestätigung der nationalen Maßnahme

Wird die streitgegenständliche Maßnahme der Marktüberwachungsbehörde im Rahmen des Schutzklauselverfahrens durch die Europäische Kommission bestätigt, so hebt die MLBF nach § 24 Abs. 4 Nr. 2 BFSG den Widerrufsvorbehalt auf; die vorläufige vertriebsbeschränkende Maßnahme erhält damit endgültigen Charakter. **25**

In diesem Fall sind auch die übrigen europäischen Marktüberwachungsbehörden nach Maßgabe des Art. 21 Abs. 2 Satz 1 RL 2019/882/EU verpflichtet, entsprechende vertriebsbeschränkende Maßnahmen zu erlassen (vgl. § 26 Abs. 4 BFSG). **26**

IV. Aufhebung des Widerrufsvorbehalts (Abs. 4)

Vertriebsbeschränkende Maßnahmen sind nach Maßgabe des § 22 Abs. 5 BFSG mit einem Widerrufsvorbehalt zu versehen, wenn ein Fall grenzüberschreitender Nichtkonformität gegeben ist (→ § 22 BFSG Rn. 24).[23] Nach § 24 Abs. 4 BFSG ist der Widerrufsvorbehalt aufzuheben, wenn die vertriebsbeschränkende Maßnahme entweder durch Verstreichen der Einwandfrist im Schutzklauselverfahren als gerechtfertigt gilt (Nr. 1) oder durch die Europäische Kommission im Schutzklauselver- **27**

---

20 BT-Drs. 19/28653, S. 87; vgl. auch *Hartmann*, in: Martini/Wendehorst, KI-VO, Art. 81 Rn. 9 [zur KI-VO].

21 Vertiefend VG München, Beschluss vom 24.1.2025 – M 16 K 24.2803.

22 EuG, Urteil vom 13.9.2023 – T-349/21, ZfPC 2023, 268. m. Anm. *Schucht.*

23 Instruktiv *Schucht*, NVwZ 2018, 538, 541 f.

fahren bestätigt wurde. Die vorläufige vertriebsbeschränkende Maßnahme erhält dadurch endgültigen Charakter.

V. Rechtswirkungen eines erfolgreichen Schutzklauselverfahrens (Abs. 5)

28 Nach § 24 Abs. 5 BFSG widerruft die Marktüberwachungsbehörde (→ § 2 Nr. 22 BFSG) die nach Maßgabe des § 22 Abs. 4 BFSG getroffenen vertriebsbeschränkenden Maßnahmen wegen materieller Nichtkonformität, wenn die Europäische Union im sog. Schutzklauselverfahren nach Art. 21 Abs. 1 RL 2019/882/EU feststellt, dass die vertriebsbeschränkende Maßnahme nicht gerechtfertigt ist.

§ 25 BFSG
Unterstützungsverpflichtung

(1) Die Marktüberwachungsbehörden und die Bundesanstalt für Arbeitsschutz und Arbeitsmedizin haben einander zu unterstützen und sich gegenseitig über Maßnahmen nach diesem Gesetz zu informieren.

(2) Die Bundesanstalt für Arbeitsschutz und Arbeitsmedizin informiert die Marktüberwachungsbehörden über Meldungen der Europäischen Kommission oder eines anderen Mitgliedstaates der Europäischen Union.

Gliederung: Rn.

A. Einleitung

I. Normativer Hintergrund

1 § 25 BFSG regelt die gegenseitige Unterstützungsverpflichtung der Bundesanstalt für Arbeitsschutz und Arbeitsmedizin (BAuA) und der Marktüberwachungsbehörde (→ § 2 Nr. 22 BFSG). Die Regelungstechnik fügt sich lückenlos in das übrige harmonisierte Produktsicherheitsrecht ein: § 25 Abs. 1 BFSG entspricht vollständig den Parallelvorschriften in § 17 Abs. 1 MÜG und § 29 Abs. 1 ProdSG a. F.[1] Die Anlehnung an § 17 Abs. 1 MÜG ist Ausdruck der Bemühung des Umsetzungsgesetz-

1 Vgl. *Geiß/Moritz/Felz*, NVwZ 2022, 299, 303; *Graue*, in: Ehring/Taeger, Produkthaftungs- und Produktsicherheitsrecht, § 17 MÜG Rn. 6 [zum MÜG]; *Wende*, in: Klindt, ProdSG, § 29 Rn. 2 [zum ProdSG a. F.].

gebers, das Marktüberwachungssystem des BFSG an das allgemeine Marktüberwachungsrecht (MÜ-VO, MÜG) anzugleichen. Rechtspolitisch ist dieses Bemühen begrüßenswert, da es zum einen bestehende und vorhandene Kompetenzen in Ansehung von Marktüberwachung und Informationsweiterleitung bei der Bundesanstalt für Arbeitsschutz und Arbeitsmedizin (BAuA) nutzt, zum anderen durch Verwendung wiederkehrender Zuständigkeitssysteme den Vollzug des BFSG vorhersehbarer macht.

II. Rolle der Bundesanstalt für Arbeitsschutz und Arbeitsmedizin (BAuA)

Während die MLBF, die Marktüberwachungsstelle der Länder für die Barrierefreiheit von Produkten und Dienstleistungen, das BFSG im eigentlichen Sinne vollzieht, d.h. insbesondere Marktüberwachungsmaßnahmen gegenüber Wirtschaftsakteuren nach Maßgabe der §§ 22, 23 BFSG anordnet, ist die Bundesanstalt für Arbeitsschutz und Arbeitsmedizin (BAuA) im Rahmen der Marktüberwachung für die grenzüberschreitende Kommunikation zwischen deutschen Behörden und den Behörden anderer EU-Staaten sowie der Europäischen Kommission zuständig (§§ 24–26 BFSG).[2] In diesen Regelungsbereich fügt sich auch die Vorschrift des § 25 BFSG ein. **2**

Die Bundesanstalt für Arbeitsschutz und Arbeitsmedizin ist eine Bundesoberbehörde im nachgeordneten Geschäftsbereich des Bundesministeriums für Arbeit und Soziales (BMAS) ohne eigene Rechtspersönlichkeit (unselbstständige Anstalt des Öffentlichen Rechts[3]). **3**

B. Regelungsgehalt

I. Unterstützungs- und Informationsverpflichtung (Abs. 1)

Nach § 25 Abs. 1 BFSG haben die Marktüberwachungsbehörde, die MLBF, und die Bundesanstalt für Arbeitsschutz und Arbeitsmedizin (BAuA) einander zu unterstützen und sich gegenseitig über Maßnahmen nach dem BFSG zu informieren (Unterstützungs- und Informationsverpflichtung). Da die Bundesanstalt für Arbeitssicherheit und Arbeitsmedizin (BAuA) als Zwischenstelle zwischen den Marktüberwachungsbehörden der Länder und der Europäischen Kommission und den übrigen Mitgliedstaaten der Europäischen Union agiert, ist eine gegenseitige Unterstützung und Information unerlässlich.[4] **4**

Die Bundesanstalt für Arbeitsschutz und Arbeitsmedizin (BAuA) unterstützt die Marktüberwachungsbehörde beispielsweise durch Agieren als nationale Zwischenstelle für die amtlichen Meldeverfahren zur und von der EU-Kommission (§§ 24, 25 Abs. 2, 26 BFSG). Sie ist damit insbesondere die Schnittstelle zum Schutzklau- **5**

---

2 BT-Drs. 19/28653, S. 88: „Zwischenstelle“.

3 Instruktiv *Kluth*, in: Wolff/Bachof/Stober/Kluth, Verwaltungsrecht II, § 86 Rn. 24.

4 BT-Drs. 19/28653, S. 88.

selverfahren der Union. Im Anwendungsbereich der MÜ-VO und des MÜG führt die Bundesanstalt für Arbeitsschutz und Arbeitsmedizin (BAuA) in enger Abstimmung auch Risikobewertungen von Produkten durch und unterstützt die Marktüberwachungsbehörden durch wissenschaftliche Auswertungen von Mängeln in der Beschaffenheit von Produkten, um das Überwachungskonzept der Marktüberwachungsbehörden stetig zu verbessern.[5] Es ist zu erwarten, dass die Bundesanstalt für Arbeitsschutz und Arbeitsmedizin (BAuA) im Anwendungsbereich des BFSG ähnlich gelagerte rahmenmäßige Unterstützungsaufgaben übernimmt. Bereits vor Inkrafttreten des BFSG veröffentlichte die BAuA Technische Regeln zur barrierefreien Gestaltung von Arbeitsplätzen (ASR V3a.2)[6] und führte Pilotstudien zur Förderung der Barrierefreiheit bei der Datenerhebung von Arbeitsbedingungen[7] durch. Ihr informatorisches Wirken auf dem Gebiet der Barrierefreiheit wird die BAuA mit Inkrafttreten des BFSG zum 25.06.2025 ausbauen.

6 Inwieweit sich aus der vage gehaltenen Unterstützungsverpflichtung nach § 25 Abs. 1 BFSG ein konkreter objektiv-rechtlicher Gehalt ableiten lässt, ist durchaus fraglich. Denn zum einen wird die Verpflichtung zur gegenseitigen Unterstützung bereits maßgeblich durch die verfahrensrechtlichen Vorgaben zur Informationsweiterleitung realisiert (§§ 24, 25 Abs. 2, 26 BFSG). Ob darüber hinaus aus § 25 Abs. 1 BFSG konkret-rechtliche Vorgaben zur Gestaltung der Zusammenarbeit zwischen Bundesanstalt für Arbeitsschutz und Arbeitsmedizin (BAuA) und der MLBF abgeleitet werden kann, ist äußerst fraglich.

II. Informationsweiterleitung (Abs. 2)

7 Die Bundesanstalt für Arbeitsschutz und Arbeitsmedizin (BAuA) informiert nach § 25 Abs. 2 BFSG die Marktüberwachungsbehörden über Meldungen der Europäischen Kommission oder eines anderen Mitgliedstaates der Europäischen Union. Mit § 25 Abs. 2 BFSG wurde die Regelung des § 17 Abs. 4 MÜG und des § 29 Abs. 4 ProdSG a. F. identisch in das BFSG übernommen.[8] § 25 Abs. 2 BFSG etabliert damit die Weiterleitungspflicht der Bundesanstalt für Arbeitsschutz und Arbeitsmedizin (BAuA).

8 Die Verpflichtung zur Informationsweiterleitung dient der Umsetzung der Schnittstelle zum Schutzklauselverfahren der Union (Art. 21 RL 2019/882/EU). Da nach Maßgabe des Art. 20 Abs. 4 RL 2019/882/EU ein Mitgliedstaat, der eine vertriebsbeschränkende Marktüberwachungsmaßnahme wegen materieller Nichtkonformität ergriffen hat, die Europäische Kommission und die anderen Mitgliedstaaten der Europäischen Union unterrichten muss, haben die anderen Mitgliedstaaten Systeme

5 *Graue*, in: Ehring/Taeger, Produkthaftungs- und Produktsicherheitsrecht, § 17 MÜG Rn. 23 [zum MÜG]; https://www.baua.de/DE/Themen/Anwendungssichere-Chemikalien-und-Produkte/Produktsicherheit/Marktueberwachung/Zustaendigkeiten.html, zuletzt aufgerufen am 28.04.2025.

6 https://www.baua.de/DE/Angebote/Regelwerk/ASR/ASR-V3a-2, zuletzt aufgerufen am 28.04.2025.

7 https://www.baua.de/DE/Forschung/Forschungsprojekte/f2558, zuletzt aufgerufen am 28.04.2025.

8 Vgl. *Graue*, in: Ehring/Taeger, Produkthaftungs- und Produktsicherheitsrecht, § 17 MÜG Rn. 23 [zum MÜG]; BT-Drs. 19/28401, S. 32.

der Informationsweiterleitung zu etablieren, um diesen Informationsaustausch gewährleisten zu können. Eben genau diese Verpflichtung setzt § 25 Abs. 2 BFSG um.

§ 26 BFSG
Pflichten der Marktüberwachungsbehörde bei Maßnahmen anderer Mitgliedstaaten, bei Produkten, die gegen Barrierefreiheitsanforderungen verstoßen

(1) Wird die Marktüberwachungsbehörde von der Bundesanstalt für Arbeitsschutz und Arbeitsmedizin darüber informiert, dass ein anderer Mitgliedstaat eine Maßnahme nach Artikel 20 Absatz 4 der Richtlinie (EU) 2019/882 getroffen hat, so prüft sie unverzüglich, ob diese Maßnahme gerechtfertigt ist. Die Marktüberwachungsbehörde informiert die nationalen Wirtschaftsakteure in geeigneter Weise über die Maßnahme des anderen Mitgliedstaates und gibt ihnen Gelegenheit zur Stellungnahme. Die Frist zur Stellungnahme beträgt vier Wochen ab der Möglichkeit der Kenntnisnahme.

(2) Kommt die Marktüberwachungsbehörde zu dem Ergebnis, dass die Maßnahme nicht gerechtfertigt ist, so übermittelt sie der Bundesanstalt für Arbeitsschutz und Arbeitsmedizin unverzüglich ihre Einwände nach Artikel 20 Absatz 6 der Richtlinie (EU) 2019/882. Die Bundesanstalt für Arbeitsschutz und Arbeitsmedizin leitet diese Einwände unverzüglich an die Europäische Kommission und die übrigen Mitgliedstaaten weiter.

(3) Werden weder von der Europäischen Kommission noch von einem der Mitgliedstaaten der Europäischen Union innerhalb einer Frist von drei Monaten Einwände erhoben, so gilt die Maßnahme als gerechtfertigt. Die Marktüberwachungsbehörde trifft in diesem Fall geeignete Maßnahmen, um die Bereitstellung des Produkts auf dem Markt einzuschränken, oder sie untersagt die Bereitstellung auf dem Markt oder sorgt dafür, dass das Produkt zurückgenommen oder zurückgerufen wird. Die Marktüberwachungsbehörde macht die Maßnahmen in geeigneter Weise öffentlich bekannt.

(4) Absatz 3 gilt auch in den Fällen, in denen die Europäische Kommission nach Artikel 21 Absatz 1 der Richtlinie (EU) 2019/882 festgestellt hat, dass die Maßnahme eines anderen Mitgliedstaates gerechtfertigt ist.

Gliederung: Rn.

A. Einführung

1 § 26 BFSG regelt die marktüberwachungsrechtliche Informationsweiterleitung zwischen der Europäischen Union und der Marktüberwachungsbehörde (→ § 2 Nr. 22 BFSG), der MLBF, unter Einschaltung der Bundesanstalt für Arbeitsschutz und Arbeitssicherheit (BAuA), die insoweit als Zwischenstelle agiert und eine möglichst schnelle und effektive Kommunikation zwischen der Europäischen Kommission und den anderen EU-Mitgliedstaaten ermöglichen soll.[1] Die Vorschrift bildet ebenso wie § 24 BFSG die Schnittstelle zum sog. Schutzklauselverfahren der Union (Art. 21 RL 2019/882/EU). Anders als § 24 BFSG hat § 26 BFSG vertriebsbeschränkende Maßnahmen anderer Mitgliedstaaten der Europäischen Union zum Gegenstand. Mit der Norm werden schwerpunktmäßig die Art. 20 Abs. 6, 7, Art. 21 Abs. 2 RL 2019/882/EU (European Accessibility Act) umgesetzt.[2]

B. Regelungsgehalt

I. Verpflichtung zur Informationsweiterleitung (Abs. 1)

1. Grundsatz

2 Nach § 26 Abs. 1 Satz 1 BFSG hat die Marktüberwachungsbehörde (→ § 2 Nr. 22 BFSG), die MLBF, unverzüglich zu prüfen, ob die vertriebsbeschränkende Maßnahme eines anderen Mitgliedstaats gerechtfertigt ist, wenn sie insoweit durch die Bundesanstalt für Arbeitssicherheit und Arbeitsmedizin (BAuA) informiert wird.

3 Hintergrund der Bestimmung ist, dass die Mitgliedstaaten nach Art. 20 Abs. 4 RL 2019/882/EU verpflichtet sind, die Europäische Kommission und die anderen Mitgliedstaaten bei Erlass einer vertriebsbeschränkenden Maßnahme wegen materieller Nichtkonformität zu unterrichten. Durch diese Unterrichtung an die BAuA wird die erste Stufe des Schutzklauselverfahrens der Union, das sog. Einwandsverfahren, aktiviert.[3]

---

1 BT-Drs. 19/28653, S. 88: „Zwischenstelle".
2 BT-Drs. 19/28653, S. 88.
3 *Graue*, in: Ehring/Taeger, Produkthaftungs- und Produktsicherheitsrecht, § 17 MÜG Rn. 9 [zum MÜG]; LASI, Handlungsanleitung für die Ausführung der Marktüberwachung in Deutschland – LV 36, 6. Aufl. 2024, S. 74, abrufbar unter https://lasi-info.com/publikationen/lasi-veroeffentlichungen/download/36-handlungsanleitung-fuer-die-ausfuehrung-der-marktueberwachung-in-deutschland, zuletzt abgerufen am 27.05.2025.

2. Das Schutzklauselverfahren der Union

a) Zweck

4 Das Schutzklauselverfahren geht auf Anhang I Art. R31 f. des Beschlusses 768/2008/EG über den gemeinsamen Rechtsrahmen für die Vermarktung von Produkten zurück[4] und ist durch EU-Primärrecht vorgegeben (Art. 114 Abs. 10 AEUV). Das Schutzklauselverfahren ermöglicht es dem handelnden Mitgliedstaat zunächst, den weiteren Vertrieb eines nichtkonformen Produkts zu unterbinden, gewährt der Europäischen Kommission und anderen Mitgliedstaaten der Europäischen Union aber zugleich die Möglichkeit, eine vertriebsbeschränkende Maßnahme zu beanstanden und schützt damit den Binnenmarkt vor ungerechtfertigten Einschränkungen des freien Warenverkehrs (Art. 34 AEUV).[5] Gleichzeitig gewährleistet die Letztentscheidungsbefugnis der Europäischen Kommission die koordinierte Durchsetzung des Produktsicherheitsrechts im gesamten europäischen Binnenmarkt:[6] Da eine Vielzahl nationaler Marktüberwachungsbehörden mit dem Vollzug des European Accessibility Act (RL 2019/882/EU) befasst ist, bestünde bei Fehlen einer Letztentscheidungsbefugnis der Europäischen Kommission die Gefahr, dass in Ansehung des betreffenden Produkts einige Mitgliedstaaten vertriebsbeschränkende Maßnahmen ergreifen, andere Mitgliedstaaten unter Berufung auf eine abweichende Rechtsauffassung jedoch nicht. Die drohende Fragmentierung des Binnenmarkts durch Vertriebsbeschränkungen wäre mit der Warenverkehrsfreiheit unvereinbar.

5 Gleichzeitig kann durch das Schutzklauselverfahren die effiziente Ressourcenverwendung, insbesondere durch die Vermeidung von doppelten Prüfungen, wesentlich erhöht werden.[7]

b) Voraussetzungen des Schutzklauselverfahrens

6 Das Schutzklauselverfahren wird allein durch vertriebsuntersagende bzw. -beschränkende Maßnahme der mitgliedstaatlichen Marktüberwachungsbehörde ausgelöst.[8] Erfasst werden damit nur marktüberwachungsrechtliche Maßnahmen der dritten Stufe (→ § 22 BFSG Rn. 3) wegen materieller Nichtkonformität.[9] Das Schutzklauselverfahren auszulösen vermögen weder Maßnahmen wegen formeller Nichtkonformität noch marktüberwachungsrechtliche Maßnahmen der zweiten Stufe, wie etwa die bloße Aufforderung der Marktüberwachungsbehörde, eine bestehende materielle Nonkonformität zu beseitigen (vgl. § 22 Abs. 2 BFSG).

4 *Langner/Klindt/Schucht*, in: Dauses/Ludwigs, Handbuch des EU-Wirtschaftsrechts, C. VI. Rn. 54; *Schucht*, NVwZ 2018, 538, 542.
5 *Schucht*, NVwZ 2018, 538, 542.
6 *Giesberts/Gayger*, in: Ehring/Taeger, Produkthaftungs- und Produktsicherheitsrecht, Art. 16 MÜ-VO Rn. 52; *Hartmann*, in: Martini/Wendehorst, KI-VO, Art. 81 Rn. 1; *Gundel*, EWS 2022, 241.
7 *Ipsen*, ZfPC 2024, 155.
8 *Schucht*, ZfPC 2022, 50, 54.
9 *Schucht*, ZfPC 2022, 50, 54.

c) Ablauf des Schutzklauselverfahrens

7 Das Schutzklauselverfahren untergliedert sich in das auf Anhang I Art. R31 des Beschlusses Beschl. Nr. 768/2008/EG zurückgehende Einwandsverfahren (vgl. auch Art. 20 Abs. 6 RL 2019/882/EU) und das eigentliche Schutzklauselverfahren nach Anhang I Art. R32 des Beschlusses Nr. 768/2008/EG, das der European Accessibility Act in Art. 21 RL 2019/882/EU umsetzt.[10]

8 Das Einwandsverfahren wird durch die Unterrichtung des Mitgliedstaats, der die vertriebsbeschränkende Maßnahme getroffen hat, angestoßen. Das eigentliche Schutzklauselverfahren wird nach Art. 21 RL 2019/882/EU entweder durch die Kommission selbst, soweit sie diese die Maßnahme für unvereinbar mit dem Unionsrecht hält, oder durch einen anderen Mitgliedstaat, der Einwände gegen die Maßnahme gegenüber der Kommission erhebt.[11] Die Einwände sind innerhalb einer Frist von 3 Monaten zu erheben, nach deren Ablauf die Maßnahme gem. Art. 20 Abs. 7 RL 2019/882/EU ohne Prüfung als gerechtfertigt gilt. Werden Einwände erhoben, so entscheidet die Kommission nach Art. 21 Abs. 1 RL 2019/882/EU, ob die vertriebsbeschränkende Maßnahme gerechtfertigt ist.

9 Der Kommission steht bei komplexen technischen Beurteilungen im Schutzklauselverfahren ein weites Ermessen zu, das für den Fall nicht angewendeter harmonisierter Normen durch den Hersteller von innovativen Produkten ohne Weiteres auch dann rechtmäßig ausgeübt werden kann, wenn die Gleichwertigkeit des „normwidrigen“ Produkts anerkannt wird.[12] Voraussetzung ist insoweit insbesondere die zutreffende Feststellung des Sachverhalts, der anschließend nicht offensichtlich fehlerhaft gewürdigt werden darf.

d) Rechtswirkungen des Schutzklauselverfahrens

aa) Rechtswirkungen bei Rechtfertigungsfiktion

10 Erhebt weder die Europäische Kommission noch ein anderer Mitgliedstaat der Union innerhalb einer Frist von drei Monaten Einwände gegen die vertriebsbeschränkende Maßnahme, so gilt sie nach Art. 20 Abs. 7 RL 2019/882/EU bzw. § 26 Abs. 3 BFSG als gerechtfertigt. Die anderen Mitgliedstaaten ergreifen daraufhin ebenfalls geeignete vertriebsbeschränkende Maßnahmen (Art. 20 Abs. 8 RL 2019/882/EU).

bb) Rechtswirkungen einer Beanstandung der nationalen Maßnahme

11 Wird die streitgegenständliche Maßnahme der Marktüberwachungsbehörde im Rahmen des Schutzklauselverfahrens durch die Europäische Kommission beanstandet, so wird sie von der zuständigen nationalen Marktüberwachungsbehörde nach Art. 21

---

10 *Graue*, in: Ehring/Taeger, Produkthaftungs- und Produktsicherheitsrecht, § 17 MÜG Rn. 9 [zum MÜG]; LASI, Handlungsanleitung für die Ausführung der Marktüberwachung in Deutschland – LV 36, 6. Aufl. 2024, S. 74, abrufbar unter https://lasi-info.com/publikationen/lasi-veroeffentlichungen/download/36-handlungsanleitung-fuer-die-ausfuehrung-der-marktueberwachung-in-deutschland, zuletzt abgerufen am 27.05.2025.

11 *Hartmann*, in: Martini/Wendehorst, KI-VO, Art. 81 Rn. 5.

12 EuG, Urteil vom 13.9.2023 – T-349/21, ZfPC 2023, 268 m. Anm. *Schucht*.

Abs. 2 Satz 2 RL 2019/882/EU aufgehoben.[13] Im anhängigen Verwaltungsprozess führt die Aufhebung der vertriebsbeschränkenden Maßnahme zur Erledigung mit der Folge, dass das beklagte Land die Kosten des Verfahrens zu tragen hat.[14]

Gegen den beanstandenden Beschluss der Kommission kann sich ein Mitgliedstaat mit der Nichtigkeitsklage nach Art. 263 AEUV wenden.[15] **12**

cc) Rechtswirkungen einer Bestätigung der nationalen Maßnahme

Wird die streitgegenständliche Maßnahme der Marktüberwachungsbehörde im Rahmen des Schutzklauselverfahrens durch die Europäische Kommission bestätigt, so sind auch die übrigen europäischen Marktüberwachungsbehörden nach Maßgabe des Art. 21 Abs. 2 Satz 1 RL 2019/882/EU verpflichtet, entsprechende vertriebsbeschränkende Maßnahmen zu erlassen (vgl. auch § 26 Abs. 4 BFSG). **13**

3. Gelegenheit zur Stellungnahme

Nach § 26 Abs. 1 Satz 2 BFSG informiert die Marktüberwachungsbehörde die nationalen Wirtschaftsakteure in geeigneter Weise über die Maßnahme des anderen Mitgliedstaates und gibt ihnen Gelegenheit zur Stellungnahme. Die Frist zur Stellungnahme beträgt dabei vier Wochen ab der Möglichkeit der Kenntnisnahme (§ 26 Abs. 1 Satz 3 BFSG). Die Vorschrift soll die Behörde in die Lage versetzen, die erforderlichen Informationen für eine umfassende Beurteilung zu erlangen.[16] **14**

II. Geltendmachung von Einwänden (Abs. 2)

Kommt die Marktüberwachungsbehörde zu dem Ergebnis, dass die vertriebsbeschränkende Maßnahme nicht gerechtfertigt ist, so übermittelt sie nach § 26 Abs. 2 Satz 1 BFSG der Bundesanstalt für Arbeitsschutz und Arbeitsmedizin (BAuA) unverzüglich ihre Einwände. Die Vorschrift dient der Umsetzung von Art. 20 Abs. 6 RL 2019/882/EU und ermöglicht es der nationalen Marktüberwachungsbehörde, im sog. Einwandsverfahren als erster Stufe des Schutzklauselverfahrens der Union[17] Einwände gegen die vertriebsbeschränkende Maßnahme eines anderen Mitgliedstaats vorzubringen und dadurch das eigentliche Schutzklauselverfahren anzustoßen. **15**

Die Bundesanstalt für Arbeitsschutz und Arbeitsmedizin (BAuA) leitet die von der MLBF vorgebrachten Einwände nach Maßgabe des § 26 Abs. 2 Satz 2 BFSG unverzüglich an die Europäische Kommission und die übrigen Mitgliedstaaten weiter. Durch die von der BAuA vorgenommene Meldung an die Europäische Kommission **16**

---

13 BT-Drs. 19/28653, S. 87; vgl. auch *Hartmann*, in: Martini/Wendehorst, KI-VO, Art. 81 Rn. 9 [zur KI-VO].

14 Vertiefend VG München, Beschluss vom 24.1.2025 – M 16 K 24.2803.

15 EuG, Urteil vom 13.9.2023 – T-349/21, ZfPC 2023, 268 m. Anm. *Schucht*.

16 BT-Drs. 19/28653, S. 88.

17 *Graue*, in: Ehring/Taeger, Produkthaftungs- und Produktsicherheitsrecht, § 17 MÜG Rn. 9 [zum MÜG]; LASI, Handlungsanleitung für die Ausführung der Marktüberwachung in Deutschland – LV 36, 6. Aufl. 2024, S. 74, abrufbar unter https://lasi-info.com/publikationen/lasi-veroeffentlichungen/download/36-handlungsanleitung-fuer-die-ausfuehrung-der-marktueberwachung-in-deutschland, zuletzt abgerufen am 27.05.2025.

und die Mitgliedstaaten kommt die Bundesrepublik der korrespondierenden Verpflichtung aus Art. 20 Abs. 6 RL 2019/882/EU nach.[18] Über die Einwände entscheidet anschließend nach den oben skizzierten Grundsätzen die Europäische Kommission (→ Rn. 9).

III. Rechtfertigungsfiktion (Abs. 3–4)

17 Nach § 26 Abs. 3 Satz 1 BFSG gelten vertriebsbeschränkende Maßnahmen anderer Mitgliedstaaten als gerechtfertigt, wenn weder von der Europäischen Kommission noch von einem der Mitgliedstaaten der Europäischen Union innerhalb einer Frist von drei Monaten Einwände gegen die vertriebsbeschränkende Maßnahme erhoben werden (→ Rn. 15). Dasselbe gilt nach Abs. 4, wenn die Europäische Kommission die Rechtmäßigkeit der Maßnahme festgestellt hat.

§ 27 BFSG
Aufgaben der zentralen Verbindungsstelle

(1) Die zentrale Verbindungsstelle teilt der Europäischen Kommission und den anderen Mitgliedstaaten der Europäischen Union mit:

1. die nach § 20 Absatz 2 von den Ländern übermittelte Marktüberwachungsstrategie und

2. die Marktüberwachungsbehörden und deren jeweilige Zuständigkeiten.

Hierfür greift sie auf das in Artikel 34 der Verordnung (EU) 2019/1020 genannte Informations- und Kommunikationssystem zurück. Die Länder teilen der zentralen Verbindungsstelle die nach Satz 1 Nummer 2 erforderlichen Informationen mit.

(2) Die zentrale Verbindungsstelle stellt der Öffentlichkeit eine Zusammenfassung der Marktüberwachungsstrategie zur Verfügung.

(3) Die zentrale Verbindungsstelle nimmt in Abstimmung mit den betroffenen Bundesministerien die Aufgaben nach Artikel 31 Absatz 2 Buchstabe a, f, g und m der Verordnung (EU) 2019/1020 im Hinblick auf die Marktüberwachung von Barrierefreiheitsanforderungen für Produkte nach der Richtlinie (EU) 2019/882 wahr.

Gliederung: Rn.

---

18 BT-Drs. 19/28653, S. 88.

A. Einführung

I. Normativer Hintergrund

§ 27 BFSG regelt die Aufgaben der zentralen Verbindungsstelle. Die Benennung zentraler Verbindungsstellen ist ein auf die neue Marktüberwachungsverordnung zurückgehendes[1] grundlegendes Strukturprinzip der modernen harmonisierten Marktüberwachung und fügt sich konzeptionell in das übrige Marktüberwachungsrecht ein (vgl. Art. 13 Abs. 3, Abs. 4 MÜ-VO, § 15 MÜG). Die Regelungstechnik setzt dabei, soweit es um die Benennung zentraler Verbindungsstellen geht, nicht unmittelbar den European Accessibility Act (RL 2019/882/EU) um, der insoweit sein Marktüberwachungskonzept nicht an die neue Marktüberwachungsverordnung, sondern noch den Vorgängerrechtsakt VO (EG) Nr. 765/2008 knüpft (Art. 19 Abs. 1 RL 2019/882/EU). Der vom Gesetzgeber über die bloße Umsetzung der Richtlinie hergestellte organisationsrechtliche Gleichlauf mit der Marktüberwachungsverordnung ist im Interesse der Folgerichtigkeit und Abgestimmtheit der Regelungssysteme dennoch begrüßenswert. 1

II. Behördenzuständigkeit

Die Aufgaben der zentralen Verbindungsstelle werden von der Bundesnetzagentur für Elektrizität, Gas, Telekommunikation, Post und Eisenbahnen im Auftrag des Bundesministeriums für Wirtschaft und Energie wahrgenommen.[2] Auch auf Ebene der Behördenzuständigkeit soll damit erkennbar ein Gleichlauf mit der Marktüberwachungsverordnung hergestellt werden (vgl. § 14 Abs. 2 MÜG). 2

III. Die Rolle der zentralen Verbindungsstelle

Die zentrale Verbindungsstelle nimmt gewisse Aspekte der Koordinierung von Kommunikation mit den anderen Mitgliedstaaten der Europäischen Union und der Europäischen Kommission wahr. Zu ihren Aufgaben im Anwendungsbereich des Gesetzes gehört insbesondere, die von der Marktüberwachungsstelle der Länder (MLBF) zu entwickelnde Marktüberwachungsstrategie und die zuständige Marktüberwachungsbehörde über das Information and Communication System on Market 3

1 *Schucht*, GewA 2020, 259, 262; *Seehafer*, ZfPC 2022, 27, 31; *Lenz*, BB 2020, 707, 710.
2 BT.-Drs. 19/28653, S. 88; *Tabbara*, NZS 2021, 497, 501.

Surveillance (ICSMS) an andere EU-Staaten und die Europäische Kommission zu übermitteln (§ 27 Abs. 1 BFSG) und der Öffentlichkeit eine Zusammenfassung der Marktüberwachungsstrategie zur Verfügung zu stellen (§ 27 Abs. 2 BFSG).

4 Daneben nimmt die Bundesnetzagentur als zentrale Verbindungsstelle nach § 27 Abs. 3 BFSG untergeordnete flankierende Aufgaben zur Erleichterung der Kommunikation zwischen den nationalen Marktüberwachungsbehörden nach Maßgabe des Art. 31 Abs. 2 lit. a, f, g, m der Marktüberwachungsverordnung[3] wahr.

5 Fehlerhaft ist die Einlassung des Gesetzgebers, die Bundesnetzagentur sei als zentrale Verbindungsstelle die Schnittstelle zum Unionsnetzwerk für Produktkonformität.[4] Das durch die neue Marktüberwachungsverordnung eingerichtete Unionsnetzwerk für Produktkonformität ist mit einem gewissen Aufgabenbestand im Anwendungsbereich der neuen Marktüberwachungsverordnung betraut.[5] Seine Zuständigkeit erstreckt sich gleichwohl nicht auf die Marktüberwachung unter dem BFSG, was sich schlicht daraus ergibt, dass eine entsprechende Aufgabenzuweisung in der RL 2019/882/EU und auch im Gesetz selbst fehlt. Dieses Ergebnis wird dadurch abgesichert, dass die Bundesnetzagentur nach § 27 Abs. 3 BFSG selbst einige Aufgaben wahrnimmt, die nach Art. 31 MÜ-VO dem Unionsnetzwerk für Produktkonformität obliegen.

B. Regelungsgehalt

I. Unterrichtungspflichten (Abs. 1)

6 Nach § 27 Abs. 1 BFSG übernimmt die Bundesnetzagentur als zentrale Verbindungsstelle Unterrichtungsaufgaben gegenüber den anderen Mitgliedstaaten der Europäischen Union und der Europäischen Kommission. Die Unterrichtung erfolgt dabei nach § 27 Abs. 1 Satz 2 BFSG zwingend unter Verwendung des Information and Communication System on Market Surveillance (ICSMS), was dem Regelungssystem des § 15 Abs. 4 MÜG vollumfänglich entspricht.[6] Das ICSMS ist das durch die Marktüberwachungsverordnung ausgebaute, zentrale unionale Informations- und Kommunikationssystem für die Erfassung, Verarbeitung und Speicherung von Informationen zu Themen im Zusammenhang mit der Durchsetzung von Harmonisierungsrechtsvorschriften der Union.[7]

7 Die zentrale Verbindungsstelle übermittelt erstens nach Maßgabe des § 27 Abs. 1 Satz 1 Nr. 1 BFSG die nach § 20 Abs. 2 BFSG von der MLBF entwickelte Marktüberwachungsstrategie. Die Vorschrift steht damit in engem Bezug zu § 20 Abs. 2 BFSG i. V. m. Art. 13 MÜ-VO, der die Erstellung einer nationalen Marktüber-

---

3 Verordnung (EU) 2019/1020 des Europäischen Parlaments und des Rates vom 20. Juni 2019 über Marktüberwachung und die Konformität von Produkten sowie zur Änderung der Richtlinie 2004/42/EG und der Verordnungen (EG) Nr. 765/2008 und (EU) Nr. 305/2011, Abl. vom 25.06.2019 L 169/1 ff.

4 BT.-Drs. 19/28653, S. 88.

5 *Geiß/Felz*, NJW 2019, 2961, 2965; *Schucht*, GewA 2020, 259, 264.

6 Vgl. *Wiebe*, in: Ehring/Taeger, Produkthaftungs- und Produktsicherheitsrecht, § 15 MÜG Rn. 10 ff.

7 *Lenz*, BB 2020, 707. 710; *Kappler*, ZfPC 2022, 160, 161.

wachungsstrategie mindestens alle vier Jahre verlangt. Auf die zu § 15 MÜG im Schrifttum aufgeworfene Frage, ob die einzelnen Marktüberwachungsstrategien der Länder oder gebündelt die nationale Marktüberwachungsstrategie übermittelt werden soll,[8] kommt es im Anwendungsbereich des BFSG nicht an, da die MLBF ohnehin eine länderübergreifende Marktüberwachungsstrategie entwickelt.

Zweitens übermittelt die zentrale Verbindungsstelle nach Maßgabe des § 27 Abs. 1 Nr. 2 BFSG der Europäischen Kommission und den anderen Mitgliedstaaten der Europäischen Union die nach nationalem Recht zuständige Marktüberwachungsbehörde und deren jeweilige Zuständigkeiten. **8**

Mit der entsprechenden Unterrichtungspflicht der zentralen Verbindungsstelle korrespondiert nach § 27 Abs. 1 Satz 3 BFSG die Verpflichtung der Länder, die für die Übermittlung der zuständigen Marktüberwachungsbehörden notwendigen Informationen an die zentrale Verbindungsstelle zu übermitteln. Auch hier zeigt sich die Stärke des mit der Errichtung der gemeinsamen Marktüberwachungsstelle der Länder realisierten länderübergreifenden Ansatzes, sodass die Übermittlungspflicht nach § 27 Abs. 1 Satz 3 BFSG maßgeblich erleichtert wird. Für die Marktüberwachungsstrategie ergibt sich eine entsprechende Mitteilungspflicht an die zentrale Verbindungsstelle aus § 20 Abs. 2 Satz 3 BFSG (→ § 20 Rn. 19). **9**

II. Veröffentlichung der Marktüberwachungsstrategie (Abs. 2)

Nach § 27 Abs. 2 BFSG stellt die zentrale Verbindungsstelle der Öffentlichkeit eine Zusammenfassung der Marktüberwachungsstrategie zur Verfügung. Die Bestimmung entspricht dabei vollständig § 5 Abs. 2 Satz 3 MÜG und dient nach im Schrifttum vertretener Auffassung maßgeblich der Transparenz behördlichen Handelns.[9] Die Marktüberwachungsstrategie soll gerade kein bloßes Verwaltungsinternum bleiben, sondern für jeden interessierten Bürger oder Wirtschaftsakteur ohne weiteres einsehbar sein. Darüber hinaus ermöglicht es die Regelung des § 27 Abs. 2 BFSG Wirtschaftsakteuren, die ergriffenen Maßnahmen zur Gewährleistung der Konformität mit dem BFSG zielgerichtet an der Marktüberwachungsstrategie der MLBF auszurichten. Die Vorschrift bleibt allerdings hinter den Gewährleistungen des § 25 ProdSG a. F., der noch die Veröffentlichung der gesamten Marktüberwachungsstrategie und nicht nur einer Zusammenfassung vorsah, zurück. Die Reduzierung der Veröffentlichungsanforderungen erschwert es Wirtschaftsakteuren, die behördliche Tätigkeit im Rahmen der veröffentlichten Marktüberwachungsstrategie und die Schwerpunkte der Vollzugstätigkeit zu überprüfen und sie im Rahmen der durchgeführten Maßnahmen zur Product Compliance angemessen zu berücksichtigen. Ob die Marktüberwachungsstrategie, wie von Stimmen im Schrifttum befürchtet, hierdurch zu einer „Blackbox" wird und für den einzelnen Wirtschaftsakteur nicht mehr nachzuvollziehen ist,[10] bleibt abzuwarten. **10**

---

8 *Wiebe*, in: Ehring/Taeger, Produkthaftungs- und Produktsicherheitsrecht, § 15 MÜG Rn. 14.

9 *Giesberts/Gayger*, in: Ehring/Taeger, Produkthaftungs- und Produktsicherheitsrecht, § 6 MÜG Rn. 18; *Schucht*, in: Klindt, ProdSG, § 25 Rn. 21.

10 So *Giesberts/Gayger*, in: Ehring/Taeger, Produkthaftungs- und Produktsicherheitsrecht, § 6 MÜG Rn. 18.

11 Die Form der Veröffentlichung und das Veröffentlichungsmedium stellt § 27 Abs. 2 BFSG in das Ermessen der zentralen Verbindungsstelle. Eine Pflicht zur Veröffentlichung auf elektronischem Wege, wie sie noch § 25 ProdSG a. F. für den Regelfall kannte, kennt die Bestimmung nicht mehr. Gegenstandlos geworden ist daher auch die Streitfrage zu § 25 ProdSG a. F., ob die Veröffentlichung zwingend elektronisch zu erfolgen hat. Eine Veröffentlichung auf elektronischem Wege wird sich dennoch als zweckmäßig und zeitgemäß erweisen. Dies entspricht auch der Vorgehensweise, für die sich die Bundesnetzagentur im Rahmen der MÜ-VO entschieden hat.[11] Ist die Marktüberwachungsstrategie nach § 20 Abs. 2 BFSG von der MLBF entwickelt worden, wird sie von der Bundesnetzagentur auf ihrer Website veröffentlicht werden und für Wirtschaftsakteure abrufbar sein.

12 Dabei ist Wirtschaftsakteuren gerade angesichts der durchaus umfangreichen Compliance-Herausforderung, die das BFSG in seiner Umsetzung mit sich bringt, zu raten, sich mit der von der Bundesnetzagentur nach § 27 Abs. 2 BFSG zu veröffentlichende Zusammenfassung der Marktüberwachungsstrategie zu befassen und diese in ihre Überlegungen einzubeziehen.[12] Denn ist das hergestellte oder vertriebene Gegenstand prioritärer Marktüberwachung durch die MLBF, so ist auch das Aufgriffsrisiko einer Nichtkonformität entsprechend gegenüber erhöht. Dann kann eine besonders sorgfältige Prüfung der Barrierefreiheitsanforderungen der BFSGV angezeigt und eine enge Ausrichtung an harmonisierten Normen dringend geboten sein, um etwaigen Vorwürfen durch die MLBF rechtssicher zu begegnen. Für den Händler (→ § 2 Nr. 14 BFSG) oder den Einführer (→ § 2 Nr. 13 BFSG) kann die prioritäre Einstufung der von ihm vertriebenen Produkte in der Marktüberwachungsstrategie Anlass geben, die Erfüllung der formellen bzw. materiellen Prüfpflichten genau zu dokumentieren.

III. Flankierende Aufgaben (Abs. 3)

13 Nach § 27 Abs. 3 BFSG übernimmt die Bundesnetzagentur als zentrale Verbindungsstelle auch Aufgaben, die nach Art. 31 Abs. 2 lit. a, f, g, m MÜ-VO im Anwendungsbereich der Marktüberwachungsverordnung dem Unionsnetzwerk für Produktsicherheit obliegen. Da der entsprechende Aufgabenbestand erst im Rahmen der neuen Marktüberwachungsverordnung geschaffen wurde, ist er im harmonisierten Marktüberwachungsrecht verhältnismäßig neu.

1. Arbeitsprogramm (Art. 31 Abs. 2 lit. a MÜ-VO)

14 Nach § 27 Abs. 3 BFSG i. V. m. Art. 31 Abs. 2 lit. a MÜ-VO hat die Bundesnetzagentur als zentrale Verbindungsstelle ein Arbeitsprogramm vorzubereiten, es anzunehmen und seine Durchführung zu überwachen. Ziel der Regelung ist ein einheitli-

11 https://www.bundesnetzagentur.de/DE/Fachthemen/Telekommunikation/Technik/DMUEF/start.html, zuletzt abgerufen am 30.01.2025.

12 *Schucht*, in: Klindt, ProdSG, § 25 Rn. 24; *Heuer/Reusch*, Das neue Produktsicherheitsgesetz, 2012, S. 54.

ches, zielgerichtetes und effektives Vorgehen der Bundesnetzagentur auf Grundlage eines Arbeitsprogramms, dessen Durchführung fortlaufend kontrolliert wird.[13]

2. Schulung- und Austauschprogramme für Personal (Art. 31 Abs. 2 lit. f MÜ-VO)

Nach § 27 Abs. 3 BFSG i. V. m. Art. 31 Abs. 2 lit. f MÜ-VO hat die Bundesnetzagentur als zentrale Verbindungsstelle die Organisation von Schulungs- und Austauschprogrammen von Personal zu erleichtern. In Bezug genommen sein dürfte damit das Personal der Marktüberwachungsbehörde.[14] Die eher als Programmsatz erscheinende Bestimmung gewährt der Bundesnetzagentur einen weiten Gestaltungsspielraum, wie sie dieser Zielsetzung nachkommen kann. **15**

Auch hier wirft die Normsetzungstechnik des Gesetzgebers Fragen auf. Denn anders als das Unionsnetzwerk für Produktsicherheit, dass die unionsweite Zusammenarbeit der Marktüberwachungsbehörden im Anwendungsbereich der Marktüberwachungsverordnung sicherstellen soll und dies wegen seiner supranationalen Einbettung auch vermag, kann die nationale zentrale Verbindungsstelle nur äußerst schwer unionsweite Austauschprogramme erleichtern. Die Anordnung des § 27 Abs. 3 BFSG erscheint auch deshalb umso fraglicher, weil durch Art. 28 RL 2019/882/EU gerade auf Unionsebene eine Arbeitsgruppe eingerichtet wird, die ähnliche Aufgaben übernimmt. **16**

Und wenn die Vorschrift den nationalen Austausch zwischen den nationalen Marktüberwachungsbehörden in den Blick nimmt, so ist eine derartige Zielsetzung durch das länderübergreifende Marktüberwachungskonzept und die Errichtung der MLBF gegenstandslos geworden. **17**

Die Bestimmung des 27 Abs. 3 BFSG i. V. m. Art. 31 Abs. 2 lit. f MÜ-VO wird daher allenfalls für Schulungsprogramme praktische Relevanz erlangen. Auch hier dürfte aber die MLBF die jedenfalls sachnähere Behörde sein. **18**

3. Informationskampagnen und freiwillige Besuche (Art. 31 Abs. 2 lit. g MÜ-VO)

Nach § 27 Abs. 3 BFSG i. V. m. Art. 31 Abs. 2 lit. g MÜ-VO organisiert die Bundesnetzagentur als zentrale Verbindungsstelle gemeinsam mit der Europäischen Kommission Informationskampagnen und Programme für freiwillige gegenseitige Besuche unter den Marktüberwachungsbehörden. Auch hier ist wegen ihrer auf das Staatsgebiet der Bundesrepublik begrenzten Zuständigkeit zweifelhaft, inwieweit eine solche Organisation von unionsweiten Programmen durch die Bundesnetzagentur praktisch umsetzbar oder zweckmäßig ist. **19**

---

13 *Schucht*, in: Ehring/Taeger, Produkthaftungs- und Produktsicherheitsrecht, Art. 31 MÜ-VO Rn. 7.

14 *Schucht*, in: Ehring/Taeger, Produkthaftungs- und Produktsicherheitsrecht, Art. 31 MÜ-VO Rn. 14.

4. Zusammenarbeit und fachlicher Austausch (Art. 31 Abs. 2 lit. m MÜ-VO)

20 Die Bundesnetzagentur fördert nach § 27 Abs. 3 BFSG i. V. m. Art. 31 Abs. 2 lit. m MÜ-VO die Zusammenarbeit und den Austausch von Fachwissen und über bewährte Verfahren zwischen den Marktüberwachungsbehörden und den für die Kontrollen an den Außengrenzen der Union zuständigen Behörden.

§ 28 BFSG
Marktüberwachung von Dienstleistungen

(1) Hat die Marktüberwachungsbehörde Grund zu der Annahme, dass das Angebot oder die Erbringung einer Dienstleistung die Barrierefreiheitsanforderungen der nach § 3 Absatz 2 zu erlassenden Rechtsverordnung nicht erfüllt, so prüft sie, ob die Dienstleistung die Anforderungen erfüllt.

(2) Die Marktüberwachungsbehörde überprüft eine Dienstleistung auch ohne konkreten Anlass anhand angemessener Stichproben auf geeignete Art und Weise und in angemessenem Umfang darauf, ob und inwiefern die Dienstleistung den Barrierefreiheitsanforderungen der nach § 3 Absatz 2 zu erlassenden Rechtsverordnung an die Barrierefreiheit genügt. Bei Webseiten oder mobilen Anwendungen zieht sie die Vorgaben der Anlage 1 Nummer 1 heran und wählt die Stichproben der zu prüfenden Dienstleistungen gemäß den Vorgaben der Anlage 1 Nummer 2 aus.

(3) Die Marktüberwachungsbehörde überprüft für den Fall, dass sich der Dienstleistungserbringer auf § 16 oder § 17 berufen hat,

1. ob der Dienstleistungserbringer die nach der jeweiligen Vorschrift erforderliche Beurteilung durchgeführt hat,

2. die Beurteilung einschließlich der ordnungsgemäßen Anwendung der in Anlage 4 genannten Kriterien und

3. ob die übrigen Barrierefreiheitsanforderungen eingehalten werden.

(4) Die Marktüberwachungsbehörde stellt einem Verbraucher auf Antrag Folgendes in einer für ihn wahrnehmbaren Form zur Verfügung:

1. die ihr vorliegenden Informationen darüber, ob ein bestimmter Wirtschaftsakteur die Barrierefreiheitsanforderungen der nach § 3 Absatz 2 zu erlassenden Rechtsverordnung einhält und

2. die Beurteilung, die der Wirtschaftsakteur nach § 16 Absatz 1 Satz 2 oder § 17 Absatz 1 Satz 2 vorgenommen hat.

Falls erforderlich, soll die Marktüberwachungsbehörde die ihr vorliegenden Informationen in einfacher und verständlicher Weise erläutern. Ist eine Erläuterung nach Satz 2 für den Verbraucher nicht ausreichend, soll die Marktüberwachungsbehörde die Informationen in Leichter Sprache erläutern. Die Verpflichtung nach Satz 1 gilt nicht, wenn die Informationen gemäß Artikel 17

der Verordnung (EU) Nr. 2019/1020 aus Gründen der Vertraulichkeit nicht erteilt werden können.

(5) Menschen mit Hörbehinderungen und Menschen mit Sprachbehinderungen haben das Recht, im Verfahren nach Absatz 4 in Deutscher Gebärdensprache, mit lautsprachbegleitenden Gebärden oder über andere geeignete Kommunikationshilfen mit der Marktüberwachungsbehörde zu kommunizieren. Die Kosten für Kommunikationshilfen sind von der Marktüberwachungsbehörde zu tragen. § 5 der Kommunikationshilfenverordnung gilt entsprechend.

(6) Die §§ 10 und 11 des Behindertengleichstellungsgesetzes gelten für das Verfahren nach Absatz 4 entsprechend.

Gliederung: Rn.

A. Einführung

1 Diese Norm bildet einen wesentlichen Bestandteil des Regelwerks zur Sicherstellung der Barrierefreiheit bei Dienstleistungen. Der § 28 BFSG regelt umfassend die Aufgaben und Befugnisse der Marktüberwachungsbehörde, um die Einhaltung der Barrierefreiheitsanforderungen an Dienstleistungen sicherzustellen, die durch die BFSGV festgelegt werden.

2 Der Regelungszweck von § 28 BFSG ist es, eine effektive Kontrolle und Überwachung der Barrierefreiheit im Dienstleistungssektor zu gewährleisten. Dies gilt insbesondere im Hinblick auf die Informationsrechte der Verbraucher und den besonderen Schutzbedürfnissen von Menschen mit Behinderungen.

3 Der Anwendungsbereich von § 28 BFSG umfasst alle Dienstleistungen, die den Vorgaben zur Barrierefreiheit unterliegen. Die Marktüberwachungsbehörde ist befugt, sowohl aufgrund konkreter Anhaltspunkte als auch stichprobenartig eine Überprüfung durchzuführen. Besonderes Augenmerk wird auf die Einhaltung der Anforderungen bei Webseiten, mobilen Anwendungen und elektronischen Dienstleistungen gelegt. Zudem ist die Norm so ausgestaltet, dass sie die Rechte der Verbraucher auf Information über die Barrierefreiheit von Dienstleistungen und die Rechte von Menschen mit Behinderungen auf barrierefreie Kommunikation mit der Behörde schützt.

4 Insgesamt spiegelt § 28 BFSG das übergeordnete Ziel wider, eine umfassende und effektive Marktüberwachung im Bereich der Barrierefreiheit zu etablieren, um die Teilhabe von Menschen mit Behinderungen am gesellschaftlichen Leben zu gewährleisten.

B. Bezug zu weiteren Normen

I. EU-Normen

5 § 28 BFSG ist eine spezifische nationale Umsetzung von Art. 23 der RL 2019/882/EU, welche die Konformität von Dienstleistungen mit Barrierefreiheitsanforderungen sicherstellen soll. Während Art. 23 der RL 2019/882/EU Mitgliedstaaten dazu verpflichtet, geeignete Verfahren zu entwickeln und umzusetzen, erfolgt die nationale Kontrolle nach § 28 BFSG durch die Marktüberwachungsbehörde. Laut Gesetzesbegründung umfasst § 28 BFSG Aufgaben, Befugnisse und Pflichten, die weitgehend denen der Produktüberwachung nach § 22 BFSG (§ 22 Rn. 5) entsprechen, jedoch dort angepasst wurden, wo es die spezifische Natur von Dienstleistungen erfordert. Dies ermöglicht eine effektive Überwachung und sichert die Einhaltung von Barrierefreiheitsstandards sowohl bei Produkten als auch Dienstleistungen. Die Richtlinie verlangt von den Mitgliedstaaten außerdem, dass benannte Behörden für die Öffentlichkeit barrierefreie Informationen bereitstellen. § 28 BFSG bekräftigt diese Bestimmungen durch die Detailregelungen zur Informationspflicht gegenüber Verbrauchern sowie durch die Einhaltung barrierefreier Kommunikation, insbesondere für Menschen mit Behinderungen.

II. Nationale Vorschriften (insbes. BGG)

6 Das Behindertengleichstellungsgesetz (BGG) richtet sich an öffentliche Stellen des Bundes und zielt darauf ab, allgemeine Rahmenbedingungen für die Gleichstellung von Menschen mit Behinderungen zu schaffen. Da es sich auf die Tätigkeit öffentlicher Stellen konzentriert, werden spezifische Aufsichtsbehörden, wie sie in anderen gesetzlichen Regelungen erforderlich sind, nicht benötigt. Die Umsetzung und Einhaltung der Bestimmungen des BGG erfolgen in der Regel durch die internen Mechanismen der Verwaltung und die Verpflichtung dieser Stellen zur Einhaltung der Gesetzesvorgaben.

7 Im Gegensatz dazu tritt bei Gesetzen wie dem BFSG oder anderen Vorschriften, die den privaten Sektor betreffen, die Notwendigkeit einer externen Kontrolle und Überwachung der Wirtschaftsakteure durch spezialisierte Behörden auf. Marktüberwachungsbehörden sind dafür verantwortlich, die Einhaltung von gesetzlichen Anforderungen an Produkte und Dienstleistungen im privaten Sektor sicherzustellen. Das umfasst die Überwachung der Einhaltung von Barrierefreiheitsanforderungen und das Eingreifen bei Verstößen. Diese Behörden sind notwendig, um sicherzustellen, dass Unternehmen im privaten Sektor die festgelegten gesetzlichen Standards umsetzen und aufrechterhalten.

8 Andere Beispiele für Marktüberwachungsbehörden im privaten Dienstleistungssektor sind die Bundesnetzagentur für die Marktüberwachung im Bereich der Energiedienstleistungen (§§ 54 ff. EnWG) sowie die Bundesanstalt für Finanzdienstleistungsaufsicht für Zahlungsdienstleister (§ 4 ZAG).

III. BFSGV

9 Gemäß § 28 Abs. 1 BFSG muss die Marktüberwachungsbehörde eine Dienstleistung auf die Einhaltung der Barrierefreiheitsanforderungen prüfen, die in der nach § 3 Abs. 2 BFSG zu erlassenden Rechtsverordnung festgelegt sind. D. h. die Anforderungen aus der BFSGV sind für die Einschätzung und die Einleitung von Maßnahmen der Marktüberwachungsbehörde maßgebend. Für die Beurteilung von Dienstleistungen sind es vor allem §§ 12 ff. BFSGV.

C. Regelungsgehalt

I. Aufgaben der Marktüberwachungsbehörde

10 Die Marktüberwachungsbehörde nach § 28 BFSG hat verschiedene Aufgaben zur Sicherstellung der Barrierefreiheit von Dienstleistungen. Sie ist verpflichtet, Dienstleistungen zu überprüfen, wenn es Anhaltspunkte gibt, dass diese die Barrierefreiheitsanforderungen der BFSGV nicht einhalten. Zudem führt sie stichprobenartige Kontrollen ohne konkreten Anlass durch, um die Einhaltung der Vorschriften zu gewährleisten, wobei bei Webseiten und mobilen Anwendungen spezifische Vorgaben zur Probeentnahme genutzt werden. Bei Berufung auf Ausnahmen gemäß § 16 oder § 17 überprüft sie die durchgeführten Beurteilungen und deren Übereinstimmung mit den festgelegten Kriterien. Auch ist sie verpflichtet, Verbrauchern auf Anfrage

Informationen über die Einhaltung der Normen durch Wirtschaftsakteure bereitzustellen, gegebenenfalls in einfacher oder Leichter Sprache. Ferner unterstützt die Behörde die Kommunikation mit Menschen mit Hör- und Sprachbehinderungen durch geeignete Hilfsmittel, für deren Kosten sie aufkommt, und berücksichtigt die Regelungen des BGG in diesen Verfahren.

11 Hinsichtlich der Gestalt der Marktüberwachungsbehörde wird auf die Ausführungen des § 20 BFSG (Rn. 2) verwiesen.

1. Überprüfung bei Verdacht auf Nichteinhaltung (Abs. 1)

a) Verdacht/Grund zu der Annahme

12 Als Tatbestand fordert das Gesetz zur Einleitung einer Prüfung einen „Grund zu der Annahme", dass das Angebot oder die Erbringung der Dienstleistung die Barrierefreiheitsanforderungen nicht erfüllt. Auch in der Gesetzesbegründung spricht der Gesetzgeber von einem Tätigwerden der Marktüberwachungsbehörde, „wenn sie Grund zu der Annahme hat".[1] Welcher Grad an Wahrscheinlichkeit eines Verstoßes für den „Grund zu der Annahme" vorliegen muss, wird nicht konkretisiert.

13 Das BFSG selbst nutzt die Voraussetzung von dem „Grund zu der Annahme" zum einen in dem Tätigwerden der Marktüberwachungsbehörden bei Verstößen gegen die Barrierefreiheitsanforderungen an Produkte (§ 22 Abs. 5 BFSG). Zum anderen wird der „Grund zur Annahme" auch als Voraussetzung zum Tätigwerden der Wirtschaftsakteure vorausgesetzt, damit diese bei Nichterfüllen der Barrierefreiheitsanforderungen an Produkte die erforderliche Korrekturmaßnahmen zur Konformität des Produkts ergreifen können (§ 6 Abs. 4; § 9 Abs. 3, § 11 Abs. 2 BFSG). Es ergibt sich aus der Gesetzesbegründung allerdings nicht, warum der Gesetzgeber bei den Wirtschaftsakteuren von „Grund zur Annahme" und bei dem Tätigwerden der Marktüberwachungsbehörden von „Grund zu der Annahme" spricht. Eine Abstufung des Verdachts bei beiden Akteuren kann sich aufgrund der Wortwahl nicht ergeben.

14 Auch andere Gesetze bedingen ein Tätigkeitwerden einer Überwachungs- oder auch Aufsichtsbehörde mit einem „Grund zu der Annahme" eines Verstoßes. Der Gesetzestext ist dann leider auch nicht ergiebig, was genau unter „Grund zu der Annahme" fällt, aber es lassen sich Kommentierungen der Gesetze zur Auslegung heranziehen. So wird in Art. 65 Digital Service Act (Verordnung 2022/2065/EU) für das Tätigwerden vom Koordinator für digitale Dienste auch der Grund zu der Annahme angeführt, um die Kommission aufzufordern, eine gewisse Online-Plattform zu prüfen. Für einen „Grund zu der Annahme" eines Verstoßes sind dabei lediglich nicht gesicherte Kenntnisse über einen Verstoß ausreichend.[2] Eines Anfangsverdachts bedarf es nicht, sondern es reichen aufgrund bestimmter Anhaltspunkte vermutete Zuwiderhandlungen oder auch konkrete Anhaltspunkte für einen möglichen Verstoß aus.[3]

15 Dennoch verbleibt der Marktüberwachungsbehörde ein gewisser Beurteilungsspielraum im Rahmen des „Grunds zur Annahme". Der Wortlaut „Hat die Marktüberwa-

---

1 BT-Drs. 19/28653, S. 89.
2 *Nägele*, in: Müller-Terpitz/Köhler, DSA, Art. 65 Rn. 20.
3 *Nägele*, in: Müller-Terpitz/Köhler, DSA, Art. 65 Rn. 16.

chungsbehörde Grund zu der Annahme“ gibt der Behörde Spielraum, das Vorliegen konkreter Anhaltspunkte selbst zu bewerten, auch wenn diese noch nicht gesicherte Kenntnisse über einen Verstoß darstellen. Dennoch bleibt eine niedrige Schwelle, um tätig zu werden.

b) Barrierefreiheitsanforderungen nach der BFSGV

§ 28 Abs. 1 BFSG verweist auf den Prüfungsmaßstab für das Angebot oder die Erbringung einer Dienstleistung nach den Barrierefreiheitsanforderungen der BFSGV. Darunter fallen vor allem die Folgenden: **16**

aa) Allgemeine Anforderungen an Dienstleistungen (§ 12 BFSGV)

Informationen über die Funktionsweise der Dienstleistung sowie über deren Interoperabilität müssen mit assistiven Technologien verständlich und wahrnehmbar bereitgestellt werden, wobei mehrere sensorische Kanäle genutzt werden sollen. Webseiten und mobile Anwendungen sind so zu gestalten, dass sie konsistent wahrnehmbar, bedienbar, verständlich und robust sind. Unterstützungsdienste, wie Help-Desks und Call-Center, sollen Informationen über die Barrierefreiheit mit geeigneten Kommunikationsmitteln bereitstellen (§ 12 BFSGV Rn. 1). **17**

bb) Zusätzliche Anforderungen an bestimmte Dienstleistungen (§ 13 BFSGV)

Bestimmte Dienstleistungen (nach § 14 ff. BFSGV) müssen Funktionen, Vorgehensweisen und Verfahren bereithalten, die speziell an die Bedürfnisse von Menschen mit Behinderungen angepasst sind, und die Interoperabilität mit assistiven Technologien gewährleisten (§ 13 BFSGV Rn. 1). **18**

cc) Telekommunikationsdienste (§ 14 BFSGV)

Bei Telekommunikationsdiensten, die Sprachkommunikation ermöglichen, ist zusätzlich die Bereitstellung von Text in Echtzeit vorgeschrieben. Für Videotelekommunikationsdienste ist ein Gesamtgesprächsdienst erforderlich (§ 14 BFSGV Rn. 1). **19**

dd) Personenbeförderungsdienste (§ 15 BFSGV)

In den Bereichen Luft-, Bus-, Schienen- und Schiffsverkehr ist die Bereitstellung von Informationen über die Barrierefreiheit der Verkehrsmittel und der unterstützenden Infrastruktur obligatorisch. Darüber hinaus müssen Informationen zu intelligenten Ticketsystemen und Echtzeit-Reiseinformationen bereitgestellt werden. Zusätzliche Serviceinformationen, wie etwa defekte Aufzüge, sind ebenfalls zu kommunizieren (§ 15 BFSGV Rn. 1). **20**

ee) Stadt-, Vorort- und Regionalverkehrsdienste (§ 16 BFSGV)

Diese Vorschrift erfasst zusätzliche Barrierefreiheitsanforderungen von Selbstbedienungsterminals und den damit verbundenen Dienstleistungen (§ 16 BFSGV Rn. 1). **21**

ff) Bankdienstleistungen für Verbraucher (§ 17 BFSGV)

22 Identifizierungs-, Authentifizierungs-, Sicherheits- und Zahlungsdienste sind so zu gestalten, dass sie wahrnehmbar, bedienbar, verständlich und robust sind. Die bereitgestellten Informationen sollen ein Sprachniveau nicht überschreiten, das dem B2-Grad des Gemeinsamen Europäischen Referenzrahmens für Sprachen entspricht (§ 17 BFSGV Rn. 1).

gg) E-Books (§ 18 BFSGV)

23 E-Books müssen die synchronisierte Bereitstellung von Text- und Audioinhalten gewährleisten, die ordnungsgemäße Funktionsweise assistiver Technologien sicherstellen und die Zugänglichkeit sowie Navigierbarkeit der Inhalte ermöglichen. Dabei soll eine flexible Darstellung und alternative Wiedergabearten in einer wahrnehmbaren, verständlichen, bedienbaren und robusten Weise zur Verfügung stehen (§ 18 BFSGV Rn. 1).

hh) Dienstleistungen im elektronischen Geschäftsverkehr (§ 19 BFSGV)

24 Es ist sicherzustellen, dass Informationen zur Barrierefreiheit der zum Verkauf stehenden Produkte und Dienstleistungen bereitgestellt werden. Darüber hinaus müssen Identifizierungs-, Authentifizierungs-, Sicherheits- und Zahlungsfunktionen so gestaltet sein, dass sie wahrnehmbar, bedienbar, verständlich und robust sind (§ 19 BFSGV Rn. 1).

c) Durchführung der anlassbezogenen Prüfung

25 Die Marktüberwachungsbehörde nimmt ihre Prüfungen anlassgebunden vor, wenn es Anhaltspunkte gibt, dass eine Dienstleistung die Barrierefreiheitsanforderungen nicht erfüllt.[4] Im Prüfverfahren stellt die Behörde zunächst fest, ob die Dienstleistung tatsächlich nicht konform ist. Sollte dies der Fall sein, wird der betroffene Wirtschaftsakteur in einem ersten Schritt dazu aufgefordert, die Konformität der Dienstleistung herzustellen, wobei ihm Gelegenheit zur Anhörung gegeben wird.[5]

26 Kommt der Wirtschaftsakteur dieser ersten Aufforderung nicht nach, erfolgt eine erneute Aufforderung durch die Behörde, in der die Einstellung der Dienstleistungserbringung angedroht wird, falls der Akteur die erforderlichen Anpassungen erneut unterlässt. Bleibt die Dienstleistung weiterhin nicht konform, ergreift die Marktüberwachungsbehörde geeignete Maßnahmen. In letzter Konsequenz kann dies die Anordnung sein, die Dienstleistung einzustellen, um die Herstellung der Konformität zu gewährleisten. Sollte der Dienstleistungserbringer im Nachhinein nachweisen, dass die Konformität hergestellt wurde, hebt die Behörde die zuvor getroffenen Maßnahmen auf.[6]

4 *Tabbara*, NZS 2021, 497, 501.
5 *BMAS*, Leitlinien zur Anwendung des BFSG, S. 13.
6 *BMAS*, Leitlinien zur Anwendung des BFSG, S. 13.

2. Stichprobenartige Kontrolle ohne konkreten Anlass (Abs. 2)

a) Überprüfung ohne konkreten Anlass

Der Wortlaut der Norm macht deutlich, dass diese Behörden auch ohne das Vorliegen eines konkreten Anlasses verpflichtet sind, stichprobenartige Überprüfungen von Dienstleistungen durchzuführen. Dies unterstreicht die aktive Rolle der Behörde bei der Sicherstellung der Einhaltung der Barrierefreiheitsanforderungen und zeigt, dass die Behörde nicht nur reaktiv auf Beschwerden oder Hinweise tätig wird. Die Formulierung „auf geeignete Art und Weise und in angemessenem Umfang" weist darauf hin, dass die Behörde hierbei sowohl die Methoden als auch den Umfang der Überprüfung sorgfältig abwägen muss, um eine wirksame Kontrolle zu gewährleisten. Die Überprüfungen zielen darauf ab, zu bestimmen, ob und inwiefern die Dienstleistungen den Barrierefreiheitsanforderungen der BFSGV genügen. 27

b) Modalitäten der Überwachung von Dienstleistungen

Die Norm legt weiter die Modalitäten bei der Überprüfung von digitalen Diensten, wie Webseiten und mobilen Anwendungen, fest, wobei spezifische Leitlinien eingehalten werden müssen. Hierfür zieht die Behörde die Vorgaben der Anlage 1 Nr. 1 des BFSG heran, was impliziert, dass es festgelegte Standards oder Methoden gibt, die speziell für die Überprüfung digitaler Inhalte konzipiert wurden. Die Auswahl der Stichproben basiert auf den in Anlage 1 Nr. 2 genannten Kriterien. 28

aa) Technologieneutrale Überwachungsmethode

Die Überwachungsmethode zur Prüfung der Barrierefreiheit von digitalen Diensten gemäß den Anforderungen der BFSGV ist technologieneutral ausgestaltet und beeinflusst nicht die bestehenden Anforderungen. Sie ist unabhängig von bestimmten Prüfungsverfahren, Bewertungsinstrumenten, Betriebssystemen, Web-Browsern oder unterstützenden Technologien und dient dazu, die Wahrnehmbarkeit, Bedienbarkeit, Verständlichkeit und Robustheit der zu prüfenden Dienstleistungen sicherzustellen. Dabei werden alle Verfahrensschritte mindestens in der Standardreihenfolge eines üblichen Nutzers für die Erbringung der Dienstleistung überprüft, wobei Medienbrüche durch nicht-digitale Schritte vermieden werden sollen. Der Fokus liegt auf der Interaktion mit Formularen, Steuerelementen und Dialogfeldern der Benutzeroberfläche sowie auf Bestätigungen für die Dateneingabe und Fehlermeldungen. Ebenso wird das Verhalten der Webseite oder mobilen Anwendung beim Einsatz unterschiedlicher Software oder Hilfstechnologien überprüft, wobei Elemente wie externe Interaktionsschritte, wenn sie für einen erfolgreichen Abschluss der Interaktion notwendig sind, in die Bewertung einbezogen werden. Gegebenenfalls können auch Prüfungen der Benutzerfreundlichkeit durch Beobachtungen von Nutzern mit Behinderungen oder funktionellen Einschränkungen miteinbezogen werden, um zu verstehen, wie diese die Inhalte wahrnehmen und bedienen.[7] 29

---

7 Anlage 1 Nr. 1 (zu § 28 BFSG) – Überwachung von Dienstleistungen.

bb) Stichprobenverfahren

30 Für die Überprüfung werden spezifische Seiten und Dokumente, falls vorhanden, herangezogen. Hierzu gehören unter anderem Startseite, Anmeldung, Seiten-Übersicht, Kontakt, Hilfeseiten, rechtliche Informationen sowie relevante Seiten für jede Art von Dienst und jeden Hauptzweck, der nicht bereits erfasst ist. Seiten mit Informationen zur Barrierefreiheit und beispielhaft ausgewählte Seiten mit einem deutlich anderen Erscheinungsbild oder unterschiedlichen Arten von Inhalten sind ebenfalls Teil der Stichprobe. Weiterhin umfasst das Verfahren nach dem Zufallsprinzip ausgewählte Seiten und Dokumente in einem Umfang von mindestens 10 Prozent der zuvor festgelegten Stichprobe. Sollten ausgewählte Seiten Schritte eines Verfahrens enthalten, so werden alle darauf bezogenen Verfahrensschritte umfassend geprüft, um die Einhaltung der Barrierefreiheitsanforderungen zu gewährleisten.[8]

3. Prüfung bei Berufung auf gesetzliche Ausnahmen (Abs. 3)

31 §28 Abs. 3 BFSG regelt die Überprüfungspraxis der Marktüberwachungsbehörde, wenn sich ein Dienstleistungserbringer auf die in §16 BFSG Rn. 1 oder §17 BFSG Rn. 1 genannten Ausnahmen beruft. Diese Überwachung ist also essenziell, um sicherzustellen, dass sich die Ausnahmeregelungen nicht missbräuchlich zu Lasten der Barrierefreiheitsanforderungen auswirken. Gemäß der Gesetzesbegründung wird damit Art. 23 Abs. 1 a in Verbindung mit Art. 19 Abs. 2 der RL 2019/882/EU umgesetzt. Die Behörde muss im ersten Schritt feststellen, ob der Dienstleistungserbringer die erforderliche Beurteilung zur Feststellung der grundlegenden Veränderung der Wesensmerkmale (§16 Rn. 14) oder der unverhältnismäßigen Belastung (§17 Rn. 3) tatsächlich durchgeführt hat. Diese Beurteilung muss sich zudem den in Anlage 4 des BFSG genannten Kriterien orientieren, um sicherzustellen, dass objektive Bewertungsmaßstäbe angelegt werden. Weiterhin muss die Behörde überprüfen, ob die übrigen Barrierefreiheitsanforderungen eingehalten werden, auch wenn eine Ausnahme geltend gemacht wird. Diese dreistufige Kontrollinstanz ist notwendig, um Dienstleistungserbringer daran zu hindern, unberechtigterweise eine Ausnahme zu beanspruchen und somit die Anforderungen an die Barrierefreiheit zu umgehen.

32 Die Berücksichtigung der Kriterien aus Anlage 4 des BFSG bedeutet für die Marktüberwachungsbehörde, dass sie bei der Überprüfung der Beurteilungen, auf die sich Dienstleistungserbringer berufen, eine detaillierte und umfassende Analyse der von den Wirtschaftsakteuren vorgelegten Dokumentationen vornehmen muss. Die Behörde ist dabei nicht nur darauf angewiesen, die formale Einhaltung der Anforderungen zu überprüfen, sondern muss auch die wirtschaftlichen Aspekte der Barrierefreiheitsanforderungen gründlich bewerten. Dies umfasst die Prüfung der geltend gemachten einmaligen oder auch laufenden Kosten, die mit der Umsetzung der Barrierefreiheitsanforderungen verbunden sind, und deren Verhältnis zu den Gesamt- und Nettokosten beziehungsweise dem Umsatz des Unternehmens.

33 Die Marktüberwachungsbehörde muss sicherstellen, dass die Kostenkalkulationen und die Beurteilungen hinsichtlich der unverhältnismäßigen Belastung angemessen und begründet sind. Dazu gehört auch, die angegebenen Schulungs- und Personal-

---

8 Anlage 1 Nr. 2 (zu §28 BFSG) – Überwachung von Dienstleistungen.

kosten, Entwicklungskosten und die Auswirkung auf die Produktionsprozesse kritisch zu hinterfragen. Außerdem sollte sie die Schätzung der Kosten im Verhältnis zu den potenziellen Vorteilen für Menschen mit Behinderungen bewerten. Insgesamt verlangt die Einbindung dieser Kriterien von der Behörde eine tiefgehende Auseinandersetzung mit den ökonomischen und praktischen Aspekten der Barrierefreiheitsanforderungen und eine sorgfältige Abwägung, um eine fundierte Entscheidung darüber zu treffen, ob die geltend gemachte Ausnahme rechtmäßig ist. Dies erfordert eine hohe Fachkompetenz und ein systematisches Vorgehen bei der Prüfung der Beurteilungen durch die Marktüberwachungsbehörde.[9]

4. Informationsbereitstellung für Verbraucher (Abs. 4, Abs. 6)

a) Verbraucherzugang zu Informationen über Barrierefreiheitsanforderungen

aa) Umfang der Informationen

§ 28 Abs. 4 Satz 1 BFSG gibt Verbrauchern das Recht, auf Antrag Informationen über die Einhaltung der Barrierefreiheitsanforderungen durch einen spezifischen Wirtschaftsakteur zu erhalten. Ansprüche auf diese Auskünfte haben zunächst alle Verbraucher und nicht nur Menschen mit Behinderungen. Nach § 2 Nr. 16 BFSG sind Verbraucher jede natürliche Person, die ein unter dieses Gesetz fallendes Produkt oder eine unter dieses Gesetz fallende Dienstleistung zu Zwecken kauft oder empfängt, die überwiegend weder ihrer gewerblichen noch ihrer selbständigen beruflichen Tätigkeit zugerechnet werden können. **34**

Welche Anforderungen an den Antrag gestellt werden, ergibt sich weder aus dem Gesetz selbst, noch aus der Gesetzesbegründung. Nach dem Wortlaut der Norm kann jeder Verbraucher einen Antrag stellen. Der Absicht, dass dieser auch tatsächlich die Dienstleistung in Anspruch nehmen will, bedarf es nicht. Hier entsteht ein hohes Missbrauchspotential und ein Überlastungsrisiko der Behörden. Allerdings löst der Antrag des Verbrauchers keine Überprüfung der Dienstleistung an sich aus. Denn die Marktaufsichtsbehörde hat lediglich „die ihr vorliegenden Informationen" zur Verfügung zu stellen. Es bleibt allerdings fraglich, inwieweit die Marktaufsichtsbehörde einen Antrag ablehnen darf, wenn sie noch keine Informationen hat. Ein Grund zu der Annahme im Sinne des § 28 Abs. 1 BFSG wird ein Antrag wohl nicht sein, um eine Überprüfung auszulösen. Auch wird ein Antrag nicht zu einer Stichprobe „ohne konkreten Anlass" im Sinne des § 28 Abs. 2 Satz 1 BFSG führen. **35**

Dem Verbraucher sind allerdings keine Informationen zur Verfügung zu stellen, die gemäß § 28 Abs. 4 Satz 4 BFSG unter Art. 17 der Verordnung 2019/1020/EU fallen. Demnach sollen die Marktüberwachungsbehörden den Grundsatz der Vertraulichkeit und des Berufs- und Geschäftsgeheimnisses wahren und personenbezogene Daten nach Maßgabe des Unionsrechts und des nationalen Rechts schützen. **36**

9 Anlage 4 (zu den §§ 17, 21 und 28 BFSG) – Kriterien für die Beurteilung der unverhältnismäßigen Belastung.

bb) Form der Zurverfügungstellung

37 Die Informationen müssen dem Verbraucher in einer für ihn wahrnehmbaren Form bereitgestellt werden. Laut § 28 Abs. 4 Satz 2 BFSG ist die Marktüberwachungsbehörde verpflichtet, bei Bedarf diese Informationen in einer einfachen und verständlichen Weise zu erläutern. Reicht dies dem Verbraucher nicht aus, so muss die Behörde die Informationen in Leichter Sprache zur Verfügung stellen. Diese Regelung garantiert, dass auch Menschen mit Behinderungen Zugang zu Informationen über die Barrierefreiheit von Dienstleistungen haben.[10] Die Regelung des § 28 Abs. 6 BFSG besagt, dass für das Verfahren der Zurverfügungstellung gegenüber Verbrauchern die §§ 10, 11 BGG entsprechend gelten. Diese Vorschriften regeln die Gestaltung von Bescheiden und Vordrucken von Trägern öffentlicher Gewalt, die Menschen mit Behinderungen adressieren, (§ 10 BGG) und das Erfordernis, gegebenenfalls mit den adressierten Menschen in verständlicher und einfacher Sprache zu kommunizieren (§ 11 BGG). Da sich die Pflichten der Behörde in der Kommunikation zum größten Teil aus § 28 Abs. 4 Satz 2 und Satz 3 BFSG ergibt, zielt der Verweis wohl vorrangig auf die Kostenregelung ab, wonach der Träger der öffentlichen Gewalt den Mehraufwand für die angepasste Kommunikation mit dem Menschen mit Behinderungen selbst zu tragen hat.

5. Kommunikationsunterstützung für Menschen mit Hör- oder Sehbehinderung (Abs. 5)

38 § 28 Abs. 5 BFSG verankert das Recht von Menschen mit Hör- und Sprachbehinderungen, während des Verfahrens gemäß § 28 Abs. 4 BFSG mit der Marktüberwachungsbehörde in Deutscher Gebärdensprache, mit lautsprachbegleitenden Gebärden oder über andere kommunikative Hilfsmittel zu kommunizieren. Dieses Recht gewährleistet, dass alle Beteiligten Zugang zu einem effektiven und barrierefreien Kommunikationsweg haben. Dabei ist die Marktüberwachungsbehörde verpflichtet, die Kosten für diese Kommunikationshilfen zu tragen, was sicherstellt, dass den betroffenen Personen keine finanzielle Last entsteht. Diese Unterstützung ist entscheidend dafür, dass Menschen mit Behinderungen gleichermaßen an Verwaltungsprozessen teilnehmen können.

39 Der § 28 Abs. 4 BFSG verweist zudem auf § 5 Kommunikationshilfenverordnung, der regelt, wie öffentliche Stellen die Kosten für Kommunikationshilfen, wie Gebärdensprachdolmetscher oder andere Unterstützung, erstatten oder vergüten. Es legt fest, dass die Vergütung von der Qualifikation der Helfer abhängt, wobei ausgebildete Fachkräfte höhere Sätze erhalten als weniger qualifizierte. Der Staat übernimmt die Kosten für notwendige Kommunikationshilfen und bezahlt die Dienstleister direkt. In bestimmten Fällen können abweichende Vereinbarungen getroffen werden, um den individuellen Bedürfnissen gerecht zu werden.

---

10 BT-Drs. 19/28653, S. 90.

II. Rechtsschutz gegen die Untersuchungen der Marktüberwachungsbehörde

40 Die Marktüberwachungsbehörde ist nicht verpflichtet, die Überprüfung einer Dienstleistung und die Einhaltung der Barrierefreiheitsanforderungen im Vorfeld anzukündigen. Mangels entsprechender Regelung in § 28 BFSG kann sie diese Maßnahmen ohne Kenntnis des Dienstleistungserbringers durchführen. Insbesondere im Bereich des elektronischen Geschäftsverkehrs ist häufig kein Informationsverlangen notwendig, da die erforderlichen Informationen in der Regel auf der Webseite oder mobilen Anwendung des Dienstleistungserbringers zugänglich sind oder die Dienstleistung selbst geprüft werden kann. Laut BFSG und BFSGV besteht bereits eine Verpflichtung zur Veröffentlichung solcher Informationen gegenüber Verbrauchern. Die Überprüfung nach § 28 Abs. 1 und Abs. 2 stellt lediglich einen behördlichen Vorbereitungsakt dar. Diese Maßnahmen, sei es auf Basis eines „Grunds zur Annahme“ oder als Stichprobe, gelten noch nicht als Verwaltungsakt, da die Maßnahmen noch keine Regelungsqualität haben. Sie sind lediglich behördliche Tatsachenerhebungen.[11]

41 Sollte das betroffene Unternehmen von einer solchen Überprüfung Kenntnis erhalten und der Meinung sein, nicht unter den Anwendungsbereich des BFSG zu fallen, weil es keine der in § 1 Abs. 3 BFSG gelisteten Dienstleistungen erbringt, wäre es ratsam, direkt oder über einen Rechtsbeistand Kontakt mit der Marktüberwachungsbehörde aufzunehmen. Ein Begehren auf Unterlassung der Überprüfung würde eine allgemeine Leistungsklage erfordern. Doch sind solche Anwendungsfälle begrenzt. Ein Erfolg dieser Klage wäre wahrscheinlich nur gegeben, wenn das Unternehmen wiederholt und merklich, möglicherweise sogar in einer Weise, die als störend empfunden wird, überprüft wird, ohne dass es zu Maßnahmen nach § 29 oder § 30 BFSG verpflichtet wird.

§ 29 BFSG
Maßnahmen der Marktüberwachung bei Dienstleistungen, die die Barrierefreiheitsanforderungen nicht erfüllen

(1) Gelangt die Marktüberwachungsbehörde zu dem Ergebnis, dass die Dienstleistung die Barrierefreiheitsanforderungen der nach § 3 Abs. 2 zu erlassenden Rechtsverordnung nicht erfüllt, so fordert sie den Dienstleistungserbringer unverzüglich auf, innerhalb einer von ihr festgesetzten angemessenen Frist geeignete Maßnahmen zu ergreifen, um die Konformität herzustellen. § 22 Abs. 2 Satz 2 gilt entsprechend.

(2) Ergreift der Dienstleistungserbringer innerhalb der nach Absatz 1 gesetzten Frist keine geeigneten Korrekturmaßnahmen, fordert die Marktüber-

11 *von Alemann/Scheffczyk*, in: Bader/Ronellenfitsch, BeckOK VwVfG, VwVfG § 35 Rn. 174.

wachungsbehörde den Dienstleistungserbringer unter Androhung der Untersagung des Angebots oder der Erbringung der Dienstleistung erneut auf, innerhalb einer von ihr gesetzten angemessenen Frist geeignete Korrekturmaßnahmen zu ergreifen, um die Übereinstimmung der Dienstleistung mit den Barrierefreiheitsanforderungen der nach § 3 Abs. 2 zu erlassenden Rechtsverordnung herzustellen. § 22 Abs. 2 Satz 2 und Abs. 4 Satz 4 und 5 gilt entsprechend.

(3) Ergreift der Dienstleistungserbringer innerhalb der nach Abs. 2 gesetzten Frist keine geeigneten Korrekturmaßnahmen, so trifft die Marktüberwachungsbehörde die erforderlichen Maßnahmen, um die Nichterfüllung der Barrierefreiheitsanforderungen der nach § 3 Abs. 2 zu erlassenden Rechtsverordnung abzustellen. Sie kann insbesondere innerhalb einer von ihr gesetzten Frist anordnen, das Angebot oder die Erbringung der Dienstleistung einzustellen. Weist der Dienstleistungserbringer der Marktüberwachungsbehörde nach, dass die Konformität der Dienstleistung mit den Barrierefreiheitsanforderungen der nach § 3 Absatz 2 zu erlassenden Rechtsverordnung hergestellt ist, hebt die Marktüberwachungsbehörde die Anordnung auf.

Gliederung: Rn.

A. Einführung

1 § 29 BFSG setzt an das anlassbezogene (§ 28 Abs. 1 BFSG) oder das anlasslose Verfahren (§ 28 Abs. 2 BFSG) zur Überprüfung der Dienstleistung an und regelt die Maßnahmen, die die Marktüberwachungsbehörde ergreifen kann, wenn sie feststellt, dass die Dienstleistungen nicht den Barrierefreiheitsanforderungen der BFSGV entsprechen. Diese Maßnahmen stellen die Stufen des Verwaltungsvollstreckungsrechts um.

B. Bezug zu weiteren Normen

I. EU-Normen

In der Gesetzesbegründung zum BFSG wird auf die Umsetzung von Art. 19 Abs. 1 lit. c RL 2019/882/EU verwiesen.[1] Die Regelung in der Richtlinie betrifft allerdings die Marktüberwachung von Produkten, zumal es in Abs. 1 keine Buchstabenaufzählung gibt. Vielmehr scheint es die Umsetzung von Art. 23 Abs. 1 lit. c RL 2019/882/EU zu sein. Demnach sollen die Mitgliedsstaaten zur Konformität von Dienstleistungen regelmäßig geeignete Verfahren entwickeln, implementieren und aktualisieren, um zu kontrollieren, dass der Wirtschaftsakteur die notwendigen Korrekturmaßnahmen durchgeführt hat. 2

II. BFSGV

Hier sind insbesondere die Paragrafen der BFSGV einschlägig, die die Barrierefreiheitsanforderungen für Dienstleistungen regeln. Das sind die §§ 12 ff. BFSGV. 3

C. Regelungsgehalt

I. Maßnahmen der Marktüberwachungsbehörde

1. Aufforderung zur Herstellung der Konformität (Abs. 1)

Die Marktüberwachungsbehörde fordert den Dienstleistungserbringer auf, innerhalb einer festgelegten Frist Korrekturmaßnahmen zu ergreifen, um die Erfüllung der Barrierefreiheitsanforderungen nach der BFSGV sicherzustellen. Die Vorschrift greift, wenn die Behörde bei der Prüfung nach § 28 BFSG[2] feststellt, dass die Dienstleistung die Barrierefreiheitsanforderungen nicht erfüllt. In diesem Fall muss der betreffende Wirtschaftsakteur unverzüglich dazu aufgefordert werden, innerhalb einer von der Behörde gesetzten angemessenen Frist geeignete Maßnahmen zur Wiederherstellung der Konformität zu ergreifen. Dabei wird Bezug auf § 22 Abs. 2 Satz 2 BFSG genommen, der regelt, dass vor der Aufforderung zur Herstellung der Konformität von Produkten eine Anhörung erfolgen soll und die Anhörungsfrist für den betroffenen Wirtschaftsakteur im Rahmen dieser Maßnahmen nach § 28 VwVfG oder vergleichbaren Länderregelungen mindestens zehn Tage betragen muss. Die Dauer der festgesetzten Frist liegt im Ermessen der Marktüberwachungsbehörde und wird sich nach dem Schweregrad des festgestellten Verstoßes richten. 4

---

1 BT-Drs. 19/28653, S. 90.

2 In der Gesetzesbegründung steht „bei der Prüfung nach § 29 BFSG“. Dabei muss sich um einen redaktionellen Fehler handeln. Die Überprüfung der Konformität als solche ist in der Vorschrift des § 28 BFSG geregelt.

2. Erneute Aufforderung und Androhung (Abs. 2)

5 Wenn sich der Dienstleistungserbringer weigert, der Aufforderung zur Herstellung der Konformität nachzukommen, hat die Marktüberwachungsbehörde die Möglichkeit, Verwaltungsvollstreckungsmaßnahmen zu ergreifen. Diese Maßnahmen zielen darauf ab, ein bestimmtes Verhalten des Dienstleistungserbringers zu erwirken, nämlich die Sicherstellung der Konformität der Dienstleistung mit den Barrierefreiheitsanforderungen. Die Behörde kann diesen Zustand erzwingen, indem sie selbst Maßnahmen zur Wiederherstellung der Konformität ergreift (Abs. 3 Satz 1).

6 Um ein Verwaltungsvollstreckungsverfahren einzuleiten, muss zunächst festgestellt werden, dass der Dienstleistungserbringer einen Verwaltungsakt, der auf Unterlassen, Dulden oder Handeln gerichtet ist, missachtet hat. In einem solchen Fall ist es erforderlich, eine Androhung auszusprechen und eine Frist zu setzen, innerhalb derer der Dienstleistungserbringer die geforderten Maßnahmen ergreifen muss. Die Androhung und Fristsetzung werden in Abs. 2 durch die spezifischen Vollstreckungsregeln geregelt, die dem Verwaltungsvollstreckungsgesetz des Bundes vorgehen.

7 Das Verwaltungsvollstreckungsverfahren gliedert sich grundsätzlich in mehrere Schritte. Zunächst muss ein Verwaltungsakt vorliegen, dessen Missachtung festgestellt wird. Darauf folgen eine Androhung und die Setzung einer angemessenen Frist, sodass der Dienstleistungserbringer noch geeignete Korrekturmaßnahmen ergreifen kann, bevor es zu einer möglichen Untersagung der Dienstleistung und somit zu einer potenziell existenzbedrohenden Maßnahme für den Dienstleistungserbringer kommen könnte. Sollte der Dienstleistungserbringer dennoch untätig bleiben, können weitere Maßnahmen ergriffen werden, um die Einhaltung der Barrierefreiheitsanforderungen durchzusetzen.

8 Mit Verweis auf § 22 Abs. 4 Satz 4 und Satz 5 BFSG erhält ein betroffener Dienstleistungserbringer die Möglichkeit, sich erneut zu äußern, wenn eine Maßnahme ohne vorherige Anhörung ergriffen wurde. Diese Vorschrift stellt sicher, dass der Dienstleistungserbringer umgehend die Gelegenheit erhält, seine Perspektive darzulegen. Sie gewährleistet die Wahrung der Beteiligtenrechte, indem sie einen nachträglichen Anhörungsprozess einführt. Nachdem der Dienstleistungserbringer seine Stellungnahme abgegeben hat, ist die Marktüberwachungsbehörde verpflichtet, die getroffene Maßnahme umgehend zu überprüfen. Dies bedeutet, dass die Entscheidung auf der Grundlage der eingebrachten Informationen des Dienstleistungserbringers erneut betrachtet und gegebenenfalls angepasst oder zurückgezogen werden muss. Angesichts der Folgen der Erzwingung der Konformität durch die Einstellung der Dienstleistung stellt dieses erneute Anhörungsverfahren eine wichtige Maßnahme zur Wahrung der Rechte der Dienstleistungserbringer dar.

3. Erzwingung von Maßnahmen durch die Behörde (Abs. 3)

9 Als letzter Schritt des Verwaltungsvollstreckungsverfahrens kann die Marktüberwachungsbehörde selbst erforderliche Maßnahmen treffen, um die Nichterfüllung der Barrierefreiheitsanforderungen abzustellen. In Betracht kommt dabei die nach Abs. 3 Satz 2 festgelegte Befugnis der Marktüberwachungsbehörde, das Angebot oder die Erbringung der Dienstleistung einzustellen. Unter Umständen könnte eine

erforderliche Maßnahme darin bestehen, den Hosting-Provider anzuweisen, die Webseite, über die eine Dienstleistung angeboten wird, abzuschalten.

In der Gesetzesbegründung wird auch auf den besonderen Umstand bei Personenbeförderungsdiensten hingewiesen. Bei diesen Dienstleistungen ist dabei immer auf das spezifische Element, das nach § 1 Abs. 3 Nr. 2 BFSG nicht den Barrierefreiheitsanforderungen entspricht, abzustellen und nicht auf die eigentliche Beförderungsdienstleistung insgesamt.[3] **10**

Die Frage der Reichweite der Erzwingung solcher Maßnahmen kann sich auch bei Bankdienstleistungen ergeben: Denn gemäß dieser Regelung könnte eine Marktüberwachungsbehörde beispielsweise die Einstellung des Überweisungsverkehrs mit Verbrauchern anordnen, wenn eine internetbasierte Überweisungsmaske aufgrund ihrer Schriftgröße nicht den Barrierefreiheitsanforderungen entspricht, wie sie in § 12 Nr. 2 lit. f bzw. Nr. 3 BFSGV festgelegt sind. Diese Anordnung könnte unabhängig davon getroffen werden, ob tatsächlich ein Verbraucher durch diese Schriftgröße beeinträchtigt wird. Solch ein behördliches Verbot kann zur Ablehnung eines Zahlungsauftrags nach § 675o Abs. 2 BGB führen, da dann ein Verstoß gegen gesetzliche Vorschriften verhindert werden soll. Dabei wird jedoch nicht berücksichtigt, dass Verbraucher, ob mit oder ohne Behinderung, durch eine solche Maßnahme letztlich benachteiligt werden könnten, etwa dadurch, dass sie ihren monatlichen Verpflichtungen, wie der Mietzahlung per Dauerauftrag, nicht mehr nachkommen können.[4] **11**

Die Vorschrift in Abs. 3 Satz 3, dass eine Anordnung aufgehoben werden muss, sobald der Dienstleistungserbringer der Marktüberwachungsbehörde nachweist, dass die Konformität mit den Barrierefreiheitsanforderungen hergestellt ist, erfüllt mehrere wichtige Funktionen. Sie stellt sicher, dass die Maßnahmen der Marktüberwachungsbehörde flexibel bleiben und sich an die aktuellen Gegebenheiten und Fortschritte des Dienstleistungserbringers anpassen können. Dies verhindert, dass Sanktionen unnötig fortbestehen und den wirtschaftlichen Betrieb des Anbieters beeinträchtigen, sobald die geforderten Standards erfüllt sind. Darüber hinaus setzt diese Regelung positive Anreize für Dienstleistungserbringer, zügig die notwendigen Anpassungen vorzunehmen, um die Barrierefreiheitsanforderungen einzuhalten und die damit verbundenen behördlichen Restriktionen aufzuheben. **12**

II. Rechtsschutz gegen die Maßnahmen

1. Gegen die Aufforderung

Die Aufforderung der Herstellung der Konformität nach Abs. 1 stellt einen Verwaltungsakt nach § 35 VwVfG dar. Die Aufforderung muss also den Bestimmtheits- und Formerfordernissen nach § 37 VwVfG erfüllen und eine Rechtsbehelfsbelehrung beinhalten. **13**

Die Notwendigkeit der Durchführung eines Widerspruchsverfahrens hängt mangels einer Regelung durch den Bundesgesetzgeber (vgl. § 68 Abs. 1 Nr. 1, 2 VwGO) **14**

3 BT-Drs. 19/28653, S. 91.
4 *Kalisz*, BKR 2023, 292, 300.

von der einschlägigen landesgesetzlichen Regelung ab. Laut Art. 2 Abs. 4 des BFSG-Staatsvertrags ist für das Verwaltungsverfahren das Landesrecht von Sachsen-Anhalt einschlägig. Grundsätzlich ist ein Vorverfahren in Sachsen-Anhalt zwar statthaft, jedoch müssen die Sonderregelungen des AGVwGO LSA berücksichtigt werden. Da Art. 9 des BFSG-Staatsvertrags nahelegt, dass die nächsthöhere Behörde die zuständige oberste Landesbehörde ist[5], gilt hier § 73 Abs. 1 S. 2 Nr. 2 VwGO, wonach die Ausgangsbehörde selbst über den Widerspruch entscheidet. In dieser Konstellation greift § 8a Abs. 1 S. 1 AGVwGO LSA, der für die Fälle des § 73 Abs. 1 S. 2 Nr. 2 VwGO ein Vorverfahren entfallen lässt. Demnach ist für Rechtsbehelfe nach dem BFSG gemäß § 68 Abs. 1 S. 2 Var. 1 VwGO i. V. m. § 8a Abs. 1 S. 1 AGVwGO LSA kein Vorverfahren notwendig.

15 Mangels Vorverfahren muss der betroffene Dienstleistungserbringer gegen die Aufforderung die Anfechtungsklage nach § 42 Abs. 1 VwGO einlegen. Das zuständige Gericht ist aus der Rechtsbehelfsbelehrung im Widerspruchsbescheid erkennbar.

2. Gegen die Verwaltungsvollstreckung

16 Die Androhung stellt als solche einen Verwaltungsakt dar.[6] Da das BFSG zum größten Teil selbst das Verwaltungsvollstreckungsverfahren regelt, aber nicht die entsprechenden Rechtsmittel dagegen, muss auf den § 18 Verwaltungsvollstreckungsgesetz verwiesen werden. Dieser regelt, dass gegen die Androhung eines Zwangsmittels die gleichen Rechtsmittel zulässig sind wie gegen den Verwaltungsakt, dessen Durchsetzung erzwungen werden soll. Wenn der Verwaltungsakt in Form der Aufforderung zur Herstellung der Konformität nicht mehr angefochten werden kann, da zum Beispiel die Frist zum Widerspruch oder zur Klage abgelaufen ist, muss sich eine Rechtsverletzung direkt aus der Androhung ergeben, um sie selbst anfechten zu können.

17 Wenn es dem betroffenen Unternehmen um die Einstellung der Zwangsvollstreckung als solche geht, hat es dies im Wege einer vorbeugenden Feststellungsklage nach § 43 Abs. 1 VwGO zu verfolgen und ggf. im vorläufigen Rechtsschutz durch einen Antrag nach § 123 Abs. 1 VwGO.[7] Soweit der zu vollstreckende Verwaltungsakt bestandskräftig geworden ist, ist der Antragsteller mit Einwänden gegen diesen Verwaltungsakt allerdings ausgeschlossen.[8]

3. Gegen die Unterlassung der Aufhebung der Anordnung

18 Wenn ein Dienstleistungserbringer nachweisen kann, dass er die Barrierefreiheitsanforderungen erfüllt hat, nachdem die Marktüberwachungsbehörde die Einstellung der Dienstleistung angeordnet hat, sollte die Behörde die Anordnung gemäß Abs. 3

5 Dies ergibt sich daraus, dass gemäß Art. 9 BFSG-Staatsvertrag die zuständige oberste Landesbehörde die Rechts- und Fachaufsicht über die Marktüberwachungsbehörde inne hat; vgl. dazu *Porsch*, in: Schoch/Schneider, § 73 VwGO Rn. 6.

6 *Troidl*, in: Engelhardt/App/Schlatmann, VwVG § 13 Rn. 1b.

7 *Kuhla*, in: BeckOK VwGO, VwGO § 123 Rn. 18a.

8 *Kuhla*, in: BeckOK VwGO, VwGO § 123 Rn 18b.

Satz 3 aufheben. Bleibt die Behörde jedoch untätig, kann der Dienstleistungserbringer im Wege der Untätigkeitsklage nach § 75 VwGO gegen die Behörde vorgehen. Diese Klage ist jedoch erst möglich, wenn seit der Einreichung des Nachweises bei der Behörde drei Monate vergangen sind. Unter bestimmten Umständen kann es auch möglich sein, diese Drei-Monats-Frist zu verkürzen. Daher ist es ratsam, der Marktüberwachungsbehörde mit der Einreichung der Nachweise eine Frist zu setzen, innerhalb derer die Anordnung aufzuheben ist.[9]

§ 30 BFSG
Maßnahmen bei formaler Nichtkonformität von Dienstleistungen

(1) Stellt die Marktüberwachungsbehörde eine formale Nichtkonformität fest, so fordert sie den Dienstleistungserbringer auf, die formale Nichtkonformität innerhalb einer angemessenen Frist zu korrigieren. § 22 Absatz 2 Satz 2 bis 4 gilt entsprechend.

(2) Eine formale Nichtkonformität liegt vor, wenn die notwendigen Informationen nach Anlage 3 nicht oder nicht vollständig erstellt wurden oder die Informationen für die Allgemeinheit nicht oder nicht vollständig in barrierefreier Form zugänglich gemacht wurden.

(3) Ergreift der Dienstleistungserbringer innerhalb der nach Absatz 1 gesetzten Frist keine geeigneten Korrekturmaßnahmen, fordert die Marktüberwachungsbehörde den Dienstleistungserbringer unter Androhung der Untersagung des Angebots oder der Erbringung der Dienstleistung erneut auf, innerhalb einer von ihr gesetzten angemessenen Frist geeignete Korrekturmaßnahmen zu ergreifen, um die Konformität herzustellen. § 22 Absatz 2 Satz 2 bis 4 gilt entsprechend.

(4) Ergreift der Dienstleistungserbringer innerhalb der nach Absatz 3 gesetzten Frist keine geeigneten Korrekturmaßnahmen, so trifft die Marktüberwachungsbehörde die erforderlichen Maßnahmen, um die formale Nichtkonformität abzustellen. Weist der Dienstleistungserbringer nach, dass die Konformität der Dienstleistung hergestellt ist, so hebt die Marktüberwachungsbehörde die Anordnung auf.

Gliederung: Rn.

---

9 *De Witt/Durinke*, in Beck-RA-Hdb, 12. Aufl. 2022, § 10, Rn. 98.

A. Einführung

1 Diese Vorschrift regelt spiegelbildlich zu § 24 BFSG das Vorgehen der Marktüberwachungsbehörde bei formaler Nichtkonformität von Dienstleistungen.[1] Die formale Nichtkonformität betrifft den fehlenden Informationszugang des Verbrauchers über die Barrierefreiheit der Dienstleistung.

B. Regelungsgehalt

2 Die Vorschrift dient der Umsetzung von Art. 23 der RL 2019/882/EU, wobei die Richtlinie nur von „geeigneten Verfahren, um zu kontrollieren, dass der Wirtschaftsakteur die notwendigen Korrekturmaßnahmen durchgeführt hat", spricht. Die Überprüfung der formalen barrierefreien Konformität lag dabei als Gestaltung eines Verfahrens im Ermessen des nationalen Gesetzgebers.

I. Vorliegen einer formalen Nichtkonformität

3 Nach Abs. 2 liegt eine formale Nichtkonformität vor, wenn die notwendigen Informationen nach Anlage 3 zum BFSG nicht oder nicht vollständig erstellt wurden oder die Informationen für die Allgemeinheit nicht oder nicht vollständig in barrierefreier Form zugänglich gemacht wurde.

1. Die notwendigen Informationen nach Anlage 3

4 Die Anlage 3 zum BFSG enthält in Nr. 1 eine Aufzählung der erforderlichen Informationen. Zu diesen Informationen zählen die allgemeine Beschreibung der Dienstleistung in einem barrierefreien Format, die Beschreibung und Erläuterung, die zum Verständnis der Durchführung der Dienstleistung erforderlich sind, eine weitere Beschreibung, wie die Dienstleistung die einschlägigen in der BFSGV aufgeführten Barrierefreiheitsanforderungen erfüllt sowie die Angabe der zuständigen Marktüberwachungsbehörde.

2. Angabe in einer barrierefreien Form

5 Diese Informationen hat der Dienstleistungserbringer in einer barrierefreien Form zugänglich zu machen. Die Anlage 3 zum BFSG zeigt die Möglichkeit auf, dass der Dienstleistungserbringer dies in seinen AGB oder auf eine andere deutlich wahrnehmbare Weise nach der BFSGV, zum Beispiel auf einer Webseite[2] oder einer mobilen An-

1 BT-Drs. 19/28653, S. 91.
2 *BMAS*, Leitlinien zur Anwendung des BFSG, S. 12.

wendung[3], angeben kann. Eine wahrnehmbare Weise nach der BFSGV bedeutet nach § 12 Nr. 2 BFSGV in einer Form, die vom Verbraucher wahrnehmbar ist, und umfasst die Nutzung geeigneter Schriftarten, -größen, Kontrastverhältnisse und Abstände.

In § 12 Nr. 2 BFSGV stellt der Verordnungsgeber klar, was er unter einer barriere- **6**
freien Bereitstellung von Informationen versteht: Die Informationen müssen über mehr als einen sensorischen Kanal bereitgestellt werden, damit sie für Verbraucher auffindbar und in verständlicher Weise dargestellt sind. Sie sollten so präsentiert werden, dass sie für Verbraucher wahrnehmbar sind. Darüber hinaus müssen die Informationen in Textformaten verfügbar sein, die es dem Verbraucher ermöglichen, alternative assistive Formate zu generieren, die über unterschiedliche Arten und sensorische Kanäle wahrgenommen werden können. Sie sollen in einer Schriftart mit angemessener Größe bereitgestellt werden, wobei der vorhersehbare Nutzungskontext berücksichtigt wird und ausreichend Kontrast sowie Abstände zwischen Buchstaben, Zeilen und Absätzen vorhanden sind. Bei Informationen, die nicht-textliche Inhalte enthalten, muss eine alternative Darstellung des Inhalts angeboten werden. Schließlich müssen die erforderlichen digitalen Informationen konsistent und angemessen bereitgestellt werden, um sicherzustellen, dass sie wahrnehmbar, bedienbar, verständlich und robust sind.

II. Maßnahmen der Marktüberwachungsbehörde

1. Aufforderung zur Korrektur formaler Nichtkonformität (Abs. 1)

Das Verfahren zur erstmaligen Aufforderung der Korrektur der formalen Nichtkon- **7**
formität gleicht dem Verfahren aus § 29 Abs. 1 BFSG, wobei § 29 BFSG im Umkehrschluss die materielle Nichtkonformität der Barrierefreiheitsanforderungen erfasst.

In Satz 2 der Vorschrift verweist der Gesetzgeber auf die entsprechende Geltung von **8**
§ 22 Abs. 2 Satz 2 bis Satz 4 BFSG, was auf den ersten Blick unplausibel erscheint, da § 22 Abs. 2 BFSG keine Sätze 3 und 4 enthält. Dies könnte ein redaktioneller Fehler im Gesetzestext sein. Eine klare Erklärung des Verweises durch systematische Auslegung ist nicht ersichtlich, was darauf hindeutet, dass hier tatsächlich kein anderer Absatz beabsichtigt ist. Es bleibt nach § 22 Abs. 2 S. 2 BFSG entsprechend bei einer Anhörungsfrist von nicht weniger als 10 Tagen.

2. Erneute Aufforderung bei ausstehender Korrektur (Abs. 3)

Auch das Verfahren zur erneuten Aufforderung bei ausstehender Korrektur der for- **9**
malen Nichtkonformität ähnelt dem Verfahren nach § 29 Abs. 2 BFSG. Zu beachten ist, dass die Marktaufsichtsbehörde auch bei formaler Nichtkonformität die Untersagung des Angebots oder der Erbringung der Dienstleistung androhen kann. Das bedeutet, dass, selbst wenn die Dienstleistung an sich den Barrierefreiheitsanforderungen entspricht, die Gefahr besteht, dass die Dienstleistung untersagt wird. Damit leitet die Behörde ein Verwaltungsvollstreckungsverfahren ein, ähnlich wie nach § 29 Abs. 2 BFSG.

---

3 BT-Drs. 19/28653.

10 Wenn sich der Dienstleistungserbringer weigert, der Aufforderung zur Herstellung der Konformität nachzukommen, hat die Marktüberwachungsbehörde die Möglichkeit, Verwaltungsvollstreckungsmaßnahmen zu ergreifen. Diese Maßnahmen zielen darauf ab, ein bestimmtes Verhalten des Dienstleistungserbringers zu bewirken, nämlich die Herstellung der formalen Konformität. Die Behörde kann diesen Zustand erzwingen, indem sie selbst Maßnahmen zum Abstellen der formalen Nichtkonformität ergreift (Abs. 4 Satz 1).

11 Um ein Verwaltungsvollstreckungsverfahren einzuleiten, muss zunächst festgestellt werden, dass der Dienstleistungserbringer einen Verwaltungsakt, der auf Unterlassen, Dulden oder Handeln gerichtet ist, missachtet hat. In einem solchen Fall ist es erforderlich, eine Androhung auszusprechen und eine Frist zu setzen, innerhalb derer der Dienstleistungserbringer die geforderten Maßnahmen ergreifen muss. Die Androhung und Fristsetzung werden in Abs. 2 durch die spezifischen Vollstreckungsregeln geregelt, die dem Verwaltungsvollstreckungsgesetz des Bundes vorgehen.

12 Das Verwaltungsvollstreckungsverfahren nach § 30 BFSG gliedert sich grundsätzlich in mehrere Schritte. Auf eine erste, aber missachtete Aufforderung folgen eine Androhung und die Setzung einer angemessenen Frist, sodass der Dienstleistungserbringer noch geeignete Korrekturmaßnahmen ergreifen kann, bevor es zu einer möglichen Untersagung der Dienstleistung und somit zu einer potenziell existenzbedrohenden Maßnahme für den Dienstleistungserbringer kommen könnte. Sollte der Dienstleistungserbringer auch nach der erneuten Aufforderung untätig bleiben, können weitere Maßnahmen ergriffen werden, um die formale Nichtkonformität abzustellen.

13 In Satz 2 wird auf § 22 Abs. 2 Satz 2 bis Satz 4 BFSG verwiesen, obwohl es dort keine Sätze 3 und 4 gibt. Dies deutet erneut auf ein mögliches redaktionelles Versehen hin. Dieser Verweis könnte zu Verwirrung hinsichtlich der genauen rechtlichen Anforderungen führen. Im Vergleich dazu verweist § 29 Abs. 2 Satz 2 BFSG, in dem es um die materielle Konformität geht, neben § 22 Abs. 2 Satz 2 BFSG auch auf § 22 Abs. 4 Satz 4 und 5 BFSG, welche regeln, dass ein betroffener Wirtschaftsakteur, der nicht angehört wurde, unverzüglich die Gelegenheit erhält, sich zu äußern. Diese Stellungnahme führt dazu, dass die Maßnahme umgehend überprüft wird. Diese Vorschrift unterstützt die Sicherstellung der Verfahrensrechte der betroffenen Parteien und sorgt dafür, dass Maßnahmen gerechtfertigt sind. Die Abwesenheit eines ähnlichen Verweises in § 30 Abs. 3 BFSG verstärkt die Notwendigkeit der Korrektur des nationalen Gesetzgebers.

3. Maßnahmen zur Behebung der Nichtkonformität (Abs. 4)

14 Auch diese Vorschrift entspricht dem Vorgehen der Marktüberwachungsbehörde bei der materiellen Nichtkonformität nach § 29 Abs. 3 BFSG, wobei die Behörde nach § 29 Abs. 3 Satz 2 BFSG explizit berechtigt ist, die Einstellung des Angebots oder der Erbringung der Dienstleistung anzuordnen. Eine solche Berechtigung findet sich in § 30 Abs. 4 BFSG nicht. Systematisch betrachtet müsste dies bedeuten, dass andere Maßnahmen als die Anordnung der Einstellung erforderlich sind, um die formale Nichtkonformität abzustellen. Der Gesetzgeber sieht dies jedoch anders. In der Gesetzesbegründung wird die Anordnung an den Dienstleistungserbringer, das Angebot oder die Erbringung der Dienstleistung einzustellen, ausdrücklich als mögliche Maßnahme genannt. Warum diese Option nicht, wie in § 29 Abs. 3 Satz 2 BFSG, direkt im Gesetzestext verankert ist, bleibt unklar.

Die Regelung in § 30 Abs. 4 S. 2 BFSG, dass eine Anordnung aufgehoben werden muss, sobald der Dienstleistungserbringer die Konformität der Dienstleistung nachweist, dient mehreren Zwecken. Erstens stellt sie sicher, dass Maßnahmen der Marktüberwachungsbehörde flexibel und anpassungsfähig sind, indem sie auf aktuelle Gegebenheiten reagieren können. Dies verhindert eine unnötige Fortdauer von Sanktionen, die wirtschaftliche und betriebliche Aktivitäten des Dienstleisters über Gebühr belasten könnten. Zweitens gewährleistet diese Regelung, dass Anreize bestehen bleiben, die Barrierefreiheitsanforderungen so schnell wie möglich zu erfüllen, um die mit einer Anordnung verbundenen Einschränkungen wieder aufzuheben. Drittens fördert sie den fairen Umgang mit Dienstleistungsanbietern, indem sichergestellt wird, dass behördliche Eingriffe nur so lange bestehen, wie es die Rechtslage erfordert. Dies entspricht dem Grundsatz der Verhältnismäßigkeit, wonach staatliche Maßnahmen nicht weitergehen sollten als unbedingt notwendig, um einen rechtmäßigen Zustand herbeizuführen und zu wahren. Eine klar definierte Prozedur für den Nachweis der Konformität seitens des Dienstleistungserbringers hilft sowohl der Behörde als auch dem Anbieter, den Prozess effizient zu durchlaufen und Missverständnisse oder Verzögerungen zu vermeiden. **15**

III. Rechtsschutz gegen die Maßnahmen

Die Rechtsschutzmöglichkeiten gegen die Aufforderung (Abs. 1), die Vollstreckung (Abs. 2 und Abs. 3) und eine mögliche Unterlassung der Aufhebung der Anordnung (Abs. 4 Satz 2) entsprechen denen, die bereits in § 29 BFSG (Rn. 13) erläutert wurden, und gelten somit gleichermaßen auch hier. **16**

C. Weitere rechtspolitische Maßnahmen

Die Einführung von § 30 BFSG in das Gesetzeswerk ist nicht ohne Kontroversen verlaufen, insbesondere wegen der auffälligen redaktionellen Fehler, die Unsicherheiten für Dienstleistungserbringer mit sich bringen. Die zahlreichen Verweise auf nichtexistierende Paragraphenstellen, wie sie wiederholt vorkommen, schaffen Unklarheiten in der Anwendungspraxis, die sowohl die Behörde als auch die betroffenen Dienstleister vor Herausforderungen stellen. Diese Unklarheiten könnten zu fehlerhaften Umsetzungen führen und eine mögliche Grundlage für rechtliche Auseinandersetzungen sein, da die Unternehmen, die sich von diesen Vorschriften betroffen sehen, nicht klar darüber informiert sind, welche Anforderungen tatsächlich im Detail eingehalten werden müssen und vor allem auch welche Rechte sie gegenüber den Marktüberwachungsbehörde haben. **17**

Eine sorgfältige Betrachtung legt nahe, dass die in § 30 BFSG geregelten Aspekte auch angemessen in einem weiteren Absatz in § 29 BFSG hätten integriert werden können – lediglich mit der Erweiterung für die formale Nichtkonformität sowie den Verweis auf Anlage 3 zum BFSG. Eine konsolidierte Darstellung der Anforderungen innerhalb eines Paragrafen würde nicht nur die Rechtsklarheit erhöhen, sondern **18** auch den Verwaltungsaufwand bei der Umsetzung verringern. Gleichzeitig würde dies den Dienstleistungserbringern eine kohärentere und besser nachvollziehbare Orientierung bieten, was die Umsetzung der Barrierefreiheit angeht.

19 Der separate § 30 BFSG wurde eingeführt, um den spezifischen Fall zu adressieren, bei dem ein Dienstleistungserbringer die materielle Konformität der Barrierefreiheitsanforderungen vollständig erfüllt, jedoch die entsprechenden Informationen nicht bereitstellt. Diese Situation tritt vermutlich nur bei einem sehr kleinen Kreis von Anbietern auf, weshalb sich die Verwaltungspraxis in der Regel auf § 29 BFSG konzentrieren wird. Die Unterscheidung durch einen eigenen Paragrafen zielt darauf ab, sämtlichen Eventualitäten gerecht zu werden, könnte aber durch eine integrierte Regelung in § 29 BFSG effizienter und weniger fehleranfällig gestaltet werden.

§ 31 BFSG
Veröffentlichung von Information

(1) Die Marktüberwachungsbehörde hat die Öffentlichkeit in geeigneter Weise, zum Beispiel auf ihrer Webseite, über ihre Existenz, ihre Zuständigkeiten, die Möglichkeiten der Kontaktaufnahme, ihre Arbeit und ihre Entscheidungen barrierefrei zu informieren.

(2) Die Marktüberwachungsbehörde stellt einem Verbraucher auf Antrag die Informationen nach Absatz 1 in einer für ihn wahrnehmbaren Form zur Verfügung. Falls erforderlich, erläutert die Marktüberwachungsbehörde dem Antragsteller die Informationen in einfacher und verständlicher Weise. Ist eine solche Erläuterung für den Antragsteller nicht ausreichend, soll die Marktüberwachungsbehörde die Informationen in Leichter Sprache erläutern.

Gliederung: Rn.

A. Einführung

1 Diese Regelung setzt Art. 23 Abs. 2 der RL 2019/882/EU um und zielt darauf ab, Aufmerksamkeit und Sensibilisierung sowie Transparenz und Zugänglichkeit sowohl für die breite Öffentlichkeit als auch für Verbraucher mit besonderen Bedürfnissen sicherzustellen.

B. Regelungsgehalt

2 Die Platzierung von § 31 BFSG innerhalb des Abschnitts 7 „Marktüberwachung von Dienstleistungen“ wirkt etwas unpassend, zumal die Regelung eine umfassende Informationspflicht der Marktüberwachungsbehörde beschreibt, die ebenso die

Marktüberwachung von Produkten betreffen könnte. Diese Verortung führt zu der Frage, ob die Behörde ihre Informationspflicht tatsächlich nur auf Dienstleistungen beschränkt oder ob sie auch Produkte einschließt. Eine abschließende Einschätzung bleibt abzuwarten, da die behördliche Praxis hier maßgeblich sein wird. Sinnvoller wäre es gewesen, § 31 BFSG im Abschnitt 10 des Gesetzes zu platzieren, der die Berichterstattung, Bußgeldvorschriften und Übergangsbestimmungen umfasst. Dort hätte die Vorschrift eine übergreifende Anwendungsregelung erhalten, die sowohl die Informationspflicht bezüglich Dienstleistungen als auch Produkten klarer umfasst und in den umfassenderen Kontext der Rechenschaftspflichten und Sanktionen des BFSG einbettet.

§ 32 BFSG
Rechte von Verbrauchern, anerkannten Verbänden und qualifizierten Einrichtungen im Verwaltungsverfahren

(1) Auf Antrag eines Verbrauchers hat die Marktüberwachungsbehörde ein Verfahren zur Durchführung von Maßnahmen nach Abschnitt 6 oder Abschnitt 7 dieses Gesetzes gegen einen Wirtschaftsakteur einzuleiten, wenn der Verbraucher geltend macht, dass der Wirtschaftsakteur gegen eine Bestimmung dieses Gesetzes oder eine Bestimmung der nach § 3 Absatz 2 zu erlassenden Rechtsverordnung verstößt und der Verbraucher daher das betreffende Produkt oder die betreffende Dienstleistung nicht oder nur in eingeschränkter Weise nutzen kann. Der Verbraucher hat das Recht, einen nach § 15 Absatz 3 des Behindertengleichstellungsgesetzes anerkannten Verband oder eine qualifizierte Einrichtung im Sinne des § 3 Absatz 1 Nummer 1 des Unterlassungsklagengesetzes in der Fassung der Bekanntmachung vom 27. August 2002 (BGBl. I S. 3422, 4346), das zuletzt durch Artikel 2 des Gesetzes vom 26. November 2020 (BGBl. I S. 2568) geändert worden ist, in der jeweils geltenden Fassung zu beauftragen, in seinem Namen oder an seiner Stelle die Einleitung eines Verfahrens nach Satz 1 zu beantragen. Nach dem Eingang eines Antrags nach Satz 1 ist dem betreffenden Wirtschaftsakteur Gelegenheit zur Stellungnahme zu geben.

(2) Das Verfahren nach Absatz 1 Satz 1 gegen einen Wirtschaftsakteur ist auch einzuleiten, wenn ein nach § 15 Absatz 3 des Behindertengleichstellungsgesetzes anerkannter Verband oder eine qualifizierte Einrichtung im Sinne des § 3 Absatz 1 Nummer 1 des Unterlassungsklagengesetzes dies unter den Voraussetzungen beantragt, dass der Wirtschaftsakteur gegen eine Bestimmung dieses Gesetzes oder eine Bestimmung der nach § 3 Absatz 2 zu erlassenden Rechtsverordnung verstößt und der Verstoß den jeweiligen satzungsgemäßen Aufgabenbereich des Verbands oder der qualifizierten Einrichtung berührt. Der Verband oder die qualifizierte Einrichtung hat im Antrag darzulegen, dass sein satzungsgemäßer Aufgabenbereich berührt ist. Zur Geltendmachung des Rechts aus Satz 1 bedarf es keiner eigenen Rechtsverletzung des Verbandes.

(3) Die Marktüberwachungsbehörde entscheidet über einen Antrag nach Absatz 1 oder Absatz 2 durch Bescheid.

(4) Menschen mit Hörbehinderungen und Menschen mit Sprachbehinderungen haben das Recht, im Verwaltungsverfahren nach Absatz 1 und Absatz 2 in Deutscher Gebärdensprache, mit lautsprachbegleitenden Gebärden oder über andere geeignete Kommunikationshilfen zu kommunizieren. Die Kosten für Kommunikationshilfen sind von der Marktüberwachungsbehörde zu tragen. § 5 der Kommunikationshilfenverordnung gilt entsprechend.

(5) Die §§ 10 und 11 des Behindertengleichstellungsgesetzes gelten für das Verwaltungsverfahren nach dieser Vorschrift entsprechend.

Gliederung: Rn.

A. Allgemeines

Abschnitt 8 regelt das Verwaltungsverfahren, das die Marktüberwachung durch die Behörden komplementiert und es Verbrauchern und Verbänden ermöglicht, Verstößen gegen das BFSG auf dem Verwaltungsrechtsweg zu begegnen. Hierdurch wird Art. 29 der RL 2019/882/EU umgesetzt. § 32 BFSG enthält besondere Regelungen zum behördlichen Verwaltungsverfahren, § 33 BFSG enthält Regeln zum Verfahren vor den Verwaltungsgerichten und § 34 BFSG sieht alternativ die Möglichkeit der Schlichtung vor. 1

Nach der Gesetzesbegründung soll dem Verbraucher neben dem Zivilrechtsweg eine weitere Rechtsschutzmöglichkeit an die Hand gegeben werden. Der Verwaltungsrechtsweg, der im Anschluss an ein Verwaltungsverfahren beschritten werden kann, hat gegenüber dem Zivilrechtsweg den Vorteil, dass nicht der Beibringungsgrundsatz gilt, sondern das Gericht gemäß § 86 VWGO den Sachverhalt von Amts wegen erforscht.[1] Die Möglichkeit, die Rechte durch Beauftragung eines Verbands wahrzunehmen, soll den effektiven Rechtsschutz für Menschen mit Behinderungen verbessern und die besondere Fachkenntnis der Verbände soll zu einer „sachnahen Prozessführung" beitragen.[2] 2

B. Bezug zu weiteren Normen

I. EU-Normen

Die Vorschrift setzt Art. 29 der RL 2019/882/EU um, wonach die Mitgliedstaaten dafür sorgen, dass dem Verbraucher ein Verwaltungsverfahren und der Verwaltungsrechtsweg offensteht und er Verbände zur Wahrnehmung seiner Rechtsschutzinteressen beauftragen kann. 3

II. Nationale Vorschriften (insbes. BGG)

Die Rechtsbehelfe im BFSG sind parallel zu den Rechtsbehelfen in Abschnitt 4 BGG ausgestaltet, wo ebenfalls Vertretungsbefugnisse der Verbände und ein Verbandsklagerecht geregelt sind. Im Unterschied zum BGG begeht den (potentiellen) Verstoß gegen die Barrierefreiheit im Anwendungsbereich des BFSG aber nicht eine Behörde, sondern ein privater Wirtschaftsakteur. Der Rechtsschutzanspruch im Verwaltungsverfahren ist daher nur auf die Einleitung von Marktüberwachungsmaßnahmen der Behörde gerichtet. 4

Für das Verfahren nach dem Medienstaatsvertrag regelt § 99d BFSG ein entsprechendes Antragsrecht des Verbrauchers (→ § 99d MStV). 5

Im Verwaltungsverfahren finden die §§ 10 und 11 BGG gemäß § 32 Abs. 5 BFSG entsprechend Anwendung. 6

1 BT-Drs. 19/28653, S. 92.
2 BT-Drs. 14/7420, S. 30; Deinert/Welti/Luik/Brockmann/*Hlava*, Stichwort Kommentar Behindertenrecht, Verbandsklage Rn. 4.

C. Regelungsgehalt

I. Verwaltungsverfahren (Abs. 1)

7 Unter den Voraussetzungen des § 32 BFSG kann ein Verbraucher oder ein Verband bzw. eine qualifizierte Einrichtung (→ Rn. 13) von der zuständigen Behörde verlangen, Marktüberwachungsmaßnahmen nach Abschnitt 6 in Bezug auf Produkte und nach Abschnitt 7 in Bezug auf Dienstleistungen vorzunehmen. Dem Antrag liegt also ein Verpflichtungsbegehren auf behördliches Einschreiten zugrunde.

II. Antragsberechtigte Personen

1. Antrag eines Verbrauchers (Abs. 1)

8 Ein **Verbraucher** ist antragsberechtigt nach § 32 Abs. 1 Satz 1 BFSG, wenn er geltend macht, dass ein Produkt oder eine Dienstleistung den Barrierefreiheitsanforderungen nach BFSG und BFSGV nicht entspricht und der Verbraucher daher das betreffende Produkt oder die betreffende Dienstleistung nicht oder nur in eingeschränkter Weise nutzen kann. Der Verbraucher muss also geltend machen, durch den Verstoß gegen die Barrierefreiheitsanforderungen, **in seinen subjektiven Rechten verletzt** zu sein.

a) Verstoß gegen die Barrierefreiheitsanforderungen (Abs. 1 Satz 1)

9 Der Verbraucher muss in seinem Antrag darlegen, dass das Produkt oder die Dienstleistung gegen die Barrierefreiheitsanforderungen nach BFSG und BFSGV verstößt. Nach der Gesetzesbegründung muss der Verbraucher dabei darlegen, gegen welche konkrete Bestimmung verstoßen wird.[3]

b) Verletzung subjektiver Rechte

10 Neben den objektiven Verstoß gegen die Barrierefreiheitsanforderungen muss auch ein subjektives Element treten. Der Verbraucher ist nur antragsberechtigt, wenn er geltend machen kann, infolge des Verstoßes auch selbst von der Nutzung des betreffenden Produkts oder der Dienstleistung ausgeschlossen oder in der Nutzung beschränkt zu sein.

c) Beauftragung eines Verbands oder einer qualifizierten Stelle (Abs. 1 Satz 2)

11 Gemäß § 32 Abs. 1 Satz 2 BFSG kann der Verbraucher einen **Verband oder eine qualifizierte Einrichtung** (→ Rn. 12 f.) damit beauftragen, ihn im Verwaltungsverfahren zu vertreten oder an seiner Stelle tätig zu werden. Die Antragsberechtigung bestimmt sich auch in diesem Fall danach, ob der Verbraucher durch die Verletzung der Barrierefreiheitsanforderungen in seinen Nutzungsmöglichkeiten beschränkt ist.

3 BT-Drs. 19/28653, S. 59.

2. Antrag eines Verbands oder einer qualifizierten Einrichtung (Abs. 1 Satz 2, Abs. 2)

a) Verband oder qualifizierte Einrichtung

Ein **Verband nach § 15 Abs. 3 BGG** ist ein Verband, der vom Bundesministerium für Arbeit und Soziales in dem Anerkennungsverfahren nach § 15 Abs. 3 BGG anerkannt wurde.[4] Eine Liste entsprechender Verbände ist auf der Webseite des Bundesministeriums veröffentlicht.[5] **12**

Eine **qualifizierte Einrichtung nach § 3 Abs. 1 Nr. 1 UKlaG** ist ein qualifizierter Verbraucherverband, der in der vom Bundesamt für Justiz veröffentlichten Liste geführt wird.[6] Hierzu zählen für die Interessen von Menschen mit Behinderungen insbesondere der Bundesverband Selbsthilfe Körperbehinderter e. V. sowie der Deutsche Blinden- und Sehbehindertenverband e. V. **13**

b) Beantragung des Verfahrens im eigenen Namen (Abs. 2)

Der Verband oder die qualifizierte Einrichtung hat die Möglichkeit, ohne in eigenen Rechten verletzt zu sein, die Einleitung eines Verfahrens nach § 32 Abs. 1 BFSG zu beantragen. Voraussetzung hierfür ist, dass er geltend macht, dass eine Bestimmung des BFSG oder der BFSGV verletzt ist und die **Verletzung den jeweiligen satzungsgemäßen Aufgabenbereich** des anerkannten Verbands oder der qualifizierten Einrichtung **berührt**. **14**

Auch der Verband oder die qualifizierte Einrichtung muss als objektives Element einen Verstoß des Antragsgegners gegen die Barrierefreiheitsanforderungen darlegen. Die Darlegungslast entspricht dabei derjenigen des Verbrauchers (→ Rn. 9). **15**

Im Unterschied zum Verbraucher muss der Verband oder die qualifizierte Einrichtung nicht geltend machen, in eigenen Rechten verletzt zu sein. Die Antragsberechtigung stützt sich darauf, dass sein **satzungsmäßiger Aufgabenbereich berührt** ist. Maßgeblich ist der in der Satzung des Verbands niedergelegte Zweck. Ist dieser beispielsweise auf die Wahrnehmung der Interessen von Menschen mit Körperbehinderungen beschränkt, setzt die Antragsberechtigung voraus, dass der Verband oder die qualifizierte Einrichtung geltend machen kann, dass diese Interessen durch die Verletzung der Barrierefreiheitsanforderungen berührt werden.[7] **16**

---

4 Näher Neumann/Pahlen/Greiner/Winkler/Westphal/Krohne/*Winkler*, 15. Aufl. 2024, BGG § 15 Rn. 9 f.; Kossens/von der Heide/Maaß/*Ritz*, 5. Aufl. 2023, BGG § 15 Rn. 27 ff.; LPK-SGB IX/Dirk H. Dau, 6. Aufl. 2022, BGG § 15 Rn. 5.

5 Abrufbar unter www.bmas.de/DE/Soziales/Teilhabe-und-Inklusion/Barrierefreie-Gestaltung-der-Arbeit/Zielvereinbarungen-und-Mobilitaetsprogramme/zielvereinbarungen-anerkannter-verbaende.html, zuletzt aufgerufen am 07.04.2025.

6 Abrufbar unter www.bundesjustizamt.de/DE/Themen/Verbraucherrechte/UKlaGundUWGListe/Verbraucherverbaende/Verbraucherverbaende_node.html, zuletzt aufgerufen am 07.04.2025.

7 Vgl. LPK-SGB IX/*Dirk H. Dau*, 6. Aufl. 2022, BGG § 15 Rn. 4; Deinert/Welti/Luik/Brockmann/*Hlava*, StichwortKommentar Behindertenrecht, Verbandsklage Rn. 22.

III. Form des Antrags

17 Wie nach den allgemeinen Regeln gemäß § 22 VwVfG sieht auch § 32 Abs. 1 BFSG keine bestimmte Form für den Antrag vor.

IV. Antragsadressat und Antragsgegner

1. Antragsadressat

18 Antragsadressat ist die **zuständige Behörde** (näher → § 20 Rn. 4 BFSG). Sie ist Trägerin des Verwaltungsverfahrens.[8]

2. Antragsgegner

19 Antragsgegner im Verwaltungsverfahren ist der **Wirtschaftsakteur**, dessen Produkte oder Dienstleistungen den Barrierefreiheitsanforderungen (potentiell) nicht genügen. Er ist derjenige, zu dessen Lasten oder Nachteil die Behörde entscheiden soll. Der Antragsgegner wird erst Beteiligter im Verwaltungsverfahren im Sinne des § 13 VwVfG, wenn er über den Antrag des Antragstellers informiert wird.[9]

V. Pflicht zum Tätigwerden

20 Liegen die Voraussetzungen des § 32 Abs. 1 BFSG vor, so hat der Verbraucher ein **Recht gegenüber der Marktüberwachungsbehörde**, dass diese ein Verfahren einleitet.[10] Das gilt auch für Anträge von **Verbänden** gemäß § 32 Abs. 2 BFSG.

21 Nach dem Wortlaut hat die Behörde **kein Entschließungsermessen** bezüglich des „Ob" der Einleitung des Verfahrens. Gemäß § 32 Abs. 1 BFSG „hat" die Behörde das Verfahren einzuleiten.[11] Es handelt sich entsprechend § 22 Abs. 2 Nr. 1 VwVfG um eine Ausnahme vom Opportunitätsprinzip, weil die Behörde aufgrund von Rechtsvorschriften verpflichtet ist, auf Antrag tätig zu werden. Die Auswahl der zu ergreifenden Maßnahmen steht hingegen innerhalb der Vorgaben von Abschnitt 6 und 7 BFSG im Ermessen der Behörde.

VI. Verfahrensrechte und sonstige Rechte der Beteiligten

1. Anhörungsrecht des Antragsgegners (Abs. 1 Satz 3)

22 Nach dem Eingang eines Antrags nach § 32 Abs. 1 Satz 1 BFSG ist dem betreffenden Wirtschaftsakteur Gelegenheit zur Stellungnahme zu geben, da das Antragsverfahren Maßnahmen gegen den Wirtschaftsakteur als Dritten zum Gegenstand hat.

---

8 NK-VwVfG/*Sennekamp*, 2. Aufl. 2019, VwVfG § 13 Rn. 13.
9 Stelkens/Bonk/Sachs/*Schmitz*, 10. Aufl. 2022, VwVfG § 13 Rn. 19 f.
10 BT-Drs. 19/28653, S. 92.
11 Vgl. zu weiteren Beispielen Schoch/Schneider/*Rixen*, 5. EL Juli 2024, VwVfG § 22 Rn. 17.

2. Barrierefreiheit des Verwaltungsverfahrens (Abs. 4 und 5)

Eine Besonderheit für das Verfahren im BFSG regeln die Absätze 4 und 5, die besondere Barrierefreiheitsanforderungen an das Verfahren stellen. **23**

a) Kommunikation im Verfahren (Abs. 4)

Gemäß § 32 Abs. 4 BFSG muss die Behörde es Menschen mit Hörbehinderungen und Menschen mit Sprachbehinderungen ermöglichen, in Deutscher Gebärdensprache, mit lautsprachbegleitenden Gebärden oder über geeignete Kommunikationshilfen zu kommunizieren. Die Kosten hierfür hat die Behörde zu tragen und hat dabei § 5 KHV hinsichtlich der Vergütung zu beachten. **24**

b) Anforderungen nach §§ 10 und 11 BGG (Abs. 5)

Gemäß § 32 Abs. 5 finden die §§ 10 und 11 BGG auch das Verfahren nach § 32 BFSG entsprechend Anwendung finden. **25**

Gemäß § 10 BGG müssen Träger der öffentlichen Gewalt bei der **Gestaltung von Bescheiden** und im Schriftverkehr eine Behinderung des Empfängers berücksichtigen. Menschen mit Behinderungen haben insoweit einen Rechtsanspruch auf barrierefreie Zugänglichmachung von Bescheiden, öffentlich-rechtlichen Verträgen und Vordrucken in einer für sie wahrnehmbaren Form und ohne zusätzliche Kosten, § 10 Abs. 1 Satz 2 BGG.[12] Näheres zu Gegenstand und Formen der Zugänglichmachung regelt die Verordnung über barrierefreie Dokumente in der Bundesverwaltung.[13] **26**

Gemäß § 11 BGG sollen Träger öffentlicher Gewalt mit Menschen mit geistigen Behinderungen und Menschen mit seelischen Behinderungen **in einfacher und verständlicher Sprache kommunizieren** und Bescheide, Allgemeinverfügungen, öffentlich-rechtliche Verträge und Vordrucke erläutern. Sofern das zum Verständnis erforderlich ist, sollen die Behörden Leichte Sprache verwenden.[14] **27**

VII. Aussetzung des Verfahrens

Findet ein Schlichtungsverfahren nach § 34 BFSG statt (→ § 34 Rn. 8 ff. BFSG), so ist das Verwaltungsverfahren gemäß § 34 Abs. 4 BFSG bis zur Beendigung des Schlichtungsverfahrens auszusetzen. **28**

---

12 LPK-SGB IX/*Dirk H. Dau*, 6. Aufl. 2022, BGG § 10 Rn. 6; Neumann/Pahlen/Greiner/Winkler/Westphal/Krohne/*Winkler*, 15. Aufl. 2024, BGG § 10 Rn. 5.

13 „Verordnung zur Zugänglichmachung von Dokumenten für blinde und sehbehinderte Menschen im Verwaltungsverfahren nach dem Behindertengleichstellungsgesetz“, vom 17.07.2002, zuletzt geändert 25.11.2016.

14 Näher etwa Neumann/Pahlen/Greiner/Winkler/Westphal/Krohne/*Winkler*, 15. Aufl. 2024, BGG § 11 Rn. 5.

VIII. Entscheidung (Abs. 3)

29 § 32 Abs. 3 BFSG stellt klar, dass die Behörde über einen Antrag nach § 32 BFSG mit **Bescheid** entscheidet. Der Bescheid kann entweder auf die Ablehnung des Antrags auf Einleitung des Verfahrens gerichtet sein oder gegenüber dem Wirtschaftsakteur die erforderlichen Maßnahmen nach Abschnitt 6 bzw. Abschnitt 7 treffen.[15]

30 Der Antragsteller wird Beteiligter i. S. d. § 13 Nr. 1 VwVfG des durch den Antrag initiierten Verfahrens.[16]

IX. Rechtsbehelfe nach der VwGO

1. Verbraucher

31 Dem **Verbraucher** stehen die **allgemeinen Rechtsbehelfe der VwGO** zur Verfügung. Er kann **Verpflichtungsklage** (§ 42 Abs. 1 Alt. 2 VwGO) vor den Verwaltungsgerichten erheben (→ § 33 Abs. 1 BFSG).[17] In diesem Fall richtet sich die Klage gegen die Behörde, die den Bescheid erlassen hat und der betroffene Wirtschaftsakteur wird Beigeladener im verwaltungsgerichtlichen Verfahren. Die Notwendigkeit der Durchführung eines Widerspruchsverfahrens hängt mangels einer Regelung durch den Bundesgesetzgeber (vgl. § 68 Abs. 1 Nr. 1, 2 VwGO) von der einschlägigen landesgesetzlichen Regelung ab. Gemäß Art. 2 Abs. 4 BFSG-Staatsvertrag ist für das Verwaltungsverfahren das Landesrecht von Sachsen-Anhalt anwendbar. Da gemäß Art. 9 BFSG-Staatsvertrag die oberste Landesbehörde die Rechts- und Finanzaufsicht inne hat, handelt es sich um einen Fall des § 73 Abs. 1 Satz 2 Nr. 2 VwGO und das Widerspruchsverfahren entfällt gemäß § 8a Abs. 1 Satz 1 AG VwGO LSA.

32 Erlässt die Behörde den Bescheid nach Abs. 3 nicht innerhalb einer angemessenen Frist, so kommt eine **Untätigkeitsklage gemäß § 75 VwGO** in Betracht.[18]

33 Der Verbraucher hat zudem das Recht, bei der zuständigen **Schlichtungsstelle** einen Antrag auf Einleitung eines Schlichtungsverfahrens zu stellen, § 34 Abs. 1 BFSG.

2. Verband oder qualifizierte Einrichtung

34 Der Verband oder die qualifizierte Einrichtung haben gemäß § 33 Abs. 2 BFSG entsprechend zu § 32 Abs. 2 BFSG auch im Verfahren vor dem Verwaltungsgericht ein Verbandsklagerecht, das eine Verletzung eigener Rechte nicht voraussetzt (→ § 33 Rn. 21 BFSG).

3. Antragsgegner

35 Der Antragsgegner bzw. der betroffene Wirtschaftsakteur kann gegen die Maßnahmen der Behörde Rechtsschutz nach den allgemeinen Regeln der VwGO ersuchen,

15 So auch zur parallelen Vorschrift im Medienstaatsvertrag Beck RundfunkR/*Fuerst*, 5. Aufl. 2024, MStV § 99d Rn. 4.

16 Vgl. HK-VerwR/*Schwarz*, 5. Aufl. 2021, VwVfG § 22 Rn. 38.

17 Siehe auch *Ruttloff/Wagner/Misztl*, ESG 2023, 325, 330; *Rott*, Das Barrierefreiheitsstärkungsgesetz – Teil II: Zivilrechtlicher Rechtsschutz; Beitrag E7-2021 unter www.reha-recht.de; 09.09.2021, S. 1; *Lommatsch/Albrecht*, GWR 2022, 355, 358; *Kalisz*, BKR 2023, 292 (300).

18 Vgl. zum Medienstaatsvertrag Beck RundfunkR/*Fuerst*, 5. Aufl. 2024, MStV § 99d Rn. 6.

also insbesondere die Anfechtungsklage (§ 42 Abs. 1 Fall 1 VwGO) (→ näher unter § 22 Rn. 25 BFSG und § 29 Rn. 14 f. BFSG).

X. Weitere Rechtsbehelfe

1. Rechtschutzmöglichkeiten nach §§ 32 ff. BFSG nicht abschließend

Dafür, dass die Rechtschutzmöglichkeiten nach §§ 32 ff. BFSG abschließenden **36** Charakter haben könnten, gibt es weder im Gesetz noch in der Gesetzesbegründung Anhaltspunkte.[19] Im Gegenteil soll nach der Gesetzesbegründung dem Verbraucher eine Alternative zum Zivilrechtsweg eröffnet werden.[20]

2. Zivilrechtliche Ansprüche

Betroffene Verbraucher können in der Regel auch vor den Zivilgerichten zivilrecht- **37** liche Ansprüche gegenüber den Wirtschaftsakteuren geltend machen. Denkbar sind Gewährleistungsrechte, wenn Produkte aufgrund der Nichteinhaltung der Barrierefreiheit mangelhaft sind und Schadensersatzansprüche wegen der Nichteinhaltung der Barrierefreiheitsanforderungen.[21]

In Betracht kommt zudem ein Anspruch aus § 823 Abs. 2 BGB i. V. m. BFSG wegen **38** der Verletzung eines Schutzgesetzes. Voraussetzung ist, dass den entsprechenden Regeln des BFSG, die Pflichten für die Wirtschaftsakteure regeln, eine Schutzgesetzeigenschaft zukommt. Das ist der Fall, wenn eine Einzelnorm zumindest auch individualschützend ist.[22] Bereits der in § 1 Abs. 1 BFSG artikulierte Zweck des Gesetzes, im Interesse der Verbraucher und Nutzer die Barrierefreiheit der Produkte und Dienstleistungen zu gewährleisten, legt einen individualschützenden Charakter des Gesetzes nahe. Der individualschützende Charakter der Verpflichtungen zu Einhaltung Barrierefreiheitsanforderungen wird auch in § 32 BFSG deutlich, wonach dem Verbraucher Rechtsschutz wegen der Verletzung subjektiver Rechte gewährt wird.[23]

3. Ansprüche nach dem UWG

Auch wettbewerbsrechtliche Unterlassungsansprüche nach § 8 UWG sind denkbar. **39** Das setzt voraus, dass es sich bei den Vorschriften des BFSG um Marktverhaltensregeln im Sinne des § 3a UWG handelt. **Marktverhaltensregel** ist eine gesetzliche Vorschrift, die auch dazu bestimmt ist, im Interesse der Marktteilnehmer das Marktverhalten zu regeln. Ein Verstoß gegen diese Regel muss geeignet sein, die Interessen von Verbrauchern, sonstigen Marktteilnehmern oder Mitbewerbern spürbar

---

19 Diese Frage aufwerfend aber *Nickl/Heuser*, GRUR-Prax 2024, 803, 804.

20 BT-Drs. 19/28653, S. 92.

21 Vgl. auch *Tabarra*, NZS 2021, 497, 502; *Rott*, Das Barrierefreiheitsstärkungsgesetz – Teil II: Zivilrechtlicher Rechtsschutz; Beitrag E7-2021 unter www.reha-recht.de, 09.09.2021, S. 1; *Ruttloff/Wagner/Misztl*, ESG 2023, 325, 330.

22 Vgl. mwN MüKoBGB/*Wagner*, 9. Aufl. 2024, BGB § 823 Rn. 612.

23 Vgl. *Rott*, Das Barrierefreiheitsstärkungsgesetz – Teil II: Zivilrechtlicher Rechtsschutz; Beitrag E7-2021 unter www.reha-recht.de, 09.09.2021, S. 5 f.

zu beeinträchtigen. Die Regelung muss also zumindest auch eine Schutzfunktion zugunsten des Wettbewerbs haben.[24]

40 Bei produktsicherheitsrechtlichen Pflichten geht der BGH regelmäßig davon aus, dass es sich um Marktverhaltensregeln handelt, weil sie „dem Schutz der Verbraucher [dienen], die davor bewahrt werden sollen, mit unsicheren Produkten in Berührung zu kommen."[25] Diese Argumentation lässt sich auf das Pflichtenprogramm des BFSG übertragen.[26] Verletzungen der Barrierefreiheitsanforderungen sind in der Regel geeignet, die Interessen der Verbraucher an der Nutzung der Produkte oder Dienstleistungen spürbar zu beeinträchtigen. Das unterstellt der Gesetzgeber bereits mit den Antragsvoraussetzungen gemäß § 32 BFSG.

§ 33 BFSG
Rechtsbehelfe

(1) Der Verbraucher hat unter den Voraussetzungen des § 32 Absatz 1 Satz 1 das Recht, einen nach § 15 Absatz 3 des Behindertengleichstellungsgesetzes anerkannten Verband oder eine qualifizierte Einrichtung im Sinne des § 3 Absatz 1 Satz 1 Nummer 1 des Unterlassungsklagengesetzes zu beauftragen, in seinem Namen oder an seiner Stelle Rechtsbehelfe nach Maßgabe der Verwaltungsgerichtsordnung gegen den an ihn gerichteten Bescheid nach § 32 Absatz 3 oder gegen dessen Unterlassen einzulegen. Die Vertretungsbefugnis nach Satz 1 gilt auch vor dem Oberverwaltungsgericht und dem Bundesverwaltungsgericht. Handelt der anerkannte Verband oder die qualifizierte Einrichtung anstelle des Verbrauchers, kann der anerkannte Verband oder die qualifizierte Einrichtung auch vor dem Oberverwaltungsgericht und dem Bundesverwaltungsgericht den Rechtsstreit selbst führen. Vor dem Bundesverwaltungsgericht muss der anerkannte Verband oder die qualifizierte Einrichtung durch Personen mit der Befähigung zum Richteramt handeln.

(2) Ein nach § 15 Absatz 3 des Behindertengleichstellungsgesetzes anerkannter Verband oder eine qualifizierte Einrichtung im Sinne des § 3 Absatz 1 Satz 1 Nummer 1 des Unterlassungsklagengesetzes kann, ohne in eigenen Rechten verletzt zu sein, Rechtsbehelfe nach Maßgabe der Verwaltungsgerichtsordnung gegen einen an ihn gerichteten Bescheid nach § 32 Absatz 3 oder gegen dessen Unterlassen einlegen, wenn er geltend macht, dass eine Bestimmung dieses Gesetzes oder der nach § 3 Absatz 2 zu erlassenden Rechtsverordnung verletzt

24 Harte-Bavendamm/Henning-Bodewig/*v. Jagow*, 5. Aufl. 2021, UWG § 3a Rn. 22.

25 BGH, Urt. v. 12.1.2017 – I ZR 258/15, NJW-RR 2017, 745 – Motivkontaktlinsen [zu § 6 Abs. 5 ProdSG]; krit. *Tiedge*, GewA 2016, 326, 328 [zu § 6 Abs. 5 ProdSG]; krit. *Schucht*, GewA 2017, 392, 397 [zu § 6 Abs. 5 ProdSG].

26 So *Franke*, ZfPC 2024, 21 (25); *Lommatzsch/Albrecht*, GWR 2022, 355 (357); *Ruttloff/Wagner/Misztl*, ESG 2023, 325, 330; ausführlich dazu auch *Rott*, Das Barrierefreiheitsstärkungsgesetz – Teil III: Kollektiver zivilrechtlicher Rechtsschutz; Beitrag E8-2021, S. 4; *Nickl/Heuser*, GRUR-Prax 2024, 803.

ist und dass die Verletzung den jeweiligen satzungsgemäßen Aufgabenbereich des anerkannten Verbands oder der qualifizierten Einrichtung berührt. Der anerkannte Verband oder die qualifizierte Einrichtung kann den Rechtsstreit auch vor dem Oberverwaltungsgericht und dem Bundesverwaltungsgericht selbst führen. Absatz 1 Satz 4 gilt entsprechend.

Gliederung: Rn.

A. Allgemeines

§ 33 BFSG konkretisiert die Rechte der Verbraucher sowie der im Gesetz benannten Interessenvertretungen zur gerichtlichen Durchsetzung von Ansprüchen aus dem BFSG. 1

§ 33 Abs. 1 betrifft die **vertretungsweise Geltendmachung von Rechtsbehelfen durch anerkannte Verbände oder qualifizierte Einrichtungen im Namen oder anstelle des betroffenen Verbrauchers**. Mit § 33 Abs. 2 BFSG eröffnet der Gesetzgeber bewusst den Weg für eine **Verbandsklage** mit dem Ziel, die Durchsetzung von Barrierefreiheitsanforderungen möglichst effizient zu gestalten und strukturelle Defizite im Zugang zum Verwaltungsrechtsschutz abzubauen. § 33 BFSG orientiert sich dabei an bereits etablierten Regelungen aus dem BGG und dem UKlaG. Die Vorschrift stellt insbesondere sicher, dass anerkannte Verbände und qualifizierte Einrichtungen nicht nur im Verwaltungsverfahren, sondern auch im gerichtlichen Verfahren – bis hin zum Bundesverwaltungsgericht – tätig werden können. 2

§ 33 Abs. 2 BFSG trägt damit zu einer effektiven Rechtsdurchsetzung im Sinne des Verbraucherschutzes und der Gleichstellung von Menschen mit Behinderungen bei. 3

B. Bezug zu weiteren Normen

I. EU-Normen

4 Die Vorschrift setzt Art. 29 der RL 2019/882/EU um, wonach die Mitgliedstaaten dafür sorgen, dass dem Verbraucher ein Verwaltungsverfahren und der Verwaltungsrechtsweg offensteht und er Verbände zur Wahrnehmung seiner Rechtsschutzinteressen beauftragen kann.

II. Nationale Vorschriften

5 Für das verwaltungsgerichtliche Verfahren gelten die allgemeinen Regeln der VwGO. § 33 BFSG enthält insoweit lediglich Spezialregeln hinsichtlich der Klagebefugnis von Verbrauchern und Verbänden sowie hinsichtlich der Vertretungsrechte und Prozessstandschaft.

6 Die Regelung weist Parallelen zu den §§ 14 und 15 BGG auf, wo die Vertretungsbefugnisse und das Verbandsklagerecht für Behindertenverbände geregelt sind. § 99d Medienstaatsvertrag sieht hingegen nur Vertretungsbefugnisse der Verbände vor, nicht aber ein Verbandsklagerecht.

C. Regelungsgehalt

7 Lehnt die Behörde im Verwaltungsverfahren ein Einschreiten gegen den Wirtschaftsakteur ab oder bleibt untätig, so ist für Verbraucher und antragsbefugte Verbände der Verwaltungsrechtsweg eröffnet (§ 33 BFSG, § 40 Abs. 1 Satz 1 VwGO). Verbraucher können sich durch einen Verband oder eine qualifizierte Einrichtung vertreten lassen und der Verband oder die qualifizierte Einrichtung kann auch unabhängig von der Verletzung eigener Rechte oder der Rechte einzelner Betroffener Klage erheben.

I. Statthafte Klagearten

8 Dem **Verbraucher** stehen die **allgemeinen Rechtsbehelfe der VwGO** zur Verfügung. Er kann sich gegen den an ihn gerichteten Bescheid nach § 32 Abs. 3 BFSG oder gegen das Unterlassen wenden.

9 Gegen einen ablehnenden Bescheid kann der Verbraucher **Verpflichtungsklage** (§ 42 Abs. 1 Alt. 2 VwGO) vor den Verwaltungsgerichten erheben.[1] In diesem Fall richtet sich die Klage gegen die Behörde, die den Bescheid erlassen hat und der betroffene Wirtschaftsakteur wird Beigeladener im verwaltungsgerichtlichen Verfahren. Ein Widerspruchsverfahren ist gemäß § 8a Abs. 1 Satz 1 AG VwGO LSA nicht durchzuführen (→ § 32 Rn. 31 BFSG). Die Verpflichtung kann sich sowohl

---

1 Siehe auch *Ruttloff/Wagner/Misztl*, ESG 2023, 325, 330; *Rott*, Das Barrierefreiheitsstärkungsgesetz – Teil II: Zivilrechtlicher Rechtsschutz; Beitrag E7-2021 unter www.reha-recht.de; 09.09.2021, S. 1; *Lommatsch/Albrecht*, GWR 2022, 355, 358; *Kalisz*, BKR 2023, 292, 300.

auf Einleitung des Marktüberwachungsverfahrens richten als auch **auf ermessenfehlerfreie Entscheidung** über die zu ergreifenden Maßnahmen.

Unter „Unterlassen“ ist zu verstehen, dass die Behörde den Bescheid nicht innerhalb einer angemessenen Frist erlässt. Dann kommt eine **Untätigkeitsklage gemäß § 75 VwGO** in Betracht.[2] **10**

II. Verband oder qualifizierte Einrichtung

§ 33 BFSG nimmt auf die Befugnisse von Verbänden nach § 15 Abs. 3 BGG und qualifizierten Einrichtungen nach § 3 Abs. 1 Nr. 1 UKlaG Bezug. **11**

Ein **Verband nach § 15 Abs. 3 BGG** ist ein Verband, der vom Bundesministerium für Arbeit und Soziales in dem Anerkennungsverfahren nach § 15 Abs. 3 BGG anerkannt wurde.[3] Eine Liste entsprechender Verbände ist auf der Webseite des Bundesministeriums veröffentlicht.[4] **12**

Eine **qualifizierte Einrichtung nach § 3 Abs. 1 Nr. 1 UKlaG** ist ein qualifizierter Verbraucherverband, der in der vom Bundesamt für Justiz veröffentlichten Liste geführt wird.[5] Hierzu zählen für die Interessen von Menschen mit Behinderungen insbesondere der Bundesverband Selbsthilfe Körperbehinderter e. V. sowie der Deutsche Blinden- und Sehbehindertenverband e. V. **13**

III. Klage des Verbrauchers (Abs. 1)

1. Vertretung durch den Verband (Abs. 1 Satz 1 Fall 1)

Gemäß § 33 Abs. 1 Satz 1 Fall 1 BFSG hat der Verbraucher die Möglichkeit, sich im verwaltungsgerichtlichen Verfahren von einem Verband oder einer qualifizierten Einrichtung vertreten zu lassen. Der Verband wird dann **im Namen des Verbrauchers zur Wahrnehmung der Rechte des Verbrauchers** („in seinem Namen“) tätig. **14**

Bei der Regelung handelt es sich um eine gegenüber § 67 Abs. 2 VwGO speziellere Regelung. Die Vertretungsbefugnis ist daher nicht, wie nach § 67 Abs. 2 Satz 2 Nr. 6 VwGO, auf Angelegenheiten des Schwerbehindertenrechts beschränkt.[6] **15**

---

2 Vgl. zum Medienstaatsvertrag Beck RundfunkR/*Fuerst*, 5. Aufl. 2024, MStV § 99d Rn. 6.

3 Näher Neumann/Pahlen/Greiner/Winkler/Westphal/Krohne/*Winkler*, 15. Aufl. 2024, BGG § 15 Rn. 9 f.; Kossens/von der Heide/Maaß/*Ritz*, 5. Aufl. 2023, BGG § 15 Rn. 27 ff.; LPK-SGB IX/*Dirk H. Dau*, 6. Aufl. 2022, BGG § 15 Rn. 5.

4 Abrufbar unter www.bmas.de/DE/Soziales/Teilhabe-und-Inklusion/Barrierefreie-Gestaltung-der-Arbeit/Zielvereinbarungen-und-Mobilitaetsprogramme/zielvereinbarungen-anerkannter-verbaende.html, zuletzt aufgerufen am 07.04.2025.

5 Abrufbar unter www.bundesjustizamt.de/DE/Themen/Verbraucherrechte/UKlaGundUWGListe/Verbraucherverbaende/Verbraucherverbaende_node.html, zuletzt aufgerufen am 07.04.2025.

6 BT-Drs. 19/28653, S. 93; *Tabarra*, NZS 2021, 497, 502; vgl. zum Medienstaatsvertrag auch Beck RundfunkR/*Fuerst*, 5. Aufl. 2024, MStV § 99d Rn. 7.

2. Prozessstandschaft (Abs. 1 Satz 1 Fall 2)

16 § 33 Abs. 1 S. 1 BFSG begründet eine gesetzliche Prozessstandschaft des Verbands oder der qualifizierten Einrichtung.[7] Der Verband wird **für den Verbraucher zur Wahrnehmung dessen Rechte im eigenen Namen tätig** („an seiner Stelle"). Die Regelung ist an § 85 SGB IX und § 14 BGG angelehnt.

3. Beauftragung durch den Verbraucher

17 Das Tätigwerden des Verbands für den Verbraucher im verwaltungsgerichtlichen Verfahren setzt eine wirksame **Beauftragung** durch den Verbraucher voraus.[8] Der Verband kann für den Verbraucher also nur mit dessen Einverständnis tätig werden.

4. Voraussetzungen gemäß § 32 Abs. 1 Satz 1 BFSG

18 Für die wirksame Vertretung durch den Verband oder die qualifizierte Einrichtung müssen die Voraussetzungen des § 32 Abs. 1 Satz 1 BFSG vorliegen. Das ist der Fall, wenn der Verband oder die qualifizierte Einrichtung für den Verbraucher geltend machen kann, dass ein Produkt oder eine Dienstleistung den Barrierefreiheitsanforderungen nach BFSG und BFSGV nicht entspricht und der Verbraucher daher das betreffende Produkt oder die betreffende Dienstleistung nicht oder nur in eingeschränkter Weise nutzen kann (→ § 32 Rn. 8 ff. BFSG).

5. Weitere Verfahrensvoraussetzungen

19 Für die weiteren Verfahrensvoraussetzungen gelten die allgemeinen Regeln der VwGO. Da der Verband die Recht des Verbrauchers in dem Verfahren geltend macht, ist für die Verfahrensvoraussetzungen die Person des Verbrauchers maßgeblich.

20 Für die **Klagebefugnis** des Verbrauchers gilt § 42 Abs. 2 VwGO.[9] Der Verbraucher muss geltend machen, durch den Bescheid nach § 32 Abs. 3 BFSG oder seine Unterlassung in seinen subjektiv-öffentlichen Rechten verletzt zu sein.

IV. Verbandsklagerecht (Abs. 2)

21 § 33 Abs. 2 BFSG regelt ein Verbandsklagerecht für anerkannte Verbände und qualifizierte Einrichtungen. Auf diese Weise können die Verbände die Einhaltung der Barrierefreiheitsanforderungen unabhängig von der Verletzung eigener Rechte oder der Rechte einzelner Betroffener geltend machen.

1. Normzweck

22 Der Gesetzgeber erhofft sich durch die Verbandsklage eine Verbesserung der Durchsetzung der Barrierefreiheitsanforderungen im Interesse der Verbraucher und be-

---

7 Vgl. Deinert/Welti/Luik/Brockmann/*Hlava*, StichwortKommentar Behindertenrecht, Verbandsklage Rn. 6.

8 Vgl. zum BGG Neumann/Pahlen/Greiner/Winkler/Westphal/Krohne/*Winkler*, 15. Aufl. 2024, BGG § 14 Rn. 5.

9 BT-Drs. 19/28653, S. 93.

nachteiligten Personengruppen.[10] Die Verbandsklage kann einerseits die Betroffenen von der Klageführung entlasten, sie kann andererseits Rechtsfragen klären, die von Betroffenen selbst noch nicht vorgebracht wurden. Schließlich ermöglicht die Verbandsklage gerichtliche Entscheidungen auch zu Fragen, die durch Betroffene vorzugsweise im Vergleichsweg gelöst werden.[11]

2. Voraussetzungen

Der Verband oder die qualifizierte Einrichtung kann im Wege der Verbandsklage gegen einen an ihn gerichteten Bescheid nach § 32 Abs. 3 BFSG oder gegen dessen Unterlassen vorgehen. Voraussetzung ist also auch hier zunächst die Durchführung eines Verwaltungsverfahrens nach § 32 BFSG. **23**

Weitere Voraussetzung ist entsprechend zu § 32 BFSG, dass der Verband eine Verletzung von Normen des BFSG oder BFSGV geltend macht und diese Verletzung den satzungsmäßigen Aufgabenbereich des anerkannten Verbands oder der qualifizierten Einrichtung berührt (→ § 32 Rn. 14 f. BFSG). **24**

V. Verfahren vor den Oberverwaltungsgerichten und dem Bundesverwaltungsgericht

Vor den Oberverwaltungsgerichten und dem Bundesverwaltungsgericht herrscht gemäß § 67 Abs. 4 Satz 1 VwGO **Vertretungszwang:** Die Beteiligten müssen sich durch Prozessbevollmächtigte vertreten lassen. Während § 67 Abs. 4 Satz 7 VwGO für Verfahren vor dem Oberverwaltungsgericht bestimmten Personen und Vereinigungen die Vertretungsbefugnis ausnahmsweise einräumt, dürfen vor dem Bundesverwaltungsgericht nur Personen mit Befähigung zum Richteramt handeln. **25**

§ 33 Abs. 1 Satz 2 und 3 BFSG erstreckt vor diesem Hintergrund sowohl die Vertretungsbefugnis und gesetzliche Prozessstandschaft der Verbände und qualifizierten Einrichtungen als auch das Verbandsklagerecht auf Verfahren vor dem Oberverwaltungsgericht und Verfahren vor dem Bundesverwaltungsgericht. **26**

§ 33 Abs. 1 Satz 4 BFSG stellt klar, dass der Verband vor dem Bundesverwaltungsgericht durch Personen mit Befähigung zum Richteramt handeln muss. Das entspricht den Regelungen in § 67 Abs. 4 Satz 4 und 6 VwGO, wonach Behörden sowie Gewerkschaften und Arbeitgeberverbände im Verfahren vor dem Bundesverwaltungsgericht postulationsfähig sind, wenn sie durch Personen mit der Befähigung zum Richteramt handeln. Das Bundesverwaltungsgericht hat dieses Privileg auch dem Bundesverband der Ersatzkassen zugestanden, da sich der Sinn und Zweck der Privilegierung übertragen ließ: In diesen Organisationen sind Mitarbeiter mit den notwendigen Spezialkenntnissen und Erfahrungen verfügbar und unnötige Verfahrenskosten können vermieden werden.[12] **27**

---

10 BT-Drs. 19/28653, S. 93.

11 Kossens/von der Heide/Maaß/*Ritz*, 5. Aufl. 2023, BGG § 15 Rn. 4.

12 BVerwG 1999, 882, vgl. auch BeckOK VwGO/*Schramm*, 72. Ed. 1.1.2025, VwGO § 67 Rn. 59.

§ 34 BFSG
Schlichtung

(1) Ein Verbraucher, der geltend macht, dass ein Wirtschaftsakteur gegen eine Bestimmung dieses Gesetzes oder der nach § 3 Absatz 2 zu erlassenden Rechtsverordnung verstößt und er daher das betreffende Produkt oder die betreffende Dienstleistung nicht oder nur in eingeschränkter Weise nutzen kann, ist berechtigt, bei der Schlichtungsstelle nach § 16 Absatz 1 des Behindertengleichstellungsgesetzes einen Antrag auf Einleitung eines Schlichtungsverfahrens zu stellen. Die Schlichtungsstelle zieht die Marktüberwachungsbehörde auf Antrag des Verbrauchers als Beteiligte im Schlichtungsverfahren hinzu. Sie übermittelt zur Durchführung des Schlichtungsverfahrens eine Abschrift des Schlichtungsantrags an den Wirtschaftsakteur und die Marktüberwachungsbehörde.

(2) Bei der Schlichtungsstelle nach Absatz 1 kann ergänzend auch ein Antrag auf Einleitung eines Schlichtungsverfahrens zur außergerichtlichen Beilegung einer Streitigkeit aus einem Verbrauchervertrag oder über das Bestehen eines solchen Vertragsverhältnisses gestellt werden.

(3) Absatz 1 gilt entsprechend für einen nach § 15 Absatz 3 des Behindertengleichstellungsgesetzes anerkannten Verband oder eine qualifizierte Einrichtung im Sinne des § 3 Absatz 1 Satz 1 Nummer 1 des Unterlassungsklagengesetzes, der geltend macht, dass eine Bestimmung dieses Gesetzes oder eine Bestimmung der nach § 3 Absatz 2 zu erlassenden Rechtsverordnung verletzt ist und die Verletzung den jeweiligen satzungsgemäßen Aufgabenbereich des Verbands oder der qualifizierten Einrichtung berührt.

(4) Ein Verfahren nach § 32 Absatz 1 oder 2 ist bis zur Beendigung des Schlichtungsverfahrens auszusetzen.

(5) Im Übrigen gilt § 16 Absatz 4 bis 7 des Behindertengleichstellungsgesetzes und die Behindertengleichstellungsschlichtungsverordnung vom 25. November 2016 (BGBl. I S. 2659), die durch Artikel 2 der Verordnung vom 21. Mai 2019 (BGBl. I S. 738) geändert worden ist.

Gliederung: Rn.

A. Allgemeines

§ 34 BFSG normiert die Möglichkeit eines niedrigschwelligen außergerichtlichen Streitbeilegungsverfahrens im Zusammenhang mit Verstößen gegen das BFSG oder die BFSGV. Die Vorschrift eröffnet Verbrauchern und anerkannten Interessenvertretungen einen zusätzlichen Weg zur Durchsetzung barrierefreiheitsbezogener Rechte außerhalb des klassischen Verwaltungsrechtswegs. **1**

Die Möglichkeit der Durchführung eines kostenfreien Schlichtungsverfahrens zur Durchsetzung der Barrierefreiheit wurde bereits im BGG eingeführt und für das BFSG übernommen. Hierdurch sollen Konflikte möglichst rasch und mit geringerem Aufwand und Kosten beigelegt werden.[1] **2**

B. Bezug zu weiteren Normen

I. EU-Normen

Mit der Einführung des Schlichtungsverfahrens entspricht der Gesetzgeber dem Erwägungsgrund 99 der RL 2019/882/EU, wonach Mitgliedstaaten den Verbrauchern bei mutmaßlicher Nichteinhaltung der Barrierefreiheitsanforderungen eine Möglichkeit alternativer Streitbeilegung und Klärung zur Verfügung stellen sollen, bevor Streitigkeiten vor Gericht oder die zuständige Behörde gebracht werden. **3**

II. Nationale Vorschriften (insbes. BGG)

Zum Schlichtungsverfahren verweist § 34 BFSG auf § 16 Abs. 4 bis 7 BGG und für die konkrete Ausgestaltung des Verfahrens auf die Behindertengleichstellungsschlichtungsverordnung (BGleiSV). Das Schlichtungsverfahren wurde im BGG im Jahr 2016 eingeführt, weil es im Rahmen der Evaluation des Gesetzes vorgeschlagen worden war.[2] **4**

C. Regelungsgehalt

Statt den Verwaltungsrechtsweg zu verfolgen, hat ein Verbraucher oder ein Verband bzw. eine qualifizierte Einrichtung die Möglichkeit, bei der Schlichtungsstelle nach § 16 BGG einen Antrag auf Einleitung eines kostenfreien Schlichtungsverfahrens zu stellen. **5**

---

1 BT-Drs. 19/28653, S. 93; siehe zum BGG auch LPK-SGB IX/*Dirk H. Dau*, 6. Aufl. 2022, BGG § 16 Rn. 2.

2 Vgl. mwN Kossens/von der Heide/Maaß/*Ritz*, 5. Aufl. 2023, BGG § 16 Rn. 1.

I. Schlichtungsstelle

6 Gemäß § 34 BFSG ist die nach § 16 BGG eingerichtete Schlichtungsstelle auch für die Schlichtungen nach dem BFSG zuständig.

7 Die Schlichtungsstelle ist beim Beauftragten der Bundesregierung für die Belange von Menschen mit Behinderungen eingerichtet und wird offenbar sehr gut angenommen. Auf Grundlage des BGG hatte die Schlichtungsstelle im Jahr 2023 267 Anträge zu bearbeiten.[3]

II. Einleitung des Schlichtungsverfahrens (Abs. 1, 3)

1. Antrag

8 Das Schlichtungsverfahren wird nur auf Antrag eingeleitet.

9 Der Antrag kann gemäß § 16 Abs. 4 BGG in Textform oder zur Niederschrift bei der Schlichtungsstelle gestellt werden. Die Schlichtungsstelle stellt hierfür ein Online-Formular sowie Formulare zum Ausdrucken zur Verfügung – sowohl in Alltagssprache als auch in Leichter Sprache. Für die Antragstellung zur Niederschrift besteht auch die Möglichkeit, einen Dolmetscher für Gebärdensprache hinzuziehen.[4] Hierdurch werden die Anforderungen des § 5 Abs. 2 Satz 1 BGleiSV umgesetzt.

10 Eine Abschrift des Antrags wird von der Schlichtungsstelle an die Beteiligten übermittelt. Der Antrag muss den Sachverhalt, das mit dem Schlichtungsverfahren verfolgte Ziel sowie Namen und Anschriften der Beteiligten enthalten, § 5 Abs. 1 S. 2 BGleiSV.

11 Gemäß § 34 Abs. 1 Satz 2 BFSG besteht die Möglichkeit, auf Antrag die zuständige Behörde zu dem Schlichtungsverfahren hinzuzuziehen. Auf diese Weise soll eine Klärung zwischen allen Beteiligten Parteien herbeigeführt werden und die Perspektive der Behörde zur Lösung des Konflikts beitragen.[5]

2. Antragsteller

12 Der Antrag kann entweder von einem Verbraucher gemäß § 34 Abs. 1 BFSG oder auch von einem anerkannten Verband bzw. einer qualifizierten Einrichtung (→ § 32 Rn. 12 f. BFSG) gemäß § 34 Abs. 3 BFSG gestellt werden.

3. Antragsberechtigung

13 Entsprechend den verwaltungsrechtlichen Rechtsbehelfen setzt auch das Schlichtungsverfahren voraus, dass der Antragssteller **eine Rechtsverletzung geltend macht**. Der Verbraucher ist daher gemäß § 34 Abs. 1 Satz 1 BFG nur dann berechtigt, einen Antrag auf Einleitung des Schlichtungsverfahrens zu stellen, wenn er geltend macht, durch den Verstoß eines privaten Wirtschaftsakteuers gegen die Barrie-

---

3 Schlichtungsstelle BGG; Jahresbericht 2023, S. 17.

4 https://www.schlichtungsstelle-bgg.de/Webs/SchliBGG/DE/AS/schlichtungsantrag/wie-stelle-ich-einen-antrag/wie-stelle-ich-einen-antrag-node.html, zuletzt aufgerufen am 13.04.2025.

5 BT-Drs. 19/28653, S. 93.

refreiheitsanforderungen bei der Nutzung eines Produkts oder einer Dienstleistung eingeschränkt oder hiervon ausgeschlossen zu sein.

Parallel zu §§ 32, 33 BFSG ist ein **Verband bzw. eine qualifizierte Einrichtung** nur dann antragsbefugt, wenn er geltend macht, dass eine Bestimmung das BFSG oder die BFSGV verletzt wird und die Verletzung den jeweiligen satzungsgemäßen Aufgabenbereich des Verbands oder der qualifizierten Einrichtung berührt. 14

III. Zuständigkeit der Schlichtungsstelle (Abs. 2)

Die Schlichtungsstelle ist parallel zum verwaltungsgerichtlichen Verfahren in erster Linie für den alternativen Rechtsschutz bei Verstößen gegen Barrierefreiheitsanforderungen zuständig. 15

§ 34 Abs. 2 BFSG erweitert diese Zuständigkeit auf **Verbraucherverträge**, die gleichzeitig Gegenstand des Konflikts sein können. Zu denken ist hier Beispielsweise an den Kaufvertrag über ein Produkt oder die Bestellung auf einer Online-Plattform. In diesem Fall kann die Schlichtungsstelle Unterstützung von anderen Schlichtungsstellen, wie der Universalschlichtungsstelle des Bundes, beanspruchen. Diese können Stellungnahmen abgeben oder zu einzelnen Schlichtungsgesprächen hinzugezogen werden.[6] 16

IV. Schlichtungsverfahren (Abs. 5)

Zum Schlichtungsverfahren als solches verweist das Gesetz auf § 16 Abs. 4 bis 7 BGG und auf die Behindertengleichstellungsschlichtungsverordnung (BGleiSV). 17

1. Verfahren nach Antragstellung

Das Schlichtungsverfahren ist für die Beteiligten gemäß § 16 Abs. 6 BGG unentgeltlich.[7] Hierdurch sollen die übergeordneten Ziele der vollen und wirksamen Teilhabe von Menschen mit Behinderungen gefördert werden.[8] 18

Die schlichtende Person wirkt auf eine gütliche Einigung der Beteiligten hin und macht einen Schlichtungsvorschlag, der sich am geltenden Recht und an Treu und Glauben orientiert, § 16 Abs. 5 BGG. Einzelheiten zu Verfahren und Schlichtungsvorschlag sind in § 8 BGleiSV geregelt. 19

2. Ende des Schlichtungsverfahrens

Das Schlichtungsverfahren endet, wenn sich die Beteiligten einigen, der Schlichtungsantrag zurückgenommen wird, oder festgestellt wird, dass eine Einigung nicht möglich ist. Die Schlichtungsstelle übermittelt den Beteiligten gemäß § 9 BGleiSV entweder die von ihnen erzielte Abschlussvereinbarung oder einen Schlichtungsvorschlag und teilt mit, dass das Schlichtungsverfahren beendet ist, oder sie übermittelt den Beteiligten eine Mitteilung über die erfolglose Durchführung des Schlichtungs- 20

---

6 BT-Drs. 19/28653, S. 93.
7 Vgl. *Tabarra*, NZS, 2021, 497, 502.
8 Neumann/Pahlen/Greiner/Winkler/Westphal/Krohne/*Winkler*, 15. Aufl. 2024, BGG § 16 Rn. 19.

verfahrens. Letzteres gilt auch für den Fall, dass die Schlichtungsstelle die Durchführung eines Schlichtungsverfahrens ablehnt.

V. Aussetzung des Verwaltungsverfahrens (Abs. 4)

21 Gemäß § 34 Abs. 4 BFSG wird ein Verfahren nach § 32 Abs. 1 oder Abs. 2 BFSG im Falle eines Schlichtungsverfahrens ausgesetzt. Mit dem Ziel, Ressourcen zu sparen, soll zunächst abgewartet werden, ob die Streitigkeit im Wege der Schlichtung geklärt werden kann.[9]

§ 35 BFSG
Auskunftspflichten der Wirtschaftsakteure

Die Wirtschaftsakteure sind verpflichtet, der Marktüberwachungsbehörde auf deren begründetes Verlangen die Auskünfte zu erteilen, die für die Erfüllung der Aufgaben der Marktüberwachungsbehörden nach diesem Gesetz erforderlich sind. Ein nach diesem Gesetz zur Auskunft Verpflichteter kann die Auskunft auf solche Fragen verweigern, deren Beantwortung ihn selbst oder einen der in § 383 Absatz 1 Nummer 1 bis 3 der Zivilprozessordnung bezeichneten Angehörigen der Gefahr strafgerichtlicher Verfolgung oder eines Verfahrens nach dem Gesetz über Ordnungswidrigkeiten aussetzen würde. Er ist über sein Recht zur Auskunftsverweigerung zu belehren.

Gliederung: Rn.

A. Einführung

1 § 35 BFSG regelt Auskunftspflichten der Wirtschaftsakteure (→ § 2 Nr. 15 BFSG) gegenüber der Marktüberwachungsbehörde (→ § 2 Nr. 22 BFSG). § 35 BFSG fungiert dabei jedenfalls partiell als Rahmenvorschrift für die anderen im Gesetz vorgesehenen Auskunftstatbestände (vgl. § 7 Abs. 5 BFSG, § 10 Abs. 4 BFSG, § 11 Abs. 4 BFSG, § 13 Abs. 1 BFSG, § 14 Abs. 5 BFSG). Soweit sich eine entsprechende Aus-

9 BT-Drs. 19/28653, S. 94.

kunftspflicht schon aus einem der aufgelisteten Tatbestände ergibt, tritt § 35 Satz 1 BFSG als subsidiäre *lex generalis* zurück. § 35 BFSG geht nicht unmittelbar auf die RL 2019/882/EU, sondern die nationale Umsetzungsgesetzgebung zurück. Hinter der Bestimmung steht der Wunsch des Umsetzungsgesetzgebers, die Vorschrift an das allgemeine Marktüberwachungsrecht mit der Parallelbestimmung in § 10 MÜG anzupassen (vgl. § 10 Abs. 1 Satz 2 u. Satz 3 MÜG), der seinerseits auf § 28 Abs. 4 ProdSG a. F. und § 8 Abs. 9 GPSG zurückgeht.[1] Insoweit greift die Vorschrift auf altbekannte Strukturen des Produktrechts zurück. Wenngleich § 35 BFSG nicht unmittelbar auf die Vorgaben der Richtlinie zurückgeht, ist die prima facie überschießende Umsetzung der Richtlinie nicht richtlinienwidrig: Über den Verweis in § 21 Abs. 2 BFSG auf Art. 14 Abs. 4 MÜ-VO werden zahlreiche Auskunftspflichten in Bezug genommen, die in § 35 Abs. 1 BFSG aus Gründen der Übersichtlichkeit separat kodifiziert werden. Die Auskunftspflicht lässt sich ebenfalls als weitere Ausformung des in § 21 Abs. 1 Satz 2 BFSG normierten Kooperationsgebots verstehen.

B. Regelungsgehalt

I. Auskunftspflicht (Satz 1)

Nach § 35 Satz 1 BFSG sind die Wirtschaftsakteure verpflichtet, der Marktüberwa- 2
chungsbehörde auf deren begründetes Verlangen die Auskünfte zu erteilen, die für die Erfüllung der Aufgaben der Marktüberwachungsbehörden nach diesem Gesetz erforderlich sind. Die als Auskunftspflicht zu qualifizierende Verpflichtung[2] steht in unmittelbarem Zusammenhang zur korrespondierenden Kooperationsverpflichtung der Wirtschaftsakteure (§ 21 Abs. 1 Satz 2 BFSG). Keiner Auskunftspflicht unterliegen weiterhin Produktnutzer und Verbraucher.[3] Adressat der Verpflichtung sind ausweislich des Wortlauts der Bestimmung allein die Wirtschaftsakteure i. S. d. § 2 Nr. 15 BFSG (→ § 2 Rn. 24).

1. Gegenstand der Auskunftspflicht

Gegenstand der Auskunftspflicht nach § 35 BFSG sind Auskünfte, die für die Er- 3
füllung der Aufgaben der Marktüberwachungsbehörden nach diesem Gesetz erforderlich sind.[4] Der Tatbestand ist seinem Sinn und Zweck, die Effektivität der Marktüberwachung zu gewährleisten, nach weit auszulegen. Erfasst sind daher – im Einklang mit § 21 Abs. 1 Satz 2 BFSG i. V. m. Art. 14 Abs. 2 lit. c MÜ-VO – jedenfalls Dokumente, Daten und sonstige Informationen, die die Konformität und technische Aspekte des Produkts, dessen Lieferkette und Vertriebsnetz, die auf dem

1 *Giesberts/Gayger*, in: Ehring/Taeger, Produkthaftungs- und Produktsicherheitsrecht, § 10 MÜG Rn. 2.
2 *Giesberts/Gayger*, in: Ehring/Taeger, Produkthaftungs- und Produktsicherheitsrecht, § 10 MÜG Rn. 11 [zum MÜG]; *Häberle*, in: Erbs/Kohlhaas, § 10 MÜG Rn. 3 [zum MÜG].
3 *Schucht*, in: Klindt, ProdSG, § 28 ProdSG Rn. 59 [zu § 28 ProdSG a. F.]; *Giesberts/Gayger*, in: Ehring/Taeger, Produkthaftungs- und Produktsicherheitsrecht, § 10 MÜG Rn. 13 [zum MÜG].
4 *Schucht*, in: Klindt, ProdSG, § 28 ProdSG Rn. 60 [zu § 28 ProdSG a. F.]; *Giesberts/Gayger*, in: Ehring/Taeger, Produkthaftungs- und Produktsicherheitsrecht, § 10 MÜG Rn. 12 [zum MÜG].

Markt befindlichen Produktmengen und andere Produktmodelle sowie das Eigentum an Webseiten betreffen, sofern diese Informationen für die Konformitätsbewertung von Belang sind.[5] Maßgeblich ist der Einzelfall und die Abwägung mit etwaig betroffenen betrieblichen Geheimhaltungsinteressen. Abstufungen darin, welche Auskunft von einem Wirtschaftsakteur berechtigterweise erwartet werden kann, ergeben sich auch aus dem jeweiligen Aufgabenbestand: Während von einem Händler in erster Linie erwartet werden kann, die Kontaktdaten seiner Lieferanten (vgl. dazu auch § 13 BFSG) und ggf. etwaige Kundendaten zu nennen sowie Auskünfte über etwaige Beschwerden zu erteilen, sind die Verpflichtungen von Hersteller und Dienstleistungserbringer, die die primäre Verantwortung für das betroffene Produkt bzw. die jeweilige Dienstleistung tragen, weitaus weitgehender.[6]

2. Begründetes Verlangen

4 Die Auskunftspflicht setzt ein **begründetes Verlangen** der Marktüberwachungsbehörde voraus.[7] Ein **begründetes Verlangen** liegt nicht nur dann vor, wenn die anfragende Marktüberwachungsbehörde den konkreten Verdacht einer Non-Compliance hegt. Auch die Durchführung verdachtsunabhängiger proaktiver Kontrollen, etwa im Zusammenhang mit einer Marktüberwachungsaktion, im Rahmen derer behördlicherseits verschiedene gleichartige Produkte diverser Hersteller hin überprüft werden, kann ein hinreichender Grund sein, vom Hersteller entsprechende Auskünfte zu verlangen.[8] Ein **völlig willkürliches Tätigwerden** abseits konkreter Verdachtsmomente oder eines plausiblen Überprüfungskonzepts (Marktüberwachungsaktion) ist dagegen **unzulässig,** weil insoweit kein „begründetes" Verlangen der Behörden vorliegt. Die Auskunftspflicht nach § 35 Satz 1 BFSG dient nicht dazu, den zuständigen Behörden eine umfassende „Fernüberprüfung" von Produkten und Dienstleistungen zu ermöglichen, sondern dazu, die Konformität mit den Anforderungen des BFSG gegenüber den Behörden im Bedarfsfall nachzuweisen oder effektive Marktüberwachung zu gewährleisten.

3. Sachliche Reichweite

5 Der Auskunftserteilungspflicht des § 35 Satz 1 BFSG genügt ein Wirtschaftsakteur nicht schlicht dadurch, dass er gegenüber der Marktüberwachungsbehörde schriftlich die entsprechenden Angaben tätigt. Im Lichte des Normzwecks, effektive Marktüberwachung zu gewährleisten, muss der Wirtschaftsakteur diese Angaben auch auf Verlangen plausibilisieren und damit eine effektive Überprüfung durch die Marktüberwachungsbehörde ermöglichen. Dies schließt die Verpflichtung ein, auf Verlangen der Marktüberwachungsbehörde **einschlägige Unterlagen** vorzulegen.[9]

---

5 *Giesberts/Gayger,* in: Ehring/Taeger, Produkthaftungs- und Produktsicherheitsrecht, § 10 MÜG Rn. 12 [zum MÜG].
6 *Schucht*, in: Klindt, ProdSG, § 28 ProdSG Rn. 60 [zu § 28 ProdSG a. F.].
7 *Schucht*, BB 2015, 654, 657.
8 *Kapoor*, in: Heckmann/Paschke, Cyber Resilience Act Art. 19 Rn. 41 [zum CRA].
9 *Europäische Kommission* (Hrsg.), Leitfaden für die Umsetzung der Produktvorschriften der EU („Blue Guide"), 2022, S. 60.

Insoweit wird ein Gleichlauf etwa mit § 13 Abs. 1 BFSG erreicht (→ § 13 BFSG Rn. 6).

II. Auskunftsverweigerungsrecht (Satz 2)

1. Grundlagen

§ 35 Satz 2 BFSG normiert für alle im Gesetz vorgesehenen Auskunftspflichten das Recht, die Auskunft zu verweigern, wenn die zu erteilende Auskunft sie selbst oder einen der in § 383 Abs. 1 Nr. 1–3 ZPO bezeichneten Angehörigen der Gefahr strafrechtlicher Verfolgung oder eines Verfahrens nach dem Gesetz über Ordnungswidrigkeiten aussetzen würde.[10] Betroffen sind daher unter anderem die Auskunftspflichten der Wirtschaftsakteure nach § 7 Abs. 5 BFSG, § 10 Abs. 4 BFSG, § 11 Abs. 4 BFSG, § 13 Abs. 1 BFSG, § 14 Abs. 5 BFSG, § 35 Satz 2 BFSG. 6

2. Erstreckung auch auf die Herausgabe von Unterlagen?

Äußerst umstritten ist, ob sich das Auskunftsverweigerungsrecht nach § 35 Satz 2 BFSG auch auf die Herausgabe von Unterlagen erstreckt. Nach der vom BVerwG begründeten herrschenden Rechtsprechungslinie erstrecken sich Auskunftsverweigerungsrechte nur auf die Verweigerung von Auskünften im engeren Sinne und nicht auf die Herausgabe von Unterlagen.[11] Der Vorlageverpflichtete müsse an der Offenbarung eigener Verfehlungen nicht so unmittelbar und aktiv mitwirken wie ein Auskunftspflichtiger.[12] Ein Betroffener müsse sich den Zwang zur Vorlage bestimmter Unterlagen gefallen lassen, weil er insoweit nur das Risiko einer für ihn ungünstigen Tatsachenwürdigung trage. Zwar könnten Unterlagen im Einzelfall genauso aussagekräftig sein wie eine Aussage. Der Grundsatz der Selbstbelastungsfreiheit schütze den Beschuldigten aber nicht vor Strafe, sondern solle lediglich die Würde des Betroffenen im Verfahren gewährleisten. Es sei deshalb unerheblich, wenn das Risiko einer ungünstigen Tatsachenwürdigung im Ergebnis wie ein Geständnis wirke, weil dieses Risiko mit einer Selbstbezichtigung, bei der das entwürdigende Moment unmittelbar einleuchte, nicht vergleichbar sei.[13] Auch aus dem Gesetzeswortlaut ergebe sich, dass der Gesetzgeber zwischen der bloßen Auskunftserteilung und der Herausgabe von Unterlagen streng unterscheidet.[14] 7

Die Auffassung der Rechtsprechung ist im Schrifttum mehrheitlich auf Ablehnung gestoßen.[15] Ein qualitativer Unterschied zwischen der Auskunftserteilung und der Herausgabe von Unterlagen lässt sich nicht begründen. 8

10 BT-Drs. 19/28653, S. 94.
11 Grundlegend BVerwG, NVwZ 1984, 376 [zu § 4 IV FPersG]; VG Berlin, NJW 1988, 1105; OLG Hamm, NZV 1992, 159; OVG Bautzen, Beschl. v. 28.11.2012 – 3 A 937/10, BeckRS 2013, 45479.
12 OLG Hamm, NZV 1992, 159.
13 VG Berlin, NJW 1988, 1105, 1107; vgl. *Gabriel*, NVwZ 2020, 19, 21.
14 OVG Bautzen, Beschl. v. 28.11.2012 – 3 A 937/10, BeckRS 2013, 45479 Rn. 15.
15 *Szesny*, BB 2010, 1995, 1997; *Gabriel*, NVwZ 2020, 19, 21; *Giesberts/Gayger*, in: Ehring/Taeger, Produkthaftungs- und Produktsicherheitsrecht, § 10 MÜG Rn. 16 [zum MÜG].

3. Belehrung über die Auskunftspflicht (Satz 3)

9 § 35 Satz 3 BFSG sieht eine Belehrungspflicht der Marktüberwachungsbehörde vor.

§ 36 BFSG Berichterstattung an die europäische Kommission

Zur Vorbereitung der Berichterstattung an die Europäische Kommission teilen die Länder auf Anforderung des Bundesministeriums für Arbeit und Soziales oder einer von diesem Ministerium benannten und in dessen Geschäftsbereich liegenden Behörde den Vorgaben entsprechend innerhalb der gesetzten Frist, diesem oder der vorgenannten Behörde alle notwendigen Informationen nach Artikel 33 Absatz 3 in Verbindung mit Absatz 2 der Richtlinie (EU) 2019/882 mit, insbesondere Angaben zu Fortschritten bei der Barrierefreiheit von Produkten und Dienstleistungen sowie zu Auswirkungen dieses Gesetzes auf Wirtschaftsakteure und auf Menschen mit Behinderungen. Die Länder stellen diese Informationen auf elektronischem Wege zur Verfügung.

Gliederung: Rn.

A. Einführung

1 § 36 BFSG enthält Regelungen über die Berichterstattung der Bundesrepublik an die europäische Kommission und setzt damit Art. 33 Abs. 3 RL 2019/882/EU um.[1] Die RL 2019/882/EU (European Accessibility Act) statuiert in Art. 33 des Rechtsaktes eine Pflicht der Kommission, in bestimmten zeitlichen Abständen Berichte über die Anwendung der Richtlinie dem Europäischen Parlament, dem Rat, dem Europäischen Wirtschafts- und Sozialausschuss und dem Ausschuss der Regionen vorzulegen. Die Berichtspflicht der Kommission dient der Überprüfung der Auswirkungen des EAA auf den Binnenmarkt. Zur Realisierung dieser Berichtspflicht sieht Art. 33 Abs. 3 RL 2019/882/EU seinerseits die Berichterstattung der Mitgliedstaaten an die Europäische Kommission vor. § 36 BFSG dient der Vorbereitung dieser Berichterstattung an die Europäische Kommission.

1 BT-Drs. 19/28653, S. 94.

B. Regelungsgehalt

Nach § 36 Satz 1 BFSG teilen die Länder dem Bundesministerium für Arbeit und Soziales (BAMS) auf Anforderung innerhalb der gesetzten Frist alle notwendigen Informationen nach Artikel 33 Absatz 3 in Verbindung mit Absatz 2 der Richtlinie 2019/882/EU mit. Erfasst sind insbesondere Angaben zu Fortschritten bei der Barrierefreiheit von Produkten und Dienstleistungen sowie zu Auswirkungen dieses Gesetzes auf Wirtschaftsakteure und auf Menschen mit Behinderungen. **2**

I. Verpflichteter

Die Berichtspflicht an das BMAS verpflichtet nach Maßgabe des § 36 Satz 1 BFSG die Länder. In der Praxis ist zu erwarten, dass auch insoweit die Informationsübermittlung durch die Marktüberwachungsstelle der Länder für die Barrierefreiheit von Produkten und Dienstleistungen (MLBF) gebündelt wird. **3**

II. Erfasster Informationsbestand

Zu übermitteln sind ausweislich § 36 Satz 1 BFSG sämtliche Informationen nach Artikel 33 Absatz 3 in Verbindung mit Absatz 2 der Richtlinie 2019/882/EU. Die Übermittlungspflicht erfasst daher insbesondere die Fortschritte bei der Barrierefreiheit von Produkten und Dienstleistungen, etwaige technologische Lock-in-Effekte oder Innovationshemmnisse sowie auf die Auswirkungen dieser Richtlinie auf Wirtschaftsakteure und auf Menschen mit Behinderungen. Die Berichte befassen sich ebenfalls mit den Auswirkungen der Anwendung des Art. 14 RL 2019/882/EU (vgl. §§ 16, 17 BFSG) auf das Funktionieren des Binnenmarkts. **4**

III. Elektronischer Übermittlungsweg (S. 2)

Die Länder stellen die erfassten Informationen nach § 36 Satz 2 BFSG dem BMAS auf elektronischem Wege zur Verfügung. **5**

IV. Abweichende Behördenzuständigkeit

Wie sich aus § 36 Satz 1 BFSG ergibt, kann das BMAS eine in seinem Geschäftsbereich liegende Behörde benennen, die dann für das Bundesministerium für Arbeit und Soziales die Informationen bei den Bundesländern anfordert und an welche die Informationen auch von den Ländern zuzuleiten sind.[2] **6**

---

2 BT-Drs. 19/28653, S. 94.

§ 37 BFSG
Bußgeldvorschriften

(1) Ordnungswidrig handelt, wer vorsätzlich oder fahrlässig

1. entgegen § 6 Absatz 1 Nummer 1 oder § 9 Absatz 1, jeweils in Verbindung mit einer Rechtsverordnung nach § 3 Absatz 2, ein Produkt in den Verkehr bringt,

2. entgegen § 6 Absatz 4 Satz 3, auch in Verbindung mit § 11 Absatz 4, entgegen § 11 Absatz 2 Satz 2 oder § 14 Absatz 4 Satz 2, jeweils in Verbindung mit einer Rechtsverordnung nach § 3 Absatz 2, eine Information nicht, nicht richtig, nicht vollständig oder nicht rechtzeitig gibt,

3. entgegen § 7 Absatz 1 Satz 1, auch in Verbindung mit Satz 2, jeweils in Verbindung mit einer Rechtsverordnung nach § 3 Absatz 2, nicht dafür sorgt, dass ein Produkt eine dort genannte Nummer oder ein dort genanntes Kennzeichen trägt,

4. entgegen § 7 Absatz 2 Satz 1, auch in Verbindung mit Satz 2, oder § 10 Absatz 1 Satz 1, auch in Verbindung mit Satz 2, eine Angabe nicht, nicht richtig, nicht vollständig, nicht in der vorgeschriebenen Weise oder nicht rechtzeitig macht,

5. entgegen § 7 Absatz 3 oder § 10 Absatz 2, jeweils in Verbindung mit einer Rechtsverordnung nach § 3 Absatz 2, nicht sicherstellt, dass einem Produkt eine Gebrauchsanleitung und dort genannte Sicherheitsinformationen beigefügt sind,

6. entgegen § 7 Absatz 5 Satz 1, § 13 Absatz 1 oder § 14 Absatz 5 Satz 1 eine Auskunft nicht, nicht richtig, nicht vollständig, nicht in der vorgeschriebenen Weise oder nicht rechtzeitig erteilt oder eine Unterlage nicht, nicht richtig, nicht vollständig, nicht in der vorgeschriebenen Weise oder nicht rechtzeitig aushändigt,

7. entgegen § 11 Absatz 1 Nummer 1 oder Absatz 2 Satz 1 in Verbindung mit einer Rechtsverordnung nach § 3 Absatz 2 ein Produkt auf dem Markt bereitstellt,

8. entgegen § 14 Absatz 1 in Verbindung mit einer Rechtsverordnung nach § 3 Absatz 2 eine Dienstleistung anbietet oder erbringt,

9. entgegen § 19 Absatz 1 in Verbindung mit einer Rechtsverordnung nach § 3 Absatz 2 ein Produkt mit einer CE-Kennzeichnung nicht, nicht richtig, nicht vollständig, nicht in der vorgeschriebenen Weise oder nicht rechtzeitig versieht oder

10. entgegen § 19 Absatz 3 in Verbindung mit Artikel 30 Absatz 5 Satz 1 der Verordnung (EG) Nr. 765/2008 des Europäischen Parlaments und des Rates vom 9. Juli 2008 über die Vorschriften für die Akkreditierung und Marktüberwachung im Zusammenhang mit der Vermarktung von Produkten und zur Aufhebung der Verordnung (EWG) Nr. 339/93 des Rates (ABl. L 218 vom 13.8.2008, S. 30) eine Kennzeichnung, ein Zeichen oder eine Aufschrift auf einem Produkt anbringt.

(2) Die Ordnungswidrigkeit kann in den Fällen des Absatzes 1 Nummer 1, 7, 8, 9 und 10 mit einer Geldbuße bis zu hunderttausend Euro und in den übrigen Fällen mit einer Geldbuße bis zu zehntausend Euro geahndet werden.

Gliederung: Rn.

A. Einführung

1 § 37 BFSG enthält in Umsetzung von Art. 30 RL 2019/882/EU Bußgeldvorschriften, die Verstöße von Wirtschaftsakteuren (→ § 2 Nr. 15 BFSG) gegen verschiedene Bestimmungen des Gesetzes sanktionieren. § 37 Abs. 1 BFSG enthält die entsprechenden Bußgeldtatbestände, während § 37 Abs. 2 BFSG den Bußgeldrahmen für die Ordnungswidrigkeiten zieht. § 37 BFSG ähnelt dabei durchaus anderen Bußgeldtatbeständen des harmonisierten Produktrechts wie § 28 ProdSG und § 21 MÜG, ist aber enger gefasst und verzichtet auf einen ausladenden Tatbestand zugunsten eines schlanken Regelungskonzeptes. Besonders betrifft dies das Zuwiderhandeln gegen vollziehbare Anordnungen von Marktüberwachungsbehörden, das im Regelungssystem des BFSG nicht bußgeldbewehrt ist (→ § 22 BFSG Rn. 28).[1] Gleiches gilt hinsichtlich der Verpflichtung der Wirtschaftsakteure, mit den Marktüberwachungsbehörden zur Beseitigung einer Nichtkonformität im Nachmarkt zusammenzuarbeiten (§ 7 Abs. 5 Satz 2 BFSG, § 10 Abs. 4 BFSG, § 11 Abs. 4 BFSG, § 14 Abs. 5 Satz 2 BFSG).[2]

2 Mit der Bestimmung kommt der Umsetzungsgesetzgeber der Verpflichtung aus Art. 30 RL 2019/882/EU nach, für den Fall von Verstößen gegen die Vorgaben des Rechtsaktes Sanktionen vorzusehen, die wirksam, verhältnismäßig und abschreckend sind.[3] Aufgrund dieser wenig bestimmten Vorgaben haben die nationalen

1 Vgl. etwa § 21 Abs. 2 Nr. 2 MÜG: *Klindt*, in: Klindt, ProdSG, § 39 Rn. 31 f. [zu § 39 ProSG a. F.]; *Wiebe*, in: Ehring/Taeger, Produkthaftungs- und Produktsicherheitsrecht, § 21 MÜG Rn. 2 [zu § 21 MÜG]; *Glaser*, in: Graf/Jäger/Wittig, Wirtschafts- und Steuerstrafrecht, § 26 ChemG Rn. 16 [zum ChemG].

2 Vgl. etwa § 37 Nr. 10 FUAG: Sanktionierung des Verstoßes gegen die Kooperationspflicht, hierzu auch *Hessel/Flieger*, in: BeckOK Produktrecht, § 37 Rn. 1 [zum FUAG].

3 *Klindt*, in: Klindt, ProdSG, § 39 Rn. 2 [zu § 39 ProdSG a. F.].

Gesetzgeber freilich einen gewissen Spielraum in der konkreten Ausgestaltung von Ordnungswidrigkeitentatbeständen.[4]

B. Ordnungswidrigkeiten (Abs. 1)

I. Die einzelnen Tatbestände

1. Inverkehrbringen materiell nichtkonformer Produkte (Nr. 1)

3 Ordnungswidrig handelt nach § 37 Abs. 1 Nr. 1 BFSG, wer vorsätzlich oder fahrlässig entgegen § 6 Abs. 1 Nr. 1 BFSG oder § 9 Abs. 1 BFSG ein Produkt in Verkehr bringt (→ § 2 Nr. 10 BFSG). Der Tatbestand knüpft daher an die entsprechenden Verpflichtungen von Hersteller (→ § 6 BFSG Rn. 5). und Einführer (→ § 9 BFSG Rn. 4) an. Zu beachten ist insoweit zwingend der unterschiedliche subjektive Sorgfaltsmaßstab, dem Hersteller und Einführer unterliegen. Dieser ist im Falle des Einführers reduziert: Zwar handelt es sich bei der einschlägigen Pflicht des Einführers, nur materiell konforme Produkte in Verkehr zu bringen, nicht um bloße Prüfpflichten,[5] sondern um eine umfassende, genuin eigene Konformitätsverantwortlichkeit.[6] Trotzdem kann dem Einführer nicht auferlegt werden, jedes einzelne, typischerweise vollverpackte Produkt zu untersuchen. Das Konzept des Einführers wird sicherstellen müssen, dass jedenfalls jedes importierte Produktmodell jedes Lieferanten im Sinne einer Plausibilitätskontrolle kontrolliert wird. Dies bedeutet gleichwohl nicht, dass der Einführer ohne Anlass jede importierte Lieferung oder Charge untersuchen muss.[7] Ob allein eine stichprobenartige Überprüfung der betreffenden Produkte, wie sie auch dem Händler obliegt (→ § 11 BFSG Rn. 13), ausreicht,[8] wird im Schrifttum teilweise unter Berufung auf die an den Hersteller angenäherten Stellung des Einführers bezweifelt.[9] Um dem marktaufsichtsrechtlichen Vorwurf eines Verstoßes zu entgehen, reicht die stichprobenartige Kontrolle aus. Ein anderes Verständnis, dass den Einführer zwingen würde, systematische Kontrollen oftmals vollverpackter Produkte vorzunehmen, widerspricht der Marktrealität und würde dem Einführer Unmögliches abverlangen.

4 Im Hinblick auf den Nachweis der ordnungsgemäßen Plausibilitätskontrolle empfehlen sich vertragliche Vereinbarungen mit dem Hersteller, die die Product Compliance im Allgemeinen und anlasslose/-bezogene Berichtspflichten des Herstellers über den Verlauf der Produktion, etwaige Störungen oder gar Abweichungen.im Besonderen, sowie ggf. sogar Audit-Rechte zum Gegenstand haben.[10]

---

4 *Klindt*, in: Klindt, ProdSG, § 39 Rn. 2 [zu § 39 ProdSG a. F.]; *Cornelius/Spitz*, in: Ehring/Taeger, Produkthaftungs- und Produktsicherheitsrecht, § 28 ProdSG Rn. 6 [zum ProdSG].

5 *Wiebe/Daelen*, EuZW 2023, 257, 262 [zum CRA].

6 *Kapoor*, in: Heckmann/Paschke, Cyber Resilience Act, Art. 19 Rn. 4 [zum CRA]; *Schucht*, NJW 2021, 2392, 2393.

7 *Schucht*, CCZ 2022, 230, 235.

8 So *Spiegel*, ZfPC 2024, 194, 196 [zur EU-Batt-VO]; *Rohnfelder/Freytag*, in: Erbs/Kohlhaas, § 9 LFGB Rn. 30 [zum LFGB]; *Kapoor*, in: Heckmann/Paschke, Cyber Resilience Act, Art. 19 Rn. 7 [zum CRA].

9 *Schucht*, CCZ 2022, 230, 235.

10 *Schucht*, CCZ 2022, 230, 235.

2. Unterbliebene Notifikation (Nr. 2)

Nach § 37 Abs. 1 Nr. 2 BFSG handelt ordnungswidrig, wer vorsätzlich oder fahrlässig entgegen § 6 Abs. 4 Satz 3 BFSG, ggf. i. V. m. § 11 Abs. 4 BFSG, entgegen § 11 Abs. 2 Satz 2 BFSG oder § 14 Abs. 4 Satz 2 BFSG, jeweils in Verbindung mit der BFSGV, eine Information nicht, nicht richtig, nicht vollständig oder nicht rechtzeitig gibt. Die Vorschrift sanktioniert damit Verstöße von Hersteller, Händler und Dienstleistungserbringer gegen diverse **Notifikationspflichten** in den Fällen einer materiellen Nichtkonformität. Die Vorschrift ist ihrem Zweck nach darauf gerichtet, das Unterlassen der Notfikation durch Angst vor Sanktionen zu verhindern.[11] Verstöße des Einführers gegen die Notifikationspflicht im Nachmarkt nach Maßgabe des § 9 Abs. 4 BFSG i. V. m. § 6 Abs. 4 Satz 3 BFSG sind nicht bußgeldbedroht (→ § 9 BFSG Rn. 59). Ein Verstoß des Einführers gegen die Notifikationspflicht im Nachmarkt führt anders als beim Hersteller ausweislich § 37 Abs. 1 BFSG nicht zur Verwirklichung eines Bußgeldtatbestands.[12] Im Vergleich zum allgemeinen Produktsicherheitsrecht verstärkt[13] nimmt das BFSG insbesondere den Händler in die Pflicht, der nicht nur bei einem Verstoß gegen die Notifikationspflicht im Nachmarkt (§ 11 Abs. 4 BFSG), sondern als einziger Wirtschaftsakteur auch bei einem Verstoß gegen die Vormarktpflicht des § 11 Abs. 2 Satz 2 BFSG den Bußgeldtatbestand verwirklicht. 5

§ 37 Abs. 1 Nr. 2 BFSG verwirklicht nicht nur derjenige, der überhaupt nicht notifiziert, sondern auch der, der unrichtig, unvollständig oder nicht rechtzeitig notifiziert. Wie bereits dargelegt (→ § 6 BFSG Rn. 47) besteht ein in der Notifikationspflicht immanent angelegtes Spannungsverhältnis zwischen der Vollständigkeit und der Rechtzeitigkeit der Notifikation. Ein Wirtschaftsakteur mag den Umstand einer im Markt vorhandenen Nichtkonformität zeitnah mitteilen können, gerade aber die von § 6 Abs. 4 Satz 4 BFSG bzw. § 14 Abs. 4 Satz 3 BFSG in Bezug genommenen, bereits ergriffenen Korrekturmaßnahmen noch nicht darlegen können. 6

3. Unterlassen der Identifikationskennzeichnung (Nr. 3)

Nach § 37 Abs. 1 Nr. 3 BFSG handelt ordnungswidrig, wer vorsätzlich oder fahrlässig entgegen § 7 Abs. 1 Satz 1 BFSG, auch in Verbindung mit § 7 Abs. 1 Satz 2 BFSG, nicht dafür sorgt, dass ein Produkt eine dort genannte Nummer oder ein dort genanntes Kennzeichen trägt. § 37 Abs. 1 Nr. 3 BFSG sanktioniert daher die fehlende Identifikationskennzeichnung und verhindert, dass ein effektiver Verbrau- 7

11 *Grommes*, in: Graf/Jäger/Wittig, ProdSG § 39 Rn. 5 [zu § 39 ProdSG a. F.]; *Cornelius/Spitz*, in: Ehring/Taeger, Produkthaftungs- und Produktsicherheitsrecht, § 28 ProdSG Rn. 41 [zum ProdSG].

12 Anders etwa § 28 Abs. 1 Nr. 4 ProdSG: *Klindt*, in: Klindt, § 39 Rn. 17 [zu § 39 ProSG a. F.]; *Cornelius/Spitz*, in: Ehring/Taeger, Produkthaftungs- und Produktsicherheitsrecht, § 28 ProdSG Rn. 39 [zum ProdSG].

13 § 28 Abs. 1 Nr. 4 ProdSG kennt keine entsprechende Verpflichtung des Händlers, vgl. *Kapoor*, in: Klindt, ProdSG, § 6 Rn. 110 [zum ProdSG]; *Klindt*, in: Klindt, ProdSG, § 39 Rn. 18 [zu § 39 ProSG a. F.]; a. A.: *Fluck/Sechting*, DVBl 2004, 1392, 1402.

cherschutz durch anonyme nichtkonforme Produkte im Feld untergraben wird.[14] Da anonyme Produkte den marktaufsichtsrechtlichen Zugriff faktisch verunmöglichen, würde eine fehlende Sanktion die Effektivität des barrierefreiheitsrechtlichen Regelungssystems insgesamt in Zweifel ziehen.[15] Inhaltlich erstreckt sich der Bußgeldtatbestand zum einen auf die **vollständig fehlende Identifikationskennzeichnung**. Wie der Verweis auf § 7 Abs. 1 Satz 2 BFSG erkennen lässt, will § 37 Abs. 1 Nr. 3 BFSG aber auch einen Verstoß gegen den Grundsatz produktunmittelbarer Kennzeichnung erfassen, d. h. wenn die Identifikationskennzeichnung nicht völlig fehlt, aber in unzulässiger Weise auf eine Beilage verlagert wurde. Bei einer anderen Lesart wäre der Verweis der Vorschrift auf § 7 Abs. 1 Satz 2 BFSG gegenstandslos.

4. Fehlende oder fehlerhafte Hersteller- und Einführerkennzeichnung (Nr. 4)

8 Nach § 37 Abs. 1 Nr. 4 BFSG handelt ordnungswidrig, wer vorsätzlich oder fahrlässig entgegen § 7 Abs. 2 Satz 1 BFSG, auch in Verbindung mit Satz 2, oder § 10 Abs. 1 Satz 1 BFSG, auch in Verbindung mit Satz 2, eine Angabe nicht, nicht richtig, nicht vollständig, nicht in der vorgeschriebenen Weise oder nicht rechtzeitig macht. § 37 Abs. 1 Nr. 4 BFSG sanktioniert die fehlende oder fehlerhafte Hersteller- und Einführerkennzeichnung und verhindert dadurch, dass ein effektiver Verbraucherschutz durch anonyme nichtkonforme Produkte im Feld untergraben wird.[16] Da anonyme Produkte den marktaufsichtsrechtlichen Zugriff faktisch verunmöglichen, würde eine fehlende Sanktion die Effektivität des barrierefreiheitsrechtlichen Regelungssystems insgesamt in Zweifel ziehen.[17]

5. Fehlende Gebrauchsanleitung und Sicherheitsinformationen (Nr. 5)

9 Ordnungswidrig handelt nach § 37 Abs. 1 Nr. 5 BFSG auch, wer entgegen § 7 Abs. 3 BFSG oder § 10 Abs. 2 BFSG nicht sicherstellt, dass einem Produkt eine Gebrauchsanleitung und dort genannte Sicherheitsinformationen beigefügt sind.

10 Anders als § 28 Abs. 1 Nr. 2 ProdSG[18] erfasst § 37 Abs. 1 Nr. 5 BFSG ausweislich des insoweit klaren und abweichenden Wortlauts nicht den Fall, dass Gebrauchsanleitung und Sicherheitsinformationen fehlerhaft gestaltet sind. Der Ordnungswidrigkeitentatbestand ist richtigerweise nur dann erfüllt, wenn die Gebrauchsanleitung oder die Sicherheitsinformationen völlig fehlen.

---

14 *Klindt*, NVwZ 2008, 1073, 1076; *Cornelius/Spitz*, in: Ehring/Taeger, Produkthaftungs- und Produktsicherheitsrecht, § 28 ProdSG Rn. 38 [zum ProdSG].

15 Zu diesem Problem eingehend *Klindt*, NVwZ 2008, 1073, 1076.

16 *Klindt*, NVwZ 2008, 1073, 1076; *Cornelius/Spitz*, in: Ehring/Taeger, Produkthaftungs- und Produktsicherheitsrecht, § 28 ProdSG Rn. 38 [zum ProdSG].

17 Zu diesem Problem eingehend *Klindt*, NVwZ 2008, 1073, 1076.

18 *Cornelius/Spitz*, in: Ehring/Taeger, Produkthaftungs- und Produktsicherheitsrecht, § 28 ProdSG Rn. 37 [zum ProdSG]: „auch die unzureichende Form oder der ungenügende Inhalt der Anleitung".

6. Verstoß gegen Auskunftserteilungspflicht (Nr. 6)

11 Nach § 37 Abs. 1 Nr. 6 BFSG handelt ordnungswidrig, wer entgegen § 7 Abs. 5 Satz 1 BFSG, § 13 Abs. 1 BFSG oder § 14 Abs. 5 Satz 1 BFSG eine Auskunft nicht, nicht richtig, nicht vollständig, nicht in der vorgeschriebenen Weise oder nicht rechtzeitig erteilt oder eine Unterlage nicht, nicht richtig, nicht vollständig, nicht in der vorgeschriebenen Weise oder nicht rechtzeitig aushändigt. Die Vorschrift sanktioniert daher Verstöße gegen die drei erfassten **Auskunftserteilungsverpflichtungen**.

12 Nach § 7 Abs. 5 Satz 1 BFSG und § 14 Abs. 5 Satz 1 BFSG sind Hersteller und Dienstleistungserbringer verpflichtet, der Marktüberwachungsbehörde auf deren begründetes Verlangen alle Auskünfte zu erteilen und alle Unterlagen auszuhändigen, die für den Nachweis der Konformität erforderlich sind.

7. Bereitstellung nichtkonformer Produkte (Nr. 7)

13 Ordnungswidrig handelt außerdem nach § 37 Abs. 1 Nr. 7 BFSG, wer als Händler (→ § 2 Nr. 14 BFSG) vorsätzlich oder fahrlässig entgegen § 11 Abs. 1 Nr. 1 BFSG oder § 11 Abs. 2 Satz 1 BFSG ein Produkt auf dem Markt bereitstellt. Erfasst wird daher der Fall der fehlenden CE-Kennzeichnung (§ 11 Abs. 1 Nr. 1 BFSG) und die Konstellation, in der der Händler spezifischen Grund zur Annahme einer materiellen Nichtkonformität besitzt und das betreffende Produkt gleichwohl bereitstellt (§ 11 Abs. 2 Satz 1 BFSG).

8. Anbieten oder Erbringen nichtkonformer Dienstleistungen (Nr. 8)

14 Nach § 37 Abs. 1 Nr. 8 BFSG handelt ordnungswidrig, wer entgegen § 14 Abs. 1 BFSG eine nichtkonforme Dienstleistung anbietet oder erbringt. Eine vom BFSG erfasste Dienstleistung und damit auch eine betroffene Webseite, welche nicht die Barrierefreiheitsanforderungen der §§ 12 ff. BFSGV erfüllt, stellt daher etwa einen nach § 37 Abs. 1 Nr. 8 BFSG sanktionierbaren Verstoß dar.[19]

9. Fehlende oder fehlerhafte CE-Kennzeichnung (Nr. 9)

15 Ordnungswidrig handelt nach § 37 Abs. 1 Nr. 9 BFSG auch, wer fahrlässig oder vorsätzlich ein Produkt mit einer CE-Kennzeichnung nicht, nicht richtig, nicht vollständig, nicht in der vorgeschriebenen Weise oder nicht rechtzeitig versieht.

10. Fehlende oder fehlerhafte CE-Kennzeichnung (Nr. 10)

16 Ordnungswidrig handelt nach § 37 Abs. 1 Nr. 10 BFSG auch derjenige, der entgegen § 19 Abs. 3 BFSG i. V. m. Art. 30 VO (EG) Nr. 765/2008 ein Kennzeichen, Zeichen oder eine Aufschrift an dem Produkt anbringt, deren Bedeutung oder Gestalt mit der der CE-Kennzeichnung verwechselt werden kann, oder eine andere Kennzeichnung anbringt, die Sichtbarkeit, Lesbarkeit oder Bedeutung der CE-Kennzeichnung beeinträchtigt.

19 *Kapoor/Klindt*, NJW 2024, 3545, 3550.

C. Bußgeldrahmen (Abs. 2)

17 § 37 Abs. 2 BFSG sieht einen abgestuften Bußgeldrahmen vor, der im Ausgangspunkt bis zu EUR 10.000 beträgt und in den Fällen der Nr. 1, 7, 8, 9 und 10 bis zu EUR 100.000 reichen kann.[20]

§ 38 BFSG
Übergangsbestimmungen

(1) Unbeschadet von Absatz 2 können Dienstleistungserbringer bis zum 27. Juni 2030 ihre Dienstleistungen weiterhin unter Einsatz von Produkten erbringen, die von ihnen bereits vor dem 28. Juni 2025 zur Erbringung dieser oder ähnlicher Dienstleistungen rechtmäßig eingesetzt wurden. Vor dem 28. Juni 2025 geschlossene Verträge über Dienstleistungen dürfen bis zu dem Ablauf der Zeit, für die sie eingegangen sind, allerdings nicht länger als bis zum 27. Juni 2030 unverändert fortbestehen.

(2) Selbstbedienungsterminals, die von den Dienstleistungserbringern vor dem 28. Juni 2025 zur Erbringung von Dienstleistungen unter Einhaltung der geltenden gesetzlichen Regelungen eingesetzt werden, dürfen bis zum Ende ihrer wirtschaftlichen Nutzungsdauer, aber nicht länger als fünfzehn Jahre nach ihrer Ingebrauchnahme, weiter zur Erbringung vergleichbarer Dienstleistungen eingesetzt werden.

Gliederung: Rn.

20 Vgl. auch *Franke*, ZfPC 2024, 21, 25; *Kapoor/Klindt*, NJW 2024, 3545, 3550.

A. Einführung

Die Vorschrift regelt insgesamt drei Übergangszeiträume, die für Dienstleistungserbringer gelten: Erstens für den Einsatz von Bestandsprodukten bei der Diensterbringung (siehe unter Rn. 7 ff.); zweitens für die Anpassung von Bestandsverträgen (siehe unter Rn. 32 ff.); und drittens für den Einsatz von Selbstbedienungsterminals (siehe unter Rn. 36 ff.). 1

Die Dienstleistungserbringer erhalten dadurch in gewissem Umfang mehr Zeit, um ihre Dienste an die neuen Anforderungen der Barrierefreiheit anzupassen. Mit § 38 BFSG setzt der deutsche Gesetzgeber Art. 32 RL 2019/882/EU in deutsches Recht um. Der für die Mitgliedstaaten verbindliche Art. 32 Absatz 1 wir dabei eins zu eins umgesetzt; von der Möglichkeit gem. Art. 32 Absatz 2, einen erweiterten Übergangszeitraum für Selbstbedienungsterminals vorzusehen, hat der deutsche Gesetzgeber dagegen nur teilweise Gebrauch gemacht. 2

Die Übergangsvorschriften ergänzen den langen Vorlauf zur Vorbereitung auf die geänderte Rechtslage, den der europäische Gesetzgeber den Unternehmen eingeräumt hat, und bilden den Schlussstein des Transitionsregimes der RL 2019/882/EU. Diese war bereits am 07.06.2019 mit der Veröffentlichung im Amtsblatt der Europäischen Union in Kraft getreten, verpflichtete die Mitgliedstaaten aber lediglich dazu, innerhalb von drei Jahren (bis zum 28.06.2022) die Rechts- und Verwaltungsvorschriften, die der Umsetzung der Richtlinie dienen, zu veröffentlichen (Art. 31 Abs. 1 RL 2019/882/EU), und diese weitere drei Jahre später (ab dem 28.06.2025) anzuwenden (Art. 31 Abs. 1 RL 2019/882/EU). 3

§ 38 Abs. 1 BFSG regelt zusätzlich zwei sich an diesen Zeitpunkt anschließende Übergangszeiträume von jeweils (bis zu) fünf Jahren (also bis zum Ablauf des 27.06.2030); § 38 Abs. 2 BFSG einen Übergangzeitraum von (bis zu) weiteren 15 Jahren (also bis zum Ablauf des 27.06.2040). Die Anforderungen an die Barrierefreiheit werden somit vollständig erst 21 Jahre nach dem Inkrafttreten der Richtlinie verbindlich. Hinzukommt, dass der Gesetzgebungsprozess auf europäischer Ebene mit dem Richtlinienvorschlag der Europäischen Kommission bereits im Jahr 2015 begonnen hatte.[1] Der Zeitraum zur Vorbereitung auf die neuen Anforderungen und zur Umsetzung ist damit insgesamt ungewöhnlich lang, was im deutschen Gesetzgebungsverfahren zu deutlicher Kritik seitens der Interessenvertretungen der Betroffenen geführt hat.[2] Trotz dieser langen Zeiträume ist der Vorwurf, die Übergangsvorschriften nähmen die Interessen der Menschen mit Behinderungen nicht ausreichend in Betracht, nicht gerechtfertigt. Vielmehr adressieren die Übergangsvorschriften spezifische Szenarien, in denen eine Umsetzung der neuen Anforderungen aus diversen Gründen viel Zeit erfordert. Das gilt insbesondere für die beiden Übergangsvorschriften für den fortgesetzten Gebrauch von Geräten, die sich bereits im Einsatz befinden (§ 38 Abs. 1 Satz 1 und Abs. 2 BFSG). Hier hatte der Gesetzgeber nicht nur die Interessen der Unternehmen zu berücksichtigen, sondern auch, dass ein zwingender sofortiger Austausch von Endgeräten (oder Selbstbedienungs- 4

1 Kommissionsdokument COM(2015) 615 final vom 2.12.2015.

2 *Tabbara*, NZS 2021, 497, 502, mit Verweis auf die Stellungnahmen der Verbände, Deutscher Bundestag, Ausschuss für Arbeit und Soziales, Ausschussdrucksache 19(11)1137 vom 12.5.2021.

terminals) auch für die Verbraucher Nachteile mit sich bringen kann. Technische Geräte erst am Ende ihrer Lebensdauer bzw. nach Ablauf ihrer wirtschaftlichen Nutzungsdauer auszutauschen ist zudem ökologisch sinnvoll. Die Übergangsvorschriften sind daher das Ergebnis eines Ausgleichs mehrerer widerstreitender Interessen.

5 Das Gesetz enthält dagegen – abgesehen von dem bereits erwähnten Vorlauf bis zur Anwendbarkeit gemäß § 1 Abs. 2 BFSG – keine Übergangsvorschriften für Produkte.

6 Der Grund hierfür ist, dass Dienstleistungen über längere Zeiträume hinweg im Rahmen eines Dauerschuldverhältnisses fortlaufend erbracht werden und nicht wie Produkte zu einem bestimmten Ereignis (dem Inverkehrbringen) vom Hersteller (oder sonstigen Verpflichteten) abgegeben werden. Daraus folgt eine unterschiedliche Systematik der Vorschriften über Dienstleistungen einerseits und derjenigen über Produkte anderseits: Für Produkte greift das BFSG grundsätzlich nur, insoweit diese nach dem 28.06.2025 in den Verkehr gebracht werden und somit „neu auf den Markt kommen“. Das BFSG und die RL 2019/882/EU haben also keinerlei Rückwirkung auf bereits eingeführte Produkte.[3] Das ist sach- und interessengerecht, weil die Produkte beim Inverkehrbringen von den Herstellern (oder sonstigen Verpflichteten) abgegeben werden, also in ihrem jeweiligen Zustand deren Einwirkungsbereich verlassen. Würde das BFSG die Anforderungen auf bereits in den Verkehr gebrachte (individuelle) Produkte erstrecken, käme das einem umfassenden Rückruf- und Nachbesserungsgebot gleich. Daher besteht somit auch kein weitergehendes Bedürfnis für Übergangsregelungen. Bei Dienstleistungen ist dies anders, weil diese mit ihrer (erstmaligen) Einführung auf dem Markt bzw. mit dem Beginn der Diensterbringung für einen einzelnen Verbraucher nicht wie (physische) Produkte von ihren Herstellern abgegeben werden, sondern im Einwirkungsbereich der Dienstleister weiter erbracht werden.

B. Übergangsregelungen im Einzelnen

I. Übergangszeitraum für den Einsatz von Bestandsprodukten (§ 38 Abs. 1 Satz 1 BFSG)

7 Dienstleistungserbringer dürfen ihre Dienste auch nach dem 28.06.2025 (bis zum 27.06.2030) weiterhin unter Einsatz von Produkten erbringen, die sie bereits zuvor zur Erbringung dieser oder ähnlicher Dienste eingesetzt haben.

8 Die Übergangsvorschrift knüpft damit an die allgemeinen Anforderungen an Dienstleistungen aus § 12 Nr. 1 BFSGV (bzw. Anhang I Abschnitt III a) RL 2019/882/EU) an, nach der alle vom BFSG erfassten Produkte, die zur Erbringung der Dienstleistung verwendet werden, die Anforderungen der §§ 4 und 6–11 BFSGV und, soweit anwendbar, die Anforderungen des § 5 BFSGV erfüllen müssen.

3 Siehe auch EU-Ratsdokument 2015/0278 (COD) vom 18.11.2016, S. 3: „It was also clarified in the text that the EAA would have no retroactive effect; in other words it should only apply to products placed on the market or services provided after the date of application.“

1. Erfasste Dienstleistungen

Die Übergangsvorschrift erfasst sämtliche Typen von Dienstleistungen, für die das BFSG gilt (siehe unter § 1 Rn. 43). 9

a) Anwendung auf neue und Bestandsverträge

Die Übergangsvorschrift gilt sowohl für Dienstleistungen, die unter Bestandsverträgen erbracht werden, also solchen, die am 28.06.2025 bereits abgeschlossen waren, als auch für neue Verträge, die ab 28.06.2025 abgeschlossen werden. Die Dienstleistungserbringer dürfen also auch nach dem 28.06.2025 Verträge über die Erbringung von Dienstleistungen abschließen, die hinsichtlich der eingesetzten Geräte noch nicht vollständig barrierefrei erbracht werden. 10

Für eine Beschränkung der Übergangsbestimmung auf Bestandsverträge könnte sprechen, dass die Vorschrift nur vom „Erbringen“ spricht, nicht aber vom „Anbieten“ von Dienstleistungen, wie die Grundnorm der Pflichten des Dienstleistungserbringers in § 14 Abs. 1, 1. Halbsatz BFSG. Das kann so ausgelegt werden, dass das (fortgesetzte) Erbringen von Dienstleistungen, die hinsichtlich der eingesetzten Produkte nicht vollständig konform sind, zwar im Übergangszeitraum zulässig ist, diese aber nicht erstmals „angeboten“ werden dürfen, was aber Voraussetzung für den Abschluss eines neuen Vertrags ist. Das entspräche auch der grundsätzlichen gesetzgeberischen Zielsetzung, dass Dienstleistungen ab dem 28.06.2025 den Anforderungen des Gesetzes an die Barrierefreiheit entsprechen sollen. 11

Eine solche Auslegung misst der Formulierung „anbieten oder erbringen“ aber einen Regelungsgehalt zu, den diese erkennbar nicht hat. Gegen eine solche Auslegung spricht vor allem, dass diese Formulierung in § 14 Abs. 1 BFSG nicht in der RL 2019/882/EU wiederfindet. Art. 13 Abs. 1 RL 2019/882/EU verpflichtet die Dienstleistungserbringer vielmehr dazu, ihre Dienstleistungen im Einklang mit den Anforderungen zu „gestalten“ und zu „erbringen“ (in der englischen Sprachfassung: „design and provide“). Ausweislich der Gesetzesbegründung soll Art. 14 Abs. 1 BFSG diesen Artikel umsetzen.[4] Es ist also kein gesetzgeberischer Wille erkennbar, an das Angebot von Dienstleistungen bzw. den Abschluss neuer Verträge besondere Rechtsfolgen zu knüpfen. 12

Gegen eine Beschränkung der Übergangsbestimmung auf Bestandsverträge spricht die Systematik der Übergangsbestimmungen. § 38 Abs. 1 Satz 2 BFSG enthält nämlich eine weitere Übergangsbestimmung, auf deren Grundlage Bestandsverträge über Dienstleistungen bis zu ihrem Ablauf (maximal bis zum 28.06.2030) „unverändert fortbestehen“ dürfen. Nach dieser Vorschrift dürfen Bestandsverträge bis zum 28.06.2030 insgesamt in der bisher vereinbarten Art und Weise erbracht werden und müssen erst danach an die Barrierefreiheitsanforderungen angepasst werden. Der vorübergehende Dispens von den Anforderungen des Gesetzes nach § 38 Abs. 1 Satz 2 BFSG ist dabei nicht auf bestimmte Vorschriften begrenzt, umfasst somit auch die allgemeinen Anforderungen an Dienstleistungen aus § 12 Nr. 1 BFSGV. 13

---

4 BT-Drs. 19/28653, S. 79.

Wäre die Übergangsvorschrift des § 38 Abs. 1 Satz 1 BFSG also auf Bestandsverträge beschränkt, hätte sie keinen eigenständigen Regelungsgehalt.

14 Dass die beiden Übergangsvorschriften unterschiedliche Anwendungsbereiche haben (Satz 1: neue und Bestandsverträge; Satz 2: nur Bestandsverträge) ergibt sich schließlich auch daraus, dass die beiden Übergangsbestimmungen unterschiedliche Übergangszeiträume festlegen: Hinsichtlich des Einsatzes von nicht (vollständig) konformen Bestandsprodukten wird in § 38 Abs. 1 Satz 1 BFSG ein fester Übergangszeitraum festgelegt, innerhalb dessen die Umstellung realisiert werden muss. Hinsichtlich der Bestandsverträge wird indes ein flexibler bzw. (vertrags-)individueller Übergangszeitraum angeordnet, nach dem die Bestandsverträge unverändert auslaufen dürfen, längstens aber bis zum 28.06.2030 unverändert fortgeführt werden dürfen. Hätte der Gesetzgeber die Übergangsbestimmung für Bestandsprodukte auf Bestandsverträge beschränken wollen, hätte es nahegelegen, dies ebenfalls auf den Ablauf dieser Bestandverträge zu beschränken. Dass hier aber ein fester Übergangszeitraum angeordnet wurde, spricht dafür, dass der Einsatz der nicht-konformen Bestandsprodukte in diesem Zeitraum unabhängig davon zulässig ist, wann der Vertrag über die Dienstleistung geschlossen wurde.

b) Ähnlichkeit

15 Schließlich bestimmt § 38 Abs. 1 Satz 1 BFSG im Hinblick auf die erfassten Dienstleistungen, dass die Übergangsbestimmung nicht nur für eine Fortführung der identischen (bisher bereits erbrachten) Dienstleistung gilt, sondern auch dann, wenn die Bestandsprodukte „zur Erbringung […] ähnlicher Dienstleistungen rechtmäßig eingesetzt wurden".

16 Die gesetzlichen Grundlagen enthalten keine Definition und auch keine näheren Anhaltspunkte dafür, wann eine „ähnliche" Dienstleistung vorliegt. Der Gesetzgeber wollte damit ersichtlich eine gewisse Flexibilität schaffen. Im Übergangszeitraum dürfen nicht-konforme Bestandsprodukte also nicht nur für einen identischen Dienst weiter eingesetzt werden wie zuvor. Vielmehr ist ein Spielraum gegeben, die Dienstleistungen fortzuentwickeln oder zu verändern, ohne dass dies dazu führt, dass der Einsatz von Bestandsprodukten ausgeschlossen ist.

17 In Anlehnung an die Rspr. im Markenrecht dürfte „Ähnlichkeit" von Dienstleistungen vorliegen, wenn diese verwechselt werden können.[5] Ähnliche Dienstleistungen liegen nach diesem Maßstab vor, wenn die Art der Dienstleistung, ihre wesentlichen Merkmale und ihr Zweck für den Verbraucher übereinstimmen. Da es sich um eine Ausnahmeregelung handelt, muss diese eng ausgelegt werden. Eine neue (und nicht mehr ähnliche) Dienstleistung liegt also vor, wenn diese aus Sicht des Verbrauchers mit dem Bestandsdienst nicht mehr austauschbar ist, sondern für die Auswahlentscheidung wesentliche neue Elemente enthält. Ob Ähnlichkeit vorliegt, wird für einzelne Anpassungen von Dienstleistungen im Einzelfall entschieden werden müssen.

---

5 Vgl. etwa *Fezer*, in: ders., Markenrecht, 5. Auflage 2023, § 14 Rn. 730b.

2. Erfasste Produkte

Die Übergangsvorschrift erlaubt den Einsatz von Produkten, die von den Dienstleistungserbringern bereits vor dem 28.06.2025 rechtmäßig eingesetzt wurden. **18**

Die gesetzlichen Grundlagen enthalten keine näheren Bestimmungen darüber, welche Anforderungen an den Vorbehalt der Rechtmäßigkeit gestellt werden. Mangels weiterer Einschränkungen wird man die Vorschrift im Grundsatz dahingehend auslegen müssen, dass alle gesetzlich zwingenden Vorschriften über die Verwendung von Produkten eingehalten worden sein müssen (namentlich Vorschriften über die Produktsicherheit). Zugleich ist es nicht überzeugend, dass jeglicher Rechtsverstoß in der Vergangenheit geeignet ist, die Privilegierung der Übergangsvorschrift zu beseitigen. Insbesondere geringfügige und letztlich folgenlose Rechtsverstöße müssen schon aus Gründen der Verhältnismäßigkeit unberücksichtigt bleiben. Welche Rechtsverstöße die Weiterverwendung ausschließen, bestimmt sich daher von deren Rechtsfolgen: Relevant sind nur Rechtsverstöße, die zur Folge haben, dass das jeweilige Produkt nicht weiter eingesetzt werden darf (bzw. durfte), d.h. vom Hersteller oder sonst Verpflichteten (ggf. auf entsprechende hoheitliche Anordnung) aus dem Verkehr gezogen werden muss (bzw. hätte aus dem Verkehr gezogen werden müssen). Heilbare Rechtsverstöße (bspw. gegen Informations-, Aufklärungs- oder Etikettierungsvorschriften oder vergleichbares), die sich nachholen lassen, ohne dass der weitere Einsatz des Produkts sofort unterlassen werden müsste, hindern den weiteren Einsatz gemäß § 38 Abs. 1 Satz 1 BFSG nicht. **19**

Weiter eingesetzt werden dürfen nur diejenigen Bestandsprodukte, die konkret, d.h. individuell bereits vor dem 28.06.2025 bei der fraglichen Dienstleistung zum Einsatz gekommen sind. Die Übergangsvorschrift gibt keine Anhaltspunkte dafür, dass der Gesetzgeber ganze Bestandsproduktlinien privilegieren wollte, sodass ggf. beim Dienstleistungserbringer oder seinen Lieferanten noch vorhandene identische (nicht-konforme) Produkte zum Einsatz kommen könnten, bis der entsprechende Lagerbestand aufgebraucht ist. Eine solche Regelung wäre zwar (sowohl in ökonomischer also auch in ökologischer Hinsicht) wünschenswert, ist aber vom Wortlaut der Vorschrift nicht gedeckt. **20**

Die Übergangsbestimmung spricht von Produkten, die von den Anbietern bereits vor dem Stichtag rechtmäßig „eingesetzt wurden". Der Begriff des „Einsatzes" von Produkten ist weder in den deutschen Gesetzen noch in der RL 2019/882/EU definiert. In der RL 2019/882/EU taucht der Begriff ausschließlich in Art. 32 Abs. 1 UAbs. 1 auf. Im Übrigen sprechen die Vorschriften bei der Erbringung von Dienstleistungen von der „Verwendung von Produkten".[6] Einsatz und Verwendung bedeutet dabei entsprechend dem Schutzzweck der Regelungen, dass der jeweilige Kunde mit dem Produkt (also bspw. einem Endgerät) in Kontakt tritt bzw. bereits vor dem Stichtag getreten ist. Dafür spricht insbesondere Erwägungsgrund Nr. 19 der RL 2019/882/EU (Hervorhebung nicht im Original): **21**

„Um die Barrierefreiheit der in den Geltungsbereich dieser Richtlinie fallenden Dienstleistungen zu gewährleisten, sollten Produkte, die für die Erbringung dieser Dienstleistungen verwendet werden und mit denen die Verbraucher interagieren, **22**

6 Vgl. bspw. Anhang I, Abschnitt III der RL 2019/882/EU.

auch den geltenden Barrierefreiheitsanforderungen dieser Richtlinie entsprechen müssen."

23 Entsprechend enthalten auch die Anhänge zur RL 2019/882/EU und die BFSGV Anforderungen an Produkte zur barrierefreien Verwendung von Verbrauchern mit Beeinträchtigungen. Produkte, die der Dienstleistungserbringer „im Hintergrund" für die Leistungserbringung einsetzt, unterfallen den Vorschriften daher nicht.

24 Für den Anwendungsbereich der Übergangsbestimmungen folgt daraus, dass das nicht konforme Produkt bereits vor dem Stichtag vom Verbraucher im Rahmen der Dienstleistung verwendet worden sein muss. Eine erstmalige Verwendung eines Produkts nach dem 28.06.2025 – wie dies im Falle einer Erstreckung auf eine ganze Bestandsproduktlinien der Fall wäre – führt dazu, dass das Produkt den Anforderungen an die Barrierefreiheit genügen muss.[7] Dieses Ergebnis wird durch Erwägungsgrund Nr. 101 der RL 2019/882/EU bestätigt. Dort heißt es:

25 „Damit die Dienstleistungserbringer ausreichend Zeit zur Anpassung an die Anforderungen dieser Richtlinie haben, bedarf es eines Übergangszeitraums von fünf Jahren ab dem Geltungsbeginn dieser Richtlinie, während dessen Produkte zur Erbringung einer Dienstleistung, die vor diesem Zeitpunkt in Verkehr gebracht worden sind, nicht die Barrierefreiheitsanforderungen dieser Richtlinie erfüllen müssen, es sei denn, sie werden von den Dienstleistungserbringern während dieses Übergangszeitraums ersetzt."

26 Dieser Erwägungsgrund deckt sich zwar nicht vollständig mit der oben genannten Auslegung, dass das Produkt bereits in dem Sinne im Einsatz sein muss, dass es vom Verbraucher verwendet wird. Das liegt daran, dass die Inbetriebnahme durch den Verbraucher nicht mit dem Zeitpunkt des Inverkehrbringens des jeweiligen Produkts identisch sein muss, sondern vielmehr häufig auseinanderfallen wird. Ein Inverkehrbringen liegt nämlich bereits vor, sobald der Hersteller das (individuelle) Produkt abgegeben hat, also auch dann, wenn bspw. Endgeräte in den Lagerbestand eines Dienstleistungserbringers aufgenommen werden. Durch den letzten Halbsatz der zitierten Passage wird aber deutlich, dass der europäische Gesetzgeber auf den konkreten Einsatz beim Verbraucher abstellen wollte, weil dort klargestellt wird, dass ein Austausch des Produkts nicht von der Übergangsregelung gedeckt ist. Nicht konforme Produkte, die erst nach dem Stichtag vom Verbraucher erstmals verwendet werden, dürfen also bei der Erbringung von Dienstleistungen ab dem 28.06.2025 nicht zum Einsatz kommen werden.

3. Dispensierte Anforderungen

27 Die Übergangsbestimmung regelt einen Dispens von den produktspezifischen Anforderungen an die Barrierefreiheit, genauer gesagt, einen Dispens von denjenigen produktspezifischen Anforderungen an die Barrierefreiheit, die gemäß § 12 Nr. 1 BFSGV für Produkte, die zur Erbringung der Dienstleistung verwendet werden, von den Dienstleistungserbringern erfüllt werden müssen (§§ 4 und 6–11 BFSGV und, soweit anwendbar, § 5 BFSGV). Die Vorschrift erteilt aber keinen generellen Dispens von den dienstleistungsspezifischen Anforderungen an die Barrierefreiheit.

---

7 BT-Drs. 19/28653, S. 95.

Das folgt aus dem Wortlaut der Vorschrift. Das Wort „weiterhin" bezieht sich eindeutig auf den Einsatz der Produkte zur Erbringung der Dienstleistung bezogen. So liest sich insbesondere auch die englische Sprachfassung des EAA: „...service providers may continue to provide their services using products...". Der Dienstleistungserbringer darf also damit fortfahren, seine Dienstleistungen unter Einsatz nicht (vollständig) konformer Produkte zu erbringen. Aus dem „weiterhin" lässt sich aber kein Dispens von den sonstigen (dienstleistungsbezogenen) Anforderungen an die Barrierefreiheit folgern. **28**

Für eine Regelung, dass solche Dienstleistungen, die unter Einsatz von Produkten erbracht werden, bis zum Stichtag auch von den dienstleistungsbezogenen Anforderungen befreit sind, hätte es einer Formulierung bedurft, dass solche „Dienstleistungen, die unter Einsatz von Produkten erbracht werden", bis zum Stichtag „weiterhin unverändert" erbracht werden dürfen. Die Formulierung „weiterhin unter Einsatz von Produkten erbringen" gibt ein solches Verständnis aber nicht her. Eine solche Auslegung würde zudem die Frage aufwerfen, warum „Dienstleistungen, die unter Einsatz von Produkten erbracht werden" gegenüber anderen Dienstleistungen privilegiert werden sollten. Hinsichtlich der dienstleistungsbezogenen Anforderungen stehen diese nach unserem Verständnis gar nicht vor anderen Umstellungsherausforderungen als andere Dienstleistungen. **29**

Die Regel, dass keine Abweichung von dienstleistungsbezogenen Anforderungen erlaubt ist, kann aber dann nicht gelten, wenn die Umsetzung der dienstleistungsbezogenen Anforderung an den technischen Eigenschaften (bzw. den fehlenden technischen Voraussetzungen) des zulässigerweise eingesetzten Bestandsprodukts scheitert. Dies lässt sich an einem konkreten Beispiel verdeutlichen: Gemäß § 9 Nr. 3 BFSGV müssen (neu in den Verkehr gebrachte) Verbraucherendgeräte für Telekommunikationsdienste die „Abwicklung von Gesamtgesprächsdiensten unterstützen". Diese produktspezifische Anforderung entspricht der dienstleistungsbezogenen Anforderung aus § 14 Satz 2 BFSGV, einen Gesamtgesprächsdienst bereitzustellen, soweit ein Telekommunikationsdienst Video zur Verfügung stellt. Da der Gesetzgeber die Dienstleistungserbringer im Übergangszeitraum von der Erfüllung des (produktspezifischen) § 9 Nr. 3 BFSGV befreit, ist der Telekommunikationsanbieter auch von der korrespondierenden (dienstleistungsbezogenen) Anforderung aus § 14 Satz 2 BFSGV befreit. Es wäre widersinnig, den Anbietern zu erlauben, ihre Dienste weiter unter Einsatz von Endgeräten zu erbringen, die keinen Gesamtgesprächsdiensten unterstützen und sie dennoch zur Bereitstellung eines Gesamtgesprächsdiensten zu verpflichten. Das Gleiche muss auch dann gelten, wenn die Erfüllung dienstleistungsbezogener Anforderung an den technischen Voraussetzungen eines rechtmäßig eingesetzten Bestandsproduktes scheitert, ohne dass hier dienstleistungsbezogene und produktspezifische Anforderungen der BFSGV unmittelbar korrespondieren. **30**

4. Umsetzung

In praktischer Hinsicht erfordert die Übergangsvorschrift somit einen Austausch der bei den Verbrauchern in Verwendung befindlichen Produkte bis zum 27.06.2030. Vom BFSG verpflichtete Dienstleister sind daher gut beraten, den allmählichen **31**

Austausch der Geräte frühzeitig anzugehen und diesen ggf. durch entsprechende Angebote an die Verbraucher attraktiv zu machen. Absehbar ist das Problem, dass sich gegen Ende der Übergangsfrist ein Bestand an „Restfällen" aufbaut, in denen ein Austausch der eingesetzten Geräte nicht erfolgt ist – möglicherweise auch weil Verbraucher selbst keinen Austausch wollten. Unrealistisch erscheint ein solches Szenario nicht: Viele elektronischen Produkte leben deutlich länger als nur 5 Jahre, das gilt etwa auch für Mobilfunkgeräte oder Set-Top-Boxen. Es wäre nachvollziehbar, wenn ein Verbraucher, der keine Behinderungen hat, und daher nicht auf barrierefreie Produkte und Dienstleistungen angewiesen wird, weiterhin funktionsfähige Produkte auch nach dem 27.06.2030 einsetzen möchte. Auch ein solcher gegenläufiger Verbraucherwunsch befreit den Dienstleistungserbringen nach dem 27.06.2030 aber nicht mehr von der Einhaltung der produktspezifischen Anforderungen aus § 12 Nr. 1 BFSGV. Die Sinnhaftigkeit einer solche Regelung und die damit notwendigerweise verbundene Entsorgung einsatzfähiger Produkte kann man in Frage stellen. Es ist aber müßig diese Diskussion zu führen. Ab dem 27.06.2030 müssen alle Dienstleistungen vollständig den gesetzlichen Anforderungen an die Barrierefreiheit genügen, einschließlich der eingesetzten Produkte. Um Verstöße ab dem 27.06.2030 zu vermeiden, sollten die Unternehmen daher das Entstehen von Rest- bzw. Konfliktfällen der geschilderten Art gezielt vermeiden und entsprechend Projekte aufsetzen, die die Konformität der eingesetzten Produkte innerhalb der kommenden 5 Jahre herstellt (sei es durch Austausch oder durch Nachrüstung).

II. Übergangszeitraum für die Anpassung von Bestandsverträgen (§ 38 Abs. 1 Satz 2 BFSG)

32 Diese Übergangsbestimmung erlaubt es, dass die Dienstleistungen unter Bestandsverträgen insgesamt erst bis zum 28. Juni 2030 an die Barrierefreiheitsanforderungen angepasst (oder beendet) werden müssen.

33 Im Unterschied zur Übergangsregelung aus § 38 Abs. 1 Satz 1 BFSG besteht hier keine Einschränkung im Hinblick auf die dispensierten Vorschriften. Dies folgt aus der Formulierung „unverändert fortbestehen". Das bedeutet, dass die unter den Bestandsverträgen erbrachten Dienstleistungen – auch hinsichtlich aller dienstleistungsbezogenen Anforderungen des Gesetzes bzw. der BFSGV – bis zum Stichtag wie dort vereinbart erbracht werden dürfen.[8] Bis zum Stichtag müssen die Vertragsparteien ihre bestehenden Verträge entweder durch Änderungen an die Barrierefreiheitsanforderungen dieses Gesetzes anpassen oder sie beenden.[9]

34 Das Gesetz gibt keinen Mechanismus dafür vor, wie die Verträge angepasst oder beendet werden können. Auch die Gesetzesbegründung enthält dafür keinerlei Anhaltspunkte, sondern gibt lediglich vor, dass es Aufgabe der Parteien ist, für die Anpassung oder Beendigung zu sorgen. § 38 Abs. 1 Satz 2 BFSG enthält daher keine Rechtsgrundlage für die Anpassung oder Beendigung. Diese muss vielmehr im Einzelfall im jeweils anwendbaren Vertragsrecht gefunden werden. Die Tatsache, dass die Vorschrift die vertragsrechtliche Umsetzbarkeit der Anpassung oder Beendigung

8 *Tabbara*, NZS 2021, 497, 502.
9 BT-Drs. 19/28653, S. 95.

offen lässt, hat ihr den Vorwurf eingebracht „verworren“ zu sein und zu erheblicher Rechtsunsicherheit zu führen.[10] Dieser Vorwurf ist insoweit nachvollziehbar, als Fälle denkbar sind, in denen entweder kein Kündigungs- oder Anpassungsrecht besteht und/oder der betroffene Verbraucher keine Anpassung will bzw. braucht. Ein großes praktisches Problem dürfte sich daraus aber nicht ergeben. Zum einen dürften Fälle, in denen Verbraucherverträge innerhalb eines Zeitraums von 5 Jahren nicht rechtlich nicht angepasst werden können, ausgesprochen selten sein. Realistischerweise können praktisch alle Verbraucherverträge in einem Zeitraum von 5 Jahren jedenfalls gekündigt werden. Zudem dürften sich innerhalb des Übergangszeitraums auch diverse andere Anlässe und Notwendigkeiten ergeben, die vertraglichen Leistungen anzupassen. Anders als beim Austausch von Geräten, ist zudem nicht ersichtlich, welche Nachteile Verbraucher dadurch entstehen können, dass ihnen Dienstleistungen – bspw. bei Bankdienstleistungen Identifizierungsmethoden oder Sicherheitsfunktionen u. a. – nunmehr barrierefrei angeboten werden.

Die Unternehmen sind auch insoweit gut beraten, die Umstellung frühzeitig durch **35**
aktives Vertragsmanagement herbeizuführen.

III. Übergangszeitraum für den Einsatz von Bestandsselbstbedienungsterminals (§ 38 Abs. 2 BFSG)

§ 38 Abs. 2 BFSG regelt vor dem Hintergrund ihrer hohen Kosten und langen Le- **36**
bensdauer einen erweiterten Übergangszeitraum für Selbstbedienungsterminals. Diese dürfen bis zum Ende ihrer wirtschaftlichen Nutzungsdauer, längstens aber 15 Jahre nach ihrer Ingebrauchnahme weiterhin eingesetzt werden.

Art. 32 Abs. 2 RL 2019/882/EU erlaubt den Mitgliedstaaten, einen entsprechenden **37**
erweiterten Übergangszeitraum für die Dauer von 20 Jahren vorzusehen. Eine Begründung dafür, warum der deutsche Gesetzgeber, diesen Zeitraum nicht voll ausgeschöpft hat, ist nicht ersichtlich.

„Ingebrauchnahme“ ist in § 2 Nr. 41 BFSG als die erstmalige Eröffnung der Nut- **38**
zungsmöglichkeit eines Selbstbedienungsterminals definiert (siehe unter § 1 Rn. 17).

Ebenso wie § 38 Abs. 1 Satz 1 BFSG beschränkt Absatz 2 den fortgesetzten Einsatz **39**
von Bestandsselbstbedienungsterminals nicht auf identische Dienstleistungen. Im Unterschied zu § 38 Abs. 1 Satz 1 BFSG reicht es dabei aber aus, wenn das Bestandsselbstbedienungsterminal für eine vergleichbare Dienstleistung eingesetzt worden war. Vergleichbarkeit erlaubt dabei eine größere Abweichung als Ähnlichkeit. Wie oben herausgearbeitet worden war, fehlt Ähnlichkeit bereits, wenn eine Dienstleistung aus Sicht des Verbrauchers nicht mehr austauschbar ist, weil wesentliche Merkmale, die die Auswahl leiten, abweichen. Dann kann aber immer noch Vergleichbarkeit vorliegen. Davon wird man ausgehen müssen, wenn das Selbstbedienungsterminal bereits zuvor für Dienstleistungen desselben Typs verwendet wurde. Ein Bankautomat, der für Auszahlungen und weitere Bankgeschäfte verwendet wurde, darf bspw. auch weiter eingesetzt werden, wenn die Bankgeschäfte,

10 *Kalisz*, BKR 2023, 292, 299.

die von dem Terminal aus abgewickelt werden können, erheblich erweitert werden. Angesichts des gleichbleibenden Zwecks des Selbstbedienungsterminals bleibt die Vergleichbarkeit gewahrt.

40 Ebenso wie § 38 Abs. 1 Satz 1 BFSG müssen die Selbstbedienungsterminals vor dem 28.06.2025 rechtmäßig eingesetzt worden sein. Das Gesetz spricht insofern von einem Einsatz „unter Einhaltung der geltenden gesetzlichen Regelungen". Ein Unterschied zum oben Ausgeführten ergibt sich daraus nicht (siehe unter Rn. 18 ff.).

Verordnung zum Barrierefreiheitsstärkungsgesetz (BFSGV)

§ 1 BFSGV Anwendungsbereich

Diese Verordnung ist auf Produkte im Sinne des § 1 Absatz 2 des Barrierefreiheitsstärkungsgesetzes und Dienstleistungen im Sinne des § 1 Absatz 3 des Barrierefreiheitsstärkungsgesetzes anzuwenden.

Gliederung: Rn.

A. Einführung

1 § 1 BFSGV konturiert den Anwendungsbereich der Verordnung zum Barrierefreiheitsstärkungsgesetz (BFSGV).

I. Die BFSGV im barrierefreiheitsrechtlichen Regelungssystem

2 Mit der auf Grundlage von § 3 Abs. 2 BFSG erlassenen Bundesrechtsverordnung setzt der nationale Umsetzungsgesetzgeber die konkreten, in Anhang I der RL 2019/882/EU enthaltenen Barrierefreiheitsanforderungen für Produkte und Dienstleistungen um. Während das BFSG selbst in erster Linie rahmenmäßig den Anwendungsbereich des Gesetzes, die Pflichten der Wirtschaftsakteure (§§ 6 ff. BFSG) und den marktüberwachungsrechtlichen Rahmen (§§ 20 ff. BFSG) vorgibt, enthält die BFSGV mit ihren äußerst kleinteiligen und detaillierten Vorgaben für die erfassten Produkte und Dienstleistungen den regulatorischen Schwerpunkt des barrierefreiheitsrechtlichen Regelungskomplexes.

3 Maßgeblich für die Entscheidung zur Regelung durch Rechtsverordnung und nicht etwa als Teil der gesetzlichen Regelung des BFSG waren dabei zwei Erwägungen: Zum einen hätte eine Regelung der sehr technischen und detaillierten Bestimmungen des Anhangs I der RL 2019/882/EU im BFSG selbst das Gesetz überfrachtet.[1] Die Lösung über den Erlass einer Rechtsverordnung bietet zum anderen den Vorteil, dass die Barrierefreiheitsanforderungen im Verordnungswege anpassbar bleiben, nachdem die Europäische Kommission gegebenenfalls im Wege des Erlasses delegierter Rechtsakte die Barrierefreiheitsanforderungen in Anhang I der RL 2019/882/EU näher ausgeformt und präzisiert hat, wozu sie durch Art. 4 Abs. 9 RL 2019/882/

1 BT-Drs. 19/28653, S. 72.

EU ermächtigt ist.[2] Es war durchaus sinnvoll, im Rahmen des BFSG Vorsorge für eine Umsetzung solcher Präzisierungen auf der Unionsebene durch Rechtsverordnung zu treffen. Die BFSGV ermöglicht damit insgesamt ein schlankeres und verständlicheres Gesetz.

II. Aufbau und Systematik

4 Die BFSGV gliedert sich im Wesentlichen in vier verschiedene Teile: Während die §§ 1–3 BFSGV Regelungen allgemeiner Art zu Anwendungsbereich, Begriffsbestimmungen und zum Gegenstand haben, regeln die §§ 4 ff. BFSGV die konkreten Barrierefreiheitsanforderungen an die Gestaltung von Produkten. Die Barrierefreiheit von Dienstleistungen richtet sich nach Maßgabe der §§ 12 ff. BFSGV. Den vierten Regelungskomplex bilden Vorgaben zur Anwendung funktionaler Leistungskriterien (§§ 20, 21 BFSGV), die zur Anwendung kommen, sobald entweder die §§ 4–19 BFSGV für die konkrete Funktion keine Anforderungen stellen oder ein Rückgriff auf funktionale Leistungskriterien ausnahmsweise als Alternative zu konkreten Barrierefreiheitsanforderungen zulässig ist.

B. Regelungsgehalt

5 Die Vorschrift des § 1 BFSGV stellt klar, dass die Verordnung nur auf diejenigen Produkte und Dienstleistungen anwendbar ist, die nach Maßgabe des § 1 Abs. 2, Abs. 3 BFSGV in den Anwendungsbereich des BFSG fallen.[3] § 1 BFSGV hat damit deklaratorischen Charakter. Dass sich die erlassene Rechtsverordnung auf die vom BFSG erfassten Produkt- und Dienstleistungskategorien erstreckt, ergibt sich richtigerweise bereits aus der Ermächtigung in § 3 Abs. 2 BFSG („Barrierefreiheit von Produkten gemäß § 1 Absatz 2 und Dienstleistungen gemäß § 1 Absatz 3“). Soweit einzelne Bestimmungen der BFSGV nur für einzelne Produkt- oder Dienstleistungskategorien gelten, ist dies der jeweiligen Norm zu entnehmen.

§ 2 BFSGV
Begriffsbestimmungen

Für diese Verordnung gelten neben den Begriffsbestimmungen des § 2 des Barrierefreiheitsstärkungsgesetztes die folgenden Begriffsbestimmungen:

1. Gesamtgesprächsdienst: ein Gesamtgesprächsdienst im Sinne des Artikels 2 Nummer 35 der Richtlinie (EU) 2018/1972 des Europäischen Parlaments und des Rates vom 11. Dezember 2018 über den europäischen Kodex für die elektronische Kommunikation (Neufassung) (ABl. L 321 vom 17.12.2018, S. 36);

2. Identifizierungsmethode: jede Methode zum Erheben von Angaben zum Zweck der Identifizierung und zur Überprüfung dieser Angaben zum Zweck der Identifizierung;

2 BT-Drs. 19/28653, S. 72.

3 *BMAS* (Hrsg.), Verordnungsentwurf, S. 17.

3. Sicherheitsfunktion: jede Funktion zum Schutz der Sicherheit in der Informationstechnik im Sinne des §2 Absatz 2 Satz 4 des BSI-Gesetzes vom 14. August 2009 (BGBl. I S.2821), das zuletzt durch Artikel 12 des Gesetzes vom 23. Juni 2021 (BGBl. I S.1982) geändert worden ist;

4. Intelligente Ticketsysteme: Systeme im Sinne des §2 Nummer 40 des Barrierefreiheitsstärkungsgesetzes sowie Systeme, in denen Reservierungen und Buchungen mithilfe eines Geräts mit interaktivem Leistungsumfang unter anderem online vorgenommen und dem Verbraucher elektronisch übermittelt werden, damit sie in Papierform ausgedruckt oder mithilfe eines Geräts mit interaktivem Leistungsumfang während der Fahrt angezeigt werden können.

Gliederung: Rn.

A. Einführung

Zu den 41 bereits in dem §2 BFSG weiter ausgeführten Begriffen, die auch in der BFSGV gelten, kommen vier weitere Begriffe. Diese finden sich so nicht im Wortlaut des BFSG oder in den Hauptartikeln der Richtlinie 2019/88/EU. Bei letzterem allerdings in dem Anhang 1, wenn es um die Barrierefreiheitsanforderungen für Produkten und Dienstleistungen geht. 1

B. Regelungsgehalt

I. „Gesamtgesprächsdienst“

Der Begriff „Gesamtgesprächsdienst“ taucht auch als ein Begriff in Art.3 Nr.9 der RL 2019/882/EU auf. Dort soll der Begriff dem Gesamtgesprächsdienst im Sinne des Art.2 Nr.35 der Richtlinie 2018/1972/EU entsprechen. Demnach ist es ein solcher „Total-Conversation-Dienst“ ein Multimedia-Gesprächsdienst in Echtzeit, der die bidirektionale symmetrische Echtzeitübertragung von Video-Bewegtbildern, Text und Sprache zwischen Nutzern an zwei oder mehr Standorten ermöglicht. 2

II. „Identifizierungsmethode“

Der Begriff tritt zwar in der RL 2019/882/EU auf, wird dort als solcher nicht näher definiert. Der Begriff ist dort insbesondere im Anhang in den Barrierefreiheitsanforderungen für Bankdienstleistungen und im eCommerce zu finden, allerdings ohne näher ausgeführt zu werden. Der Begriff findet sich selbst nicht in dem 3

BFSG, er wird allerdings in der Gesetzesbegründung bei § 1 Abs. 3 Nr. 3 BFSG (Bankdienstleistungen für Verbraucher) angeführt: „Die Barrierefreiheitsanforderungen erstrecken sich zudem auch auf Identifizierungsmethoden, elektronische Signaturen und Zahlungsdienstleistungen. Denn diese sind für die Abwicklung von Bankgeschäften mit Privatkunden erforderlich.“[1] Unter Identifizierung ist jede Identifizierung im Sinne des § 1 Abs. 3 Geldwäschegesetz gemeint.[2] Die Identifizierung besteht demnach aus zwei Vorgängen: dem Erheben von Angaben zum Zweck der Identifizierung und der Überprüfung dieser Angaben zum Zweck der Identifizierung.[3]

III. „Sicherheitsfunktion“

4 Der Begriff „Sicherheitsfunktion“ in § 2 Nr. 3 BFSGV bezieht sich auf jede Funktion, die den Schutz der Sicherheit in der Informationstechnik gemäß § 2 Abs. 2 Satz 4 des BSI-Gesetzes gewährleistet. Dieses Gesetz definiert Sicherheit in der Informationstechnik als die Einhaltung bestimmter Sicherheitsstandards, die die Verfügbarkeit, Integrität oder Vertraulichkeit von Informationen durch Sicherheitsvorkehrungen sicherstellen. Dabei umfasst die Sicherheit sowohl den technischen Sicherheitsstandard wie die automatische Verschlüsselung gespeicherter oder zu übertragender Informationen, als auch ergänzende oder alternative Sicherheitsvorkehrungen bei Anwendung der Informationstechnik. Erfasst werden zum Beispiel Sicherheitsfunktionen zur Kryptierung, Zugangs- und Zugriffskontrolle, Beweissicherung und Protokollauswertung.[4] Während der Begriff in der RL 2019/882/EU nicht explizit in den Hauptartikeln erwähnt wird, taucht er im Anhang I auf, der Barrierefreiheitsanforderungen im Bereich des E-Commerce behandelt. Dort wird die Gewährleistung der Barrierefreiheit von Identifizierungs-, Sicherheits- und Zahlungsfunktionen betont, insbesondere wenn diese im Rahmen einer Dienstleistung bereitgestellt werden. Diese Funktionen sollen wahrnehmbar, bedienbar, verständlich und robust gestaltet sein.

IV. „Intelligente Ticketsysteme“

5 Der Begriff „Intelligente Ticketsysteme“ gemäß § 2 Nr. 4 BFSGV erweitert den Begriff „elektronische Ticketdienste“ nach § 2 Nr. 40 BFSG, da er zusätzlich die Reservierung und Buchung umfasst.[5] Diese intelligenten Ticketsysteme beziehen sich auf zwei Arten von Systemen. Erstens umfassen sie Systeme, die als „elektronische Ticketdienste“ verstanden werden, gemäß § 2 Nr. 40 BFSG. Solche Systeme ermöglichen es, Fahrberechtigungen online mithilfe eines interaktiven Geräts zu erwerben und elektronisch zu übermitteln, damit diese entweder in Papierform ausgedruckt oder während der Fahrt auf einem interaktiven Gerät angezeigt werden können. Zweitens erhebt sich der Begriff über dieses Verständnis hinaus und umfasst Syste-

1 w BT-Drs. 19/28653, S. 65.
2 *BMAS*, Regierungsentwurf zum BFSGV, S. 17.
3 *Kertesz*, in: BeckOK GwG, GwG § 1 Abs. 3, Rn. 3.
4 *BMAS*, Regierungsentwurf zum BFSGV, S. 18.
5 *BMAS*, Regierungsentwurf zum BFSGV, S. 18.

me, die Reservierungen und Buchungen ebenfalls online durchführen und dem Verbraucher elektronisch übermitteln, sodass diese in Papierform ausgedruckt oder auf einem interaktiven Gerät angezeigt werden können. Die RL 2019/882/EU erwähnt im Anhang I intelligente Ticketsysteme im Kontext der Barrierefreiheitsanforderungen für Personenbeförderungsdienste. Ziel ist es, Informationen über elektronische Ticketterminals bereitzustellen, die die Reservierung und Buchung von Fahrausweisen ermöglichen.

§ 3 BFSGV
Stand der Technik

(1) Bei der Erfüllung der Anforderungen nach dieser Rechtsverordnung ist der Stand der Technik zu beachten. Von dem Stand der Technik kann abgewichen werden, wenn auf andere Weise die Anforderungen dieser Rechtsverordnung in gleichem Maße erfüllt werden.

(2) Die Bundesfachstelle für Barrierefreiheit veröffentlicht auf ihrer Website regelmäßig

1. eine Auflistung der wichtigsten zu beachtenden Standards, aus denen die Barrierefreiheitsanforderungen für die in § 1 genannten Produkte und Dienstleistungen detailliert hervorgehen,

2. Konformitätstabellen, die einen Überblick zu den wichtigsten Barrierefreiheitsanforderungen für die in § 1 genannten Produkte und Dienstleistungen geben und

3. aktuelle Informationen zu den zu beachtenden Standards.

Gliederung: Rn.

A. Einführung

§ 3 BFSG enthält eine Generalklausel zum Verweis auf den Stand der Technik und regelt zugleich die Tätigkeit der Bundesfachstelle für Barrierefreiheit im Umfeld der Veröffentlichung der wichtigsten zu beachtenden Standards und einschlägiger Konformitätstabellen. Die Bestimmung geht nicht auf die Vorgaben der RL **1**

2019/882/EU zurück, sondern entspringt der Initiative des nationalen Umsetzungsgesetzgebers.

B. Regelungsgehalt

I. Stand der Technik (Abs. 1)

1. Grundlagen

2 Die Vorschrift des § 3 Abs. 1 Satz 1 BFSGV enthält eine Generalklausel zum Verweis auf den Stand der Technik.[1] Bei der Realisierung der Anforderungen nach der BFSGV ist nach § 3 Abs. 1 Satz 1 BFSGV stets der Stand der Technik zu beachten.[2] Dabei setzt der Stand der Technik den Maßstab für die jeweilige Erfüllung der Anforderungen der BFSGV. Daher können sich die Anforderungen der Barrierefreiheit mit zunehmender technischer Entwicklung ändern, ohne dass die BFSGV überarbeitet werden müsste.[3] Mit dieser Konsequenz der Anknüpfung an den Stand der Technik (§ 3 Abs. 1 Satz 1 BFSGV) korrespondiert die Verpflichtung des Herstellers (→ § 2 Nr. 11 BFSG), durch geeignete Verfahren dafür zu sorgen, dass auch bei Serienfertigung stets die Konformität mit den Barrierefreiheitsanforderungen der BFSGV sichergestellt ist (§ 6 Abs. 3 Satz 1 BFSG).

3 Der Stand der Technik beschreibt den Entwicklungsstand fortschrittlicher Verfahren, Einrichtungen und Betriebsweisen, der nach herrschender Auffassung führender Fachleute das Erreichen des gesetzlich vorgegebenen Zieles gesichert erscheinen lässt.[4] Verfahren, Einrichtungen und Betriebsweisen oder vergleichbare Verfahren, Einrichtungen und Betriebsweisen müssen sich in der Praxis bewährt haben oder sollten – wenn dies noch nicht der Fall ist – möglichst im Betrieb mit Erfolg erprobt worden sein.[5]

2. Der Stand der Technik im System der Technikstandards

4 Abzugrenzen ist der Begriff des Stands der Technik insbesondere von den allgemein anerkannten Regeln der Technik. Unterscheiden lassen sich im deutschen Recht im Wesentlichen drei Technikstandards: Die allgemein anerkannten Regeln der Technik, der Stand der Technik und der Stand von Wissenschaft und Technik. Zwischen den drei Standards besteht eine inhaltliche Abstufung.[6] Auf der niedrigsten Stufe stehen danach die **allgemein anerkannten Regeln der Technik**. Wird dieser Standard verwendet, können sich die Rechtsanwender darauf beschränken, im Wege

---

1 *BMAS*, Verordnungsentwurf, S. 18.

2 *Kapoor/Klindt*, NJW 2024, 3545, 3548; *Schweers*, BB 2025, 454, 457; *Wagner*, MMR 2024, 755, 758; *Nusser/Klusmeyer*, ZfPC 2025, 18, 21; *Franke*, ZfPC 2024, 21, 24.

3 *Ruttloff/Wagner/Misztl*, ESG 2023, 325, 327; *Nusser/Klusmeyer*, ZfPC 2025, 18, 21; *Nickl/Heuser*, GRUR-Prax 2024, 803, 805.

4 *BMAS* (Hrsg.), Verordnungsentwurf, S. 23; *Nusser/Klusmeyer*, ZfPC 2025, 18, 22.

5 *BMAS* (Hrsg.), Verordnungsentwurf, S. 23.

6 Grundlegend BVerfGE 49, 89, 135 f. = NJW 1979, 359, 362; *Breuer*, AöR 101 (1976), 46, 67 f.; *Seibel*, NJW 2013, 3000, 3003; *Seibel*, in: Jansen/Seibel, VOB/B, § 13 Rn. 57 (sog. Drei-Stufen-Theorie).

einer empirischen Feststellung die Mehrheitsauffassung unter den technischen Praktikern zu ermitteln.[7]

Der in § 3 Abs. 1 Satz 1 BFSGV in Bezug genommene Stand der Technik geht über die anerkannten Regeln der Technik hinaus, indem er den technischen Maßstab für das Erlaubte und Gebotene an die Front des technischen Fortschritts verlagert.[8] Die Feststellung des Standes der Technik ist für die Rechtsanwender wesentlich schwieriger, weil sie sich nicht einfach auf eine Mehrheitsauffassung stützen können, sondern selbst in die Meinungsstreitigkeiten der Techniker eintreten müssen, um die maßgeblichen Tatsachen zu ermitteln.[9] Zentrales Abgrenzungskriterium zu den anerkannten Regeln der Technik ist dabei die Anerkennung: Neue technische Verfahren setzen sich langsam durch und werden – wenn überhaupt – erst am Ende dieses Prozesses (allgemein) anerkannt.[10] Durch die Bezugnahme auf den Stand der Technik wird ausdrücklich auf eine solche Anerkennung verzichtet, so dass eine Zeitverkürzung zwischen technischer Neuentwicklung und ihrer Durchsetzbarkeit eintritt.[11] **5**

Am dynamischsten im Sinne der „3-Stufen-Theorie“ ist der Stand von Wissenschaft und Technik. Dieser umfasst die neuesten technischen und wissenschaftlichen Erkenntnisse und übt einen starken Zwang hin zur Beachtung der wissenschaftlichen Forschung aus. Der Stand von Wissenschaft und Technik ist dynamischer als der Stand der Technik, weil er nicht durch das gegenwärtig Realisierte und Machbare begrenzt wird. Für Rechtsanwender ist die Ermittlung dieses Standards äußerst schwierig. Bei unklaren Sachverhalten müssen sie zu den wissenschaftlichen Streitfragen Stellung nehmen, um den momentanen wissenschaftlichen und technischen Erkenntnisstand zu präzisieren. **6**

In Anbetracht der sich schnell entwickelnden Informations- und Kommunikationstechnologie ist an dieser Stelle ein Verweis auf den Stand der Technik angezeigt, denn der Stand der Technik ist fortschrittlicher und dynamischer als die allgemein anerkannten Regeln der Technik und erlaubt eine schnellere Durchsetzung des technischen Fortschritts.[12] **7**

3. Abweichen vom Stand der Technik

Vom Stand der Technik dürfen Wirtschaftsakteure nach Maßgabe des § 3 Abs. 1 Satz 2 BFSGV abweichen, wenn auf andere Weise die Anforderungen dieser Rechtsverordnung in gleichem Maße erfüllt werden. § 3 Abs. 1 Satz 2 BFSGV ist darauf gerichtet, Wirtschaftsakteuren bei der Umsetzung der Anforderungen der **8**

---

7 BVerfG NJW 1979, 359, 362; *Breuer*, NVwZ 1988, 104, 109; *Seibel*, in: Jansen/Seibel, VOB/B, § 13 Rn. 58.

8 BVerfG NJW 1979, 359, 362; *Breuer*, AöR 101 (1976), 46, 67; *Jarass*, in: Jarass, BImSchG, § 3 Rn. 115; *Seibel*, Der Stand der Technik im Umweltrecht, S. 31 ff.; *Seibel*, in: Jansen/Seibel, VOB/B, § 13 Rn. 59.

9 *Seibel*, in: Jansen/Seibel, VOB/B, § 13 Rn. 59.

10 *Seibel*, in: Jansen/Seibel, VOB/B, § 13 Rn. 59; *Plagemann/Tietzsch*, Stand der Wissenschaft und Stand der Technik als unbestimmte Rechtsbegriffe, S. 21.

11 *Seibel*, in: Jansen/Seibel, VOB/B, § 13 Rn. 59; *Obenhaus/Kuckuck*, DVBl 1980, 154, 156.

12 *Marburger*, Die Regeln der Technik im Recht, S. 163.

Verordnung in engen Grenzen Flexibilität einzuräumen und dadurch letztlich bessere, der Barrierefreiheit im Einzelfall noch weitgehender Rechnung tragende Lösungen zu ermöglichen.

II. Tätigkeit der Bundesfachstelle Barrierefreiheit (Abs. 2)

1. Veröffentlichung von Standards

9 Nach § 3 Abs. 2 Nr. 1 BFSGV veröffentlicht die Bundesfachstelle für Barrierefreiheit, Bundesfachstelle Barrierefreiheit, die auf Grundlage von § 13 BBG bei der Deutsche Rentenversicherung Knappschaft-Bahn-See eingerichtet wurde, auf ihrer Website regelmäßig eine Auflistung der wichtigsten zu beachtenden Standards, aus denen die Barrierefreiheitsanforderungen für die erfassten Produkte und Dienstleistungen detailliert hervorgehen.[13] Das informatorische Wirken der Bundesfachstelle erleichtert im Lichte der doch in vielen Regelungsbereichen sehr detailreichen und gleichzeitig an Klarheit fehlenden Regelungstechnik der BFSGV sowohl für Industrie als auch Beratungspraxis die Anwendung der Bestimmungen von Gesetz und Verordnung. Erfasst sind damit sämtliche technischen Standards, mithin sowohl harmonisierte Normen im Sinne des § 4 BFSG (→ § 4 BFSG Rn. 3) als auch technische Spezifikationen i. S. d. § 5 BFSG (→ § 5 BFSG Rn. 3 ff.). Gegenwärtig steht eine Veröffentlichung durch die Bundesfachstelle für Barrierefreiheit noch aus.[14]

2. Veröffentlichung von Konformitätstabellen

10 Die Vorschrift des § 3 Abs. 2 Nr. 2 BFSGV enthält eine Verpflichtung der Bundesfachstelle für Barrierefreiheit zur regelmäßigen Veröffentlichung von Konformitätstabellen, die einen Überblick zu den wichtigsten Barrierefreiheitsanforderungen für die in § 1 BFSGV genannten, vom Anwendungsbereich der Verordnung und des Gesetzes erfassten Produkte und Dienstleistungen geben.[15]

3. Veröffentlichung von Informationen zu Standards

11 Drittens ist die Bundesfachstelle für Barrierefreiheit nach § 3 Abs. 2 Nr. 3 BFSGV verpflichtet, aktuelle Informationen zu den zu beachtenden Standards zu veröffentlichen. Bei den erfassten Informationen kann es sich um detaillierte Darlegungen zu jeder Norm oder Spezifikation, inklusive ihres Anwendungsbereichs und relevanter Einsatzgebiete, um Informationen über kürzlich erfolgte Änderungen, Aktualisierungen oder neu veröffentlichte Normen und Spezifikationen und Erläuterungen darüber, wie die verschiedenen Normen und Spezifikationen zueinander in Beziehung stehen und wo Überschneidungen oder Unterschiede bestehen, handeln.

---

13 *Jones*, DSRITB 2022, 487, 493; *Wagner*, MMR 2024, 755, 759.

14 https://www.bundesfachstelle-barrierefreiheit.de/DE/Fachwissen/Produkte-und-Dienstleistungen/Barrierefreiheitsstaerkungsgesetz/FAQ/faq_node.html#doc3b6cac20-a0bb-4b25-9f16-69d6e89b60cdbodyText9, zuletzt abgerufen am 25.3.2025.

15 *BMAS* (Hrsg.), Verordnungsentwurf, S. 18.

§ 4 BFSGV Anforderungen an die Bereitstellung von Informationen für Produkte

(1) Informationen zur Nutzung des Produkts auf dem Produkt selbst, wie die Kennzeichnungen, die Gebrauchsanleitung und die Warnhinweise müssen

1. über mehr als einen sensorischen Kanal zur Verfügung gestellt werden,

2. in verständlicher Weise dargestellt werden,

3. den Verbrauchern auf eine Weise dargestellt werden, die sie wahrnehmen können und

4. in einer Schriftart mit angemessener Größe und mit geeigneter Form unter Berücksichtigung des vorhersehbaren Nutzungskontexts und mit ausreichendem Kontrast sowie ausreichenden Abständen zwischen den Buchstaben, Zeilen und Absätzen dargestellt werden.

(2) Informationen zu den Barrierefreiheitsfunktionen des Produkts, deren Aktivierung und deren Interoperabilität mit assistiven Technologien sowie Informationen zur Nutzung des Produkts, die nicht auf dem Produkt selbst angegeben sind, sondern bei der Nutzung des Produkts oder auf anderem Wege, beispielsweise über eine Webseite, bereitgestellt werden, sind bei Inverkehrbringen des Produkts öffentlich verfügbar zu machen und müssen

1. über mehr als einen sensorischen Kanal zur Verfügung gestellt werden,

2. für den Verbraucher auffindbar sein,

3. in verständlicher Weise dargestellt werden,

4. den Verbrauchern auf eine Weise dargestellt werden, die sie wahrnehmen können,

5. in einer Schriftart mit angemessener Größe und mit geeigneter Form unter Berücksichtigung des vorhersehbaren Nutzungskontexts und mit ausreichendem Kontrast sowie anpassbaren Abständen zwischen den Buchstaben, Zeilen und Absätzen dargestellt werden,

6. hinsichtlich ihres Inhalts in Textformaten zur Verfügung gestellt werden, die sich zum Generieren alternativer assistiver Formate eignen, die in unterschiedlicher Art dargestellt werden und über mehr als einen sensorischen Kanal wahrgenommen werden können,

7. mit einer alternativen Darstellung des Inhalts angeboten werden, wenn Elemente nicht-textlichen Inhalts enthalten sind,

8. eine Beschreibung der Benutzerschnittstellen des Produkts, wie Handhabung, Steuerung und Rückmeldung, Eingabe und Ausgabe enthalten, wobei die Beschreibung die in § 6 aufgezählten Anforderungen erfüllen muss; dabei muss in der Beschreibung jeweils angegeben werden, ob das Produkt die in § 6 genannten Bestandteile, Funktionen und Merkmale aufweist,

9. eine barrierefreie Beschreibung der Produktfunktionalität enthalten und dabei die in § 6 aufgezählten Anforderungen erfüllen; dabei muss in der Be-

schreibung jeweils angegeben werden, ob das Produkt die in §6 genannten Bestandteile, Funktionen und Merkmale aufweist und

10. eine Beschreibung der Soft- und Hardwareschnittstelle des Produkts mit Hilfsmitteln enthalten, wobei die Beschreibung auch eine Liste derjenigen Hilfsmittel enthalten muss, die zusammen mit dem Produkt getestet wurden.

(3) Die Informationen nach den Absätzen 1 und 2 sind, soweit es möglich ist, in oder auf dem Produkt selbst anzugeben.

Gliederung: Rn.

A. Einführung

§ 4 BFSGV regelt Anforderungen an die Bereitstellung von Produktinformationen im Anwendungsbereich des BFSG und setzt damit Anhang I Nummer 1 der RL 2019/882/EU um. Die Vorschrift gilt für sämtliche vom Anwendungsbereich des BFSG erfasste Produktgruppen und Produktkategorien. Während § 4 Abs. 1 BFSGV Informationen zur Nutzung des Produkts erfasst, die auf dem Produkt selbst zur Verfügung gestellt werden (produktunmittelbare Nutzungsinformationen und Produktkennzeichnungen), regelt § 4 Abs. 2 BFSGV Informationen zur Nutzung des Produkts, die nicht produktunmittelbar realisiert werden. **1**

B. Regelungsgehalt

I. Produktunmittelbare Produktinformationen und -kennzeichnungen (Abs. 1)

§ 4 Abs. 1 BFSGV erfasst in sachlicher Hinsicht Informationen zur Nutzung des Produkts, die auf dem Produkt selbst (on the product itself) realisiert werden. Die Norm nimmt insoweit ausdrücklich auf Kennzeichnungen, Gebrauchsanleitung und Warnhinweise Bezug. Zum Verständnis der Norm zentral ist die Erkenntnis, dass maßgebliches Anwendungskriterium der Norm die Produktunmittelbarkeit der Produktinformation ist. Wo daher Instruktionen zur Nutzung des Produkts sich nicht auf dem Produkt, sondern auf seiner Verpackung, in einer beigefügten Gebrauchsanleitung oder in einer digital zur Verfügung gestellten Gebrauchsanleitung befinden, ist § 4 Abs. 1 BFSGV ausweislich seines klaren Wortlauts nicht einschlägig. **2**

1. Anwendungsbereich

a) Produkt- und Herstellerkennzeichnungen

Relevanz hat § 4 Abs. 1 BFSGV insbesondere im Kennzeichnungsrecht. Der Vorschrift unterliegen Produkt- und Herstellerkennzeichnung (§ 7 Abs. 1, Abs. 2 BFSG), soweit sie, wie regelmäßig erforderlich, produktunmittelbar erfolgen. Die Bestimmung formt daher § 7 Abs. 4 BFSG aus, wonach alle Kennzeichnungen nach den Anforderungen der BFSGV klar, verständlich und deutlich realisiert werden müssen. **3**

b) Keine Anwendung auf die CE-Kennzeichnung

Fraglich ist, ob auch die CE-Kennzeichnung nach Maßgabe des § 4 Abs. 1 BFSGV barrierefrei zu erfolgen hat. Denn immerhin schreibt die Bestimmung vor, dass Informationen zur Nutzung des Produkts auf dem Produkt selbst wie „die Kennzeichnungen" nach Maßgabe der Vorschrift barrierefrei zu erfolgen haben. Dafür, die CE-Kennzeichnung in den Anwendungsbereich des § 4 Abs. 1 BFSGV einzubeziehen, spricht im Wesentlichen der Wortlaut der Vorschrift: Denn sicher handelt es sich bei der CE-Kennzeichnung um eine „Kennzeichnung". **4**

5 Richtigerweise handelt es sich bei § 4 Abs. 1 BFSGV um ein gesetzgeberisches Redaktionsversehen, das symptomatisch ist für die Defizite der gesetzlichen Regelung, insbesondere im Bereich des BFSGV, der es großflächig an Präzision und Klarheit fehlt. Die CE-Kennzeichnung muss nicht barrierefrei erfolgen. Zum einen richtet sich die CE-Kennzeichnung jedenfalls primär an die Marktüberwachungsbehörde und nicht an Verwender und Verbraucher (→ § 19 Rn. 2, 16). Bezweckt die CE-Kennzeichnung nicht den Schutz oder die Information des Verbrauchers, so besteht auch kein Grund dafür, wieso sie barrierefrei erfolgen sollte. Zweitens vermittelt die CE-Kennzeichnung keine Informationen zur Nutzung des Produkts im engeren Sinne, wie es etwa die auch in § 4 Abs. 1 BFSGV genannte Gebrauchsanleitung tut. Drittens kollidiert eine Einbeziehung in den Anwendungsbereich der BFSGV mit den zwingenden gestalterischen Vorgaben des Art. 30 VO (EG) Nr. 765/2008: Ist die Gestaltung der Kennzeichnung unionsrechtlich vorgegeben, so wäre die Anordnung einer Pflicht zur Verwendung einer Schriftart angemessener Größe und mit geeigneter Form, eines angemessenen Kontrastes und ausreichenden Abständen zwischen den Zeilen (vgl. § 4 Abs. 1 Nr. 4 BFSGV) überflüssig. Dieses Ergebnis wird durch einen systematischen Vergleich mit § 7 Abs. 4 BFSG abgesichert: Ordnet der Gesetzgeber explizit an, dass Hersteller- und Identifikationskennzeichnung nach Maßgabe der BFSGV barrierefrei zu erfolgen haben, so ist nicht einsichtig, wieso der Gesetzgeber auf einen ausdrücklichen Verweis auf die BFSGV in Ansehung der CE-Kennzeichnung verzichten sollte.

c) Gebrauchsanleitung und Warnhinweise

6 Ein weiterer Anwendungsfall der Bestimmung sind Gebrauchsanleitungen (instructions) und Warnhinweise, soweit diese, was nicht dem Regelfall entspricht, **produktunmittelbar realisiert** werden. Denn auch bei ihnen handelt es sich um Informationen zur Nutzung des Produkts i. S. d. § 4 BFSGV.

7 Schwierig zu beantworten ist die Frage, welche Barrierefreiheitsanforderungen für Gebrauchsanleitungen gelten, die dem Produkt in schriftlicher Form beigefügt sind. § 4 Abs. 1 BFSGV ist nicht anwendbar, da die betreffende Gebrauchsanleitung nicht produktunmittelbar realisiert werden. § 4 Abs. 2 BFSGV kann genauso wie § 5 Nr. 2 BFSGV nicht zur Anwendung kommen, da beide Vorschriften auf digitale Lösungen zugeschnitten sind. Richtigerweise findet auf eine dem Produkt in physischer Form beigefügte Gebrauchsanleitung die Vorschrift des § 5 Nr. 1 BFSGV Anwendung. Wenngleich der deutsche Umsetzungsgesetzgeber die Vorschrift auf Informationen zur Produktverpackung beschränkt hat, soll sie nach dem Willen des Unionsgesetzgebers sämtliche innerhalb der Produktverpackung bereitgestellten Informationen (packaging of the product including the information provided in it) erfassen, ist mithin gerade nicht auf bloße Informationen zur Produktverpackung beschränkt. Die Anwendung des § 5 Nr. 1 BFSGV ist auch sachgerecht, weil die Vorschrift Anforderungen an Produktinformation stellt, die physisch realisiert werden.

2. Zwei-Sinne-Prinzip (Nr. 1)

8 Informationen zur Nutzung des Produkts auf dem Produkt selbst, wie die Kennzeichnungen, die Gebrauchsanleitung und die Warnhinweise müssen nach § 4

Abs. 1 Nr. 1 BFSGV über mehr als einen sensorischen Kanal zur Verfügung gestellt werden. § 4 Abs. 1 Nr. 1 BFSGV etabliert daher das sog. **Zwei-Sinne-Prinzip.**[1] Das Zwei-Sinne-Prinzip postuliert im Kontext der Vorschrift des § 4 Abs. 1 Nr. 1 BFSGV, dass die Wahrnehmung von Produktkennzeichnungen und Produktinformationen auf mehr als einem Sinneskanal ermöglicht werden muss, sodass insoweit der Endverbraucher nicht nur auf einen einzelnen Sinn (z. B. Sehen oder Hören) angewiesen ist. Dies stellt sicher, dass auch Menschen mit Einschränkungen in einem Sinn (z. B. Blindheit, Taubheit) trotzdem auf diese Informationen zugreifen können. Neben visuellen Informationen und Kennzeichnungen müssen daher auch taktile Dimensionen bereitgestellt werden, sodass auch blinde Menschen das Produkt nutzen können.[2] Dies verlangt etwa, dass produktunmittelbare Kennzeichnungen wie die Produkt- und Herstellerkennzeichnung (§ 7 Abs. 1, Abs. 2 BFSG) in Brailleschrift oder anderen verbreiteten Blindenschriften bereitgestellt werden. In Bezug auf Gebrauchsanleitung und Sicherheitsinformationen, die nach Auffassung der Kommission auch in elektronischer Form bereitgestellt werden können (→ § 7 Rn. 29),[3] ist eine taktile Verkörperung nicht notwendigerweise erforderlich, soweit auditive Lösungen ermöglicht werden.

3. Verständlichkeit (Nr. 2)

a) Grundlagen

Die betreffenden Produktkennzeichnungen und Produktinformationen müssen ausweislich § 4 Abs. 1 Nr. 2 BFSGV in verständlicher Weise dargestellt werden. Kraft Natur der Sache wird die Bestimmung vor allem in Ansehung von Gebrauchsanleitung und Warnhinweisen relevant werden, da Produktkennzeichnungen regelmäßig bereits aus sich heraus verständlich sind. Die Anforderung, Produktinformationen in einer „verständlichen Weise" bereitzustellen, zielt darauf ab, die Barrierefreiheit für Menschen mit kognitiven Beeinträchtigungen, aber auch für alle anderen Nutzer, zu maximieren. Die Verständlichkeit ist nicht nur eine Frage der **sprachlichen Simplizität**, sondern betrifft auch die **logische Struktur und Klarheit** der Informationen. Hierbei spielt die Vermeidung von komplexen Formulierungen, Fachbegriffen und unnötigen Abstraktionen eine zentrale Rolle. Eine klare, prägnante und einheitliche Sprache trägt dazu bei, dass die Informationen intuitiv erfasst und korrekt interpretiert werden können. Zu beachten ist, dass Produkte nicht nur für den „Durchschnittsnutzer" verständlich sein müssen, sondern auch für Personen, die Schwierigkeiten beim Verstehen komplexer Texte ausgesetzt sind. In diesem Zusammenhang gewinnt **leichte Sprache** eine besondere Bedeutung. Leichte Sprache zeichnet sich durch kurze Sätze, einfache Worte und die Vermeidung von unnötig komplizierten Konzepten aus. Sie fördert das Verständnis für ein breites Publikum und stellt sicher, dass auch Menschen mit Lernbehinderungen oder geistigen Einschränkungen die Produktinformationen nutzen können. **9**

1 Vgl. hierzu *Billing/Bremenkamp*, ZVertriebsR 2025, 9, 11.

2 *BMAS* (Hrsg.), Verordnungsentwurf, S. 19.

3 Europäische Kommission (Hrsg.), Leitfaden für die Umsetzung der Produktvorschriften der EU („Blue Guide"), 2022, S. 36 Fn. 114.

10 Die Umsetzung der Vorgaben des § 4 Abs. 1 Nr. 2 BFSGV sollte daher insbesondere durch die konsequente und klar und logisch strukturierte Verwendung derselben Begriffe erfolgen, was die Verwendung einfacher Sprache miteinschließen kann.[4] Die Verwendung von klaren, standardisierten Symbolen und Icons könnte die Verständlichkeit weiter erhöhen. Solche visuellen Hilfsmittel ergänzen den Text und tragen maßgeblich dazu bei, Informationen zu veranschaulichen.

b) Pflicht zur Verwendung deutscher Sprache?

11 Fraglich ist, ob die Pflicht zur verständlichen Darstellung von Produktinformation und Produktkennzeichnungen nach § 4 Abs. 1 Nr. 2 BFSGV auch die Pflicht einschließt, diese in deutscher Sprache abzufassen. Die Frage wird wegen der Vorschrift des § 7 Abs. 3 BFSG, wonach Gebrauchsanleitung und Warnhinweise in deutscher Sprache abzufassen sind, nur für Produktkennzeichnungen relevant. Dies ist richtigerweise nicht der Fall. Die Frage der Sprache von Produktkennzeichnungen liegt außerhalb des Schutzzwecks des § 4 Abs. 1 Nr. 2 BFSGV. § 4 Abs. 1 Nr. 2 BFSGV nimmt Menschen mit Lernbehinderungen oder geistigen Einschränkungen in den Blick, soll sie aber nicht davor schützen, nicht des Englischen mächtig zu sein. Zweitens ist die Sprache der Herstellerkennzeichnung abschließend in § 7 Abs. 2 Satz 4 BFSG geregelt. Name und Kontaktanschrift dürfen daher abseits solcher Extremfälle vom Hersteller grundsätzlich so angegeben werden, wie dies in dem Mitgliedstaat, in dem er ansässig ist, üblich ist. Weil es auf die postalische Zustellbarkeit ankommt, müssen insbesondere Ortsnamen oder Straßenbezeichnungen nicht übersetzt werden, weil davon ausgegangen werden kann, dass solche Angaben sowohl von Nutzern als auch von Behörden als „leicht verständlich" eingestuft werden.[5]

4. Wahrnehmbarkeit (Nr. 3)

12 Nach § 4 Abs. 1 Nr. 3 BFSGV müssen die betreffenden Produktinformationen den Verbrauchern auf eine Weise dargestellt werden, die sie wahrnehmen können. Wahrnehmbarkeit setzt dabei etwa die **Bereitstellung von Textalternativen** zu nicht-textbasierten Inhalten (Bilder, Grafiken, Audio- und Videoformate), **Untertitelung bei Audio- und Videoinhalten** und die Bereitstellung von Audiodeskription voraus. Ein Anwendungsfall des § 4 Abs. 1 Nr. 3 BFSGV ist daher etwa die Bereitstellung von Informationen in Form taktiler Reliefdarstellungen oder akustischer Form zusätzlich zu einem Warnhinweis, sodass blinde Menschen sie wahrnehmen können.[6] Solange harmonisierte Normen fehlen, mithilfe derer die Vermutungswirkung des § 4 BFSG realisiert werden kann, ist Wirtschaftsakteuren zu empfehlen, sich insoweit an den Vorgaben der EN 301 549 V3.2.1 zur Wahrnehmbarkeit von nicht-webbasierten Dokumenteninhalten zu orientieren.[7]

---

4 BMAS (Hrsg.), Verordnungsentwurf, S. 19.
5 *Schucht*, CCZ 2016, 126, 129.
6 BMAS (Hrsg.), Verordnungsentwurf, S. 19.
7 EN 301 549 V3.2.1, 10.1.

5. Anforderungen an die Schriftart (Nr. 4)

a) Angemessene Größe

§ 4 Abs. 1 Nr. 4 BFSGV verpflichtet den Hersteller, für die Bereitstellung von Produktkennzeichnungen und Produktinformationen eine **Schriftart angemessener Größe** zu verwenden. Die Vorschrift verfolgt das Regelungsziel, Informationen auch für sehbehinderte Menschen lesbar zu machen.[8] In Ermangelung einer harmonisierten Norm, die Barrierefreiheitsanforderungen an Produkte regelt, können sich Hersteller insoweit als loser Orientierungshilfe an den Kriterien der EN 301 549 V3.2.1 für die Schriftartgröße im Rahmen der Barrierefreiheit von Informationstechnologie orientieren. Danach hängt die Angemessenheit der verwendeten Schriftart von der Höhe des Betrachtungsabstands ab. Diese Leseentfernung wird in aller Regel mit 30–40 cm zu bemessen sein, was dem Abstand entspricht, den viele Menschen verwenden, wenn sie ein Buch oder andere Dokumente lesen. Bei einer solchen Leseentfernung ist ausweislich der Vorgaben der EN 301 549 V3.2.1 eine **minimale Zeichengröße von 3,7 (30 cm) bzw. 4,9 mm (40 cm)** als angemessen anzusehen. Ein Hersteller sollte sich an diesen Werten orientieren, bis eine harmonisierte Norm verfügbar ist, über die die Vermutungswirkung des § 4 BFSG realisiert werden kann. 13

b) Geeignete Form

Nach § 4 Abs. 1 Nr. 4 BFSGV ist der Hersteller außerdem verpflichtet, eine Schriftart geeigneter Form zu verwenden. Der Begriff der Schriftart geeigneter Form wird in der Verordnung nicht definiert; auch die EN 301 549 V3.2.1 kennt keine speziellen Anforderungen an die Schriftart. Eine Schriftart geeigneter Form bezeichnet eine Schriftart, die so gestaltet ist, dass sie für alle Nutzergruppen – insbesondere für Menschen mit Sehbehinderungen, Legasthenie oder kognitiven Einschränkungen – gut lesbar und zugänglich ist. Eine Schriftart geeigneter Form wird maßgeblich durch eine **klare Lesbarkeit**, eine **konsistente Zeichengestaltung** und die **Vermeidung von Verzierungen und Versalien** geprägt. 14

c) Ausreichender Kontrast

§ 4 Abs. 1 Nr. 4 BFSGV verpflichtet den Hersteller außerdem, Produktkennzeichnungen und Produktinformationen **mit ausreichendem Kontrast** darzustellen. Der Begriff des Kontrasts bezieht sich dabei auf den Unterschied in der Helligkeit und Farbe zwischen zwei Bereichen auf einer Oberfläche, der es dem menschlichen Auge ermöglicht, diese Bereiche klar voneinander zu unterscheiden, und im Kontext von Produktkennzeichnungen und Produktinformationen das Verhältnis der Helligkeit und Farbdifferenz zwischen dem Text und dem Hintergrund zum Gegenstand hat. Auch hier können sich Hersteller bis zur Veröffentlichung einer einschlägigen harmonisierten Norm als loser Orientierungshilfe an den Bestimmungen der EN 301 549 V3.2.1 orientieren, die Vorgaben für den erforderlichen Kontrast bei nicht-webbasierten Textdarstellungen im Kontext von Informationstechnologie 15

8 BMAS (Hrsg.), Verordnungsentwurf, S. 19.

trifft.[9] Das **Kontrastverhältnis** ist ein Maß, das den Unterschied in der Helligkeit zwischen zwei Bereichen, typischerweise zwischen Text und Hintergrund, quantifiziert. Es beschreibt das Verhältnis der Helligkeit der helleren zu der dunkleren Fläche. Ein höheres Kontrastverhältnis bedeutet, dass der Unterschied zwischen den Farben stärker ist und der Text dadurch besser lesbar wird. Ein **Kontrastverhältnis von mindestens 4.5:1** wird man entsprechend der Vorgaben der EN 301 549 V3.2.1 als ausreichend ansehen müssen.

d) Ausreichender Abstand

16 Die betreffenden Informationen müssen ausweislich § 4 Abs. 1 Nr. 4 BFSGV auch mit einem ausreichenden Abstand zwischen den Buchstaben, Zeilen und Absätzen dargestellt werden. Die Bestimmung enthält daher Vorgaben für den Buchstabenabstand (letter spacing), den Zeilenabstand (line spacing) und den Abstand nach Absätzen. Auch hier ist in Ermangelung einer anwendbaren harmonisierten Norm ebenfalls eine Orientierung an den Vorgaben der EN 301 549 V3.2.1 zu empfehlen, die Vorgaben für den erforderlichen Abstand bei nicht-webbasierten Textdarstellungen im Kontext von Informationstechnologie enthält.[10] Danach muss der Nutzer in die Lage versetzt werden, den **Buchstabenabstand** auf das **0,12-fache der Schriftgröße**, den **Zeilenabstand** auf mindestens das **1,5-fache der Schriftgröße** und den **Abstand nach Absätzen** auf das **Zweifache der Schriftgröße** anzupassen. Im Umkehrschluss genügen Abstandswerte, die diesen Vorgaben entsprechen, jedenfalls auch den Vorgaben des § 4 Abs. 1 Nr. 4 BFSGV.

II. Digitale Produktinformation (Abs. 2)

17 Während die Regelung des § 4 Abs. 1 BFSGV produktunmittelbare Nutzungsinformationen und Produktkennzeichnungen zum Gegenstand hat (→ Rn. 2), widmet sich § 4 Abs. 2 BFSGV solchen **Nutzungsinformationen**, die **nicht produktunmittelbar** realisiert werden, sich mithin nicht auf dem Produkt selbst befinden, sondern bei der Nutzung des Produkts oder auf anderem Wege, beispielsweise über eine Webseite, bereitgestellt werden. Zu diesen Nutzungsinformationen zählen insbesondere auch **Informationen zu den Barrierefreiheitsfunktionen** des Produkts, deren Aktivierung und deren Interoperabilität mit assistiven Technologien. Während der deutsche Umsetzungsgesetzgeber die Barrierefreiheitsinformationen prominent und scheinbar vorrangig im Tatbestand verankert hat, stellt Anhang I Abschnitt I Nummer 1 b) der RL 2019/882/EU klar, dass es sich hierbei um einen bloßen Unterfall der Information zur Nutzung des Produkts handelt.

18 Seinen klassischen Anwendungsbereich findet § 4 Abs. 2 BFSGV in Ansehung **digitaler Gebrauchsanleitungen**, die über eine Webseite unmittelbar abrufbar sind oder von einer Webseite in einem bestimmten Dateiformat heruntergeladen werden können. Bei digitalen Gebrauchsanleitungen besteht ein unauflösbares Konkurrenzverhältnis zu § 5 Nr. 2 BFSGV, der bestimmte digitale Anleitungselemente, nämlich Anleitungen zur Installation und Wartung, Lagerung und Entsorgung des Produkts,

9 EN 301 549 V3.2.1, 10.1.4.3.
10 EN 301 549 V3.2.1, 10.1.4.12.

einem eigenständigen Regelungsregime unterwirft. Eine Trennung von Anleitungen zur Installation und Wartung, Lagerung und Entsorgung des Produkts i. S. d. § 5 Nr. 2 BFSGV und sonstigen digital bereitgestelltem Nutzungsinformationen i. S. d. § 4 Abs. 2 BFSGV ist faktisch nicht möglich. In der Praxis werden beide Informationskomplexe in einer einzigen digitalen Gebrauchsanleitung zusammengefasst werden.

Erfasst werden daneben auch Informationen, die bei der Nutzung des Produkts bereitgestellt werden. Hierunter lassen sich etwa Funktionen kontextbezogener Hilfe (On-Device-Hilfe) fassen, die direkt auf dem Gerät zugänglich ist, ohne dass der Benutzer eine externe Quelle oder ein Handbuch konsultieren muss. **19**

1. Zwei-Sinne-Prinzip (Nr. 1)

Informationen zur Nutzung des Produkts, die sich nicht auf dem Produkt befinden, sondern auf anderem Wege, etwa über eine Webseite, bereitgestellt werden, müssen nach § 4 Abs. 2 Nr. 1 BFSGV über mehr als einen sensorischen Kanal zur Verfügung gestellt werden. § 4 Abs. 2 Nr. 1 BFSGV etabliert daher ebenfalls das sog. **Zwei-Sinne-Prinzip.**[11] Das Zwei-Sinne-Prinzip postuliert im Kontext der Vorschrift des § 4 Abs. 2 Nr. 1 BFSGV, dass die Wahrnehmung von Produktinformationen auf mehr als einem Sinneskanal ermöglicht werden muss, sodass insoweit der Endverbraucher nicht nur auf einen einzelnen Sinn (z. B. Sehen oder Hören) angewiesen ist. Dies stellt sicher, dass auch Menschen mit Einschränkungen in einem Sinn (z. B. Blindheit, Taubheit) trotzdem auf diese Informationen zugreifen können. Neben visuellen Informationen und Kennzeichnungen müssen daher auch taktile Dimensionen bereitgestellt werden, sodass auch blinde Menschen das Produkt nutzen können.[12] Dies verlangt etwa, dass produktunmittelbare Kennzeichnungen wie die Produkt- und Herstellerkennzeichnung (§ 7 Abs. 1, Abs. 2 BFSG) in Brailleschrift oder anderen verbreiteten Blindenschriften bereitgestellt werden. In Bezug auf Gebrauchsanleitung und Sicherheitsinformationen, die nach Auffassung der Kommission auch in elektronischer Form bereitgestellt werden können (→ § 7 Rn. 29),[13] ist eine taktile Verkörperung nicht notwendigerweise erforderlich, soweit auditive Lösungen ermöglicht werden. **20**

2. Auffindbarkeit (Nr. 2)

Die erfassten Informationen zur Nutzung des Produkts müssen nach § 4 Abs. 2 Nr. 2 BFSGV für den Verbraucher **auffindbar** sein. Die Auffindbarkeit ist eine grundlegende Voraussetzung dafür, dass diese Anleitungen für Menschen mit Behinderungen zugänglich und die Produkte für sie damit überhaupt nutzbar sind.[14] Die Vorgabe des § 4 Abs. 2 Nr. 2 BFSGV findet in der RL 2019/882/EU keine Entsprechung, sondern basiert auch einer überschießenden Richtlinienumsetzung des Umsetzungsgesetzgebers. **21**

---

11 Vgl. hierzu *Billing/Bremenkamp*, ZVertriebsR 2025, 9, 11.

12 BMAS (Hrsg.), Verordnungsentwurf, S. 19.

13 Europäische Kommission (Hrsg.), Leitfaden für die Umsetzung der Produktvorschriften der EU („Blue Guide"), 2022, S. 36 Fn. 114.

14 BMAS (Hrsg.), Verordnungsentwurf, S. 22.

22 Der in der Verordnung selbst und auch in den Gesetzesmaterialien nicht definierte Begriff der Auffindbarkeit betrifft die **Zugänglichkeit** der erfassten Produktinformationen. Auffindbarkeit bedeutet, dass die betreffenden Informationen für den Verbraucher leicht zugänglich sind, ohne dass unnötige und überflüssige Hürden überwunden werden müssen. Eine digitale Nutzungsinformation gilt als auffindbar, wenn sie auf eine Weise bereitgestellt wird, die den Nutzer nicht nur auf den ersten Blick, sondern auch bei späterer Nutzung ohne großen Aufwand finden kann. Dies umfasst unter anderem die logische Platzierung der Informationen, klare Navigation auf digitalen Plattformen (z. B. über eine suchbare und übersichtliche Webseite), und das Angebot von deutlich sichtbaren Links oder Suchfunktionen, die den schnellen Zugriff ermöglichen.

3. Verständlichkeit (Nr. 3)

23 Die vom Anwendungsbereich der Bestimmung erfassten Produktinformationen müssen nach § 4 Abs. 2 Nr. 3 BFSGV **in verständlicher Weise** dargestellt werden. Die Bestimmung geht dabei im Besonderen auf Anhang I Abschnitt I Nr. 1 b) ii) der Richtlinie 2019/882/EU zurück. Die Anforderung, die erfassten Informationen in einer verständlichen Weise bereitzustellen, zielt darauf ab, die Barrierefreiheit für Menschen mit kognitiven Beeinträchtigungen, aber auch für alle anderen Nutzer, zu maximieren. Die Verständlichkeit ist nicht nur eine Frage der **sprachlichen Simplizität**, sondern betrifft auch die **logische Struktur und Klarheit** der Informationen. Hierbei spielt die Vermeidung von komplexen Formulierungen, Fachbegriffen und unnötigen Abstraktionen eine zentrale Rolle. Eine klare, prägnante und einheitliche Sprache trägt dazu bei, dass die Informationen intuitiv erfasst und korrekt interpretiert werden können. Zu beachten ist, dass Produkte nicht nur für den „Durchschnittsnutzer" verständlich sein müssen, sondern auch für Personen, die Schwierigkeiten beim Verstehen komplexer Texte ausgesetzt sind. In diesem Zusammenhang gewinnt **leichte Sprache** eine besondere Bedeutung. Leichte Sprache zeichnet sich durch kurze Sätze, einfache Worte und die Vermeidung von unnötig komplizierten Konzepten aus. Sie fördert das Verständnis für ein breites Publikum und stellt sicher, dass auch Menschen mit Lernbehinderungen oder geistigen Einschränkungen die Produktinformationen nutzen können. Die Umsetzung der Vorgaben des § 4 Abs. 2 Nr. 3 BFSGV sollte daher insbesondere durch die konsequente und klar und logisch strukturierte Verwendung derselben Begriffe erfolgen, was die Verwendung einfacher Sprache miteinschließen kann.[15] Die Verwendung von klaren, standardisierten Symbolen und Icons könnte die Verständlichkeit weiter erhöhen. Solche visuellen Hilfsmittel ergänzen den Text und tragen maßgeblich dazu bei, Informationen zu veranschaulichen.

24 Hersteller haben zu beachten, dass neben der Einhaltung der hier skizzierten Lösungen der Grundsatz der Verständlichkeit im Kontext digitaler Produktinformation unter Orientierung an den Vorgaben der EN 301 549 V3.2.1 umgesetzt werden kann. Ausweislich der EN 301 549 V3.2.1[16] setzt die Verständlichkeit im digitalen Kontext die Vorhersehbarkeit von Funktionalitäten, die Einhaltung bestimmter Anforde-

15 BMAS (Hrsg.), Verordnungsentwurf, S. 22.
16 EN 301 549 V3.2.1, 9.1. u. 10.1.

rungen an die Fehleridentifikation und die Möglichkeit der Sprachauswahl voraus. Bis zur weiteren Konturierung der Bestimmung des § 4 Abs. 2 Nr. 3 BFSGV durch den europäischen Gesetzgeber oder eine (aktualisierte) harmonisierte Norm kann eine lose Orientierung an diesen Vorgaben zusätzliche Rechtssicherheit schaffen.

4. Wahrnehmbarkeit (Nr. 4)

Nach § 4 Abs. 2 Nr. 4 BFSGV müssen die betreffenden Produktinformationen den Verbrauchern auf eine Weise dargestellt werden, die sie wahrnehmen können. Wahrnehmbarkeit setzt dabei etwa die **Bereitstellung von Textalternativen** zu nicht-textbasierten Inhalten (Bilder, Grafiken, Audio- und Videoformate), **Untertitelung bei Audio- und Videoinhalten** und die Bereitstellung von Audiodeskription voraus.[17] Ein Anwendungsfall des § 4 Abs. 1 Nr. 3 BFSGV ist daher etwa die Bereitstellung von Informationen in Form taktiler Reliefdarstellungen oder akustischer Form zusätzlich zu einem Warnhinweis, sodass blinde Menschen sie wahrnehmen können.[18] Solange harmonisierte Normen fehlen, mithilfe derer die Vermutungswirkung des § 4 BFSG realisiert werden kann, ist Wirtschaftsakteuren zu empfehlen, sich insoweit an den Vorgaben der EN 301 549 V3.2.1 zur Wahrnehmbarkeit von nicht-webbasierten Dokumenteninhalten zu orientieren.[19] 25

5. Anforderungen an die Schriftart (Nr. 5)

§ 4 Abs. 2 Nr. 5 BFSGV stellt Anforderungen an die Schriftart der erfassten Produktinformationen. In Umsetzung von Anhang I Abschnitt I Nr. 1 b) iv) der Richtlinie 2019/882/EU müssen die betreffenden Informationen in einer Schriftart mit angemessener Größe und mit geeigneter Form unter Berücksichtigung des vorhersehbaren Nutzungskontexts und mit ausreichendem Kontrast sowie anpassbaren Abständen zwischen den Buchstaben, Zeilen und Absätzen dargestellt werden. 26

a) Angemessene Größe

§ 4 Abs. 2 Nr. 5 BFSGV verpflichtet den Hersteller, bei der Bereitstellung der erfassten Informationen zur Nutzung des Produkts eine **Schriftart angemessener Größe** zu verwenden. Die Vorschrift verfolgt das Regelungsziel, Informationen auch für sehbehinderte Menschen lesbar zu machen.[20] In Ermangelung einer harmonisierten Norm, die Barrierefreiheitsanforderungen an Produkte regelt, können sich Hersteller insoweit als loser Orientierungshilfe an den Kriterien der EN 301 549 V3.2.1 für die Schriftartgröße im Rahmen der Barrierefreiheit von Informationstechnologie orientieren. Danach hängt die Angemessenheit der verwendeten Schriftart von der Höhe des Betrachtungsabstands ab. Diese Leseentfernung wird in aller Regel mit 30–40 cm zu bemessen sein, was dem Abstand entspricht, den viele Menschen verwenden, wenn sie ein Buch oder andere Dokumente lesen. Bei einer solchen Leseentfernung ist ausweislich der Vorgaben der EN 301 549 V3.2.1 eine **minimale Zei-** 27

17 EN 301 549 V3.2.1, 9.3. u. 10.3.
18 BMAS (Hrsg.), Verordnungsentwurf, S. 19.
19 EN 301 549 V3.2.1, 10.1.
20 BMAS (Hrsg.), Verordnungsentwurf, S. 19.

chengröße von 3,7 (30 cm) bzw. 4,9 mm (40 cm) als angemessen anzusehen. Ein Hersteller sollte sich an diesen Werten orientieren, bis eine harmonisierte Norm verfügbar ist, über die die Vermutungswirkung des § 4 BFSG realisiert werden kann.

b) Geeignete Form

28 Nach § 4 Abs. 2 Nr. 5 BFSGV ist der Hersteller außerdem verpflichtet, eine Schriftart geeigneter Form zu verwenden. Der Begriff der Schriftart geeigneter Form wird in der Verordnung nicht definiert; auch die EN 301 549 V3.2.1 kennt keine speziellen Anforderungen an die Schriftart. Eine Schriftart geeigneter Form bezeichnet eine Schriftart, die so gestaltet ist, dass sie für alle Nutzergruppen – insbesondere für Menschen mit Sehbehinderungen, Legasthenie oder kognitiven Einschränkungen – gut lesbar und zugänglich ist. Eine Schriftart geeigneter Form wird maßgeblich durch eine **klare Lesbarkeit**, eine **konsistente Zeichengestaltung** und die **Vermeidung von Verzierungen und Versalien** geprägt.

c) Ausreichender Kontrast

29 § 4 Abs. 2 Nr. 5 BFSGV verpflichtet den Hersteller außerdem, die erfassten Informationen zur Nutzung des Produkts **mit ausreichendem Kontrast** darzustellen. Der Begriff des Kontrasts bezieht sich dabei auf den Unterschied in der Helligkeit und Farbe zwischen zwei Bereichen auf einer Oberfläche, der es dem menschlichen Auge ermöglicht, diese Bereiche klar voneinander zu unterscheiden, und im Kontext von Produktinformationen das Verhältnis der Helligkeit und Farbdifferenz zwischen dem Text und dem Hintergrund zum Gegenstand hat. Auch hier können sich Hersteller bis zur Veröffentlichung einer einschlägigen harmonisierten Norm als loser Orientierungshilfe an den Bestimmungen der EN 301 549 V3.2.1 orientieren, die Vorgaben für den erforderlichen Kontrast bei nicht-webbasierten Textdarstellungen im Kontext von Informationstechnologie trifft.[21] Das **Kontrastverhältnis** ist ein Maß, das den Unterschied in der Helligkeit zwischen zwei Bereichen, typischerweise zwischen Text und Hintergrund, quantifiziert. Es beschreibt das Verhältnis der Helligkeit der helleren zu der dunkleren Fläche. Ein höheres Kontrastverhältnis bedeutet, dass der Unterschied zwischen den Farben stärker ist und der Text dadurch besser lesbar wird. Ein **Kontrastverhältnis von mindestens 4.5:1** wird man entsprechend der Vorgaben der EN 301 549 V3.2.1 als ausreichend ansehen müssen.

d) Ausreichender Abstand

30 Die betreffenden Produktinformationen müssen ausweislich § 4 Abs. 2 Nr. 5 BFSGV auch mit einem anpassbaren, ausreichenden Abstand zwischen den Buchstaben, Zeilen und Absätzen dargestellt werden. Die Bestimmung enthält daher Vorgaben für den Buchstabenabstand (letter spacing), den Zeilenabstand (line spacing) und den Abstand nach Absätzen. Auch hier ist in Ermangelung einer anwendbaren harmonisierten Norm ebenfalls eine Orientierung an den Vorgaben der EN 301 549 V3.2.1 zu empfehlen, die Vorgaben für den erforderlichen Abstand bei nicht-web-

---

21 EN 301 549 V3.2.1, 10.1.4.3.

basierten Textdarstellungen im Kontext von Informationstechnologie enthält.[22] Danach muss der Nutzer in die Lage versetzt werden, den **Buchstabenabstand** auf das **0,12-fache der Schriftgröße**, den **Zeilenabstand** auf mindestens das **1,5-fache der Schriftgröße** und den **Abstand nach Absätzen** auf das **Zweifache der Schriftgröße** anzupassen. Im Umkehrschluss genügen Abstandswerte, die diesen Vorgaben entsprechen, jedenfalls auch den Vorgaben des § 4 Abs. 2 Nr. 5 BFSGV.

Unbedingt zu beachten ist, dass der Abstand im Anwendungsbereich des § 4 Abs. 2 **31** Nr. 5 BFSGV, anders als im Rahmen des § 4 Abs. 1 BFSGV, **anpassbar** sein muss. Anpassbar bedeutet, dass die Darstellung von Abständen zwischen Buchstaben, Zeilen und Absätzen so gestaltet ist, dass der Benutzer diese nach eigenen Bedürfnissen und Präferenzen verändern kann, um die Lesbarkeit und Verständlichkeit der Informationen zu optimieren. Dies schließt die Möglichkeit ein, die Abstände durch benutzerfreundliche Steuerungselemente, wie Schieberegler, Einstelloptionen oder durch integrierte Einstellungen im System, dynamisch zu modifizieren. Die Anpassung muss dabei in einem für den Benutzer individuell zugänglichen Rahmen erfolgen, sodass die Schriftabstände in unterschiedlichen Medien und auf verschiedenen Geräten (z. B. Desktop, Tablet, Smartphone) ohne Einschränkungen verändert werden können, um Barrieren bei der Wahrnehmung und Nutzung der Informationen zu vermeiden. Auf dem Markt existieren bereits zahlreiche technische Möglichkeiten, die im Kontext responsiven Webdesigns die Anpassbarkeit von Abständen in digitalen Gebrauchsanleitungen gewährleisten. Neben der Integration von **Web-APIs für Barrierefreiheit wie ARIA** (Accessible Rich Internet Applications), die genutzt werden, um sicherzustellen, dass auch Screenreader oder assistive Technologien mit den Anpassungen korrekt umgehen können, bietet sich insbesondere die Verwendung der Stylesheet-Sprache **CSS** (Cascading Style Sheets), die in Kombination mit HTML und JavaScript genutzt wird, um das visuelle Erscheinungsbild von Webseiten zu definieren, und verwendet werden kann, um das Layout flexibel zu gestalten, sodass die Elemente je nach Bedarf (z. B. Zeilenabstand, Abstand zwischen Absätzen) umstrukturiert oder angepasst werden können. Die genaue technische Ausgestaltung wird regelmäßig davon abhängen, ob die Produktinformationen über ein herunterladbares PDF-Dokument oder Mobil über eine Webseite bereitgestellt werden.

6. Anforderungen an Textformate (Nr. 6)

Nach § 4 Abs. 2 Nr. 6 BFSGV müssen die Produktinformationen in **Textformaten** **32** zur Verfügung gestellt werden, die sich zum Generieren alternativer assistiver Formate durch den Verbraucher eignen, auf unterschiedliche Art dargestellt und über mehr als einen sensorischen Kanal wahrgenommen werden können. Die Bestimmung geht dabei auf Anhang I Abschnitt I Nr. 1 b) v) der Richtlinie 2019/882/EU zurück. Die Bestimmung gewährleistet, dass Menschen mit Sehbehinderungen, Leseschwierigkeiten oder anderen Beeinträchtigungen den Inhalt auf eine für sie geeignete Weise konsumieren können. Sie setzt damit etwa voraus, dass die Informationen zur Nutzung des Produkts hinsichtlich ihres Inhalts in einem Textformat zur Verfügung gestellt werden, das in Braille-Schrift ausgedruckt werden kann oder sich

22 EN 301 549 V3.2.1, 10.1.4.12.

zum Vorlesen durch einen Screenreader eignet.[23] Die Vorschrift überschneidet sich in erheblichem Maße mit Anforderungen, die bereits unter dem Begriff der Wahrnehmbarkeit oder unter das Zwei-Sinne-Prinzip des § 4 Abs. 2 Nr. 1 BFSGV fallen, ist jedoch auf Textformate zugeschnitten. Ein solches Textformat ist zum einen das **HTML** (Hypertext Markup Language)-Format, das aufgrund seiner strukturierten Darstellung besonders geeignet ist, um von Screenreadern problemlos interpretiert werden zu können. Das Format gewährleistet eine klare Trennung von Text, Bildern und Navigationselementen. Ebenfalls den Anforderungen der Vorschrift genügt das **TXT** (Plain Text)- Format. Das Plain-Text-Format stellt den reinen Text ohne Formatierungen zur Verfügung und kann von allen gängigen Screenreadern und Braille-Displays direkt und unmittelbar gelesen werden. Erfasst wird auch das **RTF** (Rich Text Format)-Format: RTF-Dateien ermöglichen die Verwendung von Textformatierungen (wie fett, kursiv oder unterstrichen) und können ebenfalls von Screenreadern und Braille-Technologien problemlos verarbeitet werden. Das PDF-Format genügt nur dort, wo es mit Tags versehen ist. Getaggte PDFs sind eine spezielle Form von PDF-Dateien, die mit Tags versehen sind, die ihre strukturierte Hierarchie und Inhaltsarten (wie Überschriften, Absätze, Listen, Tabellen, Links usw.) kennzeichnen. Diese Tags ermöglichen es Screenreadern und anderen assistiven Technologien, die Dokumentstruktur korrekt zu interpretieren und den Inhalt für Menschen mit Sehbehinderungen oder anderen Beeinträchtigungen zugänglich zu machen.

7. Bereitstellung von Textalternativen (Nr. 7)

33 Nach § 4 Abs. 2 Nr. 7 BFSGV müssen die erfassten Produktinformationen eine alternative Darstellung des Inhalts anbieten, wenn Elemente nicht-textlichen Inhalts enthalten sind. Die Bereitstellung von Textalternativen ist dabei eine besondere Ausformung des Zwei-Sinne-Prinzips. Elemente nicht-textlichen Inhalts sind alle grafischen, bildlichen, audio-visuellen oder interaktiven Inhalte, die zusätzliche Informationen über den reinen Text hinaus vermitteln und die zur vollständigen und verständlichen Nutzung einer Anleitung erforderlich sind. Hierzu zählen Bilder und Grafiken, Videos und Animationen, Audioinhalte, Tabellen oder Diagramme und Icons oder Symbole. Auch insoweit bestehen erhebliche Überschneidungen mit der Wahrnehmbarkeit, die jedenfalls nach dem durch die EN 301 549 V3.21 geprägten herkömmlichen Verständnis die Bereitstellung von Textalternativen einschließt. Textalternativen können in verschiedenen Formen angeboten werden: Neben **sog. Alt-Texten** für Bilder und Grafiken, die die Bedeutung oder den Inhalt der Bilder beschreiben, fallen hierunter auch **Transkripte oder Untertitel** für Audio- und Video-Inhalte und beschreibende Texte für interaktive Elemente oder Symbole, die deren Funktion und Bedeutung erklären. § 4 Abs. 2 Nr. 7 BFSGV verlangt daher etwa, dass ein Schaubild durch eine Textbeschreibung ergänzt werden, in der die wichtigsten Elemente genannt oder zentrale Vorgänge beschrieben werden.[24]

---

23 BMAS (Hrsg.), Verordnungsentwurf, S. 22.
24 BMAS (Hrsg.), Verordnungsentwurf, S. 21.

8. Beschreibung der Benutzerschnittstellen des Produkts (Nr. 8)

Nach § 4 Abs. 2 Nr. 8 BFSGV müssen die betreffenden Produktinformationen eine Beschreibung der Benutzerschnittstellen des Produkts, wie Handhabung, Steuerung und Rückmeldung, Eingabe und Ausgabe enthalten. Dabei muss die Beschreibung die in § 6 BFSGV aufgezählten Voraussetzungen erfüllen und es muss in der Beschreibung jeweils angegeben werden, ob das Produkt die in § 6 BFSGV genannten Bestandteile, Funktionen und Merkmale aufweist.[25] Die Bestimmung geht auf Anhang I Abschnitt I Nummer 1 b vii) der Richtlinie 2019/882/EU zurück. **34**

So muss etwa in den Produktinformationen angegeben werden, ob das beschriebene Produkt, wie zum Beispiel ein Mobiltelefon, die in § 6 Abs. 2 Nr. 11 aufgeführten Alternativen zur biometrischen Identifizierung und Steuerung anbietet.[26] Für alle in § 6 BFSGV genannten Bestandteile, Funktionen und Merkmale muss dabei eine Aussage getroffen werden. **35**

9. Barrierefreie Beschreibung der Produktfunktionalität (Nr. 9)

Die digital bereitgestellten Informationen zur Nutzung des Produkts müssen eine barrierefreie Beschreibung der Produktfunktionalität enthalten und dabei die in § 6 BFSGV aufgezählten Anforderungen erfüllen. Dabei muss in der Beschreibung jeweils angegeben werden, ob das Produkt die in § 6 genannten Bestandteile, Funktionen und Merkmale aufweist. Die Bestimmung geht auf Anhang I Abschnitt I Nummer 1 b vii) der Richtlinie 2019/882/EU zurück. **36**

10. Beschreibung der Soft- und Hardwareschnittstelle

Nach § 4 Abs. 2 Nr. 10 BFSGV müssen die auf digitalem Wege bereitgestellten Informationen zur Nutzung des Produkts eine Beschreibung der Soft- und Hardwareschnittstelle des Produkts mit Hilfsmitteln enthalten, wobei die Beschreibung auch eine Liste derjenigen Hilfsmittel enthalten muss, die zusammen mit dem Produkt getestet wurden. Eine **Hardwareschnittstelle** bezeichnet die physische Verbindung zwischen einem Gerät und anderen externen Geräten oder Systemen. Sie definiert, wie elektronische Komponenten miteinander kommunizieren. Dies umfasst Anschlussmöglichkeiten, Stecker, Kabel, Protokolle und Kommunikationsstandards, die für die Datenübertragung oder Steuerung von Geräten erforderlich sind. Eine **Softwareschnittstelle** beschreibt die Art und Weise, wie verschiedene Softwarekomponenten miteinander interagieren. Sie legt fest, wie Programme miteinander kommunizieren und wie die Daten zwischen diesen Programmen oder Systemen ausgetauscht werden. Diese Schnittstelle wird in der Regel durch Programmierschnittstellen (APIs) oder Protokolle definiert. **Hilfsmittel** sind technische oder softwarebasierte Werkzeuge und Geräte, die dazu dienen, Barrieren für Menschen mit Behinderungen zu überwinden, indem sie den Zugang zu digitalen Produkten und Dienstleistungen erleichtern. Sie ermöglichen es den Nutzern, die Funktionen von Geräten, Systemen oder Software auf eine Weise zu nutzen, die ihren individuellen Bedürfnissen entspricht, und stellen daher sicher, dass diese Produkte auch **37**

25 BMAS (Hrsg.), Verordnungsentwurf, S. 21.
26 BMAS (Hrsg.), Verordnungsentwurf, S. 21.

von Personen mit Behinderungen vollständig genutzt werden können. Solche Hilfsmittel sind Bildschirmleseprogramme, Software zur Sprachsteuerung, alternative Eingabegeräte wie Spezialtastaturen oder Eye-Tracking-Technologie oder auch Braille-Displays.

38 Nach § 4 Abs. 2 Nr. 10 BFSGV wird der Hersteller verpflichtet, in den auf digitalem Wege bereitgestellten Informationen eine Beschreibung von Soft- und Hardwareschnittstelle des Produkts mit Hilfsmitteln vorzunehmen. Die Beschreibung muss dabei auch eine Liste derjenigen Hilfsmittel enthalten, die zusammen mit dem Produkt getestet wurden.

III. Ort der Informationsbereitstellung (Abs. 3)

39 § 4 Abs. 3 BFSGV normiert, dass die von § 4 Abs. 1 u. 2 BFSGV erfassten Informationen zur Nutzung des Produkts primär in oder auf dem Produkt selbst anzugeben sind. Nur im Falle der Unmöglichkeit einer Realisierung der betreffenden Nutzungsinformationen in oder auf dem Produkt selbst, soll auf andere Lösungen ausgewichen werden können. Eine Unmöglichkeit kann sich aus der Größe und Art des Produkts ergeben.[27] Die Vorschrift setzt dabei die einleitend zu Anhang I der RL 2019/882/EU wiedergegebene Vorgabe um. Für die von § 4 Abs. 1 BFSGV erfassten Kennzeichnungen (→ Rn. 2 ff.) ergibt sich eine solche Verpflichtung bereits aus § 7 Abs. 1 Satz 2, Abs. 2 Satz 2 BFSGV. Zu beachten ist, dass die betreffenden Informationen zur Nutzung des Produkts nach § 4 Abs. 3 BFSGV nicht notwendigerweise produktunmittelbar auf dem Produkt realisiert werden müssen, sondern auch in dem Produkt angegeben werden können. Damit wird primär auf innerhalb der digitalen Produktumgebung bereitgestellte Produktinformationen Bezug genommen.

§ 5 BFSGV
Anforderungen an Produktverpackungen und Anleitungen

Die Verpackungen und Anleitungen der Produkte, mit Ausnahme von Selbstbedienungsterminals im Sinne des § 1 Absatz 2 Nummer 2 des Barrierefreiheitsstärkungsgesetzes müssen folgende Anforderungen erfüllen:

1. die Informationen zur Produktverpackung, wie etwa zum Öffnen, zum Schließen, zur Verwendung oder zur Entsorgung, und, sofern bereitgestellt, die Informationen über die Barrierefreiheitsmerkmale des Produkts, müssen die Anforderungen des § 4 Absatz 1 erfüllen, wobei all diese Informationen auf der Verpackung angebracht werden müssen, soweit dies aufgrund der Größe oder der Art der Verpackung möglich ist und

27 BMAS (Hrsg.), Verordnungsentwurf, S. 21.

2. die Anleitungen zur Installation und Wartung, Lagerung und Entsorgung, die nicht auf dem Produkt selbst angebracht sind, sondern auf anderem Wege, beispielsweise über eine Webseite, bereitgestellt werden, müssen bei Inverkehrbringen des Produkts öffentlich zugänglich sein und folgenden Anforderungen genügen:

a) sie werden über mehr als einen sensorischen Kanal zur Verfügung gestellt,

b) sie sind für den Verbraucher auffindbar,

c) sie werden in verständlicher Weise dargestellt,

d) sie werden den Verbrauchern auf eine Weise dargestellt, die sie wahrnehmen können,

e) sie werden in einer Schriftart mit angemessener Größe und mit geeigneter Form unter Berücksichtigung des vorhersehbaren Nutzungskontexts und mit ausreichendem Kontrast sowie anpassbaren Abständen zwischen den Buchstaben, Zeilen und Absätzen dargestellt,

f) der Inhalt der Anleitungen wird in Textformaten zur Verfügung gestellt, die sich zum Generieren alternativer assistiver Formate durch den Verbraucher eignen, die auf unterschiedliche Art dargestellt und über mehr als einen sensorischen Kanal wahrgenommen werden können und

g) es wird eine alternative Darstellung des Inhalts angeboten, wenn Elemente nicht-textlichen Inhalts enthalten sind.

Gliederung: Rn.

A. Einführung

1 § 5 BFSGV regelt Anforderungen an Produktverpackungen und Anleitungen und setzt damit Anhang I Abschnitt II der RL 2019/882/EU um. Die Vorschrift gilt für sämtliche vom BFSG erfasste Produktgruppen und Produktkategorien mit Ausnahme der explizit vom Anwendungsbereich ausgenommenen Selbstbedienungsterminals i. S. d. § 1 Abs. 2 Nr. 2 BFSG.

B. Regelungsgehalt

I. Informationen zur Produktverpackung (Nr. 1)

2 § 5 Nr. 1 BFSGV erfasst in sachlicher Hinsicht **Informationen zur Produktverpackung**, wie etwa zum Öffnen, zum Schließen, zur Verwendung oder zur Entsorgung der Produktverpackung, und **Informationen über die Barrierefreiheitsmerkmale** des Produkts. Der weder von der Verordnung noch den Gesetzesmaterialien definierte Begriff der Informationen zur Produktverpackung umfasst alle Informationen, die für den sicheren und zweckmäßigen Umgang mit der Verpackung eines Produkts sowie für die ordnungsgemäße Verwendung und Entsorgung der Produktverpackung erforderlich sind. Diese Informationen werden regelmäßig entweder auf der Verpackung selbst oder aber auch in einer beigefügten Gebrauchsanleitung im Sinne des § 7 Abs. 3 BFSG enthalten sein. Wie insbesondere die englische Sprachfassung der RL 2019/882/EU („the packaging of the product including the information provided in it“) klarstellt, erfasst § 5 Nr. 1 BFSGV nicht nur verpackungsunmittelbare Verpackungsinformationen, sondern auch solche, die sich in einer Gebrauchsanleitung befinden, die dem Produkt physisch beigefügt ist. Abgesichert wird dieses Verständnis der Norm durch die Verpflichtung, solche Informationen, soweit möglich, verpackungsunmittelbar zu realisieren (§ 5 Nr. 1 BFSGV a. E.): Die Bestimmung stellt klar, dass § 5 Nr. 1 BFSGV auch Anforderungen für Verpackungsinformation normiert, die, wo eine verpackungsunmittelbare Realisierung ausnahmsweise nicht möglich ist, in einer physischen Gebrauchsanleitung enthalten ist. Andererseits erfasst § 5 Nr. 1 BFSGV nicht die Konstellation, dass derartige Informationen zur Produktverpackung digital bereitgestellt werden. Dies ergibt sich aus der englischen Sprachfassung der Richtlinie („the packaging of the product including the information provided in it“), die Informationen außerhalb des physischen Ensembles aus Produkt und Verpackung aus dem Anwendungsbereich der Norm ausscheidet.

1. Anforderungen an Informationen zur Produktverpackung

Die Informationen zur Produktverpackung, wie etwa zum Öffnen, zum Schließen, zur Verwendung oder zur Entsorgung, und, sofern bereitgestellt, die Informationen über die Barrierefreiheitsmerkmale des Produkts, unterliegen ausweislich § 5 Nr. 1 BFSGV den Barrierefreiheitsanforderungen des § 4 Abs. 1 BFSGV. Insoweit wird ein barrierefreiheitsrechtlicher Gleichlauf zwischen den produktunmittelbaren, physischen Produktinformationen nach § 4 Abs. 1 BFSGV und den Verpackungsinformationen nach § 5 Nr. 1 BFSGV erreicht. 3

a) Zwei-Sinne-Prinzip

Die Informationen zur Produktverpackung müssen nach § 5 Nr. 1 BFSGV i. V. m. § 4 Abs. 1 Nr. 1 BFSGV über mehr als einen sensorischen Kanal zur Verfügung gestellt werden. Das Zusammenwirken beider Vorschriften etabliert daher auch für Informationen zur Produktverpackung das sog. **Zwei-Sinne-Prinzip**.[1] Das Zwei-Sinne-Prinzip postuliert im Kontext der Vorschrift, dass die Wahrnehmung den Informationen zur Produktverpackung nach § 5 Nr. 1 BFSGV auf mehr als einem Sinneskanal ermöglicht werden muss, sodass insoweit der Endverbraucher nicht nur auf einen einzelnen Sinn (z. B. sehen oder hören) angewiesen ist. Dies stellt sicher, dass auch Menschen mit Einschränkungen in einem Sinn (z. B. Blindheit, Taubheit) trotzdem auf diese Informationen zugreifen können. Im Kontext des § 5 Nr. 1 BFSGV, der insoweit typischerweise verpackungsunmittelbar realisierte, jedenfalls aber in physischer Form bereitgestellte Informationen zur Produktverpackung erfasst, kann sich die Realisierung des Zwei-Sinne-Prinzips nur auf die Bereitstellung **taktiler Dimensionen** der Informationsdarstellung beziehen,[2] da im physischen Kontext der Regelung auditive Lösungen faktisch ausscheiden werden. Umsetzen lässt sich die Norm daher insbesondere dadurch, dass die Informationen zur Produktverpackung in Brailleschrift oder anderen verbreiteten Blindenschriften bereitgestellt werden. 4

b) Verständlichkeit (Nr. 2)

aa) Grundlagen

Die betreffenden Informationen zur Produktverpackung müssen ausweislich § 5 Nr. 1 BFSGV i. V. m. § 4 Abs. 1 Nr. 2 BFSGV in verständlicher Weise dargestellt werden. Die Anforderung, Produktinformationen in einer „verständlichen Weise" bereitzustellen, zielt darauf ab, die Barrierefreiheit für Menschen mit kognitiven Beeinträchtigungen, aber auch für alle anderen Nutzer, zu maximieren. Die Verständlichkeit ist nicht nur eine Frage der **sprachlichen Simplizität**, sondern betrifft auch die **logische Struktur und Klarheit** der Informationen. Hierbei spielt die Vermeidung von komplexen Formulierungen, Fachbegriffen und unnötigen Abstraktionen eine zentrale Rolle. Eine klare, prägnante und einheitliche Sprache trägt dazu bei, dass die Informationen intuitiv erfasst und korrekt interpretiert werden können. Zu beachten ist, dass Produkte nicht nur für den „Durchschnittsnutzer" verständlich 5

---

1 Vgl. hierzu *Billing/Bremenkamp*, ZVertriebsR 2025, 9, 11.
2 BMAS (Hrsg.), Verordnungsentwurf, S. 19 [zu § 4 BFSGV].

sein müssen, sondern auch für Personen, die Schwierigkeiten beim Verstehen komplexer Texte ausgesetzt sind. In diesem Zusammenhang gewinnt **leichte Sprache** eine besondere Bedeutung. Leichte Sprache zeichnet sich durch kurze Sätze, einfache Worte und die Vermeidung von unnötig komplizierten Konzepten aus. Sie fördert das Verständnis für ein breites Publikum und stellt sicher, dass auch Menschen mit Lernbehinderungen oder geistigen Einschränkungen die Produktinformationen nutzen können.

6 Die Umsetzung der Vorgaben des § 4 Abs. 1 Nr. 2 BFSGV sollte daher insbesondere durch die konsequente und klar und logisch strukturierte Verwendung derselben Begriffe erfolgen, was die Verwendung einfacher Sprache miteinschließen kann.[3] Die Verwendung von klaren, standardisierten Symbolen und Icons könnte die Verständlichkeit weiter erhöhen. Solche visuellen Hilfsmittel ergänzen den Text und tragen maßgeblich dazu bei, Informationen zu veranschaulichen.

7 Auch insoweit ist zu beachten, dass der Grundsatz der Verständlichkeit im Kontext physischer Produktinformation nicht unter Orientierung an den Vorgaben der EN 301 549 V3.2.1 umgesetzt werden kann. Ausweislich der EN 301 549 V3.2.1 setzt die Verständlichkeit bei Software, mithin im digitalen Kontext, die Vorhersehbarkeit von Funktionalitäten, die Einhaltung bestimmter Anforderungen an die Fehleridentifikation und die Möglichkeit der Sprachauswahl voraus. Diese Vorgaben sind auf den digitalen Raum zugeschnitten und können daher nicht auf die Realisierung physische Produktinformation übertragen werden.

bb) Pflicht zur Verwendung deutscher Sprache?

8 Fraglich ist, ob die Pflicht zur verständlichen Darstellung von Informationen zur Produktverpackung nach § 5 Nr. 1 BFSGV i. V. m. § 4 Abs. 1 Nr. 2 BFSGV auch die Pflicht einschließt, diese in deutscher Sprache abzufassen. Dies ist richtigerweise, genauso wie im Kontext des § 4 Abs. 1 Nr. 2 BFSGV (→ § 4 BFSGV Rn. 11) nicht der Fall. Die Frage der Sprache von Produktinformationen liegt außerhalb des Schutzzwecks des § 4 Abs. 1 Nr. 2 BFSGV. § 4 Abs. 1 Nr. 2 BFSGV nimmt Menschen mit Lernbehinderungen oder geistigen Einschränkungen in den Blick, soll sie aber nicht davor schützen, nicht des Englischen mächtig zu sein. Zweitens regelt das BFSG die Sprache kennzeichnungsrechtlicher Elemente und Produktinformationen immer dort ausdrücklich, wo eine bestimmte Sprachfassung vorgeschrieben werden soll. Evident wird dieses Regelungskonzept im Rahmen der Vorschriften des § 7 Abs. 2 Satz 4 BFSG und § 7 Abs. 3 BFSG. Name, und Kontaktanschrift dürfen daher abseits von Extremfällen (Verweis auf § 7 Rn. 23) vom Hersteller grundsätzlich so angegeben werden, wie dies in dem Mitgliedstaat, in dem er ansässig ist, üblich ist. Weil es auf die postalische Zustellbarkeit ankommt, müssen insbesondere Ortsnamen oder Straßenbezeichnungen nicht übersetzt werden, weil davon ausgegangen werden kann, dass solche Angaben sowohl von Nutzern als auch von Behörden als „leicht verständlich" eingestuft werden.[4]

---

3 BMAS (Hrsg.), Verordnungsentwurf, S. 19.
4 *Schucht*, CCZ 2016, 126, 129.

c) Wahrnehmbarkeit (Nr. 3)

Nach § 4 Abs. 1 Nr. 3 BFSGV müssen die betreffenden Produktinformationen den Verbrauchern auf eine Weise dargestellt werden, die sie wahrnehmen können. Der Grundsatz der Wahrnehmbarkeit erfordert, dass Informationen wahrnehmbar präsentiert werden.[5] Dies setzt ausweislich der harmonisierten Norm EN 301 549 V3.2.1 bei Software unter anderem das Zur-Verfügung-Stellen von Textalternativen und Alternativen für Audio- und Videoelemente, die Einhaltung von Pflichten zur Untertitelung und Audiodeskription und das Einhalten bestimmter Vorgaben für Kontraste voraus.[6] Auf den physischen Kontext des § 5 Nr. 1 BFSGV lassen sich diese Vorgaben kraft Natur der Sache nicht ohne Weiteres übertragen. Ein Beispiel für die Umsetzung des Grundsatzes der Wahrnehmbarkeit in der physischen Produktumgebung ist die Bereitstellung von Informationen (etwa Warnhinweisen) in Form taktiler Reliefdarstellungen.[7] 9

d) Anforderungen an die Schriftart (Nr. 4)

aa) Angemessene Größe

§ 5 Nr. 1 BFSGV i. V. m. § 4 Abs. 1 Nr. 4 BFSGV verpflichtet den Hersteller, für die Bereitstellung von Informationen zur Produktverpackung eine **Schriftart angemessener Größe** zu verwenden. Die Vorschrift verfolgt das Regelungsziel, Informationen auch für sehbehinderte Menschen lesbar zu machen.[8] In Ermangelung einer harmonisierten Norm, die Barrierefreiheitsanforderungen an physische Produktinformation regelt, können sich Hersteller insoweit als loser Orientierungshilfe an den Kriterien der EN 301 549 V3.2.1 für die Schriftartgröße im Rahmen der Barrierefreiheit von Informationstechnologie orientieren. Danach hängt die Angemessenheit der verwendeten Schriftart von der Höhe des Betrachtungsabstands ab. Diese Leseentfernung wird in aller Regel mit 30–40 cm zu bemessen sein, was dem Abstand entspricht, den viele Menschen verwenden, wenn sie ein Buch oder andere Dokumente lesen. Bei einer solchen Leseentfernung ist ausweislich der Vorgaben der EN 301 549 V3.2.1 eine **minimale Zeichengröße von 3,7 (30 cm) bzw. 4,9 mm (40 cm)** als angemessen anzusehen. Ein Hersteller sollte sich an diesen Werten orientieren, bis eine harmonisierte Norm verfügbar ist, über die die Vermutungswirkung des § 4 BFSG realisiert werden kann. 10

bb) Geeignete Form

Nach § 5 Nr. 1 BFSGV i. V. m. § 4 Abs. 1 Nr. 4 BFSGV ist der Hersteller außerdem verpflichtet, die Informationen zur Produktverpackung in einer Schriftart geeigneter Form darzustellen. Der Begriff der Schriftart geeigneter Form wird in der Verordnung nicht definiert; auch die EN 301 549 V3.2.1 kennt keine speziellen Anforderungen an die Schriftart. Eine Schriftart geeigneter Form bezeichnet eine Schriftart, die so gestaltet ist, dass sie für alle Nutzergruppen – insbesondere für Menschen mit 11

5 *Billing/Bremenkamp*, ZVertriebsR 2025, 9, 13.
6 EN 301 549 V3.2.1, 11.1.
7 BMAS (Hrsg.), Verordnungsentwurf, S. 18 [zu § 4 BFSGV].
8 BMAS (Hrsg.), Verordnungsentwurf, S. 19 [zu § 4 BFSGV].

Sehbehinderungen, Legasthenie oder kognitiven Einschränkungen – gut lesbar und zugänglich ist. Eine Schriftart geeigneter Form wird maßgeblich durch eine **klare Lesbarkeit**, eine **konsistente Zeichengestaltung** und die **Vermeidung von Verzierungen und Versalien** geprägt.

cc) Ausreichender Kontrast

12 § 5 Nr. 1 BFSGV i. V. m. § 4 Abs. 1 Nr. 4 BFSGV verpflichtet den Hersteller außerdem, Informationen zur Produktverpackung **mit ausreichendem Kontrast** darzustellen. Der Begriff des Kontrasts bezieht sich dabei auf den Unterschied in der Helligkeit und Farbe zwischen zwei Bereichen auf einer Oberfläche, der es dem menschlichen Auge ermöglicht, diese Bereiche klar voneinander zu unterscheiden, und im Kontext von Produktkennzeichnungen und Produktinformationen das Verhältnis der Helligkeit und Farbdifferenz zwischen dem Text und dem Hintergrund zum Gegenstand hat. Auch hier können sich Hersteller bis zur Veröffentlichung einer einschlägigen harmonisierten Norm als loser Orientierungshilfe an den Bestimmungen der EN 301 549 V3.2.1 orientieren, die Vorgaben für den erforderlichen Kontrast bei nicht-webbasierten Textdarstellungen im Kontext von Informationstechnologie trifft.[9] Das **Kontrastverhältnis** ist ein Maß, das den Unterschied in der Helligkeit zwischen zwei Bereichen, typischerweise zwischen Text und Hintergrund, quantifiziert. Es beschreibt das Verhältnis der Helligkeit der helleren zu der dunkleren Fläche. Ein höheres Kontrastverhältnis bedeutet, dass der Unterschied zwischen den Farben stärker ist und der Text dadurch besser lesbar wird. Ein **Kontrastverhältnis von mindestens 4.5:1** wird man entsprechend der Vorgaben der EN 301 549 V3.2.1 als ausreichend ansehen müssen.

dd) Ausreichender Abstand

13 Die betreffenden Informationen müssen ausweislich § 5 Nr. 1 BFSGV i. V. m. § 4 Abs. 1 Nr. 4 BFSGV auch mit einem ausreichenden Abstand zwischen den Buchstaben, Zeilen und Absätzen dargestellt werden. Die Bestimmung enthält daher Vorgaben für den Buchstabenabstand (letter spacing), den Zeilenabstand (line spacing) und den Abstand nach Absätzen. Auch hier ist in Ermangelung einer anwendbaren harmonisierten Norm ebenfalls eine Orientierung an den Vorgaben der EN 301 549 V3.2.1 zu empfehlen, die Vorgaben für den erforderlichen Abstand bei nicht-webbasierten Textdarstellungen im Kontext von Informationstechnologie enthält.[10] Danach muss der Nutzer in die Lage versetzt werden, den **Buchstabenabstand** auf das **0,12-fache der Schriftgröße**, den **Zeilenabstand** auf mindestens das **1,5-fache der Schriftgröße** und den **Abstand nach Absätzen** auf das **Zweifache der Schriftgröße** anzupassen. Im Umkehrschluss genügen Abstandswerte, die diesen Vorgaben entsprechen, jedenfalls auch den Vorgaben des § 4 Abs. 1 Nr. 4 BFSGV.

9 EN 301 549 V3.2.1, 10.1.4.3.
10 EN 301 549 V3.2.1, 10.1.4.12.

2. Vorrang verpackungsunmittelbarer Information

§ 5 Nr. 1 BFSGV statuiert dabei die Verpflichtung, derartige Informationen auf der Verpackung selbst anzubringen, soweit dies aufgrund der Größe oder der Art der Verpackung möglich ist. Die Bestimmung ähnelt dabei bekannten kennzeichnungsrechtlichen Strukturen, die etwa auch im Kontext des § 7 Abs. 1, Abs. 2 BFSG aufzufinden sind. Die betreffenden Informationen zur Produktverpackung können nach § 5 Nr. 1 BFSGV nur dann in einer dem Produkt beigefügten Unterlage (etwa der Gebrauchsanleitung) angegeben werden, wenn eine Angabe auf dem Produkt wegen dessen **Größe** oder der **Art des Produkts** nicht möglich ist. Ein Ausweichen auf die Verpackung aus rein ästhetischen Gründen scheidet aus.[11] **14**

Umstritten ist, ob eine verpackungsunmittelbare Realisierung der Verpackungsinformation auch in den Fällen unmöglich ist, in denen sie mit einem **wirtschaftlich unverhältnismäßigen Aufwand** verbunden wäre. Die EU-Kommission vertritt im Rahmen der parallelen Regelungstechnik im Recht der Herstellerkennzeichnung (vgl. § 7 BFSG) den Standpunkt, dass wirtschaftliche Aspekte berücksichtigungsfähig sind.[12] Dafür spricht auch die englische Sprachfassung der RL 2019/882/EU („suitable"), die einen über die technische Unmöglichkeit hinausgehenden Bedeutungsgehalt nahelegt. **15**

II. Anleitungen zur Installation und Wartung, Lagerung und Entsorgung des Produkts

Anleitungen zur Installation und Wartung, Lagerung und Entsorgung des Produkts, die nicht auf dem Produkt selbst angebracht sind, sondern auf anderem Wege, beispielsweise über eine Webseite, bereitgestellt werden, müssen nach § 5 Nr. 2 BFSGV bei Inverkehrbringen des Produkts öffentlich zugänglich sein und bestimmte Barrierefreiheitsanforderungen erfüllen. § 5 Nr. 2 BFSGV betrifft daher ganz bestimmte, nicht-produktunmittelbare Anleitungselemente, die sich auf Installation, Wartung, Lagerung und Entsorgung des Produkts erstrecken. In der Praxis werden solche Anleitungselemente regelmäßig in Gebrauchsanleitungen enthalten sein. § 5 Nr. 2 BFSGV wird daher maßgeblich relevant, wenn **Gebrauchsanleitungen digital** zur Verfügung gestellt werden. Obwohl der Wortlaut an sich nahelegt, dass sämtliche Anleitungselemente, die nicht auf dem Produkt selbst realisiert werden, erfasst werden, ist die Vorschrift ersichtlich auf digitale Lösungen zugeschnitten. Eine dem Produkt beigefügte physische Gebrauchsanleitung unterliegt daher nicht dem Regelungsregime des § 5 Nr. 2 BFSGV, da sich insoweit etwa die Vorgabe, anpassbare Zeichen- und Zeilenabstände zur Verfügung zu stellen (§ 5 Nr. 2 lit. e BFSGV), schlichtweg nicht umsetzen ließe. **16**

11 Zum Kennzeichnungsrecht: Europäische Kommission (Hrsg.), Leitfaden für die Umsetzung der Produktvorschriften der EU („Blue Guide"), 2022, S. 55; vgl. insoweit auch *Schucht*, CB 2023, 34, 36; *Piovano*, in: Schucht/Wiebe, EU-Produktsicherheitsverordnung Art. 9 Rn. 45 [zur GPSR].

12 Zum Kennzeichnungsrecht: Europäische Kommission (Hrsg.), Leitfaden für die Umsetzung der Produktvorschriften der EU („Blue Guide"), 2022, S. 59; vgl. auch *Schucht*, CB 2023, 34, 36.

17 Der Anwendungsbereich der Norm ist nicht auf textliche Anleitungen im Besonderen und die Art des Mediums im Allgemeinen beschränkt. Erfasst werden daher auch Anleitungsvideos, die die notwendigen Informationen über visuelle Medieninhalte bereitstellen.

1. Zwei-Sinne-Prinzip (lit. a)

18 Die betreffenden Anleitungen müssen ausweislich § 5 Nr. 2 lit. a BFSGV über mehr als einen sensorischen Kanal zur Verfügung gestellt werden (sog. **Zwei-Sinne-Prinzip**). Das Zwei-Sinne-Prinzip stellt sicher, dass alle Nutzergruppen Zugang zu den relevanten Informationen haben, indem es barrierefreie Alternativen bietet. Durch die Kombination unterschiedlicher Wahrnehmungskanäle – z. B. Sehen und Hören – werden sowohl visuelle als auch akustische Barrieren überwunden. Dies fördert nicht nur die Inklusion von Menschen mit unterschiedlichen Behinderungen, sondern verbessert auch die allgemeine Benutzererfahrung und sorgt für eine umfassendere und effektivere Zugänglichkeit der betreffenden Anleitungselemente. Im Anwendungsbereich des § 5 Nr. 2 BFSGV, der die digitale Bereitstellung von Anleitungselementen zum Gegenstand hat, wird sich das Zwei-Sinne-Prinzip regelmäßig durch die Eröffnung einer auditiven Dimension realisieren lassen. So können Anleitungen auf einer Webseite, in einer App oder in einer Textdatei visuell dargestellt werden (z. B. in Form von Texten, Bildern oder Diagrammen) und zusätzlich mittels Text-to-Speech-Technologie durch Sprachausgabe ergänzt werden. Dabei reicht es aus, dass die betreffende Datei eine Kompatibilität mit Text-to-Speech-Technologie erlaubt,

2. Auffindbarkeit (lit. b)

19 Die erfassten Anleitungen müssen nach § 5 Nr. 2 lit. b BFSGV für den Verbraucher **auffindbar** sein. Die Auffindbarkeit ist eine grundlegende Voraussetzung dafür, dass diese Anleitungen für Menschen mit Behinderungen zugänglich und die Produkte für sie damit überhaupt nutzbar sind.[13] Die Vorgabe des § 5 Nr. 2 lit. b BFSGV findet in der RL 2019/882/EU keine Entsprechung, sondern basiert auch einer überschießenden Richtlinienumsetzung des Umsetzungsgesetzgebers.

20 Der in der Verordnung selbst und auch in den Gesetzesmaterialien nicht definierte Begriff der Auffindbarkeit betrifft die **Zugänglichkeit** der erfassten Anleitungen. Auffindbarkeit bedeutet, dass die betreffenden Anleitungen für den Verbraucher leicht zugänglich sind, ohne dass unnötige und überflüssige Hürden überwunden werden müssen. Eine Anleitung gilt als auffindbar, wenn sie auf eine Weise bereitgestellt wird, die den Nutzer nicht nur auf den ersten Blick, sondern auch bei späterer Nutzung ohne großen Aufwand finden kann. Dies umfasst unter anderem die logische Platzierung der Anleitungen, klare Navigation auf digitalen Plattformen (z. B. über eine suchbare und übersichtliche Website), und das Angebot von deutlich sichtbaren Links oder Suchfunktionen, die den schnellen Zugriff ermöglichen.

---

13 BMAS (Hrsg.), Verordnungsentwurf, S. 22.

3. Verständlichkeit (lit. c)

Die vom Anwendungsbereich der Bestimmung erfassten Anleitungen müssen nach § 5 Nr. 2 lit. c BFSGV **in verständlicher Weise** dargestellt werden. Die Bestimmung geht dabei im Besonderen auf Anhang I Abschnitt II b) ii) der Richtlinie 2019/882/EU zurück. Die Anforderung, die erfassten digitalen Anleitungen in einer verständlichen Weise bereitzustellen, zielt darauf ab, die Barrierefreiheit für Menschen mit kognitiven Beeinträchtigungen, aber auch für alle anderen Nutzer, zu maximieren. Die Verständlichkeit ist nicht nur eine Frage der **sprachlichen Simplizität**, sondern betrifft auch die **logische Struktur und Klarheit** der Informationen. Hierbei spielt die Vermeidung von komplexen Formulierungen, Fachbegriffen und unnötigen Abstraktionen eine zentrale Rolle. Eine klare, prägnante und einheitliche Sprache trägt dazu bei, dass die Informationen intuitiv erfasst und korrekt interpretiert werden können. Zu beachten ist, dass Produkte nicht nur für den „Durchschnittsnutzer" verständlich sein müssen, sondern auch für Personen, die Schwierigkeiten beim Verstehen komplexer Texte ausgesetzt sind. In diesem Zusammenhang gewinnt **leichte Sprache** eine besondere Bedeutung. Leichte Sprache zeichnet sich durch kurze Sätze, einfache Worte und die Vermeidung von unnötig komplizierten Konzepten aus. Sie fördert das Verständnis für ein breites Publikum und stellt sicher, dass auch Menschen mit Lernbehinderungen oder geistigen Einschränkungen die Produktinformationen nutzen können. Die Umsetzung der Vorgaben des § 5 Nr. 2 lit. c BFSGV sollte daher insbesondere durch die konsequente und klar und logisch strukturierte Verwendung derselben Begriffe erfolgen, was die Verwendung einfacher Sprache miteinschließen kann.[14] Die Verwendung von klaren, standardisierten Symbolen und Icons könnte die Verständlichkeit weiter erhöhen. Solche visuellen Hilfsmittel ergänzen den Text und tragen maßgeblich dazu bei, Informationen zu veranschaulichen. **21**

4. Wahrnehmbarkeit (lit. d)

Die Anleitungen im Sinne des § 5 Nr. 2 BFSGV müssen nach § 5 Nr. 2 lit. d BFSGV auf eine für den Verbraucher wahrnehmbare Weise dargestellt werden. Wahrnehmbarkeit setzt dabei etwa die **Bereitstellung von Textalternativen** zu nicht-textbasierten Inhalten (Bilder, Grafiken, Audio- und Videoformate), **Untertitelung bei Audio- und Videoinhalten** und die Bereitstellung von Audiodeskription voraus. § 5 Nr. 2 lit. d BFSGV verpflichtet daher etwa den Hersteller, bei Verwendung eines Anleitungsvideos Untertitel bereitzustellen.[15] Solange harmonisierte Normen fehlen, mithilfe derer die Vermutungswirkung des § 4 BFSG realisiert werden kann, ist Wirtschaftsakteuren zu empfehlen, sich insoweit an den Vorgaben der EN 301 549 V3.2.1 zur Wahrnehmbarkeit von nicht-webbasierten Dokumenteninhalten zu orientieren.[16] **22**

---

14 BMAS (Hrsg.), Verordnungsentwurf, S. 22.

15 BMAS (Hrsg.), Verordnungsentwurf, S. 22.

16 EN 301 549 V3.2.1, 10.1.

5. Anforderungen an die Schriftart (lit. e)

23 § 5 Nr. 2 lit. e BFSGV stellt Anforderungen an die Schriftart der erfassten Anleitungen. In Umsetzung von Anhang I Abschnitt II a) iv) der Richtlinie 2019/882/EU müssen die betreffenden Anleitungen in einer Schriftart mit angemessener Größe und mit geeigneter Form unter Berücksichtigung des vorhersehbaren Nutzungskontexts und mit ausreichendem Kontrast sowie anpassbaren Abständen zwischen den Buchstaben, Zeilen und Absätzen dargestellt werden.

a) Angemessene Größe

24 § 5 Nr. 2 lit. e BFSGV verpflichtet den Hersteller, bei der Bereitstellung der erfassten Anleitungen eine **Schriftart angemessener Größe** zu verwenden. Die Vorschrift verfolgt das Regelungsziel, Informationen auch für sehbehinderte Menschen lesbar zu machen.[17] In Ermangelung einer harmonisierten Norm, die Barrierefreiheitsanforderungen an Produkte regelt, können sich Hersteller insoweit als loser Orientierungshilfe an den Kriterien der EN 301 549 V3.2.1 für die Schriftartgröße im Rahmen der Barrierefreiheit von Informationstechnologie orientieren. Danach hängt die Angemessenheit der verwendeten Schriftart von der Höhe des Betrachtungsabstands ab. Diese Leseentfernung wird in aller Regel mit 30–40 cm zu bemessen sein, was dem Abstand entspricht, den viele Menschen verwenden, wenn sie ein Buch oder andere Dokumente lesen. Bei einer solchen Leseentfernung ist ausweislich der Vorgaben der EN 301 549 V3.2.1 eine **minimale Zeichengröße von 3,7 (30 cm) bzw. 4,9 mm (40 cm)** als angemessen anzusehen. Ein Hersteller sollte sich an diesen Werten orientieren, bis eine harmonisierte Norm verfügbar ist, über die die Vermutungswirkung des § 4 BFSG realisiert werden kann.

b) Geeignete Form

25 Nach § 5 Nr. 2 lit. e BFSGV ist der Hersteller außerdem verpflichtet, eine Schriftart geeigneter Form zu verwenden. Der Begriff der Schriftart geeigneter Form wird in der Verordnung nicht definiert; auch die EN 301 549 V3.2.1 kennt keine speziellen Anforderungen an die Schriftart. Eine Schriftart geeigneter Form bezeichnet eine Schriftart, die so gestaltet ist, dass sie für alle Nutzergruppen – insbesondere für Menschen mit Sehbehinderungen, Legasthenie oder kognitiven Einschränkungen – gut lesbar und zugänglich ist. Eine Schriftart geeigneter Form wird maßgeblich durch eine **klare Lesbarkeit**, eine **konsistente Zeichengestaltung** und die **Vermeidung von Verzierungen und Versalien** geprägt.

c) Ausreichender Kontrast

26 § 5 Nr. 2 lit. e BFSGV verpflichtet den Hersteller außerdem, Anleitungen **mit ausreichendem Kontrast** darzustellen. Der Begriff des Kontrasts bezieht sich dabei auf den Unterschied in der Helligkeit und Farbe zwischen zwei Bereichen auf einer Oberfläche, der es dem menschlichen Auge ermöglicht, diese Bereiche klar voneinander zu unterscheiden, und im Kontext von Produktkennzeichnungen und Produkt-

---

17 BMAS (Hrsg.), Verordnungsentwurf, S. 19.

informationen das Verhältnis der Helligkeit und Farbdifferenz zwischen dem Text und dem Hintergrund zum Gegenstand hat. Auch hier können sich Hersteller bis zur Veröffentlichung einer einschlägigen harmonisierten Norm als loser Orientierungshilfe an den Bestimmungen der EN 301 549 V3.2.1 orientieren, die Vorgaben für den erforderlichen Kontrast bei nicht-webbasierten Textdarstellungen im Kontext von Informationstechnologie trifft.[18] Das **Kontrastverhältnis** ist ein Maß, das den Unterschied in der Helligkeit zwischen zwei Bereichen, typischerweise zwischen Text und Hintergrund, quantifiziert. Es beschreibt das Verhältnis der Helligkeit der helleren zu der dunkleren Fläche. Ein höheres Kontrastverhältnis bedeutet, dass der Unterschied zwischen den Farben stärker ist und der Text dadurch besser lesbar wird. Ein **Kontrastverhältnis von mindestens 4.5:1** wird man entsprechend der Vorgaben der EN 301 549 V3.2.1 als ausreichend ansehen müssen.

d) Ausreichender Abstand

27 Die betreffenden Anleitungen müssen ausweislich § 5 Nr. 2 lit. e BFSGV auch mit einem anpassbaren, ausreichenden Abstand zwischen den Buchstaben, Zeilen und Absätzen dargestellt werden. Die Bestimmung enthält daher Vorgaben für den Buchstabenabstand (letter spacing), den Zeilenabstand (line spacing) und den Abstand nach Absätzen. Auch hier ist in Ermangelung einer anwendbaren harmonisierten Norm ebenfalls eine Orientierung an den Vorgaben der EN 301 549 V3.2.1 zu empfehlen, die Vorgaben für den erforderlichen Abstand bei nicht-webbasierten Textdarstellungen im Kontext von Informationstechnologie enthält.[19] Danach muss der Nutzer in die Lage versetzt werden, den **Buchstabenabstand** auf das **0,12-fache der Schriftgröße**, den **Zeilenabstand** auf mindestens das **1,5-fache der Schriftgröße** und den **Abstand nach Absätzen** auf das **Zweifache der Schriftgröße** anzupassen. Im Umkehrschluss genügen Abstandswerte, die diesen Vorgaben entsprechen, jedenfalls auch den Vorgaben des § 5 Nr. 2 lit. e BFSGV.

28 Unbedingt zu beachten ist, dass der Abstand im Anwendungsbereich des § 5 Nr. 2 lit. e BFSGV, anders als im Rahmen des § 4 Abs. 1 BFSGV, **anpassbar** sein muss. Anpassbar bedeutet, dass die Darstellung von Abständen zwischen Buchstaben, Zeilen und Absätzen so gestaltet ist, dass der Benutzer diese nach eigenen Bedürfnissen und Präferenzen verändern kann, um die Lesbarkeit und Verständlichkeit der Informationen zu optimieren. Dies schließt die Möglichkeit ein, die Abstände durch benutzerfreundliche Steuerungselemente, wie Schieberegler, Einstelloptionen oder durch integrierte Einstellungen im System, dynamisch zu modifizieren. Die Anpassung muss dabei in einem für den Benutzer individuell zugänglichen Rahmen erfolgen, sodass die Schriftabstände in unterschiedlichen Medien und auf verschiedenen Geräten (z. B. Desktop, Tablet, Smartphone) ohne Einschränkungen verändert werden können, um Barrieren bei der Wahrnehmung und Nutzung der Informationen zu vermeiden. Auf dem Markt existieren bereits zahlreiche technische Möglichkeiten, die im Kontext responsiven Webdesigns die Anpassbarkeit von Abständen in digitalen Gebrauchsanleitungen gewährleisten. Neben der Integration von **Web-APIs für Barrierefreiheit wie ARIA** (Accessible Rich Internet Applications), die genutzt

18 EN 301 549 V3.2.1, 10.1.4.3.
19 EN 301 549 V3.2.1, 10.1.4.12.

werden, um sicherzustellen, dass auch Screenreader oder assistive Technologien mit den Anpassungen korrekt umgehen können, bietet sich insbesondere die Verwendung der Stylesheet-Sprache **CSS** (Cascading Style Sheets), die in Kombination mit HTML und JavaScript genutzt wird, um das visuelle Erscheinungsbild von Webseiten zu definieren, und verwendet werden kann, um das Layout flexibel zu gestalten, sodass die Elemente je nach Bedarf (z.B. Zeilenabstand, Abstand zwischen Absätzen) umstrukturiert oder angepasst werden können. Die genaue technische Ausgestaltung wird regelmäßig davon abhängen, ob die Anleitungen über ein herunterladbares PDF-Dokument oder Mobil über eine Webseite bereitgestellt werden.

6. Anforderungen an Textformate (lit. f)

29 Nach § 5 Nr. 2 lit. f BFSGV muss der Inhalt der Anleitungen in **Textformaten** zur Verfügung gestellt werden, die sich zum Generieren alternativer assistiver Formate durch den Verbraucher eignen, auf unterschiedliche Art dargestellt und über mehr als einen sensorischen Kanal wahrgenommen werden können. Die Bestimmung geht dabei auf Anhang I Abschnitt II a) v) der Richtlinie 2019/882/EU zurück. Die Bestimmung gewährleistet, dass Menschen mit Sehbehinderungen, Leseschwierigkeiten oder anderen Beeinträchtigungen den Inhalt auf eine für sie geeignete Weise konsumieren können. Sie setzt damit etwa voraus, dass die Anleitungen hinsichtlich ihres Inhalts in einem Textformat zur Verfügung gestellt werden, das in Braille-Schrift ausgedruckt werden kann oder sich zum Vorlesen durch einen Screenreader eignet.[20] Die Vorschrift überschneidet sich in erheblichem Maße mit Anforderungen, die bereits unter dem Begriff der Wahrnehmbarkeit oder unter das Zwei-Sinne-Prinzip des § 5 Nr. 2 lit. a BFSGV fallen, ist jedoch auf Textformate zugeschnitten. Ein solches Textformat ist zum einen das **HTML** (Hypertext Markup Language)-Format, das aufgrund seiner strukturierten Darstellung besonders geeignet ist, um von Screenreadern problemlos interpretiert werden zu können. Das Format gewährleistet eine klare Trennung von Text, Bildern und Navigationselementen. Ebenfalls den Anforderungen der Vorschrift genügt das **TXT** (Plain Text)-Format. Das Plain-Text-Format stellt den reinen Text ohne Formatierungen zur Verfügung und kann von allen gängigen Screenreadern und Braille-Displays direkt und unmittelbar gelesen werden. Erfasst wird auch das **RTF** (Rich Text Format)-Format: RTF-Dateien ermöglichen die Verwendung von Textformatierungen (wie fett, kursiv oder unterstrichen) und können ebenfalls von Screenreadern und Braille-Technologien problemlos verarbeitet werden. Das PDF-Format genügt nur dort, wo es mit Tags versehen ist. Getaggte PDFs sind eine spezielle Form von PDF-Dateien, die mit Tags versehen sind, die ihre strukturierte Hierarchie und Inhaltsarten (wie Überschriften, Absätze, Listen, Tabellen, Links usw.) kennzeichnen. Diese Tags ermöglichen es Screenreadern und anderen assistiven Technologien, die Dokumentstruktur korrekt zu interpretieren und den Inhalt für Menschen mit Sehbehinderungen oder anderen Beeinträchtigungen zugänglich zu machen.

---

20 BMAS (Hrsg.), Verordnungsentwurf, S. 22.

7. Bereitstellung von Textalternativen (lit. g)

Nach § 5 Nr. 2 lit. g BFSGV müssen Anleitungen im Sinne des § 5 Nr. 2 BFSGV eine alternative Darstellung des Inhalts anbieten, wenn Elemente nicht-textlichen Inhalts enthalten sind. Die Bereitstellung von Textalternativen ist dabei eine besondere Ausformung des Zwei-Sinne-Prinzips. Elemente nicht-textlichen Inhalts sind alle grafischen, bildlichen, audio-visuellen oder interaktiven Inhalte, die zusätzliche Informationen über den reinen Text hinaus vermitteln und die zur vollständigen und verständlichen Nutzung einer Anleitung erforderlich sind. Hierzu zählen Bilder und Grafiken, Videos und Animationen, Audioinhalte, Tabellen oder Diagramme und Icons oder Symbole. Auch insoweit bestehen erhebliche Überschneidungen mit der Wahrnehmbarkeit nach § 5 Nr. 2 lit. d BFSGV, die jedenfalls nach dem durch die EN 301 549 V3.2.1 geprägten herkömmlichen Verständnis die Bereitstellung von Textalternativen einschließt. Textalternativen können in verschiedenen Formen angeboten werden: Neben **sog. Alt-Texten** für Bilder und Grafiken, die die Bedeutung oder den Inhalt der Bilder beschreiben, fallen hierunter auch **Transkripte oder Untertitel** für Audio- und Video-Inhalte und beschreibende Texte für interaktive Elemente oder Symbole, die deren Funktion und Bedeutung erklären. § 5 Nr. 2 lit. g BFSGV verlangt daher etwa, dass ein Schaubild durch eine Textbeschreibung ergänzt wird, in der die wichtigsten Elemente genannt oder zentrale Vorgänge beschrieben werden.[21] 30

§ 6 BFSGV
Anforderungen an Gestaltung von Benutzerschnittstelle und Funktionalität von Produkten

(1) Das Produkt, einschließlich seiner Benutzerschnittstelle, muss Bestandteile, Funktionen und Merkmale enthalten, die es Menschen mit Behinderungen ermöglichen, auf das Produkt zuzugreifen, es wahrzunehmen, zu bedienen, zu verstehen und zu steuern.

(2) Das Produkt muss

1. Kommunikation, einschließlich zwischenmenschlicher Kommunikation, Bedienung, Information, Steuerung und Orientierung über mehr als einen sensorischen Kanal ermöglichen, soweit es Kommunikation anbietet; das schließt auch die Bereitstellung von Alternativen zu visuellen, auditiven, gesprochenen und taktilen Elementen ein,

2. bei Verwendung von gesprochener Sprache Alternativen zur gesprochenen Sprache und zur stimmlichen Eingabe für die Kommunikation, Bedienung, Steuerung und Orientierung zur Verfügung stellen,

3. bei Verwendung visueller Elemente

21 BMAS (Hrsg.), Verordnungsentwurf, S. 21.

a) eine flexible Einstellung der Größe, der Helligkeit und des Kontrastes für die Kommunikation, Information und Bedienung sowie zur Gewährleistung der Interoperabilität mit Programmen und Hilfsmitteln zur Navigation in der Schnittstelle ermöglichen und

b) für die Verbesserung der visuellen Klarheit flexible Möglichkeiten zur Verfügung stellen,

4. Alternativen zu Farben zur Verfügung stellen, wenn mittels Farben Informationen mitgeteilt werden, über eine Handlung informiert wird, zu einer Reaktion aufgefordert wird oder Elemente gekennzeichnet werden,

5. Alternativen zu hörbaren Signalen zur Verfügung stellen, wenn mittels hörbarer Signale Informationen mitgeteilt werden, über eine Handlung informiert wird, zu einer Reaktion aufgefordert wird oder Elemente gekennzeichnet werden,

6. bei der Verwendung von Audio-Elementen

a) es dem Verbraucher ermöglichen, die Lautstärke und Geschwindigkeit zu regeln und

b) erweiterte Audiofunktionen, wie die Verringerung von störenden Audiosignalen von Geräten in der Umgebung und auditive Klarheit, zur Verfügung stellen,

7. bei zwingend erforderlicher manueller Bedienung und Steuerung

a) sequenzielle Steuerung und Alternativen zur feinmotorischen Steuerung zur Verfügung stellen, um eine gleichzeitige Bedienung mit Handgriffen zu vermeiden und

b) taktil erkennbare Teile verwenden,

8. Bedienungsformen vermeiden, die eine erhebliche Reichweite und großen Kraftaufwand erfordern,

9. das Auslösen fotosensitiver Anfälle vermeiden,

10. bei Nutzung der Barrierefreiheitsfunktionen durch den Verbraucher dessen Privatsphäre schützen,

11. Alternativen zur biometrischen Identifizierung und Steuerung anbieten,

12. die Konsistenz der Funktionalitäten wahren und ausreichend Zeit und eine flexible Zeitmenge für die Interaktionen zur Verfügung stellen und

13. Software und Hardware für Schnittstellen zu den assistiven Technologien aufweisen.

Gliederung: Rn.

A. Einführung

§ 6 BFSGV regelt in Umsetzung von Anhang I Abschnitt I Nummer 2 a) bis n) der RL 2019/882/EU die allgemeinen Anforderungen an die Gestaltung von Benutzerschnittstelle und Funktionalität von Produkten.[1] Anders als die §§ 4, 5 BFSGV betrifft die Bestimmung die technische Gestaltung des Produkts selbst. Die Vorschrift ist damit das Herzstück der gestalterischen Vorgaben der BFSGV für die Hersteller der erfassten Produktgruppen und -kategorien und bringt mit Abstand den umfangreichsten regulatorischen Anforderungskatalog mit sich. Neben die allgemeinen Vorgaben des § 6 BFSGV treten nach Maßgabe der §§ 7 ff. BFSGV weitere branchenspezifische Vorgaben für einzelne Produktkategorien. 1

B. Regelungsgehalt

I. Wahrnehmbarkeit, Bedienbarkeit, Verständlichkeit

Nach § 6 Abs. 1 BFSGV muss ein Produkt, einschließlich seiner Benutzerschnittstelle, Bestandteile, Funktionen und Merkmale enthalten, die es Menschen mit Behinderungen ermöglichen, auf das Produkt zuzugreifen, es wahrzunehmen, zu bedienen, zu verstehen und zu steuern. Anhaltspunkte in der Verordnung, im BFSG 2

1 *BMAS* (Hrsg.), Verordnungsentwurf, S. 23.

oder in den Gesetzesmaterialien, mit deren Hilfe die generalklauselartige Bestimmung näher konturiert werden könnte, fehlen völlig. Der Wortlaut der Bestimmung nimmt jedenfalls partiell auf die übergreifenden und wiederkehrenden Grundsätze für die Barrierefreiheit im digitalen Raum Bezug, die aus den vier Merkmalen der Wahrnehmbarkeit (Perceivable), Bedienbarkeit (Operable), Verständlichkeit (Understandable) und Robustheit (Robust) bestehen und in ihrem Bedeutungsgehalt durch die harmonisierte Norm EN 301 549 V3.2.1 und die WCAG 2.1 näher ausgeleuchtet werden. Hierbei werden sich zweifelsohne jedenfalls partiell inhaltliche Überschneidungen zu den Vorgaben des § 6 Abs. 2 BFSGV ergeben. Das Kriterium der Robustheit findet sich in § 6 Abs. 1 BFSGV dabei nicht, dafür werden die neuen Kriterien der Zugänglichkeit (Accessibility) und der Steuerbarkeit (Controllability) eingeführt, für die es bisher in den einschlägigen Standards keine Entsprechung gibt. Hieraus ergeben sich erhebliche Schwierigkeiten in der Anwendung der betreffenden Begrifflichkeiten, die durch das Fehlen neuer harmonisierter Standards zum Inkrafttreten des BFSG noch verstärkt werden.

3 Solange einschlägige Anhaltspunkte in harmonisierten Standards fehlen, ist Wirtschaftsakteuren zu empfehlen, sich auch in Bezug auf die Kriterien der Zugänglichkeit und Steuerbarkeit an den für die Bedienbarkeit geltenden Grundsätze zu orientieren.

1. Wahrnehmbarkeit

4 Der Grundsatz der Wahrnehmbarkeit erfordert, dass Informationen und Bestandteile der Benutzerschnittstelle wahrnehmbar präsentiert sind.[2] Dies setzt ausweislich der harmonisierten Norm EN 301 549 V3.2.1 bei Software unter anderem das Zur-Verfügung-Stellen von Textalternativen und Alternativen für Audio- und Videoelemente, die Einhaltung von Pflichten zur Untertitelung und Audiodeskription und das Einhalten bestimmter Vorgaben für Kontraste voraus.[3] Die harmonisierte Norm verweist an den entsprechenden Stellen weitgehend auf die Vorgaben der WCAG 2.1, was eine gute Auditierbarkeit der Einhaltung der Barrierefreiheitsanforderungen durch Hersteller ermöglicht.

2. Bedienbarkeit

5 Nach dem Grundsatz der Bedienbarkeit müssen die Komponenten der Benutzeroberfläche und die Navigation für den Nutzer bedienbar sein.[4] Ausweislich des umfassenden Anforderungskatalogs der EN 301 549 V3.2.1 setzt dies in Bezug auf Software u. a. die Einhaltung bestimmter Vorgaben zur Vermeidung fotosensitiver Anfälle voraus.[5] Auch hier verweist die EN 301 549 V3.2.1 im Detail auf die WCAG 2.1 weiter.

---

2 *Billing/Bremenkamp*, ZVertriebsR 2025, 9, 13.
3 EN 301 549 V3.2.1, 11.1.
4 *Billing/Bremenkamp*, ZVertriebsR 2025, 9, 13.
5 EN 301 549 V3.2.1, 11.2.

3. Verständlichkeit

Der Grundsatz der Verständlichkeit beinhaltet, dass Inhalte möglichst lesbar und verständlich dargestellt werden. Dies setzt ausweislich der EN 301 549 V3.2.1 bei Software die Vorhersehbarkeit von Funktionalitäten, die Einhaltung bestimmter Anforderungen an die Fehleridentifikation und die Möglichkeit der Sprachauswahl voraus.[6] Auch hier verweist die EN 301 549 V3.2.1 im Detail auf die WCAG 2.1 weiter. **6**

II. Zwei-Sinne-Prinzip

Nach § 6 Abs. 2 Nr. 1 BFSGV muss das betreffende Produkt Kommunikation einschließlich zwischenmenschlicher Kommunikation, Bedienung, Information, Steuerung und Orientierung über mehr als einen sensorischen Kanal ermöglichen; das schließt auch die Bereitstellung von Alternativen zu visuellen, auditiven, gesprochenen und taktilen Elementen ein. § 6 Abs. 2 Nr. 1 BFSGV etabliert daher das sog. Zwei-Sinne-Prinzip.[7] Das Zwei-Sinne-Prinzip postuliert, dass die interaktive Nutzung eines Produkts auf mehr als einem Sinneskanal ermöglicht werden muss, sodass insoweit der Nutzer nicht nur auf einen einzelnen Sinn (z. B. Sehen oder Hören) angewiesen ist. So müssen zum Beispiel Anweisungen in Form von gesprochener Sprache oder Texten oder einer Tastatur mit taktilen Markierungen bereitgestellt werden, damit Blinde oder Hörgeschädigte mit dem Produkt in Interaktion treten können.[8] So werden auf **Universalcomputern** Informationen regelmäßig durch Texte, Bilder, Symbole oder Menüs dargestellt. Über Sprachsynthese (z. B. Vorlesen von Texten) oder Sprachsteuerung (z. B. durch virtuelle Assistenten) können Informationen auch akustisch übermittelt werden. Im Einzelfall mag auch eine haptische Informationsüberleitung technisch realisierbar sein: So können Vibrationen oder taktiles Feedback beim Betätigen eines Touchscreens oder einer Tastatur erfolgen. Über die Implementierung von Barrierefreiheitsfunktionen, die Sprachausgabe- und Sprachsteuerung beinhalten, entspricht die Ermöglichung des Zwei-Sinne-Prinzips bei Universalcomputern unter den gängigen Betriebssystemen (Windows, macOS) bereits dem Marktstandard. Auch bei den führenden Herstellern von E-Book-Lesegeräten zählen Sprachausgabefunktionen, bei denen Text durch Text-to-Speech-Technologien (TTS) in gesprochene Sprache umgewandelt wird, und Sprachsteuerung zur Ausstattung der hergestellten Produkte, womit dem Zwei-Sinne-Prinzip entsprochen wird. **7**

Fragen wirft die **Reichweite** des Tatbestands auf. Insbesondere geht es dabei darum, ob auch die **Steuerung des Produkts**, für sich allein und isoliert von der restlichen Kommunikation betrachtet, über mindestens zwei sensorische Kanäle ermöglicht werden muss. Dies setzt faktisch die **zwingende Implementierung von Sprachsteuerung** als Alternative zur taktilen Steuerung (über Tasten, Fernbedienung) voraus, da eine rein visuelle Aktivsteuerung bereits denklogisch ausscheidet. Wenngleich die Sprachsteuerung bei vielen Produktkategorien (insbesondere Uni- **8**

6 EN 301 549 V3.2.1, 11.3.
7 *Billing/Bremenkamp*, ZVertriebsR 2025, 9, 11.
8 BMAS (Hrsg.), Verordnungsentwurf, S. 23.

versalcomputer, E-Book-Lesegeräte) verbreitet ist, bringt dies erheblichen Anpassungsbedarf für andere Produktgruppen (vgl. Geldautomaten, Fahrausweisautomaten, teilweise auch Fernsehgeräte) mit sich, der sogar Eingriffe in die Hardware des betreffenden Produkts notwendig macht. Dieses Ergebnis wird durch den Wortlaut gleichwohl durchaus nahegelegt und auch durch Sinn und Zweck der Bestimmung, die Teilhabe von Menschen mit verschiedenen Behinderungen zu ermöglichen, abgesichert. Letztlich wird man es insbesondere der regulatorischen Praxis und ggf. noch zu erwartenden Handreichungen der Kommission zu überlassen haben, die genaue Reichweite des Tatbestands abzustecken. Betroffenen Herstellern ist in Ermangelung solcher Verlautbarungen zu einer weiten Auslegung der betreffenden Bestimmung zu raten.

III. Alternativen zur gesprochenen Sprache und zur stimmlichen Eingabe (Nr. 2)

9 Nach § 6 Abs. 2 Nr. 2 BFSGV müssen die erfassten Produkte bei Verwendung gesprochener Sprache **Alternativen zur gesprochenen Sprache** und zur stimmlichen Eingabe für die Kommunikation, Bedienung, Steuerung und Orientierung zur Verfügung stellen. Unter der Verwendung gesprochener Sprache versteht man den Einsatz von verbaler Kommunikation (also Sprache, die durch Sprechen übermittelt wird) als Mittel der Benutzerinteraktion mit einem Produkt oder einer Anwendung. Dies kann sowohl das Verarbeiten von gesprochenen Anweisungen (z. B. durch Sprachsynthese oder Sprachfeedback) als auch das Eingeben von Befehlen oder Daten durch gesprochene Sprache (z. B. durch Sprachsteuerung oder Sprachinteraktionen) umfassen. Der Tatbestand des § 6 Abs. 2 Nr. 2BFSGV erfasst sowohl Sprachausgabe (z. B. Sprachansagen auf einem Geldautomaten oder E-Book-Reader) als auch die stimmliche Eingabe (z. B. Sprachsteuerung, bei der der Nutzer das Gerät oder die Anwendung durch sprachliche Befehle steuert). § 6 Abs. 2 Nr. 2 BFSGV verlangt, dass das Produkt insoweit Alternativen zur gesprochenen Sprache zur Verfügung stellt. Gibt es beispielsweise bei einem **Selbstbedienungsterminal** gesprochene Anweisungen, muss das Selbstbedienungsterminal die Anweisungen auch in Form von Texten oder Bildern darstellen, damit auch Gehörlose das Terminal benutzen können.[9] Produkte, die gesprochene Sprache verwenden, um Informationen zu vermitteln (z. B. Sprachansagen, Akustische Rückmeldungen), müssen daher auch alternative Kommunikationsmethoden (z. B. visuelle Anzeigen oder vibrationsbasierte Rückmeldungen) anbieten, um Nutzer, die gehörlos oder schwerhörig sind, oder Nutzer mit Sprachstörungen zu unterstützen. Dasselbe gilt für die Variante der stimmlichen Eingabe: Wenn ein Produkt Sprachsteuerung verwendet (z. B. Sprachbefehle für Geräte), muss es auch alternative Steuerungsmethoden wie Tastenbedienung, Touch-Interaktionen oder Gestensteuerung bieten.

---

9 BMAS (Hrsg.), Verordnungsentwurf, S. 23.

IV. Anforderungen an die Verwendung visueller Elemente (Nr. 3)

Bei Verwendung visueller Elemente muss das Produkt nach § 6 Abs. 2 Nr. 3 BFSGV eine flexible Einstellung der Größe, der Helligkeit und des Kontrastes für die Kommunikation, Information und Bedienung sowie zur Gewährleistung der Interoperabilität mit Programmen und Hilfsmitteln zur Navigation in der Schnittstelle ermöglichen (lit. a) und für die Verbesserung der visuellen Klarheit flexible Möglichkeiten zur Verfügung stellen (lit. b). Der Begriff der visuellen Elemente wird weder im BFSG noch in der BFSGV legaldefiniert. Der Begriff der **visuellen Elemente** erfasst alle grafischen Darstellungen, Texte, Symbole, Bilder, Farben und andere visuelle Inhalte, die innerhalb eines Produkts oder Systems genutzt werden, um Informationen zu kommunizieren, eine Benutzeroberfläche zu gestalten oder die Interaktion mit dem Produkt zu ermöglichen. Visuelle Elemente umfassen in diesem Zusammenhang sowohl statistische Darstellungen wie Texte, Zahlen und Symbole als auch dynamische Inhalte wie Animationen, Grafiken, Diagramme oder visuelle Feedbacks, die die Interaktivität zwischen Nutzer und Produkt unterstützen. Sie können in Displays, Bildschirmen, LED-Anzeigen, Beleuchtungssystemen und Projektoren dargestellt werden. **10**

1. Flexible Anpassung von Größe, Helligkeit und Kontrast

Die betreffenden Produkte müssen ausweislich § 6 Abs. 2 Nr. 3 lit. a BFSGV eine flexible Einstellung von Größe, Helligkeit und Kontrast ermöglichen. Ein weiterer Anwendungsfall ist die Kontrasterhöhung bei Darstellungen im Vordergrund. Die Regelung knüpft daher an für die meisten Produktgruppen bereits im Markt vorhandene und technisch realisierte Lösungen an. Auf **Universalcomputern** (§ 1 Abs. 2 Nr. 1 BFSG) werden Texte, Symbole, Buttons und Interaktionsfelder (wie die Benutzeroberfläche in Betriebssystemen und Programmen) als visuelle Elemente dargestellt. Betriebssysteme wie Windows oder macOS versetzen Nutzer bereits in die Lage, unter den Barrierefreiheitsoptionen die Textgröße, den Bildschirmkontrast oder auch den Farbmodus auf eine Weise anpassen, die den Kontrast erhöht und so Sehbehinderten hilft, die Informationen besser zu erfassen. Dasselbe gilt im Kontext von **E-Book-Lesegeräten**: Auch hier können Nutzer der gängigen Modelle regelmäßig die Schriftgröße, die Schriftart, die Helligkeit des Displays und den Kontrast anpassen. Weiterer Anpassungsbedarf dürfte hingegen für die Hersteller von Selbstbedienungsterminals wie Geldautomaten oder Fahrausweisautomaten entstehen, wo entsprechende Möglichkeiten noch nicht flächendeckend integriert sind. **11**

2. Verbesserung der visuellen Klarheit

Unter den Tatbestand des § 6 Abs. 2 Nr. 3 BFSGV fallen neben technischen Möglichkeiten zur flexiblen Anpassung von Größe, Helligkeit und Kontrast (lit. a) auch andere technische Möglichkeiten zur Verbesserung der visuellen Klarheit (lit. b). Durch die Gesetzesmaterialien wird der Anwendungsbereich der Vorschrift nicht näher konturiert. Hierunter fallen richtigerweise etwa die Optimierung von Layouts und weißen Bereichen, die Verwendung von geometrischen Formen oder Rahmen zur Markierung und die Verwendung von Textschatten oder Hervorhebungen. **12**

V. Alternativen zu Farben (Nr. 4)

13 Nach § 6 Abs. 2 Nr. 4 BFSGV muss ein Produkt Alternativen zu Farben zur Verfügung stellen, wenn mittels Farben Informationen mitgeteilt werden, über eine Handlung informiert wird, zu einer Reaktion aufgefordert wird oder Elemente gekennzeichnet werden. Die Regelung des § 6 Abs. 2 Nr. 4 BFSGV zielt darauf ab, die Barrierefreiheit von Produkten zu gewährleisten, indem Alternativen zu Farbinformationen bereitgestellt werden, die typischerweise nicht von allen Menschen, wie etwa farbblinden oder farbensehbehinderten Personen, erkannt oder korrekt interpretiert werden können.

14 Die Vorschrift hat die praktische Konsequenz, dass zum Beispiel die Wahl einer Option nicht nur durch Drücken einer roten oder grünen Taste durchgeführt werden kann, sondern auf den Tasten schriftlich die jeweilige Option angegeben wird, damit auch farbenblinde Menschen diese Entscheidung treffen können.[10] Die Vorschrift bringt erheblichen Anpassungsbedarf für die Industrie, da derartige Farbalternativen bei gewissen Produktkategorien nicht notwendigerweise dem Marktstandard entsprechen. In **Selbstbedienungsterminals** (wie etwa **Geldautomaten** oder **Fahrausweisautomaten**) werden häufig Farben verwendet, um verschiedene Optionen oder Statusanzeigen darzustellen. Ein grüner Button steht regelmäßig für ein Bestätigen, ein roter für ein Abbrechen des Vorgangs. § 6 Abs. 2 Nr. 4 BFSGV macht es notwendig, die Benutzeroberfläche dahingehend anzupassen, dass schriftliche Beschriftungen oder Symbole zusätzlich zu den Farben angezeigt werden, um sicherzustellen, dass auch farbblinde Nutzer die Funktionalität der Tasten verstehen können. In vielen Anwendungen und Geräten wird der **Fortschritt einer Aktivität** durch Farben angezeigt, z. B. durch einen grünen oder blauen Ladebalken. Um die Barrierefreiheit im Einklang mit der Vorschrift des § 6 Abs. 2 Nr. 4 BFSGV zu gewährleisten, müssen Zusatzinformationen durch Symbole oder Text gegeben werden, damit auch farbblinde Menschen den Fortschritt verfolgen können. Einen weiteren Anwendungsfall bilden **interaktive Infoterminals** (vgl. § 1 Abs. 2 Nr. 2 lit. b dd) BFSG), die in Museen oder öffentlichen Einrichtungen genutzt werden und oftmals Farben zur Kennzeichnung von Informationen oder zur Steuerung von Optionen verwenden. So wird oft eine rote Farbauswahl zur Anzeige eines Fehlers, eine grüne Farbe hingegen zur Anzeige einer erfolgreichen Auswahl eingesetzt. Auch in diesen Fällen müssen zusätzlich zu den Farben auch Symbole oder Textanzeigen zur Verfügung gestellt werden, die die Bedeutung der Farben klarstellen.

VI. Alternativen zu hörbaren Signalen (Nr. 5)

15 Nach § 6 Abs. 2 Nr. 5 BFSGV muss ein Produkt **Alternativen zu hörbaren Signalen** zur Verfügung stellen, wenn mittels hörbarer Signale Informationen mitgeteilt werden, über eine Handlung informiert wird, zu einer Reaktion aufgefordert wird oder Elemente gekennzeichnet werden. Diese Alternative ist insbesondere wichtig für Menschen mit Hörbehinderungen oder gehörlose Personen, die auf akustische Signale nicht zugreifen können. Die erfassten hörbaren Signale umfassen alle Arten von Tönen, Signalen, Sprachansagen oder Alarmgeräuschen, die als Kommunika-

10 BMAS (Hrsg.), Verordnungsentwurf, S. 23.

tionsmittel zwischen dem Produkt und dem Benutzer dienen. Beispiele sind akustische Bestätigungstöne bei der Eingabe von Befehlseingaben, Signaltöne zur Bestätigung von Aktionen, wie z.B. das Drücken einer Taste auf einer Fernbedienung oder einem Smartphone oder akustische Benachrichtigungen bei der Fehlererkennung, z.B. wenn ein Gerät nicht ordnungsgemäß funktioniert.

Alternativen zu hörbaren Signalen sind **vibrationsbasierte Rückmeldungen** 16
oder **grafische Anzeigen**. In **Smartphones** werden solche Alternativen beispielsweise dadurch bereitgestellt, dass bei eingehenden Anrufen, SMS-Nachrichten oder Alarmen nicht nur Töne abgespielt, sondern auch Bildschirmanzeigen oder Pop-up-Nachrichten eingeblendet werden. Alternativ eröffnen Smartphones auch vibrationsbasierte Rückmeldungen, wobei individuelle Vibrationsmuster festgelegt werden können, um für unterschiedliche Arten von Benachrichtigungen (z.B. Anrufe, Nachrichten, Benachrichtigungen aus Apps) eine noch gezieltere Rückmeldung zu erhalten. Bei anderen **Computersystemen**, die unter Betriebssystemen wie Windows, macOS oder Linux betrieben werden, bestehen ähnliche Lösungen, bei denen Pop-up-Benachrichtigungen auf dem Bildschirm angezeigt werden, wenn eine E-Mail empfangen wird, ein Systemereignis auftritt oder ein Task abgeschlossen ist. Bei einem Computer darf daher die Ausgabe eines Fehlersignals nicht allein in Form eines Tons erfolgen, sondern es muss auch ein schriftlicher oder bildlicher Hinweis auf den Fehler erfolgen.[11] Für vibrationsbasierte Rückmeldungen existieren selten systeminterne Lösungen; diese können aber oftmals über spezielle angeschlossene Geräte (Computermaus mit Vibrationsfunktion) realisiert werden. Bei **herkömmlichen Telefonen** wird typischerweise visuelle Signalisierung verwendet, indem etwa durch blinkende Anzeigeelemente der Nutzer darauf hingewiesen wird, dass ein eingehender Anruf stattfindet oder eine Nachricht hinterlassen wurde. Bei den erfassten **Zahlungs- und Selbstbedienungsterminals** werden die gebotenen Alternativen zu hörbaren Fehlermeldungs- oder Bestätigungssignalen regelmäßig durch visuelle Signale umgesetzt werden. So könnte ein touchscreen-basiertes Selbstbedienungsterminal (etwa ein Fahrausweisautomat), das akustische Töne für Aktionen wie das Bestätigen von Optionen ausgibt, zusätzlich grafische Anzeigen (z.B. ein visuelles Bestätigungssymbol) bieten. Auch dies entspricht soweit ersichtlich der bereits herrschenden Praxis im Design der betroffenen Produkte, sofern diese überhaupt auf hörbare Signale zurückgreifen.

VII. Anforderungen bei der Verwendung von Audio-Elementen (Nr. 6)

1. Voraussetzungen

§ 6 Abs. 2 Nr. 6 BFSGV enthält Anforderungen an Produkte, soweit es um die Ver- 17
wendung von **Audio-Elementen** geht. Solche Audio-Elemente sind alle akustischen Signale oder Tonquellen, die in einem Produkt verwendet werden, um mit dem Benutzer zu kommunizieren, den Zugang zu Multimedia-Inhalten zu eröffnen oder bestimmte Funktionen anzuzeigen. Audio-Elemente können Sprachansagen, Soundeffekte, Warnsignale, Musik und audiovisuelle Inhalte, aber auch akustische Hinweise

11 BMAS (Hrsg.), Verordnungsentwurf, S. 23.

umfassen, die auf Vorgänge im Gerät hinweisen oder den Nutzer bei der Bedienung unterstützen.

2. Anforderungen

18 Das Produkt muss es insoweit dem Nutzer ermöglichen, Lautstärke und Geschwindigkeit zu regeln (lit. a), und erweiterte Audiofunktionen, wie die Verringerung von störenden Audiosignalen von Geräten in der Umgebung und auditive Klarheit, zur Verfügung stellen (lit. b). So muss es beispielsweise bei einem Telefon (§ 1 Abs. 2 Nr. 3 BFSG) die Möglichkeit geben, die Lautstärke zu regeln und Interferenzen mit Hörgeräten zu reduzieren, damit das Telefon von Schwerhörigen verwendet werden kann.[12]

a) Lautstärke- und Geschwindigkeitsregelung

19 Die betreffenden Produkte müssen durch technische Vorkehrungen Möglichkeiten zur Lautstärke- und Geschwindigkeitsregelung in Ansehung der enthaltenen Audio-Elemente gewährleisten. Derartige technische Gewährleistungen sind in einer Vielzahl von Produkten bereits implementiert: So verfügen Smartphone-Betriebssysteme wie Apple iOS und Google Android über integrierte Funktionen zur Sprachsteuerung, die es ermöglichen, die Lautstärke der gesprochenen Sprache und Sprachgeschwindigkeit anzupassen.

b) Erweiterte Audiofunktionen

20 Im Bereich der erweiterten Audiofunktionen nimmt die BFSGV insbesondere die Kompatibilität der produktspezifischen Audio-Elemente mit Hörgeräten in den Blick.[13] Produkte müssen daher über Möglichkeiten verfügen, Interferenzen mit Hörgeräten zu reduzieren. Das ist ohne jeden Zweifel dann der Fall, wenn das Gerät im Wege der **induktiven Kopplung** Hörgeräte **mit T-Coil-Technologie** unterstützt, wie dies bei Smartphones mittlerweile, wenn auch nicht immer aktiv beworben, dem Marktstandard entspricht oder zumindest die Kompatibilität mit **Bluetooth-Hörgeräten** gewährleistet. Letztere Lösung ist insbesondere bei PC-Systemen unter den Betriebssystemen Windows und macOS durch eine benutzerfreundliche Bluetooth-Kopplung für Hörgeräte gegeben.

21 Größte Relevanz hat die Bestimmung des § 6 Abs. 2 Nr. 6 BFSG auch für Hersteller **herkömmlicher Telefone**, die vom Anwendungsbereich des BFSG erfasst sind (§ 1 Abs. 2 Nr. 3 BFSG) und deutlich seltener über die skizzierte Technologie zur Kopplung mit handelsüblichen Hörgeräten verfügen. Solche Telefone müssen nach der ausdrücklichen Einlassung des Verordnungsgebers die Möglichkeit geben, die Lautstärke zu regeln und Interferenzen mit Hörgeräten zu reduzieren, damit das Telefon von Schwerhörigen verwendet werden kann.[14] Da Interferenzen lediglich reduziert, nicht aber ausgeschlossen werden müssen, wird man nicht verlangen können, dass das Telefon in der Lage sein muss, über Bluetooth oder T-Coil mit Hör-

12 BMAS (Hrsg.), Verordnungsentwurf, S. 24.
13 BMAS (Hrsg.), Verordnungsentwurf, S. 24.
14 BMAS (Hrsg.), Verordnungsentwurf, S. 24.

geräten zu koppeln, was noch dazu bei herkömmlichen Telefonen bislang nicht dem Marktstandard entspricht. Ausreichend ist richtigerweise auch die Verwendung von Störgeräuschminderungstechnologie (Rauschunterdrückung), von Hörgeräte-kompatiblen Lautsprechern oder von verbesserten Funktechnologien wie DECT (Digital Enhanced Cordless Telecommunications), wobei letzteres dem Markstandard für Funktechnologie in herkömmlichen Telefonen, insbesondere kabellosen Festnetztelefonen, entspricht. Dies gilt insbesondere auch deshalb, weil die Norm keinen konkreten technischen Mindeststandards benennt.

VIII. Anforderungen bei zwingend erforderlicher manueller Bedienung und Steuerung (Nr. 7)

§ 6 Abs. 2 Nr. 7 BFSGV stellt besondere Anforderungen an Produkte, wenn sie eine manuelle Bedienung und Steuerung jedenfalls partiell erfordern. In diesen Fällen muss das Produkt sequenzielle Steuerung und Alternativen zur feinmotorischen Steuerung zur Verfügung stellen, um eine gleichzeitige Bedienung mit Handgriffen zu vermeiden (lit. a), und taktil erkennbare Teile verwenden (lit. b). **22**

1. Voraussetzungen

Der Begriff der **manuellen Bedienung und Steuerung** hat die Interaktion mit einem Produkt oder Gerät zum Gegenstand, bei der der Benutzer statt automatisierter Systeme oder rein sprachgesteuerter Bedienmethoden körperliche Eingaben oder Handbewegungen zur Bedienung des Geräts verwendet. Dies umfasst jede Art der physischen Kontrolle, die mit der Hand erfolgt, sei es durch Drücken von Tasten, Drehen von Knöpfen, Schieben von Schaltern, Tippen auf ein Touchpad oder ähnliche Eingaben, bei denen der Benutzer direkt mit einem physischen Interface interagiert. § 6 Abs. 2 Nr. 7 BFSGV erfasst Anwendungskonstellationen, in denen eine solche manuelle Bedienung und Steuerung **zwingend erforderlich** ist: So müssen Benutzer von Geldautomaten oder Fahrausweisautomaten (§ 1 Abs. 2 Nr. 2 BFSG) regelmäßig physische Eingaben tätigen, sei es durch Drücken von Tasten, Eingeben eines PIN-Codes oder Auswahl von Optionen auf einem Touchscreen. Obwohl in einigen Fällen Sprachsteuerung oder Gestensteuerung, wie sie bei Universalcomputern ohne Weiteres technisch möglich ist, in Entwicklung sind, gibt es auf breiter Ebene bislang keine Alternativen, die den vollen Funktionsumfang eines Automaten ersetzen können. In der Regel müssen Eingabefelder wie Zahlen und Passwörter manuell eingegeben werden. **23**

2. Anforderungen

Ausweislich des Wortlauts des § 6 Abs. 2 Nr. 7 BFSGV müssen Produkte bei zwingend erforderlicher manueller Bedienung und Steuerung sequenzielle Steuerung und Alternativen zur feinmotorischen Steuerung zur Verfügung stellen, um eine gleichzeitige Bedienung mit Handgriffen zu vermeiden (lit. a) und taktil erkennbare Teile verwenden (lit. b). **24**

Unter **feinmotorischer Steuerung** versteht man präzise Bewegungen, die kleine und feine Hand- oder Fingergesten erfordern, wie etwa das Drücken von kleinen **25**

Tasten oder das Steuern eines Touchscreens mit kleinen Bewegungen. **Alternativen** zur feinmotorischen Steuerung beinhalten die Bereitstellung von größeren, einfacheren Bedienelementen, die auch mit gröberen Bewegungen oder weniger präzisen Handgriffen bedient werden können. So müssen Touchscreen-Tasten größer dimensioniert und klar voneinander getrennt angeordnet sein, damit sie etwa von Menschen, die unter einem Tremor leiden, bedient werden können.[15]

26 Ein **taktil erkennbares Teil** ist ein Element an einem Gerät oder Produkt, das mit Berührung erkennbar ist. Es handelt sich dabei um physische Merkmale wie Höhenunterschiede, Erhebungen oder spezielle Texturen, die es dem Benutzer ermöglichen, bestimmte Funktionen des Produkts durch Fühlen statt durch Sehen zu erkennen.

IX. Vermeiden von Bedienungsformen, die erhebliche Reichweite oder großen Kraftaufwand erfordern (Nr. 8)

27 Nach § 6 Abs. 2 Nr. 8 BFSGV müssen Produkte im Anwendungsbereich des BFSG Bedienungsformen vermeiden, die eine erhebliche Reichweite und großen Kraftaufwand erfordern. Die Bestimmung möchte die Bedienbarkeit von Produkten für Menschen mit körperlichen Einschränkungen oder motorischen Beeinträchtigungen sicherstellen.

28 Die Vorschrift des § 6 Abs. 2 Nr. 8 BFSGV verfügt in den Produktkategorien durchaus über zahlreiche Anwendungsfälle: Bei Universalcomputern (§ 1 Abs. 2 Nr. 1 BFSG) bezieht sich die Vorschrift des § 6 Abs. 2 Nr. 8 BFSGV auf die Platzierung und Gestaltung von Tasten und Steuerungselementen, insbesondere die Sensitivität, den Druckwiderstand und die Auslösecharakteristik der Tastatur. Unzulässig sind etwa Tasten, die zu klein sind oder einen zu hohen Kraftaufwand erfordern. Bei den von § 1 Abs. 2 Nr. 4 BFSG erfassten (→ § 1 BFSG Rn. 41) Fernsehgeräten erstreckt sich der Problemkreis in erster Linie auf die Platzierung von Bedienelementen oder Fernbedienungen. Sind diese zu hoch oder zu niedrig oder auf andere Weise ungünstig angebracht, erfordert die Bedienung des Produkts ggf. eine unangemessene Reichweite oder das Bücken und Strecken, die Menschen mit Behinderungen die Bedienbarkeit des Geräts erschwert.

X. Vermeiden von fotosensitiven Anfällen

29 Die erfassten Produktkategorien müssen nach § 6 Abs. 2 Nr. 9 BFSGV das Auslösen fotosensitiver Anfälle vermeiden. Fotosensitive Anfälle sind epileptische Anfälle, die durch visuelle Reize ausgelöst werden, insbesondere durch schnelle, sich wiederholende Lichtblitze oder bestimmte visuelle Muster, die in bestimmten Frequenzen flimmern. Menschen, die an fotosensibler Epilepsie leiden, reagieren empfindlicher auf solche Reize, die bei normaler visueller Wahrnehmung keine negativen Auswirkungen nach sich ziehen. Diese visuellen Reize können dazu führen, dass die betroffene Person einen Anfall erleidet, der mit Muskelkrämpfen, Bewusstseinsverlust und anderen epileptischen Symptomen einhergeht.

15 BMAS (Hrsg.), Verordnungsentwurf, S. 24.

Es existiert bereits eine Vielzahl technischer Mittel, die das Auftreten fotosensitiver Anfälle vermeiden können. Ein Ansatz ist die Begrenzung der Bildschirmflimmerfrequenz (sog. **Flimmerfrequenzkontrolle**). Ein häufiger Auslöser für fotosensitive Anfälle ist eine zu hohe Flimmerfrequenz (z.B. bei Bildschirmen mit unzureichender Bildwiederholrate). Um dies zu vermeiden, sollte die Bildschirmfrequenz auf ein Niveau (vor)eingestellt werden, das für Menschen mit fotosensibler Epilepsie unproblematisch ist. Eine gängige Empfehlung ist eine Frequenz von mindestens 60 Hz oder höher. Geräte können auch über Adaptive Sync-Technologie (wie G-Sync oder FreeSync) verfügen, um Flimmern zu minimieren. Ein weiterer Ansatzpunkt ist das **Design von Benutzeroberflächen**: So sollten Animationen, die schnelle Bewegungen oder plötzliche Helligkeitsänderungen umfassen, in der Gestaltung von Benutzeroberflächen vermieden oder optimiert werden. Eine (sehr) hohe Bildschirmhelligkeit kann ebenfalls als auslösender Faktor wirken. Durch **automatische Helligkeitsregelung** oder die Möglichkeit, die Helligkeit manuell zu verringern, kann das Risiko von fotosensitiven Anfällen reduziert werden. Weitere Maßnahmen, die für sich allein genommen jedoch nicht ausreichen werden, sind **Warn- und Sicherheitshinweise**. **30**

Die meisten modernen Universalcomputer haben inzwischen grundlegende Mechanismen zur Vermeidung von fotosensitiven Anfällen implementiert. Geräte wie iPhones, Android-Smartphones und Tablets nutzen in der Regel eine konstante Bildwiederholfrequenz von 60 Hz oder höher, verfügen über Adaptive Sync-Technologie und bieten in ihren Betriebssystemen auch Barrierefreiheitsfunktionen wie die Möglichkeit zur Deaktivierung von Animationen, was dazu beiträgt, flimmernde oder kontrastreiche visuelle Effekte zu vermeiden. Bei E-Book-Lesegeräten, insbesondere solche von großen Herstellern wie Amazon Kindle oder Kobo, stellt sich die Problematik regelmäßig nicht, da sie auf E-Ink-Technologie basieren, die keine Hintergrundbeleuchtung, sondern statische Bilddarstellung verwendet, und daher über keine flimmernden Displays verfügen. **31**

XI. Schutz der Privatsphäre bei Nutzung der Barrierefreiheitsfunktionen

Nach § 6 Abs. 2 Nr. 10 BFSGV müssen die erfassten Produkte bei Nutzung der Barrierefreiheitsfunktionen durch den Verbraucher **dessen Privatsphäre schützen**. Welche Konstellationen der Verordnungsgeber erfassen wollte, ergibt sich weder aus dem Gesetz noch den Gesetzesmaterialien. Die Regelung des § 6 Abs. 2 Nr. 10 BFSGV bezieht sich auf Funktionalitäten von Produkten, die dem Nutzer eine barrierefreie Interaktion mit dem Gerät ermöglichen (Beispiele: **Sprachsteuerung**). Dabei entsteht eine Vielzahl von persönlichen oder sensiblen Daten, die während der Nutzung dieser Funktionen verarbeitet werden. So werden bei Sprachsteuerung oder Sprachausgabe ggf. Aufzeichnungen vorgenommen, die potenziell sehr sensible Informationen über den Nutzer enthalten, z.B. private Gespräche, persönliche Vorlieben oder andere vertrauliche Informationen. Hier sollte sichergestellt werden, dass diese Sprachdaten nicht ohne ausdrückliche Zustimmung gespeichert, weitergegeben oder verarbeitet werden, zweitens soweit möglich auf dem Gerät verarbeitet werden und drittens keine unnötige Speicherung oder Weitergabe dieser Daten **32** erfolgt, wo dies zur Gewährleistung der Funktionalität des Produkts nicht erforderlich ist.

XII. Alternativen zu biometrischer Identifizierung und Steuerung

33 Nach § 6 Abs. 2 Nr. 11 BFSGV müssen die erfassten Produkte **Alternativen zur biometrischen Identifizierung und Steuerung** anbieten. Der weder im Gesetz noch der Verordnung legaldefinierte Begriff der biometrischen Steuerung bezieht sich auf die Nutzung von biologischen oder verhaltensbezogenen Merkmalen einer Person zur Steuerung oder Interaktion mit einem Gerät oder System. Zu den biometrischen Merkmalen gehören unter anderem: Fingerabdrücke, Gesichtserkennung, Stimmerkennung, Iris- oder Augenkennung und Handgeometrie (Form der Hand oder Finger). § 6 Abs. 2 Nr. 11 BFSGV erfasst dabei die Konstellation, dass solche biometrischen Merkmale zur Identifizierung oder Steuerung verwendet werden, ohne dass eine traditionelle Eingabemethode wie Tastatur, Maus oder Touchscreen notwendig ist.

34 Bei Universalcomputern kann biometrische Identifizierung und Steuerung beispielsweise in Form von Fingerabdrucksensoren oder Gesichtserkennung zur Authentifizierung von Benutzern eingesetzt werden. Diese Technologien können zur Anmeldung am Gerät oder zur Durchführung von sicheren Transaktionen (z. B. beim Online-Banking) verwendet werden. § 6 Abs. 2 Nr. 11 BFSGV erfordert, dass das erfasste Produkt Alternativen bieten (Passworteingabe, PIN oder eine Spracheingabe). Erforderlich sind ausweislich des Wortlauts der Norm jedenfalls zwei Alternativen. Das Erfordernis ist richtigerweise dahingehend zu verstehen, dass das Produkt solche Alternativen abstrakt, nicht aber für jeden einzelnen Anwendungsfall anbieten muss: Entscheidet sich ein Anbieter von Online-Banking-Diensten etwa dazu, die biometrische Identifizierung (ob rechtmäßig oder unrechtmäßig) als alleinige Identifizierungsmethode vorzusehen, ändert dies nichts daran, dass das Produkt selbst, etwa der Universalcomputer, durchaus Alternativen zur biometrische Identifizierung und Steuerung bietet. Die notwendige technische Umsetzung wird auch hier regelmäßig im Betriebssystem erfolgen.

XIII. Konsistenz der Funktionalitäten und flexible Zeitfenster

35 Nach § 6 Abs. 2 Nr. 12 BFSGV müssen die erfassten Produktkategorien die **Konsistenz der Funktionalitäten** wahren und **ausreichend Zeit und eine flexible Zeitmenge** für die Interaktionen zur Verfügung stellen. Die zugrundeliegenden Begrifflichkeiten werden weder im BFSG noch in der Verordnung definiert. Es finden sich auch keinerlei Anhaltspunkte dafür, wie der Tatbestand ausgelegt werden könnte.

36 Die Konsistenz der Funktionalitäten erfordert, dass ein Produkt gleichartig und vorhersehbar arbeiten muss. Dies setzt zunächst die **Verlässlichkeit der Bedienung** voraus. Die Art und Weise, wie bestimmte Aufgaben ausgeführt werden (z. B. Navigation durch Menüs, Eingabe von Texten, Einstellen von Funktionen), muss über das gesamte Produkt hinweg konsistent bleiben.

Das erfasste Produkt muss zweitens ausreichend Zeit und eine flexible Zeitmenge für Interaktionen mit dem Produkt zur Verfügung stellen. Dies bedeutet, dass Benutzer **genügend Zeit** haben müssen, um mit dem Produkt zu interagieren und Aufgaben zu erledigen, ohne durch unflexible Zeitbegrenzungen oder schnelle Aktionen des Systems unter Druck gesetzt zu werden. Falls bestimmte Interaktionen einer zeitlichen Begrenzung unterliegen (z.B. für das Eingeben von Text, das Beantworten einer Frage oder das Auswählen von Optionen), sollte der Benutzer die Möglichkeit haben, diese Begrenzung zu verlängern oder anzupassen, um den eigenen Bedürfnissen gerecht zu werden (**flexible Zeitbegrenzungen**). Daneben macht es der Tatbestand erforderlich, dass automatische Zeitabläufe, bei denen eine Aktion ohne Benutzereingriff abgeschlossen wird (z.B. ein Dialogfenster, das sich nach einer bestimmten Zeit automatisch schließt), vermieden oder zumindest anpassbar gemacht werden (**Vermeidung von automatischen Abläufen**). **37**

Insbesondere auf Softwareebene existieren bereits zahlreiche Lösungen, die der Umsetzung der skizzierten Anforderungen dienen. **38**

XIV. Schnittstellen zu assistiven Technologien

Nach § 6 Abs. 2 Nr. 13 BFSGV müssen Software und Hardware der erfassten Produktgruppen **Schnittstellen zu den assistiven Technologien** (→ § 2 Nr. 33 BFSG) aufweisen. Unter dem Begriff assistiver Technologien sind ausweislich der Legaldefinition des § 2 Nr. 33 BFSG Elemente, Geräte oder Produktsysteme, einschließlich Software, zu verstehen, die genutzt werden, um die funktionellen Fähigkeiten von Menschen mit Behinderungen zu erhöhen, aufrechtzuerhalten, zu ersetzen oder zu verbessern, oder die der Linderung und dem Ausgleich von Behinderungen, Beeinträchtigungen der Aktivität oder Beeinträchtigungen der Teilhabe von Menschen mit Behinderungen dienen. **39**

Zentral für den Tatbestand ist der Begriff der assistiven Technologie. Erfasst werden dabei zum einen Technologien, die eine **visuelle Unterstützung** realisieren: Neben **bildschirmlesender Software** (Screen Readers), die den Bildschirmtext vorlesen und damit blinden oder sehbehinderten Menschen den Zugang zu digitalen Inhalten ermöglichen (Beispiele: VoiceOver (Apple), TalkBack (Android), Jaws (Windows)), werden auch **Vergrößerungssoftware** (Magnification Software) wie Windows Magnifier oder ZoomText und **Braille Displays** erfasst, die Text auf dem Bildschirm in Braille-Zeichen umwandeln, sodass blinde Menschen den Text durch Tasten fühlen können. Vom Begriff umfasst sind auch Technologien für die **auditive Unterstützung**: Hierunter fallen **Sprach-zu-Text-Software** wie Dragon NaturallySpeaking oder Google Spracherkennung, die gesprochene Sprache in Text umwandeln. Schließlich existieren auch Technologien, die eine motorische Unterstützung bezwecken: So existieren etwa spezielle **angepasste Eingabegeräte** oder Geräte zur Augensteuerung. **40**

Der Rechtsanwendungsbefehl des Verordnungsgebers ist in § 6 Abs. 2 Nr. 13 BFSGV darauf gerichtet, dass die erfassten Produktkategorien Schnittstellen zu solchen assistiven Technologien aufweisen müssen. Da die meisten assistiven Technologien mittlerweile durch Software-Lösungen realisiert werden, ist damit in den meisten **41**

Fällen der Auftrag an den Hersteller verbunden, die Kompatibilität des erfassten Produkts mit derartiger Software sicherzustellen: So muss ein Universalcomputer einschließlich seines Betriebssystems (vgl. § 1 Abs. 2 Nr. 1 BFSG) etwa mit gängigen Screenreadern wie JAWS, NVDA oder VoiceOver kompatibel sein und durch eine entsprechende Schnittstelle und richtige Softwareintegration Textinformationen in Braille ausgeben können.

42 Der Tatbestand lässt dabei offen, in welchem Umfang das Produkt Schnittstellen zu assistiven Technologien ermöglichen muss. Vom Regelungszweck der Verordnung, Teilhabe zu ermöglichen, herkommend ist richtigerweise davon auszugehen, dass jedenfalls die Kompatibilität mit sowohl visueller als auch auditiver und motorischer Unterstützung abgedeckt werden muss.

C. Rechtsfolge von Verstößen

43 Verstößt ein Produkt gegen die branchentypischen Barrierefreiheitsanforderungen des § 6 BFSGV, ist das betreffende Produkt materiell nichtkonform (vgl. § 22 BFSG). Herstellern ist nach § 6 Abs. 1 Nr. 1 BFSG das Inverkehrbringen (→ § 2 Nr. 10 BFSG) des betreffenden Produkts untersagt (→ § 6 Rn. 5, 6), womit nach Maßgabe des § 37 Abs. 1 Nr. 1 BFSG ein Bußgeldtatbestand korrespondiert. Im Feld befindliche Produkte können nach Maßgabe des § 22 BFSG marktüberwachungsrechtlichen Maßnahmen ausgesetzt sein.

D. Harmonisierte Normen

44 Im Anwendungsbereich des § 6 BFSGV existiert gegenwärtig keine aktualisierte harmonisierte Norm, über deren Einhaltung die Vermutungswirkung des § 4 BFSG vollumfänglich realisiert werden kann. Eine derartige harmonisierte Norm ist im Gefolge des Durchführungsbeschlusses C(2022)6456 der Kommission, der den Normungsauftrag M/587 umsetzt, bis zum 15.03.2026 zu erwarten.

§ 7 BFSGV
Zusätzliche branchenspezifische Anforderungen an Selbstbedienungsterminals

(1) Selbstbedienungsterminals müssen

1. mit Sprachausgabe ausgestattet sein,

2. die Benutzung von Einzel-Kopfhörern ermöglichen,

3. den Verbraucher über mehr als einen sensorischen Kanal darauf hinweisen, wenn die für die erforderliche Antwort zur Verfügung gestellte Zeit begrenzt ist,

4. die Verlängerung der für die Antwort zur Verfügung gestellten Zeit ermöglichen,

5. mit Tasten und Bedienelementen mit ausreichendem Kontrast und taktiler Erkennbarkeit ausgestattet sein, soweit Tasten und Bedienelemente verwendet werden und

6. bei der Verwendung von Audiosignalen oder akustischen Signalen solche Audiosignale oder akustische Signale verwenden, die mit auf Unionsebene verfügbaren Hilfsmitteln und Technologien, etwa mit Hörhilfetechnologie wie Hörgeräten, Telefonspulen, Cochlea-Implantaten und technischen Hörhilfen, kompatibel sind.

(2) Selbstbedienungsterminals müssen Informationen über die Aktivierung der Barrierefreiheitsfunktionen über mehr als einen sensorischen Kanal bereitstellen, um dem Verbraucher die Nutzung der Barrierefreiheitsfunktionen zu ermöglichen.

Gliederung: Rn.

A. Einführung

§ 7 BFSGV regelt zusätzliche, neben die Vorgaben der §§ 4–6 BFSGV tretende branchenspezifische Anforderungen an die vom BFSG erfassten Selbstbedienungsterminals (§ 1 Abs. 2 Nr. 2 BFSG) und setzt dabei Anhang I Abschnitt I Nummer 2 o) i) der RL 2019/882/EU um. 1

B. Regelungsgehalt

I. Anwendungsbereich: Selbstbedienungsterminals

2 Die Vorgaben des § 7 BFSGV gelten für die vom Anwendungsbereich des BFSG erfassten Selbstbedienungsterminals (§ 1 Abs. 2 Nr. 2 BFSG), mithin Zahlungsterminals und die zu diesen gehörige Hardware und Software (lit. a), Geldautomaten, Fahrausweisautomaten, Check-in-Automaten und interaktive Selbstbedienungsterminals zur Bereitstellung von Informationen.

1. Zahlungsterminals

3 Den branchenspezifischen Barrierefreiheitsanforderungen nach § 7 BFSGV unterliegen die nach § 1 Abs. 2 Nr. 2 lit. a BFSG vom BFSG erfassten Zahlungsterminals (→ § 2 Nr. 25 BFSG), einschließlich der zu diesen gehörigen Hardware und Software. Zahlungsterminals sind ausweislich der Legaldefinition des § 2 Nr. 25 BFSG Geräte, deren Hauptzweck es ist, Zahlungen mithilfe von Zahlungsinstrumenten im Sinne des § 1 Absatz 20 des Zahlungsdiensteaufsichtsgesetzes an einer physischen Verkaufsstelle vorzunehmen, nicht jedoch in einer virtuellen Umgebung.

4 Die Bestimmung des § 7 BFSGV erfasst daher unter anderem **Kartenlesegeräte (POS-Terminals)**, die häufig in Einzelhandelsgeschäften, Supermärkten, Restaurants und anderen Dienstleistungsunternehmen verwendet werden, um Zahlungen mit Kredit- oder Debitkarten zu verarbeiten, **Mobile Zahlungsterminals** (M-POS) und **Automatische Kassen** (Self-Checkout-Kassen), die Kartenzahlungen und kontaktlose Zahlungen ermöglichen. Zahlungsterminals i. S. d. § 1 Abs. 2 Nr. 2 lit. a BFSG enthalten regelmäßig auch **Automaten für den Warenverkauf**, Mautstationen auf Autobahnen und Parkautomaten. Der Sache nach enthalten die von § 1 Abs. 2 Nr. 2 lit. b bb) BFSG erfassten Fahrausweisautomaten ebenfalls regelmäßig ein Zahlungsterminal, insoweit geht der Tatbestand des § 1 Abs. 2 Nr. 2 lit. b bb) BFSG als *lex specialis* vor.

2. Geldautomaten

5 Die ausweislich der Bestimmung des § 1 Abs. 2 Nr. 2 lit. b aa) BFSG vom Anwendungsbereich des Gesetzes erfassten Geldautomaten haben ebenfalls die branchenspezifischen Barrierefreiheitsanforderungen des § 7 BFSGV zu erfüllen. Der Begriff des Geldautomaten ist weder im Gesetz selbst noch in der Gesetzesbegründung oder den Erwägungsgründen des European Accessibility Acts (RL 2019/882/EU) definiert. Ein **Geldautomat** ist ein elektronisches, automatisiertes Gerät, das es Bankkunden ermöglicht, Finanztransaktionen ohne die Notwendigkeit eines Bankmitarbeiters durchzuführen. Zu den typischen, aber jedenfalls nicht kumulativ erforderlichen Funktionen eines Geldautomaten gehören das Abheben von Bargeld, das Einzahlen von Geld, das Überprüfen von Kontoständen sowie das Überweisen von Geldern zwischen Konten. Geldautomaten sind in der Regel mit einem Sicherheitsmechanismus ausgestattet, wie etwa einer PIN-Eingabe, und verwenden Bankkarten (z. B. Debit- oder Kreditkarten), um Transaktionen zu authentifizieren.

3. Fahrausweisautomaten

6 Der Bestimmung des § 7 BFSGV unterworfen sind auch die nach Maßgabe des § 1 Abs. 2 Nr. 2 lit. b bb) BFSG vom Anwendungsbereich erfassten Fahrausweisautomaten. Auch der Fahrausweisautomat ist im Rechtsakt selbst nicht ausdrücklich definiert. Ein Fahrausweisautomat ist ein selbstbedienbares, automatisiertes Gerät, das es Nutzern ermöglicht, Fahrkarten für öffentliche Verkehrsmittel zu kaufen oder zu entwerten. Diese Automaten bieten in der Regel die Möglichkeit, Tickets für Busse, Bahnen, U-Bahnen oder andere Verkehrsmittel zu erwerben. Sie akzeptieren verschiedene Zahlungsmethoden, wie Bargeld, Kredit- oder Debitkarten oder sogar kontaktlose Zahlungen. Neben klassischen Fahrausweisautomaten erfasst der Tatbestand daher auch **Automaten für die Ticketentwertung** und Ticketautomaten mit erweiterten Funktionen (Anzeige von Fahrplänen, Informationen zu Routen und Preisen, die Auswahl von Ticketarten). Erfasst sind Ticketautomaten auch dann, wenn sie sich in einem Fahrzeug des öffentlichen Nahverkehrs (etwa in einem Bus oder in einem Zug) befinden. Dies ergibt sich aus einem systematischen Vergleich mit § 1 Abs. 2 Nr. 2 lit. b dd) BFSG, der interaktive Selbstbedienungsterminals zur Bereitstellung von Informationen dann aus dem Anwendungsbereich des Gesetzes ausscheidet, wenn sie als integrierte Bestandteile von Fahrzeugen, Luftfahrzeugen, Schiffen oder Schienenfahrzeugen eingebaut sind.

4. Check-in-Automaten

7 Den branchenspezifischen Barrierefreiheitsanforderungen nach § 7 BFSGV unterliegen auch die nach § 1 Abs. 2 Nr. 2 lit. c cc) BFSG vom BFSG erfassten Check-in-Automaten. Auch den Begriff des Check-in-Automaten definiert das Gesetz nicht. Check-in-Automaten sind automatisierte Selbstbedienungsgeräte, die es Nutzern ermöglichen, sich schnell und unabhängig für Dienstleistungen, insbesondere im Reise- oder Verkehrskontext, einzuchecken. Diese Automaten werden vor allem im Luftverkehr, aber auch in anderen Bereichen wie dem Hotelgewerbe oder öffentlichen Verkehrssystemen eingesetzt. Sie bieten eine effiziente Möglichkeit, den Check-in-Prozess zu beschleunigen und lange Warteschlangen zu vermeiden. Der *European Accessibility Act* nennt als Anwendungsfall Wartenummern-Automaten in Banken.[1] Ob dieser Fallgruppe in der Praxis entscheidende Bedeutung zukommt, darf bezweifelt werden.

5. Interaktive Selbstbedienungsterminals zur Bereitstellung von Informationen

8 Das BFSG erstreckt sich ausweislich § 1 Abs. 2 Nr. 2 lit. b dd) BFSG auch auf interaktive Selbstbedienungsterminals zur Bereitstellung von Informationen. Erfasst sind etwa interaktive Anzeigebildschirme.[2]

9 Auch der Begriff des interaktives Selbstbedienungsterminals zur Bereitstellung von Informationen ist im Gesetz nicht definiert. Ein interaktives Selbstbedienungsterminal zur Bereitstellung von Informationen ist ein automatisiertes Gerät, das es

1 ErwG. 26.
2 ErwG. 26.

Nutzern ermöglicht, selbstständig auf eine Vielzahl von Informationen zuzugreifen und mit der Benutzeroberfläche zu interagieren. Diese Terminals sind in der Regel mit einem Touchscreen, Tastaturen oder anderen Eingabemethoden ausgestattet und bieten Funktionen wie die Anzeige von Text, Bildern, Karten, Videos und interaktiven Inhalten. Sie ermöglichen es Nutzern, nach bestimmten Informationen zu suchen, Routen zu planen, Dienstleistungen zu buchen oder Produktinformationen zu erhalten, oft ohne die Notwendigkeit einer direkten Interaktion mit einem Mitarbeiter.

10 Nicht erfasst sind kraft des Ausschlusstatbestands am Ende des § 1 Abs. 2 Nr. 2 lit. b dd) BFSG Terminals, die als integrierte Bestandteile von Fahrzeugen, Luftfahrzeugen, Schiffen oder Schienenfahrzeugen eingebaut sind. Grund für diesen Ausschluss ist der begrenzte Regelungswille des Gesetzgebers: Da Fahrzeuge dem Rechtsakt nicht unterliegen (vgl. auch ErwG. 27), sollen sie einer indirekten Einbeziehung insoweit entzogen werden, als in sie Gegenstände eingebettet werden, die an sich durch das BFSG reguliert werden.

II. Branchentypische Barrierefreiheitsanforderungen

1. Sprachausgabe

11 Die genannten Selbstbedienungsterminals müssen nach Maßgabe des § 7 Abs. 1 Nr. 1 BFSGV mit Sprachausgabe ausgestattet sein. Der Begriff der Sprachausgabe wird weder im BFSG noch in der BFSGV definiert. **Sprachausgabe** bezeichnet die Fähigkeit eines Systems, Text in gesprochene Sprache umzuwandeln. Dies geschieht durch die Verwendung von Text-to-Speech-Technologien (TTS), die es elektronischen Geräten ermöglichen, geschriebenen Text zu lesen und diesen in eine akustische Form umzuwandeln. Bei Selbstbedienungsterminals (wie Geldautomaten, Fahrausweisautomaten oder Check-in-Automaten) bedeutet dies, dass die auf dem Bildschirm angezeigten Informationen zusätzlich akustisch wiedergegeben werden, um insbesondere Menschen mit Sehbehinderungen oder Leseschwierigkeiten zu unterstützen. Die Umsetzung der Sprachausgabe an Selbstbedienungsterminals erfolgt durch die Integration einer Text-to-Speech-Engine (TTS), die den auf dem Bildschirm angezeigten Text in gesprochene Sprache umwandelt. Diese Software muss sämtliche relevanten Informationen, wie Anweisungen und Bestätigungen, in akustische Signale übersetzen. Auf der Hardwareseite kommen neben Lautsprecher, die die synthetisierte Sprache ausgeben, zum Einsatz. Die Kombination von Software und Hardware gewährleistet eine barrierefreie Nutzung der Selbstbedienungsterminals.

2. Ermöglichung der Benutzung von Einzelkopfhörern

12 Nach § 7 Abs. 1 Nr. 2 BFSGV müssen die erfassten Selbstbedienungsterminals die Benutzung von Einzel-Kopfhörern ermöglichen. Ein Einzel-Kopfhörer bezeichnet ein einzelnes Kopfhörermodul, das vom Nutzer selbst mitgebracht wird,[3] und es ihm ermöglicht, die akustischen Informationen eines Selbstbedienungsterminals

3 BMAS, Verordnungsentwurf, S. 25.

wahrzunehmen. Im Gegensatz zu einem Lautsprechersystem wird die Sprachausgabe nicht öffentlich über Lautsprecher wiedergegeben, sondern direkt an den Kopfhörer übertragen. Der Einzel-Kopfhörer ist daher darauf ausgelegt, eine private und störungsfreie Audioübertragung zu gewährleisten, um die Nutzung des Terminals auch in öffentlichen oder geräuschvollen Umgebungen zu ermöglichen. In der technischen Gestaltung der Ermöglichung der Kopfhörernutzung räumt § 7 Abs. 1 Nr. 2 BFSGV dem Hersteller einen Gestaltungsspielraum ein: Ob die Verpflichtung durch Integration eines Standard-Kopfhöreranschlusses (3,5 mm) oder durch kabellose Lösungen wie Bluetooth-Module realisiert wird, bleibt dem Hersteller selbst überlassen.

3. Zwei-Sinne Prinzip beim Hinweis auf starre Zeitfenster

Das Selbstbedienungsterminal muss nach § 7 Abs. 1 Nr. 3 BFSGV den Verbraucher **13** über mehr als einen sensorischen Kanal darauf hinweisen, wenn die für die erforderliche Antwort zur Verfügung gestellte Zeit begrenzt ist (sog. starres Zeitfenster). Das Selbstbedienungsterminal muss daher neben einem visuellen Signal auf dem Display (z. B. *countdown*-basierte Anzeige oder eine farblich wechselnde Anzeige) auch akustisch (über einen Signalton oder Sprachausgabe) auf das Zeitfenster hinweisen und den Nutzer darauf aufmerksam machen, dass die Eingabe innerhalb einer begrenzten Zeit erfolgen muss. Umgekehrt muss etwa neben einem Signalton auch ein visuell wahrnehmbarer Hinweis, zum Beispiel durch ein blinkendes Licht[4] oder ein Hinweisfeld erfolgen. Manche Selbstbedienungsterminals könnten auch eine vibrierende Rückmeldung an der Tastatur oder am Bildschirm bieten, die zusätzliche sensorische Hinweise liefert. Entscheidend ist, dass das Zwei-Sinne-Prinzip insoweit gewahrt ist, dass das begrenzte Zeitfenster über mehr als einen sensorischen Kanal kommuniziert wird.

4. Verlängerungsmöglichkeit bei Zeitfenstern

Die Vorschrift des § 7 Abs. 1 Nr. 4 BFSGV bestimmt, dass bei Selbstbedienungster- **14** minals die für die Antwort zur Verfügung gestellte Zeit bei Bedarf verlängert werden können muss. Der Benutzer soll in die Lage versetzt werden, **genügend Zeit** zu haben, um mit dem Selbstbedienungsterminal zu interagieren und Aufgaben zu erledigen, ohne durch unflexible Zeitbegrenzungen des Systems unter Druck gesetzt zu werden. Falls bestimmte Interaktionen einer zeitlichen Begrenzung unterliegen (z. B. für das Eingeben von Text, das Beantworten einer Frage oder das Auswählen von Optionen), muss der Benutzer die Möglichkeit haben, diese Begrenzung zu verlängern oder anzupassen, um den eigenen Bedürfnissen gerecht zu werden (**flexible Zeitbegrenzungen**). So könnte etwa ein **Geldautomat** (vgl. § 1 Abs. 2 Nr. 2 lit. b BFSG) über einen Button verfügen, mithilfe dessen der für die Auswahl des abzuhebenden Geldbetrags zur Verfügung stehende Zeitraum flexibel, insbesondere auch mehrmals, verlängert werden kann. Es mag, soweit technisch möglich, auch opportun sein, dass ein Geld- oder Fahrausweisautomat erkennt, wenn der Nutzer den Automatenvorgang nicht verlassen hat, sondern nur besonders lange braucht, um

4 BMAS, Verordnungsentwurf, S. 25.

eine Entscheidung zu treffen, und in diesen Fällen automatisch das Zeitfenster verlängert. Bei anderen Selbstbedienungsterminals bieten sich ähnliche Lösungen an.

5. Ausreichender Kontrast und taktile Erkennbarkeit

15 Nach § 7 Abs. 1 Nr. 5 BFSGV müssen die erfassten Selbstbedienungsterminals mit Tasten und Bedienelementen mit ausreichendem Kontrast und taktiler Erkennbarkeit ausgestattet sein, soweit Tasten und Bedienelemente verwendet werden. Tasten und Bedienelemente sind die physischen Komponenten eines Selbstbedienungsterminals, mit denen Nutzer interagieren, um Eingaben zu tätigen oder Funktionen auszuwählen. Diese umfassen Tasten, Drehregler und Schieberegler.

16 Tasten und Bedienelemente müssen so gestaltet sein, dass sie für Menschen mit Sehbehinderungen taktil erfassbar sind. Fraglich ist, ob dies die Prägung oder Beschriftung in Brailleschrift zwingend voraussetzt. Der Wortlaut der Bestimmung, der durchaus durch eine gewisse technische Offenheit geprägt ist („taktile Erkennbarkeit") und den Anwendungsbereich der Norm nicht auf Brailleschrift verengt, spricht gegen eine solche Auslegung. Wäre dem Gesetzgeber daran gelegen gewesen, in jedem Fall die Verwendung von Brailleschrift vorzuschreiben, so hätte er diese Bestrebung wohl schon im Gesetzeswortlaut, jedenfalls aber in den Gesetzesmaterialien zum Ausdruck gebracht. Daher genügt jede technische Lösung, die eine klare taktile Unterscheidbarkeit der Bedienelemente gewährleistet, wie etwa erhabene Linien, unterschiedliche Oberflächenstrukturen oder andere taktile Markierungen. Entscheidend ist, dass die Nutzer die Bedienelemente auch ohne visuelle Wahrnehmung zuverlässig identifizieren und bedienen können.

6. Kompatibilität

17 Nach § 7 Abs. 1 Nr. 6 BFSGV müssen die erfassten Selbstbedienungsterminals bei der Verwendung von Audiosignalen oder akustischen Signalen solche Audiosignale oder akustische Signale verwenden, die mit auf Unionsebene verfügbaren Hilfsmitteln und Technologien, etwa mit Hörhilfetechnologie wie Hörgeräten, Telefonspulen, Cochlea-Implantaten und technischen Hörhilfen, kompatibel sind. Mit der Bestimmung sollen Interferenzen zwischen den Selbstbedienungsterminals und den assistiven Hilfsmitteln vermieden und eine reibungslose Nutzung ermöglicht werden.[5]

7. Zwei-Sinne-Prinzip bei der Bereitstellung von Barrierefreiheitsinformationen

18 Selbstbedienungsterminals müssen nach § 7 Abs. 2 BFSGV Informationen über die Aktivierung der Barrierefreiheitsfunktionen über mehr als einen sensorischen Kanal bereitstellen, um dem Verbraucher die Nutzung der Barrierefreiheitsfunktionen zu ermöglichen.

19 So müssen etwa taktil erkennbare Hinweise zur Auffindung der Buchse zum Einstecken der Einzel-Kopfhörer vorhanden sein, damit blinde oder sehbehinderte Men-

5 BMAS, Verordnungsentwurf, S. 26.

schen die Barrierefreiheitsfunktion der Sprachausgabe nutzen können, ohne noch einen Zwischenschritt vollziehen zu müssen.[6]

C. Rechtsfolge von Verstößen

Verstößt ein Produkt gegen die branchentypischen Barrierefreiheitsanforderungen des § 7 BFSGV, ist das betreffende Produkt materiell nichtkonform (vgl. § 22 BFSG). Herstellern ist nach § 6 Abs. 1 Nr. 1 BFSG das Inverkehrbringen (→ § 2 Nr. 10 BFSG) des betreffenden Selbstbedienungsterminals untersagt (→ § 6 Rn. 5, 6), womit nach Maßgabe des § 37 Abs. 1 Nr. 1 BFSG ein Bußgeldtatbestand korrespondiert. Im Feld befindliche Produkte können nach § 22 BFSG marktüberwachungsrechtlichen Maßnahmen ausgesetzt sein. **20**

D. Harmonisierte Normen

Im Anwendungsbereich des § 7 BFSGV existiert gegenwärtig keine harmonisierte Norm, über deren Einhaltung die Vermutungswirkung des § 4 BFSG realisiert werden kann. Eine derartige harmonisierte Norm ist im Gefolge des Durchführungsbeschlusses C(2022)6456 der Kommission, der den Normungsauftrag M/587 umsetzt, bis zum 15.03.2026 zu erwarten. **21**

§ 8 BFSGV
Zusätzliche branchenspezifische Anforderungen an E-Book-Lesegeräte

E-Book-Lesegeräte müssen mit Sprachausgabe ausgestattet sein.

Gliederung: Rn.

6 *BMAS* (Hrsg.), Verordnungsentwurf, S. 26.

A. Einführung

1 § 8 BFSGV regelt besondere, branchenspezifische Anforderungen an E-Book-Lesegeräte (→ § 2 Nr. 38 BFSG). Nach Maßgabe der Vorschrift müssen E-Book-Lesegeräte mit Sprachausgabe ausgestattet sein.[1] Die Vorschrift geht dabei auf Anhang I Abschnitt I Nummer 2 o) ii) der RL 2019/882/EU zurück. Die Bestimmung des § 8 BFSGV tritt neben die allgemeinen Anforderungen an Produkte nach Maßgabe der §§ 4–6 BFSGV, sodass beide Regelungskomplexe auf die erfasste Produktgruppe kumulativ Anwendung finden.

B. Regelungsgehalt

I. Anwendungsbereich: E-Book-Lesegeräte

2 § 8 BFSGV erfasst **E-Book-Lesegeräte** (→ § 2 Nr. 38 BFSG). Ein E-Book-Lesegerät ist ausweislich der Legaldefinition des § 2 Nr. 38 BFSGV ein spezielles Gerät, einschließlich Hardware und Software, das für Zugriff, Navigieren, Lektüre und Nutzung von E-Book-Dateien verwendet wird.

3 Zugriff, Lektüre und Nutzung von E-Book-Dateien muss ausschließlicher oder jedenfalls primärer Zweck des Geräts sein (sog. Schwerpunktbetrachtung). Unter den Begriff des E-Book-Lesegeräts (→ § 2 Nr. 38 BFSG) fallen daher solche Geräte nicht, die, wie etwa ein bereits von § 1 Abs. 2 Nr. 1 BFSG erfasstes Tablet (→ § 1 Rn. 18), ggf. unter Installation und Nutzung einer E-Book-Reader-App wie Kindle, Apple Books, Adobe Digital Editions oder auch spezielle Apps für ePub-Dateien zum Lesen von E-Books nutzbar gemacht werden können. In diesen Fällen handelt es sich nicht um ein „spezielles" Gerät, das für Zugriff, Navigieren, Lektüre und Nutzung von E-Book-Dateien verwendet wird. Dieses Ergebnis wird dadurch abgesichert, dass solche Geräte wegen des in der Nutzbarmachung zum Ausdruck kommenden Mehrzweckcharakters in aller Regel Universalcomputer darstellen und daher bereits über § 1 Abs. 2 Nr. 1 BFSG vom Anwendungsbereich des Gesetzes erfasst werden. Dem europäischen Gesetzgeber ging es bei der Aufnahme des E-Book-Lesegeräts in den Anwendungsbereich des BFSG erkennbar darum, solche Produkte zu erfassen, die wegen des fehlenden Mehrzweckcharakters nicht unter den Begriff des Universalcomputers fallen.

II. Pflicht zur Verwendung einer Sprachausgabe

4 E-Book-Lesegeräte müssen mit einer Sprachausgabe ausgestattet sein. Der Begriff der Sprachausgabe wird weder im BFSG noch in der BFSGV definiert.

5 **Sprachausgabe** bezeichnet die Fähigkeit eines Systems, Text in gesprochene Sprache umzuwandeln. Dies geschieht durch die Verwendung von Text-to-Speech-Technologien (TTS), die es Computern oder elektronischen Geräten ermöglichen, geschriebenen Text zu lesen und diesen in eine akustische Form umzuwandeln. Im Kontext des § 8 BFSGV wird unter dem Begriff der Sprachausgabe die Funktionali-

1 *BMAS* (Hrsg.), Verordnungsentwurf, S. 26.

tät von E-Book-Lesegeräten verstanden, bei der der Text eines E-Books laut vorgelesen wird, um insbesondere Menschen mit Sehbehinderungen oder Leseschwierigkeiten den Zugang zu literarischen Inhalten zu ermöglichen.

Die technische Umsetzung von Sprachausgabe erfolgt in mehreren Schritten und erfordert spezielle Software- und Hardwarekomponenten. Eine Text-to-Speech-(TTS)-Engine ist das Kernstück der Sprachausgabe. Sie verarbeitet den Text und wandelt diesen in Audio um. Es gibt verschiedene TTS-Engines, die auf unterschiedlichen Algorithmen und Techniken basieren, um möglichst natürliche Stimmen zu erzeugen. **6**

C. Rechtsfolge von Verstößen

Verstößt ein Produkt gegen die branchentypischen Barrierefreiheitsanforderungen des § 8 BFSGV, ist das betreffende Produkt materiell nicht konform (vgl. § 22 BFSG). Herstellern ist nach § 6 Abs. 1 Nr. 1 BFSG das Inverkehrbringen (→ § 2 Nr. 10 BFSG) des betreffenden Produkts untersagt (→ § 6 Rn. 5, 6), womit nach Maßgabe des § 37 Abs. 1 Nr. 1 BFSG ein Bußgeldtatbestand korrespondiert. Im Feld befindliche Produkte können über § 22 BFSG marktüberwachungsrechtlichen Maßnahmen ausgesetzt sein. **7**

D. Harmonisierte Normen

Im Anwendungsbereich des § 8 BFSGV existiert gegenwärtig keine harmonisierte Norm, über deren Einhaltung die Vermutungswirkung des § 4 BFSG vollumfänglich realisiert werden kann. Eine derartige harmonisierte Norm ist im Gefolge des Durchführungsbeschlusses C(2022)6456 der Kommission, der den Normungsauftrag M/587 umsetzt, bis zum 15.03.2026 zu erwarten. **8**

§ 9 BFSGV
Zusätzliche branchenspezifische Anforderungen an Verbraucherendgeräte mit interaktivem Leistungsumfang, die zur Bereitstellung von Telekommunikationsdiensten eingesetzt werden

Verbraucherendgeräte mit interaktivem Leistungsumfang, die zur Bereitstellung von Telekommunikationsdiensten eingesetzt werden, müssen

1. die Verarbeitung von Text in Echtzeit unterstützen, wenn sie zusätzlich zu Sprache auch Text verwenden,

2. eine hohe Audioqualität unterstützen,

3. die Abwicklung von Gesamtgesprächsdiensten unterstützen, wenn sie zusätzlich zu Text und Sprache oder in Kombination damit auch Video verwenden; dies schließt synchronisierte Sprache, Text in Echtzeit und Video mit einer Bildauflösung, die die Verständigung über Gebärdensprache ermöglicht, ein,

4. eine effektive drahtlose Verbindung zu Hörhilfetechnologie sicherstellen und

5. so gestaltet sein, dass keine Interferenzen mit Hilfsmitteln auftreten.

Gliederung: Rn.

A. Einführung

1 § 9 BFSGV regelt zusätzliche, neben die Vorgaben der §§ 4–6 BFSGV tretende branchenspezifische Anforderungen an die vom BFSG erfassten Verbraucherendgeräte mit interaktivem Leistungsumfang, die zur Bereitstellung von Telekommunikationsdiensten eingesetzt werden (§ 1 Abs. 2 Nr. 3 BFSG) und setzt dabei Anhang I Abschnitt I Nummer 2 o) iii) der RL 2019/882/EU um.

B. Regelungsgehalt

I. Anwendungsbereich

2 § 9 BFSGV regelt branchenspezifische Barrierefreiheitsanforderungen an Verbraucherendgeräte mit interaktivem Leistungsumfang (→ § 2 Nr. 36 BFSG), die für Telekommunikationsdienste (→ § 2 Nr. 7 BFSG) verwendet werden (§ 1 Abs. 2 Nr. 3 BFSG). Telekommunikationsdienste sind ausweislich der Legaldefinition des § 2 Nr. 7 BFSG Telekommunikationsdienste im Sinne des Art. 2 Nr. 4 der Richtlinie (EU) 2018/1972, d. h. gewöhnlich gegen Entgelt über elektronische Kommunikationsnetze erbrachte Dienste, die Internetzugangsdienste, interpersonelle Kommunikationsdienste und Dienste, die ganz oder überwiegend in der Übertragung von Signalen bestehen, wie Übertragungsdienste, die für die Maschine-Maschine-Kommunikation und für den Rundfunk genutzt werden, umfassen.

3 Neben **Mobiltelefonen** und **Tablets** fallen hierunter auch Produkte, die als Teil der Konfiguration für den Zugang zu Telekommunikationsdiensten genutzt werden, wie

zum Beispiel **Router** oder **Modems.**[1] Ebenfalls erfasst sind **Videotelefone**, **Smart Home-Geräte mit Telefonie-Integration** und **Notrufsysteme** (z.B. für Senioren).

II. Branchentypische Barrierefreiheitsanforderungen

1. Text in Echtzeit

Nach § 9 Nr. 1 BFSGV müssen Verbraucherendgeräte mit interaktivem Leistungsumfang, die zur Bereitstellung von Telekommunikationsdiensten eingesetzt werden, die Verarbeitung von Text in Echtzeit (→ § 2 Nr. 8 BFSG) unterstützen, wenn sie zusätzlich zu Sprache auch Text verwenden. Text in Echtzeit ist ausweislich der Legaldefinition des § 2 Nr. 8 BFSG eine Form der textbasierten Kommunikation in Punkt-zu-Punkt-Verbindungen oder bei Mehrpunktverbindungen, wobei der eingegebene Text so versendet wird, dass die Kommunikation vom Nutzer Zeichen für Zeichen als kontinuierlich wahrgenommen wird. Es wird also bei einem Text in Echtzeit beispielsweise nicht erst die gesamte Nachricht nach deren Versenden angezeigt, sondern die eingetippten Buchstaben kontinuierlich, in dem Moment, in dem sie eingetippt werden. 4

2. Hohe Audioqualität

Nach § 9 Nr. 2 BFSGV müssen Verbraucherendgeräte mit interaktivem Leistungsumfang, die zur Bereitstellung von Telekommunikationsdiensten eingesetzt werden, eine hohe Audioqualität unterstützen. Unter der Audioqualität versteht man die Gesamtheit der klanglichen Eigenschaften eines Audiosignals, die für den Hörer wahrnehmbar sind. Dies umfasst insbesondere die Klarheit und Verständlichkeit der Tonwiedergabe, die Freiheit von Störungen und Verzerrungen sowie die Transparenz und Natürlichkeit des Klanges. Eine hohe Audioqualität stellt sicher, dass der Nutzer die sprachlichen und akustischen Informationen klar und ohne Hindernisse wahrnehmen kann. Sie ist nicht nur von der technischen Übertragung des Signals abhängig, sondern auch von der Wiedergabequalität der Endgeräte und der Erhaltung der Signalintegrität. Dabei wird der Begriff der hohen Audioqualität allerdings weder im Gesetzes- oder Verordnungstext noch in den Gesetzesmaterialien näher konturiert. Der Rechtsanwender steht daher in Ermangelung anwendbarer harmonisierter Normen vor erheblichen Schwierigkeiten bei der Umsetzung der Anforderungen des § 9 Nr. 2 BFSGV. 5

Hohe Audioqualität bedeutet im Ausgangspunkt, dass die Audiowiedergabe von Telekommunikationsdiensten so gestaltet sein muss, dass sie auch für Nutzer mit unterschiedlichen Hörfähigkeiten problemlos verständlich ist. Neben Klarheit und Verständlichkeit der Sprache auch unter schwierigen Bedingungen wie Hintergrundgeräuschen oder minderer Raumakustik schließt dies auch die Vermeidung von Verzerrungen und die Optimierung von Lautstärke und Frequenzbereichen ein. Ein Hersteller sollte sich dabei an branchenweiten Metriken zur Messung der Audioqualität wie MOS (*Mean Opinion Score*), Signal-Rausch-Verhältnis (SNR, *Signal-to-Noise Ratio*) und THD (*Total Harmonic Distortion*) orientieren. 6

---

1 BT-Drs. 19/28653, S. 64.

7 Der **MOS** ist eine weit verbreitete Methode zur Beurteilung der Audioqualität. Er basiert auf subjektiven Bewertungen von Benutzern und reicht von 1 (sehr schlecht) bis 5 (sehr gut). Ein MOS von mindestens 4,0 wird häufig als Indikator für „gute" bis „exzellente" Audioqualität in Kommunikationssystemen angesehen. Hersteller können diesen Score durch Tests mit echten Nutzern ermitteln, um sicherzustellen, dass ihre Geräte eine hohe Audioqualität bieten.

8 Das Signal-Rausch-Verhältnis (**SNR**) ist eine der wichtigsten Metriken, um die Klarheit eines Audiosignals zu beurteilen. Es beschreibt das Verhältnis der Stärke des Nutzsignals (Audio) zum Hintergrundrauschen. Ein SNR von 30 dB oder höher gilt als „gute" Audioqualität. Bei einem SNR von 30 dB ist das Rauschen gut unterdrückt, und die Sprachverständlichkeit sollte in der Regel sehr gut sein. Ein SNR von 40 dB oder höher ist optimal und bietet eine exzellente Audioqualität, bei der Hintergrundgeräusche praktisch nicht mehr wahrnehmbar sind.

9 Der **THD-Wert** bezieht sich auf die Verzerrung, die durch harmonische Oberwellen in einem Audio-Signal erzeugt wird. Ein niedriger THD-Wert spricht für eine geringere Verzerrung und damit eine höhere Audioqualität. Ein THD-Wert unter 1 % gilt als sehr gut, stellt eine hohe Audioqualität sicher und gewährleistet, dass das Audiosignal nahezu frei von Verzerrungen ist. Für höchste Audioqualität wird häufig ein THD-Wert unter 0,1 % angestrebt. Dies ist insbesondere in hochwertigen Audiogeräten oder professionellen Anwendungen der Fall, in denen höchste Klarheit und Präzision erforderlich sind.

3. Abwicklung von Gesamtgesprächsdiensten

10 Nach § 9 Nr. 3 BFSGV müssen die betreffenden Produkte die Abwicklung von Gesamtgesprächsdiensten unterstützen, wenn sie zusätzlich zu Text und Sprache oder in Kombination damit auch Video verwenden. Konkret sind dies also Geräte, die für die Kommunikation über Telekommunikationsdienste genutzt werden und dabei auch Video übertragen oder ermöglichen. Erfasst werden daher etwa **Smartphones** und **Tablets**, die neben der Sprachkommunikation auch Textnachrichten (SMS, Chat) und Videoanrufe (z. B. über FaceTime, WhatsApp, Skype) unterstützen. Zum Kernanwendungsbereich zählen dabei auch **Videotelefone**, die Videoanrufe unterstützen und somit zusätzlich zur Sprachkommunikation auch die visuelle Kommunikation ermöglichen.

11 Die erfassten Produkte müssen die Abwicklung von **Gesamtgesprächsdiensten** unterstützen. Dies schließt synchronisierte Sprache, Text in Echtzeit und Video mit einer Bildauflösung, die die Verständigung über Gebärdensprache ermöglicht, ein. Der im Gesetz und der Verordnung nicht definierte Begriff der Gesamtgesprächsdienste bezieht sich auf Kommunikationsdienste, die verschiedene Formen der Kommunikation miteinander kombinieren, um die Verständigung zwischen den Beteiligten bestmöglich zu gewährleisten.

4. Effektive drahtlose Verbindung zu Hörhilfetechnologie

Nach § 9 Nr. 4 BFSGV müssen Verbraucherendgeräte mit interaktivem Leistungsumfang zur Bereitstellung von Telekommunikationsdiensten eine effektive drahtlose Verbindung zu Hörhilfetechnologie sicherstellen. **12**

5. Vermeidung von Interferenzen mit Hilfsmitteln

Nach § 9 Nr. 5 BFSGV müssen die betreffenden Produkte außerdem so gestaltet sein, dass keine Interferenzen mit Hilfsmitteln auftreten. **13**

C. Rechtsfolge von Verstößen

Verstößt ein Produkt gegen die branchentypischen Barrierefreiheitsanforderungen des § 9 BFSGV, ist das betreffende Produkt materiell nicht konform (vgl. § 22 BFSG). Herstellern ist nach § 6 Abs. 1 Nr. 1 BFSG das Inverkehrbringen (→ § 2 Nr. 10 BFSG) des betreffenden Produkts untersagt (→ § 6 Rn. 5, 6), womit durch die Regelung des § 37 Abs. 1 Nr. 1 BFSG ein Bußgeldtatbestand korrespondiert. Im Feld befindliche Produkte können nach Maßgabe des § 22 BFSG marktüberwachungsrechtlichen Maßnahmen ausgesetzt sein. **14**

D. Harmonisierte Normen

Im Anwendungsbereich des § 9 BFSGV existiert gegenwärtig keine harmonisierte Norm, über deren Einhaltung die Vermutungswirkung des § 4 BFSG vollumfänglich realisiert werden kann. Eine derartige harmonisierte Norm ist im Gefolge des Durchführungsbeschlusses C(2022)6456 der Kommission, der den Normungsauftrag M/587 umsetzt, bis zum 15.03.2026 zu erwarten. **15**

§ 10 BFSGV
Zusätzliche branchenspezifische Anforderungen an Verbraucherendgeräte mit interaktivem Leistungsumfang, die für den Zugang zu audiovisuellen Mediendiensten verwendet werden

Verbraucherendgeräte mit interaktivem Leistungsumfang, die für den Zugang zu audiovisuellen Mediendiensten verwendet werden, müssen Menschen mit Behinderungen diejenigen Barrierefreiheitskomponenten bereitstellen, die der Anbieter audiovisueller Mediendienste für den Benutzerzugang, die Auswahl von Optionen, die Steuerung, die Personalisierung und die Übertragung an Hilfsmittel zur Verfügung stellt.

Gliederung: Rn.

A. Einführung

1 § 10 BFSGV regelt zusätzliche, neben die Vorgaben der §§ 4–6 BFSGV tretende branchenspezifische Anforderungen an die vom BFSG erfassten Verbraucherendgeräte mit interaktivem Leistungsumfang, die für den Zugang zu audiovisuellen Mediendiensten verwendet werden (§ 1 Abs. 2 Nr. 4 BFSG) und setzt dabei Anhang I Abschnitt I Nummer 2 o) iv) der RL 2019/882/EU um.

B. Regelungsgehalt

I. Anwendungsbereich

2 § 10 BFSGV regelt branchenspezifische Barrierefreiheitsanforderungen an Verbraucherendgeräte mit interaktivem Leistungsumfang, die für den Zugang zu audiovisuellen Mediendiensten verwendet werden (→ § 2 Nr. 6 BFSG). Hierunter versteht der Gesetzgeber ausweislich der Legaldefinition in § 2 Nr. 6 BFSG Geräte für Verbraucher mit interaktivem Leistungsumfang (→ § 2 Nr. 36 BFSG), deren Hauptzweck es ist, Zugang zu audiovisuellen Mediendiensten (→ § 2 Nr. 5 BFSG) zu bieten.

3 Zentral ist hierbei der Begriff des audiovisuellen Mediendienstes, den das Gesetz in § 2 Nr. 5 BFSG unter Verweis auf Art. 1 Abs. 1 lit. a RL 2010/13/EU definiert. Danach ist ein audiovisueller Mediendienst eine Dienstleistung (…), für die ein Mediendiensteanbieter die redaktionelle Verantwortung trägt und deren Hauptzweck die Bereitstellung von Sendungen zur Information, Unterhaltung oder Bildung der allgemeinen Öffentlichkeit über elektronische Kommunikationsnetze (…) ist. Bei diesen audiovisuellen Mediendiensten handelt es sich entweder um Fernsehprogramme oder um audiovisuelle Mediendienste auf Abruf.

4 Erfasst werden damit neben herkömmlichen Fernsehgeräten auch **Smart-TV-Geräte**, die interaktive Funktionen wie den Zugang zu Streaming-Diensten (Netflix, Amazon Prime, YouTube), Apps, Internet-Browsing und anderen digitalen Medien eröffnen. Ebenfalls unter den Tatbestand fallen **Set-Top-Boxen** (z. B. für Kabel- oder Satellitenfernsehen) und **Streaming-Geräte** (z. B. Amazon Fire TV Stick[1], Google Chromecast Streaming Stick, Roku TV-Stick). Daneben erfasst der Tatbestand auch **Blu-ray/DVD-Player mit Smart-Funktionen** oder **interaktive Medienabspielgeräte** (z. B. für E-Learning oder digitale Bildung). Erfasst werden außer-

1 BT-Drs. 19/28653, S. 64.

dem **Spielekonsolen**[2] und Systeme der virtuellen und erweiterten Realität (VR/AR). Einen Grenzfall stellen sicher **sprachgesteuerte Assistenten** wie Amazon Alexa dar, die den Zugriff auf audiovisuelle Inhalte von verschiedenen Medienplattformen über Sprachbefehle und interaktive Steuerung ermöglichen. Ob es gerade der Hauptzweck (vgl. § 2 Nr. 6 BFSG) solcher Geräte ist, den Zugang zu audiovisuellen Medieninhalten zu eröffnen, kann durchaus hinterfragt werden. Ein Wirtschaftsakteur ist angesichts der noch weitgehend ungeklärten Rechtslage dennoch gut beraten, im Zweifel von einem weiten Anwendungsbereich des Tatbestands auszugehen.

II. Branchentypische Barrierefreiheitsanforderungen

Nach § 10 BFSGV müssen Verbraucherendgeräte mit interaktivem Leistungsumfang, die für den Zugang zu audiovisuellen Mediendiensten verwendet werden, Menschen mit Behinderungen diejenigen Barrierefreiheitskomponenten bereitstellen, die der Anbieter audiovisueller Mediendienste für den Benutzerzugang, die Auswahl von Optionen, die Steuerung, die Personalisierung und die Übertragung an Hilfsmittel zur Verfügung stellt. **5**

Die Bestimmung hat damit zum Gegenstand, dass die Geräte selbst diejenigen Barrierefreiheitskomponenten bereitstellen müssen, die der Anbieter audiovisueller Mediendienste für den Zugang und die Nutzung seiner Inhalte zur Verfügung stellt. Dies bedeutet, dass die Endgeräte (z. B. Fernseher, Set-Top-Boxen) die barrierefreien Funktionalitäten unterstützen müssen, die von den Anbietern von Mediendiensten wie Streamingplattformen (z. B. Netflix, Amazon Prime Video) und Mediatheken angeboten werden. Die erfassten Produkte müssen daher insbesondere in der Lage sein, Barrierefreiheitskomponenten wie **Untertitel, Audiodeskriptionen** oder **Sprachausgabe darzustellen**, die der Anbieter des jeweiligen Dienstes zur Verfügung stellt. Werden solche Funktionen durch den Dienstanbieter angeboten, müssen die Endgeräte diese korrekt wiedergeben können. Durch die Bestimmung wird zum Beispiel sichergestellt, dass Untertitel für gehörlose Menschen über die Set-top-Box übertragen werden.[3] Ebenso müssen Möglichkeiten zur **Sprachsteuerung** oder **alternative Navigationsmethoden** auf dem Produkt technisch ermöglicht werden, wenn der Anbieter des Mediendienstes dies für die Nutzung von Inhalten vorschlägt oder bereitstellt. Gegenstand der Bestimmung ist außerdem die **Übertragung an Hilfsmittel und assistive Technologien** (wie Screenreader oder Braillezeilen), wenn diese Funktionen vom Anbieter des Mediendienstes zur Verfügung gestellt werden. Die Vorschrift zielt darauf ab, den barrierefreien Zugang zu audiovisuellen Mediendiensten sicherzustellen, indem sie festlegt, dass Geräte, die den Zugang zu solchen Diensten ermöglichen, die entsprechenden Barrierefreiheitsfunktionen unterstützen müssen, die auch vom Anbieter des jeweiligen Mediendienstes bereitgestellt werden. Dies gewährleistet, dass Menschen mit Behinderungen in gleicher Weise an der Nutzung von audiovisuellen Inhalten teilhaben können wie nicht-behinderte Personen. **6**

---

2 BT-Drs. 19/28653, S. 64.
3 BMAS (Hrsg.), Verordnungsentwurf, S. 26.

C. Rechtsfolge von Verstößen

7 Verstößt ein Produkt gegen die branchentypischen Barrierefreiheitsanforderungen des § 10 BFSGV, ist das betreffende Produkt materiell nichtkonform (vgl. § 22 BFSG). Herstellern ist nach § 6 Abs. 1 Nr. 1 BFSG das Inverkehrbringen (→ § 2 Nr. 10 BFSG) des betreffenden Verbraucherendgeräts für den Zugang zu audiovisuellen Mediendiensten untersagt (→ § 6 Rn. 5, 6), womit nach Maßgabe des § 37 Abs. 1 Nr. 1 BFSG ein Bußgeldtatbestand korrespondiert. Im Feld befindliche Produkte können nach § 22 BFSG marktüberwachungsrechtlichen Maßnahmen ausgesetzt sein.

D. Harmonisierte Normen

8 Im Anwendungsbereich des § 10 BFSGV existiert gegenwärtig keine harmonisierte Norm, über deren Einhaltung die Vermutungswirkung des § 4 BFSG realisiert werden kann. Eine derartige harmonisierte Norm ist im Gefolge des Durchführungsbeschlusses C(2022)6456 der Kommission, der den Normungsauftrag M/587 umsetzt, bis zum 15.03.2026 zu erwarten.

§ 11 BFSGV
Unterstützungsdienste

Wenn Unterstützungsdienste wie Help-Desk, Call-Center, technische Unterstützung, Relaisdienste und Schulungsdienste verfügbar sind, müssen sie Informationen über die Barrierefreiheit und die Kompatibilität des Produkts mit assistiven Technologien mittels barrierefreien Kommunikationsmitteln bereitstellen.

Gliederung: Rn.

A. Einführung

1 § 11 BFSGV setzt Anhang I Abschnitt I Nr. 3 der RL 2019/882/EU um und regelt Barrierefreiheitsanforderungen in Bezug auf von einem Wirtschaftsakteur im Zusammenhang mit seinen Produkten zur Verfügung gestellte Unterstützungsdienste. Der **Zweck** von § 11 BFSGV ist es, sicherzustellen, dass Personen mit Behinde-

rungen, die auf assistive Technologien angewiesen sind, gleichberechtigten Zugang zu Informationen über die Barrierefreiheit von Produkten haben. Das schließt auch Informationen darüber ein, wie kompatibel diese Produkte mit den von ihnen verwendeten Technologien sind.

B. Regelungsgehalt

§ 11 BFSGV stellt klar, dass es den Wirtschaftsakteuren frei steht, Unterstützungsdienste anzubieten. Sofern ein Wirtschaftsakteur einen Unterstützungsdienst einsetzt, hat er dafür Sorge zu tragen, dass dieser Informationen über die Barrierefreiheit und die Kompatibilität des Produkts mit assistiven Technologien mittels barrierefreien Kommunikationsmitteln bereitstellt. Orientierung kann die EN 301 549 V3.2.1. bieten, die in ihrem Kapitel 12.2 Anforderungen an Unterstützungsdienste regelt.[1] **2**

I. Unterstützungsdienste

Die BFSGV zählt als Unterstützungsdienste Help-Desks, Call-Center, technische Unterstützung, Relaisdienste und Schulungsdienste auf. Diese Aufzählung ist nicht abschließend und kann auch andere Arten von Unterstützungsdiensten umfassen. **3**

Help-Desk und Call-Center sind Dienste, die direkt mit Kunden kommunizieren und Unterstützung bei der Problembehebung bieten. Die Kommunikation kann bei einem Help-Desk über Telefon, Chat, E-Mail oder App-Funktionen erfolgen. **4**

Technische Unterstützung wird in der Regel durch Techniker oder Spezialisten geleistet, um spezifische technische Probleme zu lösen. **5**

Relaisdienste bezeichnen Vermittlungsdienste, die zur Unterstützung von Menschen mit Hör- oder Sprachbehinderungen eingesetzt werden. Dabei vermittelt eine dritte Person zwischen zwei Kommunikationsformen – etwa zwischen der Gebärdensprache und der gesprochenen Sprache. Die Einrichtung solcher Vermittlungsdienste fordert beispielsweise § 51 Abs. 4 TKG von Anbietern.[2] Die Bundesnetzagentur hat beispielsweise in einem Ausschreibungsverfahren den Vermittlungsdienst Tess-Relay-Dienst damit beauftragt, Telefonate in Gebärden- oder Schriftsprache zu übersetzen.[3] **6**

Schulungsdienste dienen dazu, die Kunden in die Benutzung der Produkte einzuweisen und sie darin fortzubilden. Diese Dienste können beispielsweise als Online-Workshops, über Erklärvideos oder als Remote-Schulungen mit Technikern angeboten werden. **7**

---

1 EN 301 549 V3.2.1, Kapitel 12.2.

2 Näher Säcker/Körber TKG/*Klingner*, 4. Aufl. 2023, TKG § 51 Rn. 30 ff.

3 Pressemitteilung der Bundesnetzagentur vom 28.02.2025, abrufbar unter https://www.bundesnetzagentur.de/SharedDocs/Pressemitteilungen/DE/2025/20250228_hoergeloseM.html, zuletzt aufgerufen am 12.04.2025.

II. Informationen über die Barrierefreiheit und Kompatibilität

8 Gemäß § 11 BFSGV müssen Anbieter von Unterstützungsdiensten sicherstellen, dass die Unterstützungsdienste auch Informationen über die Barrierefreiheit der Produkte und deren Kompatibilität mit assistiven Technologien bereitstellen.

1. Informationen über die Barrierefreiheit des Produkts

9 Zu den Informationen über die Barrierefreiheit zählen Informationen zur Erfüllung der Barrierefreiheitsanforderungen für die jeweilige Produktkategorie entsprechend §§ 4 ff. BFSGV. Die Anbieter müssen zudem mitteilen, welche Barrierefreiheitsfunktionen vorhanden sind, wie diese aktiviert und genutzt werden können und welche Einschränkungen oder Ausnahmen bestehen.

2. Informationen über die Kompatibilität mit assistiven Technologien

10 Zu den Informationen über die Kompatiblität mit assistiven Technologien zählen Informationen darüber, welche Hilfsmittel zur Benutzung des Produkts genutzt werden können und wie diese aktiviert werden können bzw. welche Voraussetzungen für die Herstellung der Kompatibilität erfüllt werden müssen.[4]

III. Barrierefreie Kommunikationsmittel

11 Die Informationen müssen barrierefrei zur Verfügung gestellt werden.

12 Hierbei sind die Anforderungen gemäß § 4 BFSGV zu berücksichtigen, also insbesondere müssen Informationen **über mehr als einen sensorischen Kanal** zur Verfügung gestellt werden (→ näher § 4 BFSGV).

13 Die Kommunikation sollte nach der EN 301 549 **effektiv** gestaltet werden. Damit ist gemeint, dass die Kommunikationsbedürfnisse der Menschen mit Behinderungen berücksichtigt werden müssen.[5] Das kann beispielsweise beim Angebot eines Telefondienstes die Möglichkeit der Einschaltung eines Relaisdienstes für Menschen mit Hörbehinderungen beinhalten.

14 Von den Supportdiensten **bereitgestellte Dokumente** müssen nach der EN 301 549 zudem mindestens in einem den Barrierefreiheitsanforderungen der Norm entsprechenden Web-Format oder Non-Web-Format.[6] Web-Formate müssen dabei insbesondere die Anforderungen der WCAG erfüllen (näher hierzu § 4 Rn. 18 ff. BFSG). Das gilt unbeschadet der Möglichkeit, die Dokumente zusätzlich in alternativen – auch nicht barrierefreien Formaten bereitzustellen.[7] Die EN 301 549 rät zum Einsatz eines Benutzeragenten, der automatische Medienkonvertierung unterstützt.[8]

---

4 EN 301 549 V3.2.1, Kapitel 12.2.2.
5 EN 301 549 V3.2.1, Kapitel 12.2.3.
6 EN 301 549 V3.2.1, Kapitel 12.2.4.
7 EN 301 549 V3.2.1, Kapitel 12.2.4.
8 EN 301 549 V3.2.1, Kapitel 12.2.4, note 4.

§ 12 BFSGV Allgemeine Anforderungen für Dienstleistungen

Damit Dienstleistungen die Anforderungen des § 3 Absatz 1 Satz 2 Barrierefreiheitsstärkungsgesetz erfüllen, müssen

1. Produkte im Sinne des § 1 Absatz 2 des Barrierefreiheitsstärkungsgesetzes, die zur Erbringung der Dienstleistung verwendet werden, die Anforderungen der §§ 4 und 6 bis 11 und, soweit anwendbar, die Anforderungen des § 5 erfüllen,

2. die Bereitstellung von Informationen über die Funktionsweise der Dienstleistung sowie für den Fall, dass für die Erbringung der Dienstleistung Produkte verwendet werden, die Bereitstellung von Informationen über die Verbindung der Dienstleistung zu diesen Produkten sowie über die Barrierefreiheitsmerkmale und die Interoperabilität dieser Produkte mit assistiven Technologien folgende Anforderungen erfüllen:

a) die Informationen werden über mehr als einen sensorischen Kanal bereitgestellt,

b) sie sind für den Verbraucher auffindbar,

c) sie werden in verständlicher Weise dargestellt,

d) sie werden den Verbrauchern auf eine Weise dargestellt, die sie wahrnehmen können,

e) der Informationsinhalt wird in Textformaten zur Verfügung gestellt, die sich zum Generieren alternativer assistiver Formate durch den Verbraucher eignen, die auf unterschiedliche Art dargestellt und über mehr als einen sensorischen Kanal wahrgenommen werden können,

f) sie werden in einer Schriftart mit angemessener Größe und mit geeigneter Form unter Berücksichtigung des vorhersehbaren Nutzungskontexts und mit ausreichendem Kontrast sowie ausreichenden Abständen zwischen den Buchstaben, Zeilen und Absätzen dargestellt,

g) es wird eine alternative Darstellung des Inhalts angeboten, wenn Elemente nicht-textlichen Inhalts enthalten sind,

h) die für die Erbringung der Dienstleistung erforderlichen digitalen Informationen werden auf konsistente und angemessene Weise bereitgestellt, indem sie wahrnehmbar, bedienbar, verständlich und robust gestaltet werden,

3. Webseiten, einschließlich der zugehörigen Online-Anwendungen und auf Mobilgeräten angebotenen Dienstleistungen, einschließlich mobiler Apps, auf konsistente und angemessene Weise wahrnehmbar, bedienbar, verständlich und robust gestaltet werden und

4. im Fall der Verfügbarkeit von Unterstützungsdiensten wie Help-Desk, Call-Center, technische Unterstützung, Relaisdienste und Schulungsdienste diese die Informationen über die Barrierefreiheit und die Kompatibilität der Dienstleistung mit assistiven Technologien mit barrierefreien Kommunikationsmitteln bereitstellen.

Gliederung: Rn.

A. Einführung

1 § 12 BFSGV setzt die Vorgaben aus Anhang I Abschnitt III der RL 2019/882/EU um[1] und legt die allgemeinen Barrierefreiheitsanforderungen für alle Dienstleistungen im Sinne des § 1 Abs. 3 BFSG fest.[2] Die Bestimmung ist daher Ausgangspunkt für die Umsetzung der Barrierefreiheitsanforderungen für Dienstleistungserbringer. Zu den in § 12 BFSGV geregelten Anforderungen können für spezifische Dienstleistungsgruppen branchenspezifische Barrierefreiheitsanforderungen nach Maßgabe der §§ 13–19 BFSGV hinzutreten.[3]

B. Regelungsgehalt

I. Produkte, die zur Erbringung der Dienstleistung verwendet werden (Nr. 1)

2 Gemäß § 12 Nr. 1 BFSGV müssen Produkte, **die zur Erbringung einer Dienstleistung verwendet werden**, ihrerseits die Anforderungen der BFSGV für Produkte erfüllen.[4] Das beinhaltet die Bereitstellung von Informationen zur Nutzung des Pro-

1 BR-Drs. 149/22, S. 24.
2 *Kapoor/Klindt*, NJW 2024, 3545, 3548.
3 BR-Drs. 149/22, S. 25; *Kapoor/Klindt*, NJW 2024, 3545, 3548; *Billing/Bremenkamp*, ZVertriebsR 2025, 9, 11.
4 *Kapoor/Klindt*, NJW 2024, 3545, 3548; *Kalisz*, BKR 2023, 292, 298.

dukts und der Barrierefreiheitsfunktionen (→ § 4 BFSGV), soweit anwendbar Anforderungen an Produktverpackungen und Anleitungen zur Installation und Wartung (→ § 5 BFSGV), die Gestaltung der Benutzerschnittstelle und Funktionalität der Produkte (→ § 6 BFSGV), die Ausstattung von Selbstbedienungsterminals (→ § 7 BFSGV), die Ausstattung von E-Book-Lesegeräten (→ § 8 BFSGV), die Funktionalitäten von Verbraucherendgeräten mit interaktivem Leistungsumfang, die zur Bereitstellung von Telekommunikationsdiensten eingesetzt werden (also z. B. Mobiltelefone und Tablets, → § 9 BFSGV), die Funktionalitäten von Verbraucherendgeräten mit interaktivem Leistungsumfang, die für den Zugang zu audiovisuellen Mediendiensten verwendet werden (also z. B. Smart-TVs, → § 10 BFSGV) und bestimmte Anforderungen an die Gestaltung von im Zusammenhang mit den Produkten eingesetzten Unterstützungsdiensten (→ § 11 BFSGV).

Die Vorschrift gilt allerdings nur für Produkte, die in den Anwendungsbereich des BFSG fallen und weitet den Anwendungsbereich insoweit nicht aus.[5] 3

II. Bereitstellung von Informationen (Nr. 2)

§ 12 Nr. 2 BFSGV regelt die Anforderungen an die Bereitstellung von Informationen über die Funktionsweise der Dienstleistung. Soweit für die Erbringung der Dienstleistung Produkte verwendet werden, muss auch die Bereitstellung von Informationen über die Verbindung der Dienstleistung zu diesen Produkten sowie über die Barrierefreiheitsmerkmale und die Interoperabilität dieser Produkte mit assistiven Technologien diesen Anforderungen genügen (beispielsweise beim Einsatz von E-Book-Readern für E-Books).[6] 4

Die Vorschrift verfolgt den **Sinn und Zweck**, zu gewährleisten, dass sich Menschen mit Behinderungen umfassend über die Funktionsweise und den Inhalt von Dienstleistungen informieren können. Auf diese Weise soll ein gleichberechtigter Schutz erreicht und Menschen mit Behinderungen eine informierte Entscheidung ermöglicht werden.[7] 5

1. Inhalt der Informationen

Nach der Begründung zur Verordnung müssen jedenfalls die wesentlichen Vertragsinhalte bereitgestellt werden, um dem Sinn und Zweck der Vorschrift gerecht zu werden.[8] Nicht erfasst sind aber die Vertragsdokumente selbst einschließlich der Allgemeinen Geschäftsbedingungen sowie vorvertragliche Pflichtinformationen nach BGB und EGBGB.[9] 6

Zwar werden die sich aus anderen Gesetzen ergebenden Informationspflichten bei Dienstleistungen (insbesondere nach dem BGB und dem EGBGB) durch die Anforderungen nach § 12 Nr. 2 BFSGV nicht berührt. Allerdings müssen solche Informationen, soweit sie die Funktionsweise der Dienstleistung betreffen, auch den 7

5 BR-Drs. 149/22, S. 25.
6 *Billing/Bremenkamp*, ZVertriebsR 2025, 9, 11.
7 BR-Drs. 149/22, S. 25; *Kalisz*, BKR 2023, 292, 298.
8 BR-Drs. 149/22, S. 25.
9 So auch BR-Drs. 149/22, S. 25; *Kalisz*, BKR 2023, 292, 298.

Anforderungen der BFSGV entsprechen.[10] Eine für Verbraucher „verständliche" Information verliert in der Regel allerdings an Präzision und ist nicht immer geeignet, rechtliche Regelungsgehalte inhaltlich vollständig und hinreichend präzise darzustellen.[11] Soweit es sich nicht um die vom Anwendungsbereich ausgenommenen Vertragsdokumente und vorvertraglichen Pflichtinformationen handelt, dürfte zugunsten der Anwendung der Barrierefreiheitsanforderungen ein Absinken der juristischen Präzision in Kauf zu nehmen sein.[12]

2. Konkrete Anforderungen an die Bereitstellung

a) Zwei-Sinne-Prinzip (lit. a)

8 Informationen über die Funktionsweise der Dienstleistung müssen nach § 12 Nr. 2 lit. a BFSGV über mehr als einen sensorischen Kanal zur Verfügung gestellt werden. Die Bestimmung etabliert daher auch für die Informationen über die Funktionsweise der Dienstleistung das sog. **Zwei-Sinne-Prinzip.**[13] Das Zwei-Sinne-Prinzip besagt, dass Informationen über mindestens zwei Sinneskanäle zugänglich sein müssen, sodass Verbraucher nicht nur auf einen einzelnen Sinn angewiesen sind. Dadurch können auch Menschen mit Einschränkungen, etwa Seh- oder Hörbehinderungen, auf die Informationen zugreifen. Neben visuellen Informationen textlichen Inhalts müssen daher auch auditive oder taktile Dimensionen bereitgestellt werden, sodass auch blinde Menschen Zugang zur Information erhalten.[14]

9 Konkret bedeutet das beispielsweise für blinde Nutzer eines Online-Shops, dass bei der Verwendung von Bildern auf der Webseite eine nicht-visuelle Alternative bereitgestellt werden muss. Das kann über Schnittstellen zu assistiven Technologien erreicht werden, die eine Audio- oder taktile Ausgabe (z. B. über einen Screenreader oder eine Braillezeile) ermöglichen. Es ist also nicht erforderlich, dass die Webseite selbst etwa über eine Vorlesefunktion verfügt. Falls visuelle Informationen für bestimmte Webseitenelemente erforderlich sind und sie assistiven Technologien nicht zugänglich sind, verlangt die EN 301 549 V3.2.1 (→ § 4 Rn. 18 ff. BFSG) die Bereitstellung eines Betriebsmodus, der den Zugang ohne visuelle Hilfe ermöglicht. Bei der auditiven Beschreibung von Inhalten ist zudem sicherzustellen, dass diese so mit den visuellen Inhalten verknüpft sind, dass Verbraucher mit teilweisem Sehvermögen die Audioausgabe mit den visuellen Informationen verknüpfen können.[15]

b) Auffindbarkeit (lit. b)

10 Die erfassten Informationen über die Funktionsweise der Dienstleistung müssen nach § 12 Nr. 2 lit. b BFSGV für den Verbraucher **auffindbar** sein. Die Auffindbar-

---

10 BR-Drs. 149/22, S. 25.

11 Kritisch auch Deinert/Welti/Luik/Brockmann/*Zinsmeister*, StichwortKommentar Behindertenrecht, Leichte Sprache Rn. 7 [speziell in Bezug auf einfache und Leichte Sprache].

12 Anderer Ansicht *Kalisz*, BKR 2023, 292, 298: „Ansonsten muss im Zweifel juristische Präzision (einzelner Begriffe) vorgehen" [zu § 17 Abs. 2 BFSGV].

13 Vgl. hierzu *Billing/Bremenkamp*, ZVertriebsR 2025, 9, 11.

14 BMAS (Hrsg.), Verordnungsentwurf, S. 19.

15 *Billing/Bremenkamp*, ZVertriebsR 2025, 9, 11; EN 301 549 V3.21, 5.1.3–5.1.6.

keit ist entscheidend, damit Informationen für Menschen mit Behinderungen zugänglich sind und sie die Dienstleistung überhaupt nutzen können.[16]

11 Auffindbarkeit bedeutet, dass die Informationen für Menschen mit Behinderungen in der allgemein üblichen Weise, ohne besondere Erschwernis und grundsätzlich ohne fremde Hilfe auffindbar sein müssen.[17] In Bezug auf Webseiten und Apps bedeutet dass insbesondere die **logische Platzierung** von Informationen, die Nutzung **klarer Navigationsstrukturen** und **eindeutiger Beschriftungen**, die eine gute Orientierung ermöglichen. Zudem sollten Nutzerinformationen über die Suchfunktion auffindbar sein und sich der jeweiligen Dienstleistung klar zuordnen lassen. Deutlich sichtbare Links erleichtern den schnellen Zugriff. (vgl. bereits § 4 Rn. 22 BFSGV). Bei Erbringung der Dienstleistung über Produkte können tastbare und visuelle Hinweise sowie eine Sprachausgabe genutzt werden.

c) Verständlichkeit (lit. c)

12 Die vom Anwendungsbereich der Bestimmung erfassten Informationen über die Funktionsweise der Dienstleistung müssen nach § 12 Nr. 2 lit. c BFSGV **in verständlicher Weise** bereitgestellt werden. Die Bestimmung geht auf Anhang I Abschnitt III b) der RL 2019/882/EU zurück. Die Vorgabe, erfasste Informationen verständlich bereitzustellen, soll die Barrierefreiheit für Menschen mit kognitiven Beeinträchtigungen verbessern und auch für andere Nutzer optimieren.

13 Der Grundsatz der Verständlichkeit beinhaltet, dass Inhalte möglichst lesbar und verständlich dargestellt werden.[18] Das kann durch eine logische Struktur und Klarheit der Informationen, unter **Verwendung kurzer Sätze und einheitlicher Formulierungen und Begriffe** erreicht werden und die Verwendung einfacher oder sogar leichter Sprache umfassen.[19] Bei schwer verständlichen Texten mit ungewöhnlichen Wörtern und Abkürzungen muss ein Mechanismus vorgesehen werden, um Wörter und Abkürzungen zu erklären.[20] Auch visuelle Hilfsmittel wie standardisierte Symbole und Icons können dazu beitragen, Informationen zu veranschaulichen und die Verständlichkeit zu verbessern (→ vgl. auch bereits § 4 Rn. 23 f. BFSGV).

d) Wahrnehmbarkeit (lit. d)

14 Nach § 12 Nr. 2 lit. d BFSGV müssen die betreffenden Informationen über die Funktionsweise der Dienstleistung den Verbrauchern auf eine Weise dargestellt werden, die sie wahrnehmen können. Das beinhaltet, dass Informationen und Bestandteile der Benutzerschnittstelle **wahrnehmbar** gestaltet sind.[21]

---

16 BR-Drs. 149/22, S. 2.
17 Vgl. die Formulierung in § 3 Abs. 1 S. 2 BFSG.
18 *Billing/Bremenkamp*, ZVertriebsR 2025, 9, 13.
19 BR-Drs. 149/22, S. 15 f.; zu den Grundregeln der leichten Sprache mit weiteren Nachweisen Deinert/Welti/Luik/Brockmann/*Zinsmeister*, StichwortKommentar Behindertenrecht, Leichte Sprache Rn. 6.
20 *Billing/Bremenkamp*, ZVertriebsR 2025, 9, 13; vgl. auch § 3.1.3 u. § 3.1.4 WCAG 2.1.
21 *Billing/Bremenkamp*, ZVertriebsR 2025, 9, 13.

15 Die Wahrnehmbarkeit von **Webcontent** setzt ausweislich der Vorgaben der EN 301 549 V3.21 die Bereitstellung von Textalternativen zu nicht-textlichen Inhalten voraus[22] (→ Rn. 24). Für Audio- und Videoelemente gelten spezifische Anforderungen, die von der Pflicht zur Untertitelung bis zur Verwendung von Audiodeskriptionen bzw. Textalternativen reichen.[23] Auch die Begründung der Verordnung nennt die Untertitelung eines Anleitungsvideos als Beispiel.[24] Hierdurch wird auch das sog. **Zwei-Sinne-Prinzip** umgesetzt (→ Rn. 8).

16 Ausfluss der Wahrnehmbarkeit ist auch die Bereitstellung von Farbalternativen, Möglichkeiten zur benutzerdefinierten Kontrolle von Audioelementen und Anforderungen an die Anpassbarkeit von Kontrast und Schriftgröße.[25] Bei der Nutzung von Produkten zur Erbringung der Dienstleistungen kommen auch taktile Reliefdarstellungen in Betracht (vgl. zu Produkten → § 4 Rn. 12 BFSGV).

e) Anforderungen an Textformate (lit. e)

17 Nach § 12 Nr. 2 lit. e. BFSGV müssen die Informationen über die Funktionsweise der Dienstleistung in **Textformaten** zur Verfügung gestellt werden, die sich zum Generieren alternativer assistiver Formate durch den Verbraucher eignen, auf unterschiedliche Art dargestellt und über mehr als einen sensorischen Kanal wahrgenommen werden können. Die Vorschrift geht auf Anhang I Abschnitt III b) iv) der RL 2019/882/EU zurück.

18 Die Auswahl geeigneter Textformate ist wichtig, um Inhalte für assistive Technologien wie Screenreader, Braillezeilen oder Sprachausgabesysteme zugänglich zu machen. Formate, die strukturierte, maschinenlesbare Informationen enthalten, ermöglichen eine effektive Nutzung durch Menschen mit Behinderungen. **Geeignete Formate** umfassen HTML (*HyperText Markup Language*), TXT (*Plain Text*), RTF (*Rich Text Format*) und PDF/UA (*PDF universal accessibility*). HTML bietet eine strukturierte Darstellung, TXT liefert reinen Text, RTF erlaubt formatierte Texte, und PDF/UA ist ein Standard für barrierefreie PDF-Dokumente, der die Zugänglichkeit für assistive Technologien sicherstellt[26] (→ vgl. bereits unter § 4 Rn. 32 BFSGV). Das E-Book-Format EPUB basiert auf HTML und XML und ermöglicht die Anpassung von Textgröße, Schriftart und Hintergrundfarbe, was besonders für Menschen mit Sehbehinderungen hilfreich ist.

f) Anforderungen an die Schriftart (lit. f)

19 Gemäß § 12 Nr. 2 BFSGV müssen die erfassten Informationen in einer **Schriftart** mit angemessener Größe und mit geeigneter Form unter Berücksichtigung des vorhersehbaren Nutzungskontexts und mit ausreichendem Kontrast sowie ausreichenden Abständen zwischen den Buchstaben, Zeilen und Absätzen dargestellt werden.

---

22 EN 301 549 V. 3. 2. 1., 9.1.1. i. V. m. § 1.1. WCAG 2.1.
23 EN 301 549 V. 3. 2. 1., 9.1.2. i. V. m. § 1.2. WCAG 2.1.
24 BR-Drs. 149/22, S. 20 [zu § 5 Nr. 2 lit. d].
25 EN 301 549 V. 3. 2. 1., 9.1.4. i. V. m. § 1.4. WCAG 2.1.
26 Vgl. https://www.adobe.com/uk/acrobat/resources/document-files/pdf-types/pdf-ua.html, zuletzt aufgerufen am 13.04.2025.

Es muss eine **Schriftart angemessener Größe** verwendet werden. Das soll die Lesbarkeit insbesondere für Menschen mit Sehbehinderungen verbessern. Nach den Vorgaben der EN 301 549 V3.2.1 hängt die Angemessenheit der verwendeten Schriftgröße unter anderem von Betrachtungswinkel und Betrachtungsabstand ab.[27] Bei einer Leseentfernung von ca. 30–40 cm wäre nach den Vorgaben der EN 301 549 V3.2.1 eine **Zeichengröße von mindestens 3,7 (30 cm) bzw. 4,9 mm (40 cm)** angemessen (vgl. bereits unter → § 4 Rn. 27 BFSGV).[28] Das entspricht einer Schriftgröße in der Schriftart *Arial* von 14 pt, das entspricht auch der Empfehlung in der BITV, eine Schriftgröße von 1.2 em auf die eingestellte Basisgröße (in der Regel 12 pt) zu verwenden).[29] **20**

Die Schriftart muss zudem eine **geeignete Form** haben, also möglichst klar und konsistent gestaltet sein, ohne Serifen, Schnörkel oder Kringel. Vermieden werden sollten zudem Kursivschriften und Texte in Großbuchstaben, da diese schwieriger zu lesen sind. Empfohlen werden humanistische serifenlose Schriftarten, wie etwa *Arial*.[30] **21**

Des Weiteren muss die Schriftart **mit ausreichendem Kontrast** dargestellt werden. Kontrast bezieht sich auf den Unterschied in Helligkeit oder Farbe zwischen Text (oder anderen Elementen) und seinem Hintergrund. Ein höherer Kontrast bedeutet, dass sich Farben stärker voneinander abheben, was die Lesbarkeit und Erkennbarkeit von Texten und Bildern erhöht. In der Barrierefreiheit, insbesondere bei digitalen Inhalten, ist ein ausreichender Kontrast wichtig, um sicherzustellen, dass Informationen auch für Menschen mit Sehbehinderungen oder in schlechten Lichtverhältnissen gut zugänglich sind. Die EN 301 549 V3.2.1 empfiehlt ein **Kontrastverhältnis von mindestens 4.5:1** für Text und Bilder im Vergleich zum Hintergrund[31] (vgl. auch bereits → § 4 Rn. 29 BFSGV). **22**

Schrift muss schließlich mit **ausreichenden Abständen zwischen den Buchstaben, Zeilen und Absätzen** dargestellt werden. Auch hier kann auf die Vorgaben der EN 301 549 V3.2.1 i.V.m. § 1.4.12 WCAG 2.1 für Webinhalte zurückgegriffen werden. Danach müssen die folgenden Einstellungen möglich sein, ohne dass es zu Funktionsverlusten kommt: Zeilenhöhe von mindestens dem 1,5-fachen der Schriftgröße, Absatzabstand von mindestens dem Zweifachen der Schriftgröße, Buchstabenzwischenraum von mindestens dem 0,12-fachen der Schriftgröße und Wortabstand von mindestens dem 0,16-fachen der Schriftgröße (vgl. auch bereits → § 4 Rn. 30 BFSGV). **23**

g) Bereitstellung von Textalternativen (lit. g)

Gemäß § 12 Nr. 2 lit. g BFSGV müssen Informationen über die Funktionsweise der Dienstleistung eine alternative Darstellung des Inhalts anbieten, wenn Elemente nicht-textlichen Inhalts enthalten sind. Die Bereitstellung von **Textalternativen** ist **24**

27 EN 301 549 V. 3. 2. 1., 5.1.4.

28 EN 301 549 V. 3. 2. 1., 5.1.4.

29 BITV 2.0, Anlage 2 Teil 2 Nr. 9.

30 Vgl. die Erläuterungen im Styleguide der Bundesregierung https://styleguide.bundesregierung.de/sg-de/hilfsmittel/barrierefreiheit/leserlichkeit-von-schrift, zuletzt aufgerufen am 13.04.2025.

31 EN 301 549 V3.2.1, 9.1.4.3 i. V. m. § 1.4.3 WCAG 2.1.

erneut eine Ausformung des **Zwei-Sinne-Prinzips** (Rn. 8). Es bestehen Überschneidungen mit dem Kriterium der Wahrnehmbarkeit nach § 12 Nr. 2 lit. d BFSGV, das jedenfalls nach dem durch die EN 301 549 V3.2.1 geprägten Verständnis die Bereitstellung von Textalternativen einschließt.[32]

25 Textalternativen sind insbesondere grafische Elemente, Bilder, Symbole, Audiodateien, Videos, Animationen oder andere visuelle bzw. auditive Darstellungen, die nicht unmittelbar als Text vorliegen. Zur Erfüllung von Barrierefreiheitsanforderungen werden regelmäßig Alt-Texte (alternative Texte) zur Beschreibung von Bildern, Untertitel oder Transkriptionen für Audio- und Videoinhalte und Gebärdensprachevideos eingesetzt.

26 Eine Bereitstellung von Textalternativen ist nach der EN 301 549 V3.2.1 i. V. m. § 1.1.1 WCAG 2.1 entbehrlich, wenn es sich bei den Inhalten um rein dekorative oder redundante Inhalte handelt, sofern daraus keine Einschränkung für die Verbraucher resultiert.

h) Wahrnehmbarkeit, Bedienbarkeit, Verständlichkeit, Robustheit (lit. h)

27 In Summe müssen die Informationen gemäß § 12 Nr. 2 lit. h BFSGV wahrnehmbar, bedienbar, verständlich und robust gestaltet werden.[33] Insoweit wird auf die Ausführungen im Rahmen der Anforderungen an Webseiten (Nr. 3) verwiesen (→ Rn. 31 ff.).

III. Anforderungen an Webseiten (Nr. 3)

28 Nach Maßgabe des § 12 Nr. 3 BFSGV müssen insbesondere Webseiten und mobile Apps auf konsistente und angemessene Weise wahrnehmbar, bedienbar, verständlich und robust gestaltet werden.[34] Diese vier übergreifenden und wiederkehrenden Grundsätze finden sich nicht nur in der BFSGV und in der harmonisierten Europäischen Norm (EN) 301 549 bzw. den Web Content Accessibility Guidelines (WCAG 2.1), sondern auch im Behindertengleichstellungsgesetz (BGG) sowie der RL 2019/882/EU wieder.[35]

1. Anwendungsbereich

29 § 12 Nr. 3 BFSGV regelt Barrierefreiheitsanforderungen für Webseiten und die zugehörigen Online-Anwendungen sowie auf Mobilgeräten angebotenen Dienstleistungen, einschließlich mobiler Apps. Webseiten im Sinne der Vorschrift sind alle über das Internet mittels eines Browsers zugänglichen digitalen Benutzeroberflächen, die dem Angebot von vom BFSG erfassten Dienstleistungen dienen. Die Anforderungen der BFSGV erstrecken sich auf die **gesamte Webseite**, sobald die-

---

32 EN 301 549 V. 3. 2. 1., 9.1.1. i. V. m. § 1.1. WCAG 2.1.
33 *Billing/Bremenkamp*, ZVertriebsR 2025, 9, 11.
34 *Kapoor/Klindt*, NJW 2024, 3545, 3548; *Billing/Bremenkamp*, ZVertriebsR 2025, 9, 11.
35 *Billing/Bremenkamp*, ZVertriebsR 2025, 9, 13.

se auch nur eine Dienstleistung enthält, die in den Anwendungsbereich des BFSG fällt.[36]

Zusätzliche Anforderungen an Webseiten finden sich in den §§ 13, 15, 19 BFSGV. **30**

2. Wahrnehmbarkeit

31 Der Grundsatz der Wahrnehmbarkeit verpflichtet Webseitenbetreiber, alle Informationen und Benutzeroberflächen so bereitzustellen, dass sie von allen Nutzern wahrgenommen werden können – möglichst unabhängig von individuellen Sinnesfähigkeiten.

32 Die **Wahrnehmbarkeit** von Webcontent wird in der EN 301 549 V3.2.1 konkretisiert, die die Wahrnehmbarkeitskriterien der WCAG 2.1 übernimmt. Das beinhaltet die Bereitstellung von Textalternativen zu nicht-textlichen Inhalten[37] (näher bereits unter → Rn. 24), das Bereitstellen verschiedener Formen von für die Benutzeridentifizierung genutzten CAPTCHAs[38], um verschiedenen Behinderungen Rechnung zu tragen,[39] Mindestanforderungen an die Kontrastverhältnisse (näher bereits unter → Rn. 22) sowie anpassbare Schriftgrößen und Zeilenabstände (näher bereits unter → Rn. 20, 23).

3. Bedienbarkeit

33 Nach dem Grundsatz der Bedienbarkeit müssen die Komponenten der Benutzeroberfläche und die Navigation für den Verbraucher bedienbar sein.

34 Die Bedienbarkeit setzt insbesondere voraus, dass alle Funktionalitäten der Webseite allein **durch eine Tastaturschnittstelle** für den Verbraucher bedienbar sind.[40] Blinde Menschen, die Screenreader und Sprachausgaben oder Braillezeilen nutzen, sowie motorisch eingeschränkte Personen, die Sprachsteuerung verwenden, sind darauf angewiesen, alle Anweisungen über die Tastatur zu geben. Für die Web-Entwicklung bedeutet dies, dass nur interaktive Elemente verwendet werden sollten und dass Aktionen sowohl mit der Maus als auch der Tastatur auslösbar sein müssen. Zudem ist es wichtig, dass der Tastaturfokus – das aktuell gewählte Element – deutlich erkennbar ist, etwa durch eine kontrastreiche Hervorhebung. Der Fokus sollte außerdem in einer logischen Reihenfolge durch die Elemente der Webseite navigieren, um den Nutzern die Orientierung zu erleichtern.[41]

35 Für Seiten oder **Inhalte mit Zeitfenstern** muss Nutzern die Möglichkeit gegeben werden, das Zeitfenster abzuschalten oder zu pausieren. Vor Ablauf des Zeitfensters

---

36 *Kapoor/Klindt*, NJW 2024, 3545, 3548.

37 EN 301 549 V. 3. 2. 1., 9.1.1. i. V. m. § 1.1. WCAG 2.1.

38 „Completely Automated Public Turing test to tell Computers and Humans Apart" werden zu dem Zweck eingesetzt, zu bestätigen, dass eine Person und nicht ein Computer auf den Inhalt zugreift.

39 *Billing/Bremenkamp*, ZVertriebsR 2025, 9, 13.

40 EN 301 549 V. 3. 2. 1., 9.2.1. i. V. m. § 2.1. WCAG 2.1; *Billing/Bremenkamp*, ZVertriebsR 2025, 9, 13.

41 Ausführlicher zu diesem Anwendungsbeispiel Handreichung zur barrierefreien Gestaltung von Webauftritten und Apps, BFIT, Version 1.0, abrufbar unter https://handreichungen.bfit-bund.de/bgwa/1.0/, zuletzt aufgerufen am 13.04.2025.

soll eine Warnung erscheinen, die dem Verbraucher eine Verlängerungsmöglichkeit einräumt. Ausnahmen gelten für Live-Ereignisse wie beispielsweise Auktionen oder bei Zeitfenstern, die 20 Stunden überschreiten. Auch **sich bewegende oder automatisch aktualisierende Inhalte** müssen pausiert, gestoppt oder versteckt werden können, es sei denn, sie sind für die Funktion des Webseiteninhalts unerlässlich.[42]

36 Ein weiterer Aspekt im Rahmen der Bedienbarkeit ist die **Vermeidung von Risiken für Menschen mit photosensitiver Epilepsie**.[43] Für die Einhaltung der EN 301 549 V.3.2.1 maßgeblich ist die Einhaltung des Pflichtkriteriums (Level A). Danach darf eine Webseite keine Inhalte enthalten, die mehr als dreimal pro Sekunde blinken oder aufblitzen, es sei denn das Blinken oder die Blitze liegen unterhalb medizinisch definierter Schwellenwerte.[44]

4. Verständlichkeit

37 Der Grundsatz der Verständlichkeit beinhaltet auch für Webseiten, dass Inhalte möglichst lesbar und verständlich dargestellt werden,[45] und bezieht sich daher auf die Informationen und die Handhabung der Nutzerschnittstelle.[46] Insbesondere bei schwer verständlichen Texten mit ungewöhnlichen Wörtern und Abkürzungen sollte ein Mechanismus vorgesehen werden, um Wörter und Abkürzungen zu erklären.[47]

38 Im Zuge der Lesbarkeit fordert die EN 301 549 i.V.m. § 3.1 WCAG 2.1, dass die **Hauptsprache auf der Webseite maschinell bestimmbar** ist. Das Gleiche gilt für einzelne Abschnitte, wenn die Sprachen auf der Webseite wechseln, wie beispielsweise bei nicht übersetzten wörtlichen Zitaten. Dadurch wird ermöglicht, dass Bildschirmleseprogramme den Text in der richtigen Sprache vorlesen.[48]

39 Ein weiteres Beispiel ist die Unterstützung der Verbraucher bei der Vermeidung und Korrektur von Fehlern.[49] Gemäß EN 301 549 i.V.m. § 3.3 WCAG 2.1 umfasst das die Erkennung und textliche Beschreibung von Eingabefehlern, das Bereitstellen von Labels oder Anweisungen für erforderliche Benutzereingaben sowie die Bereitstellung von Korrekturvorschlägen. Für Webseiten, die rechtliche Verpflichtungen eingehen, finanzielle Transaktionen auslösen oder sensible Daten manipulieren, müssen Eingaben rückgängig gemacht, Daten auf Fehler überprüft oder eine Überprüfung und Bestätigung der Informationen vor der endgültigen Übermittlung ermöglicht werden.[50]

---

42 EN 301 549 V. 3. 2. 1., 9.2.2. i.V.m. § 2.2. WCAG 2.1.
43 EN 301 549 V. 3. 2. 1., 9.2.3. i.V.m. § 2.3. WCAG 2.1; *Billing/Bremenkamp*, ZVertriebsR 2025, 9, 13.
44 EN 301 549 V. 3. 2. 1., 9.2.3. i.V.m. § 2.3.1 WCAG 2.1.
45 *Billing/Bremenkamp*, ZVertriebsR 2025, 9, 13.
46 *Kapoor/Klindt*, NJW 2024, 3545, 3548.
47 *Billing/Bremenkamp*, ZVertriebsR 2025, 9, 13; vgl. auch § 3.1.3 u. § 3.1.4 WCAG 2.1.
48 EN 301 549 V. 3. 2. 1., 9.3.1 i.V.m. § 3.1.1 u. § 3.1.2 WCAG 2.1.
49 EN 301 549 V. 3. 2. 1., 9.3.3 i.V.m. § 3.3 WCAG 2.1.
50 EN 301 549 V. 3. 2. 1., 9.3.3 i.V.m. § 3.3.4 WCAG 2.1.

5. Robustheit

Das Merkmal der Robustheit hat zum Gegenstand, dass die Inhalte von einer Vielzahl verschiedener Technologien – auch über einen gewissen Zeitraum hinweg – ausgelesen und interpretiert werden können.[51] Wichtig ist die maximale **Kompatibilität** mit einer Vielzahl von Benutzer-Agenten, einschließlich assistiver Technologien.[52] **40**

IV. Informationsvermittlung durch Unterstützungsdienste (Nr. 4)

Soweit in Zusammenhang mit der Erbringung von Dienstleistungen im digitalen Raum Unterstützungsdienste wie etwa ein Call-Center eingesetzt werden, müssen diese nach § 12 Nr. 4 BFSGV die Informationen über die Barrierefreiheit und die Kompatibilität der Dienstleistung mit assistiven Technologien mittels barrierefreier Kommunikationsmittel zur Verfügung stellen (näher hierzu → § 11 BFSGV zu Produkten).[53] **41**

§ 13 BFSGV
Zusätzliche Anforderungen an bestimmte Dienstleistungen

Damit Menschen mit Behinderungen die Dienstleistungen der §§ 14 bis 19 in größtmöglichem Umfang nutzen können, müssen diese Dienstleistungen Funktionen, Vorgehensweisen, Strategien und Verfahren sowie Änderungen bei der Ausführung vorsehen, die auf die Bedürfnisse von Menschen mit Behinderungen ausgerichtet sind und die Interoperabilität mit assistiven Technologien gewährleisten.

Gliederung: Rn.

A. Einführung

Die Vorschrift dient als Übergangsvorschrift von den allgemeinen Anforderungen an Dienstleistungen gemäß § 12 BFSGV zu den speziellen Anforderungen an bestimmte Dienstleistungen. Diese besonderen Anforderungen sind durch die allgemeinen Regelungen noch nicht abgedeckt, weshalb zusätzliche Bestimmungen nach §§ 14 ff. BFSGV erforderlich sind. Für bestimmte Dienstleistungen, die in § 1 Abs. 3 BFSG genannt werden, gelten besondere Anforderungen, um sicherzustellen, dass **1**

51 § 4 WCAG 2.1; *Billing/Bremenkamp*, ZVertriebsR 2025, 9, 13.
52 *Kapoor/Klindt*, NJW 2024, 3545, 3548.
53 *Billing/Bremenkamp*, ZVertriebsR 2025, 9, 12.

Menschen mit Behinderungen diese Dienstleistungen im größtmöglichen Umfang nutzen können.[1]

B. Regelungsgehalt

2 Die Vorschrift dient der Umsetzung von Abschnitt IV Abs. 1 im Anhang I der RL 2019/882/EU und ist wortgleich übernommen worden. Sie ist darauf ausgerichtet, die Zugänglichkeit und Nutzbarkeit von Dienstleistungen für Menschen mit Behinderungen auszuweiten. Um diesem Ziel gerecht zu werden, müssen die in den §§ 14 bis 19 genannten Dienstleistungen spezielle Funktionen, Vorgehensweisen, Strategien und Verfahren implementieren, die die speziellen Bedürfnisse dieser Zielgruppe adressieren. Diese Vorschrift hebt hervor, dass über die allgemeinen Anforderungen hinausgehende, spezifische Anpassungen notwendig sind, um Barrierefreiheit umfassend zu ermöglichen. Sie fordert nicht nur technische Anpassungen, sondern auch eine strategische Ausrichtung der Dienstleistungsprozesse, um sicherzustellen, dass potenzielle Barrieren identifiziert und abgebaut werden. Ein praxisnahes Beispiel hierfür ist, dass in öffentlichen Ausschreibungen auch IT-Spezialisten für Barrierefreiheit gefordert werden, wenn es um die Umsetzung von IT- und Softwareprojekten geht. Dieses Erfordernis zeigt deutlich, dass Aspekte der Barrierefreiheit bereits in der Konzeption und Entwicklung von Dienstleistungen berücksichtigt werden müssen, anstatt im Nachhinein Anpassungen vorzunehmen.

3 Ein zentrales Element in diesem Zusammenhang ist die Interoperabilität mit assistiven Technologien. Durch die Sicherstellung, dass Dienstleistungen problemlos mit Hilfsmitteln wie Bildschirmlesegeräten, Sprachsteuerungen oder anderen Unterstützungstechnologien funktionieren, wird eine barrierefreie Nutzung ermöglicht. Hierbei müssen Dienstleistungserbringer proaktive Maßnahmen ergreifen, um die Zugänglichkeit kontinuierlich zu überprüfen und an technologische Entwicklungen anzupassen. Letztlich zielt § 13 BFSGV darauf ab, dass Dienstleistungserbringer eine inklusive Herangehensweise entwickeln, die es ermöglicht, Menschen mit Behinderungen gleichberechtigten Zugang zu Dienstleistungen zu bieten. Diese Verpflichtung betont nicht nur die rechtliche Konformität, sondern auch den sozialen Aspekt der Barrierefreiheit in der Dienstleistungserbringung.

§ 14 BFSGV
Zusätzliche Anforderungen an Telekommunikationsdienste

Bei Telekommunikationsdiensten, die Sprachkommunikation ermöglichen, muss zusätzlich zur Sprachkommunikation Text in Echtzeit bereitgestellt wer-

1 *BMAS* (Hrsg.), Regierungsentwurf zum BFSGV, S. 28.

den. Soweit die Telekommunikationsdienste Video zur Verfügung stellen, muss ein Gesamtgesprächsdienst bereitgestellt werden.

Gliederung: Rn.

A. Einführung

1 Die Vorschrift des § 14 BFSGV setzt Anhang I Abschnitt IV a) i) und ii) der RL 2019/882/EU um[1] und regelt spezifische Anforderungen an Telekommunikationsdienste, die Sprachkommunikation ermöglichen. Zum Begriff des Telekommunikationsdienstes siehe unter § 2 Rn. 15.

2 Die Vorschrift setzt damit die Vorgaben der Richtlinie an Telekommunikationsdienste, die Sprachkommunikation ermöglichen, nur teilweise um. Der Verordnungsgeber hat bewusst auf eine Umsetzung der Vorgaben an die Notrufkommunikation aus Anhang I Abschnitt IV a) iii) sowie Anhang I Abschnitt V der RL 2019/882/EU verzichtet.

3 Diese nicht umgesetzten Vorgaben der Richtlinie verlangen,

- die Gewährleistung, dass Notrufkommunikation über Sprache, Text (einschließlich Text in Echtzeit) synchronisiert ist und – sofern Video bereitgestellt wird – auch als Gesamtgesprächsdienst synchronisiert ist und von den Anbietern elektronischer Kommunikationsdienste an die am besten geeignete Notrufabfragestelle übermittelt wird;
- die Beantwortung von an die einheitliche europäische Notrufnummer 112 gerichtete Notrufen durch die am besten geeignete Notrufabfragestelle Funktionen, Vorgehensweisen, Strategien und Verfahren sowie Änderungen vorgesehen werden, die eine Anpassung an die Bedürfnisse von Menschen mit Behinderungen ermöglichen; und
- dass an die einheitliche europäische Notrufnummer 112 gerichtete Notrufe angemessen beantwortet werden, in der Weise, die der Organisation der nationalen Notrufdienste am besten entspricht, durch die am besten geeignete Notrufabfragestelle unter Verwendung derselben Kommunikationsmittel wie für den Eingang des Notrufs, insbesondere durch synchronisierte Sprache und Text (einschließlich Text in Echtzeit) oder – sofern Video bereitgestellt wird – durch Sprache, Text (einschließlich Text in Echtzeit) und Video, die als Gesamtgesprächsdienst synchronisiert werden.

4 Der Gesetzgeber geht davon aus, dass ein Umsetzungsakt hinsichtlich dieser Vorgaben nicht erforderlich ist. Aufgrund der Vorgaben des § 14 BFSGV seien die Anbieter ohnehin verpflichtet, ihre Dienste dahingehend umzustellen, dass zur Sprachkommunikation Text in Echtzeit und – wenn die Dienste Video zur Verfügung – ein Gesamtgesprächsdienst bereitgestellt wird.

---

1 BR-Drs. 149/22, S. 28 f.

5 Diese Umstellung würde daher auch für Notrufen gelten, die an die einheitliche europäische Notrufnummer 112 gerichtet sind, wodurch eine Umsetzung der genannten Vorgaben erfolge.[2]

6 Diese bewusste Auslassung spezifischer Vorgaben aus der RL 2019/882/EU überrascht, zumal Gesetz- und Verordnungsgeber im Übrigen eine „Eins-zu-Eins"-Umsetzung vorgelegt haben. Zudem macht der Verordnungsgeber nicht geltend, dass diese Vorgaben bereits an anderer Stelle bereits (vollständig) umgesetzt seien. Vielmehr geht der Verordnungsgeber offenbar davon aus, dass die ausgelassenen Regelungen redundant sind und die barrierefreien Notruffunktionen unmittelbare Folge der anderen (in § 14 BFSGV geregelten) Pflichten ist. Die Richtlinie wird also bewusst nicht vollständig umgesetzt, weil der Verordnungsgeber davon ausgeht, dass faktisch Befolgung eintreten wird.

7 Tatsächlich dürfte ein Umsetzungsdefizit nicht eintreten. Der aktuelle Entwurf der zur Zeit öffentlich konsultierten Neufassung der aufgrund von § 164 Abs. 6 TKG von der Bundesnetzagentur zu erlassenden Technischen Richtlinie Notrufverbindungen (TR Notruf) vom 22.02.2025 bestimmt in Ziff. 6.6:

8 "Notrufanschlüsse müssen eingehende Verbindungen, die den Vorgaben des Barrierefreiheitsstärkungsgesetzes i. V. m. § 14 der Verordnung zum Barrierefreiheitsstärkungsgesetz entsprechen, ermöglichen."[3]

9 Mit dieser lapidaren Anforderung wird die vom Verordnungsgeber geäußerte Erwartungshaltung tatsächlich umgesetzt: Die gem. § 14 BFSGV barrierefreien Telekommunikationsdienste müssen auch Notrufe absetzen können. Das in Anhang II der RL 2019/882/EU insoweit enthaltene Anwendungsbeispiel, nachdem sich Menschen mit einer Sprach- und Gehörschädigung, die sich für eine Kombination aus Text, Sprache und Video entscheiden, darauf verlassen können müssen, dass die Nachricht über das Netz an einen Notrufdienst weitergeleitet wird, bleibt damit gewahrt.

B. Regelungsgehalt

10 Die Vorschrift bestimmt, dass bei Telekommunikationsdiensten zusätzlich zur Sprachkommunikation Text in Echtzeit bereitgestellt werden muss. Das bedeutet zum Beispiel, dass Telekommunikationsdienste Real-Time-Text-Anrufe (RTT-Anrufe) ermöglichen müssen.

11 Für diese Echtzeittextfunktionalität (RTT) liegt die harmonisierte europäische Norm EN 301 549 vor, die die Funktionalität im Einzelnen beschreibt. Die Norm enthält genaue Vorgaben zur gleichzeitigen Verwendung von Sprache und Text, zur Anzeige von RTT, zur Interoperabilität und zur Reaktionsfähigkeit von RTT. Insoweit Telekommunikationsdienste, die Sprachkommunikation ermöglichen, dieser harmo-

---

2 Zum Vorstehenden: BR-Drs. 149/22, S. 28 f.

3 Abrufbar unter https://www.bundesnetzagentur.de/DE/Fachthemen/Telekommunikation/Unternehmenspflichten/Notruf/TechnischeRichtlinie/start.html; zuletzt abgerufen am 13.04.2025.

nisierten Norm entsprechen, profitieren sie von der Konformitätsvermutung des § 4 BFSG (siehe unter § 4 BFSG Rn. 11 ff.).

Soweit die Telekommunikationsdienste neben Sprachkommunikation auch Video zur Verfügung stellen, müssen sie einen Gesamtgesprächsdienst bereitstellen. Dadurch sollen gehörlose Menschen auch über Video miteinander in Gebärdensprache kommunizieren können. Für den Gesamtgesprächsdienst fehlt aktuell eine harmonisierte Norm. Die International Telecommunication Union (ITU) hat Gesamtgesprächsdienste aber in ihrer Empfehlung ITU-T F.703 [i.37] definiert und Anforderungen für die sog. „Total Conversation" spezifiziert, die sich auf die Integration von Audio, RTT und Video in einer einzigen Benutzerverbindung beziehen. **12**

§ 15 BFSGV
Zusätzliche Anforderungen an Personenbeförderungsdienste

Bei Personenbeförderungsdiensten im Luft-, Bus-, Schienen- und Schiffsverkehr, ausgenommen Stadt-, Vorort- sowie Regionalverkehrsdienste, muss die Bereitstellung gewährleistet werden von:

1. Informationen über die Barrierefreiheit der Verkehrsmittel, der umliegenden Infrastruktur und Gebäude sowie die Unterstützung für Menschen mit Behinderungen;

2. Informationen zu intelligenten Ticketsystemen, wie der elektronischen Reservierung und Buchung von Fahrausweisen;

3. Reiseinformationen in Echtzeit wie Fahrpläne, Informationen über Verkehrsstörungen, Anschlüsse und die Weiterreise mit anderen Verkehrsmitteln;

4. zusätzlichen Serviceinformationen, wie am Bahnhof im Dienst befindliches Servicepersonal, defekte Aufzüge oder vorübergehend nicht verfügbare Dienstleistungen.

Gliederung: Rn.

A. Einführung

Die Vorschrift richtet sich speziell an Personenbeförderungsdienste im Luft-, Bus-, Schienen- und Schiffsverkehr, ausgenommen Stadt-, Vorort- und Regionalverkehrsdienste, und setzt zusätzliche Barrierefreiheitsanforderungen im Einklang mit **1**

Anhang I Abschnitt IV c) der RL 2019/882/EU um. Diese Vorschrift verpflichtet Dienstleistungserbringer, ihre Dienstleistungen so zu gestalten, dass sie umfassend zugänglich und nutzbar für Menschen mit Behinderungen sind. Ein wesentlicher Bestandteil dieser Regelung ist die Bereitstellung von Informationen über die Barrierefreiheit von Verkehrsmitteln sowie der umliegenden Infrastruktur und Gebäude. Zudem müssen Unterstützungssysteme für Menschen mit Behinderungen vorhanden sein. Darüber hinaus ist der Einsatz intelligenter Ticketsysteme erforderlich, die die elektronische Reservierung und Buchung von Fahrausweisen umfassen müssen. Diese Anforderungen zielen darauf ab, eine inklusive Dienstleistungslandschaft zu schaffen, die Menschen mit Behinderungen ein hohes Maß an Autonomie und Komfort bietet.

B. Regelungsgehalt

2 In der praktischen Umsetzung von § 15 BFSGV müssen Personenbeförderungsdienste sicherstellen, dass eine Reihe von spezifischen Anforderungen erfüllt werden, um Barrierefreiheit zu gewährleisten. Durch die Erfüllung dieser Anforderungen verbessern Personenbeförderungsdienste auch insgesamt den Zugang, die Bequemlichkeit und die Sicherheit für alle Fahrgäste, einschließlich Menschen mit Behinderungen.

I. Informationen über die Barrierefreiheit (Nr. 1)

3 Personenbeförderungsdienste sind verpflichtet, umfassende Informationen über die Barrierefreiheit der eingesetzten Verkehrsmittel sowie der umliegenden Infrastruktur und Gebäude bereitzustellen. Diese Informationen sind entscheidend, um Menschen mit Behinderungen die Planung ihrer Reise im Voraus zu ermöglichen, und berücksichtigen auch unterstützende Maßnahmen oder Vorkehrungen, die während der Fahrt getroffen werden können.

II. Intelligente Ticketsysteme (Nr. 2)

4 Wie in § 2 Nr. 4 BFSGV definiert, müssen intelligente Ticketsysteme integriert werden. Diese erlauben es Fahrgästen, Reservierungen und Buchungen online über interaktive Geräte vorzunehmen und die Tickets entweder in Papierform auszudrucken oder digital während der Fahrt anzuzeigen. Diese Systeme verbessern den Zugang zu Fahrscheinen erheblich und erleichtern den Buchungsprozess, insbesondere für Menschen mit Behinderungen.

III. Reiseinformationen in Echtzeit (Nr. 3)

5 Fahrgäste sollen jederzeit Zugriff auf Echtzeitinformationen haben. Dazu gehören aktuelle Fahrpläne, Informationen zu Verkehrsstörungen, Anschlussmöglichkeiten und die Weiterreise mit anderen Verkehrsmitteln.

IV. Zusätzliche Serviceinformationen (Nr. 4)

Anbieter müssen auch detaillierte Informationen bereitstellen, die das Dienstleistungsangebot betreffen, wie etwa das Vorhandensein von Personal an Bahnhöfen, den Zustand von Aufzügen oder vorübergehend nicht verfügbare Dienstleistungen. § 15 Nr. 4 BFSGV legt den Fokus auf die Bereitstellung von Informationen und erweitert nicht die Verpflichtungen aus Art. 23 der Verordnung 2021/782/EU, die Rechte und Pflichten der Fahrgäste im Eisenbahnverkehr regelt.[1] Diese Verordnung formuliert bereits umfassendere Hilfeleistungen für Personen mit Behinderungen oder eingeschränkter Mobilität an Bahnhöfen und in Zügen und setzt höhere Anforderungen an den Eisenbahnverkehr als die BFSGV. Jedoch erstreckt sich die Vorschrift in der BFSGV nicht nur auf den Eisenbahnverkehr, sondern auch auf Personenbeförderungsdienste im Luft-, Bus- und Schiffsverkehr. **6**

§ 16 BFSGV
Zusätzliche Anforderungen an Stadt-, Vorort- und Regionalverkehrsdienste

Selbstbedienungsterminals im Sinne des § 1 Absatz 2 Nummer 2 Buchstabe b Doppelbuchstabe d des Barrierefreiheitsstärkungsgesetzes, die zur Erbringung der Dienstleistung im Stadt-, Vorort- und Regionalverkehrsdienst verwendet werden, müssen die Anforderungen der §§ 4, 6, 7 und 11 erfüllen.

Gliederung: Rn.

A. Einführung

§ 16 BFSGV spielt eine zentrale Rolle bei der Sicherstellung der Barrierefreiheit von Selbstbedienungsterminals im Stadt-, Vorort- und Regionalverkehr. Eine klare Eingrenzung, welche Nah- und Regionalverkehrsmittel im Einzelnen gemeint sind, ist nicht erkennbar. Daher könnten darunter auch Fährschiffe fallen. **1**

1 *BMAS* (Hrsg.), Regierungsentwurf zum BFSGV, S. 29.

B. Regelungsgehalt

2 Diese Vorschrift zielt darauf ab, den Zugang für Menschen mit Behinderungen zu öffentlichen Verkehrsdiensten zu verbessern, indem sie spezifische Anforderungen an die Gestaltung und Funktionalität dieser Terminals formuliert. Die Vorschrift setzt die Bestimmungen des Anhangs I Abschnitt IV d) der Richtlinie 2019/882/EU um und präzisiert den dortigen allgemeinen Verweis auf die „Gewährleistung der Barrierefreiheit der zur Erbringung der Dienstleistung verwendeten Selbstbedienungsterminals gemäß dem Anhang I Abschnitt I" der RL 2019/882/EU, indem sie sich gezielt auf die Vorgaben der §§ 4, 6, 7 und 11 BFSGV bezieht. Die in § 1 Abs. 2 Nr. 2 lit. b BFSG aufgeführten Selbstbedienungsterminals, die für Verkehrsdienste gemäß § 16 BFSGV relevant sind, umfassen Fahrausweisautomaten (lit. bb), Check-In-Automaten (lit. cc) sowie interaktive Terminals zur Bereitstellung von Informationen (lit. dd). Ausgenommen von den interaktiven Terminals sind Terminals, die als integrierte Bestandteile von Fahrzeugen, Schiffen oder Schienenfahrzeugen eingebaut sind.

I. Informationsbereitstellung

3 Informationen auf oder über Selbstbedienungsterminals müssen mehr als einen sensorischen Kanal umfassen, damit sie Menschen mit unterschiedlichen sensorischen Fähigkeiten zugänglich sind. Die Informationen müssen verständlich dargestellt werden, für Verbraucher leichte Wahrnehmbarkeit bieten und gleichzeitig in einer geeigneten Schriftart sowie mit passendem Kontrast erscheinen. Informationen über Barrierefreiheitsfunktionen und ihre Interoperabilität mit assistiven Technologien müssen klar zugänglich und verständlich sein. Für weiterführende Erläuterungen wird auf die Kommentierung zu § 4 BFSGV (Rn. 17) verwiesen.

II. Benutzerschnittstelle und Funktionalität

4 Die Gestaltung der Selbstbedienungsterminals muss den Zugang und die Nutzung durch Menschen mit Behinderungen unterstützen. Dazu gehört die Bereitstellung alternativer Kommunikationsmöglichkeiten sowie die Anpassung visueller und auditiver Elemente, um alle Nutzeranforderungen zu adressieren. Flexibilität und Anpassungsfähigkeit der Benutzeroberfläche sind ebenso wichtig wie der Schutz der Privatsphäre des Nutzers. Die Terminals müssen sequenzielle und alternative Steuerungsmethoden zur Verfügung stellen, um den erforderlichen Bewegungsspielraum und Kraftaufwand zu minimieren. Eine vertiefte Betrachtung findet sich in der Analyse zu § 6 BFSGV (Rn. 2).

III. Branchenspezifische Anforderungen

5 Selbstbedienungsterminals im Verkehrssektor müssen zusätzliche spezifische Anforderungen erfüllen. Dazu gehört die Ausstattung mit Sprachausgabe, kontrastreichen und taktil erkennbaren Bedienelementen sowie die Möglichkeit zur Anbringung von Einzel-Kopfhörern. Die Geräte müssen zudem mit bestehenden Hörhilfetechnologien kompatibel sein und Optionen zur Verlängerung von Ant-

wortzeiten für Nutzer bieten. Weitere Informationen sind in der Erläuterung zu § 7 BFSGV (Rn. 2) enthalten.

IV. Unterstützungsdienste

Bei vorhandenen Unterstützungsdiensten wie Help-Desks oder Call-Center müssen diese Dienstleistungen barrierefrei und informativ über die Nutzung von Produkten in Verbindung mit assistiven Technologien erfolgen, damit alle Nutzer sich informieren können. Details können in der Kommentierung zu § 11 BFSGV (Rn. 2) nachgelesen werden. **6**

§ 17 BFSGV Zusätzliche Anforderungen an Bankdienstleistungen für Verbraucher

(1) Soweit Identifizierungsmethoden, Authentifizierungsmethoden, elektronische Signaturen, Sicherheitsfunktionen und Zahlungsdienste bereitgestellt werden, müssen diese wahrnehmbar, bedienbar, verständlich und robust sein. Eine Authentifizierungsmethode im Sinne dieser Vorschrift ist jede Methode zur Authentifizierung im Sinne des § 1 Absatz 23 des Zahlungsdiensteaufsichtsgesetzes vom 17. Juli 2017 (BGBl. I S. 2446; 2019 I S. 1113), das zuletzt durch Artikel 5 des Gesetzes vom 25. Juni 2021 (BGBl. I S. 2083) geändert worden ist.

(2) Es muss gewährleistet werden, dass die Informationen zur Funktionsweise der Bankdienstleistung für Verbraucher verständlich sind, ohne dass ihr Schwierigkeitsgrad das Sprachniveau B2 des Gemeinsamen europäischen Referenzrahmens für Sprachen des Europarats überschreitet.

Gliederung: Rn.

A. Einführung

1 § 17 BFSGV setzt Anhang I Abschnitt IV e) i) der RL 2019/882/EU um.[1] Die Vorschrift regelt branchenspezifische Anforderungen an Bankdienstleistungen für Verbraucher (→ § 2 Nr. 24 BFSG), die neben das durch die Zentralnorm des § 12 BFSGV konturierte Anforderungsprofil treten. Sektorspezifische europäische Regulierungsvorgaben zu Bank- und Finanzdienstleistungen bestehen unabhängig von der Barrierefreiheitsrichtlinie und dem Regelungsregime der BFSGV fort und werden durch diese nicht geändert.[2]

B. Regelungsgehalt

I. Anwendungsbereich: Bankdienstleistungen für Verbraucher

2 Bankdienstleistungen für Verbraucher sind in § 2 Nr. 24 BFSG definiert als die Bereitstellung bestimmter Bank- und Finanzdienstleistungen für Verbraucher (→ näher § 2 Rn. 33 ff. BFSG). Umfasst sind die folgenden Bank- und Finanzdienstleistungen:

- **Verbraucherdarlehensverträge** in Form allgemeiner Verbraucherdarlehensverträge und Immobiliendarlehensverträge, wobei das BFSG auch Verbraucherkreditverträge über 75.000 Euro erfasst, in Orientierung an § 491 BGB;[3]
- bestimmte **Wertpapierdienstleistungen**, Anlagetätigkeiten sowie Nebendienstleistungen nach der MIFID II-Richtlinie;
- **Zahlungsdienste** gemäß § 1 Abs. 1 Satz 2 ZAG. Hierzu zählen das Ein- und Auszahlungsgeschäft, die Ausführung von Zahlungsvorgängen mit oder ohne Kreditgewährung, das Akquisitionsgeschäft, das Finanztransfergeschäft sowie Zahlungsauslösedienste und Kontoinformationsdienste;
- **mit einem Zahlungskonto verbundene Dienste** iSd § 2 Abs. 2 ZKG;
- **die Ausgabe von E-Geld**, wobei E-Geld gemäß § 1 Abs. 2 Satz 3 ZAG jeder elektronisch, einschließlich magnetisch, gespeicherte monetäre Wert in Form einer Forderung an den Emittenten ist, der gegen Zahlung eines Geldbetrags ausgestellt wird, um damit Zahlungsvorgänge durchzuführen. Voraussetzung ist, dass das E-Geld auch von anderen natürlichen oder juristischen Personen als dem Emittenten angenommen wird.

1 BR-Drs. 149/22, S. 28.
2 BR-Drs. 149/22, S. 28.
3 BT-Drs. 19/28653, S. 70.

II. Anforderungen an Identifizierungs- und Authentifizierungsmethoden, elektronische Signaturen, Sicherheitsfunktionen und Zahlungsdienste (Abs. 1)

Nach Maßgabe des § 17 Abs. 1 BFSGV müssen Identifizierungsmethoden, Authentifizierungsmethoden, elektronische Signaturen, Sicherheitsfunktionen und Zahlungsdienste wahrnehmbar, bedienbar, verständlich und robust gestaltet sein, soweit sie bereitgestellt werden. Dabei muss nicht jede Einzelmethode barrierefrei sein, sondern der Verordnungsgeber lässt hier genügen, dass eine der angebotenen Methoden barrierefrei bereitgestellt wird.[4] Das betrifft insbesondere Fälle, in denen Alternativen zwischen verschiedenen Identifizierungs- und Authentifizierungsmethoden oder Signaturoptionen angeboten werden. 3

1. Anwendungsbereich

a) Identifizierungsmethoden

Identifizierungsmethode (→ § 2 Rn. 3 BFSGV) ist jede Methode zum Erheben von Angaben zum Zweck der Identifizierung und zur Überprüfung dieser Angaben zum Zweck der Identifizierung. Insoweit wird auf den Begriff der Identifizierung in § 1 Abs. 3 GwG verwiesen.[5] Der geldwäscherechtliche Identifizierungsbegriff erfasst die Erhebung von Angaben zu natürlichen und juristischen Personen sowie die Überprüfung der Übereinstimmung der erhobenen Angaben durch teilweise genau bestimmte Verfahren.[6] Durch die Identifizierung soll die Zuordnung eines Vermögens zu einer bestimmten Person sichergestellt werden.[7] Identifizierungsmethoden beziehen sich auf das erstmalige Feststellen der Identität einer Person (z. B. Name, Geburtsdatum, Ausweisdaten) und nicht auf die spätere Wiedererkennung und den Nachweis der Zugriffsberechtigung. Identifizierungsmethoden im Kontext von Bankdienstleistungen sind daher beispielsweise **Video-Ident-Verfahren**, bei denen Bankmitarbeiter oder Dienstleister per Videochat Ausweisdokumente prüfen und mit der Person am Bildschirm vergleichen, aber auch **eID-Verfahren**, bei denen die Online-Ausweisfunktion des elektronischen Personalausweises (ePA) genutzt wird. Nicht unter den Begriff der Identifizierungsmethode fallen hingegen die Eingabe von PINs oder Passwörtern, die Verwendung biometrischer Daten zur Systemanmeldung (Fingerabdruck, Face-ID), die Zwei-Faktor-Authentifizierung beim Login oder der Transaktionsfreigabe, sowie das TAN- oder OTP-Verfahren. 4

b) Authentifizierungsmethoden

Für den Begriff der **Authentifizierungsmethode** verweist § 17 Abs. 1 Satz 2 BFSGV auf die Definition in § 1 Abs. 23 ZAG. Danach ist die Authentifizierung ein Verfahren, mit dessen Hilfe der Zahlungsdienstleister die Identität eines Zah- 5

---

4 BR-Drs. 149/22, S. 28

5 BR-Drs. 149/22, S. 15.

6 BGH, Urt. v. 20.04.2021 – XI ZR 511/19, BGHZ 229, 317 = NJW 2021, 2032 Rn. 20; BeckOK GwG/*Kertesz*, 21. Ed. 1.3.2024, GwG, § 1 Abs. 3 Rn. 3; Herzog/*Figura*, 5. Aufl. 2023, GwG, § 1 Rn. 23.

7 BeckOK GwG/*Kertesz*, 21. Ed. 1.3.2024, GwG § 1 Abs. 3 Rn. 4

lungsdienstnutzers oder die berechtigte Verwendung eines bestimmten Zahlungsinstruments, einschließlich der Verwendung der personalisierten Sicherheitsmerkmale des Nutzers, überprüfen kann. Im Gegensatz zur Identifizierung, die erstmalig bei Begründung der Geschäftsbeziehung vorgenommen wird, geht es bei der Authentifizierung um die wiederkehrende Prüfung, ob ein bestimmter Nutzer autorisiert ist, auf ein Bankkonto zuzugreifen oder eine Transaktion durchzuführen. Diese Definition wird auch im Rahmen des Zahlungsdiensterechts in § 675w Abs. 2 BGB zugrunde gelegt. Als Beispiele für Authentifizierungsmethoden werden im Schrifttum **das Überprüfen der PIN und der Echtheitsmerkmale der Bankkarte** beim Abheben am Geldautomaten, verschiedene Variationen des **TAN-Verfahrens** (z. B. mobileTAN, pushTAN, chipTAN) beim Online-Banking sowie die **Zwei-Faktor-Authentifizierung** genannt.[8]

c) Elektronische Signatur

6 Der Begriff der **elektronischen Signatur** wird von der BFSGV selbst nicht definiert. Die elektronische Signatur ist ein elektronisches Äquivalent zur Unterschrift, das in Bankprozessen in verschiedenen Sicherheitsstufen verwendet wird und dazu dient, die Identität des Unterzeichners und die Integrität einer elektronischen Nachricht oder eines elektronischen Dokuments zu bestätigen. Nach Maßgabe der eIDAS-VO[9] werden verschiedene Kategorien elektronischer Signaturen unterschieden: die **einfache, fortgeschrittene und qualifizierte elektronische Signatur**. An einfache elektronische Signaturen werden keine besonderen Anforderungen gestellt, sodass bereits der Namenszug unter einer E-Mail als einfache elektronische Signatur gilt; auch die eingescannte Unterschrift ist eine einfache elektronische Signatur.[10] Höhere Anforderungen gelten für die fortgeschrittene elektronische Signatur und die qualifizierte elektronische Signatur. § 17 BFSGV nimmt keine Abstufungen vor, sodass die Barrierefreiheitsanforderungen für alle Formen von Signaturen gelten. Konkrete Anwendungsbeispiele sind die digitale Kontoeröffnung oder der Abschluss von Verbraucherdarlehensverträgen bei der volldigitalen Kreditvergabe.

d) Sicherheitsfunktionen

7 **Sicherheitsfunktionen** (→ § 2 Rn. 4 BFSGV) sind alle Funktionen zum Schutz der Sicherheit der Informationstechnik im Sinne des § 2 Abs. 2 Satz 4 BSIG. Durch Einhaltung bestimmter Sicherheitsstandards wird die Verfügbarkeit, Integrität oder Vertraulichkeit von Informationen geschützt. Umfasst sind technische Maßnahmen, die das IT-System selbst gegen Angriffe, Manipulationen oder Datenverlust schützen. Sicherheitsfunktionen, mit denen der Verbraucher bei Bankdienstleistungen interagiert, können Push-Nachrichten in Banking-Apps bei ungewöhnlichen Login-Aktivitäten, die Sicherheitsabfrage bei Gerätewechsel, konfigurierbare App-Sicherheits-

8 Vgl. Grüneberg/*Grüneberg*, BGB, 84. Aufl. 2025, § 675w Rn. 3; MüKoBGB/*Zetzsche*, 9. Aufl. 2023, BGB § 675w Rn. 9.

9 VO (EU) Nr. 910/2014.

10 BAG, NJW 2020, 3476, BeckOK IT-Recht/*Lapp/Drews*, 17. Ed. 1.1.2024, VO (EU) 910/2014 Art. 3 Rn. 27.

funktionen (z.B. Timeout, Session-Limits), die Nutzung visueller CAPTCHA's zur Absicherung gegen Bot-Aktivität sowie die Anzeige und Erklärung sicherheitsrelevanter Systemhinweise sein.

e) Zahlungsdienste

Gemeint sind **Zahlungsdienste** gemäß § 1 Abs. 1 Satz 2 ZAG (→ näher Rn. 2; → § 2 Rn. 36 BFSG). **8**

2. Barrierefreiheitsanforderungen

Die Methoden, Funktionen und Dienste müssen gemäß § 17 Abs. 1 Satz 1 BFSGV **wahrnehmbar, bedienbar, verständlich** und **robust** sein und damit den allgemeinen Barrierefreiheitsanforderungen entsprechen (→ ausführlich zu den vier Grundprinzipien § 12 Rn. 31 ff. BFSGV). Die Anforderungen lassen sich in Orientierung an der harmonisierte Norm EN 301 549 V3.2.1 und die darin in Bezug genommene WCAG 2.1 konkretisieren (→ § 4 Rn. 18 ff. BFSG). Die EN 301 549 V3.2.1 enthält in ihrer aktuellen Fassung freilich keine speziellen Anforderungen an Identifizierungs- und Authentifizierungsmethoden, elektronische Signaturen, Sicherheitsfunktionen und Zahlungsdienste. Es bleibt abzuwarten, ob diese Aspekte in der Aktualisierung Berücksichtigung finden. **9**

a) Wahrnehmbarkeit

Die Methoden, Funktionen und Dienste müssen so dargestellt und ausgestaltet werden, dass sie für Verbraucher **wahrnehmbar** sind. Das beinhaltet die Bereitstellung von Textalternativen für nicht-textliche Inhalte, wie von der EN 301 549 V3.2.1 gefordert.[11] Für Audio- und Videoelemente sind nach dem Zwei-Sinne-Prinzip Untertitelung und Audiodeskriptionen erforderlich. Darüber hinaus kommen Farbalternativen, benutzerdefinierte Audioeinstellungen sowie Anpassungen von Kontrast und Schriftgröße in Betracht.[12] Bei physischen Produkten können zusätzlich taktile Darstellungen zum Einsatz kommen (→ näher § 12 Rn. 31 f. BFSGV). **10**

b) Bedienbarkeit

Nach dem Grundsatz der Bedienbarkeit müssen die Komponenten der Benutzeroberfläche und die Navigation für den Nutzer bedienbar sein. **11**

Die Bedienbarkeit setzt bei **Webseiten** voraus, dass alle Funktionalitäten der Identifizierungs- und Authentifizierungsmethoden allein **durch eine Tastaturschnittstelle** für den Nutzer bedienbar sind.[13] Verwendet werden dürfen daher nur Elemente, mit denen eine Interaktion möglich ist, die mithin nicht nur mit der Maus, sondern auch mit der Tastatur ausgelöst werden können. Es ist wichtig, dass der Tastatur- **12**

---

11 EN 301 549 V. 3. 2. 1., 9.1.1. i. V. m. § 1.1. WCAG 2.1.

12 EN 301 549 V. 3. 2. 1., 9.1.4. i. V. m. § 1.4. WCAG 2.1.

13 *Billing/Bremenkamp*, ZVertriebsR 2025, 9, 13 [zu § 12 BFSGV]; EN 301 549 V. 3. 2. 1., 9.2.1. i. V. m. § 2.1. WCAG 2.1.

fokus problemlos zwischen verschiedenen ausgewählten Elementen bewegt werden kann, eine sog. Keyboard Trap also vermieden wird.[14]

13 Unter den Begriff der Bedienbarkeit fällt außerdem die Verpflichtung zur Verwendung **anpassbarer Zeitfenster**, soweit Zeitfenster für gewisse Aktionen bereitgestellt werden und die es den Nutzern ermöglichen, die Dauer bestimmter Interaktionen oder Prozesse an ihre individuellen Bedürfnisse anzupassen[15] (näher →§ 12 Rn. 33 f. BFSGV).

c) Verständlichkeit

14 Der Grundsatz der Verständlichkeit beinhaltet, dass Inhalte möglichst lesbar und verständlich dargestellt werden.[16] Hierdurch soll die Barrierefreiheit insbesondere für Menschen mit kognitiven Beeinträchtigungen verbessert werden. Verständlichkeit umfasst eine logische Struktur, klare Formulierungen und unter Umständen die Verwendung einfacher Sprache. Mechanismen zur Erklärung komplexer Begriffe und Abkürzungen sollten bereitgestellt werden. Auch visuelle Hilfsmittel wie standardisierte Symbole können die Verständlichkeit unterstützen (näher →§ 12 Rn. 37 BFSGV).

15 In Bezug auf die von § 17 BFSGV erfassten Methoden, Funktionen und Dienste ist besonders relevant, dass Verbraucher bei der **Korrektur von Eingabefehlern** unterstützt werden. Das beinhaltet den Hinweis auf mögliche Fehler durch eine Fehlermeldung sowie einen Vorschlag zur Fehlerkorrektur.[17] Webseiten, über die Verträge geschlossen oder Zahlungen abgewickelt werden, oder die Benutzerdaten ändern oder Testantworten übermitteln, müssen darüber hinaus gehende Anforderungen erfüllen. Bereits übersandte Eingaben („*submissions*") müssen rückgängig gemacht werden können oder die Eingaben des Verbrauchers müssen auf Eingabefehler überprüft werden und eine Möglichkeit zur Korrektur eröffnet werden oder es muss ein Mechanismus zur Überprüfung und Bestätigung der Informationen vor dem Abschluss der Übermittlung bereitgestellt werden.[18]

16 Insbesondere bei den Identifizierungs- und Authentifizierungsmethoden sollte die **Vorhersehbarkeit** im Sinne der EN 301 549 V.3.2.1 i. V. m. § 3.2 WCAG 2.1 gewahrt werden. Das bedeutet, dass Eingaben des Verbrauchers in Eingabefehler zur Identifizierung oder Authentifizierung nicht automatisch zu einem Seitenwechsel führen dürfen. Zudem sollten innerhalb eines Dienstes bzw. einer Webseite eine konsistente, wiederkehrende Navigation und Bezeichnung und Gestaltung von Funktionen verwendet werden.[19]

---

14 EN 301 549 V. 3. 2. 1., 10.2.1.2.
15 EN 301 549 V. 3. 2. 1., 9.2.2. i. V. m. § 2.2. WCAG 2.1.
16 *Billing/Bremenkamp*, ZVertriebsR 2025, 9, 13.
17 EN 301 549 V. 3. 2. 1., 9.3.3 i. V. m. § 3.3 WCAG 2.1.
18 EN 301 549 V. 3. 2. 1., 9.3.3 i. V. m. § 3.3.4 WCAG 2.1.
19 EN 301 549 V. 3. 2. 1., 9.3.2 i. V. m. § 3.2 WCAG 2.1.

d) Robustheit

Das Merkmal der Robustheit hat zum Gegenstand, dass die Inhalte von einer Vielzahl verschiedener Technologien – auch über einen gewissen Zeitraum hinweg – ausgelesen und interpretiert werden können.[20] Wichtig ist die maximale **Kompatibilität** mit einer Vielzahl von Benutzer-Agenten, einschließlich assistiver Technologien.[21] **17**

III. Verständlichkeit von Informationen zur Funktionsweise der Bankdienstleistung

Nach **§ 12 Nr. 2 BFSGV** sind Dienstleistungserbringer verpflichtet, Informationen über die Funktionsweise der Dienstleistung bereitzustellen, die den dort aufgezählten Barrierefreiheitsanforderungen entsprechen müssen (→ § 12 BFSGV Rn. 12 f.). **18**

Nach der Begründung des Verordnungsgebers sind Vertragsdokumente und vorvertragliche Informationen richtigerweise nicht erfasst[22] (→ § 12 BFSGV Rn. 6). Das würde die Branche vor erhebliche Rechtsunsicherheiten stellen, da diese Dokumente eine ganze Reihe an Pflichtangaben enthalten (z. B. ESIS-Merkblatt gemäß Anlage 6 zu Art. 247 § 1 Abs. 2 EBGB und Europäische Standardinformationen für Verbraucherkredite gemäß Anlage 4 zu Art. 247 § 2 EGBGB). Auch im Übrigen kann eine sprachliche Anpassung bei Pflichtinformationen im Bereich der Bankdienstleistungen im Widerspruch zu regulatorischen Vorgaben und Mustern stehen.[23] **19**

Anknüpfend an diese Vorgaben enthält § 17 Abs. 2 BFSGV für Bankdienstleistungen weitergehende Anforderungen an die Verständlichkeit der Informationen über die Funktionsweise der Bankdienstleistung. Konkret gibt § 17 Abs. BFSGV vor, dass der **Schwierigkeitsgrad** das **Sprachniveau B2** des Gemeinsamen europäischen Referenzrahmens für Sprachen des Europarats nicht überschreiten darf. Ein niedrigeres Sprachniveau darf gewählt werden.[24] Nach dem Gemeinsamen europäischen Referenzrahmen ist das Sprachniveau B2 wie folgt definiert: *„Selbstständige Sprachverwendung – Kann die Hauptinhalte komplexer Texte zu konkreten und abstrakten Themen verstehen; versteht im eigenen Spezialgebiet auch Fachdiskussionen. Kann sich so spontan und fließend verständigen, dass ein normales Gespräch mit Muttersprachlern ohne größere Anstrengung auf beiden Seiten gut möglich ist. Kann sich zu einem breiten Themenspektrum klar und detailliert ausdrücken, einen Standpunkt zu einer aktuellen Frage erläutern und die Vor- und Nachteile verschiedener Möglichkeiten angeben.“*[25] **20**

Die Umsetzung dieser Vorgaben ist mit Rechtsunsicherheit behaftet und daher sowohl in Schrifttum als auch der Stellungnahme der Deutschen Kreditwirtschaft (DK) auf erhebliche Kritik gestoßen. Der Rückgriff auf das Sprachniveaus B2 des **21**

---

20 § 4 WCAG 2.1; *Billing/Bremenkamp*, ZVertriebsR 2025, 9, 13.
21 *Kapoor/Klindt*, NJW 2024, 3545, 3548.
22 BR-Drs. 149/22, S. 25; *Kalisz*, BKR 2023, 292, 295.
23 Stellungnahme der Deutsche Kreditwirtschaft v. 04.03.2022, S. 3 ff., https://beck-link.de/76r58, zuletzt abgerufen am 13.04.2025.
24 BR-Drs. 149/22, S. 28.
25 https://www.europaeischer-referenzrahmen.de/, zuletzt aufgerufen am 14.04.2025.

Gemeinsamen europäischen Referenzrahmens ist schon deshalb nicht passend, weil sie auf das Sprachverständnis von Deutsch als Fremdsprache abzielt.[26] Die Einstufung in ein bestimmtes Sprachniveau bringt zudem immer einen Beurteilungsspielraum auf Seiten des Bewertenden mit sich. Um auf der sicheren Seite zu sein, müssten Dienstleistungserbringer das Sprachniveau deutlich vereinfachen. Letztlich werden Banken auf eine sachverständige Einschätzung angewiesen sein, um sich abzusichern.[27]

§ 18 BFSGV
Zusätzliche Anforderungen an E-Books

E-Books müssen

1. die synchronisierte Bereitstellung von Text- und Audioinhalten gewährleisten, sofern sie neben Text- auch Audioinhalte enthalten,

2. gewährleisten, dass die Dateien des E-Books die ordnungsgemäße Funktionsweise assistiver Technologien nicht verhindern,

3. den Zugang zu Inhalten gewährleisten,

4. die Navigation im Dateiinhalt und im Layout einschließlich dynamischer Layouts gewährleisten,

5. eine Struktur bereitstellen,

6. Flexibilität und Wahlfreiheit bei der Darstellung der Inhalte bereitstellen,

7. alternative Wiedergabearten für den Inhalt in wahrnehmbarer, verständlicher, bedienbarer und robuster Weise ermöglichen,

8. die Interoperabilität des Inhalts mit assistiven Technologien in wahrnehmbarer, verständlicher, bedienbarer und robuster Weise ermöglichen,

9. die Auffindbarkeit der Barrierefreiheitsmerkmale durch Bereitstellung von Informationen in Form von Metadaten gewährleisten und

10. nach Maßgabe der §§ 95a bis 96 des Urheberrechtsgesetzes gewährleisten, dass Barrierefreiheitsfunktionen nicht durch technische Maßnahmen zum Schutz von Werken und sonstigen Schutzgegenständen blockiert werden.

Gliederung: Rn.

26 *Kalisz*, BKR 2023, 292, 298; Stellungnahme der Deutschen Kreditwirtschaft v. 04.03.2022, S. 2, https://beck-link.de/76r58, zuletzt abgerufen am 13.04.2025.

27 *Kalisz*, BKR 2023, 292, 298.

A. Einführung

Die Vorschrift des § 18 BFSGV setzt Anhang I Abschnitt IV f) der RL 2019/882/EU um[1] und regelt branchenspezifische Anforderungen an E-Books (§ 2 Nr. 37 BFSG), die neben das durch die Zentralnorm des § 12 BFSGV konturierte Anforderungsprofil treten. Hinsichtlich des Anwendungsbereichs der Bestimmung und der Konturierung des Begriffs des E-Books wird auf die Kommentierung zu § 2 BFSG verwiesen (siehe unter § 2 BFSG Rn. 53 f.). 1

B. Regelungsgehalt

I. Synchronisierte Bereitstellung von Text- und Audioinhalten (Nr. 1)

Nach § 18 Nr. 1 BFSGV müssen E-Books die synchronisierte Bereitstellung von Text- und Audioinhalten gewährleisten, sofern sie neben Text- auch Audioinhalte enthalten. Die Vorschrift betrifft daher E-Books, in denen beide Medienarten – Text und Audio – gleichzeitig enthalten oder verknüpft sind, denn nur in solchen Fällen kommt der synchronisierten Bereitstellung von Text- und Audioinhalten besondere Bedeutung zu. Erfasst werden daher etwa E-Books mit integrierter Vorlesefunktion oder eingebetteter Audiospur. Nicht erfasst werden E-Books mit bloß optionalem Hörbuch-Download, bei dem zwar Audioelemente vorhanden sind, aber nicht mit Textinhalten verknüpft werden. Die Vorschrift greift daher nur, wenn das E-Book entweder bereits eine eigene Audioebene integriert oder dies als Bestandteil des Produktdesigns vorsieht. In diesen Fällen müssen Text und Audio nach Maßgabe des § 18 Nr. 1 BFSGV synchron wahrnehmbar sein und dadurch etwa vorsehen, dass ein Mensch mit Dyslexie den Text gleichzeitig lesen und hören kann.[2] Auf technischer Ebene lassen sich diese Vorgaben etwa durch Verwendung von EPUB 3, dem gängigen Standardformat für barrierefreie E-Books, realisieren, das sog. Media-Overlays unterstützt. Die XML-basierte Datei verknüpft Abschnitte des Textes mit Zeitstempeln des Audios und hebt bei Abspielen den dazugehörigen Text optisch hervor. Weitere Möglichkeiten bieten Apps mit synchroner Textmarkierung oder DAISY-kompatible Formate. 2

1 BR-Drs. 149/22, S. 28.
2 Anwendungsbeispiel in Anhang II RL 2019/882/EU.

II. Vereinbarkeit mit assistiven Technologien (Nr. 2)

3 Nach § 18 Nr. 2 BFSGV müssen E-Books gewährleisten, dass die Dateien des E-Books die ordnungsgemäße Funktionsweise assistiver Technologien nicht verhindern. Die Norm verlangt damit, dass E-Book-Dateien nicht mit assistiven Technologien in Konflikt stehen dürfen, mithin technisch so gestaltet sind, dass sie mit Hilfsmitteln wie Screenreadern, Braillezeilen[3] oder Vorlesesoftware kompatibel sind.

4 Dateien können die ordnungsgemäße Funktionsweise assistiver Technologien verhindern, wenn sie so strukturiert oder geschützt sind, dass assistive Technologien nicht oder nur eingeschränkt auf sie zugreifen können. Typische Beispiele sind ein grafischer Text statt einer maschinenlesbaren Schrift (Beispiel: Ein E-Book besteht aus eingescannten Seitenbildern), fehlende semantische Strukturen, die die Navigation der Inhalte verunmöglichen, oder ein digitales Rechtemanagement, das den Zugriff der Vorlesesoftware sperrt. Auch die Vorgaben des § 18 Nr. 2 BFSGV lassen sich primär durch die Verwendung barrierefreier Dateiformate wie EPUB 3, den Verzicht auf ausschließlich bildbasierte Inhalte, eine klare semantische Strukturierung des textbasierten Inhalts und die DRM-Kompatibilität mit assistiver Technologie umsetzen.

III. Zugang zu Inhalten (Nr. 3)

5 E-Books müssen ausweislich § 18 Nr. 3 BFSGV den Zugang zu Inhalten gewährleisten. Die nur schwer zu erfassende Bestimmung soll nach dem Willen des europäischen Gesetzgebers dahin ausgelegt werden, dass die technische Umsetzung vorsehen muss, dass ein blinder Mensch auf das Inhaltsverzeichnis zugreifen und zu einem anderen Kapitel wechseln kann. Der Fokus liegt daher nicht auf der Wahrnehmbarkeit der Inhalte, sondern dem zielgerichteten, strukturierten und barrierefreien Navigieren innerhalb des E-Books. Das Anforderungsprogramm der Norm erfasst daher insbesondere Elemente wie ein zugängliches Inhaltsverzeichnis, die interaktive Navigation (z. B. Kapitelverlinkung), die Lesezeichen-Funktion oder Sprungmarken oder auch die Suchfunktion mit sinnvoll indizierbarem Text. Auch diese Vorgabe lässt sich maßgeblich durch die Verwendung geeigneter Dateiformate wie EPUB 3 umsetzen, das zwangsläufig ein HTML-basiertes und daher navigierbares Inhaltsverzeichnis enthält. Erforderlich ist ebenfalls die Kompatibilität mit assistiven Technologien, die bei den betreffenden Dateiformaten ebenfalls gewährleistet wird.

IV. Navigation im Dateiinhalt (Nr. 4)

6 Nach § 18 Nr. 4 BFSGV muss das E-Book die Navigation im Dateiinhalt und im Layout einschließlich dynamischer Layouts gewährleisten. Der Fokus liegt hier auf der Navigation innerhalb einzelner Inhalte und Layoutstrukturen, insbesondere auf der visuellen und funktionalen Orientierung des Verbrauchers im E-Book. Der Gesetzgeber erweitert daher den Blick von § 18 Nr. 3 BFSGV auf die Navigation im visuellen Aufbau selbst, also das konkrete Layoutverhalten und die Orientierung im

3 Anwendungsbeispiel in Anhang II RL 2019/882/EU.

Lesefluss. Die Norm betrifft, wenn sie sinnvoll von § 18 Nr. 3 BFSGV abgegrenzt werden soll, Fälle, in denen sich der Verbraucher innerhalb des E-Books bewegen will, nicht über das Inhaltsverzeichnis, sondern innerhalb einer Seite, des Kapitels oder einzelner Abschnitte, inklusive visueller Navigationselemente. Als Konsequenz der Vorgabe des § 18 Nr. 4 BFSGV muss der Dateiinhalt so gestaltet sein, dass alle Navigationselemente auch unter wechselnden Layoutbedingungen klar strukturiert, logisch auffindbar und technisch zugänglich sind.

V. Bereitstellen einer Struktur (Nr. 5)

7 Ebenfalls in engem Zusammenhang mit § 18 Nr. 3 und Nr. 4 BFSGV steht die Vorschrift des § 18 Nr. 5 BFSGV, nach deren Maßgabe E-Books eine Struktur bereitstellen müssen. Die Norm ist eng verwandt mit § 18 Nr. 3 BFSGV (Navigation über Struktur) und § 18 Nr. 4 BFSGV (Navigation im Layout), besitzt aber einen eigenständigen Regelungskern, der die semantisch-technische Gliederung des Inhalts selbst betrifft. Eine Struktur ist als digitales Rückgrat eines barrierefreien E-Books Grundvoraussetzung für Zugänglichkeit, Navigation und Nutzbarkeit, sowohl für den Verbraucher selbst als auch für assistive Technologien. Erfasst wird die grundlegende semantische Struktur der Datei selbst. Soll ein Screenreader Kapitelüberschriften erkennen oder eine Braillezeile Text ausgeben, so erfordert dies die klare Strukturierung der Datei (etwa durch eine korrekte <h1> <h2> – Struktur, die aus HTML-Tags besteht, mit denen Texte als Überschriften ausgezeichnet werden). Technisch lässt sich die Strukturpflicht durch eine korrekte HTML-/EPUB 3 – Auszeichnung umsetzen.

VI. Bereitstellen von Flexibilität und Wahlfreiheit (Nr. 6)

8 Nach § 18 Nr. 6 BFSGV muss das E-Book Flexibilität und Wahlfreiheit bei der Darstellung der Inhalte bereitstellen. Die Verordnung selbst und die Gesetzesmaterialien enthalten keine weiteren Hinweise für den Anwendungsbereich der Bestimmung. Die Norm verlangt richtigerweise anpassbare Darstellungen, die Menschen mit unterschiedlichen Behinderungen in die Lage versetzt, die Darstellung selbst wählen und verändern zu können. Gegenstand der Bestimmung sind daher dynamisches Layout, Schriftanpassung, Anpassung der enthaltenen Kontraste. Diese Anpassungsmöglichkeiten lassen sich ebenfalls über EPUB 3 realisieren, soweit reflowfähige Subformate wie EPUB 3 Reflowable genutzt werden, mit deren Hilfe Inhalte dynamisch an die Bildschirmgröße oder die Einstellungen des Lesers angepasst werden. Damit geht ein Verzicht auf fest codierte Layouts einher. Insbesondere bei Romanen und Belletristik entspricht die Verwendung von EPUB 3 Reflowable bereits dem Marktstandard.

VII. Alternative Wiedergabearten (Nr. 7)

9 Nach § 18 Nr. 7 BFSGV müssen E-Books alternative Wiedergabearten für den Inhalt in wahrnehmbarer, verständlicher, bedienbarer und robuster Weise ermöglichen. Die Vorschrift wird über die Gesetzesmaterialien nicht näher konturiert. Die Bestim-

mung verlangt, dass E-Books nicht nur auf eine einzige Weise konsumierbar sein dürfen und alternative Formen der Darstellung oder Ausgabe zur Verfügung stehen müssen. Damit ist das Zwei-Sinne-Prinzip[4] in Bezug genommen. Neben visuellen Informationen textlichen Inhalts müssen daher auch auditive oder taktile Dimensionen bereitgestellt werden, sodass auch blinde Menschen den Zugang zur Information realisieren können. E-Books müssen daher Alternativen zur visuellen Ausgabe, insbesondere die auditive Wiedergabe (Screenreader-Ausgabe, Text-to-Speech-Technologie) oder die taktile Wiedergabe (Braillezeilen, haptische Displays) ermöglichen. Das Zwei-Sinne-Prinzip wird im Kontext des § 18 Nr. 7 BFSGV dadurch umgesetzt, dass Screenreader-Kompatibilität sichergestellt und durch eine lineare, semantische Struktur des Dokuments die Braille-Ausgabe ermöglicht wird. Insoweit diese Wiedergabearten in wahrnehmbarer, verständlicher, bedienbarer und robuster Weise ermöglicht werden müssen, wird auf die vier Grundsätze der Barrierefreiheit im digitalen Raum[5] Bezug genommen (→ § 12 BFSGV Rn. 8 ff.).

VIII. Interoperabilität mit assistiven Technologien (Nr. 8)

10 E-Books müssen ausweislich § 18 Nr. 8 BFSGV die Interoperabilität des Inhalts mit assistiven Technologien (§ 2 Nr. 33 BFSG) in wahrnehmbarer, verständlicher, bedienbarer und robuster Weise ermöglichen.

IX. Auffindbarkeit der Barrierefreiheitsmerkmale (Nr. 9)

11 Nach § 18 Nr. 9 BFSGV müssen E-Books die Auffindbarkeit der Barrierefreiheitsmerkmale durch Bereitstellung von Informationen in Form von Metadaten gewährleisten. Umsetzen lässt sich die Vorgabe, indem der Dienstleistungserbringer sicherstellt, dass sich in der elektronischen Datei Informationen zu ihren Barrierefreiheitsmerkmalen befinden, damit sich Menschen mit Behinderungen darüber informieren können.[6]

X. Kompatibilität mit technischen Schutzmaßnahmen (Nr. 10)

12 E-Books müssen ausweislich § 18 Nr. 10 BFSGV nach Maßgabe der §§ 95a – 96 UrhG gewährleisten, dass Barrierefreiheitsfunktionen nicht durch technische Maßnahmen zum Schutz von Werken und sonstigen Schutzgegenständen blockiert werden. Die technische Umsetzung muss sicherstellen, dass keine Sperre vorliegt, mithin dass technische Schutzmechanismen, Urheberrechtsinformationen oder Interoperabilitätsprobleme nicht verhindern, dass Text durch die Hilfsmittel laut vorgelesen wird, sodass blinde Menschen das Buch lesen können.[7] § 18 Nr. 10 BFSGV zielt daher darauf ab, technische Schutzmaßnahmen, die zum Schutz von Urheberrechten eingesetzt werden, mit den Barrierefreiheitsanforderungen in Einklang zu bringen. Dies betrifft insbesondere die Kompatibilität mit DRM (Digital

4 *Billing/Bremenkamp*, ZVertriebsR 2025, 9, 13 [zu § 12 BFSGV].
5 *Billing/Bremenkamp*, ZVertriebsR 2025, 9, 13 [zu § 12 BFSGV].
6 Anwendungsbeispiel in Anhang II RL 2019/882/EU.
7 Anwendungsbeispiel in Anhang II RL 2019/882/EU.

Rights Management). Die Vorschrift hat daher etwa den Fall im Blick, dass bestimmte Schutzmaßnahmen (wie DRM) dafür sorgen, dass Hilfstechnologien nicht mit den Inhalten kommunizieren können, weil der Text einer Verschlüsselung unterliegt. Ebenso kann DRM verhindern, dass ein Screenreader den Inhalt des E-Books lesen oder eine Text-to-Speech-Anwendung den Inhalt wiedergeben kann. Technisch lassen sich die Vorgaben des § 18 Nr. 10 BFSGV dadurch umsetzen, dass DRM-freie oder anpassbare DRM-Systeme verwendet werden, die speziell für den Einsatz mit barrierefreien E-Books entwickelt wurden (Beispiel: Adobe Content Server), oder entsprechende Ausnahmeregelungen im DRM hinterlegt werden. Hierfür müssen sowohl Verlag als auch Plattformbetreiber sicherstellen, dass ihre DRM-Systeme diesen Anforderungen entsprechen.

§ 19 BFSGV
Zusätzliche Anforderungen an Dienstleistungen im elektronischen Geschäftsverkehr

Bei Dienstleistungen im elektronischen Geschäftsverkehr müssen

1. Informationen zur Barrierefreiheit der zum Verkauf stehenden Produkte und der angebotenen Dienstleistungen bereitgestellt werden, soweit diese Informationen vom verantwortlichen Wirtschaftsakteur zur Verfügung gestellt werden,

2. Identifizierungs-, Authentifizierungs-, Sicherheits- und Zahlungsfunktionen, wenn diese nicht in Form eines Produkts, sondern im Rahmen einer Dienstleistung bereitgestellt werden, wahrnehmbar, bedienbar, verständlich und robust gestaltet werden und

3. Identifizierungsmethoden, Authentifizierungsmethoden, elektronische Signaturen und Zahlungsdienste, wenn diese bereitgestellt werden, wahrnehmbar, bedienbar, verständlich und robust gestaltet werden.

Gliederung: Rn.

A. Allgemeines

1 § 19 BFSGV regelt spezifische Anforderungen an Dienstleistungen im elektronischen Rechtsverkehr, die insbesondere neben die Vorgaben der §§ 12 und 13 BFSGV treten, und setzt dabei Anhang I Abschnitt IV g) i) der Richtlinie (EU) 2019/882 um.

2 Die Vorschrift konkretisiert und erweitert die allgemeinen Anforderungen des BFSG auf einen für Verbraucher zentralen Bereich der digitalen Dienstleistung, nämlich auf online stattfindende Vertragsanbahnung, Vertragsabschlüsse und Zahlungsvorgänge. § 19 BFSGV schließt damit eine Lücke in der digitalen Teilhabe: die barrierefreie Ausgestaltung des Online-Handels.

B. Regelungsgehalt

I. Anwendungsbereich: Dienstleistungen im elektronischen Rechtsverkehr

3 § 19 BFSGV regelt spezifische Anforderungen, die für Dienstleistungen im elektronischen Rechtsverkehr gelten. Nicht vom Anwendungsbereich erfasst sind in der Regel Hersteller von Produkten, es sei denn diese erbringen auch Dienstleistungen im elektronischen Rechtsverkehr.

4 **Dienstleistungen im elektronischen Rechtsverkehr** sind in § 2 Nr. 26 BFSG definiert als Dienstleistungen der Telemedien, die über Webseiten und über Anwendungen auf Mobilgeräten angeboten werden und elektronisch und auf individuelle Anfrage eines Verbrauchers im Hinblick auf den Abschluss eines Verbrauchervertrags erbracht werden (siehe auch → § 2 Rn. 40 ff. BFSG). Die Definition umfasst Webseiten und mobile Anwendungen, über die Produkte und Dienstleistungen angeboten und vertrieben werden und verbindliche Buchungen und Zahlungen getätigt werden können. Der Tatbestand ist als **Auffangmerkmal** ausgestaltet und kann auch den Verkauf von Produkten oder die Erbringung von Dienstleistungen erfassen, die bereits für sich genommen vom Anwendungsbereich des BFSG erfasst sind.[1]

5 Kern der Vorschrift ist der **online vermittelte Abschluss von Verbraucherverträgen**, unabhängig davon, welche Produkte oder Dienstleistungen über eine Webseite oder mobile Anwendung vertrieben werden.[2] Es müssen Angebote offeriert werden oder Buchungen abgeschlossen und Zahlungen getätigt werden können.[3] Typische Beispiele sind dementsprechend der Online-Handel und der Online-Vertrieb von Dienstleistungen wie beispielsweise Online-Unterricht, Webinare und Schulungen. Auch Online-Buchungsportale für stationär vertriebene Dienstleistungen fallen in den Anwendungsbereich,[4] wie beispielsweise der Online-Vertrieb von

---

1 Vgl. BT-Drs. 19/28653, S. 65; *Kalisz*, BKR 2023, 292, 296.
2 Vgl. *BMAS*, Leitlinien für die Anwendung des Barrierefreiheitsstärkungsgesetzes, S. 3; ausführlich *Billing/Bremenkamp*, ZVertriebsR 2025, 9.
3 Vgl. Gesetzesbegründung, BT-Drucksache 19/28653, S. 65.
4 So zumindest die Ansicht des *BMAS*, Leitlinien für die Anwendung des Barrierefreiheitsstärkungsgesetzes, S. 2.

Fahrdiensten.[5] Erfasst werden zudem Plattformanbieter, deren elektronische Dienstleistung in der Anbahnung und Vermittlung von Verbraucherverträgen über ihre Plattform besteht.[6]

Hinsichtlich des Merkmals des **Verbrauchervertrags** stellt sich die Frage, ob die Leistungen entgeltlich erbracht werden müssen. Mit Blick auf die Definition in der Verbraucherrechterichtlinie (RL 2011/83/EU) und Erwägungsgrund 46 der RL 2019/882/EU (Online-Verkauf) wird zum Teil argumentiert, dass unentgeltliche Verträge nicht in den Anwendungsbereich fallen sollen.[7] Der Sinn und Zweck des Gesetzes, Menschen mit Behinderungen ein unabhängiges Leben zu erleichtern und eine inklusivere Gesellschaft zu ermöglichen, spricht für eine weite Auslegung des Begriffs und dafür, jedenfalls entsprechend der Digitalen-Inhalte-Richtlinie (RL 2019/770/EU) die Bereitstellung personenbezogener Daten durch den Verbraucher für die Entgeltlichkeit genügen zu lassen, wenn nicht gar ganz auf Entgeltlichkeit zu verzichten. **6**

Der **Vertragsschluss muss online wenigstens angebahnt** werden.[8] In diesem Zusammenhang lässt sich die Frage aufwerfen, inwieweit auch Webseiten und Apps erfasst werden, über die Probefahrten für zu verkaufende Fahrzeuge online verbindlich gebucht werden. Im Schrifttum wird für ausreichend gehalten, dass die Dienstleistung im elektronischen Rechtsverkehr zumindest ein vorvertragliches Schuldverhältnis nach § 311 Abs. 2 BGB entstehen lässt.[9] Hierfür spricht der Sinn und Zweck des Gesetzes, Menschen mit Behinderungen die Teilhabe an Dienstleistungen im elektronischen Rechtsverkehr zu ermöglichen, vor allem dann, wenn die vorvertragliche Handlung notwendige Voraussetzung für die Anbahnung des Vertragsschlusses ist und der Verbraucher sonst von dieser Dienstleistung ausgeschlossen wäre.[10] **7**

Ob eine Webseite oder eine App **öffentlich zugänglich** sind oder aber auf registrierte Nutzer beschränkt, ist unerheblich.[11] Das legt schon die Systematik von § 19 BFSGV nahe, die die Barrierefreiheitsanforderungen unter anderem auf Identifizierungsfunktionen erstreckt. **8**

Im Umkehrschluss zu § 1 Abs. 4 Nr. 4 BFSG kann ein Wirtschaftsakteur zudem **für Inhalte von Webseiten und mobilen Anwendungen Dritter verantwortlich** sein, wenn er diese finanziert, entwickelt oder kontrolliert.[12] **9**

In den Anwendungsbereich des § 19 BFSGV fallen auch online abgeschlossene und verwaltete Sparkonten, die keine Zahlungskonten sind und daher nicht von § 17 BFSGV erfasst sind.[13] Webseiten und mobile Anwendungen des öffentlichen Personennahverkehrs sind nach der Gesetzesbegründung hingegen nicht erfasst.[14] **10**

---

5 *Tabarra*, NZS 2021, 497, 498; EuGH, Urt. v. 03.12.2020 – C-62/19 – Star Taxi App; Urt. v. 20.12.2017 – C-434/15 – Elite Taxi/Uber System Spain; Gesetzesbegründung, BT-Drucksache 19/28653, S. 65.

6 So auch *Schweers*, BB 2025, 454, 456.

7 So *Schweers*, BB 2025, 454, 455 f.

8 Vgl. auch *Kapoor/Klindt*, NJW 2024, 3545, 3547.

9 *Kapoor/Klindt*, NJW 2024, 3545, 3546; *Klindt*, RAW 1/25, 63, 64.

10 So auch Schweers, BB 2025, 454, 455.

11 *Billing/Bremenkamp*, ZVertriebsR 2025, 9.

12 *Kalisz*, BKR 2023, 292, 294.

13 *Kalisz*, BKR 2023, 292, 296.

14 Gesetzesbegründung, BT-Drucksache 19/28653, S. 65.

II. Informationspflichten (Nr. 1)

11 Der Dienstleistungserbringer ist gemäß § 19 Nr. 1 BFSGV verpflichtet, die ihm zur Verfügung gestellten Barrierefreiheitsinformationen zu den online angebotenen Produkten und Dienstleistungen auf der Website oder mobilen Anwendung bereitzustellen.

12 Die Informationspflichten erstrecken sich auf die online angebotenen Produkte und Dienstleistungen. Sie sind auf Produkte und Dienstleistungen im Sinne des § 1 Abs. 2 und 3 BFSG beschränkt.[15]

III. Barrierefreiheit von Identifizierungs-, Authentifizierungs-, Sicherheits- und Zahlungsfunktionen (Nr. 2)

13 Soweit Unternehmen auf ihrer Webseite Identifizierungs-, Authentifizierungs-, Sicherheits- und Zahlungsfunktionen zur Verfügung stellen, müssen diese den allgemeinen Barrierefreiheitsanforderungen entsprechen, d. h. wahrnehmbar, bedienbar, verständlich und robust gestaltet werden (→ hierzu ausführlich bereits § 12 Rn. 28 BFSGV).

1. Identifizierungs-, Authentifizierungs-, Sicherheits- und Zahlungsfunktionen

14 **Identifizierungsfunktionen** lassen sich beschreiben als Funktionen, mit denen Verbraucher Angaben zu ihrer Identität machen. Beispiele sind das Ausfüllen eines Online-Formulars zur Registrierung oder die Eingabe von Log-in-Daten.

15 **Authentifizierungsfunktionen** sind Funktionen, mit denen die Verbraucher ihre Identität bestätigen. Hierzu zählen beispielsweise die Eingabe eines Passworts und die Bestätigung per Fingerabdruck oder Gesichtserkennung.

16 Gemäß § 2 Nr. 3 BFSGV ist mit **Sicherheitsfunktion** jede Funktion zum Schutz der Sicherheit in der Informationstechnik i. S. d. § 2 Abs. 2 Satz 4 BSIG gemeint. Es soll die Verfügbarkeit, Integrität und Vertraulichkeit von Informationen geschützt werden. Hierzu zählen insbesondere technische Sicherheitsstandards wie die automatische Verschlüsselung oder Kryptierung von Informationen sowie ergänzende Sicherheitsvorkehrungen wie Zugangs- und Zugriffskontrollen.[16] Das umfasst beispielsweise auch den Einsatz von CAPTCHA[17] zum Schutz vor dem Zugriff durch Bots oder die Sperrung bei mehrfacher fehlerhafter Authentifizierung.

17 **Zahlungsfunktionen** sind solche Funktionen, über die Zahlungen abgewickelt werden können. Hierzu zählt die Eingabe von Kreditkartendaten, oder die Zahlung mittels Online-Zahlungsdiensteanbietern.

---

15 BR-Drs. 149/22, S. 29.
16 BR-Drs. 149/22, S. 13.
17 „Completely Automated Public Turing test to tell Computers and Humans Apart" werden eingesetzt, um den Zugriff durch echte Personen vom Zugriff durch einen Computer zu unterscheiden.

2. Barrierefreiheitsanforderungen

Die angebotenen Funktionen müssen den allgemeinen Barrierefreiheitsanforderungen entsprechen, d. h. wahrnehmbar, bedienbar, verständlich und robust gestaltet werden (→ hierzu ausführlich bereits § 12 Rn. 28 ff. BFSGV). Die Anforderungen lassen sich in Orientierung an der harmonisierte Norm EN 301 549 V3.2.1 und die darin in Bezug genommene WCAG 2.1 konkretisieren (→ § 4 Rn. 18 ff. BFSG). **18**

Wahrnehmbarkeit bedeutet in diesem Zusammenhang beispielsweise bei der Nutzung von CAPTCHA's für die Benutzeridentifizierung, dass verschiedene Formen angeboten werden, die verschiedenen Behinderungen Rechnung tragen.[18] **19**

Auch für Identifizierungs-, Authentifizierungs-, Sicherheits- und Zahlungsfunktionen gilt, dass diese **bedienbar** sein müssen. Nach der EN 301 549 bedeutet das insbesondere, dass es möglich sein muss, diese Funktionen allein über die Tastaturschnittstelle anzusteuern.[19] Das ist die Voraussetzung, damit sich die Webseite und ihre Funktionen mittels assistiver Geräte bedienen lässt und erstreckt sich beispielsweise auch auf Online-Formulare oder Zahlungsdialoge. **20**

Der Grundsatz der **Verständlichkeit** beinhaltet unter anderem, dass ein Korrekturmechanismus vorgesehen werden muss. Es muss den Nutzern möglich sein, **fehlerhafte Eingaben zu korrigieren**. Die EN 301 549 empfiehlt in diesem Zusammenhang eine automatische Fehlererkennung mit Korrekturvorschlag.[20] Für Webseiten, über die Verträge geschlossen oder Zahlungen abgewickelt werden, oder die Benutzerdaten ändern oder Testantworten übermitteln, gelten besondere Anforderungen. Bereits übersandte Eingaben („*submissions*") müssen rückgängig gemacht werden können, oder die Eingaben des Verbrauchers müssen auf Eingabefehler überprüft und eine Möglichkeit zur Korrektur eröffnet werden oder es muss ein Mechanismus zur Überprüfung und Bestätigung der Informationen vor dem Abschluss der Übermittlung bereitgestellt werden.[21] **21**

Robustheit im Kontext von Webinhalten bedeutet, diese müssen so gestaltet sein, dass sie von einer Vielzahl von Benutzeragenten, einschließlich assistierender Technologien, korrekt interpretiert werden können. Ziel ist es, die Kompatibilität mit aktuellen und zukünftigen Technologien zu maximieren.[22] **22**

IV. Barrierefreiheit von Identifizierungsmethoden, Authentifizierungsmethoden, elektronische Signaturen und Zahlungsdiensten (Nr. 3)

Soweit Unternehmen auf ihrer Webseite Identifizierungsmethoden, Authentifizierungsmethoden, elektronische Signaturen und Zahlungsdienste zur Verfügung stellen, müssen diese den allgemeinen Barrierefreiheitsanforderungen entsprechen, d. h. **23**

---

18 Vgl. § 1 WCAG 2.1.
19 Vgl. § 2 WCAG 2.1.
20 Vgl. § 3 WCAG 2.1.
21 EN 301 549 V. 3. 2. 1., 9.3.3 i. V. m. § 3.3.4 WCAG 2.1.
22 Vgl. § 4 WCAG 2.1.

wahrnehmbar, bedienbar, verständlich und robust gestaltet werden (→ hierzu bereits § 12 Rn. 28 ff. BFSGV und § 17 Rn. 9 ff. BFSGV).

24 Absatz 3 bezieht sich im Unterschied zu Absatz 2 nicht auf allgemeine Funktionen, die Bestandteil der digitalen Dienstleistung sind. Hinter den mit Absatz 3 erfassten Methoden, Signaturen und Zahlungsdiensten stehen in der Regel eigenständige Technologien oder externe Komponenten, die standardisiert oder reguliert sind.

25 **Identifizierungsmethoden** sind in § 2 Nr. 2 BFSGV definiert als jede Methode zum Erheben von Angaben zum Zweck der Identifizierung und zur Überprüfung dieser Angaben zum Zweck der Identifizierung. Es wird also die Richtigkeit der angegebenen persönlichen Daten überprüft. Beispiele sind das VideoIdent-Verfahren oder das PostIdent-Verfahren. (vgl. ausführlich unter → § 17 Rn. 4 BFSGV).

26 Im Rahmen der Erbringung von Bankdienstleistungen an Verbraucher sind **Authentifizierungsmethoden** definiert als Verfahren, mit deren Hilfe der Zahlungsdienstleister die Identität eines Zahlungsdienstnutzers oder die berechtigte Verwendung eines bestimmten Zahlungsinstruments, einschließlich der Verwendung der personalisierten Sicherheitsmerkmale des Nutzers, überprüfen kann.[23] Die vom Dienstleistungsempfänger eingegebenen Daten werden mit denen im System des Dienstleistungsanbieters gespeicherten Informationen verglichen. Stimmen die Daten überein, gilt die angegebene Identität als verifiziert, und der Zugriff auf das bestehende Benutzerkonto wird gewährt.[24] Ein Beispiel ist die Nutzung einer Zwei-Faktor-Authentifizierung (vgl. zu Bankdienstleistungen an Verbraucher unter → § 17 Rn. 5 BFSGV).

27 **Elektronische Signaturen** sind elektronisches Äquivalent zur Unterschrift. Die eIDAS-VO definiert den Begriff und regelt die Anforderungen an die verschiedenen Kategorien elektronischer Signaturen: **einfache, fortgeschrittene und qualifizierte elektronische Signatur**. Während der Namenszug unter einer E-Mail oder die Nutzung einer eingescannten Unterschrift bereits als einfache Signaturen gelten,[25] basieren die fortgeschrittene und die qualifizierte elektronische Signatur auf besonderen Verschlüsselungsverfahren.[26]

28 **Zahlungsdienste** meint Dienste gemäß § 1 Abs. 1 Satz 2 ZAG. Hierzu zählen das Ein- und Auszahlungsgeschäft, die Ausführung von Zahlungsvorgängen mit oder ohne Kreditgewährung, das Akquisitionsgeschäft, das Finanztransfergeschäft sowie Zahlungsauslösedienste und Kontoinformationsdienste (→ § 2 Rn. 36 BFSG).

---

23 § 1 Abs. 23 ZAG.

24 BR-Drs. 149/22, S. 29.

25 BAG, NJW 2020, 3476, BeckOK IT-Recht/*Lapp/Drews*, 17. Ed. 1.1.2024, VO (EU) 910/2014 Art. 3 Rn. 27.

26 MüKoBGB/*Einsele*, 10. Aufl. 2025, BGB § 126a Rn. 10.

§ 20 BFSGV
Anwendung von funktionalen Leistungskriterien

(1) Funktionen, die die Gestaltung und Herstellung von Produkten sowie die Erbringung von Dienstleistungen betreffen und für die keine Anforderungen in den §§ 4 bis 19 aufgestellt werden, gelten als barrierefrei, wenn sie die Anforderungen an die funktionalen Leistungskriterien und -fähigkeiten der Nutzer im Sinne des § 21 erfüllen.

(2) Soweit die in den §§ 4 bis 19 festgelegten Anforderungen eine spezifische technische Anforderung enthalten, dürfen die funktionalen Leistungskriterien nur dann als Alternative zu dieser technischen Anforderung zur Anwendung kommen, wenn

1. die übrigen Anforderungen in den §§ 4 bis 19 erfüllt werden und

2. die Anwendung der funktionalen Leistungskriterien dazu führt, dass die Gestaltung und Herstellung eines Produktes oder die Erbringung einer Dienstleistung in einer entsprechenden oder besseren Barrierefreiheit resultiert.

Gliederung: Rn.

A. Einführung

1 § 20 BFSGV regelt in Umsetzung von Anhang I Abschnitt VII Absatz 1 der Richtlinie 2019/882/EU die Anwendung funktionaler Leistungskriterien (vgl. § 21 BFSGV). Die Barrierefreiheit von Produkten und Dienstleistungen lässt sich mittels der funktionalen Leistungskriterien des § 21 BFSGV realisieren, wenn entweder keine spezifischen Barrierefreiheitsanforderungen nach Maßgabe der §§ 4–19 BFSGV einschlägig sind (§ 20 Abs. 1 BFSGV)[1] oder sie ausnahmsweise als Alternative zu einer spezifischen technischen Anforderung im Sinne der §§ 4–19 BFSGV herangezogen werden dürfen (§ 20 Abs. 2 BFSGV). Funktionale Leistungskriterien im Sinne des § 21 BFSGV besitzen daher partiell den Charakter eines **Auffangtatbestands**, daneben bieten sie in engem Maße eine **Alternative** zu den §§ 4–19 BFSGV.

1 *Jones*, DSRITB 2022, 487, 495; *Weihe/Kotulla/Butt*, VW 3/2025, 22.

B. Regelungsgehalt

I. Funktionale Leistungskriterien im Regelungssystem der BFSGV

2 Der Begriff der funktionale Leistungskriterien bezeichnet die grundlegenden Anforderungen an die Funktionsweise und Nutzung von Produkten und Dienstleistungen, die sicherstellen, dass diese für alle Benutzergruppen, einschließlich Menschen mit Behinderungen, in ihrer gesamten Funktionalität zugänglich und nutzbar sind. Der Begriff wird weder im BFSG noch in der Verordnung definiert. Der Begriff und der Umfang der funktionalen Leistungskriterien geht dabei auf die harmonisierte Norm EN 301 549 V3.2.1 zurück, die sich weitgehend derselben Regelungstechnik bedient.[2]

II. Anwendbarkeit funktionaler Leistungskriterien

1. Auffangtatbestand (Abs. 1)

3 Nach Maßgabe des § 20 Abs. 1 BFSGV gelten die Funktionen, die die Gestaltung und Herstellung von Produkten sowie die Erbringung von Dienstleistungen betreffen und für die keine Anforderungen in den §§ 4–19 BFSGV aufgestellt werden, als barrierefrei, wenn sie die Anforderungen an die funktionalen Leistungskriterien und -fähigkeiten der Nutzer im Sinne des § 21 BFSGV erfüllen. § 20 Abs. 1 BFSGV regelt daher die Anwendbarkeit funktionaler Leistungskriterien als Auffangtatbestand.

4 Funktionale Leistungskriterien entfalten ihre Bedeutung daher zum einen dann, wenn die §§ 4–19 BFSGV keine spezifischen Anforderungen für eine konkrete Funktion des Produkts enthalten. Bedeutung erlangt die Bestimmung daher insbesondere dort, wo die fortschreitende technische Entwicklung zur Etablierung von Funktionalitäten führt, für die der Verordnungsgeber noch keine spezifischen Anforderungen etablieren konnte.

2. Alternativtatbestand (Abs. 2)

5 § 20 Abs. 2 BFSGV regelt die Voraussetzungen, bei deren Vorliegen die funktionalen Leistungskriterien des § 21 BFSGV als Alternative zu einer spezifischen technischen Anordnung der §§ 4–19 BFSGV zur Anwendung kommen können. § 20 Abs. 2 BFSGV ermöglicht daher in engen Grenzen[3] den Rückgriff auf die funktionalen Leistungskriterien des § 21 BFSGV, um die Vorgaben der BFSGV zu realisieren.

6 Nach Maßgabe des § 20 Abs. 2 BFSGV wird der Rückgriff auf funktionale Leistungskriterien in Ansehung einer spezifischen technischen Anordnung ermöglicht, wenn die übrigen Anforderungen der §§ 4–19 BFSGV erfüllt werden (§ 20 Abs. 2 Nr. 1 BFSGV) und die Anwendung der funktionalen Leistungskriterien dazu führt, dass die Gestaltung und Herstellung eines Produktes oder die Erbringung einer Dienstleistung in einer entsprechenden oder besseren Barrierefreiheit resultiert (§ 20 Abs. 2 Nr. 2 BFSGV).

---

2 Vgl. EN 301 549 V3.2.1, 4.1 u. 4.2 („*functional performance requirements*“).

3 ErwG. 24 RL 2019/882/EU („unter ganz bestimmten Umständen“).

§ 20 Abs. 2 BFSGV ist darauf gerichtet, Wirtschaftsakteuren bei der Umsetzung der Anforderungen der Verordnung in engen Grenzen Flexibilität einzuräumen und dadurch letztlich bessere, der Barrierefreiheit im Einzelfall noch besser Rechnung tragende Lösungen zu ermöglichen. Dennoch bedarf es ausweislich des Wortlauts des § 20 Abs. 2 BFSGV, der eine solche Voraussetzung nicht kennt, **keines sachlichen Grundes** für den Rückgriff auf funktionale Leitungskriterien. Der Wirtschaftsakteur muss insbesondere nicht darlegen, dass der Rückgriff auf funktionale Leistungskriterien notwendig ist, weil sich eine spezifische technische Anforderung technisch nicht oder nur mit unzumutbarem Aufwand realisieren ließe. § 20 Abs. 2 BFSGV kennt damit keine ungeschriebene Voraussetzung für den Rückgriff auf funktionale Leistungskriterien. 7

a) Erfüllung der Barrierefreiheitsanforderungen im Übrigen (Nr. 1)

Damit funktionale Leistungskriterien nach § 21 BFSGV als Alternative zu einer spezifischen technischen Anordnung zur Anwendung kommen können, müssen nach § 20 Abs. 2 Nr. 1 BFSGV die spezifischen Barrierefreiheitsanforderungen der §§ 4–19 BFSGV im Übrigen erfüllt werden. Aus der Anordnung der Bestimmung folgt, dass funktionale Leistungskriterien stets nur einzelne technische Anforderungen überbrücken können, aber keinen allgemeiner Dispenstatbestand darstellen, mit dem flächendeckend und generell von den Vorgaben der §§ 4–19 BFSGV abgewichen werden kann.[4] 8

b) Erfüllung der Barrierefreiheitsanforderungen im Übrigen (Nr. 2)

Die Anwendung der funktionalen Leistungskriterien des § 21 BFSGV muss dazu führen, dass die Gestaltung und Herstellung eines Produktes oder die Erbringung einer Dienstleistung in einer entsprechenden oder besseren Barrierefreiheit resultiert. Entscheidend ist daher, ob die vom Hersteller gewählte Realisierung der Barrierefreiheit im Wege funktionaler Leistungskriterien die spezifische zu ersetzende technische Anforderung unterstützt oder sogar übertrifft. Maßgeblich ist stets der Stand der Technik (§ 3 BFSGV). 9

Inwieweit einzelne funktionale Leistungskriterien nach § 21 BFSGV konkrete Anforderungen der §§ 4–19 BFSGV unterstützen bzw. ersetzen können, regelt die harmonisierte Norm EN 301 549 V3.2.1 in Annex II und unterscheidet dabei zwischen funktionalen Leistungskriterien, die spezifische technische Anforderungen vollständig unterstützen, und solchen, die jedenfalls partiell unterstützend wirken können. Insoweit ist Herstellern und Dienstleistungserbringern anzuraten, sich an den in Annex II der EN 301 549 V3.2.1 festgehaltenen gegenseitigen Beziehungen zwischen funktionalen Leistungskriterien und konkreten technischen Anforderungen zu orientieren. Kann der Wirtschaftsakteur die Unterstützung einer spezifischen technischen Anforderung der §§ 4–19 BFSGV durch ein funktionales Leistungskriterium unter Verweis auf die in Annex II der EN 301 549 V3.2.1 niedergelegten Maßstäbe hinreichend plausibilisieren, so wird eine hohe Wahrscheinlichkeit bestehen, dass die 10

4 ErwG. 24 RL 2019/882/EU („keine generelle Alternative").

Marktüberwachungsbehörde der Argumentation des Wirtschaftsakteurs folgt und die technische Lösung als konform anerkennt.

§ 21 BFSGV Funktionale Leistungskriterien

(1) Wenn das Produkt oder die Dienstleistung visuelle Bedienungsformen bietet, muss

1. mindestens eine Bedienungsform vorhanden sein, die eine Nutzung bei fehlendem Sehvermögen ermöglicht,

2. mindestens eine Bedienungsform vorhanden sein, die eine Nutzung bei eingeschränktem Sehvermögen ermöglicht und

3. mindestens eine Bedienungsform vorhanden sein, die keine Farbunterscheidung erfordert.

(2) Wenn das Produkt oder die Dienstleistung auditive Bedienungsformen bietet, muss

1. mindestens eine Bedienungsform vorhanden sein, die kein Hörvermögen erfordert und

2. mindestens eine Bedienungsform mit erweiterten Audiofunktionen vorhanden sein, die die Nutzung bei eingeschränktem Hörvermögen ermöglicht.

(3) Wenn für das Produkt oder die Dienstleistung eine stimmliche Eingabe des Nutzers erforderlich ist, muss mindestens eine Bedienungsform vorhanden sein, die keine stimmliche Eingabe erfordert. Als stimmliche Eingabe gelten auch orale Laute wie Sprechen, Pfeifen oder Schnalzen.

(4) Wenn das Produkt oder die Dienstleistung manuell bedient werden muss, muss mindestens eine Bedienungsform vorhanden sein, die die Nutzung mithilfe anderer Bedienungsformen ermöglicht, welche keine feinmotorische Steuerung und Bedienung, Handmuskelkraft oder gleichzeitige Bedienung von mehr als einem Bedienelement erfordern.

(5) Die Bedienelemente des Produkts müssen sich in der Reichweite aller Nutzer befinden. Wenn das Produkt oder die Dienstleistung manuelle Bedienungsformen bietet, muss mindestens eine Bedienungsform vorhanden sein, die die Bedienung bei eingeschränkter Reichweite und Kraft ermöglicht.

(6) Wenn das Produkt visuelle Bedienungsformen bietet, sind fotosensitive Anfälle auslösende Bedienungsformen zu vermeiden.

(7) Das Produkt oder die Dienstleistung muss mit mindestens einer Bedienungsform ausgestattet sein, die Funktionen umfasst, die die Nutzung bei kognitiven Einschränkungen erleichtern und vereinfachen.

(8) Wenn das Produkt oder die Dienstleistung Funktionen umfasst, die der Barrierefreiheit dienen, muss mindestens eine Bedienungsform vorhanden

sein, mit der die Privatsphäre der Nutzer bei Verwendung dieser Barrierefreiheitsfunktionen gewahrt ist.

Gliederung: Rn.

A. Einführung

1 § 21 BFSGV regelt in Umsetzung von Anhang I Abschnitt VII der Richtlinie 2019/882/EU die Anforderungen an die funktionalen Leistungskriterien, deren Anwendbarkeit durch § 20 BFSGV festgelegt wird. Der Begriff der funktionale Leistungskriterien bezeichnet die grundlegenden Anforderungen an die Funktionsweise und Nutzung von Produkten und Dienstleistungen, die sicherstellen, dass diese für alle Benutzergruppen, einschließlich Menschen mit Behinderungen, in ihrer gesamten Funktionalität zugänglich und nutzbar sind. Der Begriff wird selbst weder im BFSG noch in der Verordnung definiert. Die Barrierefreiheit von Produkten und Dienstleistungen lässt sich mittels der funktionalen Leistungskriterien des § 21 BFSGV realisieren, wenn entweder keine spezifischen Barrierefreiheitsanforderungen nach Maßgabe der §§ 4–19 BFSGV einschlägig sind (§ 20 Abs. 1 BFSGV) oder sie ausnahmsweise als Alternative zu einer spezifischen technischen Anforderung im Sinne der §§ 4–19 BFSGV herangezogen werden dürfen (§ 20 Abs. 2 BFSGV). Funktionale Leistungskriterien im Sinne des § 21 BFSGV besitzen daher partiell den Charakter eines **Auffangtatbestands**, daneben bieten sie in engem Maße eine **Alternative** zu den §§ 4–19 BFSGV.

B. Regelungsgehalt

I. Alternativen zu visuellen Bedienungsformen (Abs. 1)

2 Nach § 21 Abs. 1 BFSGV müssen die betreffenden Dienstleistungen und Produkte bestimmte Anforderungen an visuellen Bedienungsformen erfüllen.

1. Alternativen zu visuellen Bedienungsformen (Nr. 1)

3 Wenn das Produkt oder die Dienstleistung visuelle Bedienungsformen bietet, muss nach Maßgabe des § 21 Abs. 1 Nr. 1 BFSGV mindestens eine Bedienungsform vorhanden sein, die eine Nutzung bei fehlendem Sehvermögen ermöglicht. Bei § 21 Abs. 1 Nr. 1 BFSGV handelt es sich systematisch um eine besondere Ausformung des **sog. Zwei-Sinne-Prinzips**, die Anhang I Abschnitt VII a) der Richtlinie 2019/882/EU umsetzt. Sie entspricht insoweit den Vorgaben der EN 301 549 V3.2.1.[1] Unter „visuellen Bedienungsformen" versteht man alle Interaktionsmöglichkeiten mit einem Produkt oder einer Dienstleistung, die auf visuelle Wahrnehmung angewiesen sind, wie etwa grafische Benutzeroberflächen (GUI), Bilder, Texte, Symbole oder visuelle Anzeigen. Diese Bedienungsformen setzen voraus, dass der Nutzer in der Lage ist, visuelle Informationen auf einem Bildschirm oder einer ähnlichen Anzeige wahrzunehmen, um die Anwendung zu bedienen. Eine Möglichkeit zur Umsetzung der Vorgaben des § 21 Abs. 1 BFSGV ist die Verwendung und **Integration von Audio-Feedback/Sprachausgabe**, die zum Gegenstand hat, dass alle visuellen Informationen durch sprachliche Ausgaben oder akustische Signale kommuniziert werden. Realisieren lassen sich die Vorgaben der Vorschrift auch durch taktile Interfaces, die es Nutzern ermöglichen, durch taktile Rückmeldungen (z. B. Vibrationen oder Braille-Darstellung) mit einem Gerät oder einer Dienstleistung zu interagieren. Ein Beispiel wäre ein Touchscreen, der durch haptisches Feedback die Berührung eines bestimmten Bereichs signalisiert.

2. Nutzung mit eingeschränktem Sehvermögen

4 Bietet das Produkt oder die Dienstleistung visuelle Bedienungsformen, so muss nach § 21 Abs. 1 Nr. 2 BFSGV mindestens eine Bedienungsform vorhanden sein, die eine Nutzung bei eingeschränktem Sehvermögen ermöglicht. Die Vorschrift, die Anhang I Abschnitt VII b) der Richtlinie 2019/882/EU umsetzt, entspricht dabei den Vorgaben der EN 301 549 V3.2.1.[2] Die Möglichkeit, die Anzeige von **Text oder Grafiken zu vergrößern**, erleichtert es Nutzern mit eingeschränktem Sehvermögen, Inhalte besser zu erkennen und zu lesen. Ebenfalls realisieren lassen sich die Vorgaben des § 21 Abs. 1 Nr. 2 BFSGV mithilfe einer **Reduzierung des erforderlichen Sichtfeldes** und anpassbarer Helligkeit und Kontrasten. Von einer Verwendung der nach § 21 Abs. 1 Nr. 1 BFSGV erforderlichen Textalternativen profitieren ebenfalls Nutzer mit eingeschränktem Sehvermögen.

3. Verwendung von Farbalternativen

5 Nach Maßgabe des § 21 Abs. 1 Nr. 3 BFSGV muss, wenn das Produkt oder die Dienstleistung visuelle Bedienungsformen bietet, mindestens eine Bedienungsform vorhanden sein, die keine Farbunterscheidung erfordert. § 21 Abs. 1 Nr. 3 BFSGV verlangt daher die Bereitstellung von Farbalternativen. Die Bestimmung setzt An-

1 EN 301 549 V3.2.1, 4.2.1 („Usage without vision").
2 EN 301 549 V3.2.1, 4.2.2 („Usage with limited vision").

hang I Abschnitt VII b) der Richtlinie 2019/882/EU in nationales Recht um und entspricht dabei den Vorgaben der EN 301 549 V3.2.1.[3]

II. Alternativen zu auditiven Bedienungsformen (Abs. 2)

Bietet ein Produkt oder eine Dienstleistung auditive Bedienungsformen, muss nach Maßgabe des § 21 Abs. 2 BFSGV mindestens eine Bedienungsform vorhanden sein, die kein Hörvermögen erfordert (Nr. 1), und mindestens eine Bedienungsform mit erweiterten Audiofunktionen vorhanden sein, die die Nutzung bei eingeschränktem Hörvermögen ermöglicht (Nr. 2). Bei der Vorschrift, die Anhang I Abschnitt VII d) e) der Richtlinie 2019/882/EU in nationales Recht umsetzt, handelt es sich systematisch um eine besondere Ausformung des **sog. Zwei-Sinne-Prinzips**. Die Vorschrift verlangt Alternativen zu auditiven Bedienungsformen. Auditive Bedienungsformen bezeichnen Interaktionsmethoden, bei denen Benutzer mit einem System über akustische Signale oder gesprochene Sprache kommunizieren, um Befehle zu erteilen, Informationen abzurufen oder Funktionen zu steuern. Diese Form der Bedienung setzt auf den Sinn des Hörens und umfasst Technologien wie Spracherkennung, Sprachsteuerung und akustische Feedbacksysteme. Auditive Bedienungsformen ermöglichen eine barrierefreie und häufig freihändige Steuerung von Geräten und Anwendungen, indem sie auf gesprochene Anweisungen oder Geräusche reagieren. 6

III. Alternativen zur stimmlichen Eingabe

Nach § 21 Abs. 3 Satz 1 BFSGV muss in Ansehung der betreffenden Produkte und Dienstleistungen mindestens eine Bedienungsform vorhanden sein, die keine stimmliche Eingabe erfordert, wenn für das Produkt oder die Dienstleistung eine stimmliche Eingabe des Nutzers erforderlich ist. Stimmliche Eingabe bezeichnet die Verwendung von Sprach- oder Stimmsignalen als Input-Methode in einem System, um Informationen zu übermitteln oder Befehle zu erteilen. Sie umfasst sowohl die mündliche Kommunikation, bei der gesprochene Worte oder Laute verwendet werden, als auch die technologischen Verfahren, die diese Eingabe verarbeiten, etwa durch Spracherkennungssoftware oder Sprachassistenten. Im weitesten Sinne geht es darum, Sprache als Interaktionsmittel zwischen einem Benutzer und einem System zu nutzen, wobei die sprachliche Eingabe in digitale Befehle oder Informationen umgewandelt wird. Als stimmliche Eingabe gelten dabei ausweislich § 21 Abs. 3 Satz 1 BFSGV auch orale Laute wie Sprechen, Pfeifen oder Schnalzen. Bei der Vorschrift, die Anhang I Abschnitt VII f) der Richtlinie 2019/882/EU in nationales Recht umsetzt, handelt es sich systematisch um eine besondere Ausformung des **sog. Zwei-Sinne-Prinzips**. Die Vorschrift verlangt Alternativen zur stimmlichen Eingabe. Wenn eine stimmliche Eingabe erforderlich ist, muss der Anbieter sicherstellen, dass es zumindest eine weitere, alternative Bedienungsmöglichkeit gibt, die auf andere Interaktionsformen zurückgreift. Hierzu zählen etwa **Tastatureingabe, Pen- oder Touch-Steuerung**. 7

3 EN 301 549 V3.2.1, 4.2.3 („Usage without perception of colour").

IV. Manuelle Bedienungsformen

8 Müssen Produkte oder Dienstleistungen manuell bedient werden, so muss ausweislich § 21 Abs. 4 BFSGV mindestens eine Bedienungsform vorhanden sein, die die Nutzung mithilfe anderer Bedienungsformen ermöglicht, die keine feinmotorische Steuerung und Bedienung, Handmuskelkraft oder gleichzeitige Bedienung von mehr als einem Bedienelement erfordern. Die Vorschrift setzt die Vorgaben des Anhang I Abschnitt VII g) der Richtlinie 2019/882/EU in nationales Recht um und entspricht insoweit den Vorgaben der harmonisierten Norm EN 301 549 V3.2.1 im Bereich der funktionalen Leistungskriterien.[4] Die Regelung des § 21 Abs. 4 BFSGV richtet sich primär an Nutzer mit eingeschränkter Feinmotorik und Handmuskelkraft und stellt sicher, dass auch diese Nutzergruppen in die Lage versetzt werden, die Bedienung der betreffenden Produkte und Dienstleistungen zu realisieren. Der Wirtschaftsakteur wird durch § 21 Abs. 4 BFSGV verpflichtet, bei manueller Bedienung Bedienungsformen zur Verfügung zu stellen, die keine feinmotorische Steuerung und Bedienung, Handmuskelkraft oder die gleichzeitige Bedienung von mehr als einem Bedienelement erfordern. Darunter fallen auch Interaktionen, die präzise Handbewegungen wie das Zusammenpressen der Finger (*pinching*) oder das Drehen des Handgelenks erfordern.[5] Touchscreen-Elemente könnten durch **größere Schaltflächen** oder eine **geringe Tastenempfindlichkeit so** gestaltet werden, dass sie auch mit einer begrenzten Handkraft problemlos aktiviert werden können. Weitere Möglichkeiten, um Konformität mit den Vorgaben des § 21 Abs. 4 BFSGV herzustellen, sind die Ermöglichung **einhändiger Steuerung**, die Verwendung **sequenzieller Tastatursteuerung** und die Einbettung von Sprachausgabe.[6]

V. Erreichbare Bedienelemente

9 Nach § 21 Abs. 5 Satz 1 BFSGV müssen sich die Bedienelemente des Produkts in der Reichweite aller Nutzer befinden. Wenn das Produkt oder die Dienstleistung manuelle Bedienungsformen bietet, muss mindestens eine Bedienungsform vorhanden sein, die die Bedienung bei eingeschränkter Reichweite und Kraft ermöglicht (§ 21 Abs. 5 Satz 2 BFSGV). Die Bestimmung setzt Anhang I Abschnitt VII h) der Richtlinie 2019/882/EU um. Ein zentrales Ziel der Regelung ist es, sicherzustellen, dass Bedienelemente in einer Position angebracht werden, die für alle Nutzergruppen zugänglich ist. Hierzu zählt insbesondere die Berücksichtigung von Menschen mit eingeschränkter Reichweite oder Kraft, wie etwa die auf einen Rollstuhl angewiesenen Nutzer oder Personen mit einer geringeren Körpergröße. Nach Maßgabe des § 21 Abs. 5 BFSGV müssen diese Nutzergruppen in die Lage versetzt werden, die Bedienelemente zu erreichen, ohne sich unangemessen strecken oder auf ungewöhnliche Körperhaltungen zurückgreifen zu müssen.

10 Für die Umsetzung dieser Anforderung gibt es konkrete Umsetzungsbeispiele: Ein freistehender Kiosk oder Informationspunkt sollte so gestaltet werden, dass sämt-

---

4 EN 301 549 V3.2.1, 4.2.7 („Usage with limited manipulation or strength").

5 EN 301 549 V3.2.1, 4.2.7.

6 EN 301 549 V3.2.1, 4.2.7.: One-handed operation, sequential key entry and speech user interfaces.

liche interaktiven Elemente wie Tasten, Touchscreens oder Auswahlfelder in einem **erreichbaren Bereich für Nutzer im Rollstuhl** oder für Menschen mit geringer Reichweite liegen. Hierbei kann es sinnvoll sein, die Bedienelemente in einem Bereich zu platzieren, der nicht nur für Rollstuhlfahrer, sondern auch für Menschen unterschiedlicher Körpergrößen zugänglich ist. Dies kann durch eine flexible Anordnung oder höhenverstellbare Bedienelemente erfolgen.

Des Weiteren müssen auch manuelle Bedienungsformen berücksichtigt werden. **11**
Sollte das Produkt oder die Dienstleistung manuelle Interaktionen ermöglichen, ist es erforderlich, dass mindestens eine Bedienungsform angeboten wird, die es Nutzern mit eingeschränkter Kraft oder Reichweite ermöglicht, die Funktionen zu bedienen. Ein Beispiel hierfür könnte ein Gerät sein, dessen Bedienung über eine besonders leichte, ergonomische Handhabung erfolgt, die auch für Personen mit eingeschränkter Kraft in den Händen oder Armen zugänglich ist.

VI. Vermeiden von fotosensitiven Anfällen

Bietet das betreffende Produkt visuelle Bedienungsformen, so sind nach § 21 Abs. 6 **12**
BFSGV fotosensitive Anfälle auslösende Bedienungsformen zu vermeiden. Die Vorschrift setzt Anhang I Abschnitt VII i) der Richtlinie 2019/882/EU um. Fotosensitive Anfälle sind epileptische Anfälle, die durch visuelle Reize ausgelöst werden, insbesondere durch schnelle, sich wiederholende Lichtblitze oder bestimmte visuelle Muster, die in bestimmten Frequenzen flimmern. Menschen, die an fotosensibler Epilepsie leiden, reagieren empfindlicher auf solche Reize, die bei normaler visueller Wahrnehmung keine negativen Auswirkungen nach sich ziehen. Diese visuellen Reize können dazu führen, dass die betroffene Person einen Anfall erleidet, der mit Muskelkrämpfen, Bewusstseinsverlust und anderen epileptischen Symptomen einhergeht.

Es existiert bereits eine Vielzahl technischer Mittel, die das Auftreten fotosensitiver **13**
Anfälle vermeiden können. Ein Ansatz ist die Begrenzung der Bildschirmflimmerfrequenz (sog. **Flimmerfrequenzkontrolle**). Ein häufiger Auslöser für fotosensitive Anfälle ist eine zu hohe Flimmerfrequenz (z. B. bei Bildschirmen mit unzureichender Bildwiederholrate). Um dies zu vermeiden, sollte die Bildschirmfrequenz auf ein Niveau (vor)eingestellt werden, das für Menschen mit fotosensibler Epilepsie unproblematisch ist. Eine gängige Empfehlung ist eine Frequenz von mindestens 60 Hz oder höher. Geräte können auch über *Adaptive Sync*-Technologie (wie G-Sync oder FreeSync) verfügen, um Flimmern zu minimieren. Ein weiterer Ansatzpunkt ist das **Design von Benutzeroberflächen**: So sollten Animationen, die schnelle Bewegungen oder plötzliche Helligkeitsänderungen umfassen, in der Gestaltung von Benutzeroberflächen vermieden oder optimiert werden. Eine (sehr) hohe Bildschirmhelligkeit kann ebenfalls als auslösender Faktor wirken. Durch **automatische Helligkeitsregelung** oder die Möglichkeit, die Helligkeit manuell zu verringern, kann das Risiko von fotosensitiven Anfällen reduziert werden. Weitere Maßnahmen, die für sich allein genommen jedoch nicht ausreichen werden, sind **Warn- und Sicherheitshinweise**.

Unter der EN 301 549 V3.2.1 wird das funktionale Leistungskriterium der Vermei- **14**
dung von fotosensitiven Anfällen unter anderem dadurch unterstützt, dass die be-

treffende visuelle Bedienungsform **weniger als drei zum Hervorrufen fotosensitiver Anfälle geeignete Lichtblitze pro Sekunde** enthält.[7] Es ist Wirtschaftsakteuren zu raten, sich jedenfalls bis zum Inkrafttreten einer überarbeiteten Version der EN 301 549 an diesen Vorgaben, zusätzlich zu den hier eingeführten Ansätzen, zu orientieren.

15 Die meisten modernen Universalcomputer haben inzwischen grundlegende Mechanismen zur Vermeidung von fotosensitiven Anfällen implementiert. Geräte wie iPhones, Android-Smartphones und Tablets nutzen in der Regel eine konstante Bildwiederholfrequenz von 60 Hz oder höher, verfügen über Adaptive Sync-Technologie und bieten in ihren Betriebssystemen auch Barrierefreiheitsfunktionen wie die Möglichkeit zur Deaktivierung von Animationen, was dazu beiträgt, flimmernde oder kontrastreiche visuelle Effekte zu vermeiden. Bei E-Book-Lesegeräten, insbesondere solche von großen Herstellern wie Amazon Kindle oder Kobo, stellt sich die Problematik regelmäßig nicht, da sie auf E-Ink-Technologie basieren, die keine Hintergrundbeleuchtung, sondern statische Bilddarstellung verwendet, und daher über keine flimmernden Displays verfügen.

VII. Bedienungsform für Nutzung bei kognitiven Einschränkungen

16 Das Produkt oder die Dienstleistung muss nach § 21 Abs. 7 BFSGV mit mindestens einer Bedienungsform ausgestattet sein, die Funktionen umfasst, die die Nutzung bei kognitiven Einschränkungen erleichtern und vereinfachen. Die Regelungsziele des § 21 Abs. 7 BFSGV kann durch verschiedene Designmerkmale erreicht werden, die den Zugang und die Nutzung für Personen mit kognitiven Einschränkungen optimieren.

17 Ein typisches Beispiel ist die **Bereitstellung anpassbarer Zeitrahmen** („adjustable timings"), die es den Nutzern ermöglichen, die Dauer bestimmter Interaktionen oder Prozesse an ihre individuellen Bedürfnisse anzupassen. Dies hilft insbesondere Menschen, die in ihrer Reaktionsgeschwindigkeit eingeschränkt sind, den Prozess in ihrem eigenen Tempo zu durchlaufen.

18 Ein weiteres Beispiel ist die Anzeige von Fehlermeldungen und Vorschlägen zur Fehlerkorrektur („error indication and suggestion"). Fehler können für viele Nutzer mit kognitiven Einschränkungen frustrierend sein, daher ist es wichtig, klare Hinweise zu geben, die sowohl den Fehler benennen als auch Lösungen oder Korrekturvorschläge anbieten.

19 Der „logische Fokus" („logical focus order") ist ein weiteres wichtiges Designmerkmal. Es sorgt dafür, dass der Fokus beim Navigieren durch eine Anwendung oder ein Produkt in einer nachvollziehbaren und intuitiven Reihenfolge gesetzt wird, sodass die Nutzer nicht unnötig verwirrt werden und ihre Aufgaben effizient erledigen können.

20 Darüber hinaus kann auch die Bereitstellung einer Audioausgabe des Textes eine Unterstützung für Personen mit eingeschränkten Lesefähigkeiten darstellen. Diese

7 EN 301 549 V3.2.1, 10.2.3.1. u. 11.2.3.1 i. V. m. Annex B.1.

Funktion ermöglicht es den Nutzern, den Text ohne visuelle Wahrnehmung zu erfassen, was insbesondere für Menschen mit Leseschwierigkeiten oder visuellen Einschränkungen von Vorteil ist.

Für Menschen mit eingeschränkten Schreibfähigkeiten bieten Funktionen wie Rechtschreibhilfe und Wortvorhersage („spelling aid and word prediction") eine wesentliche Unterstützung. Diese Hilfsmittel erleichtern das Verfassen von Texten und reduzieren die Wahrscheinlichkeit von Fehlern. **21**

Zusätzlich kann die Interaktion mit Inhalten vereinfacht werden, indem Aufgaben in kleinere, leichter verständliche Schritte unterteilt werden. Dies ermöglicht es den Nutzern, den Ablauf besser zu verfolgen und Fehler zu vermeiden. **22**

VIII. Schutz der Privatsphäre bei Nutzung der Barrierefreiheitsfunktionen

Nach § 21 Abs. 8 BFSGV muss mindestens eine Bedienungsform vorhanden sein, mit der die Privatsphäre der Nutzer bei Verwendung der Barrierefreiheitsfunktionen des Produkts oder der Dienstleistung gewahrt ist, wenn das Produkt oder die Dienstleistung Funktionen umfasst, die der Barrierefreiheit dienen. Die Regelung des § 21 Abs. 8 BFSGV bezieht sich auf Funktionalitäten von Produkten und Dienstleistungen, die dem Nutzer eine barrierefreie Interaktion mit dem Gerät oder der Anwendung ermöglichen (Beispiele: Sprachsteuerung). Dabei entsteht eine Vielzahl von persönlichen oder sensiblen Daten, die während der Nutzung dieser Funktionen verarbeitet werden. So werden bei Sprachsteuerung oder Sprachausgabe ggf. Aufzeichnungen vorgenommen, die potenziell sehr sensible Informationen über den Nutzer enthalten, z. B. private Gespräche, persönliche Vorlieben oder andere vertrauliche Informationen. Hier sollte sichergestellt werden, dass diese Sprachdaten nicht ohne ausdrückliche Zustimmung gespeichert, weitergegeben oder verarbeitet werden, zweitens soweit möglich auf dem Gerät verarbeitet werden und drittens keine unnötige Speicherung oder Weitergabe dieser Daten erfolgt, wo dies zur Gewährleistung der Funktionalität des Produkts oder der zur Erbringung der Dienstleistung genutzten Anwendung nicht erforderlich ist. **23**

Unter der EN 301 549 V3.2.1 wird das funktionale Leistungskriterium des Schutzes der Privatsphäre bei der Nutzung von Barrierefreiheitsfunktionen unter anderem dadurch unterstützt, dass dort, wo auditive Informationsübermittlung bereitgestellt wird, die sensible Daten enthält, die auditive Informationsübermittlung über einen Ausgabemechanismus realisiert wird, der die Privatsphäre gewährleistet und auch ohne Sehvermögen genutzt werden kann.[8] Es ist Wirtschaftsakteuren zu raten, sich jedenfalls bis zum Inkrafttreten einer überarbeiteten Version der EN 301 549 an diesen Vorgaben, zusätzlich zu den hier eingeführten Ansätzen, zu orientieren. So sollte bei einem Bankautomaten die Sprachausgabe auf eine Weise ermöglicht werden, welche verhindert, dass die Daten des sehbeeinträchtigten Nutzers von umstehenden Personen wahrgenommen werden können, zum Beispiel mittels Kopfhörer.[9] **24**

8 EN 301 549 V3.2.1, 5.1.3.9. i. V. m. Annex B.1.
9 BR-Drs. 149/22, S. 30.

§ 22 BFSGV
Inkrafttreten

Diese Verordnung tritt am 28. Juni 2025 in Kraft.

Gliederung: Rn.

A. Einführung

1 Die Vorschrift des § 22 BFSGV regelt das Inkrafttreten der Verordnung und setzt Art. 31 der RL 2019/882/EU um.[1]

B. Regelungsgehalt

2 Ihre Maßstabswirkung für die Einhaltung der Barrierefreiheitsanforderungen für die erfassten Produkt- und Dienstleistungskategorien (vgl. § 3 Abs. 2 BFSG) (→ § 3 BFSG Rn. 17) entfaltet die BFSGV ab dem 28.06.2025. Die Vorschrift darf nicht dahingehend missverstanden werden, dass sie den Übergangsbestimmungen des § 38 BFSG zuwiderläuft oder den Anwendungsbereich des BFSG konturiert. Regelungsgegenstand ist allein, wann die Vorschriften der Verordnung über den Verweisungstatbestand in § 3 Abs. 2 BFSG den maßgeblichen Bezugspunkt für die Einhaltung der Barrierefreiheitsanforderungen bilden.

1 BR-Drs. 149/22, S. 30.

Medienstaatsvertrag (MStV)

§ 99a MStV
Barrierefreiheitsanforderungen, grundlegende Veränderungen und unverhältnismäßige Belastungen

(1) Anbieter von Diensten, die den Zugang zu audiovisuellen Mediendiensten ermöglichen, gewährleisten den barrierefreien Zugang, gestalten die Auswahl der Angebote barrierefrei aus und unterstützen die barrierefreie Nutzung, sofern es sie nicht nach Maßgabe des Anhanges VI der Richtlinie (EU) 2019/882 des Europäischen Parlaments und des Rates vom 17. April 2019 über die Barrierefreiheitsanforderungen für Produkte und Dienstleistungen (ABl. L 151 vom 7.6.2019, S. 70) unverhältnismäßig belastet oder es keine wesentliche Änderung des Dienstes, der den Zugang zu audiovisuellen Mediendiensten ermöglicht, erfordert, die zu einer grundlegenden Veränderung seiner Wesensmerkmale führt. Die Gewährleistung der Barrierefreiheit gemäß Satz 1 umfasst die Anforderungen gemäß Anhang I Abschnitt III sowie Abschnitt IV Buchst. b der Richtlinie (EU) 2019/882. Das Berufen auf eine unverhältnismäßige Belastung ist ausgeschlossen, wenn Anbieter nichteigene öffentliche oder private Mittel zur Verbesserung der Barrierefreiheit erhalten.

(2) Anbieter von Diensten, die den Zugang zu audiovisuellen Mediendiensten ermöglichen, nehmen eine Beurteilung vor, ob die Einhaltung der Barrierefreiheitsanforderungen nach Absatz 1 eine grundlegende Veränderung mit sich bringt oder zu einer unverhältnismäßigen Belastung führen würde.

(3) Anbieter von Diensten, die den Zugang zu audiovisuellen Mediendiensten ermöglichen, dokumentieren die Beurteilung nach Absatz 2 und bewahren alle einschlägigen Ergebnisse für einen Zeitraum von fünf Jahren nach der letzten Erbringung des jeweiligen Dienstes, der den Zugang zu audiovisuellen Mediendiensten ermöglicht, auf. Sie übermitteln der zuständigen Landesmedienanstalt auf Verlangen eine Kopie der Beurteilung nach Absatz 2.

(4) Anbieter von Diensten, die den Zugang zu audiovisuellen Mediendiensten ermöglichen, die sich auf eine unverhältnismäßige Belastung berufen, nehmen die Beurteilung nach Absatz 2 erneut vor, wenn der Dienst verändert wird oder sie von der zuständigen Landesmedienanstalt dazu aufgefordert werden, mindestens aber alle fünf Jahre.

(5) Die Absätze 1 bis 4 finden auf Kleinstunternehmen gemäß Artikel 3 Nr. 23 der Richtlinie (EU) 2019/882 keine Anwendung.

Gliederung: Rn.

A. Einführung

1 Die §§ 99a ff. MStV nehmen im Recht der Barrierefreiheitsstärkung eine – verfassungsrechtlich bedingte – Sonderstellung ein. Wie aus der vorliegenden Kommentierung ersichtlich, hat der Bundesgesetzgeber die RL 2019/882 insgesamt im BFSG und der auf ihrer Grundlage ergangenen BFSGV umgesetzt. Mit einer einzigen Ausnahme: Für Dienste, die den Zugang zu audiovisuellen Mediendiensten ermöglichen (Art. 2 Abs. 2 lit. b) RL 2019/882), fehlt dem deutschen Bundesgesetzgeber indes die Gesetzgebungskompetenz. Es handelt sich daher um die einzige Dienstekategorie, für die weder BFSG noch BFSGV Anwendung finden. Die Umsetzung der RL 2019/882 erfolgt daher im Medienstaatsvertrag, weil nur die Länder gemäß Art. 70 Abs. 1 GG Gesetzgebungskompetenz über die Medienzugangsdienste haben.[1]

2 Die Vorschriften sind mit Zweiten Medienänderungsstaatsvertrag eingeführt worden, der vom 14.–27.12.2021 von den Regierungschefinnen und -chefs der Länder unterzeichnet worden ist.[2]

3 Eine vollkommen trennscharfe Abgrenzung zwischen MStV einerseits und BFSG andererseits liegt dabei aber nicht vor.[3] Das liegt daran, dass alle Verbraucherendgeräte, die für den Zugang zu audiovisuellen Mediendiensten verwendet werden, als „Produkte“ vollständig den Regelungen des BFSG und der BFSGV unterfallen (§ 1 Abs. 2 Nr. 4 BFSG, siehe unter § 1 BFSG Rn. 39). Das Produktrecht gehört zur konkurrierenden Gesetzgebungszuständigkeit des Bundes gemäß Art. 74 Abs. 1 Nr. 11 GG (Recht der Wirtschaft) und nicht zum landesgesetzlichen Medienrecht. Medienrelevante Regelungen finden sich daher auch in den Bundesvorschriften.

4 Das bundesstaatlich bedingte Auseinanderfallen der Gesetzgebungskompetenzen birgt die Gefahr divergierender Vorschriften und eines divergierenden Vollzugs.

5 Die Besorgnis divergierender Vorschriften im deutschen Recht erweist sich dabei angesichts der vorliegenden Vorschriften als unbegründet. Dankenswerterweise haben sich sowohl der Bundes- als auch die Landesgesetzgeber zu einer „Eins-zu-Eins“-Umsetzung der RL 2019/882 entschlossen.[4] Die Vorschriften des BFSG und des MStV entsprechen somit den Vorgaben der Richtlinie und korrespondieren untereinander. Insoweit die Vorschriften des MStV denjenigen des BFSG entsprechen, wird daher im Folgenden auf diese verwiesen. Der MStV bedient sich dabei teils lediglich einer anderen Regelungstechnik, indem an vielen Stellen direkt auf die jeweiligen Vorschriften der RL 2019/882 verwiesen wird, ohne diese (wie BFSG und BFSGV) in den Text aufzunehmen.

---

1 BT-Drs. 19/28653, S. 2.
2 Begründung zum Zweiten Medienänderungsstaatsvertrag, S. 1.
3 *Fuerst*, in: Binder/Vesting, Beck'scher Kommentar zum Rundfunkrecht, 5. Auflage 2024, § 99a Rn. 29.
4 Explizit: BT-Drs. 19/28653, S. 41.

Es bleibt die Gefahr eines divergierenden Vollzugs der Anforderungen an die Barrierefreiheit. Zuständig für den Vollzug ist in den §§ 99a ff. MStV durchgängig die „zuständige Landesmedienanstalt". Das ist gem. § 106 Abs. 1 MStV für bundesweit ausgerichtete Angebote die Landesmedienanstalt des Landes, in dem der Anbieter des Medienzugangsdienstes seinen Sitz hat. Damit ergeben sich zwei Divergenzen zum Vollzug des BFSG. Zum einen sind für den Vollzug des BFSG und des MStV unterschiedliche Behörden zuständig. Zum anderen haben die Länder für den Vollzug des MStV bisher keine einheitliche bundesweit zuständige Behörde vorgesehen. Für das BFSG haben die Länder die Einrichtung einer gemeinsamen Marktüberwachungsstelle beschlossen, die im Geschäftsbereich des Ministeriums für Arbeit, Soziales, Gesundheit und Gleichstellung des Landes Sachsen-Anhalt mit Sitz in Magdeburg errichtet werden soll (siehe unter § 20 BFSG Rn. 4). Beides ließe sich ändern: Zum einen könnten die Länder jedenfalls eine zentrale Zuständigkeit einer Landesmedienanstalt für den Vollzug der §§ 99a ff. MStV schaffen, jedenfalls aber ein im Innenverhältnis der Anstalten inhaltlich zuständige zentrale Kommission nach dem Vorbild der Kommission für Zulassung und Aufsicht (ZAK) oder der Kommission für Jugendmedienschutz (KJM). Gleichwohl könnten die Länder auch beschließen bzw. im MStV regeln, dass die für das BFSG geschaffene gemeinsame Marktüberwachungsstelle für den Vollzug der §§ 99a ff. MStV zuständig ist, schließlich liegt insoweit sowohl der Vollzug des Bundes- als auch des Landesrechts bei den Ländern. **6**

Eine solche Zuweisung der Vollzugszuständigkeit an die gemeinsame Marktüberwachungsstelle wäre vorzugswürdig. Sie würde eine einheitliche Anwendung, Fachkunde und einen einheitlichen Rechtsweg sicherstellen. Die Zuständigkeit der jeweiligen Landesmedienanstalt mag für die Anbieter von Medienzugangsdiensten (zum Begriff siehe unter Rn. 9 ff.) insoweit vorteilhaft erscheinen, als sie mit den ihnen bereits bekannten Behörden in Kontakt treten müssen. Die Nachteile einer solchen verteilten Zuständigkeit überwiegen aber: So müssen an unterschiedlichen Stellen Kompetenzen für Fragen der Barrierefreiheit aufgebaut werden, was ineffizient ist. Zudem dürften viele Unternehmen unterschiedliche Dienste anbieten (namentlich Telekommunikationsdienste und Medienzugangsdienste). Solche Unternehmen müssen dann in Deutschland unterschiedliche Marktüberwachungsbehörden adressieren. Das führt zu unnötigem und leicht vermeidbarem bürokratischem Aufwand. 7

Für den MStV bedeuten die neuen Vorschriften eine fundamentale Neuerung. Zuvor enthielt der MStV (im Hinblick auf die Verbreitung) lediglich einen Appell im nunmehr aufgehobenen § 21, Anbieter von Telemedien sollten im Rahmen der technischen und ihrer finanziellen Möglichkeiten den barrierefreien Zugang zu Fernsehprogrammen und fernsehähnlichen Telemedien unterstützen. **8**

B. Regelungsgehalt

I. Anwendungsbereich (§ 2 Abs. 2 Nr. 31 MStV)

9 Die Barrierefreiheitsvorschriften der §§ 99a ff. MStV verpflichten entsprechend den Richtlinienvorgaben ausschließlich Medienzugangsdienste. Einen Dienst, der den Zugang zu audiovisuellen Mediendiensten ermöglicht, definiert § 2 Abs. 2 Nr. 31 MStV als

10 „ein Telemedium, das genutzt wird, um Fernsehprogramme und fernsehähnliche Telemedien sowie alle bereitgestellten Funktionen, die auf die Umsetzung von Maßnahmen zurückgehen, die getroffen werden, um diese Angebote nach den §§ 7 und 76 zugänglich zu machen, zu ermitteln, auszuwählen, Informationen darüber zu erhalten und diese Angebote anzusehen; einschließlich elektronischer Programmführer".

11 Wie die RL 2019/882 verpflichtet der MStV insoweit also ausschließlich die Medienplattformen, über die die Zuschauer Fernsehprogramme und fernsehähnliche Telemedien empfangen bzw. abrufen. Die Medienanbieter selbst unterfallen den Regeln selbst nicht und für sie gelten weiterhin keine strengen gesetzlichen Vorgaben für die Bereitstellung barrierefreier Angebote (siehe dazu unter Rn. 24 f.).

12 Diese Begriffsbestimmung gibt die Begriffsbestimmung aus Art. 2 Nr. 6 RL 2019/882 nicht wörtlich wieder, was im Rahmen einer „Eins-zu-Eins"-Umsetzung, wie sie die Landesgesetzgeber geplant haben, zu erwarten gewesen wäre. Die Gesetzesbegründung hält insoweit fest, im Vergleich zur Richtlinie sei der Wortlaut an die Terminologie des MStV angepasst worden.[5] Daraus folgt, dass keine Abweichung zur Richtlinie gewollt ist. Die Begriffsbestimmung aus Art. 2 Nr. 6 RL 2019/882 kann also zur Auslegung herangezogen werden. Dies definiert die Dienste als solche,

13 „die genutzt werden, um audiovisuelle Mediendienste zu ermitteln, auszuwählen, Informationen darüber zu erhalten und diese Dienste anzusehen, sowie alle bereitgestellten Funktionen – wie beispielsweise Untertitel für Gehörlose und Schwerhörige, Audiodeskription, gesprochene Untertitel und Gebärdensprachdolmetschung –, die auf die Umsetzung von Maßnahmen zurückgehen, die getroffen werden, um diese Dienste gemäß Artikel 7 der Richtlinie 2010/13/EU zugänglich zu machen; und umfasst auch elektronische Programmführer (EPG)".

14 Der Bezug auf die Richtlinie ist hilfreich, weil die dortige Begriffsbestimmung deutlich verständlicher formuliert ist. Die Begriffsbestimmung zählt zum einen Beispiele für Funktionen auf, die Mediendiensteanbieter umgesetzt haben um ihre Dienste (gem. Artikel 7 der AVMD-Richtlinie) für Hörgeschädigte und Sehbehinderte zugänglich zu machen. Zum anderen ist der Satz deutlich verständlicher formuliert, weil sich in der deutschen Begriffsdefinition leicht überlesen lässt, dass nach „um diese Angebote nach den §§ 7 und 76 zugänglich zu machen" eine Paranthese endet. Der Satz müsste wie folgt interpunktiert sein:

15 „ein Telemedium, das genutzt wird, um Fernsehprogramme und fernsehähnliche Telemedien sowie alle bereitgestellten Funktionen – die auf die Umsetzung von Maß-

5 Begründung zum Zweiten Medienänderungsstaatsvertrag, S. 4.

nahmen zurückgehen, die getroffen werden, um diese Angebote nach den §§ 7 und 76 zugänglich zu machen – zu ermitteln, auszuwählen, Informationen darüber zu erhalten und diese Angebote anzusehen; einschließlich elektronischer Programmführer".

Beispiele solcher Dienste sind ausweislich Erwägungsgrund Nr. 31 der RL 2019/882, die den Zugang zu audiovisuellen Mediendiensten ermöglichen können, „Websites, Online-Anwendungen, auf Set-top-Boxen basierende Anwendungen, herunterladbare Anwendungen, auf Mobilgeräten angebotene Dienstleistungen einschließlich mobiler Anwendungen und entsprechende Media-Player sowie auf einer Internetverbindung basierende Fernsehdienste". **16**

Damit werden von den Vorgaben alle Telemedien erfasst, die zur Ermittlung, Auswahl, Informierung über und Rezeption von Fernsehprogrammen, fernsehähnlichen Telemedien und deren Barrierefreiheitsfunktion genutzt werden.[6] **17**

II. Barrierefreiheitsanforderungen

Im Hinblick auf die materiellen Barrierefreiheitsanforderungen verweist § 99a Abs. 2 Satz 1 MStV auf Anhang I Abschnitt III sowie Abschnitt IV Buchst. b der RL 2019/882. **18**

Mit diesen Verweisen verpflichtet der MStV zunächst alle Medienzugangsdienste auf die Einhaltung der allgemeinen Barrierefreiheitsanforderungen, die für alle Dienstleistungen gelten, die unter die Richtlinie fallen. Dabei handelt es sich um die vier zentralen Pflichten aller Dienstleistungserbringer, (i) zur Erbringung der Dienstleistung Produkte zu verwenden, die ihrerseits den Barrierefreiheitsanforderungen entsprechen, (ii) barrierefreie Informationen über die Funktionsweise der Dienstleistung und die verwendeten Produkte bereitzustellen sowie (iii) Webseiten und mobile Apps und (iv) Unterstützungsdienste barrierefrei auszugestalten. Diese Pflichten sind für alle anderen Dienstleistungen in § 12 BFSGV umgesetzt; insofern wird auf die dortige Kommentierung verwiesen (§ 12 BFSGV Rn. 2 ff.). **19**

Die besonderen Anforderungen an die Medienzugangsdienste sind zweierlei: **20**

Zum einen sind sie gem. Anhang I Abschnitt IV Buchst. b i) der RL 2019/882 zur Bereitstellung elektronischer Programmführer (EPG) verpflichtet, die wahrnehmbar, bedienbar, verständlich und robust sind und Informationen über die Verfügbarkeit von Barrierefreiheit bereitstellen. **21**

Zum zweiten sind sie gem. Anhang I Abschnitt IV Buchst. b i) der RL 2019/882 verpflichtet zu gewährleisten, dass die Barrierefreiheitskomponenten (Zugangsdienste) der audiovisuellen Mediendienste, wie Untertitel für Gehörlose und Schwerhörige, Audiodeskription, gesprochene Untertitel und Gebärdensprachdolmetschung, vollständig, in für eine korrekte Anzeige angemessener Qualität und audio- und videosynchronisiert gesendet werden und dem Nutzer ermöglichen, ihre Anzeige und Verwendung selbst zu regeln. **22**

---

6 *Mast*, in: Binder/Vesting, Beck'scher Kommentar zum Rundfunkrecht, 5. Auflage 2024, § 2 Rn. 190.

23 Die zentralen Pflichten der Anbieter von Medienzugangsdiensten knüpfen somit an die Barrierefreiheitsfunktionen der Medienanbieter selbst an, sind somit in diesem Sinne akzessorisch. Die Zugangsplattformen müssen sicherstellen, dass diejenigen Funktionen, die die Fernsehveranstalter und die Anbieter von Telemedien von sich aus anbieten, auch tatsächlich vollständig funktionieren. Die Medienleistungen für Menschen mit Behinderungen sollen also nicht wegen mangelnder (technischer) Abrufbarkeit wirkungslos bleiben.

24 Auch nach der Richtlinie und dem MStV bleibt es somit aber im Hinblick auf das Angebot von barrierefreien audiovisuellen Medieninhalten beim Status Quo, weil den Medienanbietern selbst keine zusätzlichen Pflichten aufgegeben werden. Für die Fernsehveranstalter und die rundfunkähnlichen Telemedien bleibt es bei den Verpflichtungen nach §§ 7 und 76 MStV. Danach sollen die öffentlichen-rechtlichen Rundfunkanstalten „über ihr bereits bestehendes Engagement hinaus im Rahmen der technischen und ihrer finanziellen Möglichkeiten barrierefreie Angebote aufnehmen und den Umfang solcher Angebote stetig und schrittweise ausweiten, wobei den Belangen von Menschen mit unterschiedlichen Behinderungen Rechnung zu tragen ist" (§ 7 Abs. 1 MStV).

25 Für die privaten Veranstalter gilt ausschließlich § 7 Abs. 2 MStV: Danach sind private und öffentlich-rechtliche Veranstalter verpflichtet, Aktionspläne zu erstellen, die an die Landesmedienanstalten und anschließen an die Europäische Kommission übermittelt werden. Durch diese Verpflichtung zum Erstellen von Aktionsplänen und dem damit verbundenen Monitoring der Aufsichtsbehörden, stehen die Fernsehsender unter einer faktischen Erwartungshaltung, ihr barrierefreies Angebot auszuweiten. Rechtlich gesehen bleiben solche Angebote aber (im privaten Rundfunk) freiwillig.

III. Ausnahmen bei unverhältnismäßiger Belastung oder grundlegenden Veränderungen

26 § 99a MStV dient zugleich der Umsetzung Artikel 14 der RL 2019/882/EU. Danach sind die Barrierefreiheitsanforderungen nur dann einzuhalten, wenn die Anbieter hierdurch nicht unverhältnismäßig belastet werden oder es keine wesentlichen Änderungen des Dienstes, der Zugang zu audiovisuellen Mediendiensten ermöglicht, erfordert.

27 Die Vorschrift ist hinsichtlich der Ausnahme bei grundlegenden Veränderungen inhaltsgleich mit § 16 Abs. 1 Satz 1 BFSG. Es wird daher auf die entsprechende Kommentierung verwiesen (siehe dort unter § 16 BFSG Rn. 14 ff.).

28 Die Vorschrift ist hinsichtlich der Ausnahme bei unverhältnismäßiger Belastung inhaltsgleich mit § 17 Abs. 1 Satz 1 BFSG. Es wird daher auf die entsprechende Kommentierung verwiesen (siehe dort unter § 17 BFSG Rn. 3 ff.). Im Hinblick auf die Kriterien, die für die Bestimmung einer unverhältnismäßiger Belastung maßgeblich sind, verweist, § 99a MStV direkt auf Anhang VI der RL 2019/882/EU, der somit nicht in den Text des MStV aufgenommen wird (anders als im BFSG, dass den Anhang der Richtlinie in Anlage 4 aufnimmt). Inhaltliche Änderungen ergeben sich dadurch nicht.

§ 99a Satz 3 MStV schließt das Berufen auf eine unverhältnismäßige Belastung aus, wenn Anbieter nichteigene öffentliche oder private Mittel zur Verbesserung der Barrierefreiheit erhalten haben. Die Vorschrift entspricht § 17 Abs. 4 BFSG (siehe unter § 17 BFSG Rn. 23). **29**

§ 99a Abs. 2 MStV entspricht § 16 Abs. 1 Satz 2 BFSG bzw. § 17 Abs. 1 Satz 2 BFSG (siehe unter § 16 BFSG Rn. 29 und unter § 17 BFSG Rn. 16). **30**

§ 99a Abs. 3 Satz 1 MStV entspricht § 16 Abs. 2 Satz 1 BFSG bzw. § 17 Abs. 2 Satz 1 BFSG (siehe unter § 16 BFSG Rn. 31 und unter § 17 BFSG Rn. 17). **31**

§ 99a Abs. 3 Satz 2 MStV verpflichtet den Diensteanbieter dazu, die gem. § 99a Abs. 3 Satz 1 MStV erstellte Dokumentation an die zuständige Landesmedienanstalt (siehe unter Rn. 6) zu übermitteln, wenn sie dies verlangt. Abgesehen von der abweichenden behördlichen Zuständigkeit entspricht dies § 16 Abs. 2 Satz 2 BFSG bzw. § 17 Abs. 2 Satz 4 BFSG (siehe unter § 16 BFSG Rn. 33 und unter § 17 BFSG Rn. 19). **32**

§ 99a Abs. 4 MStV entspricht § 17 Abs. 3 BFSG (siehe unter § 17 BFSG Rn. 21 f.). **33**

IV. Ausnahmen für Kleinstunternehmen

§ 99a Abs. 5 MStV dient der Umsetzung von Art. 4 Abs. 5 der RL 2019/882/EU und nimmt Kleinstunternehmen im Sinne von Art. 3 Nr. 23 der RL 2019/882 von den Verpflichtungen des § 99a Abs. 1–4 MStV aus. Die Vorschrift entspricht § 3 Abs. 3 Satz 1 BFSG (siehe unter § 3 BFSG Rn. 19 ff.). **34**

Mit § 99a Abs. 5 MStV haben die Landesgesetzgeber die Vorgaben der Richtlinie für Kleinstunternehmen, die Dienstleistungen erbringen, umgesetzt. **35**

Dennoch wird die Vorschrift dafür kritisiert, lediglich eine starre Ausnahmeregelung zu schaffen, anstatt auch Kleinstunternehmen im Anwendungsbereich dazu anzuhalten, „Barrierefreiheit bei der Entwicklung und Bereitstellung mitzudenken“.[7] **36**

Tatsächlich ist der Bundesgesetzgeber hier einen Schritt weitergegangen und hat zum einen in § 3 Abs. 3 Satz 2 BFSG vorgesehen, dass das Bundesministerium für Arbeit und Soziales Leitlinien erstellt, die Kleinstunternehmen die Anwendung dieses Gesetzes erleichtert und zudem das Beratungsangebot für Kleinstunternehmen bei der Bundesfachstelle Barrierefreiheit auf Dienstleister erstreckt, die freiwillig Barrierefreiheitsanforderungen erfüllen (siehe unter § 15 BFSG Rn. 8 ff.). *Fuerst* ist darin zuzustimmen, dass eine Erstreckung des Beratungsangebots der Bundesfachstelle Barrierefreiheit auch auf Dienste, die den Zugang zu audiovisuellen Mediendiensten ermöglichen, grundsätzlich wünschenswert erscheint. Mangels gesetzlicher Zuständigkeit ist allerdings fraglich, ob die Bundesfachstelle hierfür Haushaltsmittel einsetzen darf. Angesichts ihrer grundsätzlichen Zuständigkeit für die Anbieter und die Durchsetzung der §§ 99a ff. MStV und ihrer fachlichen Kompetenz erscheint daher naheliegender, dass die Landesmedienanstalten ein eigenes Beratungsangebot (ggf. nach dem Vorbild der Bundesfachstelle) entwickeln. Kleinstunternehmen, die **37**

7 *Fuerst*, in: Binder/Vesting, Beck'scher Kommentar zum Rundfunkrecht, 5. Auflage 2024, § 99a Rn. 29.

per Definition weniger als zehn Personen beschäftigen, dürften allerdings im Kreise der Anbieter von Medienzugangsdiensten ohnehin äußerst selten sein.

§ 99b MStV
Konformitätsvermutung, Mitteilungspflichten

(1) Bei Diensten, die den Zugang zu audiovisuellen Mediendiensten ermöglichen, wird vermutet, dass sie den Barrierefreienanforderungen nach § 99a Abs. 1 sowie den von den Landesmedienanstalten nach § 99e Abs. 1 erlassenen Satzungen und Richtlinien entsprechen, wenn sie

1. harmonisierten Normen oder Teilen davon entsprechen, deren Fundstellen im Amtsblatt der Europäischen Union veröffentlicht worden sind, oder

2. den technischen Spezifikationen im Sinne von Artikel 15 Abs. 3 der Richtlinie (EU) 2019/882 oder Teilen davon entsprechen.

(2) Bei Nichtkonformität ergreifen die Anbieter die erforderlichen Korrekturmaßnahmen, um die Konformität der Dienste, die den Zugang zu audiovisuellen Mediendiensten ermöglichen, mit den geltenden Barrierefreiheitsanforderungen herzustellen. Wenn diese den geltenden Barrierefreiheitsanforderungen nicht genügen, unterrichten die Anbieter unverzüglich die zuständige Landesmedienanstalt und die zuständigen Behörden der Mitgliedstaaten der Europäischen Union, in denen der Dienst erbracht wird, darüber. Dabei machen sie ausführliche Angaben, insbesondere über die Nichtkonformität und die ergriffenen Korrekturmaßnahmen.

(3) Berufen sich Anbieter von Diensten, die den Zugang zu audiovisuellen Mediendiensten ermöglichen, auf eine unverhältnismäßige Belastung oder eine grundlegende Veränderung im Sinne des § 99a Abs. 1 Satz 1, übermitteln sie Informationen hierzu an die für die Überprüfung der Konformität der Dienstleistung zuständigen Behörden des Mitgliedstaats, in dem der betreffende Dienst erbracht wird.

(4) Anbieter von Diensten, die den Zugang zu audiovisuellen Medien ermöglichen, erteilen der zuständigen Landesmedienanstalt auf deren Verlangen alle Auskünfte, die erforderlich sind, um die Konformität dieser Dienste mit den Barrierefreiheitsanforderungen nachzuweisen.

1 § 99b Abs. 1 Nr. 1 MStV entspricht § 4 BFSG (siehe unter § 4 BFSG Rn. 11 ff.).

2 § 99b Abs. 1 Nr. 2 MStV entspricht § 5 BFSG (siehe unter § 5 BFSG Rn. 3 ff.).

3 § 99b Abs. 2 MStV entspricht – abgesehen von der abweichenden behördlichen Zuständigkeit – § 14 Abs. 4 BFSG (siehe unter § 14 BFSG Rn. 53 f.).

4 § 99b Abs. 3 MStV entspricht § 16 Abs. 3 BFSG bzw. § 17 Abs. 5 BFSG (siehe unter § 16 BFSG Rn. 34 und unter § 17 BFSG Rn. 24).

§ 99b Abs. 4 MStV entspricht – abgesehen von der abweichenden behördlichen Zuständigkeit – § 14 Abs. 5 Satz 1 BFSG (siehe unter § 14 BFSG Rn. 55 ff.). Anders als das BFSG fordert der MStV aber kein „begründetes" Verlangen der Behörden. Man wird daraus schließen müssen, dass den Landesmedienanstalten auch anlasslose Anfragen (im Sinne einer stichprobenhaften Überprüfung) gestattet sind. Solche Anfragen müssen sich aber im Rahmen der Verhältnismäßigkeit bewegen. **5**

§ 99c MStV
Informationspflichten

(1) Anbieter von Diensten, die den Zugang zu audiovisuellen Mediendiensten ermöglichen, haben in barrierefreier Form für die Allgemeinheit in ihren Allgemeinen Geschäftsbedingungen oder auf andere deutlich wahrnehmbare Weise anzugeben, wie sie die Barrierefreiheitsanforderungen nach § 99a Abs. 1 erfüllen.

(2) Die Angaben enthalten eine allgemeine Beschreibung dieser Dienste, eine Beschreibung und Erläuterung, die zur Nutzung dieser Dienste erforderlich sind, sowie die Angabe der zuständigen Landesmedienanstalt. Die Anbieter bewahren die Informationen so lange auf, wie sie diese Dienste anbieten.

§ 99c Abs. 1 MStV entspricht § 14 Abs. 1 Nr. 2 BFSG (siehe unter § 14 BFSG Rn. 45 ff.). **1**

§ 99c Abs. 2 Satz 1 MStV entspricht – abgesehen von der abweichenden behördlichen Zuständigkeit – Anlage 3 Nr. 1 zum BFSG (siehe unter § 14 BFSG Rn. 27 ff.). **2**

§ 99c Abs. 2 Satz 2 MStV entspricht § 14 Abs. 2 BFSG (siehe unter § 14 BFSG Rn. 45 ff.). **3**

§ 99d MStV
Verbraucherschutz

(1) Ein Verbraucher, der einen Dienst, der den Zugang zu audiovisuellen Mediendiensten ermöglicht, wegen einer Verletzung der Anforderungen aus den §§ 99a und 99c nicht oder nur eingeschränkt nutzen kann, kann bei der zuständigen Landesmedienanstalt beantragen, Maßnahmen zu ergreifen, um die Einhaltung der §§ 99a und 99c sicherzustellen. Die Landesmedienanstalt entscheidet durch Bescheid.

(2) Der Verbraucher hat das Recht, gegen einen solchen Bescheid oder ein Unterlassen Rechtsbehelfe nach der Verwaltungsgerichtsordnung einzulegen.

(3) Der Verbraucher kann einen nach § 15 Abs. 3 des Behindertengleichstellungsgesetzes anerkannten Verband oder eine qualifizierte Einrichtung im

Sinne des § 3 Abs. 1 Satz 1 Nr. 1 des Unterlassungsklagengesetzes beauftragen, in seinem Namen oder an seiner Stelle die Landesmedienanstalten anzurufen oder einen Rechtsbehelf einzulegen.

1 § 99d Abs. 1 Satz 1 MStV entspricht § 32 Abs. 1 Satz 1 BFSG (siehe unter § 32 BFSG Rn. 7 ff.).

2 § 99d Abs. 1 Satz 2 MStV entspricht § 32 Abs. 3 BFSG (siehe unter § 32 BFSG Rn. 29 f.). Die Landesmedienanstalten erhalten also (wie auch bezüglich ihrer sonstigen Aufsichtsaufgaben) Verwaltungsaktbefugnis. Die Gesetzesbegründung verweist darauf, dass sich Maßnahmen, die die Landesmedienanstalten bei einem Verstoß gegen die Pflichten ergreifen aus § 109 MStV ergeben. Insofern ändert sich hinsichtlich der Durchsetzung der Anforderungen an die Barrierefreiheit nichts an der Handlungsweise der Landesmedienanstalten.

3 § 99d Abs. 2 MStV eröffnet dem Verbraucher (letztlich deklaratorisch) die Rechtsmittel der Verwaltungsgerichtsordnung. Er kann somit insbesondere mit einer Verpflichtungsklage gemäß § 42 Abs. 1 Alt. 2 VwGO den Erlass von Maßnahmen gegenüber einem Anbieter von Diensten durchsetzen.[1]

4 § 114 MStV erklärt (auf der Grundlage der Ermächtigung aus Art. 99 Var. 2 GG) den gesamten Medienstaatsvertrag zu reversiblem Recht im Sinne von § 137 VwGO und ermöglicht damit die Revision zum Bundesverwaltungsgericht. Damit ist also gewährleistet, dass für die Auslegung sowohl des BFSG also auch der §§ 99a ff. MStV in letzter (nationaler) Instanz das Bundesverwaltungsgericht zuständig ist, wodurch eine einheitliche Anwendung der gleichlautenden Vorschriften sichergestellt werden kann.

5 § 99d Abs. 3 MStV entspricht § 32 Abs. 1 Satz 2 BFSG (siehe unter § 32 BFSG Rn. 11).

§ 99e MStV
Satzungen und Richtlinien, Berichtspflichten

(1) Die Landesmedienanstalten können übereinstimmende Satzungen oder Richtlinien zur Durchführung oder Umsetzung delegierter Rechtsakte der Europäischen Kommission, die auf Grund der Richtlinie (EU) 2019/882 ergehen, erlassen.

(2) Zur Berichterstattung nach Artikel 33 Abs. 2 und 3 der Richtlinie (EU) 2019/882 übermitteln die Landesmedienanstalten den nach § 111a zuständigen Behörden rechtzeitig alle notwendigen Informationen und Unterlagen.

---

1 *Fuerst*, in: Binder/Vesting, Beck'scher Kommentar zum Rundfunkrecht, 5. Auflage 2024, § 99d Rn. 5.

§ 99e Abs. 1 gibt den Landesmedienanstalten eine eigenständige Befugnis zum Erlass von Satzungen oder Richtlinien im Hinblick auf delegierte Rechtsakte der Europäischen Kommission. Die Vorschrift entspricht § 3 Abs. 2 Satz 2 BFSG (siehe unter § 3 BFSG Rn. 17). Eine umfassende Satzungsbefugnis im Umfang der Verordnungsbefugnis aus § 3 BFSG haben die Landesgesetzgeber demgegenüber nicht vorgesehen. Durch die Verweistechnik des MStV, der hinsichtlich der materiellen Anforderungen im Einzelne auf die RL 2019/882 verweist, war ein weiteres untergesetzliches Regelwerk wie die BFSGV zur Umsetzung der Richtlinie auch nicht erforderlich. Da aktuell noch keine delegierten Rechtsakte vorliegen, mussten die Landesmedienanstalten von ihrer Satzungsbefugnis auch noch keinen Gebrauch machen. **1**

§ 99e Abs. 2 dient der Vorbereitung von Berichten Deutschlands an die Europäische Kommission gemäß Art. 33 Abs. 3 RL 2019/882 und setzt somit Art. 33 Abs. 2 und Abs. 3 RL 2019/882 um. Zuständig für diese Berichterstattung ist die zentrale Stelle, die die Länder gemäß § 111a MStV bestimmt haben. Diese Koordinierungsaufgabe obliegt aktuell der Staatskanzlei Rheinland-Pfalz.[1] **2**

§ 121a MStV
Übergangsbestimmung für Dienste, die den Zugang zu audiovisuellen Mediendiensten ermöglichen

(1) Die §§ 99a bis 99d gelten für Dienste, die den Zugang zu audiovisuellen Mediendiensten ermöglichen, wenn diese Dienste für den Verbraucher nach dem 27. Juni 2025 angeboten oder erbracht werden.

(2) Anbieter von Diensten, die den Zugang zu audiovisuellen Mediendiensten ermöglichen, können bis zum 27. Juni 2030 diese Dienste weiterhin unter Einsatz von Produkten erbringen, die bereits vor dem 28. Juni 2025 zur Erbringung dieser oder ähnlicher Dienste rechtmäßig eingesetzt wurden. Vor dem 28. Juni 2025 geschlossene Verträge über solche Dienste dürfen bis zu ihrem Ablauf, allerdings nicht länger als fünf Jahre ab diesem Datum, unverändert fortbestehen.

Gliederung: Rn.

1 *Schuler-Harms*, in: Binder/Vesting, Beck'scher Kommentar zum Rundfunkrecht, 5. Auflage 2024, § 111a Rn. 14.

A. Einführung

1 Die Vorschrift dient der Umsetzung von Art. 31. Abs. 2 und Art. 32 Abs. 1 RL 2019/882/EU.

2 Zur Umsetzung der Richtlinie im Anwendungsbereich des Medienstaatsvertrags (siehe § 99a Rn. 1 ff.) und zu den Übergangsvorschriften allgemein (siehe § 38 BFSG Rn. 1 ff.) wird auf die entsprechende vorstehende Kommentierung verwiesen.

B. Regelungsgehalt

3 § 121a Abs. 1 MStV enthält entgegen seiner Überschrift keine Übergangsbestimmung, sondern regelt lediglich das Inkrafttreten der Vorschriften über die Barrierefreiheit aus §§ 99a ff. MStV. Die Vorschrift setzt somit Art. 31 Abs. 2 RL 2019/882/EU um, nach dem die von den Mitgliedstaaten zu erlassenden Vorschriften ab dem 28.6.2025 Anwendung finden müssen.[2]

4 In der Literatur wird die Auffassung vertreten, § 121a Abs. 1 MStV betreffe lediglich Dienste, die neu auf den Markt kommen.[3] Das ist unzutreffend. Weder die RL 2019/882/EU noch der MStV enthalten eine solche Differenzierung zwischen Bestandsdiensten und neu auf den Markt kommenden Diensten. Richtig ist vielmehr, dass gemäß § 121a Abs. 1 MStV die Vorschriften über die Barrierefreiheit aus §§ 99a ff. MStV für alle Dienstleistungserbringer und alle erfassten Dienstleistungen, vorbehaltlich der nachfolgenden Übergangsbestimmungen (siehe dazu ausführlicher unter § 38 BFSG Rn. 10 ff.).

5 § 121a Abs. 2 Satz 1 MStV entspricht § 38 Abs. 1 Satz 1 BFSG (siehe dort unter Rn. 7 ff.).

6 § 121a Abs. 2 Satz 2 MStV entspricht § 38 Abs. 1 Satz 2 BFSG (siehe dort unter Rn. 32 ff.).

---

2 Unvollständig insoweit die Begründung zum Zweiten Medienänderungsstaatsvertrag, die lediglich Art. 32 RL 2019/882/EU erwähnt.

3 *Fuerst*, in: Binder/Vesting, Beck'scher Kommentar zum Rundfunkrecht, 5. Auflage 2024, § 121a MStV Rn. 2.

Literaturverzeichnis

Ackermann, Tobias/Golling, Manuel	Entwurf einer neuen Produktsicherheits-Verordnung – Worauf sich Hersteller zukünftig einstellen müssen, ZfPC 2022, 67–72.
Bader, Johann/Ronellenfitsch, Michael	Beck'scher Online-Kommentar, BeckOK, VwVfG, Kommentar, 66. Edition, Stand: 1.1.2025.
Bauer, Matthias	Das Recht des technischen Produkts, Wiesbaden 2018.
Billing, Tom/Bremenkamp, Fernanda	Barrierefreiheit im E-Commerce – Was müssen Betreiber eines Online-Shops zukünftig für ihren Webauftritt beachten?, ZVertriebsR 2025, 9–15.
Binder, Reinhart/Vesting, Thomas	Beck'scher Kommentar zum Rundfunkrecht, 5. Auflage, München 2024.
Denga, Michael	Konformitätsbewertung von KI-Systemen, ZfPC 2023, 154–159.
Dittrich, Tilmann/Heinelt, Christian	Compliance-Pflichten für Hersteller nach dem Cyber Resilience Act, RDi 2023, 309–316.
Ehring, Philipp/Taeger, Jürgen (Hrsg.)	Produkthaftungs- und Produktsicherungsrecht, Kommentar, 1. Auflage, Baden-Baden 2022.
Engelhardt, Hanns/Schlatmann, Arne	Verwaltungs-Vollstreckungsgesetz, Verwaltungszustellungsgesetz, Kommentar, 13. Auflage, München, 2025.
Erbs, Georg/Kohlhaas, Max (Begr.)	Strafrechtliche Nebengesetze, Band I, 255. EL, München 2025.
Fluck, Jürgen/Sechting, Silke	Öffentlich-rechtliches Verbraucherschutz- und Produktsicherheitsrecht, DVBl 2004, 1392–1406.
Foerste, Ulrich/ von Westphalen, Friedrich	Produkthaftungshandbuch, 4. Auflage, München 2024.
Franke, Lucia	Digitale Barrierefreiheit von Produkten und Dienstleistungen, ZfPC 2024, 21–27.
Gauger, Dörte	Produktsicherheit und staatliche Verantwortung, Berlin 2015.
Gauger, Dörte/Hartmannsberger, Roland	Rechtliche Anforderungen an Verbraucherprodukte – Pflichten, Risiken, Praxisprobleme, NJW 2014, 1137–1142.

Geiß, Joachim/Moritz, Dirk/ Felz, Sebastian	Neue Akteure und neue Befugnisse im Recht der Produktsicherheit und der Marktüberwachung – Fulfilment-Dienstleister, Reverse Engineering und Mystery Shopping sowie die Verbotsmöglichkeit unsicherer Produkte, NVwZ 2022, 299–303.
Geiß, Joachim/Doll, Wolfgang	Geräte- und Produktsicherheitsgesetz (GPSG), Kommentar, Stuttgart 2005.
Georg, Corinna	Product Compliance im Vereinigten Königreich nach dem Brexit – neue Vorschriften im alten Gewand, ZfPC 2022, 18–22.
Gesmann-Nuissl, Dagmar	Rechtsprechungsreport Innovations- und Technikrecht, InTeR 2016, 95–108.
Gesmann-Nuissl, Dagmar	Rechtsprechungsreport „Innovations- und Technikrecht“, InTeR 2020, 154–183.
Gesmann-Nuissl, Dagmar	Urteilsanmerkung zu EuGH, Urt. v. 5.3.2024 – C-588/21 P, ZfPC 2024, 123–129.
Giesberts, Ludger/Gayger, Michael	Sichere Produkte ohne technische Normen Anforderungen an neuartige Produkte wie autonome Systeme, NVwZ 2019, 1491–1495.
Grabitz, Eberhard/Hilf, Meinhard/Martin Nettesheim	Das Recht der Europäischen Union, 83. Ergänzungslieferung, Juli 2024.
Grünvogel, Thomas/Dörrenbächer, Felix	Smartere Anforderungen an smarte Hausgeräte? – Der Maßstab für die Produktbeobachtungspflicht bei vernetzten Hausgeräten im Wandel, ZVertriebsR 2019, 87–92.
Hagena, Gerd/Freeman, Rod/ Volz, Fabian	Die behördliche Meldung unsicherer Verbraucherprodukte nach dem neuen Geräte- und Produktsicherheitsgesetz und ihre europäische Dimension, BB 2005, 2591–2595.
Hamm, Christoph	Beck'sches Rechtsanwalts-Handbuch, 12. Auflage, München, 2022.
Handorn, Boris	Die „Pflegebetten“-Entscheidung des Bundesgerichtshofs – neue Leitlinien zur Kostentragung bei Produktrückrufen, MPR 2009, 37–43.
Handorn, Boris	Die geplante Revision des europäischen Produkthaftungsrechts (auch) für Medizinprodukte, MPR 2023, 16–24.
Hartmann, Christoph/Klindt, Thomas	Kritisches zum Kommissions-Entwurf für eine Produktsicherheits-VO, ZfPC 2022, 73–77.

Hartmannsberger, Roland/ Herzig, Andreas	Wettbewerbsrechtliche Folgen von Verstößen gegen formale Produktanforderungen, GRUR-RR 2016, 433–439.
Heckmann, Dirk/Paschke, Anne (Hrsg.)	Cyber Resilience Act: CRA, 1. Auflage, Kommentar, München 2025.
Held, Simeon/Jaguttis, Malte/ Rupp, Roman	Bauproduktenverordnung, Kommentar, München 2019.
Hoeren, Thomas/Ernstschneider, Thomas	Das neue Geräte- und Produktsicherheitsgesetz und seine Anwendung auf die IT-Branche, MMR 2004, 507–513.
Hollinger, Friedrich/Schade, Thomas	Mess- und Eichgesetz – Mess- und Eichverordnung, Kommentar, München 2015.
Jones, Christopher	Anforderungen an die Barrierefreiheit für Dienstleistungen im elektronischen Geschäftsverkehr, DSRITB 2022, 487–500.
Jones, Christopher	Anforderungen an die Barrierefreiheit von Apps und Websites Öffentlicher Stellen, DSRITB 2021, 417–430.
Kalisz, Sven	Barrierefreiheit von Bankprodukten und -dienstleistungen, Oder warum Kreditinstitute zukünftig auch besser als Gesetzgeber formulieren können müssen, BKR 2023, 292–301.
Kapoor, Arun (Hrsg.)	Produkthaftungsgesetz, Kommentar, 1. Auflage, München 2023.
Kapoor, Arun	Urteilsanmerkung zu EuGH, Urt. v. 5.3.2024 – C-588/21 P, NJW 2024, 1325, EuZW 2024, 509–515.
Kapoor, Arun/Asbrand, Dominik	Die neue Produkthaftungsrichtlinie auf der Zielgeraden: ein Ausblick auf die kommenden Änderungen im Produkthaftungsrecht, PHi 2024, 82–89.
Kapoor, Arun/Klindt, Thomas	„New Legislative Framework" im EU-Produktsicherheitsrecht – Neue Marktüberwachung in Europa?, EuZW 2008, 649–655.
Kapoor, Arun/Klindt, Thomas	Die Reform des Akkreditierungswesens im Europäischen Produktsicherheitsrecht, EuZW 2009, 134–138.
Kapoor, Arun/Klindt, Thomas	Das neue deutsche Produktsicherheitsgesetz (ProdSG), NVwZ 2012, 719–724.
Kapoor, Arun/Klindt, Thomas	Das Barrierefreiheitsstärkungsgesetz – Anforderungen an Webseiten und mobile Anwendungen, NJW 2024, 3545–3550.

Kapoor, Arun/Sedlmeier, Felix Verschärfung der Produkthaftung in Europa – eine Zäsur für die Automobilindustrie?, RAW 2023, 8–15.

Karpenstein, Ulrich Gefährdet der EuGH den New Approach?, EuZW 2017, 321–322.

Katzenmaier, Christian/Voigt, Tobias ProdHaftG, Kommentar, 7. Auflage, Berlin 2020.

Klindt, Thomas (Hrsg.) Geräte- und Produktsicherheitsgesetz (GPSG), Kommentar, 2. Auflage, München 2007.

Klindt, Thomas (Hrsg.) Produktsicherheitsgesetz, Kommentar, 3. Auflage, München 2021.

Klindt, Thomas Änderung der Produktsicherheitsrichtlinie in Vorbereitung, ZRP 2000, 419–423.

Klindt, Thomas Das neue Geräte- und Produktsicherheitsgesetz, NJW 2004, 465–471.

Klindt, Thomas Der „new approach" im Produktrecht des europäischen Binnenmarkts: Vermutungswirkung technischer Normung, EuZW 2002, 133–136.

Klindt, Thomas Harmonized Technical Standards at ECJ: Beware of Collapse, EuZW 2023, 701–703.

Klindt, Thomas Herausforderungen der Marktüberwachung im Produktsicherheitsrecht, InTeR 2021, 3–5.

Klindt, Thomas EU-Produktsicherheitsrecht – Verantwortliche für Produktkonformität. Für eine Rückbesinnung der Marktüberwachung auf den primärverantwortlichen Hersteller, ZRP 2023, 108–111.

Klindt, Thomas Produktrückrufe und deren Kostenerstattung nach der Pflegebetten-Entscheidung des BGH, BB 2009, 792–795.

Klindt, Thomas/Piovano, Christian Fristfragen in der produktsicherheitsrechtlichen Notifikationspflicht, NVwZ 2021, 1016–1020.

Klindt, Thomas/Wende, Susanne Urteilsanmerkung zu EuGH, Urt. v. 27.10.2016 – C-613/14, BeckRS 2016, 82557, EuZW 2017, 63–67.

Krings, Martin/Schmieke, Arne Online-Marktplätze im DSA, GRUR-Prax 2024, 665–667.

Kuntz, Helmut/Rost, Stefan EU-Konformität für elektrotechnische und elektronische Produkte

Leitfaden für Hersteller, Importeure und Händler, 1. Auflage, München 2020.

Kossens, Michael/von der Heide, Dirk/Maaß, Michael	SGB IX mit BGG, Rehabilitation und Teilhabe, Menschen mit Behinderungen, mit Behindertengleichstellungsgesetz; Kommentar, 5. Auflage, München 2023.
Lach, Sebastian/Polly, Sebastian	Das neue Produktsicherheitsgesetz – was Wirtschaftsakteure beachten sollten, BB 2012, 71–74.
Lenz, Tobias (Hrsg.)	Produkthaftung, 2. Auflage, München 2022.
Littbarski, Sigurd	Das neue Geräte- und Produktsicherheitsgesetz: Grundzüge und Auswirkungen auf die Haftungslandschaft, VersR 2005, 448–458.
Loerzer, Michael/ Schucht, Carsten	Die „Malamud"-Entscheidung des EuGH – eine Analyse aus juristischer und technischer Perspektive, ZfPC 2024, 142–149.
Lommatzsch, Jutta/Albrecht, Rolf	Barrierefreiheitsstärkungsgesetz – Produkte und Dienstleistungen spätestens in 2025 neu denken, GWR 2022, 355–358.
Lüftenegger, Klaus	Rückrufpflicht des Herstellers, Diss., Berlin 2018.
Mahnken, Volker	Fehlende oder fehlerhafte CE-Kennzeichnung als Sachmangel?, NZBau 2024, 540–545.
Martini, Mario/Wendehorst, Christiane (Hrsg.)	KI-VO, Kommentar, 1. Auflage, München 2024.
Mayrhofer, Ann-Kristin	Produktsicherheit und Produkthaftung – zwei Seiten einer Medaille mit unterschiedlichen Gravuren, RDi 2024, 492–501.
Moelle, Henning	Zur Umsetzung der Hersteller- und Kennzeichnungspflichten nach der neuen Produktsicherheitsrichtlinie in Deutschland und in anderen EU-Mitgliedstaaten, StoffR 2004, 176–186.
Molitoris, Michael/Klindt, Thomas	Aktuelle Entwicklungen im Produktsicherheits- und Produkthaftungsrecht, NJW 2017, 1582–1586.
Moritz, Dirk/Geiß, Joachim	Produktsicherheitsgesetz, Berlin 2012.
Müller-Terpitz, Ralf/Köhler, Markus	Digital Services Act, Gesetz über digitale Dienste, Kommentar, 1. Auflage, München, 2024.
Neumann, Andreas	Die neue europäische Produktsicherheitsverordnung, BB 2024, 2882–2887.
Niebling, Jürgen	Gewährleistung und Produkthaftung bei fehlender CE-Kennzeichnung, DB 1996, 80–81.
Niebling, Jürgen	Die CE-Kennzeichnung, Stuttgart 2010.

Niermeier, Florian „Gewährleistung“ bei Rückrufen nach der neuen EU-Produktsicherheits-VO, NJW 2024, 1463–1468.

Nusser, Jens/Fehse, Marthe-Louise (Hrsg.) Das neue Ökodesign-Recht, Kommentar, 1. Auflage, Baden-Baden 2025.

Öttinger, Michael/Schucht, Carsten BB-Rechtsprechungsreport zum Produktrecht 2022 – Teil 1, BB 2023, 899–905.

Pelz, Christian/Brian, Ilka Beck'scher Online-Kommentar zum Geldwäschegesetz; 21. Edition, Stand 01.03.2025.

Piovano, Christian Der Hersteller im europäischen Produktsicherheitsrecht, Diss., Frankfurt am Main 2020.

Piovano, Christian/Hess, Christian Das neue europäische Produkthaftungsrecht, ProdhaftRL, Baden-Baden 2024.

Posser, Herbert/Wolff, Heinrich Amadeus/Decker, Andreas Beck'scher Online-Kommentar, BeckOK, VwGO, Kommentar, 72. Edition, Stand: 1.1.25.

Puender, Hermann Zertifizierung und Akkreditierung – private Qualitätskontrolle unter staatlicher Gewährleistungsverantwortung, ZHR 170, 567–598.

Raue, Benjamin Haftung für unsichere Software, NJW 2017, 1841–1846.

Rehmann, Wolfgang/Wagner, Susanne (Hrsg.) MP-VO, Kommentar, 4. Auflage, München 2023.

Reusch, Philipp Mobile Updates – Updatability, Update-Pflicht und produkthaftungsrechtlicher Rahmen, BB 2019, 904–909.

Reusch, Philipp/ Kipker, Dennis-Kenji Beck'scher Online-Kommentar Produktrecht, Kommentar, 2. Edition, Stand: 1.2.25.

Ruttloff, Marc/Wagner, Eric/ Misztl, Marius Das neue Barrierefreiheitsstärkungsgesetz: ein Überblick – und wen es betrifft, ESG 2023, 325–330.

Schilbach, Dan Update zur Medizinprodukteverordnung – Einführung einer gesetzlichen Produkthaftung für den „bevollmächtigten Vertreter“?, MPR 2016, 82–89.

Schöttle, Hendrik Der Cyber Resilience Act: Zeitliche Aspekte, Meldepflichten, Akteure und Sanktionen – Definition und die Aufgabe von Open Source Software-Stewards, MMR 2024, 834–838.

Schucht, Carsten Produktsicherheitsrecht 2016 – Neue Anforderungen an den Warenvertrieb als Compliance-Herausforderung, CCZ 2016, 126–131.

Schucht, Carsten	Produktsicherheit durch Kennzeichnung, DÖV 2018, 431–440.
Schucht, Carsten	Produktsicherheit durch Information, NVwZ 2017, 434–439.
Schucht, Carsten	Produktkombinationen („combined equipment") als Gegenstand des Produktrechts: Begriffsbestimmung, Herausforderungen und Lösungen, PHi 2019, 20–33.
Schucht, Carsten	Produkte als Gegenstand von Änderungen und wesentlichen Veränderungen, StoffR 2015, 191–198.
Schucht, Carsten	Produktvertrieb im Online-Handel unter der neuen EU-Marktüberwachungsverordnung, NJW 2021, 2392–2397.
Schucht, Carsten	Kooperation zwischen Wirtschaftsakteuren und Marktüberwachungsbehörden – auch ein Compliance-Instrument im Produktsicherheits- und Technikrecht, BB 2015, 654–659.
Schucht, Carsten	Gebrauchsanleitungen im Spiegel von Gesetz, Normung, Leitlinien und Rechtsprechung, NJW 2016, 3681–3686.
Schucht, Carsten	Die behördliche Meldepflicht für gefährliche Verbraucherprodukte – ein Leitfaden für die betriebliche Praxis, BB 2013, 905–908.
Schucht, Carsten	Die neue EU-Marktüberwachungsverordnung, GewA 2020, 259–264.
Schucht, Carsten	Die neuen Informationspflichten der Wirtschaftsakteure und Verkaufsplattformen bei Verbraucherprodukten – Teil 1, CB 2024, 397–402.
Schucht, Carsten	Die neuen Informationspflichten der Wirtschaftsakteure und Verkaufsplattformen bei Verbraucherprodukten – Teil 2, CB 2024, 436–442.
Schucht, Carsten	Die neuen Pflichten der Wirtschaftsakteure bei Verbraucherprodukten, CCZ 2024, 66–73.
Schucht, Carsten	Die Produktlebensdauer im Produktsicherheitsrecht, BB 2020, 1990–1996.
Schucht, Carsten	Die neue Architektur im europäischen Produktsicherheitsrecht nach New Legislative Framework und Alignment Package, EuZW 2014, 848–853.

Schucht, Carsten	Der Einfluss des Produktsicherheits- auf das Produkthaftungsrecht – eine Analyse anhand des Entwurfs einer EU-Produkthaftungsrichtlinie, InTeR 2023, 71–78.
Schucht, Carsten	Der Einführer im Produktsicherheitsrecht – Rolle, Pflichten, Rechtsrisiken, CCZ 2022, 230–240.
Schucht, Carsten	Der Händler im Produktsicherheitsrecht – Rolle, Pflichten, Rechtsrisiken, CCZ 2020, 322–331.
Schucht, Carsten	Der neue produktsicherheitsrechtliche Rahmen für das Inverkehrbringen von Elektrogeräten, InTeR 2014, 149–154.
Schucht, Carsten	Das Recht der Hersteller-, Einführer- und Identifikationskennzeichnung – Teil 2, CB 2023, 34–39.
Schucht, Carsten	Das neue Recht der Verbraucherprodukte – eine Analyse des Entwurfs einer EU-Verordnung über die allgemeine Produktsicherheit, GewArch 2022, 394–401.
Schucht, Carsten	Das neue Safety-Gate-Recht – alter Wein in neuen Schläuchen?, StoffR 2023, 239–248.
Schucht, Carsten	30 Jahre New Approach im europäischen Produktsicherheitsrecht – prägendes Steuerungsmodell oder leere Hülle?, EuZW 2017, 46–51.
Schucht, Carsten	Online-Händler, Fulfilment-Dienstleister und Verkaufsplattformen im Fokus der neuen EU-Marktüberwachungsverordnung, CB 2020, 194–199.
Schucht, Carsten	Urteilsanmerkung zu BGH, Versäumnisurteil v. 12.01.2017 – I ZR 258/15, GewA 2017, 392–397.
Schucht, Carsten/Wiebe, Gerhard (Hrsg.)	EU-Produktsicherheitsverordnung, Kommentar, 1. Auflage, Baden-Baden 2025
Seehafer, Astrid	Urteilsanmerkung zu EuGH, Urteil vom 7.7.2022 – C-264/21, BeckRS 2022, 15747, ZfPC 2022, 235–239.
Sieber-Fazakas, Eszter	Urteilsanmerkung zu EuGH, Urteil vom 7.7.2022 – C-264/21, BeckRS 2022, 15747, StoffR 2022, 254–257.
Soergel, Theodor (Begr.)	Bürgerliches Gesetzbuch mit Einführungsgesetz und Nebengesetzen, Kommentar, Bd. 12, 13. Auflage, Stuttgart 2005.

Spiegel, Ulrich	Die Europäische Batterieverordnung – Entwicklungsstand am ersten Geburtstag, ZfPC 2024, 194–201.
Spiegel, Ulrich	Online-Marktplätze unter der neuen Produktsicherheitsverordnung, ZVertriebsR 2023, 71–80.
Spindler, Gerald/Thorun, Christian	Die Rolle der Ko-Regulierung in der Informationsgesellschaft Handlungsempfehlung für eine digitale Ordnungspolitik, MMR-Beilage, 2016, 1–28.
Tabbara, Annette	Barrierefreiheit für elektronische Produkte und Dienstleistungen – das Barrierefreiheitsstärkungsgesetz, NZS 2021, 497–502.
Tiedge, Andreas	Die produktrechtliche Verantwortung von Händlern und Vertreibern für die Herstellerkennzeichnung von Verbraucherprodukten, GewA 2016, 326–332.
Thöne, Meik	Der produktsicherheitsrechtliche Rückruf – Anlass zur Neuordnung haftungsrechtlicher Determinanten?, ZfPC 2024, 49–53.
Ulmer, Nina	Anforderungen an den Medizinproduktehandel nach der MDR – Händlerpflichten und Gestaltungsmöglichkeiten, MPR 2019, 184–194.
Wagner, Eric/Rutloff, Marc/ Wagner, Simon	Urteilsanmerkung zu EuGH, Urteil vom 7.7.2022 – C-264/21, BeckRS 2022, 15747, BB 2022, 2382–2383.
Wagner, Gerhard	Das neue Produktsicherheitsgesetz: Öffentlich-rechtliche Produktverantwortung und zivilrechtliche Folgen (Teil I), BB 1997, 2489–2498.
Wagner, Maximilian	Der Weg in eine barrierefreie Zukunft? Der European Accessibility Act und das Barrierefreiheitsstärkungsgesetz, MMR 2024, 755–760.
Weidert, Stefan	In „Bio“ we trust: Werbung mit Genehmigungen, Gütesiegeln und anderen Qualitätskennzeichen, GRUR -Prax 2010, 351–355.
Weiß, Holger	Die rechtliche Gewährleistung der Produktsicherheit, Baden-Baden 2008.
Wiebe, Gerhard	Anwendung des Produktsicherheitsrechts auf Verkaufsplattformbetreiber und Fulfillment-Center, NJOZ 2017, 1178–1183.
Wiebe, Gerhard	Produktsicherheitsrechtliche Betrachtung des Vorschlags für eine KI-Verordnung, BB 2022, 899–906.

Wiebe, Gerhard/Daelen, Johannes	Der Cyber Resilience Act aus produktsicherheitsrechtlicher Perspektive, EuZW 2023, 257–263.
Wiebe, Gerhard/Schucht, Carsten	Die neue EU-Typengenehmigungsverordnung – Eine produktsicherheitsrechtliche Analyse, NZV 2022, 209–218.
Wilrich, Thomas	Produktsicherheit und CE-Konformität, Berlin 2021.
Wilrich, Thomas	Das neue Produktsicherheitsgesetz (ProdSG) Leitfaden für Hersteller, Importeure und Händler, Berlin 2012.
Wilrich, Thomas	Rechtliche Bedeutung von DIN-Normen und technischen Regelwerken, NJW 2023, 1400–1405.
Ziegler, Thomas	Harmonisierte Normen sind Teil des Unionsrechts – Konsequenzen für die Arbeit des (gerichtlichen) Sachverständigen, DS 2017, 117–123.

Stichwortverzeichnis

Fettgedruckte Angaben verweisen auf Paragrafen/Kapitel, magere auf Randnummern.